LA

# TRAHISON DE PICHEGRU

ET LES

## INTRIGUES ROYALISTES DANS L'EST

AVANT FRUCTIDOR

PAR

**G. CAUDRILLIER**
Docteur ès lettres
Professeur agrégé d'histoire au lycée de Bordeaux.

---

PARIS
FÉLIX ALCAN, ÉDITEUR
LIBRAIRIES FÉLIX ALCAN ET GUILLAUMIN RÉUNIES
108, BOULEVARD SAINT-GERMAIN, 108

1908

# LA TRAHISON DE PICHEGRU

ET LES

INTRIGUES ROYALISTES DANS L'EST AVANT FRUCTIDOR

BILLETS DE PICHEGRU ET DE FAUCHE-BOREL.

(Voir pages 51, 111 et 156 de l'ouvrage.)

# LA
# TRAHISON DE PICHEGRU

ET LES

## INTRIGUES ROYALISTES DANS L'EST

AVANT FRUCTIDOR

PAR

**G. CAUDRILLIER**

Docteur ès lettres
Professeur agrégé d'histoire au lycée de Bordeaux

PARIS
FÉLIX ALCAN, ÉDITEUR
LIBRAIRIES FÉLIX ALCAN ET GUILLAUMIN RÉUNIES
108, BOULEVARD SAINT-GERMAIN, 108
—
1908

Tous droits de traduction et de reproduction réservés.

A
ANTONIN DEBIDOUR

# INTRODUCTION ET BIBLIOGRAPHIE

Je me propose d'étudier dans ce livre les négociations engagées de 1795 à 1797 entre le général Pichegru, commandant l'armée de Rhin-et-Moselle, et le prince de Condé, commandant d'un corps émigré dans l'armée autrichienne du Haut-Rhin.

J'essaierai aussi d'établir un rapport entre ces négociations et les intrigues royalistes ou nos échecs militaires dans l'Est, à la même époque.

Je voudrais enfin pouvoir répondre à cette question, tant de fois posée, jamais résolue : Pichegru a-t-il trahi la République et la France ?

Peu de questions ont passionné les contemporains de Pichegru, depuis le Directoire jusqu'à la Restauration, comme celle de sa trahison. Ses succès en Belgique, en Hollande, avaient paru prodigieux. Ses échecs de 1795 atteignirent à peine son prestige, et, en lui enlevant son commandement, le Directoire accrut sa popularité. Il vécut dans la retraite : on le comparait à Cincinnatus !

Député aux Cinq-Cents, ses collègues l'acclamèrent leur président : élection triomphale, à la presque unanimité. La plupart ignoraient ses intrigues. Ils rendaient hommage au génie militaire.

Puis on connut sa trahison, par l'affiche du Directoire, au matin de Fructidor. La « conversation » tirée du portefeuille d'Antraigues fut publiée : elle éveilla bien des doutes.

Mais l'ami de Pichegru, Moreau, l'accuse à son tour ; on imprime les papiers saisis dans le fourgon de Klinglin. Les royalistes protestent violemment : papiers sans valeur, documents apocryphes, qu'on s'est bien gardé de soumettre en original à Pichegru, car il eût confondu ses calomniateurs ! Voilà le thème que développent Imbert, Jordan, Gallais ; Carnot même défend Pichegru, victime, il le croit, comme lui-même, de l'arbitraire des « triumvirs ».

Les lettres venues de la Guyane, lettres de Larue, de Barbé-

Marbois, la mort des malheureux fructidorisés, celle de Murinais, de Tronçon-Ducoudray, de Bourdon, de Rovère, éveillent dans le pays une pitié profonde en faveur des déportés. On raconte que Pichegru a dû vendre son habit, son épée de général, pour subvenir à ses besoins. Combien tressaillent de joie en apprenant sa fuite ! Le conseil de guerre de Strasbourg acquitte ses complices, Badonville et Tugnot.

Il se réfugie à Londres ; on lui fait bon accueil. Il reçoit une pension du gouvernement, quitte l'Angleterre : on retrouve sa main dans les complots de Hyde et de l'agence de Précy. Il débarque après Georges et conspire avec lui, veut gagner Moreau à la cause du « roi » : sa conduite confirme les révélations de Montgaillard.

Néanmoins sa mort, après celle du duc d'Enghien, réveille les doutes. Ne l'a-t-on pas tué lui aussi ? On le craignait donc ! On ne tue pas un traître, on le juge ! N'est-il pas une victime, comme Moreau, de la jalousie du maître ?

La Restauration, hélas ! en fait un martyr de la cause royale, un nouveau saint de la légitimité. Louis XVIII pensionne une aventurière qui se dit tantôt sa fille, tantôt sa nièce [1]. Avec l'approbation du roi un comité se forme pour lui élever un monument dans sa ville natale ; il charge Fragonard de sculpter la statue, qu'Arbois et Besançon se disputent. L'artiste le représente drapé du manteau militaire, sans épée, portant la palme du martyre, serrant contre son cœur la décoration du Lis. A ses pieds, les symboles de la force et de la fidélité : le lion et le lévrier ; sur le socle l'inscription : « Mort pour la Légitimité ! »

Victime de la Légitimité plutôt ! Qu'on lise les journaux libéraux : quel mépris pour le traître avoué par la royauté ! C'est l'époque des polémiques violentes entre le *Constitutionnel* et le *Drapeau blanc* ou la *Quotidienne*. La Restauration élève la statue à Lons-le-Saunier, à Besançon, mais la Révolution de 1830 la jette par terre et voue au mépris la mémoire de Pichegru.

Des voix s'élèvent ensuite pour ou contre. Mais la passion était morte et la vérité naissait.

Le temps a fait sortir des archives des documents nouveaux ; j'espère que ce livre en fera sortir d'autres qui se dérobent. Qu'on me permette d'indiquer ceux que j'ai consultés.

---

[1]. Cf. *La prétendue fille du général Pichegru*, par L. D. (Dorbon). Voir en particulier, p. 47, le rapport de police du 18 décembre 1815 : « Le roi lui a fait parvenir un brevet de pension de 600 fr. qu'elle a refusé plus par orgueil que par défaut de besoin. » D'après le dossier de la Demoiselle Pichegru, F⁷ 6801. Communiqué par M. Grasilier.

Sources manuscrites.
I. — *Papiers R. de Saint-Albin.*

J'ai commencé mon travail, voici longtemps, avec deux cartons de pièces manuscrites que M. Georges Duruy m'avait confiés. Ces pièces provenaient de la succession de Rousselin de Saint-Albin [1].

Rousselin était le fils [2] d'un ancien colonel d'artillerie, Antoine-Pierre-Laurent de Corbeau, fils du marquis Antoine de Corbeau de Saint-Albin. Antoine-Pierre-Laurent de Corbeau († 1813), connu par des écrits sur l'artillerie et la chronologie [3], fut un ami de Pichegru et de son frère l'abbé. A la veille de Fructidor, le général lui écrivait à Auxonne, où il commandait le dépôt du 3ᵉ régiment d'artillerie : il lui promettait d'intervenir auprès du ministre pour faire payer la solde de ses troupes, le félicitait d'avoir dénoncé aux Conseils l'envoi d'un journal de Poultier aux soldats, et terminait sa lettre par ces mots, qui témoignent de relations déjà anciennes : « Mon frère est bien sensible à votre souvenir et me charge de vous présenter les siens avec civilité. J'y joins, mon cher Corbeau, l'assurance de mon sincère attachement. »

On comprend pourquoi Rousselin s'est donné la tâche de justifier Pichegru des accusations dont il fut l'objet. On s'explique moins la provenance des documents qu'il a réunis.

Je ne parle pas de ses notes très nombreuses, réflexions écrites au courant de la plume et d'une valeur historique douteuse, ni de « conversations » avec Merlin de Thionville ou le fournisseur Mercier, ni d'un rapport de Decaen, remis à Merlin et confié par ce dernier à Rousselin. On ne s'étonne point de trouver entre les mains de l'historien de Hoche les lettres de Pichegru à ce général, lettres autographes, d'une grande importance pour l'histoire de la campagne de 1793. On conçoit aussi que Barras ait laissé à son confident son opinion écrite sur Pichegru, les rapports de Fouché avant Fructidor, les réflexions de Chérin sur les mesures à prendre pour assurer le succès du coup d'État, la copie de la pièce fameuse trouvée dans le

---

1. D'après un *État des cartons et pièces diverses de M. de Saint-Albin père*, remis à M. Hortensius, le 1ᵉʳ août 1847.
2. Cf. H. de Saint-Albin, *Documents relatifs à la Révolution française*, et la *France littéraire* de Quérard, t. II, p. 281 ; avec rectifications du t. VII, p. 211. Rousselin, ami de C. Desmoulins, fut envoyé à Troyes, en l'an II, comme commissaire civil national ; incarcéré avant le 9 Thermidor, puis acquitté ; plus tard réquisitionnaire et attaché aux états majors de Hoche, de Chérin, de Bernadotte ; en 1798, secrétaire général de la guerre sous Bernadotte ; en 1804, nommé consul en Égypte, ne put s'y rendre, fut arrêté à Paris ; chargé de l'instruction publique pendant le ministère de Carnot en 1815 ; un des fondateurs du *Constitutionnel* ; mort en 1847 ; a publié une *Vie de Hoche*, des notices sur Chérin, sur Marbot, a mis au point les mémoires de Barras.
3. Voir sa biographie dans Michaud.

portefeuille du comte d'Antraigues, copie faite dans les bureaux de Berthier, envoyée par Bonaparte à Paris avec l'original.

Mais comment Rousselin avait-il en sa possession le portefeuille rouge, sur les feuillets duquel Pichegru écrivit le récit de sa déportation ? Ce « Journal » lui fut-il remis par l'amie du général, pour laquelle il fut rédigé ? D'énormes ratures couvrent les passages qui peuvent nous faire connaître l'amie ; on devine M^me Lajolais, sans en être sûr ; peut-on s'étonner que nous ignorions si Rousselin l'a tenu d'elle ?

Ne l'a-t-il pas trouvé dans des papiers de police ? La police saisit chez Lajolais, en 1804, dans un paquet, scellé du cachet de Pichegru, un « portefeuille pliant de maroquin rouge », qui renfermait en billets d'Angleterre 703 livres sterling. On le sait par l'interrogatoire que Lajolais subit, le 25 pluviôse an XII. Mais ce portefeuille contenait-il le « Journal » ?

Renfermait-il aussi le petit cahier d'une écriture minuscule, où Pichegru a consigné le résumé des ordres qu'il donna aux généraux placés sous son commandement en 1794, avec le résumé des lettres que lui adressèrent les généraux de l'armée du Rhin l'année suivante ?

On ne connaît pas mieux la provenance des autres documents. La police consulaire a-t-elle saisi chez Moreau l'« Extrait des mémoires mis à la disposition des généraux français », extrait rédigé par le secrétaire de Pichegru, annoté de la main de ce général et confié par lui sans doute à son successeur, au moment où il lui remit le commandement de l'armée ? On trouve dans les papiers de Rousselin nombre de pièces, des minutes de lettres, écrites par Moreau et qui furent saisies chez lui, rue d'Anjou, par la police au moment de son arrestation. A ces minutes sont jointes les lettres elles-mêmes, lettres adressées par le général au Directoire après la journée de Fructidor, ou à Bonaparte avant le procès de l'an XII.

Deux de ces lettres portent le timbre *Archives du gouvernement*; mais certainement les autres, comme les minutes, comme le procès-verbal d'arrestation de Moreau et d'apposition de scellés à son domicile, comme ses interrogatoires et tant d'autres pièces du procès, ont figuré au dossier du général en 1804. Elles sont enregistrées, cotées, paraphées, comme les pièces du même procès conservées aux Archives nationales. Ce sont des documents originaux, d'une authenticité incontestable, qui proviennent des archives de la police impériale.

J'en dirai autant des interrogatoires de Lajolais et de sa femme, du frère de Pichegru, de l'intendant Rolland, du policier Dossonville, d'un grand nombre de lettres de Desmarets, de Réal, de Dubois, de Thuriot, de Fouché même, qui nous permettent de suivre les condamnés de 1804 depuis leur arrestation jusqu'à la fin de l'Empire. Toutes ces pièces originales sont accompagnées des copies, faites dans les bureaux de la police. Il semble qu'on ait voulu les faire disparaître des cartons du quai Voltaire, sans en laisser de trace.

Dès lors une hypothèse : le « Journal » de Pichegru et le résumé de ses ordres, saisis avec le portefeuille rouge, par la police, lors de l'arrestation de Lajolais, l'extrait des mémoires, les minutes des lettres de Moreau, saisies lors de l'arrestation de Moreau à son domicile, ses lettres officielles au Directoire ou à Bonaparte et les pièces citées du complot de 1804, tout cet ensemble de documents d'un intérêt capital n'a-t-il pas été soustrait, en bloc, aux archives de la police ? C'est vraisemblable. On sait que Fouché remit en 1815 à Barras un grand nombre de pièces, tirées des cartons de son ministère, dans le but à la fois de compromettre ses ennemis et de gagner l'appui de l'ex-directeur, dont le roi recherchait les avis. Barras les a laissées à Rousselin.

Rousselin voulait entreprendre avec ces documents une justification de Pichegru. Le temps lui a manqué, ou les preuves ont fait défaut.

Ses notes témoignent du peu de confiance qu'il accordait aux déclarations de Montgaillard ou de Fauche. Merlin de Thionville lui assurait que Pichegru n'avait pas trahi ; Mercier comparait le général à Catinat, héros modeste, patriote éprouvé. Les lettres de Pichegru à Hoche démontraient quelle part il avait prise à la défense de l'Alsace en l'an II. Son journal éveillait la sympathie : que de souffrances endurées pendant ce voyage et ce séjour à la Guyane !

Prétendait-on que Pichegru ne voulait pas entreprendre la campagne d'Allemagne en 1795 ? Rousselin répondait : L'« Extrait des mémoires mis à la disposition des généraux français » prouve avec quel soin il la préparait. Quant au petit cahier, résumé des ordres, il contient un rapport du général Dusirat « sur ce qui s'est passé depuis le blocus de Manheim jusqu'à sa capitulation » : le général l'a copié, pour démontrer qu'il est étranger à la capitulation.

Restent les pièces de police relatives au complot de l'an XII. Quel argument en tirer contre Pichegru ? Certes il détesta Bonaparte assez pour s'allier à Georges ; il s'efforça de gagner Moreau pour abattre l'ennemi commun. A-t-il trahi pour cela ?... Nous présentons le système de défense que Rousselin eût adopté s'il avait écrit la vie de Pichegru.

Avouons même que nous avons songé à continuer son œuvre car il nous semblait probable que le confident de Barras ne l'avait entreprise qu'à bon escient. Quelle preuve en faveur de Pichegru que cette justification tentée par l'ami de Barras, de Chérin et de Hoche !

## II. — *Archives de Chantilly.*

Avant tout, il importait de retrouver les papiers de L.-J. de Bourbon, prince de Condé.

Ces papiers, qui avaient suivi le prince dans ses déplacements à travers l'Allemagne, la Russie et l'Angleterre, ont été classés, pour la plupart en volumes, dans les archives du château de Chantilly, sur l'ordre du duc d'Aumale, héritier des princes de Condé.

Les deux volumes (série Z, t. XXXIII et XXXIV) de la « conspiration de Pichegru » contiennent les lettres des premiers agents qu'envoya le prince au général, Fauche-Borel [1], Courant, Demougé [2], celles de Montgaillard [3], qui dirigea de loin, à ses débuts, la négo-

---

1. *Fauche-Borel*, né en 1762, à Neufchâtel, d'une ancienne famille de Franche-Comté que la révocation de l'édit de Nantes avait forcée de se retirer en Suisse, libraire à Neufchâtel, à l'époque où Montgaillard vint l'y chercher pour entamer la négociation avec Pichegru. Il réussit dans cette négociation, s'installa à Strasbourg, pour communiquer plus facilement avec le général, puis fut arrêté. Élargi, il quitta l'Alsace, fit plusieurs voyages à Berne auprès de Wickham, à Manheim auprès de Wurmser, se rendit à Paris, à la veille de Fructidor. Réfugié en Suisse, il dut s'exiler, lors de l'invasion de ce pays par les Français. Il passa en Angleterre, puis en France, pour réconcilier Pichegru et Moreau, fut arrêté et resta longtemps en prison (dossier F7, 6319 A). Mis en liberté, à la demande du roi de Prusse, il ne tarda pas à revenir en Angleterre, d'où il entretint avec l'ancien journaliste Perlet (agent de Desmaret et de Fouché) une correspondance qui coûta la vie à son neveu Vitel et faillit lui coûter l'honneur. A son retour en France, on l'accusa d'avoir trahi la cause royale au profit de Napoléon : il prouva qu'il avait été la victime des machinations de Perlet ; mais ses publications imprudentes (voir ci-dessous) causèrent sa disgrâce : ses mémoires, en 1829, la rendirent irrémédiable : il se tua.

2. *Demougé*, le principal intermédiaire auprès de Pichegru, après Fauche (Courant de Neufchâtel, ancien espion de Frédéric II. n'a joué qu'un rôle effacé, avocat à Strasbourg, puis espion des Autrichiens, avec lesquels il était en relation par Mme de Reich et le général Klinglin; il se réfugia en Allemagne après Fructidor, revint à Strasbourg sous le Consulat, après l'acquittement des complices de Pichegru, fut arrêté en 1804, subit des interrogatoires au Temple (F7, 6408 et 6417), fit de l'espionnage au profit de Napoléon sur la frontière d'Alsace après son élargissement.

3. *Montgaillard* (Maurice-Jacques Rocques de Montgaillard, dit le comte de) (sans aucun droit à la noblesse prétend Guilhermy; noble, affirme Cl. de Lacroix) naquit à Montgaillard, près Villefranche de Lauragunis, en 1761. Il avait deux frères : 1° l'*abbé*, Honoré-Rocques de Montgaillard, bossu, spirituel et mordant, espion du Directoire, dit-on, auteur d'une *Revue chronologique de l'histoire de France* publiée en 1821 et continuée par son frère le « comte » sous le titre d'*Histoire de France* († 1825); 2° le *marquis* Xavier de Montgaillard, qui émigra, fut peut-être chargé d'une mission auprès de Charette († 1840). — Elève à Sorèze, fort intelligent, mais d'une moralité douteuse, Montgaillard entra d'abord dans l'armée, avec un brevet de cadet gentilhomme au régiment d'Auxerrois, et fit la guerre d'Amérique sous le marquis de Bouillé aux Antilles. Il quitta l'armée avant de passer capitaine, se rendit à Paris, où il fut en relations avec l'archevêque de Bordeaux, Champion de Cicé, épousa en 1785 Mlle Duquesnoy de Trancault, et joua pendant les premières années de la Révolution le rôle d'agent diplomatique secret. Inscrit sur la liste des émigrés, puis rayé provisoirement, il jugea prudent, sous la Terreur, de se réfugier en Angleterre, puis passa en Allemagne, où nous le retrouvons. Nous racontons son histoire et citons ses œuvres. Il meurt en 1841, dans la misère.

ciation ; celles de M^me de Reich, nièce de Klinglin, qui fut l'intermédiaire entre le prince et Demougé, celles enfin des correspondants de Strasbourg, Mandel et Commart. On y trouve aussi *deux billets de Pichegru* et *plusieurs billets de son adjudant Badonville*.

La plupart de ces pièces sont originales, certainement authentiques. Mais, en 1796, les correspondants de Strasbourg et Demougé lui-même envoyèrent leurs lettres chiffrées ; M^me de Reich et le curé Jæglé les déchiffrèrent, gardèrent les originaux, qui plus tard furent saisis dans les fourgons de Klinglin. Le prince ne reçut que le « déchiffrement de Strasbourg », d'ailleurs semblable, à de rares exceptions, à celui que Réal a publié. Malheureusement les billets en « notes de musique » écrits par Pichegru ne nous sont parvenus que déchiffrés : Wickham réclama les originaux et les garda.

Quelle valeur devons-nous attribuer à ces documents ? Quel parti pouvons-nous en tirer ? J'ai longtemps hésité avant d'admettre le témoignage des agents de Condé, des principaux, Montgaillard, Fauche et Demougé. Le premier m'inspirait une défiance profonde. Cet intrigant sans conviction a servi tous les partis : les royalistes et les jacobins avant la Terreur, Louis XVIII et Bonaparte ensuite. Il émigrait pendant la Terreur en Angleterre, d'où le gouvernement le chassait. Réfugié en Allemagne, il engageait Condé à négocier avec Pichegru. La négociation ne donnant pas les résultats espérés, il réclamait le prix de son silence et révélait le secret de l'intrigue aux agents du gouvernement.

Mais il n'avait pas négocié directement avec Pichegru ; prudemment il s'était gardé de faire le voyage d'Alsace. Même le prince l'avait mis de bonne heure à l'écart de l'intrigue. Je pouvais me passer de son témoignage, n'utiliser que celui de Fauche et de Demougé.

Quelle confiance cependant attribuer à ces derniers? Des dossiers de F7, aux Archives nationales, j'avais tiré la preuve de leurs rapports avec la police de Bonaparte. Emprisonné au Temple, sous le Consulat, Fauche vivait en bons termes avec Fauconnier, le concierge, et bénéficiait en 1803 d'un élargissement qu'on pouvait ne pas attribuer aux instances du roi de Prusse. De Londres, il correspondait avec Perlet, l'ancien journaliste, agent secret de Desmarets et de Fouché, et, sous la Restauration, Perlet l'accusait d'avoir trahi les royalistes au profit de Bonaparte.

On trouve heureusement dans les papiers de Rousselin les minutes des lettres écrites par Perlet, corrigées par Desmarets, parfois annotées par Fouché, lettres envoyées à Fauche, pour lui laisser croire que Perlet dirigeait à Paris un comité royaliste et pour en obtenir des renseignements sur les agissements du parti en Angleterre. Ces lettres prouvent évidemment que Fauche était un naïf, qu'il fut cruellement trompé par la police impériale. Son neveu Vitel, attiré en France, a payé de sa tête l'imprudence de son oncle. Le tribunal, qui, en 1816, a condamné Perlet à la requête de Fauche, a bien jugé : le libraire de Neufchatel fut la victime et non l'agent d'une odieuse intrigue.

Fauche n'est pas un malhonnête homme ; mais il faut contrôler ses dires : trop souvent il prend ses désirs pour la réalité ; son imagination travaille et déforme ; il est vaniteux ; il entend faire valoir ses services. Puis il s'exprime mal.

Tout autre est Demougé : l'avocat écrit clairement, résume exactement la conversation qu'il rapporte, rédige même parfois sous la dictée de Pichegru. Mais il est intéressé et entend tirer de l'intrigue des bénéfices. Or cet espion de Klinglin, devenu l'espion de Bonaparte (après sa détention en 1804 et son élargissement), fut, pendant plus d'un an, le principal agent du prince auprès du général.

Dirons-nous cependant qu'il nous inspire moins de confiance que Fauche ? Non : il est plus intelligent ; puis il n'hésite pas à déplaire au prince en rapportant des propos, des intentions, des plans de Pichegru, contraires aux idées courantes de la petite cour émigrée. Enfin quel intérêt a-t-il, étant en Alsace, à continuer une négociation dangereuse, qui a failli coûter la tête à Fauche, s'il ne croit pas au succès ?

Il faut utiliser son témoignage, comme celui de Fauche, avec prudence. Il faut contrôler ses rapports par les rapports des autres agents ; préférer aux rapports mêmes, écrits après réflexion, les simples lettres écrites au courant des faits ; présenter ainsi le récit *le moins inexact possible* de la négociation.

L'établissement du récit donne lieu à des discussions : nous les rejetons dans les notes. Nous citons aussi beaucoup. L'historien doit s'effacer pour ne pas nuire à sa démonstration.

Car la preuve la meilleure de la valeur de ses documents, c'est l'émotion qui s'en dégage. Il faut donner au lecteur la sensation de la fièvre avec laquelle les Fauche et les Demougé ont attendu l'« éclat ». De leur anxiété, de leurs joies ou de leurs colères, naît l'impression de leur sincérité. Ils comptent sur Pichegru ; ils *ont foi* dans sa parole : qui en douterait à les lire ? N'est-ce pas la preuve qu'ils ont parlé à Pichegru, qu'ils en ont reçu des promesses ? Donc leur intrigue n'a pas été seulement une feinte destinée à leur assurer les libéralités de Condé ou de Wickham : leurs rapports offrent une base solide à l'histoire.

Ces rapports, nous pouvons les contrôler par d'autres témoignages. Wickham et Condé envoyèrent à Pichegru d'autres agents. Le major suisse Rusillion parla deux fois au général ; les émigrés d'Hotelans et

Tessonnet une fois. Wurmser chargea le baron de Vincent de lui porter un mot du prince.

Celui-ci questionna, « confessa Fauche » ; Wickham et Craufurd de même ; ils virent Demougé et l'interrogèrent longuement. Or nous avons leurs lettres. Voici celles de Condé d'abord.

Les lettres de Condé au « roi et à ses entours » se retrouvent en copies à Chantilly, série Z, t. CXXXVII et CXXXVIII. Ces copies ont la valeur d'originaux, car elles furent écrites par le secrétaire du prince, au fur et à mesure de l'envoi des lettres. On peut les comparer aux réponses autographes du Prétendant (t. I et II, même série). On ferait l'histoire de la négociation avec ces quatre volumes de correspondance.

Mais nous avons aussi les copies des lettres de Condé à Wickham ou à Craufurd (t. CXXXV, série Z), les réponses originales de ces derniers (t. XV, série Y). Chantilly possède encore une correspondance plus précieuse, celle de Condé avec Barbançon, qui fut son représentant auprès de Wurmser et qui connut dans le détail la négociation avec Pichegru. Les lettres du prince sont en copies au t. CXXXII de la série Z. Les réponses originales de Barbançon forment le t. XL de cette même série.

En dehors des pièces qui intéressent directement l'histoire de Pichegru, en voici d'autres qui l'éclairent d'un jour nouveau.

Ce sont les lettres des agents royalistes en France ou à l'étranger, une foule de lettres précieuses pour l'histoire des complots de l'Est.

Elles prouvent avec évidence que le prince de Condé avait tenu les principaux fils des intrigues royalistes dans l'Est de la France de 1795 à 1797. A moins jusqu'à l'arrivée du « roi » à Riegel, il fut le chef extérieur de l'opposition royaliste dans le Lyonnais, la Franche-Comté ou l'Alsace. Le Prétendant lui avait donné les pouvoirs les plus étendus : à lui arrivaient directement les « rapports de l'Intérieur », lettres, projets, mémoires, contenus aujourd'hui dans les volumes de « Correspondance générale » (série Z, t. LXXXVI à XCV) ou de « Nouvelles » (même série, t. LXXI à LXXIII), ou dans les volumes de correspondance du prince avec Précy (t. LV), avec Courvoisier (t. XLV), avec de Vezet (t. LVII), etc.

Qu'on lise la correspondance de Condé avec Tessonnet, Tinseau d'Amondans, Poutier de Saône, de Vereux, de Malseigne, l'abbé de Chaffoy, le président de Vezet, le comte de Précy, Imbert-Colomès, les marquis de Besignan et de Surville, Allier et tant d'autres ; qu'on en recherche la liaison et le fil dans la correspondance du prince avec le « roi » et ses conseillers d'Avaray, Flachlanden, La Vauguyon, Saint-Priest, on ne pourra se défendre d'une impression croissante, l'impression nette et vive du danger que la République a couru avant Fructidor.

Une insurrection se prépare en 1795 et 1796 dans les provinces de l'Est. Elle éclate si les Autrichiens battent nos armées sur le Rhin et jettent en Alsace et en Franche-Comté l'« armée royale », dirigée par Condé. Mais l'empereur semble peu disposé à l'y introduire ; il ne veut pas se compromettre avec la République ou se lier les mains avec la royauté. Qui ouvrira la porte par où l'Émigration passera ? Pichegru.

L'entente avec Pichegru forme la clef de voûte de toutes les combinaisons du prince : elle en est, comme il l'écrit, « le préliminaire indispensable » Les intrigues de l'Est soulignent donc l'importance et la gravité de l'intrigue engagée avec Pichegru.

### III. — *Archives du Record Office (Foreign Office).*

Les archives du Record Office, à Londres, contiennent aussi d'importants documents sur les complots de l'Est. Ce sont surtout les lettres et les rapports envoyés de Suisse au ministre Grenville par les représentants de l'Angleterre à Lausanne ou à Berne, Wickham et ses successeurs, Talbot, Clinton, Ramsay, de 1795 à 1800. Ces pièces originales, officielles, sont classées dans de grands registres, par ordre de dates, XII à XXXVI des State papers, Foreign Office, Switzerland.

A. Lebon s'en est servi pour son livre *l'Angleterre et l'Émigration* ; mais s'il a étudié de près les intrigues de Wickham sur nos frontières, il a négligé, de parti pris sans doute, l'intrigue avec Pichegru.

La correspondance de Wickham avec Grenville résume clairement les négociations engagées avec ce général. Elle rapporte ses « conversations » avec Rusillion, car Wickham envoya deux fois le major suisse à Bellevaux. Aux lettres de l'ambassadeur sont jointes d'autres lettres, ou de simples billets d'agents de l'Intrigue, un reçu de Badonville. Surtout les rapports de Wickham nous permettent de suivre Pichegru à Paris, avant Fructidor. L'ambassadeur avait mis le général en relations avec Dandré, l ex-constituant. Les lettres de ce dernier, qui signe tantôt Berger, tantôt Kilien, sont capitales pour l'histoire du parti royaliste avant le coup d'État. Malheureusement Wickham a gardé les originaux des lettres, à peu d exceptions près ; il n'a envoyé à Grenville que les copies faites par son secrétaire.

Il faut chercher la correspondance des agents anglais à Paris (State papers, Foreign Office, France), un dernier rapport, écrit par Dandré en octobre, rapport publié récemment par M. Ballot (1). Les

---

(1) *Le Coup d État du 18 Fructidor.*

pièces de cette correspondance sont classées par dates, comme le sont les « advices and intelligences », avis secrets adressés de Paris au ministre par des espions aux gages des Anglais.

On ne saurait étudier les complots royalistes ou les intrigues des Brottier, Duverne, Despomelles, La Trémoille, Frotté, etc., en France, sans consulter ces archives.

Parmi les volumes reliés des papiers d'État du Foreign Office, signalons l'importance des lettres envoyées de « l'armée d'Allemagne » (Army in Germany) par le colonel Craufurd et ses frères. Le colonel raconte les événements militaires de la région rhénane et les apprécie. Représentant de l'Angleterre auprès de Clerfayt et de Wurmser, il connaît l'intrigue de Condé avec Pichegru et souligne avec intention les fautes militaires du général. J'ai pu me dispenser, grâce à cette correspondance, d'aller consulter à Vienne les archives de la guerre. D'ailleurs Vivenot a publié les lettres de Wurmser et celles de Clerfayt à l'empereur et nous savons, par les archives de Chantilly, que Pichegru n'est pas entré en relation directe avec les généraux ennemis.

### IV. — *Archives de la guerre.*

La Correspondance des armées de Rhin-et-Moselle ou de Sambre-et-Meuse, si commodément classée en cartons d'après les dates, nous a fourni les plus amples renseignements sur la campagne de 1795; celle de l'armée du Nord nous a permis d'apprécier dans une introduction rapide — et trop insuffisante — la tactique de Pichegru en 1794.

Cette étude militaire nous l'avons abordée avec modestie, certain de notre incompétence, en nous aidant des mémoires militaires que contient le dépôt de la guerre, journal de Legrand, si précieux pour l'histoire de la campagne du Rhin, mémoires attribués à Desaix, à Abbatucci. Legrand a suivi la campagne de 1795, avec la mission spéciale d'en raconter l'histoire; Desaix a commandé la division du Haut-Rhin, puis l'avant-garde; il n'a laissé d'ailleurs que quelques notes. Abbatucci, aide de camp de Pichegru à cette époque, a raconté la fin de la campagne avec détails, visiblement soucieux de disculper son général. Quelques renseignements tirés des « Papiers de Moreau » ont complété nos recherches aux archives historiques de la guerre.

Les archives administratives nous offrent des indications précieuses sur la vie et la carrière des généraux ou des aides de camp qui vivaient dans l'intimité de Pichegru : Abbatucci, Badonville, Bizy, Duverger, Ferino, Gaume, Lajolais, Liébert, Montrichard,

Salme, Tugnot, Vernier. Malheureusement le dossier de Pichegru est d'une pauvreté désolante. En revanche, les dossiers de Danican, de Rusillion, de Tessonnet, de Willot renferment de curieux détails sur les officiers royalistes qui, en 1815, ont fait valoir les services rendus contre la France pour obtenir des grades ou des pensions de la royauté.

### V. — *Archives des Affaires étrangères.*

On ne saurait entreprendre une étude sur l'émigration ou sur les émigrés sans consulter la Correspondance des Affaires étrangères. La Correspondance, classée en volumes et par dates, nous permet de suivre la trace du comte de Montgaillard à Venise, à Bâle, à Hambourg, à La Haye, et de recueillir au passage les confidences diverses qu'il a faites à nos représentants, Lallement, Barthélemy, Reinhard, Roberjot. C'est dans les volumes Hambourg qu'il faut chercher la date à laquelle fut rédigé le mémoire de Montgaillard, *Mémoire concernant la trahison de Pichegru*, remis à Roberjot et envoyé au Directoire, qui l'a gardé dans ses archives. Les volumes Suède et Turquie présentent un intérêt d'un autre genre : ils expliquent pourquoi le Directoire nomma Pichegru ambassadeur à Constantinople (nomination rapportée), puis à Stockholm. Les volumes Angleterre n'offrent malheureusement qu'un petit nombre de renseignements sur le séjour de Pichegru à Londres ou aux environs.

Le fonds Bourbon est singulièrement pauvre en documents sur Pichegru. On ne trouve guère dans les volumes France, n°s 589 à 593, et pour les années 1796 et 1797 que des allusions assez obscures à ce général, avec des rapports, d'ailleurs intéressants, des correspondants du « roi » dans la capitale, La Trémoille et Dandré. Mais, si l'on veut connaître avec quelque détail l'histoire de l'émigration depuis l'an V jusqu'à l'an XII, il importe d'examiner les volumes 594 à 603, années 1798 à 1804, et les volumes de supplément, 607 (dépêches du cabinet du roi à l'agence de Souabe ou à M. de Thauvenay, à Hambourg), 611 (dépêches de Dutheil, agent à Londres, au cabinet du roi, mars juillet 1797), 612 (dépêches d'agents à l'extérieur au cabinet du roi, 1798-99), sans oublier les papiers de d'Antraigues, 628 et suiv.

Je n'ai tiré aucun parti des « Copies de pièces relatives aux émigrés », don de M. Ernest Daudet, copies classées en 1891 dans les Mémoires et Documents des affaires étrangères. — En vue d'établir une biographie complète de Montgaillard, il est intéressant de feuilleter, dans le même fonds, les « Mémoires touchant la politique extérieure de la France », écrits par l'aventurier, de 1804 à 1809, pour le cabinet diplomatique de l'empereur (France, 661-662).

## VI. — *Archives nationales.*

Si je cite en dernier lieu le grand dépôt de nos archives, c'est qu'il ne m'a fourni que des renseignements sans grande importance ou déjà connus. A priori, cela se conçoit : le Directoire ou le Consulat ont publié les documents principaux qu'ils possédaient sur la trahison de Pichegru.

Cependant il est important de consulter les cartons ou les registres des séries AF ii (période de la Convention), AF iii (période du Directoire), et peut-être des recherches très approfondies dans la série F⁷ conduiraient-elles à des découvertes précieuses.

J'ai dû me borner à examiner, dans AF ii, la correspondance des représentants en mission en Alsace ou dans la région rhénane, cartons 59, 135, 136, 138, 150 à 155; la correspondance du Comité de salut public avec ces représentants et les généraux en chef, cartons 198 à 202, 203 à 211 ; les livrets de situation des armées, carton 212; les cartons de justice et police militaire, 226-228 ; les documents divers relatifs aux missions des représentants du peuple près les armées du Nord, du Rhin, de Rhin-et-Moselle, cartons 235, 237 à 241, 244, 245 à 249, ou au personnel des armées, cartons 290 à 293, 354. Ces recherches datent de loin ; elles sont pour la plupart inutiles aujourd'hui, depuis la publication, si fort avancée, de la correspondance des représentants en mission par M. Aulard. Je me suis aidé pour les faire des registres de AFii*, registres d'arrêtés et décisions pris par le Comité de salut public, 170 à 195; ou de situation et de mouvements des armées, 236 à 237 ; de correspondances venant des armées, 238 à 242.

On connaît l'importance des cartons 1 à 16, qui ouvrent la série A F iii et qui contiennent les procès-verbaux des séances du Directoire (il y est rarement question de Pichegru), surtout celle du carton 44 (18 Fructidor, portefeuille de d'Antraigues, papiers fournis par Moreau, par Montgaillard). Signalons aussi l'intérêt que présentent les cartons 46 et 47 (rapports du ministre de la police), 50 (papiers saisis par Mengaud en Suisse, ou saisis chez Mᵐᵉ Rippel à Bâle), 51ᵃ (notes concernant les manœuvres des émigrés en Suisse et en Allemagne), 81 (dépêches d'espions français en Suisse et en Allemagne), 82 (correspondance de Barthélemy), 85 (correspondance de Mengaud), 89 (correspondance de Lallement).

Il faut parcourir aussi les cartons de correspondance des généraux de division et de brigade, des commissaires du gouvernement auprès des armées, avec le Directoire, cartons 144¹, 146, 147, 168¹ ; ceux qui sont relatifs au personnel de l'armée de Rhin-et-Moselle, à sa situation avant l'an V, cartons 177 179, 183, 191, 199, 309, 313.

Mais on ne peut espérer dépouiller tous les cartons (223) de minutes des arrêtés, messages et lettres du Directoire sans se guider à l'aide des registres précieux de la série AF iii* : 43 à 52, registres d'enregistrement des demandes et lettres adressées au Directoire ; 149 à 156, registres de délibérations relatives à la police (surtout 152) ; 201, registre répertoire de correspondance militaire pendant l'an IV et l'an V ; 202 à 205, 218, 219, registres de correspondance et arrêtés relatifs à la guerre ; 240 et 241, registre répertoire alphabétique des arrêtés et lettres du Directoire, an IV et an V.

Parmi les dossiers de la série F 7 je signale, comme intéressant particulièrement mon sujet, ceux de Pichegru (4774, papiers pris à son domicile après le 18 Fructidor), des députés déportés ou des complices de Pichegru, Lajolais par exemple (6140), de Montgaillard (6144 6146), de l'abbé David (6320), de Dossonville (6318ᴮ), des accusés du complot de l'an XII (6391-6405, etc.), de Renack (6416), de Demougé (6408, 6417), de Wittersbach (6419, n° 8373), de l'abbé Pichegru (6419, n° 8425), de la demoiselle Pichegru (6801) [1].

J'ai surtout tiré parti du dossier 6310ᴬ, relatif à Fauche-Borel, très précieux parce qu'on y trouve les interrogatoires du libraire de 1802 à 1804 (21 et 24 messidor an X, 8 pluviôse an XII), ses lettres à Réal ou à Fouché du 31 janvier, du 6 février, du 29 juin 1804, qui témoignent de l'attachement qu'il avait voué à Pichegru [2], les lettres de police qui le concernent depuis la Révolution jusqu'en 1815, la correspondance de Fauche avec Perlet copiée par Perlet, enfin le dossier Vitel. Je souhaite que cette étude sur Pichegru provoque de nouvelles recherches dans cette série des papiers de la police, qui nous réservent certainement bien des surprises.

### VII. — *Archives départementales du Jura.*

Les Franc-Comtois gardent jalousement les documents qu'ils possèdent sur Pichegru et ne répondent que par un silence obstiné aux questions qu'on leur pose à ce sujet. Je n'ai guère trouvé d'accueil en Franche-Comté qu'auprès de M. Léonce Pingaud. Je le remercie de tout cœur.

Les documents de la série L, à Lons-le-Saunier, délibérations et arrêtés de l'administration centrale du département, correspondance de cette administration avec le commissaire du Directoire exécutif

---

1. Je remercie M. Grasilier de m'avoir indiqué ces derniers dossiers.
2. « Comme il n'existe plus, je ne tiens plus à personne », écrivait-il le 29 juin 1804. Et il offrait de servir le gouvernement consulaire.

près le département ou avec les ministres, correspondance de l'administration cantonale d'Arbois avec l'administration centrale, ne renferment aucune pièce essentielle sur la trahison de Pichegru. Mais il est intéressant de consulter la correspondance des ministres de la police avec le commissaire du Directoire exécutif près l'administration centrale, 8 liasses, qui contiennent quelques pièces importantes de ventôse an IV à pluviôse an VIII.

### IMPRIMÉS.

On comprend qu'il nous est impossible de citer dans cette bibliographie tous les ouvrages, et surtout toutes les brochures, encore moins tous les journaux où il est question de Pichegru. Bien heureux si nous parvenons à dresser une liste suffisante des principaux imprimés.

I. — *Publications antérieures à 1830, époque des polémiques.*

Quelle fut l'*opinion des contemporains* sur Pichegru ou sa trahison? Quels *renseignements* nous fournissent leurs œuvres, biographies de Pichegru, mémoires, histoires, recueils de documents, c'est ce que nous nous proposons d'étudier sous ce titre.

*De 1795 à 1799.* — Je renonce à mentionner les articles de journaux relatifs aux opérations militaires, au rôle politique, à la proscription de Pichegru. On les trouvera dans le *Rédacteur* et le *Journal des défenseurs de la patrie*, feuilles officielles du Directoire, dans le *Moniteur*, le *Postillon des armées*, journal militaire à tendances contre-révolutionnaires, le *Mémorial*, où l'ex-constituant Dandré fit insérer des notes importantes, l'*Europe politique et littéraire*, qu'il dirigea en 1797, le *Journal des hommes libres*, qui, le premier avant Fructidor, accusa Pichegru de trahison [1].

Bon nombre d'autres publications de l'époque du Directoire, livres, pamphlets ou mémoires, nous donnent l'opinion courante des contemporains sur Pichegru ou sa trahison. L'ex-abbé David, qui, sous le Consulat, réconcilia Pichegru et Moreau, raconte la campagne de l'an II dans son *Histoire chronologique de l'armée du Nord*, in-8° Paris, s. d. (1795) : il fait le portrait du général, expose sa tactique, avec l'évident désir de lui plaire.

En réponse à un article de la *Gazette française* du 15 septembre

---

[1] La *Décade philosophique*, feuille littéraire, contient quelques articles sur les célébrités de l'armée ou de la politique.

1795, signé Gaspard[1], Larue de Sauvine publie un *Aperçu des deux dernières campagnes de l'armée du Nord*, « pour servir de réponse à une satyre (sic) contre le général Pichegru », in-8°, Paris, s. d. [1795][2]. Un officier français émigré, M. de V..., écrit *Vie et anecdotes du général Pichegru*, traduites en anglais sous le titre *Life and anecdotes of general Pichegru*, in-8°, Londres, 1795.

Ces deux brochures présentent moins d'intérêt qu'une série de publications allemandes sur la campagne de 1795, qui ne servent d'ailleurs qu'à fixer quelques détails des opérations militaires. Ainsi : *Jugement impartial porté sur les opérations de l'armée française et de l'armée autrichienne en 1795*[3] ; *Coup d'œil d'ensemble sur les événements militaires remarquables qui ont eu lieu sur le Rhin, depuis le 6 septembre jusqu'à la reprise de Manheim en 1795*[4] ; *Tableaux du siège de Manheim en 1795*[5] : ces trois premières anonymes ; *Plan de Manheim et récit du siège*[6], par Deyarat ; *Livraison de la forteresse de Manheim*[7] *aux Français*, par Wedekind.

En dépit des échecs de cette campagne et malgré l'étonnement qu'ils causaient en France, la *Galerie des Bons et Mauvais* publiait, à la veille des élections de 1797, l'éloge de Pichegru, in-8°, Paris, an V. D'après l'auteur (Jollivet), il faut attribuer les succès du général à sa désobéissance, ses échecs à son obéissance aux ordres du Comité de salut public ou du Directoire. Pichegru est un héros modeste, « aux talents duquel l'armée a dû son salut dans la retraite » ; il importe de le rappeler à la tête des armées, en attendant que son âge lui permette d'entrer au Directoire.

Cependant le conducteur général de l'artillerie de Rhin-et-Moselle, Lecomte, réduit ses mérites à des proportions plus justes, dans son *Observateur impartial aux armées de... Rhin-et-Moselle*, in-8°, Paris, an V. Le chef de brigade Dedon, dans son discours préliminaire, préface du *Précis historique des campagnes de l'armée de Rhin-et-Moselle*, évite de faire l'éloge du vaincu de Heidelberg et même de le nommer, in-8°, Paris, s. d. (1797). Il signale certaines de ses fautes, celle entre autres de passer le Rhin avec trop peu de forces. Mais il attribue surtout l'insuccès de la campagne à l'insuffisance de notre cavalerie, de notre artillerie, au mal que le siège de Mayence a fait

---

1. *Moniteur*, réimpression, t. XXVI, p. 162. Ce Gaspard était capitaine au 3ᵉ régiment d'artillerie.
2. Je n'ai trouvé cet *Aperçu* mentionné que dans un catalogue du *British Museum*, avec la pièce suivante.
3. *Freimüthige Beurtheilung* .. in-8°, Berlin, 1796.
4. *Uebersicht der merkwürdigen Kriegsbegebenheiten...* in-8°, Francfort, 1796.
5. *Gemälde aus der Belagerung von Manheim*, in-8°, Manheim, 1796.
6. *Plan von Manheim* .. in-8°, Manheim, 1796.
7. *Die Uebergabe der Festung Manheim...* in-8°, Francfort, 1796.

à nos troupes, en les immobilisant par un hiver affreux sous les murs d'une place imprenable.

Moreau, Désaix, Reynier qui inspirent ou corrigent son livre, connaissent la trahison, car ils ont parcouru les pièces de la correspondance trouvée dans le fourgon de Klinglin. Cette trahison, le Directoire l'annonce, en publiant la *Pièce trouvée à Venise, dans le portefeuille de d'Antraigues*, in-8°, Paris an V, puis en pluviôse et messidor an VI, les 2 vol. in-8° de la *Correspondance trouvée le 3 floréal an V à Offembourg*. La correspondance avait été déchiffrée avec soin par Réal. Le *Rapport sur la conjuration du 18 Fructidor an V* de Bailleul, lu dans la séance du 26 ventôse an VI, en partie rédigé d'après cette correspondance, reste une des pièces essentielles du procès de Pichegru.

« Je crois qu'il faut tout nier », écrivait Condé au Prétendant, en lui envoyant la *Pièce trouvée à Venise*, « où V. M., ajoutait-il, trouvera toute l'histoire de Pichegru avec moi ». — « Nul doute qu'il ne faille nier tout ce qui regarde Pichegru », répondait le « roi ». — Obéissant au mot d'ordre, Imbert-Colomès déclare que la pièce « est fausse » : *A ses commettans et au peuple françois*, in-8°, Francfort, 1797. A son tour, Camille Jordan adresse *A ses commettans* sa protestation contre le rapport de Bailleul, in-8°, Hambourg, 1798 : il refuse de croire à l'authenticité des pièces trouvées dans le fourgon de Klinglin.

La publication de ces pièces n'a pas convaincu Carnot : qu'on lise sa *Réponse au rapport de Bailleul*, in-8. s. l. (Hambourg), an VI. Il ne sait si Pichegru est coupable ; « il le fut sans doute, si la centième partie de ce qui est dit de lui dans le rapport de la commission est vrai » ; mais ce rapport, si injuste à l'égard de Carnot ne l'est-il pas aussi à l'égard de Pichegru ?

« Carnot a répondu pour son compte, écrit Gallais, *18 Fructidor, ses causes et ses effets*, 2 vol. in-8°, Hambourg, 1799. Pichegru n'a peut-être pas besoin de répondre pour le sien ; il nous plaît de répondre pour lui. » Mais il ne répond guère au rapport de Bailleul, qu'il juge un « galimatias sale et dégoûtant », que par des mots à effet ou des injures.

Ramel se borne à affirmer dans une note « que le sauveur de la France » ne peut avoir conspiré contre sa patrie, *Journal*, in-8°, Londres, 1799. Mais les *Anecdotes secrètes sur le 18 Fructidor* prouvent qu'à la Guyane Ramel et Tronçon-Ducoudray étaient toujours en opposition de principes avec Pichegru, in-12, Londres, 1799 [1].

---

1. D'après ces *Anecdotes*, Ramel fut prié de quitter l'Angleterre, où il avait abordé, après son évasion, avec Pichegru, deux jours après son arrivée. Le général,

*De 1799 à 1814.* — La liste des publications des fructidorisés n'est pas close. Sans parler de celles qui ne parurent qu'après 1815, on ne saurait oublier *Déportation et naufrage* du député J.-J. Aymé[1], in-8°, Paris, s. d. (1800). Aymé rapporte qu'il a vu au Temple l'adjudant Badonville « couvert de blessures reçues au service de la République. Cet homme très brave très honnête, était très simple, et l'on comptait beaucoup sur lui pour en faire un délateur de son général. Il disait à qui voulait l'entendre : « Ils me retiennent ici pour me faire déclarer que Pichegru a trahi. Ils me mettraient plutôt en pièces que de me faire avouer une pareille imposture. Pichegru est un brave homme, un bon républicain, incapable de trahison. »

Ces protestations si vives en faveur de Pichegru encouragent les royalistes, qui écrivent alors l'histoire de la Révolution, à nier sa trahison ; elles inspirent des doutes aux autres.

Carnot-Feulin reproche au Directoire de n'avoir point montré à Pichegru la « pièce trouvée à Venise » en original, *Histoire du Directoire constitutionnel*, in-8°, Paris, an VIII : « Ah ! sans doute, écrit-il, il eût aisément détruit ce tissu de calomnies et d'absurdités. » Bertrand de Molleville ne regrette que l'insuccès de l'intrigue de Condé avec le général, *Histoire de la Révolution française*, 14 vol. in-8°, Paris, 1801-1803. L'ancien vicaire d'Embrun, Fantin Desodoards, louvoie entre les opinions adverses, *Histoire de la république française*, 2 vol. in-8°, Paris, an VI, qui forment les tomes V et VI de l'*Histoire philosophique de la Révolution de France*, 9 vol. in-8° Paris, 1801. C'est aussi la préoccupation visible des auteurs anonymes[2] de l'*Histoire de la Révolution de France par deux amis de la Liberté*, 19 vol. in-18 Paris, 1792-1803. Ils consacrent une partie du tome XVI à la campagne de l'armée de Rhin-et-Moselle, passent sous silence les échecs de Heidelberg et de la Pfrimm, admirent la retraite qui suivit ce dernier combat, soutiennent que « quels que soient les événements postérieurs et la gravité des inculpations dirigées contre Pichegru, sa gloire militaire doit demeurer intacte sous la plume de l'historien impartial et véridique », considèrent le 18 Fructidor comme une « calamité publique ». Mais ils dénoncent les agissements des émigrés, leur « vaste combinaison... sur les principaux points où le contact de l'ennemi pouvait avoir le plus de prise ». Beaulieu achève à la même époque ses *Essais histo-*

---

au contraire, était reçu avec faveur par nos ennemis, assistait incognito à la séance de la Chambre des Pairs, entre le duc d'York et le Stathouder, était salué par les Lords ; il dînait chez un des membres distingués du parlement avec Wickham, Sidney Smith, Mallet, Phelippeaux, le marquis de Trémolin.

1. Louis-Ange Pitou publie son *Voyage à Cayenne et dans les deux Amériques* en 1805, 2 vol. in-8°, Paris.
2. Lombard et Langres, de Mailly, Beaulieu, successeurs de Kerverseau et Clavelin.

riques sur les causes et les effets de la Révolution française. 6 vol. in-8°, Paris 1801-1803 ; partisan de Pichegru il déplore que les Conseils ne l'aient point chargé de diriger « l'insurrection légale » contre le Triumvirat, avant Fructidor. Ses essais, commencés comme une histoire, se terminent comme un pamphlet [1].

Pamphlet aussi, où plutôt succession de pamphlets contre-révolutionnaires, classés dans l'ordre des biographies, le *Dictionnaire biographique et historique des hommes marquants de la fin du XVIIIᵉ siècle*, vulgairement appelé *Biographie de Londres, de Breslau et de Leipzig*, attribué à l'émigré marquis de la Maisonfort, et rédigé plutôt à Hambourg, de 1799 à 1800, par Coiffier de Verseux, 3 vol. in-8°, Londres, 1800 ; réimprimé en 4 vol. in 8°, Leipzig ou Breslau, 1806 [2]. On ne peut attribuer plus de valeur historique au recueil biographique publié à Londres, en 1800, en 3 vol. in-8°, sous le titre *The Revolutionnary Plutarch* : Pichegru y figure avec un portrait en tête du tome II : le biographe anglais n'a que des éloges pour le protégé des Anglais.

Emmanuel Toulongeon se propose d'écrire une histoire exacte, précise et impartiale de la Révolution : *Histoire de France depuis la Révolution de 1789*, 7 vol. in-8°, Paris, 1801-1810. Cet ancien militaire, colonel de chasseurs sous l'ancien régime, ex constituant, membre de l'Institut et député au Corps législatif sous l'Empire, est un Franc-Comtois. Son embarras est visible : il pense que l'histoire ne pourra jamais démontrer que Pichegru fut gagné à la monarchie, « parce que ses actions (qui seules appartiennent à l'histoire) ne le prouvent pas » ; mais il expose la campagne de 1795 sans un mot d'éloge à l'égard de Pichegru.

Il écrivait, il est vrai, sous l'Empire, et l'on sait avec quelle violence Bonaparte avait pris parti contre Pichegru. Il avait ordonné la publication des papiers de la *Conspiration anglaise*, in-8°, Paris, an IX ; des *Papiers saisis à Bareuth et à Mende*, in-8° Paris, ventôse an X ; du *Procès instruit par la cour de justice* [3]... 6 vol. in-8°, Paris, 1804. On ne pouvait nier que Pichegru, en Allemagne comme en Angleterre, ne se fût mis à la remorque de l'émigration, après son évasion de la Guyane. Sa conduite confirmait les accusations de l'auteur anonyme (Rœderer sans doute) qui publiait, en 1804, *Piche-*

---

1. Une correspondance importante est publiée à cette époque (1801). C'est la *Correspondance du général Grenier et de son état-major avec les généraux Jourdan, Kléber, Ernouf*, tirée des papiers du général Grenier, pour servir à l'histoire des campagnes de l'armée de Rhin-et-Moselle pendant l'an IV et l'an V.

2. Le *Dictionnaire néologique des hommes et des choses*, par le cousin Jacques, entrepris en l'an VIII, annonçait une longue notice sur Pichegru. Nodier avait promis des articles. L'impression en fut arrêtée par la police à l'article *Côtes-du-Nord*.

3. « C'est du granit », écrivait-il.

gru et Moreau, brochure in-12, à la suite de laquelle Bonaparte a fait imprimer le *Mémoire concernant la trahison de Pichegru*. Nous savons que le mémoire est l'œuvre de Montgaillard, comme les *Mémoires secrets* publiés la même année [1].

Volontiers nous serions disposé à tenir peu de compte de ces *Mémoires secrets* : ils furent rédigés en 1804, dans le but de compromettre Moreau avec Pichegru. Mais le *Mémoire concernant* est une œuvre antérieure, que Roberjot envoya de Hambourg au Directoire en l'an VI et qui resta dans les archives du gouvernement jusqu'au mois de ventôse an XII. A cette date, Montgaillard écrivit de Toulouse au préfet Dubois (3 ventôse) : à la suite de cette lettre, le secrétaire d'État fit des recherches dans les archives ; il y trouva le mémoire de Montgaillard et engagea Dubois, le 12 ventôse, à en faire venir l'auteur à Paris, « avec tous ses papiers ». Le *Mémoire concernant*, retouché sur quelques points, parut en germinal. Le *Courrier français* l'analysait le 18 et le 19 : il fut publié quelques jours auparavant. Rapprochons la mort de Pichegru (nuit du 15 au 16) de cette publication : Montgaillard a fourni à Bonaparte l'arme dont il a frappé Pichegru.

En dépit des mensonges qu'il renferme, le *Mémoire* parut accablant au prisonnier du Temple. De là son suicide. Il comprit que, malgré les allusions de Réal au pardon de Bonaparte [2], il recevait de son ennemi le coup mortel, qui le faisait mort pour la France ; l'impitoyable consul n'accordait d'indulgence qu'au prix du déshonneur.

C'est dire que nous attribuons une valeur historique au *Mémoire* [3]. En dirions-nous autant de l'*Histoire du général Pichegru*, in-12, Paris, an X, médiocre compilation anonyme, comme le *Précis historique de la vie militaire de Pichegru*, in-8°, s. l. n. d., dont Veridel a signé la préface, ou comme la brochure imprimée à Brest en l'an XII (1803) et saisie par la police, *Sur le général Pichegru* [4] ? La première œuvre seule présente une consistance : encore n'est-elle souvent qu'un résumé de l'*Histoire chronologique* du citoyen David ou des *Anecdotes secrètes sur le 18 Fructidor*, résumé fait sans doute par Cousin d'Avallon, auteur fécond des *Vies de Bonaparte*, de *Kléber*,

---

1. Voir aussi *Notice abrégée sur la vie des assassins aux gages de l'Angleterre*, in-8°, Paris, 1804, publiée dans le *Procès*.
*Détail sur la mort de Pichegru dans la prison du Temple*, in-8° (Paris), s. d. (1804) ; *Détails curieux sur le suicide de Ch. Pichegru*, s. l. (Paris), s. d., in-8°, pièce ; *Recueil des pièces authentiques relatives au suicide du général Pichegru*, etc. Voir le n° 331 de la série Zb¹⁹ du tome III du *Catalogue de l'Histoire de France*.
Voir aussi *Alliance des Jacobins avec le ministère anglais* (par Méhée), in-8°, Paris, an XII.
2. Bonaparte aurait fait offrir par Réal à Pichegru le gouvernement de la Guyane : Voir *Indiscrétions* de Musnier-Desclozeaux.
3. En dépit des erreurs et des mensonges qu'il contient.
4. On la trouve dans un carton de F⁷, n° 6373, dossier 7603.

Desaix, Moreau, Toussaint-Louverture, de recueil des bons mots de Beaumarchais, de Rivarol, etc.

Ces publications diverses, officielles ou autres, servirent à rédiger une autre compilation parue en 2 vol. in-8º à Erfurth, s. d. (1809), *Pichegru, général en chef des Français, soudoyé par l'Angleterre*[1]. L'auteur anonyme paraît avoir utilisé les *Notices* de Fauche-Borel. Ces *Notices sur les généraux Pichegru et Moreau*, in 8º, Londres, 1807, publiées en anglais, en 1808, sous le titre de *Memoirs on the general Pichegru and Moreau, by Louis Fauche-Borel*, sont écrites pour répondre aux mémoires de Montgaillard et faire valoir les services qu'a rendus à la monarchie des Bourbons le libraire de Neufchatel, « mouche du coche de l'émigration ». Fauche-Borel raconte ses entrevues avec le général en Alsace, à Arbois, à Paris avant Fructidor, ses négociations avec David Monnier, porte-parole du directeur Barras, avec Moreau sous le Consulat, son arrestation, son internement au Temple et son élargissement. Récit attachant et certainement vrai sur plus d'un point : mais tant de fois le libraire déforme les faits plus encore par vanité que par intérêt[2] !

Il avait joint à ses *Notices* les lettres de Montgaillard à d'Antraigues, communiquées par celui-ci, qui ne tarda point à se brouiller avec lui. La brouille fut même assez vive puisque Fauche s'est plaint des persécutions subies de la part de MM. d'Antraigues et Puisaye[2].

*De 1814 à 1830.* — La mort le délivra bientôt de cet ennemi. Il rentra en France avec les émigrés en 1814, en sortit avec eux en 1815, mais, avant d'y revenir, après les Cent-Jours, il fut en butte aux calomnies de Perlet, qui l'accusa d'être un espion de Bonaparte et trouva créance auprès de M. de Blacas. Il triompha du calomniateur après un procès célèbre, mais non de la calomnie. Le *Précis historique des différentes missions dans lesquelles M. L. Fauche-Borel a été employé*, ne fit qu'aggraver son cas. in-8º, Paris, 1815. L'ouvrage, qui complète les *Notices* sur quelques points et qui prête aux mêmes critiques, racontait la dernière intrigue avec Perlet, prouvait que le libraire n'avait pas été seul dupe de l'ancien fructidorisé : l'entourage royal s'était laissé prendre au piège de Desmarets. Le parti libéral en fit des gorges chaudes, publia le *Précis* à Bruxelles, en 1816, sans « ôter à l'ouvrage ce caractère de naïveté qui est fait

---

1. *Pichegru, Obergeneral der Franzosen...*
2. *Exposition of the persecutions, which L. F. B. (Louis Fauche-Borel) has experienced from M<sup>rs</sup> d'Antraigues and Puisaye...*, in-4º, Londres, 1812. Il se disait persécuté « en conséquence du zèle qu'il avait manifesté au service de l'Angleterre et pour la cause de la Légitimité ». Le comte de Puisaye publie ses *Mémoires* de 1803 à 1808, à Londres, 6 vol. in-8º. Le tome VI, publié en 1807, nous intéresse tout particulièrement : il raconte les démêlés de Puisaye avec Brottier et l'agence royale.

pour inspirer confiance ». Une troisième édition en fut donnée, sous un titre nouveau, l'année suivante : *Histoire très intéressante de plusieurs souverains, princes, ministres, grands, généraux et autres personnages de distinction*, in-12, Paris-Bruxelles, juillet 1817 : cette fois, Fauche-Borel battait monnaie avec sa propre infortune [1].

Lombard de Langres utilisa, quelques années après, les confidences du libraire, pour écrire sur Pichegru les deux chapitres vii et viii de ses *Mémoires anecdotiques*, 2 vol. in-12, Paris-Bruxelles, 1823. L'un d'eux, dialogue entre Pichegru et Fauche lors de l'entrevue de « Plobsheim », reste intéressant à lire, bien qu'il n'offre, au point de vue de l'histoire, aucune garantie sérieuse.

Que d'auteurs de mémoires ou de placets, imprimés ou manuscrits, s'efforçaient alors de rattacher leur histoire à celle du « martyr de la Légitimité » ! Treille, dupe de Leblanc, qui livra Pichegru à la police écrivait *la Vérité dévoilée*, in-18, Paris, 1814 : le médecin Le Joyand, Franc-Comtois d'origine, publiait ses *Services rendus à l'humanité et à la maison des Bourbons*, in-8°, Paris, 1815 [2]. — Les biographes royalistes faisaient l'éloge de Pichegru ; ainsi Gassier, sous-préfet légitimiste, auteur d'une *Vie de Pichegru*, in-18, Paris, 1814 : œuvre médiocre comme ses études sur Cadoudal, Louis XVI, les Bourbons, les héros chrétiens, la chevalerie française, etc. La *Biographie des hommes vivants*, 5 vol. in-8°, Paris, Michaud, 1818-1819, consacrait au général une notice, comme la *Galerie historique des contemporains*, rédigée par Jullian de Montpellier, 8 vol. in-8°, Bruxelles, 1818-20.

Ces œuvres de parti [3] n'intéressent que la bibliographie ; l'histoire ne peut s'en servir qu'avec défiance. En dirai-je autant d'une série de publications royalistes relatives à l'émigration, aux Bourbons ou à leurs agents ? Le *Précis des mémoires de M. le baron de Christol*

---

1. Au sujet de son procès avec Perlet, voir la *Réponse de F. B. à M. Riffé*, substitut de M. le procureur du roi, in-8°, Paris, 1816. Il avait aussi plaidé contre H. Larivière, qui refusait de lui rendre de l'argent prêté. Voir *Plaidoyer pour Louis Fauche-Borel contre M. Henri Larivière*, in-8°, 1818.

2. Il introduit des royalistes dans les services médicaux de l'armée, d'accord avec Pichegru, en 1797. Parmi les placets je citerai seulement ceux du major suisse Rusillon, qui, pour obtenir un emploi dans l'armée, se dit « aide de camp de Pichegru en 1804 », et M⁽ᵐᵉ⁾ Lajolais, maîtresse du général, qui, pour obtenir une pension, fait valoir les services rendus à la maison des Bourbons.

On trouve des renseignements sur Pichegru dans quelques publications de la même époque relatives à Moreau : Breton de la Martinière *Proscription de Moreau*, in-8°, Paris, 1814 ; Châteauneuf, *Histoire du général Moreau*, in-8°, Paris, 1814 ; plaidoyers de Bonnel, de Guichard, etc., pour les accusés de l'an XII, dans *Procès célèbres de la Révolution*, 2 vol. in-8°, Paris, 1814 (Guichard) ; Garat, *De Moreau*, in-8°, Paris, 1814 ; Lecourbe, *Opinion sur la conspiration de Moreau*, in-8°, Paris, 1814.

3. Cependant la *Biographie des hommes vivants*, refondue et augmentée, fut, avec la *Biographie universelle*, la première ébauche de la *Biographie Michaud*, si précieuse pour les historiens.

nous renseigne sur l'agence de Souabe, à laquelle le baron fut adjoint de 1796 à 1805, in-8°, Avignon, 1818. De Beauchamps, qui, de son passage dans les bureaux de la police [1], a rapporté de sûrs documents, retrace la vie d'un chouan et les intrigues du parti royaliste avant Fructidor, dans les *Mémoires du comte Fortuné Guyon de Rochecotte*, in-8°, Paris, 1818. D'Ecquevilly raconte les *Campagnes du corps sous les ordres de S. A. S. Mgr le prince de Condé*, 3 vol. in-8°, Paris 1818; œuvre essentielle pour l'histoire de l'armée de Condé. *La Vie de L.-S. de Bourbon Condé*, par Chambelland, n'est qu'un panégyrique, in-8°, Paris 1819; mais l'*Histoire de la maison de Condé* renferme des documents intéressants, des lettres du dernier Condé (tome II), 2 vol. in-8°, Paris, 1820. Larue, le compagnon de Pichegru en Allemagne après son évasion, comme lui fructidorisé et déporté à la Guyane, publie la première œuvre sincère sur l'*Histoire du 18 Fructidor* 2 vol. in-8°, Paris, 1821. Cette histoire a été réimprimée partiellement en 1895 en 1 vol. sous le titre : *la Déportation des députés à la Guyane*. Dupont-Constant révèle l'organisation secrète du parti royaliste dans son *Essai sur l'Institut philanthropique*, in-8°, Paris, 1823, seconde brochure publiée par lui sur ce sujet. Enfin Antoine a fait, après Montrol, un effort louable pour réunir les documents épars sur l'*Histoire des émigrés français*, 3 vol. in-8°, Paris, 1828.

Les royalistes écrivent aussi l'histoire de la Révolution. Charles de Lacretelle qui, dès 1801, s'essayait à l'histoire après avoir joué, à l'époque de Vendémiaire, un rôle important dans le parti (*Précis historique de la Révolution*, 5 vol. in-18, Paris, 1801), achevait, sous la Restauration, son *Histoire de France au XVIIIe siècle*, 14 vol in-8°, 1808-1826. Au tome XIII de cette histoire p. 83 et suiv. il exposait avec justesse la tactique de Pichegru, examinait, p. 86, les charges relevées contre lui : il n'admettait point que le général eût été tenté par des offres pécuniaires, lui attribuait un « grand caractère », de « belles qualités d'âme » et, dans les documents publiés contre lui, ne trouvait de certain qu'un seul point : « une résolution ferme et sincère de travailler au rétablissement de la monarchie française ». Retenons au moins cet aveu de l'auteur des *Dix ans d'épreuves*, in-8°, Paris, 1842.

Combien inférieure, ni véridique, ni composée, utile cependant, car elle fournit des indications précieuses, l'*Histoire depuis la fin du règne de Louis XVI*, publiée sous le nom de l'abbé de Montgaillard, mais écrite en grande partie par son frère, le « comte »! L'abbé n'a publié

---

[1]. Il fut chassé des bureaux de la police parce qu'il en avait utilisé les dossiers pour écrire son *Histoire de la guerre de Vendée et des chouans*, 3 vol. in-8°, Paris, 1806. 2e édition en 1807. 3e édition en 1809.

que la *Revue chronologique de l'Histoire de France*, en 1820, revue qui servit de canevas à l'*Histoire* publiée en 9 vol. in-8° en 1828 et en 13 en 1834 [1].

Fauche-Borel clôt la série des œuvres royalistes, qui, de près ou de loin, intéressent l'histoire de Pichegru sous la Restauration. Ses *Mémoires*, 4, puis 5 vol. in-8°, Genève, 1829, furent rédigés par de Beauchamps, à l'aide des *Notices*, du *Précis historique*, du *Mémoire concernant* de Montgaillard, des *Détails de mon dernier voyage en Alsace*, rapport manuscrit conservé par le libraire sur ses premières missions auprès de Pichegru [2], et de souvenirs plus ou moins fidèles. C'est une compilation de valeur historique douteuse, mais qui reste utile, à raison des détails qu'elle renferme sur les personnages de l'émigration ou sur leurs intrigues. Cette spéculation de librairie porta malheur à Fauche. Elle lui attira des attaques violentes de la part des libéraux, mais surtout des royalistes [3] : désespéré, il se jeta par une des fenêtres de la maison qu'il habitait. Il mourait victime plus encore des vérités que des erreurs qu'il avait imprimées.

Mais la statue de Pichegru se dressait en Franche-Comté, après bien des polémiques et des procès. Une commission s'était formée à Arbois, pour l'érection de la statue (oct. 1821); une autre s'était formée à Paris, présidée par le marquis de Rivière, puis par le lieutenant général de Coutard. Celle-ci prit en fait la direction de l'entreprise et, sur l'avis de Ch. Nodier, fit campagne pour élever la statue à Besançon. De là les protestations de la première et son *Mémoire pour la commission d'Arbois contre la commission de Paris*, in-4°, s. d., Paris. Cependant la statue, fondue avec le bronze de canons hollandais, était terminée en 1824; elle figurait au salon de cette année et Nodier lui consacrait une notice attendrie dans la *Quotidienne* du 12 janvier 1825. Malheureusement la souscription n'atteignait pas le chiffre fixé par Fragonard. Le *Drapeau blanc* du 11 avril et du 3 août 1824 sollicita des souscriptions nouvelles. La commission manquait d'argent pour sculpter les bas-reliefs. Ces bas-reliefs représentaient Pichegru refusant aux députés de Hollande 10.000 florins de rente; Pichegru déchirant l'ordre que lui adressait la Convention de fusiller les prisonniers anglais ; Pichegru vendant son sabre et son habit pour subvenir aux frais de sa captivité! On adressa aux souscrip-

---

1. Voir au tome IV, p. 306 : Pichegru, forcé par les représentants en mission d'entrer en Hollande, avait déjà « fait connaître à Louis XVIII son intention de concourir au rétablissement de la maison de Bourbon » (p. 408-9). Il attendait, après la perte de Manheim, d'être poursuivi avec vigueur par les Autrichiens pour abandonner l'Alsace, etc. Rien en revanche, ou presque rien, sur le combat de Heidelberg, le passage du Rhin par Jourdan, l'inaction de Pichegru.
2. M. Daudet l'a publié dans sa *Conjuration de Pichegru*, d'après les archives de Chantilly.
3. Cf. *Réponse à Louis Fauche-Borel*, par le baron de Marguerit, in-8°, Paris, 1829.

teurs, pour stimuler leur zèle, une plaquette représentant la statue et les bas-reliefs. Enfin le *Journal de Paris* put annoncer (n° du 15 décembre 1825) que la commission rendrait ses comptes aux souscripteurs : *Monument de Pichegru, communication à l'assemblée de la commission parisienne* dans sa séance du 19 décembre 1825, in-4°, Paris, s. d. Mais Arbois, Lons-le-Saunier, protestaient contre les décisions de la commission parisienne, réclamaient la statue, engageaient un procès[1].

« Le bronze n'était pas encore refroidi, la statue de Pichegru brisait à peine son moule d'argile, et déjà la discorde avait sifflé autour d'elle et substitué aux hymnes de l'inauguration des exploits d'huissier et les rauques accents de la chicane. Pichegru a été mis en fourrière par ses propres édiles. La proscription est venue frapper sa statue, comme en l'an V elle avait atteint sa personne... Il est des destinées éternellement malheureuses ! » L'auteur de la brochure à laquelle nous empruntons cet extrait[2], annonçait la publication d'une biographie nouvelle du général, publication qui n'a pas vu le jour.

L'érection de la statue provoquait aussi une polémique violente entre les journaux des ultras et ceux des libéraux, le *Drapeau blanc*, la *Quotidienne* d'une part, le *Constitutionnel* de l'autre. Le *Drapeau blanc* publiait, le 18 décembre 1825, les lettres d'un neveu de Pichegru, Barbier, et d'un ami, magistrat habitant aux environs de Lyon, qui signait de son initiale E. La *Quotidienne* du 20 janvier 1826 présentait une critique amère du livre de Pierret, *Pichegru, son procès, son suicide*[3], in-8°, Paris, 1826 ; dans le même journal (19 juin 1826), Nodier reprochait à Lefebvre d'avoir fait œuvre de parti, en écrivant son *Résumé de l'histoire de Franche-Comté*, sévère pour Pichegru, in-18, Paris, 1826. Le *Constitutionnel* du 28 juillet 1826 insérait un article de Th...(Thiers ?), accusant Pichegru d'avoir trahi la France et d'avoir conduit ses troupes volontairement à la défaite et à la mort. Fauche-Borel protestait dans la *Quotidienne* du 31 juillet ; le *Constitutionnel* répliquait le 1er août.

Les libéraux n'ont pas attendu l'approche de la révolution de 1830 pour répondre aux apologistes de Pichegru. La *Biographie nouvelle des Contemporains*, publiée en 20 vol. in-8°, à Paris, de 1820 à 1825, par Arnault, Jay, Jouy et Norvins, apprécie sévèrement sa campagne de 1795 : « Il manœuvra de manière à se laisser battre, ordonna la retraite de ses troupes, dans les occasions où elles pouvaient triompher... offrit en holocauste, non seulement sa propre réputation, mais la vie de ses frères d'armes et concitoyens. » Malgré

---

1. *Département du Jura... Charles Pichegru*, in-4°, pièce, Lons-le-Saunier, s. d.
2. *De Pichegru et de sa statue*, in-4°, Paris, s. d. et s. n. d'auteur.
3. Il conclut au suicide et non à l'assassinat.

les bévues nombreuses échappées aux sous-ordres, cette biographie reste une œuvre utile, comme le *Dictionnaire historique et biographique des généraux français* de Courcelles, 9 vol. in-8°, Paris, 1820-23.

Il faut en dire autant de la compilation, si confuse pourtant, si souvent incomplète ou inexacte, *Victoires et Conquêtes*, 24 vol. in-8°, 1817-21, que Thiers a utilisée pour son *Histoire de la Révolution*, 10 vol. in-8°, 1823-27, et Mignet pour la sienne, plus sobre et plus sûre, parue en 2 vol. in-8°, Paris, 1824. Ces vétérans de l'histoire écrivent sous la dictée des contemporains ; on peut tenir compte de leur opinion ; à l'égard de Pichegru, elle n'est pas douteuse : il a trahi.

C'est l'avis de Gohier, *Mémoires*, 2 vol. in-8°, Paris, 1824 ; celle de Thibaudeau dont les *Mémoires sur la Convention et le Directoire* comptent parmi les plus utiles et les plus exacts de ce temps, 2 vol. in-8°, Paris, 1824. Savary [1], duc de Rovigo, qui fut officier à l'armée du Rhin, donne une des raisons les plus vraisemblables de la trahison dans ses *Mémoires pour servir à l'histoire de l'empereur Napoléon*, 8 vol. in-8°, Paris, 1828. Le baron Fain apporte quelques preuves dans son *Manuscrit de l'an III*, in-8°, Paris, 1829, et Bourrienne quelques propos de Napoléon dans ses *Mémoires sur Napoléon*, 10 vol. in-12, Paris, 1829-30. Celui-ci n'avait pas changé d'opinion sur Pichegru à Sainte-Hélène, on le sait par le *Mémorial de Las Cases* [2].

Jomini apprécie avec justesse et sévérité les manœuvres de Pichegru, pendant la campagne de 1795, *Histoire critique et militaire des guerres de la Révolution*, 15 vol. in-8°, 1820-24, réédition en 16 vol. de 1831 à 1839 ? Le chef de bataillon Viennet a recueilli l'opinion des généraux de l'époque, surtout des généraux de l'armée de Sambre-et-Meuse : il hésite entre l'impéritie ou la trahison, *Campagnes du Nord depuis 1794 jusqu'en 1796*, 2 vol. in-12, Paris, 1827. Gouvion-Saint-Cyr écrit ses précieux *Mémoires sur les campagnes de l'armée du Rhin et de Rhin-et-Moselle*, 4 vol. in-8°, Paris, 1829, dont le second volume est indispensable à qui veut étudier la campagne de 1795. Il soutient que Pichegru n'a pas voulu se faire battre ; que ses échecs proviennent de causes étrangères à sa volonté ou de sa médiocrité militaire, mais qu'il a

---

1. Voir du même *Mémoire sur la mort de Pichegru, du capitaine Wright*, etc., in-8°, Paris, 1825.

Savary, dans ses *Mémoires*, écrit surtout sa propre justification, comme Méhée de la Touche, dans son *Extrait des mémoires inédits sur la Révolution française*, in-8°, Paris, 1823, brochure où il est question de Pichegru. Voir sur Méhée mon étude dans la *Revue historique* de 1901.

2. Voir *Napoléon, ses opinions et jugements sur les hommes et sur les choses, recueillis par ordre alphabétique*, par Damas-Hinard, 2 vol. in-8°, Paris, 1838.

trahi en 1796, en maintenant ses troupes en cantonnements sur un sol dévasté, au lieu de les disperser, comme il le pouvait sans crainte pendant la trêve, jusqu'à dix jours de marche de la frontière.

II. — *Publications postérieures à 1830, époque de l'Histoire: A. Mémoires des contemporains de Pichegru et documents contemporains.*

Jusqu'en 1830, il n'est guère d'écrit important sur le Directoire ou sur le Consulat qui, par quelque côté, campagnes dans le Nord ou sur le Rhin, 18 Fructidor, émigration, armée de Condé, n'intéresse notre sujet. Car ces écrits sont l'œuvre des contemporains ; ils nous donnent *leur opinion* sur Pichegru, et cette opinion a pour nous une valeur documentaire.

Après 1830, la plupart des contemporains sont morts et l'histoire commence à naître. On publie encore les lettres, les mémoires des premiers; en même temps les historiens de la Révolution ou de l'Empire racontent les événements auxquels ils n'ont pas assisté. De là une distinction à faire parmi les ouvrages qui se rapportent à notre sujet : 1° *les mémoires ou les recueils de documents contemporains ;* 2° *les études sur Pichegru, son rôle politique ou militaire.* Bornons-nous aux premiers d'abord.

*1830-1870.* — A part un *Récit abrégé des campagnes des II<sup>e</sup> et III<sup>e</sup> années républicaines,* par Vandamme, brochure in-8°, Courtrai, 1838[1], il n'est guère de mémoire, publié sous la monarchie de Juillet par des officiers de la Révolution, qui traite avec détail des campagnes de Pichegru. En revanche, voici des mémoires qu'il faut consulter pour apprécier son rôle politique, celui de ses amis ou de ses adversaires à l'époque du 18 Fructidor : les *Mémoires et souvenirs de Lavalette,* 2 vol. in-8°, Paris, 1831 [Lavalette fut envoyé par Bonaparte, en 1797, à Paris, pour connaître l'état des partis et négocier avec le Directoire] ; les *Mémoires tirés* (par Beauchamp et Schubart) *des papiers d'un homme d'État,* 13 vol. in-8°, 1828-1838 [utile compilation de documents contemporains ; les tomes IV et V, les seuls qui nous intéressent, ne furent publiés qu'en 1831 et 1832]; l'*Histoire secrète du Directoire,* attribuée à Fabre de l'Aude, député aux Cinq-Cents sous le Directoire, ami de Barras qui le chargea de missions importantes auprès de Bonaparte et de Pichegru, 4 vol. in-8°, Paris, 1832 [mémoires amusants comme

---

1. Cf. le *Général Vandamme et sa correspondance,* par A. du Casse, 2 vol. in-8°, Paris, 1870.

un roman, et plus près du roman que de l'histoire]; les *Souvenirs d'un Sexagénaire*, par l'académicien Arnault, 4 vol. in-8°, Paris, 1833-34 [voir le tome II]; les *Mémoires sur la Révolution de France* de Vaublanc, 4 vol. in-8°, Paris, 1833 [de Vaublanc connut Pichegru pendant la période qui précéda le 18 Fructidor]; le *Journal d'un Déporté non jugé* (Barbé-Marbois), 2 vol. in-8°, Paris, 1834 [Barbé-Marbois fut en relations avec Pichegru à Paris en 1797 et pendant sa déportation]; les *Souvenirs* de Mathieu Dumas, 3 vol. in-8°, Paris, 1839 [Dumas, un des chefs du parti constitutionnel en 1797, travailla dans le comité militaire avec Pichegru]; les *Mémoires secrets* du comte d'Allonville, 5 vol. in-8°, Bruxelles, 1841 [voir le tome IV][1]. Le Franc-Comtois Nodier réunit dans ses *Souvenirs* deux études, publiées déjà sur Pichegru dans la *Revue de Paris* ou la *Revue de Bruxelles*, in-8°, Paris, 1841. A peine au sortir de l'enfance, Nodier a connu Pichegru, assez pour conserver de lui une impression inoubliable, pas assez pour le juger. Il s'est obstiné à vivre sur cette impression. De là ces deux études si joliment écrites mais si peu historiques !

Mentionnons aussi un passage des *Mémoires* du général S. Girardin sur la mort de Pichegru, 2 vol. in-8°, Paris, 1834 [Girardin était l'ami de Joseph Bonaparte], et les *Indiscrétions* (de Réal), mises en ordre par Musnier-Desclozeaux, 2 vol. en 1 vol. in-8°, Paris, 1835 [Réal, qui déchiffra les papiers du fourgon de Klinglin, interrogea Pichegru en 1804][2].

Les mémoires ou documents publiés après 1818 et sous l'Empire intéressent surtout la vie militaire de Pichegru ou ses relations avec Condé[3], Louis XVIII et Wickham. Les précédents permettent d'étudier son histoire après son élection comme député aux Cinq-Cents; ces derniers contiennent plutôt des détails sur son rôle politique ou militaire en 1795 et 1796. Ce sont des publications essentielles : *Vie et Correspondance de Merlin de Thionville*, publiée par Jean Reynaud, 1 vol. gr. in-8°, Paris, 1860 [lettres du conventionnel, représentant en mission à l'armée du Rhin, aussi indispensables que les Mémoires de Saint-Cyr pour l'étude des opérations militaires de Pichegru en 1795]; *Thugut, Clerfayt et Wurmser*, par Vivenot, grand in-8°, Vienne, 1869 [lettres officielles des deux maréchaux qui commandaient les armées

---

1. Joindre à ces publications les *Lettres ou Instructions de Louis XVIII au comte de Saint-Priest*, in-8°, Paris, 1845.
2. Joindre aux publications antérieures à 1818 *Diaries and correspondence of first earl of Malmesbury*, 4 vol. in-8°, 1844.
3. Spécialement sur Condé ou l'armée de Condé, voir *Correspondance condéenne*, par le comte D. (La Roche-Poncié), in-8°, Paris, 1859; Sommervogel (le P.), une *Correspondance pendant l'Émigration (1792-97)*, dans Études publiées par les P.P. de la Compagnie de Jésus, 3e série, t. XII, 1867.

autrichiennes sur le Rhin] ; *the Correspondence of the right honourable Wickham*, par son petit-fils, 2 vol. in-8°, Londres, 1870 (correspondance publiée d'après les minutes conservées dans la famille, infiniment précieuse pour l'histoire de l'émigration et celle de Pichegru, de 1794 à 1800].

Parmi les mémoires militaires de la même époque, qui apprécient la conduite de Pichegru sur le Rhin, citons d'abord les *Mémoires du maréchal Soult*, 3 vol. in-8°, Paris, 1854. Soult faisait partie de l'armée de Sambre-et-Meuse, qui passa le Rhin en 1795, sous le commandement de Jourdan. Il accuse nettement Pichegru d'avoir causé par sa trahison la retraite de cette armée ; il le regarde comme un général médiocre. Le futur duc de Raguse, Marmont, commandait une batterie sous Mayence ; il fournit dans ses *Mémoires* les plus intéressants détails sur la retraite des lignes, apprécie sévèrement l'inaction de Pichegru, 9 vol. in-8°, Paris, 1857 [1].

Les *Mémoires sur Carnot par son fils*, 2 vol. in-8°, Paris, 1860, qui complètent ou corrigent les *Mémoires historiques et militaires sur Carnot* publiés par Tissot, in 8°, Paris, 1824, ne contiennent guère de renseignements ou d'appréciations sur Pichegru que l'ex-directeur n'ait publiés déjà dans sa *Réponse à Bailleul*. Les *Souvenirs historiques et parlementaires* du comte de Pontécoulant, 4 vol. in-8°, Paris, 1861, rédigés par un secrétaire qui utilise surtout les discours de Doulcet, publiés au *Moniteur*, ne nous fournissent malheureusement aucun détail précis sur les opérations de la campagne de 1795, bien que Doulcet, pendant son passage au Comité de salut public, ait donné les ordres de mouvement aux armées du Rhin.

*1870-1907.* — Depuis 1870, que de mémoires ou de recueils de documents publiés sur la Révolution et l'Empire ! Bornons-nous à citer les plus utiles :

*Souvenirs d'un octogénaire de province*, par Désiré Monnier, in-8°, Lons-le-Saunier, 1871. [Opinion des compatriotes de Pichegru sur la trahison.]

*Journal inédit de La Villeurnoy*, dans *Correspondance de M^lle de Fernig*, publiée par H. Bonhomme, in-12, Paris, 1873.

*Documents relatifs à la Révolution française*, par H. de Saint-Albin, in-8°, Paris, 1873 [documents sur Hoche et sur Kléber].

*Biographie et Mémoires* de Thibaudeau, in-8°, Niort, 1875. [Thibaudeau fut membre du Comité de salut public, un des chefs du parti constitutionnel avant le 18 Fructidor.]

---

1. N'oublions pas que la *Correspondance de Napoléon I^er*, suivie de ses œuvres à Sainte-Hélène, 32 vol. in-8°, Paris, 1857-70, contient des lettres importantes de la période qui précède ou de celle qui suit le 18 Fructidor.

*Le Portefeuille d'un général de la République* (le général Dommartin), publié par Charles de Besancenet, in-8°, Paris, 1877. [Voir le coup d'État de Fructidor.]

*Souvenirs d'un nonagénaire*, mémoires d'Yves Besnard, publiés par C. Port, 2 vol. in-8°, Paris, 1880. [Yves Besnard était l'ami de La Revellière-Lepaux; détails sur le 18 Fructidor, ses causes et ses suites.]

*Paris pendant la Révolution*, d'après les rapports de la police secrète, par A. Schmidt, 3 vol. in-8°, Iéna, 1874-76 ; traduit par Paul Viollet, 4 vol. in-8°, Paris, 1880-1891. [Importants documents sur l'état de Paris sous le Directoire ; rapport d'un émigré sur l'état des armées, en particulier de l'armée du Rhin, en 1796.]

*Correspondance diplomatique du baron de Staël-Holstein*, ambassadeur de Suède en France, et de son successeur, le baron de Brinkman (1783-99), publiée par Léouzon le Duc, in-8°, Paris, 1881. [V. lettres relatives à la nomination de Pichegru à l'ambassade de Suède et aux causes de cette nomination.]

Sandoz Rollin, correspondance dans le recueil de M. Paul Bailleu, *Preussen und Frankreich von 1795 bis 1807*, 2 vol. in-8°, Leipzig, 1881-1887. [Correspondance de l'ambassadeur de Prusse à Paris, précieuse par les détails qu'elle fournit sur la lutte engagée entre le Directoire et les Conseils en 1797.]

*Journal de marche du sergent Fricasse*, de la 127° demi-brigade, 1792-1802, par Lorédan-Larchey, in-12, Paris, 1882. [Fricasse faisait partie de l'armée de Rhin-et-Moselle ; il a visité Manheim ; voir marches et contre-marches de sa demi-brigade en 1795.]

*Documents inédits sur l'émigration*, par de Contades : journal d'un fourrier de l'armée de Condé, in-8°, Paris, 1882.

*Mallet du Pan, correspondance avec la Cour de Vienne*, publiée par A. Michel, 2 vol. grand in-8°, Paris, 1884. [Mallet du Pan connaît bien les intrigues de l'émigration, est en relation de lettres avec Montgaillard, est informé des événements de Paris pendant la crise de Fructidor. Cf. *Mallet du Pan, mémoires et correspondance*, par Sayous, 2 vol. in-8°, Paris, 1851.]

Puymaigre (commandant de), *Souvenirs sur l'émigration, l'Empire et la Restauration*, in-8°, Paris, 1884.

Guilhermy (baron de), *Papiers d'un Émigré*, mis en ordre par le colonel de Guilhermy, gr. in-8°, Paris, 1886. [Guilhermy fut le représentant de Louis XVIII en Angleterre pendant une partie de l'émigration.]

Fauriel, *les Derniers jours du Consulat*, manuscrit de Fauriel, publié par L. Lalanne, in-8°, Paris, 1886. [Mémoire d'un contemporain sur le procès de l'an XII.]

J. Kaulek, *Papiers de Barthélemy*, 5 vol. in-8°, Paris. [Publication commencée en 1886.]

De Cheverny, *Mémoires*, édités par R. de Crévecœur, in-8º, Paris, 1886. [Quelques détails sur la jeunesse de Pichegru et sur Dossonville.]

Babeau, *la France et Paris sous le Directoire*, in-12, Paris, 1888. [Lettres intéressantes sur l'état de Paris en 1796-97.]

*Le Coup d'État du 18 Fructidor*, raconté par Talleyrand, B. Bibliophile, janvier 1888.

*Le Général Marceau, sa vie, sa correspondance*, par Hyp. Maze, 1 vol. gr. in-8º, Paris, 1889. [Lettres de Marceau, qui commandait l'avant-garde de Jourdan sur la Nahe, à la fin de la campagne de 1795 et au début de celle de 1796.]

Pion des Loches (colonel), *Mes Campagnes*, petit in-8º, Paris, 1889. [Quelques détails sur l'armée du Rhin.]

Aulard, *Recueil des Actes du Comité de salut public*, 16 vol. in-8º, Paris, en cours de publication depuis 1889. [Voir les volumes XI à XVI, pour la campagne de Pichegru à l'armée du Nord.]

De Barante, *Souvenirs*, 7 vol. in-8º, Paris, 1890-99. [L'historien de Barante, qui a écrit *l'Histoire du Directoire* et celle de *Royer-Collard*, a connu intimement quelques-uns des personnages mêlés aux événements du 18 Fructidor.]

Talleyrand (Prince de), *Mémoires*, publiés par le duc de Broglie, 5 vol. grand in-8º, Paris, 1891. [Il joua un rôle actif à l'époque du 18 Fructidor et du complot de l'an XII.] Cf. Pallain, *le Ministère de Talleyrand sous le Directoire*, in-8º, Paris, 1891.

*Mémoires politiques et militaires du général Tercier*, publiés par C. de la Chanonie, in-8º, Paris, 1891. [Tercier a reçu les confidences de Rochecotte, à son retour de Paris, en 1797, avant le 18 Fructidor. Il fut arrêté lors du procès de 1804 ; il avait pris part au complot.]

*Besançon de 1789 à 1815*, journal de J.-E. Laviron, *Revue rétrospective*, 1892, t. XVI.

Thiébault (général baron), *Mémoires*, publiés par F. Calmettes, 5 vol. in-8º, Paris, 1893-95. [Thiébault a connu Pichegru.. surtout à table.]

Baudot, *Notes historiques sur la Convention, le Directoire et l'Empire*, in-8º, Paris, 1893. [Appréciations sur Pichegru et sur Merlin de Thionville.]

V. Pierre, *le 18 Fructidor*, in-8º, Paris, 1893. [Importantes lettres de Math. Dumas, de Hoche ; rapports des ministres; documents extraits des dossiers de F⁷ sur les émigrés ou les amis de Pichegru arrêtés.]

Meneval, *Mémoires pour servir à l'histoire de Napoléon Iᵉʳ*, 3 vol. in-8º, Paris, 1894. [Utiles à consulter surtout pour l'histoire du complot de l'an XII.]

Hyde de Neuville, *Mémoires et Souvenirs*, 3 vol. in-8º, Paris, 1891.

[Voir le t. Ier, Hyde, beau-frère de Larue, a utilisé son *Histoire du 18 Fructidor* et rapporte son opinion, très favorable, sur Pichegru. D'après lui, Pichegru n'a pas trahi, bien qu'il ait été gagné aux Bourbons dès les premières négociations de Fauche.]

Montgaillard (comte de), *Souvenirs pendant la Révolution, l'Empire, la Restauration*, publiés par Cl. de Lacroix, in-8°, Paris, 1895. [Souvenirs sans grand intérêt et surtout sans grande vérité, mais renseignements sur Montgaillard dans l'introduction.]

La Révellière-Lepaux, *Mémoires*, 3 vol. in-8°, Paris, s. d. (1895). [Entrevue avec Pichegru en 1796; 18 Fructidor.]

Barras, *Mémoires*, publiés par G. Duruy, 4 vol. in-8°, Paris, 1895-96. [Rédigés par Rousselin de Saint-Albin d'après les papiers et les notes de Barras. Sur Pichegru, Rousselin a donné plutôt son opinion que celle de Barras. Mémoires très importants pour l'étude des événements qui précèdent le 18 Fructidor et de cette journée même : Barras avait pris des notes exactes et presque journalières sur les délibérations du Directoire.]

Mme de Chastenay, *Mémoires*, 2 vol. in-8°, Paris, 1896-97. [Voir le t. Ier, Mme de Chastenay a connu Réal à l'époque même où il déchiffrait la correspondance de Klinglin.]

*Mémoires du général baron Desvernois*, publiés par A. Dufourcq, in-8°, Paris, Plon, 1898. Edition plus complète que celle de Bousson de Mairet, *Souvenirs militaires du baron Desvernois*, in-8°, Paris, 1858. [Desvernois était Franc-Comtois, comme Pichegru ; il passa quelque temps à l'armée du Rhin.]

Aulard, *Paris pendant la réaction thermidorienne et sous le Directoire*, 5 vol. in-8°, Paris, 1898-1902. [Indispensable pour étudier l'état de Paris en 1796 et 1797, à l'époque des deux séjours de Pichegru dans la capitale.]

Bourrienne, réédition de ses *Mémoires* par Désiré Lacroix, 5 vol. in-18, Paris, 1899.

Remacle, *Bonaparte et les Bourbons*, in-8°, Paris, 1899. [Documents tirés du fonds Bourbon, lettres d'un représentant du Prétendant à Paris sous le Consulat.]

*Campagne de l'an II*, journal du conscrit Pierre Delaporte (armée du Nord) dans la *Nouvelle revue rétrospective*, 1899, t. XI, p. 337 et 385.

D'Andigné, *Mémoires*, éd. Biré, 2 vol. in-8°, Paris, 1900. [Voir t. Ier.]

Pingaud, *Pichegru et le parti royaliste en Franche-Comté*, dans *Annales franc-comtoises* de 1900, t. XII. [Document : rapport de Tessonnet sur son entrevue avec Pichegru en 1797.]

Desmarets, *Quinze ans de haute police*, in-18, Paris, 1900, réédition de l'ouvrage paru en 1833, avec notes de L. Grasilier. [Important pour le complot de l'an XII.]

De Comeau, *Souvenirs des guerres d'Allemagne pendant la Révolution et l'Empire*, in-8°, Paris, 1900. [De Comeau a connu Pichegru sous-officier, au début de la Révolution. Voir notre introduction.]

*Lettres de Paris en 1797*, lettres et rapports de De Bray, dans *Die Grenzboten* (Leipzig), 1900, 59ᵉ année, t. III, nᵒˢ 38 et 39.

*Mémoires d'un ancien officier de l'armée de Condé* (Cam. Deleuze), dans *Souvenirs et Mémoires*, 1900, t. V.

*Le Général de Billy*, d'après sa correspondance et ses papiers, par le lieutenant Lottin, in-8°, Nancy, 1901. [Surtout documents tirés des papiers de Billy, chef d'état-major de Marceau; bonne carte de la région du Hundsruck et du Palatinat, pour l'étude de la fin de la campagne de 1795.]

La Trémoille (duc Louis de), *Mes parents*, in-4°, Paris, 1901. [Documents: une importante lettre du prince de la Trémoille, qui fut le chef de l'agence royale à Paris à partir de 1797, lettre de 1798 pendant son voyage à Mittau.]

Colin, *Campagne de 1793 en Alsace et en Palatinat*, t. Iᵉʳ, in-8°, Paris, 1902. [Surtout recueil de documents.]

Duc de Conegliano, *le Maréchal Moncey*, in-8°, Paris, 1902. [Lettres de Pichegru à Moncey, qu'il connut intimement pendant son séjour à Bellevaux, en 1796.]

Coutanceau (colonel), *la Campagne de 1794 à l'armée du Nord*, en cours de publication. [Voir la 1ʳᵉ partie, t. I et II, 2 vol. in-8°, Paris, 1903-5, surtout recueil de documents.]

Boulay de la Meurthe, *Correspondance du duc d'Enghien*, in-8°, Paris, 1904 [introduction remarquable].

*Une Conversation de Reubell avec Bonaparte*, dans *Nouvelle Revue rétrospective* du 10 juin 1904. [Appréciation sévère de l'ancien directeur sur Pichegru.]

Lavalette (comte), *Mémoires et Souvenirs*, gr. in-8°, Paris, 1905. [Réédition. Lavalette fit partie de l'armée du Rhin; rôle joué à Paris avant le 18 Fructidor.]

Ballot, *le Coup d'état du 18 Fructidor*, gr. in-8°, Paris, 1906. [Documents de police sur l'État de Paris; un rapport de Dandré (octobre 1797); des lettres envoyées à Malmesbury ou de Malmesbury.]

III. — *Publications postérieures à 1830: B, Ouvrages de seconde main.*

Les contemporains de Pichegru qui survécurent à la Révolution de 1830 n'ont guère publié après cette date que des mémoires ou des histoires qui, comme l'*Histoire secrète* de Fabre, ne sauraient être utilisés qu'à titre de mémoires.

Les deux séries précédentes d'imprimés nous donnent donc l'opinion des contemporains ou les renseignements émanés des contemporains sur Pichegru et sa trahison.

Il nous reste à mentionner les œuvres des historiens postérieurs à la Révolution [1], qui se rapportent *directement ou indirectement* à notre sujet, en faisant suivre les premières d'une brève appréciation critique.

*Biographie universelle et portative des contemporains.* [Commencée par Rabbe, qui mourut prématurément, et continuée par Vieilh de Boisjolin et Binet; la première biographie qui ait une valeur historique car celles de Michaud et d'Arnault portent encore l'empreinte des passions du temps.] 4 vol. in-8°, Paris, 1830; 2ᵉ édition en 5 vol. in-8°, 1834 : portrait de Pichegru dans cette 2ᵉ édition.

Schulz, *Geschichte der Kriege in Europa seit dem Jahre 1792...*, 15 volumes (en 23 tomes) in-8°, Leipzig, 1827-53.

Schels, *Der Angriff des Generals Wurmsers gegen Pichegrus Centrum bei Mannheim, am 18. October 1795* [étude sur l'attaque de Wurmser contre Manheim avant la perte des lignes de Mayence], tirée de *Oesterreichische militärische Zeitschrift*, 1832, B. III, et suivie de *Eroberung Manheims durch den General der Kavallerie Wurmser, im November 1795* [prise de Manheim par Wurmser], du même, *ibid.*, 1833, B. I.

Thiers, *Histoire de la Révolution française*, 4ᵉ édition [la 1ʳᵉ en 1823], 10 vol. in-8°, Paris, 1834. [C'est l'édition la plus complète ; retranchements faits dans les suivantes.]

Desmarais, *Histoire des histoires de la Révolution française*, in-8°, Paris, 1834.

Buchez et Roux, *Histoire parlementaire de la Révolution française*, 40 vol. in-8°, Paris, 1834-38.

*Réimpression de l'ancien Moniteur* (1789-99), 32 vol. in-4°, Paris, 1840-45.

Archiduc Charles, *Principes de la stratégie* [étude de la campagne de 1796 et critique des mémoires de Jourdan sur le même sujet], traduction de Jomini, gr. in-8°, Bruxelles, 1841.

Mignet, *Histoire de la Révolution française*, nouvelle édition (la première en 1824), illustrée de dessins de Raffet, etc., in-8°, 1841.

Alison, *History of Europe from the beginning of the Revolution* (1789-1814), 9 vol. in-8°, Paris, 1841-42 ; traduction en 7 vol. in-8°, Bruxelles, 1855-56.

Félix de Coincy, *Histoire de la Révolution de France jusqu'au 18 Brumaire*, 8 vol. in-8°, Paris, 1838-42.

Woerl, *Die Kriege* (1792-1815), in-8°, Carlsruhe, 1842.

---

1. Je cite parmi ces derniers ceux qui n'avaient pas l'âge d'homme en 1799.

Nougarède de Fayet, *Recherches historiques sur le procès et la condamnation du duc d'Enghien*, 2 vol. in-8°, Paris, 1844.

Lacretelle (Ch.), *Histoire de la Révolution française*, nouvelle édition complète [1re ébauche de l'ouvrage en 1801. *Histoire de la France au XVIIIe siècle*, 1808-1826; voir ci-dessus], 8 vol. in-8°, Paris, 1844.

Gallois (Léon), *Histoire des journaux et des journalistes de la Révolution française*, 2 vol. gr. in-8°, Paris, 1845.

Thiers, *Histoire du Consulat et de l'Empire*, 18 vol. in-8°, Paris, 1845.

Théodore Muret, *Histoire de l'armée de Condé*, 2 vol. in-8°, Paris, 1844.

Sommier, *Histoire de la Révolution dans le Jura*, in-8°, Paris 1846. [Œuvre d'un Franc-Comtois, ancien représentant du peuple à l'Assemblée législative de 1849.]

Louis Blanc, *Histoire de la Révolution française*, 12 vol. in-8°, Paris, 1847-1862. [Voir le dernier volume : Louis Blanc s'est servi des mémoires de Jourdan.]

J. Michelet, *Histoire de la Révolution*, 7 vol. in-8°, Paris, 1847-53. [Voir le dernier volume. L'*Histoire de la Révolution* a été continuée par l'*Histoire du XIXe siècle*, publiée de 1872 à 1875, en 3 vol. in-8°, dont les deux premiers sont consacrés à l'histoire du Directoire.]

Am. Gabourd, *Histoire de la Révolution et de l'Empire*, 10 vol. in-8°, Paris, 1849-51.

Saint-Félix, *les Soupers du Directoire*, 2 vol. in-12, Bruxelles, 1850.

*Histoire de la Franche-Comté*, par Eug. Rougebief, 4 vol. gr. in-8°, Paris, 1851.

De Barante, *Histoire de la Convention*, 6 vol. in-8°, Paris, 1851 [1].

Martha-Beker, comte de Mons, *le Général Desaix*, in-8°, Paris, 1852.

Bergounioux, *Essai sur la vie du général Hoche*, in 8°, Paris, 1852.

*Nouvelle Biographie universelle*, par Firmin-Didot, 46 vol. in-8°, Paris, 1853 et suiv. L'article sur Pichegru fut publié en 1862.

De Barante, *Histoire du Directoire de la République française*, 3 vol. gr. in-8°, Paris, 1855.

Gay de Vernon, *Vie du maréchal Gouvion Saint-Cyr*, in-8°, Paris, 1856.

Ch. Desprez, *l'Armée de Sambre-et-Meuse*, in-8°, Paris, 1856.

Bousson de Mairet, *Annales historiques de la ville d'Arbois, des origines à 1830*, in-8°, Dôle, 1856.

---

1. Je ne le cite pas parmi les contemporains de Pichegru, car il n'avait pas vingt ans en 1800.

Eugène Hatin, *Histoire politique et littéraire de la Presse en France*, 8 vol. in-12, Paris, 1859-61.

Stanhope, *William Pitt et son temps*, 4 vol. in-8°, Paris, 1862.

De Barante, *Vie de Royer-Collard*, 2 vol. in-12, Paris, 1863. [Voir t. 1er, sur le 18 Fructidor.]

De Goncourt, *Histoire de la Société française pendant le Directoire*, in-12, Paris, 1864.

Quinet, *la Révolution*, 2 vol. in-8, 1865 (2e édition).

Fr. de Bourgoing, *Histoire diplomatique de l'Europe pendant la Révolution française*, 4 vol. in-8°, Paris, 1865-85.

Veron-Réville, *Histoire de la Révolution française dans le département du Haut-Rhin (1789-95)*, in-8°, Paris, 1865.

Crétineau-Joly, *Histoire des trois derniers princes de la maison de Condé*, 2 vol. in-8°, Paris, 1865.

Lanfrey, *Histoire de Napoléon Ier*, 5 vol. in-12, Paris, 1867-75. [V. le tome Ier.]

Sauzay, *Histoire de la persécution révolutionnaire dans le Doubs*, 10 vol. in-8°, Besançon, 1867-73. [Étudie la Révolution en Franche-Comté. Utile.]

Remling, *Die Rheinpfalz in der Revolutionszeit*, 2 B., Spire, 1867. [Renseignements sur les combats qui ont eu lieu dans le Palatinat.]

Picqué, *Pichegru cherchant femme par la voie des journaux*, in-8°, Bruxelles, 1868.

Sybel, *Histoire de l'Europe pendant la Révolution française*, trad. Dosquet, 6 vol. in-8°, Paris, 1869-88.

Steiner, *Chronik der Kriegsbegebenheiten im Maingebiet von Würzburg bis Mainz (1795-1801)*, in-8°, Darmstadt, 1869. [Cette chronique des événements de guerre qui ont eu lieu sur le cours inférieur du Mein fait le récit des combats qui ont précédé ou suivi la retraite de Jourdan en octobre 1795. Utile.]

Kardinal de Widdern, *Der Rhein und die Rheinfeldzüge*, in-8°, Berlin, 1869. [Étude très générale sur les campagnes du Rhin.] Je groupe ensemble une série d'autres publications générales allemandes, de la même époque, qui ne se rapportent que très indirectement à notre sujet. Ainsi Hœusser, *Deutsche Geschichte seit dem Tode Friedrichs des Grossen*; Hüffer, *Die Politik der deutschen Mächte (1789-1797)*, 3 vol. in-8°, Munster, 1869.

Bonnechose (E. de), *Lazare Hoche*, in-12, Paris, 1870; autre édition, 1880.

Vouziers (de), *Pichegru, général en chef de l'armée française*, in-18, Dôle, 1870. [Courte brochure d'un Franc-Comtois; elle ne nous a été d'aucune utilité.]

Charavay, *Lazare Carnot*, Paris, 1871.

Hamel, *Histoire de la République française sous le Directoire et le Consulat*, in-8°, Paris, 1872.

Thureau-Dangin, *Royalistes et Républicains*, in-8°, Paris, 1874.

Gaudy, *la Révolution en Franche-Comté* [d'après l'ouvrage de J. Sauzay], R. Q. H., 1874, t. XVI.

Larcy (R. de), *le 18 Fructidor*, Correspondant, 1875, t. XCVIII. [Importante étude du baron Roger de Larcy, membre de l'Assemblée nationale de Versailles, ancien ministre de l'Agriculture et du Commerce, 1871-72, auteur des *Vicissitudes politiques de la France*. Justification intéressante de Pichegru, dont la date indique le but et la valeur historique.]

Masson, *l'Émigration*, d'après un diplomate anglais, W. Wickham, R. Q. H., 1875, t. XVII.

Guillermet, *Trois mois de l'année 1795 à Lons-le-Saulnier*, dans Mémoires de la Société d'émulation du Jura, 1876.

Pajol, *Kléber, sa vie et sa correspondance*, gr. in-18, Paris, 1877.

Von Ranke, *Denkwürdigkeiten des Staatskanzlers Fürsten von Hardenberg*, 5 vol. in-8°, 1877. [Pichegru fut en rapports avec Hardenberg après la paix de Bâle, sur le Rhin, en 1795.]

Bougier, *le Général Cherin*, dans Revue historique, 1878.

Lacombe, *la Constitution républicaine de l'an III et le coup d'État du 18 Fructidor*, dans le Correspondant, 1878, t. CXIII. [Article de circonstance, comme celui du baron de Larcy.]

H. Martin, *Histoire de France de 1789 à nos jours*, 8 vol. in-8°, Paris, 1878-85.

Treitschke, *Deutsche Geschichte im XIX^ten Jahrhundert*, t. I, 1879. [Ouvrage général, comme celui de Biedermann, *Deutschland im XVIII^ten Jahrhundert*, in-8°, Leipzig, 1830.]

Seinguerlet, *Strasbourg pendant la Révolution*, in-8°, Paris, 1880.

Langwerth V. Simmern, *Oesterreich und das Reich im Kampf mit der französischen Revolution (1790-97)*, in-8°, Berlin et Leipzig, 1880. [Ouvrage général, comme les précédents, sur les luttes de la France et de l'Autriche, pendant la Révolution française, avant la paix de Campo-Formio.]

Bonnal, *Histoire de Desaix*, in-8°, Paris, 1881. [Affirme sans le prouver que Pichegru a trahi.]

Desprez, *Kléber et Marceau*, in-12, Paris, 1881.

Le comte de la Boutetière, *l'Armée de Condé*, in-8°, Paris, 1881.

*Anecdotes révolutionnaires, M^me de Staël et le 18 Fructidor*, dans Révolution française, 1881.

Lebon, *l'Angleterre et l'Émigration (1794-1801)*, in-8°, Paris, 1882. [Excellent ouvrage, basé sur une étude très consciencieuse de la correspondance de Wickham et des papiers de Puisaye; aborde à peine la question Pichegru.]

Camille Rousset, *les Volontaires* (1791-1794), in-12, Paris, 1882.

Metzger (Albert) et Joseph Valsen, *la Révolution française à Lyon*, 10 vol. in-12, Lyon, 1882-86. [A consulter pour étudier la relation entre les complots du Lyonnais et ceux du Rhin.]

Pingaud, *le Président de Vezet*. [Pendant l'émigration, le président correspondit activement avec la Franche Comté, fut un agent direct du Prétendant, d'ailleurs en rapport aussi avec Condé], dans *Revue historique*, novembre 1882, t. XX.

F.-A. Aulard, *les Orateurs de la Constituante*, in-8°, Paris, 1882. [Voir l'Etude sur Dandré réédition récente.]

Sorel, *Essais d'histoire et de critique*. [Un article sur l'Angleterre et l'émigration française, d'après le livre de Lebon, in-12, Paris, 1882.]

Philippson, *Geschichte des Preussischen Staatswesens*, Leipzig, 1880-82. [Ouvrage général, qui ne nous intéresse guère que sur un point : les difficultés causées à Jourdan par la Prusse, qui voulait l'obliger à observer la ligne de démarcation, en 1795.]

Rambaud, *Histoire de la Révolution française*, in-12, Paris, 1883.

Lacroix, *le Directoire, le Consulat et l'Empire, mœurs et usages*, in-4°, Paris, 1884.

Forneron, *Histoire générale des émigrés*, 2 vol. in-8°, Paris, 1884; un 3e volume posthume, 1890. [Voir le 2e volume surtout, supérieur au 3e. Forneron connaît bien les mémoires du temps et le fonds Bourbon.]

Bouvier, *les Vosges pendant la Révolution*, in-8°, Paris, 1885. [Une des meilleures études régionales sur la Révolution.]

A. Duruy, *Hoche et Marceau*, in-12, Paris, 1885.

Guillon, *les Généraux de la République*, in-8°, Paris, 1885.

Baumann, *die Belagerung Mannheims durch die Œsterreicher*, in-8°, Manheim, 1885. [Utile étude sur le siège de Manheim par Wurmser en octobre-novembre 1795.]

Mathez, *Pontarlier sous la Révolution*, dans *Révolution française* de 1885-86, t. IX, X et XI.

Sorel, *l'Europe et la Révolution française*, ouvrage commencé en 1885; les t. IV et V, in-8°, nous intéressent seuls ; t. IV, *les Limites naturelles*, paru en 1892; t. V, *Bonaparte et le Directoire*, paru en 1903. [Quelques aperçus sur Pichegru, son rôle politique et militaire; M. Sorel a d'ailleurs changé d'avis sur la question de la trahison entre la publication du 4e et du 5e volume ; il est vrai que M. Daudet avait publié sa *Conjuration de Pichegru*.]

A. Chuquet, *les Guerres de la Révolution*. Cette remarquable publication commence en 1886 (Voir les t. VIII, *Wissembourg*, et t. IX,

Hoche]; elle ne dépasse pas l'année 1793; espérons qu'elle sera continuée.

Desprez, *les Armées de Sambre-et-Meuse et du Rhin*, in-8°, Paris, 1886.

Debidour, *Études critiques sur la Révolution* [Voir *l'Armée française pendant la Révolution*], in-12, Paris, 1886.

G. Cadoudal, *Georges Cadoudal et la Chouannerie*, gr. in-8°, Paris, 1887. [Voir complot de l'an XII.]

Daudet (Ernest), *les Émigrés et la 2e coalition (1797-1800)*, in-8°, Paris, 1887. [Nous renseigne sur le séjour de Pichegru en Angleterre et en Allemagne, après son évasion de la Guyane. On souhaiterait que M Daudet citât ses sources. Cet ouvrage a été publié de nouveau, avec quelques modifications, dans le t. III de *l'Histoire de l'Émigration*.

Beauquier, deux articles sur *Pichegru*, dans la *Revue franc-comtoise* de 1887, nos 51, 52, 53. [Intéressant, signale les mémoires du lieutenant Grandmougin, qui avait servi sous les ordres de Pichegru.]

Wallon, *les Représentants en mission*, 5 vol. in-8°, Paris, 1889-90. [Voir au t. IV : les représentants sur la frontière du Nord et de l'Alsace.]

La Sicotière, *Louis de Frotté et les insurrections normandes*, 3 vol. in-8°, Paris, 1888-89. [Voir le t. II. Un des meilleurs ouvrages sur l'histoire de la chouannerie.]

Galitzin (prince de), *Kriege der ersten französischen Revolution... (1792-1801)*, 2 vol. Cassel, 1889. [Ouvrage général sur les guerres de la Révolution.]

Vivenot et Zeissberg, *Quellen zur Geschichte der deutschen Kaiserpolitik Œsterreichs... (1790-1801)*. [Voir les t. III et IV, publiés à Vienne, 1882.]

Robert, Bourloton et Cougny, *Dictionnaire des parlementaires français*, 5 vol. gr. in-8°, Paris, 1891.

*Le Général Marceau*, par V. Parfait in-8°, Paris, 1892.

Gaffarel, *les Campagnes de la première République*, in-8°, 1892.

Girod de l'Ain, *le Général Éblé*, in-8°, Nancy, 1893. [Éblé fut un des intimes amis de Pichegru ]

Gros, *le Comité de salut public*, in-12, Paris, 1893.

Heigel, *Die Uebergabe der Pfalzbayrischen Festung Manheim*, in-4°, Munich, 1893. [Étude sur la prise de Manheim par Pichegru et Merlin de Thionville en 1795 : utile.]

Pingaud, *Un Agent secret sous la Révolution et l'Empire* (le comte d'Antraigues), in-8°, Paris, 1893. [Remarquable étude sur l'aventurier, dont le portefeuille fut saisi par ordre de Bonaparte. Voir ci-dessous, *Pièce tirée du portefeuille d'Antraigues*.]

Charavay, *les Généraux morts pour la Patrie* [Voir notice sur Abbatucci, qui fut aide de camp de Pichegru], in-8°, Paris, 1893.

Hauterive, *l'Armée sous la Révolution*, in-8°, Paris, 1894.

Wahl, *les Premières années de la Révolution à Lyon*, in-8°, 1894. [Voir le mouvement séditieux de 1791 et les projets du comte de la Chapelle. Pichegru, alors sous-officier, faisait partie de la petite armée du comte.]

Charavay, *les Grades militaires sous la Révolution*, in-8°, Paris, 1894.

Pingaud, *Une négociation secrète sous le Directoire : l'Affaire de Besançon*, dans *Revue d'histoire diplomatique*, t. VIII, 1894. [Négociation entre l'émigré de Véreux et le général Ferrand, ami de Pichegru.]

L. Sciout, *le Directoire*, 4 vol. in-12, Paris, 1895-97.

Contades (de), *Émigrés et Chouans*, in-8°, Paris, 1895. [Voir mission de Collin de la Contrie à Londres, en 1796.]

Heitz, *le Général Salme*, in-8°, Paris, s. d. (1895). [Salme, ami de Pichegru, essaya de le rapprocher de Hoche à la veille de Fructidor.]

Rosny, *Une conspiration : la conspiration de Pichegru, d'après les mémoires de Fauche-Borel*, dans *Nouvelle Revue*, t. XCVI, 1895. [L'auteur n'a pas consulté les archives de Chantilly.]

Sorel, *Bonaparte et Hoche en 1797*, in-8°, Paris, 1896. [Projets et rôle de ces deux généraux avant le 18 Fructidor.]

Bittard des Portes, *Histoire de l'armée de Condé*, in-8°, 1896. [L'auteur n'a pas consulté les archives de Chantilly, mais il utilise le dossier Surval, composé de pièces tirées pour la plupart des archives de Chantilly.]

Denis, *l'Allemagne de 1789 à 1810*, in-8°, Paris, 1896 dans *Bibliothèque d'histoire illustrée*.

Biré (Edmond), *Mémoires et Souvenirs (1789-1830), la Révolution, l'Empire, la Restauration*, 2ᵉ série [recueil d'articles], in-8°, Paris, 1896.

Chassin, *Études et documents sur la Révolution française : les Pacifications de l'Ouest (1794-1801)*, 3 vol. gr. in-8°, Paris, 1896-99. [Ouvrage essentiel pour l'histoire des intrigues royalistes de l'Ouest, avec des aperçus sur celles de l'Est, qui ne sont pas sans relations avec les premières.]

Lavisse et Rambaud, *Histoire générale*, t. VIII, la Révolution, in-8°, Paris, 1896-97. [Voir articles d'Aulard sur l'histoire intérieure, et de Vast sur l'histoire extérieure de la Convention et du Directoire.]

Rethfeld, *Geschichte der Rheinprovinz*, Leipzig, 1896. [Quelques mots sur le passage du Rhin par Jourdan, en 1795.]

F. Descotes, *Mallet du Pan à Berne et à Londres, la Révolution française vue de l'étranger*, gr. in-8°, Tours, 1897. [Voir une curieuse lettre de Robespierre à Pichegru écrite au moment de la conquête de la Hollande. Est-elle authentique ?]

Fage, *le Général Souham*, Paris, 1897. [Détails sur les batailles livrées en 1794 entre l'Escaut et la Lys, en particulier bataille de Tourcoing (cf. Merchier, *la Bataille de Tourcoing*, in-8°, Roubaix, 1894). Souham fut arrêté en 1804, comme complice de Pichegru.]

Chuquet, *la Jeunesse de Napoléon*, 3 vol. in-8°, Paris, 1897-99 [détails sur l'école de Brienne et sur Pichegru].

Comte Vigier, *Davout, maréchal d'Empire*, 2 vol. in-8°, Paris, 1898. [Davout fut général de brigade dans l'armée de Rhin-et-Moselle ; assez mal noté, d'ailleurs, par Pichegru ; fait prisonnier à Manheim en novembre 1795.]

Saint-Genis, *l'Armée de Condé*, dans *Nouvelle Revue*, 1898, t. CXII, p. 80-99, 233-256.

Bonnal de Ganges, *les Représentants du peuple en mission près les armées*, 4 vol. in-8°, Paris, 1898.

Bonnal de Ganges, *Pichegru et l'Arrestation de Hoche*, dans *R. M. Catholique*, août 1898.

Em. Bourgeois, *Manuel de politique étrangère*, t. II, *les Révolutions*, in-12, Paris, 1898.

Zeissberg (D' H. R. V.), *Pichegru und Condé*, in-8°, Vienne, 1898. [Remarquable critique du *Mémoire* concernant de Montgaillard et des *Mémoires* de Fauche ; lettres inédites de Craufurd. Mais Zeissberg n'a pas consulté les archives de Chantilly ni celles du Record Office. Il s'est servi des archives de la guerre de Vienne.]

Zivy, *le 13 Vendémiaire*, in-8°, Paris, 1898.

A. Steyert, *Nouvelle histoire de Lyon et des provinces du Lyonnais, du Forez, etc.*, t. III, *De la Renaissance aux Cent-Jours*, in-8°, Lyon, 1899. [Détails sur les intrigues royalistes du Lyonnais en relation avec celles de l'Est en 1795-97.]

Dontenville, *le Général Moreau*, in-12, Paris, 1899. [Je ne crois pas que M. Dontenville ait donné des preuves suffisantes de ses accusations contre Moreau.]

Vallaux, *les Campagnes des Armées françaises*, in-18, Paris, 1899.

F. Engerand, *Ange Pitou*, in-8°, Paris, 1899.

Neton, *Siéyès*, in-8°, Paris, 1900.

Caudrillier, *Épisode de la trahison de Pichegru*, dans *Révolution française* du 14 août 1900. [Les premières missions de Fauche-Borel et de Courant auprès de Pichegru.]

Guillaume, *le Personnel du Comité de salut public*, dans *Révolution française* de 1900, t. XXXIX, p. 297.

*Erinnerung an Pichegru*, dans *Allgemeine Zeitung*, Munich, 1900, n° 62.

Beaurepaire, *l'Armée de Paris, les origines de la Garde nationale (1789-1797)* dans *l'Armée illustrée*, Paris, 1900.

Nathan, *Die Uebergänge der französischen Maas-und-Sambre-Armee über den Niederrhein in den Jahren 1795-1797*, dans *Revue de l'armée et de la marine allemandes*, Berlin, 1899, t. LXIII, p. 149-180. [Voir passage du Rhin par Jourdan et sa marche jusqu'au Mein en 1795.]

Deville, *Histoire socialiste, le Directoire*, in-8°, Paris, 1904, dans *Histoire socialiste*, publiée sous la direction de J. Jaurès, t. I, in-8°, Paris, 1901.

Daudet, *la Conjuration de Pichegru et les complots royalistes du Midi et de l'Est*, in-8°, Paris, 1901. [M. Daudet a étudié le complot du marquis de Surville, a parcouru les volumes XXXIII et XXXIV des archives de Chantilly (série Z), dont il a publié quelques pièces (le *Détail* et le *Résumé* de Fauche, entre autres), a consulté la correspondance des archives historiques de la guerre ; mais il n'a utilisé ni les registres-copies de lettres de Condé, ni les lettres de Barbançon et tant d'autres documents essentiels à Chantilly, ni les archives du Record Office, ni certains ouvrages indispensables, comme celui de Zeissberg, pas même la correspondance publiée de Wickham. Quant à ses conclusions sur Pichegru, elles me paraissent des plus discutables.]

Thuriet, *le Colonel Oudet*, dans *Annales franc-comtoises*, 1901, nouvelle série, t. XIII.

Caudrillier, *le Siège de Mayence en 1794-95*, dans la *Révolution française*, n°s de décembre 1900 et janvier 1901.

Madelin, *Fouché*, 2 vol. in-8°, Paris, 1901.

Bonnal de Ganges, *l'Armée de Sambre-et-Meuse (1794-96)*, dans *R. M. catholique*, t. CXLVII, p. 353 et p. 475.

Aulard, *Histoire politique de la Révolution française*, in-8°, Paris, 1901.

Rose (Holland), *Life of Napoleon I$^{er}$*, 2 vol. in-8°, Londres, 1902. [Une des meilleures études parues en Angleterre sur l'histoire du Consulat et de l'Empire. M. Rose a tiré grand parti des archives du Record Office.]

Baumann, *General Pichegrus angeblicher Verrath*, dans *Geschichtsblätter*, Manheim, 1902. [Sur la foi de M. Daudet, M. Baumann croit que la trahison de Pichegru doit être rejetée au rang des fictions de l'histoire.]

Charléty, *Bibliographie de l'Histoire de Lyon*, in-8°, Lyon, 1902.

Carlyle, *the French Revolution*, réédition de J.-H. Rose, 3 vol. in-8°, Londres, 1902.

*L'Œuvre sociale de la Révolution* [Voir surtout étude de Lévy-Schneider sur l'armée et la Convention], in-16, Paris (1901).

Mallet (Bernard) *Mallet du Pan and the french Revolution*. in 8°, Londres, 1902.

Caudrillier, *le Complot de l'an XII* [trois articles publiés]. V. en particulier *Revue historique*, 1902, t. LXXVIII, p. 45 à 71.

Lenôtre, *Tournebut*. in-8°, Paris, 1901.

Dumolin, *Précis d'histoire militaire*, fasc. 2 et 3, Paris, Barrère, 1902.

*Intermédiaire (L')*, Badonville, 1903, t. XLVII et XLVIII.

Caudrillier, *Projets ou essais de négociations entre Condé et Moreau*, dans la *Révolution française* du 14 septembre 1903.

Hennet, *État militaire de la France en 1793*, gr. in-8°, Paris, 1903. [Très utile.]

Maréchal, *la Révolution dans la Haute-Saône*, in-8°, Paris, 1903. [La meilleure étude sur la Révolution en Franche-Comté.]

Charléty, *Histoire de Lyon*, depuis les origines jusqu'à nos jours, in-16, Lyon, 1903. [Résumé remarquable des travaux antérieurs.]

Fleury (Commandant), *Fantômes et Silhouettes* [le prince de Condé], in-8°, Paris, 1903.

Le Barbier, *le Général Lahorie*. in-12, Paris, 1904.

Wirth, *le Maréchal Lefèvre, duc de Dantzig*, in-8°, Paris, 1904.

Morvan, *le Soldat impérial*, 2 vol. in 8°, Paris, 1904.

Raffalovitch, *la Seconde occupation de Francfort en 1796*, dans *Revue d'Histoire diplomatique* 1904, n° 4. [Récit des négociations de Jourdan en 1795, sa retraite et sa revanche en 1796.]

Daudet, *Histoire de l'Émigration*. 3 vol. in 8° publiés. [Voir surtout t. II, publié en 1905. M. Daudet confond le rôle de l'abbé De la Marre (dit abbé André) en 1797 avec celui de l'ex-constituant Dandré.]

L. D., *La prétendue fille du général Pichegru*, in-12, Arbois, 1905.

Kuscinski, *les Députés au Corps législatif*, grand in 8°, Paris, 1905.

Perrod, *Moïse, évêque du Jura*, in-8°, Paris, 1905.

Guillaumin, *les Derniers Républicains*, Pichegru, Delmas Simon, Mounier, in-12, Paris, 1905. [On souhaite que Pichegru soit le dernier républicain... de son espèce.]

Welvert, *les Révolutionnaires après la Révolution* (Carnot après le 18 Fructidor), dans *Revue historique*, 1905, nov.-déc.

H. Monin, *Joliclerc, Pichegru cherchant femme, la Mort de Pichegru*, dans *Association franc-comtoise, les Gaules*, 1906.

L. Grasilier, *Par qui fut livré le général Pichegru*, in-8°, Paris, 1906.

# INTRODUCTION ET BIBLIOGRAPHIE

## LES DÉBUTS DE PICHEGRU.

Jean-Charles Pichegru, né le 16 février 1761, à Arbois, bailliage d'Aval en Franche-Comté, était le quatrième enfant et le deuxième fils de pauvres cultivateurs du village des Planches, Pierre Pichegru et Françoise Romain [1]. Le père et la mère, comme toute la famille, vivaient du travail de la terre, paysans, nés de paysans, qui « tiraient le gru ou la graine au bout du pic ou hoyau [2] ».

Jean-Charles fit ses études au collège d'Arbois, « par les soins d'un ancien officier de milice, chevalier de Saint-Louis [3] ». Dans la classe de philosophie, dont l'enseignement était confié aux Minimes d'Arbois, il se fit remarquer par son goût pour les mathématiques et, comme il témoignait le désir d'entrer dans leur ordre, les Minimes l'envoyèrent, comme répétiteur, à l'École militaire de Brienne, qu'ils dirigeaient. Il y suivit sa tante, sœur de charité, qui tenait l'infirmerie de l'École et que protégeait le père Patrault, un des trois maîtres de mathématiques, plus tard procureur de la maison. Il porta le petit collet et la soutane de surveillant, « fut chargé sans doute de la classe élémentaire, et donna des leçons à Bonaparte dans le dernier semestre de 1779 ou dans les premiers mois de 1780 [4] ».

Son noviciat terminé, il voulut prendre la robe de Minime et demanda conseil au père Patrault. Celui-ci l'engagea sagement à renoncer à la vie monastique. Il le jugeait capable de « faire quelque chose de mieux ». Grand, taille de cinq pieds cinq pouces, solidement bâti, épaules et poitrine larges, ce fils de paysan franc-comtois était fait pour la vie militaire [5]. Ses connaissances en mathématiques le désignaient pour l'artillerie : il s'engagea le 30 juin 1780 au 2ᵉ régiment d'artillerie, ci-devant de Metz, qui tenait garnison à Besançon [6].

Ce fut le chevalier Durand qui reçut son engagement. Peu de

---

1. M. Daudet a publié la généalogie de Pichegru, établie par l'adjoint au maire d'Arbois, Bouvenot, sous la Restauration. Voir à la fin de son volume.
2. Nodier, Œuvres complètes, t. IX, Souvenirs et portraits, p. 194. Le père de Pichegru était « closier » chez le père du futur conventionnel Laurenceot. Voir Mémoires de Cheverny, édition Crèvecœur, t. II, p. 252. J'indique dans la bibliographie les Vies de Pichegru que j'ai utilisées pour cette introduction.
3. D'après une notice sur Pichegru, écrite par un ancien maire d'Arbois, condisciple de Pichegru, dans les papiers de Rousselin de Saint-Albin.
4. Chuquet, la Jeunesse de Napoléon, p 111.
5. Ibid. L'abbé Patrault jeta le froc aux orties et, après avoir été secrétaire de Loménie de Brienne, tint à Paris un magasin de porcelaines, puis, grâce à Bonaparte, son élève, entra dans l'administration des domaines, s'y enrichit, puis se ruina.
6. Voir son dossier aux archives administratives de la guerre, en particulier une note écrite de sa main, lorsqu'il était général en chef de l'armée du Nord. Cf. une note dans AF II*, 246, s. d.

temps après, le régiment faisait l'exercice du canon dans le polygone : un projectile, par sa course, fait naître une discussion entre les officiers ; Pichegru, inconnu encore parmi les recrues, trace sur le sable la figure représentant la trajectoire, en explique la cause et les effets. Il ne tarde pas à être appelé comme secrétaire du colonel, est initié ainsi dès le début de sa carrière à l'administration d'un régiment [1].

Il fait la dernière campagne d'Amérique, avec son futur chef d'état-major Liébert, en 1782-83 [2]. Il est de retour à Besançon en 1784, lorsque le prince de Condé visite les places fortes de la Franche-Comté : son sang-froid attire l'attention du prince, qui le recommande pour le grade de sergent [3]. Il obtient ce grade en 1785 et celui de sergent-major quatre ans plus tard : la carrière d'un roturier de l'ancien régime s'arrêtait là.

Il accueillit la Révolution avec « l'espoir de parvenir aux grades militaires, dont sa naissance et sa pauvreté semblaient lui interdire l'accès [4] ».

Les sous-officiers se prononçaient avec ardeur en faveur de la Révolution, « irritant la fureur des soldats contre des officiers, pour la plupart déclarés contre elle, et qui n'attendaient que le moment de la combattre à force ouverte ». Chaque régiment avait son club ; les soldats dénonçaient leurs officiers, réformaient ce que la discipline avait de trop incommode, surveillaient l'emploi de la caisse du régiment. L'insubordination était à son comble à la fin de 1790 à Nancy ; en août, la garnison s'insurgeait ; Bouillé noyait la révolte dans le sang.

Pichegru sut ménager le parti de l'ancien régime et celui du nouveau et se glisser, grâce à l'appui de l'un et de l'autre, dans la trouée que l'émigration creusa dans l'armée.

En 1790, il est mêlé à une intrigue qui pouvait avoir les conséquences les plus graves pour l'avenir de la Révolution [5]. Après le vote des articles principaux de la constitution, quelques défenseurs de la royauté, comme Mirabeau, songèrent à éloigner Louis XVI de

---

1. *Journal de Paris*, 19 décembre 1825. L'article est emprunté au *Drapeau blanc* du 18 décembre et inséré dans ce journal, à la prière d'un neveu de Pichegru, Barbier, ancien sous-officier de la garde royale. Le chevalier Durand émigra et fit partie de l'armée de Condé ; le prince de Hohenlohe le nomma, sur la recommandation de Pichegru, colonel de son régiment.
2. Archives administratives de la guerre, dossier Liébert. Note de Pichegru : « A fait deux campagnes de mer. »
3. Le prince de Condé a visité en 1784 toutes les places fortes de Lorraine, Alsace et Franche-Comté, et a tenu ensuite les états de Bourgogne à Dijon. En 1785, il a commandé le camp de Metz. (Note de M. Macon.)
4. Notice écrite par un ancien maire d'Arbois.
5. Son rôle ne nous est connu que par les mémoires du baron de Comeau, *Souvenirs des guerres d'Allemagne*, Plon, 1900.

Paris pour assurer son indépendance et lui permettre d'imposer une autre constitution au pays. Le maréchal Maillebois s'offrit pour protéger le transfert de la cour à Lyon, et la réunion royaliste du *Salon français* entama des négociations avec des notables de Lyon, comme Guillin de Pougelon, et avec les princes émigrés, le comte d'Artois, le prince de Condé, qui devaient provoquer une invasion des Piémontais et des Suisses dans le Dauphiné ou la Franche-Comté pour appuyer le complot. Le roi et la reine ne disaient ni oui ni non. Une occasion s'offrait de masser des troupes aux environs de Lyon : le peuple s'insurgeait pour ne plus payer d'octrois (juillet 1790) ; il fallut désarmer le quartier de Pierre-Seize, et l'Assemblée constituante pria le roi d'employer la force armée pour protéger le rétablissement des barrières. Le ministre de la guerre, la Tour du Pin, en profita pour appeler quatre régiments d'infanterie et cinq escadrons de cavalerie autour de Lyon, sous le commandement du maréchal de camp comte de La Chapelle, « l'ami La Chapelle », comme l'appelaient les organisateurs du complot[1].

Un des régiments d'infanterie de la petite armée n'avait point de grenadiers ; La Chapelle en demanda au régiment d'artillerie de Besançon. Le colonel, M. de Rivericulx de Jarlay, et le lieutenant-colonel, chevalier de Rison, envoyèrent à La Chapelle le baron de Comeau, qui venait à peine de sortir de l'école militaire de Metz, lieutenant en second à ce régiment, avec 100 canonniers ; Pichegru fut adjoint au jeune officier pour lui servir de « mentor ».

Les nouveaux grenadiers rejoignirent à Neuville-les-Dames l'armée de La Chapelle, la suivirent à Trévoux, où « pendant près d'un an » le jeune de Comeau fut « le bras droit » du maréchal de camp et lui servit de chef d'état-major. Le comte de La Chapelle, qui devait plus tard retrouver Pichegru dans l'émigration, s'associer même à ses projets (il fut arrêté à Bayreuth), fut mis en rapport, sans doute par de Comeau, avec le jeune sergent-major.

De Comeau raconte qu'il reçut l'ordre de pointer ses canons sur la Croix-Rousse pour désarmer la population, mais que ses artilleurs se révoltèrent, refusant de tirer sur le peuple. « Pichegru pérora avec beaucoup de talent et il leur persuada, en pointant le canon, que nous ne tirerions pas sur la nation, mais sur les toits des couvents et des maisons d'aristocrates. L'effet fut merveilleux. »

Le complot, dont la petite armée de La Chapelle devait faciliter le succès, avorta. Il semble cependant qu'il fut près de s'exécuter.

Il devait éclater le 10 décembre, et le *détachement du régiment de*

---

1. Wahl, *les Premières années de la Révolution à Lyon* : l'émeute de juillet, p. 181 à 197 ; la concentration des troupes, p. 198 à 202 ; le complot, p. 255 à 283.

*Metz*, à Trévoux restait sur le qui vive, prêt à marcher [1]. Mais les agents des princes, Terrasse de Tessonnet et le marquis d'Escars, ainsi que Guillin, furent dénoncés à la municipalité et arrêtés le 10 décembre. Louis XVI envoya Jarjayes au comte d'Artois pour l'engager à renoncer au plan d'insurrection et d'invasion. L'Assemblée nationale, sur le rapport de Voidel (18 décembre), pria le roi d'enlever son commandement à La Chapelle, qui dut s'éloigner de Trévoux, son armée dissoute, et ne tarda pas à émigrer [2]. De Comeau, prévenu [3] qu'il était dénoncé comme complice, reçut de Besançon une lettre lui ordonnant de laisser le commandement de son détachement à Pichegru. Celui-ci recevait également « une note dont il avait *seul la clef* ». De Comeau partit à franc étrier, et Pichegru ne le rejoignit qu'à Saint-Amour, avec le détachement « devenu insubordonné presque autant contre le sergent-major que contre le lieutenant ».

De Comeau émigra à la fin de 1791 [4]; Pichegru sut se tirer de l'aventure sans perdre la confiance des patriotes, tout en conservant des droits à la reconnaissance de ses chefs. Orateur écouté, président même en 1792 du club de Besançon, il était en quatre mois élevé successivement au grade d'adjudant, de premier lieutenant et d'adjudant-major (février-juin 1792) [5], bénéficiant des vides que l'émigration faisait dans le corps des officiers. Ces grades, il les devait à l'appui de ses chefs : le commandant d'artillerie Gimel de Tudeil, dont il fut le secrétaire [6], le colonel Lefèvre de Ladonchamps, qui le proposait comme adjudant-major à dater du jour même où il prenait rang de lieutenant [7]. — Ce fut cependant sur le témoignage que rendirent de son civisme les patriotes de Besançon que les volontaires du 3ᵉ bataillon du Gard, qui passaient par la ville, l'élurent, le 9 octobre 1792, sur la place Saint-Paul, par 694 voix sur 695, lieutenant colonel en second de leur bataillon [8].

---

1. D'après une dénonciation envoyée à la municipalité de Lyon en décembre 1790. Cf. Wahl, p. 278.
2. Wahl, p. 282 à 283.
3. Par Bonaparte, dit-il.
4. En mai 1797, un prisonnier français, l'ayant cherché et trouvé (il faisait partie de l'armée de Condé), lui dit que Pichegru ne l'avait pas oublié. Cf. *Mémoires de Comeau*, p 113.
5. Archives administratives, dossier Pichegru.
6. Gimel de Tudeil, commandant d'artillerie au département du Doubs, devint maréchal de camp avant la fin de 1792. Voir une note, écrite entièrement de la main de Pichegru, dans le dossier d'Abbatucci, alors officier au même régiment que lui.
7. Archives administratives, dossier Pichegru. Pichegru est adjudant le 6 février, sous-lieutenant le 15 juin, adjudant-major le même jour. Voir sur Lefèvre de Ladonchamps l'état militaire de Hennet.
8. Voir les nominations de Pichegru, écrites sur parchemin dans son dossier des archives nationales, F⁷, 4774¹⁴, en particulier celle-ci « extrait du registre des déli-

Ce bataillon fut envoyé pendant quelque temps, à la fin de 1792, à Jougne, près de Pontarlier. Il fit alors d'étranges déclarations au citoyen Vincent, colonel de la garde nationale du canton, assurant qu'il regrettait l'ancien régime et ne servait le nouveau que par ambition [1]. Sans doute il en faisait de bien différentes aux soldats de son bataillon : ceux-ci, quand il fut général, demandaient au ministre de la guerre de rejoindre celui qu'ils appelaient « leur père [2] ». « Nous lui avons accordé notre confiance et notre amitié, écrivaient-ils, et, dans le peu de temps qu'il est resté à notre tête, il nous a prouvé... qu'il était digne de commander à des hommes libres. »

Il fut appelé comme chef du génie dans les bureaux de la guerre en 1793. Mais la vie de Paris lui déplaisait, la vie des bureaux surtout. Son frère Jean-Louis, docteur en Sorbonne, ancien religieux augustin, habitait la capitale et voulait l'y retenir. Il demanda cependant à partir pour l'armée [3]. Son ami Goffard, son ancien lieutenant au 2ᵉ d'artillerie, l'avait présenté au ministre Bouchotte [4]. Celui-ci le nomma, le 22 août, général de brigade, et le lendemain général de division. Bouchotte l'avait jugé bon patriote au moins autant que bon officier.

Cependant les représentants Bassal et Bernard de Saintes voulaient le garder à Besançon, où il était, suivant eux, « du plus grand prix et d'une nécessité absolue ». Envoyé en Alsace, comme commandant du corps du Haut-Rhin, il gagnait la confiance de Bacher, qui, placé près de Barthélemy à Bâle, renseignait le gouvernement et nos généraux sur les mouvements de l'armée ennemie. Ce n'étaient de partout qu'éloges de son civisme, de son énergie, de ses talents militaires : Bouchotte le chargea, le 2 octobre, du commandement de l'armée du Rhin [5] provisoirement, en l'absence de Delmas, enfermé dans Landau. L'armée venait de perdre les lignes de Wissembourg et se retirait, dans le plus affreux désordre, sous le canon de Strasbourg.

Pichegru refusa d'abord de se rendre à son nouveau poste. Mais Saint-Just et Lebas lui envoyèrent un courrier : ils voulaient, disaient-ils, un général « vraiment républicain et qui crût à la vic-

---

bérations du conseil administratif du 3ᵉ bataillon du Gard ». Voir Hennet : il est un des deux commandants du bataillon.
1. D'après la correspondance de Wickham, t. II, appendice.
2. Chuquet, *Hoche*, p. 94.
3. D'après une note de Rousselin de Saint-Albin et le dossier du frère de Pichegru, qui fut impliqué dans le complot de l'an XII, sans être accusé. Ce dossier dans les papiers de R. de Saint-Albin.
4. Sur ses relations avec Goffard, voir Chuquet, *Hoche*, p. 95.
5. Archives administratives de la guerre, dossier Pichegru : extrait des délibérations du conseil exécutif provisoire. Cf. AF II, 244, ce même extrait Bouchotte écrit « Peichegrue ». Voir Chuquet, *Wissembourg*, p. 190.

toire ¹ ». Pichegru accourut à Strasbourg ; il y arriva le 20 octobre ; l'impression fut bonne; « C'est un homme résolu, écrivit Saint-Just, nous allons l'installer et frapper ² ! »

Son attitude impassible rassurait les soldats et leur en imposait. Disciplinaire habile et ferme, il sut rétablir l'ordre, condition ³ première du succès. Il évita les batailles rangées, multiplia les affaires de poste et les escarmouches : « Depuis plus de quinze jours, écrivaient les représentants Lemaire et Baudot le 11 décembre, nos troupes se battent *chaque jour sans discontinuer*, et avec un acharnement et une constance dont il n'y a point d'exemple ⁴. »

Ce fut toute sa tactique en 1793. Cette guerre de tirailleurs, incessante, obstinée, exerça les troupes, encore sans expérience, leur rendit confiance par de petits succès, et surtout surprit, fatigua, ébranla l'ennemi. Attaqués tantôt sur une aile, tantôt sur une autre ou sur le centre et constamment, les Autrichiens « étaient sur les dents. Tous se plaignaient d'être brisés de fatigue; des compagnies n'étaient plus représentées que par cinquante hommes »; Wurmser gémissait sur l'épuisement de ses troupes : « C'est un massacre », s'écriait-il ; « cette horde indigne de Français, cette canaille a le nombre ; elle se sauve quand on l'attaque, mais elle s'enhardit, parce qu'on la laisse attaquer tous les jours ⁵. »

Tactique excellente en un pareil moment, et qui sauva l'Alsace en épuisant Wurmser. Elle contribua puissamment au succès du mouvement de flanc qui précipita la retraite des Autrichiens et qui amena la reprise des lignes et le déblocment de Landau.

Frappés des résultats acquis en si peu de temps, Saint-Just et Lebas, au début de nivôse, ordonnaient aux deux généraux des armées du Rhin et de la Moselle de former « un rassemblement » pour débloquer Landau. Ils en donnèrent le commandement à Pichegru. Cependant Hoche parut aux représentants Lacoste et Baudot plus capable de diriger les deux armées, et ils lui en donnèrent le commandement ⁶. « Disposition inutile, déclare Thiébault,

---

1. Chuquet, *Hoche*, p. 27.
2. AF ɪɪ, 249 (post-scriptum à la lettre du 5 brumaire an II).
3 Les représentants Milhaud et Guyardin écrivent, le 9 brumaire, de Strasbourg : « Il est actif, surveillant et ferme ; il paraît que l'armée prend confiance en lui ; il s'attache à maintenir la discipline et l'exactitude du service. C'est le point le plus essentiel. » AF ɪɪ, 151.
4. 21 frimaire an II, AF ɪɪ, 151. Lacoste, représentant à l'armée du Rhin, désapprouvait cette guerre de « petits paquets », AF ɪɪ, 247, lettre du 28 frimaire an II. Voir aussi lettre de Baudot, son collègue, le 29 frimaire. Voir aussi les critiques de Hoche : Chuquet, *Hoche*, p. 144.
5. Voir Chuquet, *Hoche*, p. 146 à 149.
6. AF ɪɪ, 247 : Lacoste et Baudot écrivaient au Comité de salut public, le 1ᵉʳ nivôse : « Pichegru, qui commande en chef l'armée du Rhin, n'en a ni la capacité ni la prépondérance nécessaires. » Ils proposaient de donner le comman-

puisqu'il n'était pas nécessaire que les deux armées attaquassent en même temps ; absurde, puisqu'un seul chef pouvait si peu suivre les mouvements des deux armées, et puisque Pichegru revendiqua, avec *raison*, la majeure partie de la gloire de cette journée (bataille du Geisberg) ; contraire à la hiérarchie, l'armée de la Moselle étant la plus petite et Pichegru étant l'ancien de Hoche ; impolitique enfin, puisque c'était mortifier et offenser l'un sans se dévouer l'autre plus qu'il ne l'était [1]. »

Pichegru s'était appliqué à faire concorder ses opérations avec celles de Hoche, lui demandant avis et conseils, lui envoyant des encouragements ou applaudissant à ses succès : « Puisses-tu m'apprendre bientôt, lui écrivait-il le 29 novembre, l'heureuse nouvelle de la destruction des soldats de la tyrannie [2]. » Subordonné à Hoche, il lui écrivait encore en décembre (le 24) : « Je te prouverai, mon cher camarade, par la manière dont je suivrai les ordres que tu me donneras, que *mon unique ambition est de servir ma patrie* [3]. » Mais son collègue ne sut pas ménager son orgueil blessé, et la rivalité éclata entre les deux généraux comme entre les deux armées.

Saint-Just et Lebas prirent parti pour Pichegru, en référèrent au Comité de salut public [4] Robespierre les approuva : « Nous estimons, nous aimons, écrivait-il, comme vous, le civisme et les talents de Pichegru [5]. » Pour mettre fin au conflit, qui risquait de nuire aux succès des deux armées, le Comité proposa Pichegru pour le commandement de l'armée du Nord ; et la Convention l'y nomma le 17 pluviôse an II [6]. Hoche ne tarda pas à être emprisonné, on a dit, sans le prouver, sur les dénonciations de Pichegru. Ce conflit laissa une inguérissable rancune dans l'âme des deux généraux, et contribua peut-être à déterminer leur attitude politique dans les années qui suivirent, après Thermidor.

dement des deux armées à Hoche. Or Saint-Just et Lebas, à leur retour en Alsace, ont ordonné à Pichegru et à Hoche de concerter sans délai un plan pour débloquer Landau et chargé Pichegru de commander le rassemblement (*ibid.*, lettre de Saint-Just et Lebas du 5 nivôse). Lacoste et Baudot, qui ont « pris à gripe » *sic*) Pichegru (*ibid.*, lettre de Lemane du 30 frimaire) et qui en veulent à Saint-Just et Lebas de leur attitude (voir Chuquet, *Hoche*), se hâtent de donner le commandement des deux armées à Pichegru (Lacoste et Baudot l'annoncent au Comité, 5 nivôse, AF II, 246).

1. Thiébault, t. I, p. 475.
2. La correspondance de Pichegru avec Hoche pendant la campagne de 1793, correspondance précieuse pour l'histoire de cette campagne, a été conservée, soit en copie, soit en original, dans les papiers de H. de Saint-Albin.
3. *Ibid.*
4. Voir la lettre du 5 nivôse, AF II, 247.
5. AF II, 244, 9 nivôse.
6. Archives administratives de la guerre (dossier Pichegru). Par décret du 25 nivôse, le Comité de salut public (minute de la main de Carnot) décidait que les deux armées agiraient indépendamment l'une de l'autre, chacune sous le commandement de son général en chef, AF II, 244.

Avant le départ de Pichegru pour l'armée du Nord, le représentant en mission à l'armée du Rhin, Lemane, le remerciait des services qu'il avait rendus à la patrie et à la république : « Le décret de la Convention nationale du 12 nivôse, écrivait-il, portant que les armées de la Moselle et du Rhin ont bien mérité de la patrie, nous autorise à décerner des récompenses civiques, au nom de la République, aux braves républicains qui se sont distingués par des actions éclatantes : nous commençons par toi, *héros républicain*, général en chef des deux armées, tu les as conduites à la victoire ! L'histoire transmettra à la postérité la plus reculée le souvenir de tes *vertus civiques*, en même temps qu'elle l'instruira de tes succès, qui ont sauvé sur les bords du Rhin la République [1]. »

Injuste à l'égard de Hoche, Lemane traduisait cependant assez exactement l'impression produite par Pichegru sur ses compagnons d'armes. Il s'était montré général habile autant qu'énergique ; il paraissait sincèrement attaché à la République : « Je suis persuadé, lui écrivait Bouchotte le 12 février, que ta présence va faire un bon effet sur la frontière du Nord, où il faut réveiller l'esprit public. Parle à nos braves frères d'armes : un sans-culotte est fait pour être entendu par des sans-culottes [2]. »

Il adressait, en effet, à ses « frères d'armes », en arrivant à l'armée, une proclamation que n'eût pas désavouée Bouchotte : « Camarades, en acceptant le commandement de l'armée, j'ai moins compté sur mes moyens que sur votre bravoure et sur le génie de la Liberté qui préside à nos armes. Déjà le sol de la République, souillé sur différents points par les brigands coalisés, en a été purgé ; nos braves républicains les ont vus fuir devant eux : il n'existe plus qu'un seul coin de notre territoire entaché de leur présence... Je seconderai vos efforts de toutes mes facultés ; mais je suis *franc républicain* : quand vous n'irez pas bien, je vous le dirai ; je vous rappellerai à l'ordre ; s'il m'arrivait de m'écarter de la ligne, je vous invite à en faire autant. Vos avis seraient pour moi des témoignages d'amitié [3]. »

Il écrivait aux généraux placés sous ses ordres : « Je ne me suis point dissimulé, citoyen général, l'immensité de la tâche du commandement de l'armée du Nord et l'insuffisance de mes moyens... Je viens donc te prier, mon cher camarade, de m'investir de tes conseils et de tes lumières, de me faire part de tes idées sur les meilleurs moyens à employer pour expulser les despotes coalisés... Je viens enfin te demander ta bienveillance, en attendant que j'aie pu mériter ton amitié [4]. »

---

1. Arrêté pris par Lemane, le 26 nivôse an II, AF II, 154.
2. A. G., armée du Nord, 12 février 1794-24 pluviôse an II.
3. A. G., armée du Nord, 9 février-21 pluviôse an II.
4. A. G., armée du Nord, 9 février.

Il vivait sobrement, frugalement, comme un simple soldat; il faisait la guerre « sans prétention, disent les auteurs de *Victoires et Conquêtes*, et paraissait plutôt s'appliquer à cacher ses exploits qu'à les faire prévaloir. Les rapports qu'il envoyait au Comité de salut public ont rarement servi à nous fournir des renseignements sur ses expéditions[1]. Il se contentait de dire qu'il avait vaincu l'ennemi, et ne donnait jamais les détails qui auraient pu faire ressortir ses mérites et ses talents militaires. On eût dit un guerrier romain, croyant s'acquitter du premier devoir d'un citoyen, celui de servir la patrie, et ne pensant pas qu'on lui dût de la reconnaissance pour ce qu'il faisait pour elle[2]. »

Cette simplicité, cette modestie républicaine, lui valaient la confiance « d'un gouvernement ombrageux qui l'accordait si difficilement. Seul d'entre tous les généraux de cette époque, il n'éveilla jamais les soupçons ». « C'est l'âme la plus franchement républicaine, écrivait le représentant Richard, qui le suivit pendant la plus grande partie de la campagne de l'armée du Nord... Il a Tacite et Plutarque sous son oreiller. Il mange son pain de munition avec bonheur[3]. »

Avec quelle indignation Pichegru apprenait la proposition faite à Vandamme par un agent anglais, lord Twedel, qui offrait au jeune général deux cent quarante mille livres de France et d'autres avantages, s'il consentait « à ne point faire une résistance opiniâtre » aux forces qui s'avançaient pour « anéantir » l'armée du Nord! Vandamme communiquait la lettre de Twedel à Moreau, qui l'envoyait au général en chef. Celui-ci répondait à Moreau que les républicains n'useraient pas de ces moyens « infâmes » contre ceux qui avaient la « bassesse » de leur en faire la proposition : « Les républicains ont plus de droiture et ils comptent assez sur la justice de leur cause et la suffisance de leurs moyens pour ne pas recourir à ceux que des *esclaves* seuls peuvent imaginer. Il faut que le plus profond mépris en soit la suite, à moins que le Comité de salut public n'en ordonne autrement[4]. »

Il écrivait ces lignes en avril 1794, avant la campagne qui décida de la prise d'Ypres : un émigré, Verteuil, a prétendu cependant qu'à

---

1. Voir l'excellent ouvrage du colonel Coutanceau, *Campagne de 1794 à l'armée du Nord*, préface du t. I<sup>er</sup> (1<sup>re</sup> partie, *Organisation*), p. xxxvii : « Sa correspondance dit il, *n'existe pas* ». M. Duruy possède le livre d'ordres de Pichegru à l'armée du Nord, livre d'ordres résumés par Pichegru lui-même, qui sera publié prochainement.
2. *Victoires et Conquêtes*, voir surtout dans le t. II, p. 353 et suiv., une appréciation sur Pichegru, d'ailleurs discutable, comme tout l'ouvrage.
3. Note manuscrite de R. de Saint-Albin. Je n'ai pas retrouvé la lettre de Richard à laquelle il est fait allusion. Voir d'ailleurs, aux t. XV et XVI des *Actes du Comité de salut public*.
4. A. G., armée du Nord, 2 avril 1794.

cette époque il avait chargé Montgaillard d'assurer à Clerfayt, à Cobourg, au duc d'York, qu'il était prêt à trahir la République et à favoriser les succès des troupes alliées pour leur faciliter le rétablissement du trône. Rien ne prouve ces dires, ni la correspondance des généraux de l'Autriche, ni celle du duc d'York [1], et celle de Pichegru témoigne au contraire de son ardeur guerrière, de sa joie de vaincre « les despotes coalisés ».

Il est tout entier à sa tâche, tâche écrasante, car « il commande à toutes les troupes qui s'échelonnent depuis la mer du Nord jusque derrière la Meuse, dirigeant en personne l'aile gauche, qui doit effectuer le mouvement décisif contre la droite de l'ennemi, donnant des ordres aux divisions des Ardennes, de la Moselle ou du Nord, qui formèrent plus tard l'armée de Sambre-et-Meuse. Il évaluait ces forces à plus de 150.000 hommes : 72.000 à sa gauche, 18.000 au centre, 60.000 à la droite [2]. Il devait combiner leurs opérations de manière à entraîner ce vaste ensemble dans un même mouvement d'offensive, mouvement difficile et compliqué, car il devait retenir le centre et pousser les extrémités, obligé de graduer l'effort de chaque division de l'armée pour « attaquer l'ennemi sur ses ailes, tandis qu'il s'enfoncerait dans le centre [3]. »

Ce mouvement avait été ordonné par Carnot [4] ; il sut l'exécuter avec prudence et décision, éviter même des fautes que le Comité de salut public l'engageait à commettre, s'attarder à des sièges de place, comme Ypres, avant d'avoir battu complètement l'ennemi [5]. Ce fut d'ailleurs sa tactique dans cette campagne : « poursuivre continuellement l'ennemi; chercher les occasions de le battre; ne point diviser ses forces devant les places ; ne prendre que celles qui sont absolument nécessaires pour assurer la position des troupes, sans avoir l'air de s'occuper de celles qu'il laissait derrière lui [6] ».

Nous n'avons pas à faire l'historique de la campagne : d'autres

---

1. Zeissberg, *Pichegru et Condé*, p. 5. Zeissberg renvoie pour plus amples développements à son ouvrage : *la Belgique sous le général-gouverneur archiduc Charles*, publié dans les rapports de l'Académie impériale de Vienne. Bonaparte fit imprimer en germinal an XII, dans *Pichegru et Moreau*, p. 9, la lettre de Reinhard à Talleyrand du 1er vendémiaire an VI, rapportant les propos tenus par Verteuil. Cette lettre est aux Affaires étrangères. Hambourg, vol. 112, à la date indiquée.

2. A. G., armée du Nord, 21 mai.

3. Lettre de Pichegru au général en chef de l'armée des Ardennes, A. G., armée du Nord, 5 mai.

4. Voir surtout la lettre de Carnot du 21 ventôse an II, AF II, 203, et du 24 thermidor an II, *ibid*.

5. Voir lettre de Pichegru du 2 floréal an II au Comité de salut public. A. G., armée du Nord, 21 avril, post-scriptum, et du 6 floréal à Pille, *ibid.*, 25 avril.

6. *Campagnes du général Pichegru aux armées du Nord et de Sambre-et-Meuse*, par le C. David, p. 107. Cf. p. 43.

l'ont étudiée ou l'étudieront. Pichegru dut aux circonstances une partie de ses succès, la conquête de la Hollande par exemple, qui peut-être eût été impossible sans l'hiver et la glace. Et certes les généraux sous ses ordres, Souham[1], Moreau, ont contribué largement à ses victoires. Il importe peut-être de ne pas « vanter outre mesure ses grands talents », mais on ne saurait prétendre qu'il n'en eut que de « très médiocres »[2]. Il n'avait pas l'intuition géniale d'un Bonaparte; il ne concevait pas sur un champ de bataille les grandes combinaisons qui trompent l'ennemi; trop souvent il attaquait droit devant lui, comme à Pont-à-Chin, sans deviner le mouvement tournant qui lui eût donné la victoire. Mais peut-on nier que ce général énergique, opiniâtre et prudent, un des plus instruits de l'armée d'alors, eût fait bonne figure parmi les maréchaux de l'Empire[3], à côté des Davout, des Suchet, des Marmont et de tant d'autres qui n'ont été que les exécuteurs habiles d'une volonté souveraine[4]?

Le conquérant de la Hollande fut appelé au commandement de l'armée de Rhin-et-Moselle. En passant à Paris, il réprima l'insurrection de Germinal. « Il se montra, dit-on, dans des sociétés peu zélées pour la République. Son ton y fut simple et discret, mais de manière à inspirer la confiance et à permettre l'espoir. » Il n'eut qu'une hâte cependant : quitter Paris. En annonçant à la Convention qu'il avait vaincu l'insurrection, il lui demandait de l'envoyer à son poste[5], et c'est Bailleul, le Bailleul de Fructidor, qui engageait l'assemblée à le laisser quelques jours encore à la tête de la garde nationale[6].

Les patriotes le regardaient comme un de leurs appuis les plus sûrs. En juin, la nouvelle de sa mort se répandait dans Paris : « On

---

1. Voir en particulier la biographie consacrée à Souham par René Fage, p. 44 à 46.
2. Saint-Cyr, *Mémoires sur les campagnes des armées du Rhin et de Rhin-et-Moselle*, t. II, p. 178.
3. Barras, t. III, p. 91. « Le seul des militaires qui n'ait pas eu besoin de cette éducation fut Pichegru, qui, dès le premier jour, était au niveau de toutes les connaissances nécessaires à son art, et qui a toujours écrit avec autant de netteté de caractère que de pureté de style. » Voir Nodier, *Souvenirs et portraits*, p. 92. Son livre de prédilection, les *Mémoires de Montecuculli*.
4. Soult, *Mémoires*, t. I, p. 255, le juge plus sévèrement encore que Saint-Cyr : « Général médiocre, écrit-il, prodigieusement servi par le hasard des circonstances, et qui n'a fait, le plus souvent, que recueillir des succès auxquels il n'avait pris aucune part. » Soult lui fut-il supérieur ? Cf. une lettre de Kléber à Dumas (4 oct. 1795), dans Saint-Cyr, t. II, p. 566 : « La médiocrité des talents militaires du fameux Pichegru. » Bonaparte, cependant, le jugeait supérieur à Moreau. On ne pourra guère apprécier avec justesse sa valeur militaire qu'après avoir étudié son commandement à l'armée du Nord. Voir sur son commandement à l'armée du Rhin l'appréciation de Chuquet, *Hoche*, p. 96 et suiv. M. Chuquet paraît suivre l'opinion de Saint-Cyr et de Soult. J'avoue que son jugement me paraît sévère. Cf. Colin, *Campagne de 1793 en Alsace et en Palatinat*.
5. *Victoires et Conquêtes*, t. II, p. 509 et note, p. 510 ; *Moniteur*, t. XXIV, réimpression, p. 142-143.
6. *Moniteur*, t. XXIV, p. 144.

peut juger, écrit un journal, de l'estime dont jouit le général à la douleur des patriotes; plusieurs d'entre eux se sont portés vers les comités. Ils y ont appris la fausseté de ce bruit avec autant de joie que d'indignation. » Des royalistes assuraient que la Restauration était proche : « Il ne se commettra, disaient-ils, aucun désordre, et l'on ne punira que quelques chefs militaires, nommément Pichegru et quelques autres [1]. »

Combien peu, connaissant son « humanité » à l'égard des émigrés faits prisonniers dans les places ou sur les champs de bataille des Pays-Bas [2], osaient espérer que le général patriote deviendrait l'allié de leur « roi »! « Cet homme, écrivait le marquis de Sales, s'immortaliserait et deviendrait maréchal de France, s'il profitait de sa position pour rétablir le trône. Je suis persuadé qu'on passerait l'éponge sur le passé, pour ne s'occuper que du soin de lui témoigner gratitude et reconnaissance [3] ! »

Et pourtant la Révolution a violemment heurté les instincts conservateurs du paysan franc-comtois, novice des Minimes et protégé du père Patrault. Le sous-officier de l'ancien régime garde au fond du cœur un souvenir reconnaissant aux chefs qui ont émigré [4]. Il doit ses premiers grades à leur faveur; il fut, au début de la Révolution, leur allié et leur complice.

A 34 ans, il a franchi tous les grades de la hiérarchie militaire; il est le plus illustre de nos généraux. Quelles pensées se cachent derrière ce front large et ces yeux impénétrables, sous cette attitude d'apparence modeste, sous cette simplicité d'allures qui rassure les plus défiants?

Il pense que la République est à la merci d'une journée populaire ou d'un général victorieux. Il songe à demain, et demain pour lui, c'est la Monarchie. Or il a souci de réaliser son capital de gloire et, comme les maréchaux de Mayenne, de « se faire légitimer [5] ».

En terminant cette introduction déjà si longue, je voudrais remercier tous ceux qui ont bien voulu m'aider de leurs conseils ou de leur appui, au cours de mes recherches dans les archives privées ou

---

1. *Moniteur*, t. XXIV, p. 344, et t. XXV, p. 18.
2. Voir David, op. cit., p. 63, 65, 120, etc.
3. Descotes, *la Révolution française vue de l'étranger*, p. 287.
4. Voir *Drapeau blanc* du 18 décembre 1825 : il retrouve le chevalier Durand blessé sur un champ de bataille, et lui fait donner par le prince Hohenlohe le commandement d'un régiment. Il cherche à entrer en rapport avec de Comeau, *Mémoires de Comeau*.
5. Voir Baudot, *Notes historiques*, p. 6. Surtout voir au chapitre xii sa conversation avec Fabre de l'Aude.

publiques. Mais ils sont si nombreux! Il faut se borner à adresser l'hommage de ma reconnaissance la plus profonde à M. George Duruy, à qui je dois l'idée première et les premiers documents de ce livre, à MM. Monod, Aulard et Debidour, dont la recommandation m'a ouvert des archives qu'on ne m'eût jamais montrées sans elle, à M. Macon enfin, conservateur du musée Condé, qui m'a rendu l'inappréciable service de me guider dans les archives de Chantilly.

# LA TRAHISON DE PICHEGRU

ET

## LES INTRIGUES ROYALISTES DANS L'EST AVANT FRUCTIDOR

---

### CHAPITRE I

#### INACTION DE L'ARMÉE DE RHIN-ET-MOSELLE
#### PICHEGRU MÉCONTENT.

I. — *Le siège de Mayence; l'armée de Rhin-et-Moselle; l'arrivée de Pichegru.*

L'arrêté du 13 ventôse an III (3 mars 1795), par lequel le Comité de salut public nommait au commandement des deux armées du Rhin et de la Moselle, réunies désormais en une seule, le conquérant de la Hollande, fut accueilli avec joie par les soldats.

Le général en chef de l'armée du Rhin, Michaud, annonça par une proclamation à ses troupes l'arrivée prochaine de son successeur. « L'arrivée du brave Pichegru... me cause une joie d'autant plus vive qu'elle sera pour vous le signal de nouvelles victoires, et qu'aux jours de fatigue et de privation que vous avez supportés avec une patience héroïque, vont succéder des jours de triomphe et de gloire [1]! »

Les soldats espéraient, sous la conduite d'un chef si renommé, achever promptement la défaite de la coalition, obtenir la paix par de nouvelles victoires.

Les armées du Rhin et de la Moselle, au cours de la campagne de 1794, étaient parvenues à refouler Mœllendorf sur la

---

[1]. Registre d'ordre de Damas, 11 avril, dans papiers de Rousselin de Saint-Albin.

rive droite du Rhin, à bloquer Luxembourg, Mayence et la tête de pont de Manheim. Le 25 décembre, le fort de Manheim s'était rendu, mais Luxembourg et Mayence restaient imprenables.

Tôt ou tard Luxembourg devait tomber, car elle était entièrement investie, si les Autrichiens ne parvenaient pas à se faire jour au milieu des deux armées françaises pour la débloquer. Mais Mayence n'était bloquée et ne pouvait l'être que sur la rive gauche ; elle restait en communication par son pont et le fort de Kastel [1] avec les Autrichiens qui renouvelaient à leur gré ses approvisionnements et sa garnison.

Le Comité de salut public s'était flatté de réduire la place par la terreur d'un bombardement ou de l'emporter d'assaut, puisqu'il ne pouvait par la famine la contraindre à capituler. Il avait chargé Merlin de Thionville, « Merlin Mayence », et Kléber de reprendre aux coalisés la ville qu'ils avaient défendue vaillamment [2].

Mais Kléber avait dû reconnaître que le siège de Mayence était « lié à une expédition d'outre-Rhin qui ne pouvait avoir lieu qu'à l'ouverture de la campagne prochaine ». Une armée effectuerait alors le passage sur la rive droite, repousserait les coalisés qui ravitaillaient Mayence, puis deviendrait armée d'observation. 60.000 hommes d'infanterie investiraient Mayence sur la rive gauche ; environ 16 à 18.000 sur la rive droite contiendraient l'ennemi dans ses murs. Ces réflexions faisaient l'objet d'un mémoire qu'envoya Kléber au Comité en décembre [3]. En janvier, il soutint encore devant un conseil de guerre qu'il était impossible, sans l'appui d'une armée française établie sur la rive droite, de tenter une attaque de vive force sur Mayence ; les représentants s'obstinèrent à laisser périr sans profit, de faim, de froid ou de fatigue, des milliers de soldats et de chevaux sous les murs de la place [4]. Vainement Kléber écrivait : « L'armée... sera nécessairement hors d'état de rendre aucun service dans la campagne prochaine [5]. »

Mais il fallut bien se rendre à l'évidence, lorsque Kléber lui-même refusa de faire le siège de la ville, sollicita un congé de maladie, puis jeta sa démission à la tête des représentants et partit pour Strasbourg, installant Schaal à sa place, un simple général de brigade, tous les

---

1. Situé sur la rive droite, près du confluent du Mein.
2. Mission de Merlin, 27 octobre 1794, Reynaud, *Merlin de Thionville*, p. 108. Kléber prévenu par Gillet le 10 novembre et par Merlin le 23, dans cahiers de Kléber, papiers de Rousselin de Saint-Albin.
Voir sur le siège de Mayence mes deux articles dans la *Révolution française* du 14 décembre 1901 et du 14 janvier 1902.
3. Mémoire du 4 nivôse an III (24 décembre 1794), dans cahiers de Kléber. Cf. Reynaud, p. 111 et suiv.
4. Article du 14 décembre 1901, *Révolution française*, p. 492.
5. Mémoire du 4 nivôse an III.

généraux de division devant Mayence ayant refusé d'assumer la responsabilité du siège [1].

Kléber avait raison : on ne pouvait songer à prendre Mayence par surprise ; il fallait un siège en règle pour la détruire, siège appuyé par une armée française d'observation sur la rive droite [2].

Surtout un passage du Rhin s'imposait, opération difficile en face de l'armée autrichienne qui s'organisait sous le commandement de Clerfayt. Sans doute la Prusse faisait défection à la coalition et signait la paix de Bâle, le 5 avril 1795 ; mais les échecs de l'Autriche, en 1794, dans les Pays-Bas, avaient fortifié sa position en Allemagne, en lui permettant de rappeler les troupes vaincues dans les plaines du Nord, de les réunir à l'armée impériale du prince de Waldeck dans l'Allemagne du Sud, et de concentrer sur la rive du Rhin moyen « la plus belle et la plus nombreuse [3] » armée que l'Autriche eût encore assemblée sur ce point. 180.000 hommes de troupes superbes, sous le commandement d'un seul général, prudent et habile tacticien, Clerfayt, s'apprêtaient à défendre Mayence ; l'empereur même, en nommant, le 10 avril, feld-maréchal le nouveau chef de son armée, lui déclarait qu'il ne lui confiait « l'armée la plus nombreuse et les forces les plus respectables qui depuis longtemps se fussent trouvées rassemblées » que pour lui permettre de « rétablir, par quelque opération offensive et nerveuse et par un brillant début de campagne, la réputation de ses armées ». Son plan de campagne devait avoir pour base le « prompt déblocquement de Mayence et le dégagement et le ravitaillement de Luxembourg », puis Clerfayt s'établirait dans la haute Alsace pour jeter Condé en Franche-Comté ou faire le siège de Sarrelouis [4].

Un passage du Rhin, en face d'une armée autrichienne ainsi réorganisée, pouvait exiger la coopération de deux, ou même de trois armées cantonnées au voisinage du Rhin. Un seul général paraissait capable de diriger cette opération, le conquérant de la Hollande, Pichegru. Aussi la Convention avait-elle appelé ce général au commandement de l'armée du Rhin et de la Moselle. Dans le cas où les trois armées du Nord, de Sambre-et-Meuse et de Rhin-et-Moselle devraient agir en commun, le commandement général en serait donné à Pichegru [5].

La Convention confiait une mission difficile au vainqueur de la

---

1. *Révolution française*, p. 494. Kléber prévient Michaud de sa résolution, le 11 février.
2. Cavaignac à Merlin, dans Reynaud, p. 164, 165, 166.
3. Craufurd à Grenville, 22 septembre 1795, Record Office, Army in Germany.
4. Vivenot, *Thugut, Clerfayt et Wurmser*, lettres de l'empereur à Clerfayt, 21 février, 21 mars, 1er avril, 10 avril, 17 avril, 3 mai, 10 juin.
5. D'après le registre d'ordres de Pichegru, papiers R. de Saint-Albin Cf. Archives de la guerre, Rhin-et-Moselle, 1er avril.

Hollande. Le passage du Rhin, l'invasion de l'Allemagne et la prise de Mayence, qui devait en résulter, ne formaient pas toute sa tâche. Il devait réorganiser, ranimer, et comme ressusciter une armée « excellente au fond » mais épuisée, démoralisée, Kléber disait « détruite » par une campagne d'hiver infiniment cruelle, exaspérée de misère, et qui accusait le gouvernement d'avoir abandonné le soin de son entretien, surtout de sa subsistance, aux pires ennemis de la république.

Un général de division traçait, le 3 avril, un « tableau effrayant de cette armée [1] ». — « Qu'on jette les yeux, écrivait-il, — sur quelque partie que ce soit, on la trouvera dans le plus grand délabrement, dans l'état le plus désespéré. Examinera-t-on l'état des subsistances? Eh bien! nulle part des magasins, l'armée vivant au jour le jour du résultat des réquisitions faites dans un pays ruiné par trois campagnes consécutives, vivant de l'exécution de quelques marchés faits de la manière la plus onéreuse, parce que les assignats ne valent presque rien et qu'on n'en veut même à aucun prix... Examinera-t-on l'état de nos transports, celui de nos fourrages? On trouvera au moins 10,000 chevaux péris de faim cet hiver ; beaucoup de voitures et rien pour les traîner; notre cavalerie, ruinée par la famine, n'ayant vécu en partie que de paille de seigle, sans avoine, et n'ayant souvent ni l'un ni l'autre. On a trouvé des chasseurs et des dragons vidant les paillasses des lits dans les maisons pour donner à leurs chevaux.

« Voulez-vous porter vos regards sur notre artillerie? Vous la trouverez immense, mais n'ayant pas la dixième partie des chevaux pour la conduire, et ceux qui ont survécu jusqu'à ce moment-ci sont tous sur la litière.

« D'un autre côté, vous trouverez une immense quantité d'hôpitaux encombrés de malades, un grand nombre se faisant évacuer jusque chez eux où ils restent tranquillement après leur rétablissement parce que les corps constitués le tolèrent. Vous trouvez des brigades de 3,000 hommes n'en former que 11 à 1200 et personne qui s'occupe du recrutement. Voulez-vous examiner l'armée en total? Vous la trouverez diminuée au moins d'un tiers pendant cet hiver.

« Voulez-vous maintenant parcourir les camps? Vous trouverez des soldats défaillant de misère, manquant souvent de un ou deux jours de pain, couchés dans des baraques de terre sans paille, affaiblis par une campagne d'hiver la plus cruelle qui fut jamais, ayant souvent manqué d'eau pendant la gelée, et toujours de bois. (Les vignes ont été arrachées et on a déterré jusqu'aux plus petites racines pour faire

---

[1] A. G., Rhin-et-Moselle, 3 avril 1795, lettre écrite de Spire, le 14 germinal an III, au citoyen Brival, représentant du peuple, par un officier de l'armée du Rhin (général de division).

la soupe.) La division que je commande a manqué de pain pendant trois jours et demi...

« La troupe... endure ses souffrances avec le calme de la vertu ; l'histoire ne nous offre aucun exemple d'un pareil dévouement... L'aristocratie est si audacieuse dans les départements du Rhin qu'on y refuse les écus à la marque de la république. Les armées ne veulent point de roi ; elles ont conquis la liberté ; elles sauront la défendre ; elles n'auront point bravé tant de dangers, enduré tant de maux, fait tant de sacrifices, remporté de si belles victoires pour s'ensevelir dans leurs triomphes. Quant à moi, je jure que plutôt que de courber ma tête sous le joug d'un maître, je saurai... me percer le cœur. »

A cette armée découragée, démoralisée par la souffrance, mais vibrante encore de patriotisme, il fallait un chef « doué de tous les talents, de toute l'énergie possible [1] », entreprenant, mais surtout généreux et désintéressé, capable de se dévouer à la patrie et à la république, au détriment même de ses intérêts ou de sa gloire.

Pichegru arrivait sur le Rhin fatigué d'une longue et pénible campagne dans les Pays-Bas, couvert de gloire, mais inquiet de risquer sa fortune dans des aventures nouvelles, où il ne jouerait pas à coup sûr, soucieux de mettre sa renommée à l'abri des hasards de la politique, effrayé des changements brusques, des perpétuelles variations du gouvernement populaire, désireux de stabilité et plein de mépris pour les « gouvernants » et leur république. Ce dédaigneux et ce blasé ne convenait pas à cette armée.

Il y arriva [2] dans la nuit du 16 au 17 avril. Par un singulier présage, à deux lieues de Mayence, sa voiture fut précipitée dans un ravin et se brisa. J'ai fait « naufrage au port », écrivait-il à Moreau, son successeur à l'armée du Nord et son ami. Il ne croyait pas si bien dire. Sa renommée allait sombrer dans une aventure lamentable, d'où son honneur de soldat devait sortir aussi compromis que sa gloire.

Le même courrier qui portait sa lettre à Moreau arrivait de Hollande avec une dépêche des états généraux. Les états lui offraient un titre de général avec une pension de 10.000 florins [3] : Pichegru s'était contenté de remercier, sans accepter, lui qui devait bientôt accepter, pour corrompre son armée et détruire la république, l'argent de l'Angleterre.

1. Kléber à Jourdan, 7 avril 1795, dans papiers de lt. de Saint-Albin.
2. Il est à Trèves le 25 germinal (14 avril), A. G., Rhin-et-Moselle, lettre à Lacombe de Tarn. Il est à Guntersblum, devant Mayence, le 28 germinal (17 avril), A. G., Rhin-et-Moselle, lettre à Moreau.
3. Lettre de Pichegru à Moreau du 17 avril, A. G., Rhin-et-Moselle. Lombard de Langres, envoyé comme ministre de France à la Haye par le Directoire, reçut en Hollande la confirmation de ce fait. Voir *Mémoires de Lombard de Langres*, chap. VII.

## II. — *Pichegru contraire à l'offensive immédiate.*

Le Comité l'envoyait sur le Rhin sans lui donner un plan de campagne bien arrêté. Il l'avait prévenu seulement qu'il aurait à passer le haut Rhin sur deux points, puis à marcher sur Manheim, pour s'emparer de la ville, et que Jourdan passerait ensuite le fleuve à Rhinfeld. Il devait recevoir des ordres ultérieurs. En attendant, il aurait à tout préparer pour un passage.

Il commença par visiter les postes de son armée échelonnés de Mayence à Huningue. Les lignes de Mayence, fortifiées pendant le commandement de Kléber, lui parurent « dans un état respectable ». Mais il vit avec peine que l'artillerie qui s'y trouvait n'était susceptible d'aucun déplacement, faute de chevaux. Il fit part de cette observation — la seule qu'il ait jugée nécessaire — au Comité de salut public et se rendit dans le Haut-Rhin pour déterminer l'emplacement des troupes de son armée qui venaient de Luxembourg, et « voir surtout, écrivait-il, où en est la construction des équipages du pont ».

Il passa, le 23, par Strasbourg et revint, le 27, dans cette ville, après une course du côté d'Huningue; puis il retourna du côté de Mayence, pour y voir Jourdan qui devait se rendre à Oberingelheim, dans le but de combiner avec lui le plan d'action parallèle des deux armées. Il résuma son impression d'ensemble en quelques mots dans une lettre à Moreau : « Rien de nouveau de ce côté-ci ; j'en suis bien aise, car nous sommes en assez mauvais état. Il n'y a pas même de chevaux pour atteler l'artillerie légère [1]. »

Deux partis s'offraient à lui : ou profiter de la confiance et de l'enthousiasme que son arrivée avait provoqués dans l'armée, du désarroi des troupes autrichiennes avant leur organisation définitive, de leur découragement après la paix conclue par la Prusse à Bâle, pour passer le Rhin, envahir l'Allemagne, enlever Mayence, privée de ses communications avec la rive droite, — ou attendre la réunion des moyens d'action qui manquaient encore à l'armée.

Une opération rapidement menée pouvait réussir. C'était l'avis de Merlin et de Cavaignac [2], représentants en mission à l'armée de Rhin-et-Moselle, celui de Gillet, revenu récemment d'une mission à l'armée de Sambre-et-Meuse, et chargé, depuis le 11 avril, d'une des quatre divisions de la section de la guerre au Comité de salut

---

1. A. G., Rhin et-Moselle, 27 avril 1795.
2 Cavaignac se rend à Paris au commencement de juin pour préparer le plan de campagne avec Gillet. Il ne revient plus à l'armée. Reynaud, p. 211 ; voir sa lettre à Merlin de Thionville du 9 juin.

public, celle qui embrassait les armées agissantes, échelonnées au voisinage du Rhin, depuis la mer du Nord jusqu'à Bâle [1].

Le Comité de salut public tenait à une « offensive prompte et décidée ». « Le système défensif est absolument contraire à notre système de guerre, écrivait Gillet. Quel est notre but? D'avoir la paix, de l'avoir prompte et glorieuse. Or nous n'y parviendrons que par des victoires. Restons sur la défensive, nos armées se fondront, et nous finirons par être battus. » Et Sieyès : « La continuation de notre inaction équivaudrait à une suite de batailles perdues, puisque le trésor national se vide d'une manière irrémédiable. » L'entretien des armées ruinait la république ; le gouvernement ne pouvait fournir du numéraire ; les fournisseurs refusaient les assignats ; le Comité calculait que nos troupes trouveraient sur la rive droite « d'immenses ressources en subsistances » et vivraient aux « dépens de l'ennemi [2] ».

« Ceux qui raisonnent ainsi comptent, je crois, sans leur hôte », écrivait railleusement Pichegru [3]. Le général n'entendait pas tirer le Comité d'embarras, en risquant sa réputation dans une entreprise hâtive dont le succès lui paraissait douteux. Déjà, pendant son séjour à Paris, il s'était prononcé contre une offensive immédiate. Après son arrivée à l'armée, il conclut à suspendre toute opération jusqu'à près la réunion des moyens d'action qui lui manquaient.

Il n'avait pu voir Jourdan à son retour devant Mayence ; Jourdan était parti pour son quartier général. Il lui écrivit pour avoir son avis [4]. Jourdan répondit qu'il croyait utile d'attendre pour agir la reddition de Luxembourg. Cette reddition devait lui donner un renfort de 20.000 hommes, puisque l'armée de Sambre-et-Meuse avait été chargée du siège depuis avril. D'ailleurs il manquait de chevaux pour son artillerie, de fourrages et d'équipages de ponts. Il croyait que les Autrichiens n'oseraient pas nous attaquer, ou, s'ils nous attaquaient, seraient battus par la réunion de nos deux armées [5].

---

1. AF II, 200. L'arrêté du Comité de salut public du 22 germinal III décide qu'il sera fait 4 divisions dans la section de la guerre : la première division embrassera les armées du Nord, de Sambre-et-Meuse, de Moselle, du Rhin, et sera dirigée par Gillet. Cf. *Révolution française*, t. XXXVIII, p. 297-309, article de J. Guillaume sur le personnel du Comité de salut public, et Aulard, *Histoire politique de la Révolution*, p. 509. — Après Gillet, Doulcet puis Letourneur, furent chargés successivement de cette même section, le premier à partir du 3 juillet, le second à partir du 1er septembre.
2. Reynaud, p. 221, 223 Cf. instructions du Comité aux rep. miss., 13 mai, *ibid.*, 190 : « Les armées doivent vivre aux dépens du pays ennemi. Quant au numéraire, nous ne devons pas vous dissimuler que le gouvernement est en ce moment dans l'impuissance d'en fournir. »
3. Lettre de Pichegru à Jourdan, 22 floréal III (11 mai), A. G., Rhin-et-Moselle, 11 mai.
4. A. G., Rhin-et-Moselle, 2 mai.
5. Jourdan à Pichegru, 20 floréal III, dans papiers R. de Saint-Albin.

Pichegru répondit à Jourdan, le 11 mai, qu'il trouvait ses réflexions « infiniment justes ». Il cita une lettre du premier secrétaire interprète de la république à Bâle, Bacher, au Comité de salut public, lettre où celui-ci conseillait de tenter un passage dans le Haut-Rhin, pour pénétrer dans le Brisgau. Et il ajoutait, témoignant déjà d'un mécontentement qui n'attendait qu'une occasion pour se manifester : « Tu vois que celui-ci n'est pas tout à fait de notre avis et que, pour peu que les représentants soient portés à influencer les opérations, de tels conseils doivent les déterminer. Je finis, *cela me donne de l'humeur* [1]. »

Assuré de l'appui de Jourdan, il n'hésita plus à répondre, le 21, à Gillet, qui lui demandait « une idée de ce que pouvait faire l'armée » : « *Rien en ce moment*, parce qu'elle manque des principaux moyens, et ensuite parce que sa première opération peut et doit influer sur toute la campagne et que l'on ne saurait trop prendre de précautions pour en assurer la réussite [2]. »

D'après le plan que le Comité lui avait remis à Paris, l'armée de Sambre-et-Meuse ne devait exécuter un passage que lorsque celle de Rhin-et-Moselle aurait passé le fleuve et l'aurait descendu jusqu'à Manheim. Pichegru conseillait de faire prendre l'offensive aux deux armées en même temps, « pour partager l'attention de l'ennemi et le forcer à disséminer ses forces [3] ».

Le Comité donnait prétexte à sa temporisation, car il hésitait à continuer la guerre. Deux partisans déterminés de la guerre, Reubell et Siéyès, avaient quitté Paris, le 4 mai, pour aller à la Haye signer un traité avec la Hollande. Pendant leur absence, les autres membres du Comité, Merlin de Douai lui-même, effrayés de l'état de Paris [4], de la pénurie des subsistances et du manque de numéraire, inclinaient à faire la paix au prix de la neutralisation de Mayence et même de l'abandon des limites naturelles. Une note de Barthélemy, écrite sous l'inspiration du ministre de Prusse, Hardenberg, conseillait la neutralisation, assurait « qu'à la simple annonce d'une disposition quelconque de renoncer à la ligne du Rhin » toute l'Allemagne poserait les armes. Le Comité transmettait la note à Merlin de Thionville, lui demandant son avis et celui de Pichegru [5].

« J'ai communiqué au général Pichegru, répondit Merlin, le 16 mai [6], la dépêche que vous m'avez adressée... Nous sommes d'avis qu'il faut accepter la neutralisation de Mayence, à condition cependant

---

1. Lettre citée du 22 floréal.
2. Pichegru à Gillet, A. G., Rhin-et-Moselle, 21 mai.
3. *Ibid.*
4. A la veille des journées de prairial.
5. Reynaud, p. 176-180.
6. Reynaud, p. 191.

que cette ville sera gardée par une garnison mixte de troupes françaises et de troupes des cercles... Pour le surplus... c'est au Comité, qui a le fil des relations politiques, à se décider. Le général et moi pensons que notre situation actuelle n'étant pas du tout brillante relativement aux subsistances, qu'on ne peut se procurer même avec des charges d'assignats, le moment de terminer glorieusement cette guerre est arrivé. »

Pichegru et Merlin partaient le jour même pour Huningue, s'y rencontraient dans un dîner avec Hardenberg et Barthélemy (18 mai), discutaient la question de la neutralisation de Mayence, et, plus discrètement, celle de la paix [1]. A son retour à Strasbourg, Pichegru écrivait à Gillet : « J'arrive d'Huningue, où j'ai vu les ambassadeurs Barthélemy et Hardenberg. Il paraît qu'il est question de neutraliser Mayence militairement. J'y trouve l'avantage de notre côté [2]. » Aucune allusion à la paix, mais il avait dû s'en entretenir avec Merlin, se prononcer pour une pacification générale : car le représentant, jusqu'alors partisan de la guerre, terminait par ces mots la lettre où il racontait au Comité le dîner d'Huningue : « Nos moyens de vivre sont nuls ; les assignats, rien... Je vous le dis, sans pouvoir être accusé de crainte, je méprise nos ennemis, mais il nous faut la paix [3]. »

### III. — *Les plans du Comité et l'inertie de Pichegru.*

Après la signature du traité de la Haye [4] et l'insurrection de prairial, sous l'influence de Reubell et de Siéyès, revenu de Hollande, le Comité se déclara contraire à la neutralisation de Mayence, comme à la paix par l'abandon de la limite du Rhin [5]. La prise de Luxembourg ajoutait à ses dispositions belliqueuses ; il s'étonnait que le passage du Rhin ne fût pas encore effectué.

« Il y a longtemps, écrivait-il à Merlin, le 21 juin, que nous désirons que le passage du Rhin s'effectue. Toutes nos lettres au général Pichegru lui recommandent de faire les dispositions nécessaires, pour accélérer ce passage. Une dernière lettre, écrite depuis plus de huit jours, lui demande compte de ses dernières dispositions, des

---

1. Reynaud, p. 192 à 198.
2. A. G., Rhin-et-Moselle, 21 mai.
3. Reynaud, p. 195, 20 mai. Cf. la lettre de Merlin de Thionville du 12 mai (Reynaud, p. 181), où il donne les raisons de son opinion. Sur toute cette question, voir Sorel, *Revue historique*, t. XVII et XVIII, 3 articles : l'Autriche et le Comité de salut public, la neutralité de l'Allemagne du Nord, le Comité de salut public, en 1795.
4. Qui stipulait le paiement d'une indemnité de 100 millions de florins (17 mai), assurant ainsi des ressources pour la continuation de la guerre.
5. Reynaud, p. 210, 6 juin.

motifs qui pouvaient l'arrêter encore, et enfin de l'époque à laquelle il croit pouvoir être en état d'agir. Pichegru n'a pas encore répondu à cette lettre [1]. »

Pichegru avait répondu, le 20 juin. Depuis un mois, il n'avait pas écrit au Comité. Dans sa lettre précédente (21 mai), il témoignait le désir que le Comité fût « un peu plus communicatif avec les généraux [2] ». Le silence, que le gouvernement avait gardé pendant plus de quinze jours, sur la question de la neutralisation, la réponse sèche du 6 juin, le brusque changement de ses idées politiques, passées soudainement de la paix à la guerre, lui inspiraient-elles du dépit ? — Il répondit d'un ton où perçait son mécontentement : « J'ai pressé et je presse autant qu'il est en moi les dispositions nécessaires à l'exécution du plan d'opérations. Déjà j'ai pris toutes les mesures qui dépendaient de moi, je veux dire qui ne soient pas subordonnées à d'autres antérieures de la part du gouvernement ; en voici quelques-unes dans ce dernier cas : 1° l'organisation de l'armée, qui ne peut avoir lieu qu'à l'arrivée du tableau des officiers généraux que j'attends encore ; 2° le complètement des chevaux pour tous les services ; il en manque encore près de 6.000 à celui seul de l'artillerie ; 3° l'organisation et l'instruction du corps des bateliers. Voilà à peu près, C. représentants, ce qu'il me reste à disposer pour pouvoir entreprendre le passage du Rhin. Comme ces différentes mesures ne dépendent pas de moi, il me sera difficile d'indiquer l'époque à laquelle il pourra s'effectuer [3]. »

D'ailleurs il ne témoignait aucune hâte de devancer Jourdan sur la rive droite du Rhin : « L'ennemi, écrivait-il, a les deux tiers de son armée sur le front de celle de Rhin-et-Moselle ; un passage de vive force nous sera beaucoup plus difficile qu'à l'armée de Sambre-et-Meuse, qui n'a en opposition que de mauvaises troupes. Il n'y aurait donc nul inconvénient qu'elle effectuât le premier passage [4]. »

Il acceptait sans commentaires, avec indifférence, les plans de campagne que lui envoyait le Comité. Au premier plan préconisé par Kléber, en nivôse, d'après lequel Jourdan devait passer le Rhin dans le voisinage de l'armée de Rhin-et-Moselle, à Rhinfeld (plan qui avait l'avantage de permettre aux deux armées de s'appuyer l'une sur l'autre, et de se concentrer en cas de besoin), Gillet, sur la demande de Jourdan, qui jugeait le passage plus facile dans les plaines du Bas-Rhin et redoutait peut-être une concentration qui l'aurait mis sous les ordres de Pichegru, avait substitué, le 18 mai,

1. Reynaud, p. 219. Cf. la lettre de Siéyès à Merlin du 28 juin, 221, et la lettre du Comité à Pichegru (21 juin, dans A. G., Rhin-et-Moselle.
2. A. G., Rhin-et-Moselle, 21 mai.
3. A. G., Rhin-et-Moselle, 20 juin.
4. Ibid.

une combinaison nouvelle, d'après laquelle nos deux armées devaient passer le Rhin aux deux extrémités de la ligne du Rhin, l'une près de Dusseldorf, l'autre près de Huningue, trop éloignées l'une de l'autre pour se porter mutuellement secours, exposées à être battues séparément [1]. Pichegru, qui avait accueilli sans enthousiasme le plan d'action concentrique de nos armées, se résignait sans murmure au plan d'action excentrique.

Cependant le Comité proposait à son examen (24 juin) un projet de passage du Rhin par Rhinfelden, une des villes frontières en amont de Bâle. Cette ville du Frickthal appartenait à l'Autriche, mais, pour s'en emparer, nos soldats devaient passer par le territoire de Bâle et violer la neutralité suisse [2].

L'opération ne présentait pas d'autre danger et pouvait s'exécuter très rapidement. Un corps de 15 à 20.000 hommes était porté brusquement dans le Porrentruy, traversait le territoire suisse pendant la nuit, en laissant Bâle à sa gauche, arrivait à la pointe du jour à Rhinfelden, s'emparait du pont sur le Rhin et passait sur la rive droite. Il tombait alors à revers sur les troupes autrichiennes et celles de Condé, qui gardaient le Haut-Rhin, déblayait la rive droite, en face d'Huningue, et permettait à nos divisions, postées devant cette ville, d'établir sans combat des ponts et d'effectuer leur passage. La possession du Brisgau eût été le résultat de cette manœuvre décisive. Ce plan permettait d'exécuter ce passage dans les premiers jours de juillet.

Pichegru ne mit aucune hâte à répondre : il n'envoya son avis au Comité que le 13 juillet. Il déclarait que l'opération projetée au point de vue militaire ne présentait pas de difficultés, mais qu'elle en présentait de graves au point de vue diplomatique : on risquait de provoquer une rupture avec la Suisse et de fournir aux ennemis un prétexte pour violer à son tour ce territoire ; il ne se prononçait pas nettement, mais laissait entendre qu'il désapprouvait l'opération [3].

Encore ne répondait-il à la lettre du 24 juin qu'après en avoir reçu une autre du 6 juillet. Celle-ci arrivait avec un billet de Gillet à Merlin. Gillet racontait que le Comité, depuis le renouvellement du 3 juillet, qui en avait écarté les partisans les plus déterminés de la guerre (Sieyès, Reubell et Gillet lui-même), inclinait à la paix. Un des partisans de la paix, Aubry, avait lu à ses collègues un mémoire, où il critiquait le plan d'opérations et le déclarait inexécu-

---

1. Caudrillier, *le Siège de Mayence*, dans *Révolution française* du 14 décembre 1901, p. 503 ; d'après les lettres de Gillet à Jourdan et les réponses de Jourdan.
2. A. G., Rhin-et-Moselle, 24 juin, lettre de Gillet ; *ibid.*, mémoire envoyé par le cabinet topographique, le 1er juillet.
3. Reynaud, p. 228.

table. Gillet, qui en était l'auteur, l'avait défendu, mais Aubry avait soutenu que nos troupes manquaient des principaux moyens d'action nécessaires. Le Comité s'était décidé à poser une série de questions aux généraux avant de prendre une décision [1].

Pichegru s'empressa de répondre le 13 : « Malgré le caractère inactif de la campagne jusqu'à ce moment, nous n'avons pu parvenir à rassembler les moyens nécessaires pour l'importante opération du passage du Rhin : ceux du transport surtout sont en retard, et l'on ne peut se promettre d'en recevoir suffisamment à un terme prochain. Il faut, pour nous mettre en état d'exécuter le passage, augmenter nos moyens de transport et compléter ceux-ci au moins d'un équipage de pont [2]. »

Merlin de Thionville, qui pensait avec raison que nous ne pouvions parler de paix les premiers (Thugut ne voulait pas traiter), et que, pour forcer l'Autriche à la paix, il fallait encore la battre, partit pour Paris, au reçu des lettres de Gillet et du Comité. Le 10, il avait donné l'ordre à l'adjudant général Decaen d'aller à Arlesheim (près de Bâle), de s'y déguiser, puis de se rendre à Rhinfelden ou dans les environs et d'examiner s'il était possible d'y tenter un passage [3]. Il jugeait ce passage praticable et conseillait de l'entreprendre. Son arrivée à Paris [4] dut renforcer le parti de la guerre au Comité, mais la lettre de Pichegru contrebalança l'effet de ses déclarations : le Comité resta hésitant jusqu'au renouvellement d'août.

Lorsque, le 2 août, Aubry quitta le Comité et que Siéyès et Reubell y entrèrent, le parti de la guerre reprit le dessus, et Doulcet, le 6 août, donna des ordres précis à Pichegru pour exécuter le passage par Rhinfelden, si l'opération présentait « un espoir presque certain de succès ». Il lui envoyait une lettre qu'il devait remettre à Barthélemy après la prise de Rhinfelden, pour que l'ambassadeur entamât aussitôt, auprès des cantons suisses, une négociation : Barthélemy devait promettre le Frickthal aux Suisses, s'ils renonçaient à tirer vengeance de la violation de leur territoire. Pichegru recevait l'ordre net de tenter au plus tôt une invasion du Brisgau [5]. Le lendemain, Reubell était envoyé en mission en Alsace, à la fois pour étudier la question du passage par Rhinfelden, rompre des négocia-

---

1. Reynaud, p. 223 et 224. Voir surtout dans A. G., Rhin-et-Moselle, le mémoire d'Aubry classé au 16 juillet, bien qu'il soit du 4. Cf. Fain, *Manuscrit de l'an III*, p. 282, qui accuse Aubry « d'avoir annulé par une opposition sourde tous les projets de la majorité ».
2. Reynaud, p. 228.
3. Reynaud, p. 225 et suiv. Une note dictée par Merlin de Thionville à R. de Saint-Albin donne plus exactement le texte des instructions de Decaen. Celui-ci remplit parfaitement sa mission et prouva que l'opération ne présentait aucune difficulté.
4. Reynaud, p. 220, correspondance officielle, et p. 60, correspondance privée.
5. A. G., Rhin-et-Moselle, placé au 7 juillet par erreur. V. aussi 7 août.

tions de paix, que Barthélemy et Hardenberg s'efforçaient d'amorcer avec l'empire, et activer le passage du Rhin [1].

Mis au pied du mur, obligé d'agir promptement, Pichegru se contenta de répondre, le 11 août, sans faire allusion au passage par Rhinfelden : « J'ai reçu vos dépêches du 19 et 20 (thermidor) courant et avec elles différentes pièces ou mémoires relatifs à des projets offensifs sur le Rhin ; je vais les examiner et y prendre ce que je croirai propre au succès d'une opération dans le Brisgau. Je vous ferai part des mesures que j'aurai arrêtées [2]. »

Plus de 15 jours après, le 27 août, le Comité ignorait encore les intentions du général ; il lui écrivit : « Vous ne nous avez point fait connaître encore votre opinion sur les différents projets d'attaque et de passage que nous vous avons adressés [3]. » Il écrivit aussi à Reubell : « Nous vous prions de témoigner au général Pichegru *l'étonnement du Comité sur la rareté de sa correspondance avec nous*. Nous serions bien aises de connaître ses idées, ses projets et ses espérances [4]. »

Mais, à ce moment, Pichegru pouvait invoquer une raison excellente de son inaction dans le Haut-Rhin : « Je ne vous ai pas fait connaître mon opinion sur les projets d'attaque et de passage aux environs d'Huningue, répondait-il le 31 août, parce que, depuis qu'il en a été question, toute tentative est devenue impossible par les dispositions qu'a prises l'ennemi, et notre offensive sur ce point se trouve convertie en pure défensive, nos forces étant moindres que celles qui nous sont opposées et qui montent à 64.000 hommes, depuis Rhinfelden jusqu'à Rastadt. Le général Wurmser, qui les commande, a, dit-on, l'ordre de passer le Rhin incessamment, et déjà presque tous ses préparatifs sont faits. On nous menace en même temps d'une invasion du territoire suisse par les émigrés [5]. »

Les Autrichiens, en effet, enhardis par notre inaction, prenaient l'offensive. L'empereur, exaspéré des lenteurs de Clerfayt, confiait le commandement d'une partie de son armée au vieux mais énergique Wurmser (30 juillet), lui donnait l'ordre de réunir ses forces dans le Haut-Rhin et d'entreprendre, en toute indépendance et sans délai, un passage entre Bâle et Strasbourg. Wurmser arrivait, le 22 août, à Fribourg, annonçait, dès le 26, qu'il préparait deux passages, et déclarait que, « dans son grand désir d'agir », il était décidé à ne tenir aucun compte des difficultés [6]. Bacher donnait l'alarme, préve-

1. *Revue historique*, article de Sorel, t. XVIII, p. 304-5.
2. A. G., Rhin-et-Moselle, 11 août.
3. A. G., Rhin-et-Moselle, 27 août.
4. A. G., Rhin-et-Moselle, 4 septembre.
5. A. G., Rhin-et-Moselle, 31 août. En apprenant que les émigrés se proposaient de violer le territoire suisse, le Comité donne l'ordre de suspendre toute entreprise sur Rhinfelden. A. G., Rhin-et-Moselle, 4 septembre.
6. Vivenot, *Thugut, Clerfayt et Wurmser*, aux dates.

nait le Comité, comme Pichegru, des intentions de Wurmser[1]; le général se hâtait de former un camp près d'Huningue, pour s'opposer au passage des Autrichiens, faisait remonter le Rhin à deux divisions qui gardaient le fleuve près de Strasbourg, mais ne pouvait réunir que 35.000 hommes en face des 75.000 de Wurmser. Le 29 août, il ne dissimulait pas à Reubell que l'Alsace courait un danger et qu'il n'était pas sûr avec ses forces de repousser l'ennemi[2] : « Si les Autrichiens eussent agi de suite, ils passaient le Rhin ; Huningue et Neuf-Brisach n'étaient pas approvisionnées[3]. »

Tel était le résultat de quatre mois d'inaction : l'ennemi nous attaquait, n'étant pas attaqué. Nous perdions l'avantage de l'offensive et nous devions rester sur la défensive pendant presque toute la campagne. La menace d'une invasion dans le Haut-Rhin allait paralyser nos mouvements dans le Bas-Rhin, au moment où l'armée de Sambre-et-Meuse effectuait son passage pour tendre la main à celle de Rhin-et-Moselle.

### IV. — *Causes de l'inaction.*

Cette inaction compromit le succès de la campagne ; la responsabilité d'ailleurs n'en revient que pour une faible part à Pichegru.

Le manque de chevaux, la pénurie des vivres, la baisse considérable des assignats, l'insuffisance absolue de numéraire, en furent les causes majeures.

Le blocus de Mayence en hiver, écrit le chef de brigade Dedon, « occasionna la perte de la presque totalité des chevaux, qui ne purent résister à la rigueur de la saison et à l'insuffisance des fourrages ». Au 20 juin, les fournisseurs n'avaient encore livré que 2.400 chevaux pour tous les services ; il en manquait près de 6.000 à l'artillerie seulement. En août, une grande partie de l'artillerie n'était pas attelée. « Point de chevaux à l'armée du Rhin, écrivait Reubell à ses collègues du Comité en septembre ; le général Dorsner, qui commande l'artillerie, vient de me prier de vous en faire part[4]. »

Pas de chevaux, pas de charrois : de là difficulté d'assurer le service des vivres, dans un pays ruiné par trois campagnes successives. Les subsistances manquaient fréquemment aux divisions établies devant Mayence. Le reste de l'armée devait se nourrir aux

---

1. Correspondance de Bacher dans A. G., Rhin-et-Moselle, en août.
2. Reubell au C. S. P., 29 août, A. G., Rhin-et-Moselle.
3. Mémoire manuscrit de la main de Desaix dans A. G., mémoires historiques.
4. 16 septembre, AF II, 294. Cf. lettre du Comité à Merlin de Thionville (24 juin) dans AF II, 293.

dépens des magasins des places[1]. Cette ressource même fut bientôt insuffisante : le 3 juin, le commissaire ordonnateur en chef, Martellière, prévenait le Comité que la crise où se trouvait l'armée de Rhin-et-Moselle, par suite du défaut de subsistances, n'avait fait qu'empirer : « Tel est l'épuisement du pays que nous occupons qu'il n'est plus possible de trouver des matières propres à la fabrication du pain. Tout a été employé : avoine, légumes secs, pommes de terre, il ne reste plus rien ; les achats, les réquisitions, sont nuls. Tout est consommé ou enfoui ; nous n'avons plus rien à attendre que de vous. Déjà les divisions ont manqué plusieurs fois particulièrement : au premier jour ce sera toute l'armée qui manquera[2]. » « La subsistance de l'armée tient chaque jour du miracle. » Les généraux étaient obligés de disséminer leurs troupes pour les faire vivre. La pénurie des vivres devait nuire aux mouvements de concentration nécessaires pour tenter un passage du Rhin. Hardenberg déclarait à Barthélemy qu'il nous « serait très difficile, à cause des subsistances, de faire mouvoir nos armées et de les conduire à de nouveaux succès[3] ».

Le Comité comptait on ne sait sur quel dieu tutélaire pour fournir à ces armées, après les vivres qui leur manquaient, les chevaux indispensables pour traîner les équipages de pont, l'artillerie, et remonter la cavalerie[4]. La 1re division de la section de la guerre dans ce Comité passait successivement des mains de Gillet à celles de Doulcet de Pontécoulant, le 3 juillet, à celles de Letourneur, le 1er septembre, sans qu'aucune amélioration sensible fût apportée à l'état de nos armées. Ces représentants transmettaient la requête des généraux à la 9e commission exécutive, qui les transmettait aux commissaires des guerres, qui à leur tour les communiquaient aux diverses agences établies par le décret du 3 ventôse III, agence des vivres, agence des fourrages, agence des charrois, agence des chevaux[5], et ces agences les accueillaient avec une réponse toujours la même : « Donnez-nous du numéraire ; les fournisseurs ne veulent plus d'assignats. » Jamais la république n'avait traversé une crise financière aussi redoutable. A défaut de numéraire, elle avait eu la ressource des assignats. En janvier 1795, ils valaient encore 20 0/0 ;

---

1. Des places de seconde ligne (arrêté de Rivaud, 27 mai) ; l'armée ne pouvait trouver à vivre sur son « arrondissement particulier », composé d'un certain nombre de départements. Cf. *Revue historique*, article de Sorel, t. XVII, p. 33, 35.
2. AF II, 206.
3. Reynaud, p. 179.
4. Le manque de chevaux fut une des causes principales de notre inaction : « Il n'y a point de chevaux à l'armée de Rhin-et-Moselle, » écrivait Reubell le 16 septembre. Cf. lettre de Rivaud et Merlin du 22 août.
5. L' « entrepreneur de la fourniture des chevaux et des équipages militaires » était Baruch Cerf Berr. Le Directoire remplaça ces « agences » par des « entreprises » privées.

en juin, ils tombaient à 4 0/0, à 3, à 2, en août[1]; en septembre, ils perdaient toute valeur en Alsace. « A Strasbourg, on ne propose plus d'assignats pour les achats courants, annonçait Reubell, le 16 septembre, au Comité. A Wissembourg et dans presque tout le département du Bas-Rhin, on ne voit pas même un assignat, tout se traite en espèces, et on paye en espèces le double de ce qu'on payait en 1789. » « Il ne nous est plus possible de faire aucun usage des assignats; les mendiants même les refusent, écrivait, le 21, le général de brigade Nouvion à son ami Berthier[2]. »

« Il faut du numéraire », répète dans toutes ses lettres Martellière; « nous sommes sans numéraire »; « les caisses de l'armée, des départements sont absolument dépourvues de numéraire, » écrivent Merlin et Rivaud. Mais le Comité avoue: « Quant au numéraire, nous ne devons pas vous dissimuler que le gouvernement est en ce moment dans l'impuissance d'en fournir. » Cependant il envoie 450.000 livres en argent à la fin de juin, 200.000 livres à la fin d'août; mais « les caisses sont à sec; on doit 200 millions en septembre[3] » !

Faute d'argent, les services publics se désorganisent : « les administrations du district n'ont plus d'employés, parce que ces employés ne peuvent vivre avec des assignats... Jusqu'aux blanchisseuses de bataillons qui désertent, parce qu'on ne peut avoir des cendres avec des assignats et que la livre de très mauvais savon leur coûte 40 livres » ! (Lettre de Reubell, 16 septembre[4].)

Le manque de numéraire fut la cause principale de l'inaction de nos armées pendant l'été de 1795, mais elle ne fut pas la seule. A lire les lettres ou les mémoires qui nous renseignent sur l'état de cette armée, une remarque générale s'impose : la lassitude remplace dans les âmes la belle énergie d'autrefois; l'enthousiasme et le zèle deviennent aussi rares que le numéraire; c'est à qui se soustraira le plus possible aux devoirs pénibles, aux responsabilités redoutables[5].

La désertion « fait des progrès effrayants »; les soldats désertent par bandes; ils prennent tous les prétextes pour abandonner l'armée, et la loi leur donne des facilités dont ils abusent. Les uns se font porter malades; ils encombrent les hôpitaux, puis « se font évacuer chez eux ». Les autres sont réclamés par leurs communes ou

---

1. Cf. A. Schmidt, *Paris pendant la Révolution*, t. III, p. 4 et suiv
2. Les lettres de Reubell et de Nouvion du 29 août et du 21 septembre, dans A. G., Rhin-et-Moselle, aux dates; celle de Reubell du 16 septembre, dans AF II, 207. — Cf. lettres de Merlin des 5 et 7 septembre, dans Reynaud, p. 210-12.
3. Reynaud p. 189, 190, 199.
4. AF II, 207.
5. Caudrillier, *le Siège de Mayence*, Révolution française du 14 décembre 1901, p. 506.

leurs chefs d'ateliers comme laboureurs, forgerons, armuriers. D'autres enfin, et c'est le plus grand nombre, quittent le rang sans prévenir leurs chefs, sûrs de n'être pas arrêtés par la gendarmerie et les municipalités complices. Les corps d'armée fondent à vue d'œil, bientôt « réduits au tiers ou à la moitié de leur complet [1] ». « Si le prince de Condé entrait en Alsace, écrivait le colonel Craufurd, il serait bientôt à la tête de 20,000 hommes, tant est grande la désertion [2]. » En quelques mois, l'armée de Rhin-et-Moselle passait de 100.000 hommes à 80.000 hommes, sans avoir combattu.

La fatigue et la souffrance engendrent la démoralisation; les soldats sont épuisés par trois ans de guerres et par toutes sortes de privations. Ils sont mal nourris, en haillons, beaucoup sans souliers, sans bas, sans capotes ; ils ne peuvent rien acheter avec les assignats de leur solde et ne reçoivent pas les 2 sous en numéraire promis par la Convention. Vainement ils rédigent des suppliques : « Depuis longtemps nous souffrons, écrivent les soldats du camp sous Mayence ; nous sacrifions notre repos, nos intérêts et notre vie même pour la cause de la liberté... mais notre patience est poussée à bout, et si au plus tôt vous ne vous hâtez d'améliorer notre sort, il est bien à craindre qu'un dégoût universel ne vienne assiéger l'armée et la réduise à rien. Déjà un grand nombre de soldats l'ont abandonnée [3]... »

Les officiers, aussi malheureux, quand ils n'ont pas de fortune, obligés de vivre à la gamelle, ou d'emprunter des chemises et des bottes aux magasins de l'armée, faute de numéraire, ferment les yeux sur les rapines de leurs soldats, quand ils n'en partagent pas le fruit, tolèrent leur indiscipline, las de surveiller et de punir.

Cependant soldats et officiers « attendent avec impatience le signal d'aborder la rive droite du Rhin, non seulement pour y porter les armes triomphantes de la république, mais aussi dans la vue d'améliorer leur situation », que le discrédit absolu des assignats en Palatinat ou en Alsace rend intolérable. Mais les administrations militaires ne mettent aucun zèle à leur fournir les moyens d'action.

Les agences s'acquittent de leurs fonctions avec la plus coupable négligence [4]; les commissaires des guerres se considèrent comme indépendants des généraux et ne prennent leurs ordres que comme

1 Sur la désertion, voir une quantité de lettres dans A. G., Rhin-et-Moselle, en particulier Reubell au Comité, 29 août.
2. Record Office, Army in Germany, Craufurd à Grenville, 12 septembre.
3 A. G., Rhin-et-Moselle, 30 juillet. Pétition du 4 thermidor an III. Voici la suite : « Le pauvre soldat, qui est réduit à 24 onces de pain de seigle et d'avoine pour passer les 24 heures, n'a aucune ressource pour éviter la faim qui le tourmente continuellement... Il est vrai que nous devons avoir chacun une demi-livre de viande. Otez les os... et nous répondons de ne pas trouver plus de 5 onces de viande par jour. »
4. Le Directoire au ministre de la guerre, 18 novembre 1795, AF III, 202.

recommandations, auxquelles ils ne défèrent que quand ils ne peuvent trouver des défaites [1] : « Dirigez promptement un regard sur les administrations de l'armée, écrit le représentant Joubert [2]. C'est là que se sont réfugiés les plus cruels ennemis de la république. » Les représentants en mission, dépouillés de leurs anciens pouvoirs dictatoriaux, pouvant à peine « suspendre provisoirement » les administrateurs ou les officiers coupables, n'ayant pas même le droit d'ordonnancer les dépenses [3], se gardent de faire connaître au gouvernement la vérité tout entière pour n'être pas rendus responsables du mal qu'ils ne peuvent éviter.

Le Comité de salut public, chargé de fournir aux armées les moyens qui leur manquent, d'animer de son énergie les administrations diverses auxquelles appartient le soin de pourvoir aux besoins des soldats, donne l'exemple de la pire incurie, de la plus coupable négligence. A lire le passage que La Révellière consacre dans ses mémoires [4] aux travaux de ce Comité, qui ne sentira combien nous sommes loin — et pourtant si près par le temps — de la grande époque où Carnot travaillait 16 heures et dînait d'un petit pain ! Ces représentants fuyant le travail, n'apparaissant au Comité que pour manger le pain blanc ou la longe de veau, sabler le bourgogne ou le champagne quelle autorité pouvaient-ils conserver sur les commissions exécutives et les agences ? Quelle obéissance pouvaient-ils justement en attendre ?

Avec raison, Saint-Cyr, dans ses mémoires, attribue notre inaction de l'été au « dénûment et à l'abandon » dans lesquels le gouvernement, soit faute d'argent, soit apathie, a laissé les armées. Mais Pichegru n'a mis aucune activité à préparer la campagne : la responsabilité de notre inaction pèse aussi sur lui.

Il s'est borné à faire quelques projets de passage dans le Haut-Rhin, a chargé son meilleur général, Desaix, de commander dans cette partie (20 mai). Merlin a cru qu'il se disposait à opérer le passage du Rhin ; il l'a annoncé au Comité, le 20 mai, à son collègue Cavaignac, le 23 ; il écrivait encore à Sieyès, le 4 juillet : « Nous nous apprêtons à battre l'ennemi [5]. »

Des mémoires militaires que lui a envoyés le cabinet topographique, Pichegru a fait extraire tous les renseignements relatifs au passage du Rhin, au passage de la Forêt-Noire ou de l'Odenwald,

---

1. Lettre de Reubell du 29 août.
2. Rapport de Joubert, 11 novembre, AF II, 243. Cf. lettre de Lauthier-Xaintrailles à Carnot, 6 décembre 1795, A. G., Rhin-et-Moselle.
3. Reynaud, p. 206. La loi du 18 floréal an III (7 mai 1795) enlève aux représentants en mission la faculté de nommer aux emplois militaires, AF II, 204.
4. La Révellière, Mémoires, I, p. 245 à 254.
5. Reynaud, p. 181, 194, 201, 223.

aux positions militaires ou aux ressources de l'Allemagne du Sud. Ces extraits sont annotés de sa main[1]. Il a prié Clarke de lui procurer le premier volume du *Théâtre de la guerre en Allemagne*; il l'a remercié de lui envoyer la carte d'Allemagne par Chauchard. Il écrit en effet, dans son *Essai sur la Grande Guerre*[2] : « Il faut commencer par se rendre familier avec la carte du pays où l'on veut faire la guerre, connaître le nom et la position des villes, des montagnes, le cours des eaux, la profondeur des rivières, la nature et la direction des grands chemins, reconnaître toutes les positions avantageuses. » En prévision de la campagne qu'il devait entreprendre, il a étudié avec attention le pays qu'il devait occuper.

En attendant l'ouverture de cette campagne, il a réorganisé son armée, avec l'aide de son ancien chef d'état-major, Liébert, qui occupait auprès de lui, depuis le 22 juin, les fonctions qu'il remplissait déjà à l'armée du Nord. En juillet, les troupes sont réparties le long du Rhin en 12 divisions commandées chacune par un général de division, deux généraux de brigade et deux adjudants généraux. La 1re et la 2e, sous le commandement supérieur de Desaix, gardent le Rhin de Strasbourg à Bâle; les 3e, 4e et 5e forment le centre de Strasbourg à Frankenthal; les 6e, 7e, 8e, 9e et 11e, sous les ordres du général Schaal, entourent Mayence; la 12e, entre Frankenthal et Oppenheim, établit une liaison entre la gauche de l'armée et le centre; à la droite et à la gauche de l'armée, une réserve de cavalerie et d'artillerie légère[3]. Cette organisation a pour but d'unifier sous l'autorité d'un seul chef les armées du Rhin et de la Moselle, unification d'ailleurs plus formelle que réelle, car l'armée du Rhin reste campée presque entière dans le Haut-Rhin, et celle de la Moselle dans le Bas-Rhin.

On ne saurait donc prétendre qu'il n'a pas *voulu* exécuter les plans du Comité. Mais il n'a rien fait pour hâter leur réalisation. Qu'on relise ses lettres : il attend que le Comité lui fournisse les moyens d'action nécessaires, surtout des chevaux; il prévient, quand on lui demande ses plans, qu'il attend encore. Il répond le plus tard possible, à moins que ses réponses ne puissent déterminer le Comité à

---

1 Ces extraits, dans papiers R. de Saint-Albin, sont très intéressants, au double point de vue géographique et militaire. A côté de renseignements très précis sur l'état de l'Allemagne du Sud, on y trouve l'indication de tous les passages praticables du Rhin, de tous les cols et routes de la Forêt-Noire ou de l'Odenwald, avec leurs avantages ou leurs inconvénients, des divers camps qu'une armée française peut occuper sur la rive droite du Rhin, dans le cas d'attaque ou de la défense. A. G., Rhin-et-Moselle, 9 août, Pichegru à Clarke.
2. Papiers R. de Saint-Albin, portefeuille de Pichegru, article 5 (de la connaissance du pays); voir aussi article 8, des camps.
3. 1re division (Michaud), 2e (Ferino) sous le commandement supérieur de Desaix, 3e (Bourcier), 4e (Tapouier), 5e (Beaupuy), 6e (Ambert), 7e (Dufour), 8e (Courtot), 9e (Saint-Cyr), 10e (Mengaud), 11e (Renaud), 12e (Meynier).

suspendre l'offensive. Jourdan s'efforce de secouer par des lettres pressantes, répétées, l'inertie du gouvernement ; il ne prend pas cette peine : il attend.

### V. — *Pichegru mécontent : pourquoi ?*

« Le Directoire lui enjoignait de passer le Rhin entre Brisach et Bâle, écrit Savary, et il ne trouvait dans les arsenaux aucun des objets indispensables pour cette opération. Il n'en cacha pas son mécontentement... J'ai toujours cru que ce fut alors que germèrent dans son esprit les sentiments haineux qui plus tard lui firent commettre une action criminelle [1]. » Il reprochait amèrement au Comité de ne point payer l'armée en numéraire. Quoique général en chef, il était exposé, faute de numéraire, aux mêmes privations que ses officiers. Le général Schaal avouait que, « malgré son traitement brillant », il ne pouvait vivre sans le secours des amis qui lui prêtaient du numéraire [2]. « Nos appointements sont nuls, » écrivait le général Nouvion à son ami Berthier [3] ; le général Bizy priait Demougé de lui donner du numéraire en échange de quelques objets qu'il lui vendait pour vivre ; pour avoir de l'argent, des bas et des chemises, l'adjudant général Badonville a servi les projets des agents de Condé ! Tardivement (14 septembre), la Convention vota pour les officiers 8 livres en numéraire par mois, qui furent d'ailleurs aussi mal payées que les 2 sous promis aux soldats. Avec les assignats de sa solde, Pichegru ne pouvait suffire à son entretien.

Le 11 juillet, il remerciait Moreau [4], qui lui envoyait 50 louis pour acquitter une ancienne dette : « Je suis ici, écrivait-il, comme un mendiant avec un portefeuille garni ; les troupes sont bien à plaindre, car on ne trouve rien en Alsace avec des assignats. Cela augmente leur désir d'atteindre l'autre rive, et je crois que, si elle est bien défendue, elle sera vigoureusement attaquée, car le soldat ajoutera à son énergie et son courage ordinaire la fureur du besoin. Il est cependant bien malheureux d'avoir à chercher sur des terres ennemies des moyens d'existence et de secours que l'on aurait le *droit* d'exiger dans sa patrie, et que l'on ne peut plus se procurer avec le seul moyen d'échange que le soldat ait à sa disposition... *J'invoque le génie de la liberté de pouvoir suppléer encore une fois à ce qui nous manque.* Puisse-t-il m'être favorable ! »

---

1. Savary, *Mémoires*, t. I.
2. Schaal au C. Bavelaer, A. G., Rhin-et-Moselle, 19 août
3. Nouvion à Berthier, A. G., Rhin-et-Moselle, 29 août.
4. A. G., Rhin-et-Moselle, 11 juillet ; publié dans Daudet, p. 28.

Les généraux, surtout les généraux en chef, avaient pris goût à la vie facile et large. Jourdan faisait remarquer au prince de Hohenlohe « son luxe et celui des autres généraux, tant pour leur habillement que pour leur suite nombreuse, en disant qu'ils avaient senti la nécessité de substituer cela à la saleté qu'ils affectaient auparavant[1] ». Pichegru avait amené de Hollande « de belles voitures et une quantité de chevaux magnifiques[2] ». Dans la riche Hollande, il vivait sans compter. Il aimait la bonne chère, « buvait sans bravade 15 à 18 bouteilles ». C'était, raconte Thiébault, « un des trois grands buveurs que j'ai connus[3]. Un jour Desaix, entrant à l'improviste, le trouva dans un tel état après boire qu'il sortit en jurant de ne plus remettre les pieds chez lui[4]. »

La chute des assignats le laissa sans argent. Il en souffrit cruellement. En juillet, il écrivait à Moreau qu'il « irait encore quelque temps avec les 50 louis remboursés ». En août, il dut envoyer un de ses lieutenants avec un fourgon à Besançon, où les vivres étaient moins chers qu'en Alsace, pour y chercher du pain, du vin, du lard et du fromage, « parce qu'il avait la plus grande difficulté à se procurer des vivres pour lui-même[5] ». Il fallut vendre successivement les belles voitures et les beaux chevaux. « Ces ressources même furent bientôt épuisées ; il devint morose ; le chagrin s'empara de lui, au point qu'il ne pouvait le cacher[6]. » Saint-Cyr va jusqu'à croire qu'il n'a négocié avec Condé que pour avoir de l'argent.

Il s'était lié avec les Lajolais depuis son retour en Alsace : le mari, arrivé par la faveur, on disait même par sa femme, au grade de général de brigade, homme sans conviction ni moralité ; la femme citée publiquement pour avoir été la maîtresse du vicomte d'Osmond et de Kellermann. Le ménage, criblé de dettes, vivait d'expédients[7]. Pichegru connaissait Mᵐᵉ Lajolais depuis germinal. Elle vint lui demander dans l'hôtel où il habitait, rue Grange Batelière, de garder à l'armée du Rhin son mari, que le Comité voulait envoyer en Italie[8]. Pichegru promit d'appuyer sa requête. Mais le Comité avait reçu des dénonciations graves contre Lajolais : on l'accusait d'avoir fait « son petit Henriot » à Grenoble et à Bourg, où il avait commandé, d'être un débauché, « un des plus mauvais sujets de l'armée ». Le

---

1. Vivenot, p. 308.
2. Saint-Cyr, II, p. 339.
3. Thiébault, III, p. 190.
4. Saint-Cyr, II, p. 334.
5. Copie de Besançon (29 août 1795), Chantilly, Z, t. LXXII, p. 41.
6. Saint-Cyr, II, p. 339.
7. J'emprunte ces détails au dossier du général Lajolais, Archives administratives, guerre.
8. Raconté par Mᵐᵉ Lajolais à Réal, dans l'interrogatoire du 13 germinal an XII (3 avril 1804), original dans papiers de R. de Saint-Albin.

commandement de Strasbourg, qu'il avait obtenu on ne sait comment, lui fut enlevé par arrêté du 6 mai. Desprez-Crassier, général de division, le remplaça, fut remplacé lui-même, pendant un congé, par le général Bizy, sous les ordres de ce dernier [1]; Pichegru nomma provisoirement Lajolais au commandement en second de la place de Strasbourg, le 6 juillet [2]. A cette date, sans doute, il était au mieux avec M<sup>me</sup> Lajolais. Il dut souffrir plus cruellement du manque d'argent.

M<sup>me</sup> Lajolais était fille d'un ancien magistrat de Wissembourg émigré. Lajolais se disait fils d'un ancien sénéchal de Bretagne et se piquait de noblesse [3]; le terrorisme n'étant plus de mode, il passait à la réaction. Ce ménage d'intrigants dut exercer une influence funeste sur Pichegru.

Le général avait à se plaindre d'une injustice commise à son égard. Aubry (qui dans le Comité dirigeait, depuis le mois d'avril, le 5<sup>e</sup> bureau de la guerre, « bureau central pour le personnel de toutes les armées de la république »), sous prétexte que Pichegru était « dans la ligne » comme général en chef, l'avait rayé de la liste des officiers généraux inspecteurs d'artillerie et s'était mis lui-même à sa place. « Pichegru, écrivait Reubell [4], m'a paru supporter avec chagrin cette injustice. C'est une indignité de la part d'Aubry qui se montre, par ses propos, l'ennemi ouvert de ce général. Je ne vois pas que ce soit le moment de lui donner des dégoûts. » Aubry n'avait pas sanctionné la nomination de Badonville, l'aide de camp de Pichegru, au grade d'adjudant général, chef de brigade, que les représentants en mission à l'armée du Nord lui avaient accordé provisoirement.

Aubry venait encore d'ordonner (18 juillet) l'envoi de 10,000 hommes de l'armée de Rhin-et-Moselle à l'armée d'Italie, dans le temps où le Comité pressait le général de passer le Rhin. Sans doute 10 000 hommes de l'armée de Sambre-et-Meuse devaient les remplacer, mais n'était-ce pas désorganiser l'armée au moment même où elle devait agir? Vainement Pichegru et les représentants en mission protestèrent. Le Comité persista dans sa résolution [5].

---

1. Archives administratives, guerre, dossiers Desprez-Crassier et Bizy.
2. La nomination, signée de Pichegru, fut saisie parmi les papiers de Lajolais en 1804 et M<sup>me</sup> Lajolais, présente à la perquisition, dut apposer sa signature au bas de la pièce. Celle-ci en original, avec les deux signatures, dans les papiers de R. de Saint-Albin.
3. Archives administratives, guerre, dossier Lajolais. Voir en particulier la demande de pension de M<sup>me</sup> Lajolais à Louis XVIII.
4. Lettre du 29 août citée.
5. Minute écrite et signée d'Aubry, 18 juillet, AF II, 201. Voir A. G., Rhin-et-Moselle, les bulletins de Liébert, bulletins du 10 au 15 thermidor. Cf. Victoires et Conquêtes, t. II, p. 516.

La république tenait bien peu de compte des intérêts ou de l'opinion des généraux ! Elle les faisait surveiller étroitement par les représentants qu'elle envoyait en mission, et cette surveillance déplaisait particulièrement à Pichegru. Leur intervention en matière financière ou militaire lui devenait insupportable. « Pichegru est mécontent, écrivait Demougé à Klinglin. La raison en est que la Convention vient d'ordonner de ne plus payer des mandats de lui, à moins qu'ils ne soient ordonnancés par un représentant du peuple. Il est outré de cette méfiance et d'être subordonné à ces faquins. Ce sont les termes dont il s'est servi dans sa mauvaise humeur. » Merlin de Thionville ordonnait de faire désarmer la place de Strasbourg. Le chef d'état-major, Liébert, suspendait l'exécution de cet ordre ; Merlin s'obstinait ; Pichegru exigeait une pièce propre à garantir sa responsabilité. « Pichegru détestait et méprisait Merlin [1]. »

On voudrait connaître d'autres causes de l'évolution qui s'est faite dans ses idées pendant les premiers mois de son séjour sur le Rhin. Sans doute il était préoccupé de son avenir. Il était à l'âge où les ambitieux aspirent à consolider leur fortune. Que devait-il attendre du régime républicain ? Pas d'argent : la république ne pouvait même pas payer ses défenseurs ; peu de justice [2] ; Aubry prenait son grade et sa place ; plus de puissance et d'honneurs ? qui répondrait du lendemain ?

Il ne croyait pas à la durée de la république ; que de fois l'a-t-il répété à Fauche et à Demougé ! Il avait vu la Convention à la merci d'une poignée de factieux en germinal ; il connaissait les scènes de désordre qui s'étaient passées dans son sein en prairial. La république n'avait été sauvée que par l'armée ; la troupe de ligne était entrée dans Paris, elle devait y revenir.

Si la république ne mourait pas de la main du peuple, elle périrait par la main des généraux. Ceux-ci disaient tout haut qu'ils ne se battaient plus pour la liberté, mais « pour un point d'honneur », « ou la gloire [3] ». La constitution ? On la signait sans la lire, quitte à s'en moquer ou à la déchirer plus tard. « La France devait finir par avoir un roi, mais ce roi serait un soldat. » Voilà ce que disait Lefèvre à Hohenlohe.

Cette dictature militaire, Pichegru la prévoyait, l'annonçait. Il disait, en l'an V, à Fabre de l'Aude [4] : « Le Directoire aura pour

---

1. A. G., Rhin-et-Moselle, 5 août, et Reynaud, p. 230, 231. Sur l'espionnage organisé autour de Pichegru par Merlin, voir Reynaud, p. 229. Zeissberg, *Pichegru und Condé*, p. 17.
2. J'essaie d'interpréter sa pensée.
3. Voir la conversation de Lefèvre avec Hohenlohe, dans Vivenot.
4. Voir ci-dessous, bibliographie, notre appréciation de son *Histoire secrète*.

adversaires, moi mis de côté, Moreau, Hoche, Joubert, Bernadotte, Kléber et Bonaparte, sans compter, si Dieu lui prête vie, tous les autres généraux qui s'élèveront. Il n'y en aura pas un qui ne veuille remplacer pour son compte le Directoire, et des gens de plume ne tiendront jamais contre des épées aussi effilées que brillantes.... La république, vous m'en direz des nouvelles aussitôt qu'elle sera tombée aux mains d'un de ces messieurs que je viens de nommer. Vous verrez ce qui restera avant peu de son impérissabilité ».

Or il est à cette époque le plus illustre et le plus glorieux de ces généraux. Il ne veut pas courber la tête devant un d'entre eux, mais il ne se sent pas de taille à lutter contre l'ambition de tous. C'est pourquoi il songe à installer au pouvoir l'Incontestable, la Légitimité.

Déjà, dit-on, il a voulu relever le trône de l'« enfant-roi ». En passant à Francfort (pour se rendre à Berlin, en mai 1795, après le dîner d'Huningue), M. Hardenberg a raconté (à un ministre d'un des princes allemands) que Merlin de Thionville et Pichegru avaient formé un plan pour proclamer le jeune roi et qu'il allait à Berlin pour persuader au roi de Prusse de favoriser ce projet [1]. Voilà ce que Grenville écrivait à Wickham, le 8 juin.

A ce moment le petit roi meurt ou disparaît. Son successeur est loin ; le prince de Condé est proche. Ce prince est populaire parmi les soldats, parce qu'il vit dans les camps, à la frontière ; d'aucuns songent à en faire un roi [2]. Pichegru se souvient du temps où, simple soldat, il reçut les félicitations du prince, à Besançon [3].

Or le passage projeté par le pont de Rhinfelden aurait pour premier résultat l'écrasement du corps de Condé. Le Comité, le 6 août, ordonne de tenter ce passage ; Pichegru répond, le 11, sans se prononcer. Déjà il sait par Badonville que Fauche-Borel rôde autour de lui. Le premier service qu'il rend à la cause royale, c'est de garder quelques jours encore l'épée au fourreau.

1. Voir ci dessous, d'après Archives du Record Office, Suisse, à la date.
2. Voir curieuse lettre de Bacher à Merlin du 17 juin 1795, Reynaud, p. 58. Sous le Consulat, un parti voulait élever son petit-fils, le duc d'Enghien, au trône. Cf. Pingaud, *le Comte d'Antraigues*, p. 227.
3. Voir ci dessous, d'après les mémoires de Fauche et la correspondance de Chantilly.

## CHAPITRE II

### PREMIÈRES NÉGOCIATIONS AVEC PICHEGRU.

#### 1. — *Le salut par l'intérieur.*

Au moment où la Convention appelait Pichegru au commandement de l'armée de Rhin-et-Moselle, le prince de Condé achevait tristement l'hiver à Rothenbourg, derrière la Forêt-Noire, où sa petite armée avait pris ses quartiers d'hiver.

La coalition était vaincue et le petit roi restait enfermé au Temple. En sortirait-il de sitôt ? La Révolution débordait hors des frontières de la France. Elle atteignait le Rhin et le passait même.

Que de désillusions depuis ce mois d'octobre 1793, où « l'armée royale » entrait à Wissembourg, à la suite des Autrichiens, où Wurmser faisait arrêter les clubistes et les condamnait à balayer la ville, affublés d'un bonnet rouge, où la population d'Haguenau se pressait autour du prince et l'accueillait au cri de « Vive le Roi ! » ! La victoire de Hoche avait chassé Wurmser et Condé de l'Alsace ; et depuis, c'était l'inaction, l'immobilité énervante le long du Rhin, toute une année passée, celle de 1794, à attendre inutilement des ordres, à monter la garde au bord du fleuve [2], que les « patriotes » traversaient sur la glace, pour achever la conquête des Pays-Bas.

Quel espoir de relever le trône avec le seul appui des armées étrangères après tant d'échecs ? — Et si la France était vaincue, quelle probabilité de rendre au roi tout son royaume ? Pourrait-on arracher nos provinces frontières aux convoitises, aux rancunes, à la haine des coalisés, après leur victoire ? En 1793, Wurmser empêchait le prince de réunir à son corps les milliers d'Alsaciens qui voulaient servir ; il faisait planter dans tous les villages et sur toutes les routes des poteaux avec les aigles autrichiennes ; il faisait habiller les postillons des postes à la livrée de l'empereur. « La maison d'Autriche porte ses vues sur l'Alsace, écrivait au prince

---

1. D'Ecquevilly, *Campagnes du corps de Condé*, t. I, p. 197, 201.
2. En 1794, à Rastadt, à Stolhoffen, à Ettlingen ; à Bruchsal au commencement de 1795, puis à Rothenbourg en février.

un de ses correspondants alsaciens [1]; les cabinets de Londres et de Turin paraissent agir de concert avec elle à cet effet; l'Autriche et l'Angleterre y ont des émissaires, pour disposer les Alsaciens à désirer la domination autrichienne. »

Mais on pouvait, sans démembrer la France, rétablir le trône avec l'aide et le consentement des Français de « l'intérieur ». « L'esprit de l'intérieur devient *tous les jours plus satisfaisant*, écrivait le prince au régent, en avril [2]. » Condé recevait régulièrement des rapports envoyés de Bâle par des agents chargés de la correspondance, Mme Rippel, l'émigré Valdené, le banquier Mérian, ou d'Offembourg par l'abbé Zaeppfel. Les *Bulletins de Paris*, les *Nouvelles d'Alsace*, les lettres de « l'agent de Strasbourg » témoignaient des progrès du royalisme [3]. Les constitutionnels émigrés se rapprochaient du régent prince, qui négociait avec ceux de Constance par l'intermédiaire d Ferrand, écrivait à celui-ci en avril : « Nous sommes dans la *crise* doit tout abattre ou tout ressusciter [4]. »

La France semblait lasse du régime d'exception où elle vivait depuis deux ans. Elle avait vaincu l'Europe et conquis ses libertés : elle attendait de la Convention la constitution promise, qui mettrait fin à l'arbitraire, aux violences, à tous les procédés révolutionnaires. Elle attendait aussi la fin d'une guerre qui légitimait ces procédés. Elle voulait la paix, la liberté, la sécurité.

La Convention perdait sa popularité, car elle ne se hâtait pas de voter la constitution et de terminer la guerre. On l'accusait de prolonger sa domination. Le parti royaliste se reformait : la Jeunesse Dorée dominait dans la capitale; les salons se rouvraient : la société élégante, société d'anciens nobles et surtout de parvenus, faisait profession de royalisme.

La coalition n'avait pu rétablir la royauté; elle voulait faire payer trop cher ses services. On se passerait d'elle. Les Français s'entendraient entre Français pour relever le trône « Il n'y a de salut que par l'intérieur », écrivait Condé au régent [5]. »

Mais il fallait de l'argent, et beaucoup d'argent, pour organiser le parti royaliste en France, payer ses agents, acheter des appuis parmi les fonctionnaires, parmi les écrivains et dans la presse.

Or jamais la position du prince et celle de son armée n'avaient été

---

1. L'abbé Zaeppfel, 8 juillet 1795, Chantilly, Z, t. LXXI, p. 351; Ecquevilly, t. I, p. 205
2. 13 avril, Chantilly, Z, t. CXXXVII.
3. Voir les volumes de *Nouvelles et de Correspondance générale*, année 1795, surtout les volumes LXXI, LXXII, LXXIII de la série Z à Chantilly
4 Condé à Ferrand, 28 avril, Chantilly, Z, t. CXXXII, p. 62 bis.
5. Condé au roi, 1er mai 1795, Chantilly, Z, t. CXXVII, p. 67 bis.

aussi critiques. Toutes ses ressources étaient épuisées. Il ne restait dans sa caisse que soixante-quatre louis Il faisait des dispositions pour la réforme entière de sa maison, annonçait qu'il vivrait seul désormais avec ses enfants, aussi frugalement que tous les gentilshommes [1]. « Je suis dans la plus affreuse misère », écrivait-il à Bouillé en janvier et à l'évêque de Nancy en mars : « Il est impossible que nous restions comme nous sommes et, sous un mois au plus, nous allons périr de misère et de nullité [2]. »

Il était obligé d'emprunter pour faire vivre son armée et sa famille, envoyait M. de Vareilles à Paris « prévenir les royalistes sûrs »; mais Vareilles y trouvait « beaucoup de porteurs de bonnes paroles, des égoïstes qui s'excusaient »; il ne pouvait remettre à la princesse Louise, fille de Condé, que 544 livres ! Sans plus de succès, le prince négociait un emprunt [3]. Que faire sans argent ?

Grande fut la joie du prince quand il apprit que l'Angleterre allait lui fournir les subsides nécessaires pour assurer la subsistance de son armée et la réorganisation du parti royaliste à l'intérieur.

## II. — L'or anglais.

L'Angleterre se lassait d'une guerre malheureuse ; le peuple réclamait la paix.

La paix, il eût été facile de la faire, en cédant aux Français la rive gauche du Rhin ; mais les ministres anglais avaient « la résolution inébranlable de ne jamais tolérer... leur sauvage projet de prendre le Rhin pour frontière », et la Convention ne voulait pas abandonner ses conquêtes [4].

Ce que leur refusait la Révolution triomphante, les Anglais pensèrent l'obtenir de la royauté restaurée. Ils songèrent à rapprocher les émigrés de l'extérieur et les royalistes de l'intérieur, à négocier un arrangement entre les constitutionnels et les « purs », à gagner les républicains hésitants, quelques-uns des thermidoriens, Tallien par exemple, à faire insurger les provinces de l'Est, en même temps que la Vendée et la Bretagne, et d'accord avec l'Autriche, grâce au succès des premières opérations sur le Rhin, à jeter le prince de Condé en Alsace et en Franche-Comté pour donner à l'insurrection une direction et l'appui d'une armée.

Tandis que le War Office, Windham et Woodfort, envoyaient

---

1. D'Ecquevilly, t. I, p. 311. Voir Puymaigre, *Souvenirs*.
2. Chantilly, Z, t. CXXXII, p. 36 et 47 *bis* ; à Bouillé, 7 janvier ; à l'évêque de Nancy, 2 mars.
3. Chantilly, Z, t. CXXXII, p. 43, et t. LXXXVII *passim*, lettres à ou de Vareilles Pour l'emprunt négocié par Montgaillard voir ci-dessous.
4. Sorel, Introduction au livre de Lebon, *l'Angleterre et l'Émigration*, p. 8 et 9.

dans l'ouest de la France les émissaires et l'argent qui servait à payer la chouannerie, préparaient le débarquement de Quiberon, le Foreign Office, avec Grenville, s'occupait de nouer des intrigues dans les provinces de l'Est [1].

Grenville envoyait en Suisse un de ses anciens condisciples, Wickham, qui s'était marié à Genève et qui avait séjourné dans le pays. Wickham connaissait bien la haute émigration, pour l'avoir fréquentée à Londres, où il avait rempli les fonctions de « superintendant des étrangers ». Il possédait les qualités requises, les défauts même nécessaires pour accomplir sa tâche : très actif, enthousiaste, fort enclin à s'illusionner, jamais à bout de ressources, généreux aux faiseurs de projets, prodigue même, professant un dévouement chevaleresque à la cause royale, mais conservant la notion nette et très précise des intérêts particuliers de l'Angleterre.

Le 15 octobre 1794, Wickham était parti en mission secrète pour la Suisse, à la suite de l'envoi d'un mémoire au ministre anglais par Monnier et Mallet du Pan. L'ancien constituant et l'éminent publiciste, qui mettait sa plume au service de la coalition, conseillaient de tenter un rapprochement entre les constitutionnels réfugiés en Suisse et les royalistes purs. Grenville chargea Wickham de conduire la négociation et celui-ci quitta Londres avec la promesse d'une place de sous-secrétaire d'État au Home Office [2].

L'intrigue échoua, mais Wickham resta en Suisse avec le titre de chargé d'affaires, en décembre 1794. Il s'occupa surtout de négociations secrètes avec les royalistes de France ou les émigrés, et lorsque Grenville conçut le projet de créer une nouvelle Vendée dans l'est de la France, il pensa que Wickham convenait à cette tâche et le nomma ministre plénipotentiaire en remplacement de lord Fitz-Gerald (juillet 1795).

Déjà, dans plusieurs lettres, il lui avait exposé ses vues, traçant la marche générale à suivre, lui laissant d'ailleurs la plus grande liberté d'action et le droit de puiser à peu près sans réserve dans la caisse du ministère. Non seulement il le chargeait de s'entendre avec Condé pour préparer le succès d'une insurrection des provinces de l'Est, de l'Alsace, de la Franche-Comté, du Dauphiné, et lui envoyait un émigré, d'Artès, pour l'assister dans cette œuvre, mais il l'engageait à faire des ouvertures à quelques membres de la Convention qu'on savait accessibles et aux généraux qu'on croyait disposés à rendre des services à la coalition et au « roi ». Il pensait aussi qu'il importait de préparer les élections futures par l'envoi d'émissaires,

---

1 Ch. 1 de l'ouvrage de Lebon.
2. *Correspondance de Wickham*, Londres, 1870, 2 vol. in-8, voir introduction, p. 1 et suiv. du t. I, et p 29. Cf. ch. 1 du livre de Lebon.

par des distributions de journaux, de pamphlets ou d'argent [1].

Grenville se préoccupait encore de fournir des subsides à l'armée de Condé, dont l'appui lui paraissait nécessaire pour assurer le succès d'une insurrection des provinces de l'Est. Wickham était chargé d'en procurer au prince. Il prévenait celui-ci, le 31 mars, qu'il lui envoyait un émigré, La Tour, son secrétaire, pour causer avec lui de « plusieurs sujets trop délicats ou trop compliqués pour pouvoir être traités par lettres ». La Tour offrait à Condé l'argent dont il avait besoin pour sa personne, pour sa famille et sa noblesse. Condé, averti par le duc d'Harcourt, le représentant du régent à Londres, des intentions de l'Angleterre, acceptait avec « reconnaissance » les « bienfaits de S. M. Britannique ». La Tour apportait au prince 3.000 livres sterling ; mais celui-ci sollicitait bientôt de nouveaux secours et recevait en mai 5.000, en juin encore 5.000, en juillet 2.000, en tout et en quatre mois 15.000 livres [2].

Grenville prévenait aussi le prince qu'il chargeait un agent spécial de l'Angleterre, un colonel attaché au quartier général autrichien, Craufurd, de solder son armée, de l'augmenter au besoin, de la mettre en état d'agir offensivement sur la frontière française, ou, d'accord avec Clerfayt, dans l'intérieur de la France. Il voulait, disait-il, profiter des circonstances, pour aider les « bons Français » à « ramener dans leur patrie l'ordre et la tranquillité publique [3] ».

Le colonel Craufurd arrivait, le 15 juin, à Mulheim, où le prince avait porté son quartier général, et, le 17, arrêtait avec lui les détails relatifs à l'entretien et à l'augmentation de son armée [4]. Il fut décidé que les corps déjà existants seraient complétés et qu'on établirait, en nommant des officiers, les cadres de quatre régiments d'infanterie

1. Instructions données à Wickham par Grenville, 24 février, 9 mars, 5, 12, 22 mai, 8 juin 1795. La plupart de ces lettres ont été imprimées dans la *Correspondance de Wickham*, t. I, voir aux dates. Je citerai les autres au fur et à mesure, d'après la correspondance officielle, conservée au Record Office, Foreign Office, Suisse.

2. Grenville à Wickham, 24 février, 9 mars, dans *Correspondance de Wickham*, I, p. 27 et suiv. Cf. Lebon, p. 30 et 32. Voir à Chantilly un grand nombre de lettres de Condé au *régent*, 13 décembre 1791, 1ᵉʳ mai, Chantilly, Z. t. CXXXVII, p. 47 bis et 67 bis ; à Wickham, 7, 26, 30 avril, Chantilly Z, t. CXXXII, p. 51 à 94 ; lettres de Latour à Condé, 15 avril, 30 mai, Chantilly, Z, t. LXXXVII, p. 331, et t. CXXXII, p. 68 et suiv. Voir, au Record Office, le rapport de La Tour du 12 avril, annexé à la lettre de Wickham du 16, et les reçus de La Tour signés Eyma et la lettre de Wickham du 14 mai 1795, où il énumère les sommes dépensées en France depuis 1793.

3. Craufurd à Condé, 9 juin Chantilly, Y, t. XV, p. 48 ; Grenville à Condé, 12 mai, 20 mai, Chantilly, Y, t. XV, p. 35 et 40.

4. D'Ecquevilly, t. I, p. 365. Le 3 août, était conclu à Mulheim, entre Bellegarde chef d'état-major de Wurmser, et Craufurd, une « capitulation » en vertu de laquelle l'empereur fournissait à Condé le pain, le fourrage, les armes, les munitions, en partie aux frais de l'Angleterre qui s'engageait aussi à solder l'armée de Condé, Chantilly, Y, t. XV, p. 90.

et de quatre régiments de cavalerie. Le marquis de Bouthillier fut chargé de recruter les troupes nouvelles. Le tarif des appointements des officiers et soldats fut fixé ; ces appointements régulièrement payés. Enfin, indépendamment des sommes fournies par Wickham au prince, celui-ci recevait directement de Grenville 10.000 livres sterling et Craufurd était autorisé à lui procurer de l'argent jusqu'à concurrence de 140.000 livres (3 millions 1/2 de francs) « pour les services secrets [1] ».

Ce fut avec bonheur que le prince accueillit ces libéralités anglaises. Il écrivait : « La grande aisance qu'on nous donne... comble l'armée de joie. Enfin ! après cinq ans de la plus grande pénurie, misère, tranchons le mot, nous ne tirerons plus le diable par la queue. » Il voulait se persuader que les Anglais désiraient « de bonne foi le succès de la cause » ; leur « magnificence » en témoignait [2] ! Wickham lui écrivait : « Après ce que je dois à mon roi et à ma patrie, je n'ai d'autre objet que de travailler de toutes mes forces au rétablissement de l'ordre en France [3]. » Condé s'empressait d'annoncer à Vérone que M. Wickham s'occupait activement de « tout ce qui pouvait amener le rétablissement de la monarchie pure ».

Il éprouvait bien quelques scrupules et demandait à l'agent anglais quelles étaient les « intentions réelles ou plutôt les exigences de Londres ». Il craignait que les Anglais ne fussent d'accord avec les Autrichiens pour démembrer la France [4]. Mais, avec les moyens que l'Angleterre mettait à la disposition du parti royaliste, celui-ci ne serait-il pas bientôt à même de se passer du concours des coalisés ? Elle aiderait le roi à mettre le pied dans l'étrier : ne pourrait-on ensuite échapper à sa tutelle ? Maître du trône, le roi le serait aussi des armées : la coalition reculerait devant l'accord des forces royalistes et républicaines.

Le petit roi venait de mourir au Temple ; Craufurd arrivait au camp de Condé, au moment où l'armée célébrait le service funèbre en son honneur. « Le roi est mort ! Vive le roi ! » s'écriait le prince en terminant une allocution à ses troupes Au lieu d'un prisonnier gênant et d'un enfant, le parti royaliste avait à sa tête « Monsieur », désormais prétendant, réfugié à Vérone en territoire neutre, initié à toutes les intrigues des cours, souple et avisé Cette mort donnait

---

1. Craufurd à Condé, Chantilly, Y, t. XV, p. 74.
2. Condé à Barbançon, 23 juin ; au comte d'Artois, 30 juillet ; Chant. Z, t. CXXXVII, p. 81 bis.
3. 23 juin, Chantilly, Z, t. XV, p. 60 Cf. Lebon, p 42
4. Condé au régent, 28 mai Chantilly, Z, t. CXXXVII, p. 69 bis. Le régent, devenu roi, craignait que « les puissances coalisées qui sentent fort bien que, seules, elles ne réduiront pas la France, ne veuillent se servir de nos moyens pour pénétrer dans l'intérieur » (Louis XVIII à Condé, le 20 juin, Chantilly, Z, t. I, p. 120.)

une force de plus au parti royaliste, au moment où l'argent de l'Angleterre lui procurait le moyen de mettre à exécution ses complots [1].

### III. — *Intrigues royalistes dans l'Est.*

Cette résurrection du parti royaliste [2], peut-être aussi les millions de l'Angleterre, attiraient au camp de Condé les faiseurs de projets, dont les mémoires encombrent aujourd'hui les cartons de Chantilly. Condé crut nécessaire de mettre Wickham en garde contre leurs manœuvres; il l'engagea à se méfier des « têtes chaudes » et consigna entre ses mains son « désaveu le plus formel de ces petits projets [3] », mais il n'opposait lui-même qu'une résistance faible à leurs auteurs et, de Mulheim, partaient, pour « travailler » les pays frontières, bon nombre d'intrigants, qui n'accomplissaient le voyage de France que pour s'arrêter à Berne le temps de prendre, avec les conseils de Wickham, ses lettres de change et ses louis.

« Le *Jura* est bien disposé »; « le Jura et la Franche-Comté m'ont fait dire qu'ils m'attendaient », annonçait Condé au « roi » et à Wickham [4]. Mais il conseillait au dernier de ne pas choisir comme agents dans ce pays M. de Faverney, M. de Champagne, M. de Monciel, M. d'Eclan, qu'il soupçonnait d'être des « constitutionnels » [5]. Wickham pensait, au contraire, que les constitutionnels et les « purs » devaient s'unir contre la république. Condé les écartait, pour se confier à cette « tête folle » de Poutier, qui, dès le premier voyage qu'il faisait en Franche-Comté, assurait que « les choses étaient au point [6] ». Condé lui reprochait de « trop se presser », mais il envoyait M. de Malseigne sur les frontières du Jura pour se

---

1. D'Ecquevilly, t. I, p. 361 et suiv. La mort de Louis XVII fut annoncée, le 14 juin. Le colonel Craufurd arriva au camp, le 15 juin, le jour où le chevalier de Lageard et le comte A. de Damas partaient du camp pour aller porter au nouveau roi les hommages de sa « fidèle noblesse ». La cérémonie funèbre eut lieu, le 16, au camp de Steinstadt. L'agent anglais cria : « Vive le roi ! » avec les princes en élevant son chapeau en l'air. Cf de Contades, *Émigrés et Chouans*, et Puymaigre, *Souvenirs sur l'émigration*.
2. Voir Zivy, *13 vendémiaire*, p. 9 et suiv.; Thureau-Dangin, *Royalistes et Républicains*.
3. Condé à Wickham, 26 avril.
4. Au roi, 1er mai, Chantilly, Z, t. CXXXVII ; à La Tour, secrétaire de Wickham, Z, t. CXXXII
5. Sur Faverney, voir *Correspondance de Wickham*, t. I, p. 116; sur Monciel, *ibid.*, p. 36, 51, 117 ; sur M. de Champagne, *ibid.*, p. 51. Un des agents de Condé le prévenait que d'Eclan, avec M. de Monciel et le prince de Montbarrey ne songeaient qu'à rendre la province autonome, en se passant des princes Condé à La Tour, 1er juillet.
6 Sur Poutier (ou Pouthier) voir plusieurs lettres à Chantilly, Z, t. LXXI et LXXXVIII, en particulier ses lettres à Condé du 17 juin et du 2 juillet et la réponse de Condé du 1er juillet, Z, t. CXXXII. *Correspondance de Wickham*, I, p. 62, 117.

mettre à la tête de l'insurrection, le jour où elle éclaterait[1]. De Véreux allait « s'informer des moyens de révolutionner la Franche-Comté ; de Chassin proposait de « travailler le Porrentruy[2] ».

En Alsace, un M. de Buffevent, recruteur de Condé, préparait un « rassemblement ». Il faisait passer des renseignements sur *Huningue* que le prince espérait gagner à la cause royale : « Sur toutes choses, écrivait Condé à La Tour, que M. Wickham entretienne les bonnes dispositions du commandant d'Huningue et qu'il le dirige à m'envoyer quelqu'un de confiance » ; et à d'Avaray : « Dites au roi pour lui seul que je suis en négociation avec Huningue[3]. » Le prince avait aussi des agents à Strasbourg, Commart, Mandel, etc. .

L'insurrection de la Franche-Comté et de l'Alsace devait se lier au soulèvement du Lyonnais, que provoqueraient les victoires attendues de la coalition sur les Alpes. Un ancien aide de camp de Précy, Bayard[4], est envoyé par Wickham et Condé à Lyon, « pour travailler à la coalition des départements avec Lyon et les combiner avec les opérations du général de Vins ». Le décret porté contre Lyon par la Convention, à la suite des troubles survenus dans cette ville, décret qui suspendait les corps administratifs et confiait la police à l'état-major de la place, etc., n'arrête point Bayard. Il est suivi de Tessonnet, qui a déjà participé au complot de 1790[5]. M. de Rully sollicite la charge profitable et peu périlleuse de « caissier intermédiaire » entre Berne et la frontière de France De tous ces agents le plus remuant, c'est encore Besignan[6]. Le comte de Lille conseille à Condé de ne pas donner d'encouragement à ses projets, et Condé, qui s'en méfie, l'envoie à Vérone. Sans ordres précis, il part pour Lyon, y fait « le plus grand mal avec ses inconséquences », affirme cependant qu'il a fait sortir le pays de sa « léthargie ».

L'insurrection du Lyonnais doit se lier elle-même d'une part à celle du Forez, du Velay, de l'Auvergne, de l'autre à celle de la Provence.

En juillet, arrive au camp de Mulheim un envoyé des provinces à l'ouest de Lyon, qui prétend à lui seul faire insurger la Bourgogne, le pays de Gex, le Dauphiné, la Bresse, l'Auvergne, le

---

1. Sur Malseigne, voir Chantilly, Z, t. LXXXVIII. lettre de Malseigne du 6 juillet. Condé lui a envoyé un ordre, le 28 juin, et, le 26 juillet, explique au roi ce qu'il attend de lui, Z, t. CXXXVII.
2. Quant à Vereux et Chassin, voir leurs lettres, 2, 10, 28 juillet, Z, t. LXXXVIII ; Condé à de Vereux, 1ᵉʳ juillet, Z, t. CXXXII.
3. Condé à La Tour, 2 mai, Z t CXXXII ; à d'Avaray, 6 août, Z, t. CXXXVII.
4. Sur Bayard, *Correspondance de Wickham*, I, p. 42, 100, 110, 186, etc. ; Bayard à Condé, Chantilly. Z, t. LXXXVIII, 30 juin.
5. Sur Tessonnet, Condé au roi, 26 juillet ; à Wickham, 21 août ; Tessonnet à Condé, 15 août, Z, t LXXXIX ; *Correspondance de Wickham*, I 162.
6. V. Daudet *Conjuration de Pichegru*, p. 325.

Beaujolais, etc.[1]... Wickham accueille aussi les projets de M. de la Fare sur la Provence, malgré Condé qui conseille de s'en défier ; La Fare part pour Vérone, afin d'obtenir l'approbation du roi[2].

Enfin Wickham veut avertir les Vendéens des mouvements qui se préparent à l'Est. La Rochefoucauld se propose pour cette mission, puis se dérobe. L'envoi de La Chevalerie fait l'objet de nombreuses lettres entre Berne et Mulheim[3]. Arrive alors Bourmont au camp de Condé, avec un billet des Chouans annonçant qu'ils vont recommencer la guerre, mais réclamant un Bourbon auprès d'eux. Bourmont est renvoyé en juin au « Conseil des armées catholiques et royales », avec un billet de Condé en réponse à celui des Chouans et 300 louis que La Tour lui remet à Berne de la part de Wickham[4]. Duverne de Praile, chargé par le régent d'une mission auprès de Charette, en rend compte à Condé[5].

### IV. — *Projets de négociations avec Pichegru.*

C'est pour assurer le succès du soulèvement[6] des provinces de l'Est que le prince songe à gagner l'armée de Pichegru et son chef à la cause royale.

Il se propose d'abord de débaucher les soldats et de les attirer dans son camp par l'appât d'une forte paye. « Le soldat, lui écrit Valdené, a une livre de pain par jour ; sa paye est de quinze sous en assignats dont personne ne veut, ce qui le force de prendre ce qu'on ne veut pas lui vendre ; il est plus mécontent que jamais. Il ne cesse de jurer contre la République et la Convention » Un Alsacien, entré en Alsace en juin, envoie au prince un rapport sur l'état des campagnes et de l'armée : « Le soldat, écrit-il, est forcé de mendier, car les dix sous de solde en assignats lui valent au plus deux sols. J'en ai vu cueillir du trèfle qu'ils m'ont dit mettre au pot en guise de légumes...

---

1. Allier, voir sa lettre à Condé du 21 août, Chantilly, Z, t. LXXII, et Condé à Wickham, Z, t. CXXXV, 21 août. Voir au t. LXXII un mémoire de M. de Corsac sur le Gévaudan.
2. Condé au régent, 3 juin, à d'Avaray, 20 juillet, Chantilly, Z, t. CXXXVII ; La Fare à Condé, 22 juin, 25 juillet, Z, t. LXXXVIII.
3. La Rochefoucauld à Condé, 3 mai, Condé à La Chevalerie, 2 mai, à Wickham, 7 mai, au Régent, 11 mai, Chantilly, Z, t. CXXXII et t. CXXXVII.
4. Condé au régent, 3 juin, Z, t. CXXXVII ; Bourmont à Condé, 8, 14, 24 juin, 14 juillet, Chantilly, Z, t. LXXI et LXXXVIII. Reçu de La Tour, Record Office, Suisse, 28 juin.
5. Duverne de Praile (ou de Presle) à Condé, 27 mai, Chantilly, Z, t. LXXXVIII ; *Correspondance de Wickham*, t. I, p. 168.
6. C'est le « coup de collier », écrit Craufurd. Depuis longtemps il est question entre Condé et les agents anglais du projet d'insurrection des provinces orientales, avant qu'il soit question entre eux de gagner Pichegru. Condé a voulu gagner ce général surtout pour qu'il lui ouvre l'entrée de la France.

L'officier de tout grade est fort mal à son aise ; ceux de l'infanterie n'ont pour la plupart pas de chevaux ; les généraux n'en ont que peu, beaucoup d'aides de camp n'en ont pas... Plusieurs ont parlé de l'armée de Condé, pas un n'en a parlé d'un ton de mépris [1]. » Condé note dans ses lettres ce changement d'attitude des patriotes à l'égard des émigrés : « Loin de nous dire des injures, comme les années passées, ces messieurs nous font des compliments, soit à travers le Rhin, soit à Bâle, où on se rencontre à table d'hôte. Nos gentilshommes ne reviennent point des honnêtetés qu'ils nous disent et qu'ils nous font... Nous avons un petit camp patriote vis-à-vis de nous à Neubourg ; avant-hier au soir, après la retraite, la musique de ce camp, très à portée d'être entendue de nous, joua l'air : *O Richard, ô mon roi* ; un moment après, la romance : *O mon peuple, quand vous aviez un roi, vous ne sentiez pas la misère* ; et puis en s'avançant plus près du bord, vis-à-vis de nous : *N'allez plus, n'allez plus à la Forêt-Noire*... » J'imagine de tout cela, qu'au moins les esprits sont fort changés [2]. »

Condé fait circuler dans l'armée du Rhin des proclamations engageant les « bien intentionnés » à passer sous ses drapeaux, et des *billets de recruteurs*, où il promet aux officiers qui amèneraient « un nombre considérable de leurs soldats », de leur conserver leur grade. Cette promesse paraît excessive au Prétendant : « Il faut faire effacer, écrit-il, cette promesse des billets et y faire mettre que celui qui rendra un service important sera conservé dans son grade. Service important est un mot sonore, et dont je me réserve à moi seul l'application [3]. »

Les « billets de recruteurs » sont antérieurs au projet de négociation avec Pichegru.

Le prince connaissait Pichegru. Fauche-Borel raconte qu'avant la Révolution il assistait un jour aux exercices du polygone à Besançon et s'approchait d'une pièce qui lui paraissait la mieux servie, lorsque le coup partit et emporta le bras du canonnier qui l'écouvillonnait. Le prince fit de vifs reproches à l'un des servants, qui était Pichegru. Celui-ci écouta le reproche en silence et se contenta de montrer son pouce déchiré. Le prince, touché

---

1. Chantilly, Z, t. LXXI, p. 259 et 299.
2. Condé à M⁽ᵐᵉ⁾ Victoire, à l'ambassadeur russe à Vienne Rasamowski, 7, 11 juin, Chantilly, Z, t. CXXXVII, p. 72, 87 *bis*; t. CXXXV, p. 46. Cf. *Journal d'un fourrier à l'armée de Condé* Contades : « Les patriotes montraient une déférence et une honnêteté inattendue pour ceux de notre armée qui se rencontraient avec eux dans les auberges. » Cf. Bittard des Portes, *l'Armée de Condé*, p. 200.
3. Condé au roi, 29 juin, Chantilly, Z, t. CXXXVII, p. 82 ; le roi à Condé, 19 juillet, Z, t. I, p. 128. Le curé Eggs était un des agents chargés de répandre les billets de recruteurs. Eggs à Condé, 25 mai, Z, t. LXXXVIII, p. 83.

de sa déférence et de son sang-froid, le fit nommer sergent [1].

Le 13 et le 14 avril, il annonçait au régent, au comte d'Artois, à M. de Roques, le résultat de la journée de Germinal à Paris ; « Pichegru... est parvenu à tout calmer » ; « Pichegru a rétabli une apparence de tranquillité » ; « par Pichegru la Convention est maîtresse de Paris [2]. »

L'idée de le gagner à la cause royale a pu naître à la lecture d'un rapport, envoyé d'Offembourg par l'abbé Zaeppfel, le 3 mai : « Pichegru..., écrivait l'abbé, a fait sa tournée d'inspection dans toutes les villes d'Alsace et les a trouvées fort mal pourvues, tant en munitions de guerre que de bouche. On dit, à ce sujet, qu'il a pris un mauvais tic pendant son séjour à Paris et qu'il ne fait que secouer la tête et hausser les épaules [3]. » Une lettre de Ferrand, le futur ministre de Louis XVIII, lettre du 17 mai, engageait vivement le prince à « tenter tous les moyens pour s'entendre avec Pichegru ». « Si je ne me trompe, assurait Ferrand, il en a grand désir ; il servira la royauté véritable, ne fût-ce que pour ne pas imiter Dumouriez [4]. » Le curé Eggs écrivait aussi, le 23 : « L'armée du Rhin n'a plus de confiance en la loyauté du général Pichegru ; on le croit en correspondance avec les généraux de la coalition [5]. » Mais ce fut Montgaillard qui décida le prince à tenter la négociation avec Pichegru.

Condé connaissait Montgaillard depuis son séjour à Bruchsal. Chassé de Londres, cet intrigant se rendait en Suisse, lorsqu'en passant à Bruchsal, au mois de janvier 1795, il fut reconnu par son ancien condisciple de Sorèze, le vicomte de Maccarthy-Levignac, aide de camp de Condé. Le vicomte le présenta au prince [6]. Celui-ci le pria de négocier pour lui un emprunt, et comme, en qualité d'émigré, Montgaillard ne pouvait rester à Bâle plus d'un jour, il demanda au margrave de Bâle d'autoriser le sieur Pinault, « négociant », dont il répondait, à résider le plus près possible de Bâle dans ses États [7].

---

1. Cf. Fauche-Borel, *Mémoires*. Il y fait allusion dans une de ses lettres à Condé. Voir ci-dessous.
2. Chantilly, Z, t. CXXXVII, 13 avril, t. CXXXIII, 14 avril.
3. Chantilly, Z, t. LXXI, 3 mai. — Il est curieux de remarquer que ce même jour Zaeppfel annonçait au prince que le baron de *Klinglin* arrivait à Rastadt pour servir sous les ordres d'Alvinzi et qu'il était attendu par sa nièce, M$^{me}$ de Reich.
4. Chantilly, Z, t. XLVIII, 8 mai.
5. D'ailleurs inexact. Chantilly, Z, t. LXXI, 23 mai. Condé est arrivé de la veille à Mulheim.
6. Chantilly, Z, t. XXXIV, p. 168 et 257.
7. Voir Clément de Lacroix, *Souvenirs du comte de Montgaillard*, introduction ; Montgaillard à Condé, 24 janvier, 10 février, Chantilly, Z, t. LXXXVI et LXXXVII ; Condé à Montgaillard, 23 février, Z, t. CXXXII.
Montgaillard s'établit à Rhinfeld et resta en correspondance avec le prince quand celui-ci partit pour Rothenbourg. Il passa l'hiver à écrire un nouvel ouvrage dont il expliquait le dessein à Condé : « Je ne cache aucune des vérités qu'il est essen-

Montgaillard accourut à Mulheim, le jour même de l'arrivée de Condé dans cette ville (22 mai). Dans cette entrevue, il fut question de l'armée du Rhin, mais plus encore de Pichegru. Le prince et Montgaillard en causaient « pour la première fois ».

Avant de prendre une détermination, Condé voulait consulter Wickham. — Le lendemain, 23 mai, il lui écrivait pour le prier de venir à Mulheim. Or Wickham était en route pour le camp ; il y arrivait le lendemain. Ce jour-là, l'agent anglais et le prince firent le projet de négocier avec Pichegru [1].

Wickham communiqua au prince les renseignements qu'il avait recueillis déjà sur le général. En 1792, Pichegru, à la tête du bataillon de volontaires dont il était commandant, avait été envoyé à la frontière dans le bailliage de Pontarlier ; il était stationné à Jougne et logeait chez un ami, le citoyen Vincent, colonel de la garde nationale de ce canton. Il s'ouvrit à lui « de la plus complète et de la plus confidentielle manière... aussi bien sur ses principes politiques et religieux que sur les motifs qui l'avaient déterminé à entrer au service de la république... Baptiste (Pichegru) avait pris dès l'abord les principes du parti jacobin en horreur... et il avait formé le secret dessein de devenir un instrument du renversement de la république. » Ces détails avaient été fournis à Wickham vers octobre ou novembre 1794, par un ami du citoyen Vincent. Dès 1792, même, Wickham aurait reçu « un avertissement de même nature [2] ».

Cependant, en mai 1795, l'agent anglais ne prêta pas une grande attention aux projets ébauchés par le prince ; il était occupé du grand plan d'insurrection des provinces de l'Est. Peut-être jugeait-il plus profitable de gagner Kellermann, général de l'armée des Alpes, à la cause royale pour ouvrir la route de Lyon au général de Vins. Il promit néanmoins d'engager une négociation secrète avec Pichegru.

Après son départ de Mulheim, le 30, Condé faisait allusion à cette

---

tiel que les ministres n'aient plus l'air d'ignorer. Abreuvé de dégoûts, je n'en poursuivrai pas moins avec toute la constance de mon caractère le but que je me suis proposé depuis six années, celui de remplir mes devoirs de sujet et de gentilhomme français. Cet ouvrage, l'An 1795, il l'apportait à Fauche-Borel, libraire de Neufchâtel, pour l'imprimer. Il séjournait quelque temps dans cette ville, en avril, et priait le prince de lui écrire sous le couvert de M. Fauche-Borel, « imprimeur du roi, homme dont le dévouement à notre cause honorerait notre patrie. »

Il le tenait au courant des événements de Paris. Paris, écrivait-il, « est au moment d'une forte explosion... La monarchie est le vœu de la grande majorité ; je ne serais point étonné que la Convention la reconnût. » Condé lui envoyait le marquis de Montesson, un de ses confidents, avec des pouvoirs écrits, l'autorisant à négocier un emprunt ; il le priait aussi de le mettre « au fait de l'esprit des frontières, ainsi que de celui de l'armée du Rhin ».

1. La Tour à Condé, 27 mai, Chantilly, Z, t. LXXXVIII ; Condé au roi, 28 mai, Z, t. CXXXVII ; Wickham à Grenville, 25 mai, Record Office, Suisse. Voir extraits dans Lebon, p. 42 ; d'Ecquevilly, t. I, p. 359.

2. Wickham à Grenville, 8 mars 1797, Record Office, Suisse ; note remise à Wickham, *Correspondance*, t. II, p. 415.

promesse : « J'espère que vous n'oubliez pas Pichegru [1]. » Le ministre anglais, le 31, envoyait de Berne à Mulheim une note sur l'état de l'armée du Rhin, son dénuement, son mécontentement, sa désertion, engageait même le prince à faire passer des vivres en cachette aux corps stationnés le long du Rhin.

Condé insistait encore, le 3 juin, pour que le ministre anglais donnât suite au projet de négociation avec Pichegru : « Poussez à une tentative vis-à-vis de Pichegru, écrivait-il au secrétaire de Wickham, La Tour. Ce qui me ferait le plus de plaisir, ce serait que M. Wickham m'invitât à en faire une moi-même de mon côté. Si je ne l'avais pas vu, elle serait déjà faite, mais j'ai craint de croiser la négociation de ce ministre [2]. » La Tour lui répondait (6 juin) : « M. Wickham désire très vivement que S. A. S. fasse de son côté tout ce qu'elle jugera convenable, et il pense qu'une proposition directe, loin de croiser la négociation qu'il a entreprise, ne peut qu'en hâter le succès [3]. »

Mais Wickham était occupé des affaires de Vendée : « L'affaire de M. de la Chevalerie me tourmente plus que tout le reste, écrivait-il au prince, le 7 ; je trouve cette affaire-là de la plus haute importance... Je vous répète, Monseigneur, c'est de ce côté-là que doivent venir nos plus grandes espérances [4]. »

### V. — Les mémoires de Montgaillard.

Wickham relègue au second plan de ses préoccupations les négociations avec Pichegru. Montgaillard, au contraire, engage vivement le prince à les entreprendre. Il lui adresse un long mémoire : les puissances coalisées, écrit-il, sont hostiles au rétablissement de la monarchie française ; aussi « c'est dans l'intérieur de la France que les princes français doivent chercher les moyens de salut et de rétablissement ». On ne peut guère songer à diriger l'opinion contre la Convention ; il faut donc « recourir aux négociations intérieures », avec les constitutionnels, avec les chefs des comités (Fréron, Tallien, Bourdon de l'Oise, Cambacérès surtout), en leur promettant « une garantie positive de la part du prince qui laisserait ces députés sans inquiétude sur leur sort (garantie qui ne sauverait pas ces députés de l'échafaud, l'ordre une fois rétabli en France)... Il ne serait

---

1. Chantilly, Z, t. CXXXV, 30 mai.
2. Chantilly, Z, t. CXXXII, 3 juin.
3. Chantilly, Z, t. LXXXVIII, 6 juin.
4. Wickham à Condé, 30 mai et 7 juin. Chantilly, Y, t. XV. Grenville prévient Wickham des projets de descente en Vendée. Cf. 8 juin, *Correspondance de Wickham*, t. I, p. 82. Il engage Wickham à seconder ce débarquement par une insurrection de l'Est, tandis que Clerfayt attaquera notre armée.

pas aussi difficile qu'on s'est généralement accoutumé à le croire que l'armée républicaine et le chef qui la commande n'acceptassent un accommodement. Je crois positivement l'armée en masse royaliste ; je crois son chef porté vers la monarchie. » Mais, pour gagner Pichegru, « il faut éblouir son ambition », lui offrir le bâton de maréchal de France, le cordon rouge et la grand'croix, le château de Chambord à vie, 4 pièces d'artillerie enlevées aux Autrichiens, 1 à 2 millions comptant, un traitement de 120.000 livres de pension, moitié reversible à sa femme, le quart à ses enfants [1]. » Condé lui répond, le 3 juin, qu'il a confiance dans les intentions des puissances ; mais, comme Montgaillard annonçait son intention de partir pour l'Italie, il lui demande de différer son départ : « Il est possible, ajoute-t-il, que je reprenne ma première idée [2]. »

Il hésite à engager l'affaire, lorsqu'il reçoit la lettre de La Tour, du 6 juin, qui lui laisse entière liberté d'action. Il écrit aussitôt à Montgaillard (9 juin) : « Je suis décidé à suivre plus tôt que plus tard ma première idée » ; il l'appelle à Mulheim, « pour que nous nous concertions définitivement sur l'objet de votre mission... Il n'y a que vous qui puissiez en déterminer le succès [3]. »

Au lieu de se rendre à Mulheim, Montgaillard envoie un second mémoire et se rend à Neufchâtel, pour parler à Fauche-Borel, auquel il a déjà pensé pour amorcer la négociation [4]. Le mémoire expose « les premiers moyens d'exécution » : « Il faut admettre trois personnes au travail de la négociation à ouvrir avec Pichegru : une principale qui ne donnera de son secret aux deux autres qu'à mesure que les circonstances l'exigeront ; la deuxième personne connaîtra le fond de l'affaire ; la troisième ne sera employée qu'à des détails qui ne la conduiront jamais à l'intelligence de l'objet principal. Je désirerais que la troisième personne fût donnée ou indiquée par le chef qui a imaginé ce plan de négociation [5]. » « Je ne doute pas que je ramène de Neufchâtel la personne dont j'ai eu l'honneur de parler à V. A... Il me parait essentiel d'y en joindre une troisième, et j'ai jeté les yeux sur quelqu'un dont l'activité, l'esprit et les lumières sont parfaitement propres et dont le dévouement est au-dessus de l'éloge... Je n'ai pas cru devoir perdre un seul instant [6]. »

---

1. Mémoire de Montgaillard, Z, t. LXXII, p. 310.
2. Condé à Montgaillard, Z, t. CXXXII, 3 juin, réponse de Montgaillard, 8 juin, Z, t. LXXXVIII.
3. Chantilly, Z, t. CXXXII, 9 juin. Dans son *Mémoire concernant*, Montgaillard a reproduit assez exactement quelques unes des lettres du prince.
4. Il avait fait imprimer par Fauche-Borel sa dernière publication, *l'An 1795*. Voir dans les *Mémoires de Fauche-Borel*, I, p. 206, l'entrevue de Montgaillard à Neufchâtel avec les membres du parti constitutionnel.
5. Chantilly, Z, t. LXXII, p. 321.
6. Montgaillard à Condé, 10 et 11 juin, Z, t. XC, p. 356, et t. XXXIV, p. 118.

## PREMIÈRES NÉGOCIATIONS AVEC PICHEGRU

Le prince fit attendre sa réponse près de trois semaines. Il en écrivit le brouillon avant d'avoir reçu, le 14, les nouvelles de la mort du roi. Ce brouillon, il le retoucha. Il finit par promettre [1] de reconnaître Pichegru comme lieutenant général et de tout faire auprès du roi pour qu'il soit nommé maréchal de France ; qu'il ait 100.000 livres de rente dont moitié réversible à sa femme et à ses enfants et 25.000 à perpétuité à sa postérité en ligne droite ; qu'il obtienne les pardons qu'il demandera non seulement pour l'armée, mais pour tous les sujets du roi (sauf les grands scélérats) ; qu'il conserve dans leurs places tous les officiers de son armée qu'il désignera. En échange, il fera proclamer le roi par son armée ; ses troupes prêteront serment, arboreront la cocarde blanche. Le même jour, le drapeau blanc flottera sur tous les clochers de l'Alsace ; tous les postes le long du Rhin retentiront du cri de « Vive le roi » ! Pichegru enverra au prince un homme de confiance dans un bateau, avec « un trompette », pour lui offrir Huningue, l'engager à passer sur la rive droite, et demander un armistice au général autrichien ! « Et tout restera *in statu quo* jusqu'à la réponse du général autrichien d'abord ; je me déciderai après sur ce que je puis faire en attendant la réponse positive du roi ! »

Le prince craignait d'être désavoué par le Prétendant, car il le savait très jaloux de son autorité et très défiant même de son entourage [2].

Aussi le suppliait-il de se rapprocher de l'armée. Il se prépare, lui écrivait-il, le 20 mai, de grands événements dans l'intérieur ; il faut se rapprocher pour en profiter, « car tout peut dépendre d'un moment à saisir, le salut ou la perte de la France peuvent tenir à cela. Le roi serait peut-être déjà proclamé si vous aviez été à portée des frontières. » « Les princes et M. le régent, qui doit décider de tout, sont beaucoup trop loin de la France ; cela y diminue leur considération, et jamais il n'a été plus nécessaire pour la France et pour eux qu'ils s'entourent de toute celle qui leur est due. La Convention qui s'affaiblit, les royalistes qui se renforcent, les généraux patriotes qui ne sont rien moins que sûrs de leurs armées, toutes mécontentes et fatiguées du régime républicain, vont certainement chercher à

---

Il prétend dans son *Mémoire concernant*, p. 121, qu'il a refusé longtemps de se charger de la négociation.

1. Le brouillon, Z, t. XXXIV, p. 127 ; la minute au net, p. 126. Cette lettre donne une idée exacte de l'état d'esprit des émigrés.

2. Condé venait de recevoir du prétendant une lettre du 8 juin, Chantilly, Z, t. I. Il lui reprochait d'avoir fait imprimer un écrit « qui court l'Allemagne » et qui, en vous mettant seul en avant et en ne parlant ni de mon frère ni de moi, accrédite les calomnies de nos ennemis, dont un des principaux moyens est de nous peindre divisés entre nous et de vous prêter des vues personnelles ». Réponse désolée du prince, le 14 juin, Z, t. CXXXVII.

entamer des négociations avec les princes. M. le régent dira sûrement qu'on en a ouvert avec lui, cela doit être ; mais par son extrême éloignement, il doit souvent arriver que les choses sont changées lorsqu'on reçoit sa réponse ¹. »

Le régent devenu roi répondit qu'il demandait à l'empereur un asile dans l'Allemagne du Sud, mais qu'il n'espérait guère l'obtenir. Condé se décida seulement alors (le 29 juin) à envoyer la lettre dont nous avons cité le brouillon. Il attendit près d'un mois encore avant de prendre une résolution décisive. Il retombait dans ses hésitations. Le chevalier d'Artès lui apportait de Vérone des « pouvoirs de pardon », qui l'autorisaient à promettre le pardon aux officiers patriotes qui rendraient des services à la cause royale. Mais, répondit Condé, « ces pouvoirs » n'ajoutent rien aux autres beaucoup plus étendus que j'ai eus de V. M. (alors régent) et qu'elle n'a point révoqués ². Je dois même lui observer que le pardon seul ne suffira pas, et qu'il faudra quelquefois des grâces pour ceux qui manifesteront leur repentir par de grands services ou qui lui amèneront beaucoup de monde ; il faut dégoûter de servir les rebelles, et pour cela faire trouver du profit à servir V. M. Elle sait mieux qu'un autre qu'on disait au duc de Mayenne qui faisait des maréchaux de France : « Vous faites là des bâtards qui se feront quelque jour légitimer à vos dépens. » V. M. sera sûrement dans le cas de faire des légitimations de ce genre ³. »

L'envoi des « pouvoirs de pardon », loin de mettre un terme aux hésitations de Condé, n'eut comme résultat que d'accroître ses perplexités. Il avait promis des grâces, des grades, des pensions, et le roi ne parlait que de pardon ! Il pouvait être désavoué, blâmé, accusé d'avoir outrepassé ses pouvoirs. Pour un homme hésitant, ennemi des responsabilités, jaloux de se montrer en toute occasion « le plus humble des fidèles sujets de S. M. », l'anxiété était cruelle. Vainement Fauche-Borel lui écrivait de Neufchâtel, le 27 juin : « Je supplie V. A. S. de daigner m'accorder une grâce, celle de disposer de mon zèle, de ma fortune et de ma vie dans toutes les circonstances où je pourrais être utile aux intérêts de la royauté et de la monarchie française ⁴ », Condé semblait avoir oublié Pichegru, ses projets de négociation. Il ne se décidait à suivre « sa première idée » que lorsque Wickham et Craufurd arrivaient à Mulheim (19 juillet) et l'y engageaient.

1. Condé au régent, 28 mai, au roi, 29 juin, à d'Avaray, 29 juin, à d'Harcourt, à Londres, 2 juin, Chantilly, Z, t. CXXXVII, à la date. Le roi à Condé, 15 juin, Z, t. I.
2 Pouvoirs de Bingen et de Hamm, Chantilly, Y, t. I. p. 17 et p. 83. Lettre du roi à Condé, 20 juin, Z, t. I.
3 Chantilly, Z, t. CXXXVII, 14 juillet.
4. Chantilly, Z, t. LXXXVIII, 27 juin.

## VI. — *Promesses des agents anglais.*

Le 6 juillet, Wickham avait reçu de Grenville une lettre du 8 juin, où le ministre anglais lui racontait cette anecdote : Hardenberg, en passant à Francfort à son retour de Bâle, où il avait signé la paix, avait dit à un ministre d'un prince allemand que Merlin de Thionville et Pichegru formaient un plan pour proclamer le jeune roi et qu'il allait à Berlin pour décider le roi de Prusse à l'appuyer. Grenville conseillait à Wickham de prêter grande attention à ce récit qu'il jugeait digne de créance. Degelman, agent de l'Autriche en Suisse, communiquait à son collègue un avis semblable [1].

Craufurd, découragé de ses vaines tentatives auprès des Autrichiens pour les engager à prendre l'offensive [2], se montrait partisan des négociations avec Pichegru. Pichegru, ce serait le « *coup de collier* », écrivait-il, le 3 juillet, à Condé, et, le 9, il le prévenait : « Les fonds nécessaires seront fournis par moi pour les services secrets à mesure que V. A. trouvera bon de les employer. »

« Dans le mois de juillet 1795, raconte Wickham, je conseillai au prince de Condé d'ouvrir une correspondance directe avec Baptiste, par le moyen d'un officier suisse qui pourrait avoir un prétexte raisonnable pour entrer en France. » S. A. S. approuva hautement l'idée, mais voulut choisir la personne chargée de la négociation. Wickham y consentit [3].

C'est à la suite de sa conversation [4] avec les agents anglais que le prince se décida à envoyer, le *26 juillet*, en Alsace, auprès de Pichegru, Fauche-Borel et Courant. Le premier allait jouer un rôle décisif dans la négociation. Libraire « du roi de Prusse » à Neufchâtel, il passait pour dévoué à la cause royaliste, car il avait imprimé nombre de brochures écrites par des émigrés, et souvent à ses frais. Il était actif, courageux, relativement désintéressé, suffisamment intelligent pour remplir la mission qu'on lui confiait, mais vaniteux à l'excès et prompt aux illusions. Son auxiliaire Courant, autre Neufchâtelois,

---

1. Record Office, Suisse, 8 juin ; *Correspondance de Wickham*, t. I, p. 55 et 154.
2. Voir Lebon, ch. III, p. 58, p. 62-63 : découragement de Craufurd et de Wickham, auquel Bellegarde annonce que l'Autriche entend borner ses efforts aux sièges de Huningue et de Neuf-Brisach, et même qu'on va envoyer Condé servir en Italie sous de Vins. Les deux agents anglais, n'espérant plus vaincre la France par l'Autriche, veulent triompher d'elle par la trahison et encouragent les négociations avec Pichegru. Cf. correspondance de Craufurd avec Grenville. Army in Germany en juin et juillet. Record Office.
3. Craufurd à Condé, 3 et 9 juillet, Chantilly, Y, t. XV ; rapport de Wickham Grenville, 8 mars 1797, Record Office, Suisse.
4. Wickham à Condé, 16, 17 juillet ; Craufurd à Condé, 21 juillet ; le tout, Chantilly, Y, t. XV ; Condé à Craufurd, 19 juillet, Z, t. CXXXV.

avait servi d'agent secret à Frédéric II. On le disait habile, audacieux et discret.

Le prince ne les avait laissés partir¹ qu'à regret, plus préoccupé que jamais de sa responsabilité. Le 27 juillet, il écrivait encore à l'évêque d'Arras, à Vérone, pour solliciter du roi des pouvoirs précis: « Que le roi me mande : Je confirme comme roi tous les pouvoirs que je vous ai donnés comme régent, et, prenant confiance dans votre zèle, je promets d'avoir pour agréable tout ce que vous ferez. Je vous permets de prendre en mon nom tous les engagements que vous croirez utiles ou nécessaires au rétablissement de la monarchie². »

D'autre part il priait Wickham de « déposer en Suisse entre les mains de quelque émigré (M. de la Tour) une somme de 3 à 4.000 livres sterling pour faire passer successivement à nos messieurs en France. » Wickham, le 31 août, déposa entre les mains de La Tour une somme de 6.000 livres sterling pour en disposer sur ses ordres ou ceux de Condé³.

Enfin le Prétendant écrivit au prince, le 19 juillet, pour lui conseiller d'entamer les négociations avec Pichegru. « Cet homme a de l'ambition, je n'en doute pas ; il a aussi du bon sens ; il doit sentir que n'étant auteur ni complice d'aucun des crimes de la Révolution, il ne doit rien craindre, et que, tout devoir à part, il a plus d'avantage à servir un roi qu'une république. C'est sur ces bases que je désire que vous entamiez une négociation avec lui, soit pour l'engager à passer au roi le plus grand nombre de soldats possible, *soit pour l'amener à rester sur la défensive et à se défendre juste assez pour empêcher les Autrichiens de prendre nos places, jusqu'à ce que nous soyons assez forts pour les garder nous-mêmes*⁴. »

Condé avait reçu la lettre, le 5 août. Il répondit : « Je me trouve plus heureux à l'égard de Pichegru que pour les billets, et j'ai prévenu les désirs de V. M. On le cherche en ce moment⁵. »

### VII. — *L'entrevue de Blotzheim.*

Fauche-Borel et Courant, les deux agents du prince de Condé, ont quitté Mulheim, le 26 juillet, nantis de 50 demi-souverains d'or

---

1. Ils partent de Mulheim, le 26 *juillet*, laissant aux mains du prince une reconnaissance de 50 demi-souverains d'or à 8 florins, plus 70 ducats d'Autriche.
2. Condé à l'évêque d'Arras, 27 juillet, Z, t. CXXXVII ; Condé à Wickham, 28 juillet, Z, t. CXXXV.
3. Reçus de La Tour, Record Office, Suisse, *l. c.*
4. Lettres du roi, 11 juillet et 15 août, Chantilly, Z, t. I, aux dates.
5. Condé au roi, 5 août, Z, t. CXXXVII. Cf. celles du 6 août à d'Avaray et à l'évêque d'Arras, *ibid.*

et de 70 ducats d'Autriche. Ils rejoignent Montgaillard à Bâle, où celui-ci leur garantit, le 20, une somme de 1.000 louis, s'ils parviennent à communiquer avec Pichegru. Puis ils prennent la route d'Alsace.

Montgaillard reçoit bientôt de leurs nouvelles : deux lettres de Strasbourg, datées des 3, 4 et 6 août, qu'il résume dans sa lettre au prince du 10.

Avant même l'ouverture de la négociation, et lorsque rien encore ne peut en faire prévoir l'issue, Montgaillard ne doute pas du succès. « Le 3, écrit-il au prince, on était sûr de parler au général le lendemain » ; le billet du 6 « renferme des espérances si grandes » que « les événements peuvent avoir lieu d'un instant à l'autre ». Le 12, Montgaillard est « convaincu qu'une des personnes est en route avec quelqu'un de confiance », et le soir il prévient Condé qu'il vient de recevoir « l'avis qu'on allait se mettre en route [1] ».

Or, Fauche ni Courant n'avaient pu trouver une occasion de parler au général, et s'étaient bornés à tenter la vertu, d'ailleurs facile, de son adjudant Badonville.

Badonville [2], l'homme de confiance de Pichegru, le seul intermédiaire entre le général et les agents du prince, a joué dans l'intrigue un rôle décisif. Il était du même âge que Pichegru et presque du même pays ; il avait servi comme lui dans l'artillerie et fait la campagne d'Amérique. Comme lui sous-officier jusqu'à la Révolution, gâté par un long séjour aux Antilles, homme à bonnes fortunes et grand buveur, il se résignait avec peine aux privations qu'enduraient les soldats et les officiers de l'armée de Rhin-et-Moselle. D'une bravoure brillante, « vrai républicain » en 1793, il s'était élevé au grade de colonel. Même les représentants à l'armée du Nord, Richard et Choudieu, le nommaient, l'année suivante, adjudant général, chef de brigade. Mais, en prairial an III, le Comité de salut public refusait de le confirmer dans ce grade. De là un mécontentement que l'attitude de son chef encourageait.

Comment les agents du prince parvinrent-ils à le gagner ? Les deux reçus signés de lui, trouvés sur Courant lors de son arrestation à Bourg-Libre, en disent assez long sur les moyens employés [3].

Grâce à la complicité de l'adjudant, Fauche et Courant suivaient

---

1. Montgaillard à Condé, 10 et 12 août, Chantilly, Z, t. XXXIV, p. 119-120.
2. D'après un dossier des Archives administratives de la guerre et un dossier conservé dans les papiers de R. de Saint-Albin.
3. Chantilly, Z, t. XXXIII, p. 401. L'arrestation est du 18 septembre, voir ci-dessous. Un de ces reçus est conservé au Record Office, Suisse : « J'ai reçu de Courant et de Fauche la somme de dix louis pour objets remis le 20 août 1795. » Cf. Mémoires de Fauche, t. I, p. 232.

le général à Strasbourg [1], à Illkirch. Mais ils ne pouvaient trouver l'occasion de lui parler. Montgaillard s'impatientait ; Fauche partait pour Bâle, afin d'informer le chef de la négociation « de l'état forcé de stagnation des affaires ».

A son retour, il trouve l'occasion de parler au général, le 16 août, à « Blopsheim » (Blotzheim), petit bourg voisin d'Huningue. Pichegru venait de quitter Strasbourg pour Huningue, — sans doute à la suite de Reubell, membre du Comité de salut public, qui, arrivé le 13, à Strasbourg, se rendait avec Merlin de Thionville et Rivaud à Bâle [2]. Il s'arrêta à Blotzheim chez Mme Salomon [3], qui passait pour sa maîtresse, et put se soustraire ainsi à la surveillance des commissaires de la Convention. Fauche l'apprit et se rendit à Blotzheim, pour acheter, disait-il, des bains [4] qui étaient à vendre. Puis il se présenta chez Mme Salomon et fut introduit auprès du général.

« Je vis le général Baptiste à Blotzheim, le 16 août, raconte Fauche [5]. J'eus à peine dit à ce général que je venais de la part de Mgr le prince de Condé qu'il me serra vivement le bras et me dit aussitôt : « Parlez bas. Que me veut le prince de Condé ? Je ne peux aller à Bâle ; on ne peut venir ici ; allez, rapportez-moi par écrit tout ce qu'on désire de moi. » Il ajouta : « Je devais partir à 5 heures, je resterai ici jusqu'à demain 5 heures après midi pour vous attendre. En conséquence, faites diligence. »

Notre libraire revint à Bâle ravi de l'accueil de Pichegru, déclarant à Montgaillard que le général adoptait le « principe » des pro-

---

1. Fauche assista à la fête du 10 août à Strasbourg : le récit qu'il en donne dans ses *Mémoires* est à peu près conforme à celui que donnèrent Rivaud et Merlin à la Convention. Lettre du 13 août dans *Moniteur* (réimpression, t. XXV, p. 244), conforme aussi au programme de la fête. Illkirch, proche de Strasbourg, où habitait le général.
2. Lettre de Reubell au C. S. P., *Revue historique*, t. XVIII, p. 305, article de Sorel. Blotzheim, près d'Huningue.
3. Mme Salomon (Mme Salmon de Florimond, croit M. Daudet ; plutôt Mme *Salomon, née Neef*, qui recommande un de ses fils à Moreau en 1796 (A. G., papiers de Moreau), femme d'un conseiller de l'ancien conseil souverain d'Alsace, passait pour la maîtresse de Pichegru. Voir note dictée à R. de Saint-Albin par Merlin de Thionville, le 23 janvier 1829 ; Zeissberg. *Pichegru und Condé*, p. 12 ; récit de Courant (Chantilly, Z, t. XXXIII, p 401). Pichegru allait au château de Blotzheim en 1793, Chuquet, *Hoche*, p. 95.
4. Une adresse trouvée sur Courant, le 18 septembre, confirme ce détail des *Mémoires* de Fauche : « Adresse à Blopsheim aux Bains ; Salomon. »
5. De cette première entrevue de Fauche avec Pichegru, Montgaillard, dans son *Mémoire concernant* (1798), et Fauche, dans ses *Mémoires* (1829), ont donné un long récit. Fauche lui consacre à peine 3 lignes dans ses *Notices sur les généraux Pichegru et Moreau* (1807) et dans son *Précis historique* (1816). Aucune des lettres conservées à Chantilly ne la raconte. Mais, le 17 mai 1796, Fauche-Borel envoya au prince de Condé un *Résumé des divers entretiens de Baptiste avec Louis*, que M. Daudet a publié en appendice de sa *Conjuration de Pichegru* : le passage cité est emprunté à ce résumé. Cf. un récit de l'entrevue fait par Lombard de Langres, qui connaissait Fauche, *Mémoires de Lombard de Langres*, p. 193 à 207.

jets de Condé et qu'il envoyait au prince « l'assurance de ses nobles et heureuses dispositions [1] ». Montgaillard passa la nuit à écrire la longue et emphatique lettre, mélange de platitudes et de flatteries grossières, qu'il a publiée dans les pièces justificatives de son *Mémoire*, puis les « propositions faites au général Pichegru », propositions qu'imprima le Directoire, après la saisie du portefeuille d'Antraigues et qui compromirent irrémédiablement le vainqueur de la Hollande dans l'esprit de la majorité des Français [2].

Pichegru avait donné au libraire rendez-vous pour le lendemain [3]. Fidèle à sa promesse, Fauche accourut à Blotzheim. Mais, au moment où il arrivait, Pichegru montait à cheval avec son état-major et partait pour Strasbourg [4].

Fauche revint à Bâle. Avait-il eu le temps de remettre la lettre de Montgaillard et ses propositions au général [5] ? Sans doute. Il se rendit à Mulheim. Le prince écrivit à Pichegru dans la nuit :

« Puisque M. Pichegru paraît penser comme je l'ai toujours espéré, il est absolument nécessaire qu'il m'envoie, avec un mot de sa main, un homme de confiance qui m'instruise positivement s'il veut et peut faire ce qui lui a été communiqué, et à qui j'expliquerai de mon côté les avantages de tout genre que j'assurerai à M. Pichegru et à ses amis, s'il veut contribuer avec moi à sauver la France et à rétablir notre roi sur le trône. Sans la mesure que j'indique, les mesures peuvent se multiplier, perdre un temps précieux et compromettre cet important secret [6]. » (sic)

1. Cf. *Précis historique*, p. 3, et *Notices*, p. 17.
2. Voir ces propositions, comme la lettre, dans le *Mémoire concernant*, p. 247. Daudet les a publiées en appendice dans sa *Conjuration*. Copie Chantilly, Z, t. XXXIV, p. 259 et suivantes. Voici ces propositions : Pichegru sera fait lieutenant général, maréchal, grand'croix de Saint-Louis, commandant à vie de l'Alsace ; il recevra en don le château de Chambord, 200 000 livres de pension, un hôtel à Paris, un million en espèces et 8 pièces d'artillerie ; Arbois, sa ville natale, prendra son nom. Comparer avec le mémoire de Montgaillard ci-dessous cité et les offres que le prince l'avait autorisé à faire, offres bien moins généreuses.
3. Je suis le texte le plus proche des événements, le *Résumé*. Le *Mémoire concernant* fixe le rendez-vous à 4 heures du soir, le lendemain ; le *Précis historique* à 5 heures du matin, même jour ; les *Mémoires* de Fauche le surlendemain, à 5 heures du matin.
4. D'après le *Précis historique*, les *Mémoires* de Fauche et les *Mémoires* de Lombard de Langres, p. 206.
5. Dans ses *Mémoires*, t. I, p. 245, il affirme qu'il n'a pas remis la lettre et les propositions au général. Mais son rapport du 22 août (voir ci-dessous) semble prouver au contraire qu'il a remis au général les pièces dont il était porteur. Il assurait à Montgaillard que ses lettres avaient « échauffé beaucoup » Pichegru. Voir Montgaillard à Condé, 19 et 28 août.
6. Les archives de Chantilly contiennent deux rédactions différentes de la même lettre, Chantilly, Z, t. XXXIV, p. 125 et p. 122. Je donne le texte de la *lettre même* qui fut remise à Pichegru et rendue par celui-ci à Fauche. (Cf. lettre de Montgaillard du 3 septembre.) La lettre est datée du 18 août, signée Louis-Joseph de Bourbon, ne porte ni adresse au dos, ni les armes de Condé, ni son cachet. Voir le brouillon dans mon article de la *Révolution française* du 14 août 1900, *Fauche-Borel et Courant au quartier général de Pichegru*, p. 160.

## VIII. — L'entrevue d'Illkirch (20 août).

Fauche se rendit à Illkirch avec Courant et remit à Pichegru la lettre de Condé. Il revint à Mulheim, le 22 août, avec le rapport suivant [1] :

« Le mardi 18 août, je suis parti de Bâle pour me rendre auprès du général [2] ; j'étais porteur d'une lettre de S. A. S., et d'une de M. le comte. Le jeudi [2], à 8 heures du matin, je fus introduit chez le général ; je lui présentai M. Courant comme ayant ainsi que moi la confiance du prince... Après avoir lu la lettre de M. le Comte, le général me demanda si je ne lui apportais rien autre chose, et, en lui présentant de suite la lettre du prince, je lui dis que je lui apportais la pièce qu'il avait désiré avoir de la main du prince. Satisfait, il me dit : « Depuis les trois jours que vous m'avez communiqué les pièces desquelles vous étiez porteur, je me suis occupé de la réussite du projet qu'elle présentait (sic), et j'ai jugé qu'il y aurait de l'inconvénient et qu'il serait même imprudent d'en tenter l'exécution de ce côté du Rhin. Mais j'ai pensé que, pour faire réussir..., je ferai moi-même le passage du Rhin avec une partie de mon armée, dont le nombre d'hommes serait fixé par le prince ; que là, on ferait prêter serment de fidélité au roi et, qu'étant maître de mon armée de la rive gauche, il serait facile de la faire aller à prêter le même serment. Quant aux représentants, j'aurai des moyens pour les empêcher de nous nuire. Que, de son côté, le prince s'arrange pour qu'on ne manque de rien en débarquant, comme vin, pain, argent ; le prince n'avait qu'à fixer lui-même le lieu qui lui serait le plus commode pour opérer le passage ; le plus près qu'il se ferait de Bâle serait le mieux... Il m'a assuré être le maître de son armée. » A cet exposé du plan de Pichegru, Fauche ajoute quelques détails intéressants : à deux reprises il répète que Pichegru le « charge d'assurer Monseigneur de son entier dévouement à la chose » ; le général demande à correspondre avec le prince, et Fauche lui remet, à cet effet, de l'encre blanche ; Fauche le prie de placer dans son bureau cent louis [3],

---

1. Chantilly, Z, t. XXXIII, p 1. Je cite ce rapport presque *in extenso*, car il est une des pièces principales de l'accusation contre Pichegru. Il me paraît généralement vrai.
2. Un billet de Badonville [ci-dessus cité : « J'ai reçu de Courant et de Fauche la somme de dix louis pour objets remis le 20 août » ; billet signé de lui et tout entier de sa main] prouve que Fauche était au quartier général le 20 août (jeudi). Ce billet, conservé aux Record Office (Suisse, t. XIV), ajouté à la lettre de Wickham du 5 janvier 1796.
3. Cf. Montgaillard à Condé, 3 septembre (Chantilly, Z, t. XXXIV, p. 135 :

« ne voulant pas les repasser en Suisse, à cause des difficultés » ; Pichegru a demandé où était le roi, et s'il se disposait à se rendre à l'armée.

Mais il n'a pas confié de lettre à Fauche, et « il n'a pu, par prudence, envoyer un de ses hommes de confiance, qui aurait pu être observé par les représentants du peuple à Huningue ».

Montgaillard jugea sans doute que le rapport de Fauche était incomplet, car il remit à son tour une note[1]. Il insistait sur la soumission du général aux ordres de Condé. Le général, assurait-il, « demande les ordres de S. A. et promet de les exécuter avec la plus entière exactitude »; il « *dispose les généraux* en qui il a la plus grande confiance ainsi que les troupes sur lesquelles il compte avec le plus de certitude ; il les place dans les forteresses de l'Alsace »; « l'armée entière prêtera serment de fidélité au roi et *livrera les places de l'Alsace* »; Pichegru « passera avec les représentants en mission, qu'il *répond de faire servir* à l'exécution de ses projets » !

Cette lettre fut remise au prince avec le rapport de Fauche. Elle aggrave singulièrement les déclarations de ce dernier : Pichegru ne se borne pas à ébaucher un plan ; il commence à l'exécuter, avec la complicité des représentants en mission !

Deux jours après[2], Montgaillard se croit en droit d'affirmer que

---

« Lorsqu'on songe qu'il (Pichegru) a reçu et gardé une somme de *cent louis*... » Voir aussi *Mémoire concernant*, p. 154, et aussi le *Résumé* de Fauche (publié par Daudet) ses *Notices*, son *Précis historique*, ses *Mémoires*.

1. Chantilly, Z, t. LXXII, p. 272. Je souligne les inventions de Montgaillard, additions au rapport de Fauche qui me paraissent des plus contestables, car elles sont démenties par la suite.

2 Chantilly, Z, t. XXXIV, p. 121. Montgaillard à Condé, 24 août. Montgaillard dénature les déclarations que Fauche attribue au général. Comparez en effet au rapport de Fauche la *Conversation* du 4 décembre 1796 : que d'additions à ce rapport ! Pichegru doit séparer les soldats dévoués au roi des coquins ; faire passer les premiers seulement sur la rive droite ; l'armée de l'empereur doit s'unir à celle des patriotes ; les places fortes seront livrées et gardées au nom du roi par les troupes impériales ; on marchera sur Paris. (Fauche n'en dit mot dans son rapport.) Le *Mémoire concernant*, que Montgaillard a remis à Roberjot en avril 1798 et qui n'a été publié qu'en germinal an XII par Bonaparte, ajoutait encore d'autres additions au texte du rapport : Pichegru avait éloigné les soldats dont il n'était pas sûr pour les envoyer à Gravelines, Bergues, Nieuport, etc ; déplacé un parc d'artillerie, offert vingt fois au prince en Alsace l'occasion de réunir ses troupes aux siennes ; il devait marcher sur Paris, avec l'aide « de quelques bataillons autrichiens, s'il est nécessaire ». Mieux encore, Montgaillard imagine une lettre de Pichegru au prince, écrite le 20, et remise à ce dernier par Fauche, le 21. Voir *Pièce trouvée à Venise*, p. 13 ; *Mémoire concernant*, p. 135 et suiv. ; pièces justificatives dans ce mémoire, p 289.

Telle est la « puissance du mensonge » que Fauche-Borel s'est cru obligé, 20 ans plus tard, dans son *Précis historique*, de copier à peu près intégralement la réponse que Montgaillard prête à Pichegru dans son *Mémoire concernant* ; il ajoute même en notes que les bonnes dispositions de Pichegru étaient déjà démontrées « soit par *l'inaction, soit par le mouvement* de ses armées ». Et de Beauchamps, qui rédige les *Mémoires* de Fauche, copie la réponse attribuée au général dans le *Précis*.

le général « *a été au delà* de ce qu'il était permis d'espérer… n'a point hésité sur les propositions qui lui ont été faites ; il s'est hâté de rentrer dans le devoir, et il l'a fait d'une manière si positive et si noble, qu'on ne peut s'empêcher de reconnaitre combien ce général attendait avec impatience l'occasion qui vient de lui être offerte… Le cœur de ce général est *profondément dévoué* à la monarchie et au roi ; il désire lui consacrer ses services et sa vie, et il le désire avec autant d'ardeur *que les émigrés* eux-mêmes… (Il) cherche à *expier sa gloire*. » Son plan en est la preuve : « Pichegru fait *toutes les avances* ; il donne à V. A. toutes les sûretés qui sont en son pouvoir ; il ne s'en réserve aucune, s'il était capable d'un dessein perfide ; il se rend *émigré* dans toute la force du terme. »

Quelques mois après, Fauche prête à Pichegru la réponse suivante : « Le Rhin passé et la jonction faite avec l'armée de S. A., le serment de fidélité prêté au roi, nous repasserons le fleuve avec les Condé, nous rejoindrons le reste de mon armée, les *places* nous seront ouvertes et rien ne nous empêchera *d'arriver à Paris*. Je suis persuadé que les *autres armées* suivront l'impulsion de la mienne ! ». Deux nouvelles additions au texte du rapport, dans lequel il n'est question ni d'une marche sur Paris ni d'un mouvement général des armées.

Mais Pichegru n'envoyait pas un mot de sa main avec un homme de confiance au prince : il refusait donc de donner des gages de sa bonne volonté. Peut-être même avait-il une arrière-pensée.

En proposant le plan que rapportait Fauche, il en prévoyait l'échec. C'est pourquoi il désirait effectuer sa jonction avec les troupes royales *sur la rive droite du Rhin*. S'il ne s'entendait pas au dernier moment avec le prince ou avec les Autrichiens, si ses troupes hésitaient à fraterniser avec celles du « roi », il restait maître de ne pas consommer sa trahison. Qui sait même ? Il profitait du passage obtenu pour effectuer les opérations que le Comité lui avait prescrites en Allemagne [2].

Le prince accueillit mal le plan de Pichegru. Il le jugea inexécutable.

« Jamais, disait-il, jamais (les Autrichiens), tant par une méfiance qui leur est naturelle que par une prudence qu'ils doivent à leur souverain, ne se prêteront à laisser passer quelques milliers d'hommes, avec des dispositions en apparence hostiles, sans cher-

---

1. *Résumé* de mai 1796, Chantilly, Z, t. XXXIII, p. 208.
2. Ainsi Pichegru effectuait sa réunion avec le prince, ou envahissait l'Allemagne. Cette combinaison habile, qui assurait le succès *soit de ses plans politiques, soit des plans militaires du Comité*, nous parait bien porter la marque du personnage, très prudent sournois même, peu disposé à se compromettre. Remarquer qu'il n'a *pas proposé* d'autre plan de réunion avec le prince et n'a pas accepté celui que lui proposait celui-ci et qui était d'ailleurs ridicule. Cf. Thiers, *Révolution*, t. VII, p. 211.

cher à en prévenir l'effet par un feu nourri et continu. Et M*** (Condé) serait obligé de s'y joindre, malgré sa confiance intérieure en M** (Pichegru). L'on ne voit pas d'ailleurs comment M. P. (Pichegru) serait plus maître de son armée après ce passage qu'avant ; on croit même qu'il le serait moins [1]. »

Montgaillard répondait [2] : il faut prévenir les Autrichiens du plan de Pichegru, obtenir leur coopération, fût-ce au prix de l'Alsace.

Le prince répliquait : « M. de Montgaillard, entraîné par son esprit et sa conviction, suit toujours son idée..., mais... il passe trop légèrement sur les difficultés insurmontables que je lui ai présentées, et ne fait pas assez d'attention à la partie militaire et à l'esprit autrichien dont j'ai plus d'habitude que lui... 1° Dès que j'aurai confié le projet à M. de Wurmser, incapable par lui-même et trop gêné par sa cour pour oser prendre un parti sans avoir consulté, il assemblera les généraux autrichiens. D'abord ils se réuniront tous à dire que c'est un piège.. 2° quand on parviendrait à les persuader, voilà certainement le secret éventé... Par conséquent, soit par indiscrétion, soit par trahison, voilà l'opération manquée et Pichegru très compromis... 4° Je suppose qu'il n'arrive rien de tout cela, que le projet soit accepté et le secret gardé (ce qui m'est démontré impossible), comment P. jettera-t-il un pont sur le Rhin paisiblement devant les troupes autrichiennes qu'on verra très bien de l'autre côté du fleuve, sans tirer ni recevoir un seul coup de canon ? et sans que son armée s'aperçoive clairement qu'il y a une connivence fort suspecte et fort dangereuse pour elle, si on ne l'a pas admise dans la confidence, et, si elle y est admise, quelle nécessité y a-t-il que Pichegru passe le Rhin ? On ne m'a pas encore répondu à cela [3]. »

Condé rejetait le plan de Pichegru. Il en proposait un autre (le 22) qui témoignait d'une étrange naïveté.

« Il lui (à Pichegru) est bien plus aisé de faire arrêter les représentants du peuple à la rive gauche, la nuit, dans leur lit, et faire déclarer ses troupes au point du jour et prendre la cocarde blanche. Alors il fait en même temps déclarer Huningue, où il a mis un

---

1. Condé à Montgaillard, 22 août.
2. Le 24 août.
3. Le prince raisonnait juste : les Autrichiens n'auraient point consenti au passage du Rhin, ou bien en auraient compromis le succès par leur indiscrétion. D'ailleurs, si Pichegru n'était pas « maître de son armée » sur la rive gauche, en serait-il devenu maître sur la rive droite? Le premier coup de canon aurait sans doute réveillé l'enthousiasme républicain, les passions héréditaires, amour de la gloire, haine de l'Autriche. A deux ans d'intervalle, les soldats patriotes n'avaient point oublié le Geissberg, et le vaincu du Geissberg, Wurmser, commandait l'armée autrichienne. Ou, si les ennemis avaient laissé le passage libre, leur connivence aurait paru suspecte. Pour être sûr du consentement des troupes à l'exécution de ses projets, le général aurait dû leur communiquer ses plans avant le passage. Dès lors à quoi bon le passage ? Chantilly, Z, t. XXXIV, p. 128 et 129.

4

commandant sûr et dont il a affaibli la garnison ; ses soldats se portent sans armes au bord du Rhin et crient « Vive le Roi ! » fort et *longtemps*. Il envoie un *trompette en bateau* avec un officier porteur d'une lettre pour le prince et les représentants du peuple bien attachés et livrés au prince pour otages. Il l'informe de l'événement, lui fait dire qu'il est maître d'entrer dans Huningue et de se réunir à lui. Alors seulement le prince instruit le général autrichien et, vraisemblablement dans la journée, l'armée du prince se porte vis-à-vis d'Huningue, où il jette un pont et fait entrer ses troupes dans la place. On lui envoie toutes les facilités pour passer 2.000 à 3.000 hommes à la fois. M. P. s'y rend (à Huningue), et convient avec le prince de tous les arrangements subséquents. On ne voit pas d'autre moyen... (Ce moyen) est à peu près sûr. Il dépend de M. P. de sauver le Roi et l'Etat et de s'immortaliser [1]. »

### IX. — *Nouvelle entrevue* (25 août).

Fauche fut encore chargé de porter à Pichegru la lettre du prince. Il était parti, le 24 août, lorsque Montgaillard écrivait à Condé la lettre dont nous avons donné des extraits ; il était de retour, le 26, et remettait au prince le rapport suivant [2] :

« Pichegru a promis d'envoyer à Bâle sous trois jours, à compter du 25 août, un homme de confiance, porteur d'une lettre de sa part, *laquelle répondra* à la note à lui remise de la part du prince. Il a manifesté en termes non équivoques son entier dévouement à la chose, et il m'a chargé de faire ses excuses s'il ne répondait pas au prince d'une manière plus convenable [3]. Mais, crainte de compromettre la chose, il a cru prudent de se contenter d'annoncer qu'il avait reçu les pièces et qu'il allait s'occuper du travail nécessaire à la réussite du projet. Il s'est informé si le prince avait l'argent nécessaire pour solder son armée ; il a demandé qu'on ne *pressât pas trop* l'exécution, dans la crainte qu'une démarche trop précipitée ne compromît cette importante affaire. Il a annoncé ne pas avoir encore tout son monde, mais que la visite qu'il allait faire dans les divers

---

1. Le brouillon, Z, t. XXXIV, p. 129 ; la minute au net, I, t. LXXII, p. 274. Voir d'ailleurs ci-dessus, p. 39. On comprend que Pichegru n'ait pas admis le plan du prince. Pour l'exécuter, il fallait qu'il fût maître de son armée et de l'Alsace. Pichegru était « trop fin pour accueillir ces propositions. Il ne voulait pas livrer Huningue et arborer le drapeau blanc dans son armée : c'était beaucoup trop s'engager et se compromettre. Il demandait qu'on lui laissât passer le Rhin avec un corps d'élite. (Ainsi il ne courait pas le danger de livrer une place et d'être surpris en la livrant. » Thiers, Révolution, t. VII, p. 211.
2. Chantilly, Z, t. XXXIII, p. 215.
3. Il n'a jamais écrit ni dit qu'il repoussait le plan du prince, mais il n'a jamais répondu au prince « d'une manière plus convenable ».

postes de son armée, stationnés entre Strasbourg et Huningue, lui faciliterait les moyens de choisir les personnes qu'il croirait devoir employer au bien de la chose. Quand il aura tout disposé, il aura soin d'en informer le prince, et au moment où il croira l'instant favorable à l'exécution. Il a paru[1] disposé à livrer Huningue, où il s'est rendu pour s'assurer de l'esprit de la garnison, afin de la changer ou de la diminuer, selon que les circonstances lui paraîtraient l'exiger.

« Il a témoigné tout son amour[2] pour les princes, et il a assuré qu'ils avaient manqué plusieurs fois l'occasion de se réunir à son armée. Il a demandé où était le roi, et s'il ne viendrait pas auprès des princes.

« Il a appris avec plaisir l'heureux débarquement de Mgr le comte d'Artois à la Vendée ; il croit être persuadé que la politique des Anglais a fait sacrifier les officiers marins débarqués, afin d'anéantir la marine française, et se persuade aussi que l'argent donné aux princes par l'Angleterre a le même but, et qu'il doit favoriser la guerre civile en France[3].

« Il ne paraît pas inquiet sur la manière de s'assurer des représentants, et il ne paraissait pas craindre le passage des Autrichiens ; il a désiré une proclamation très courte mais énergique pour son armée. »

Voici maintenant le texte du billet[4], auquel fait allusion Fauche : « Z... a reçu les pièces de X... et les examinera pour en faire usage dans les circonstances convenables. Il aura soin d'en prévenir X... »

La déclaration et le billet de Pichegru furent accueillis avec enthousiasme par Montgaillard et par Condé[5]. Ils ne doutèrent plus

---

1. Donc il n'a pas promis de livrer Huningue. Fauche n'ose pas dire la vérité entière au prince, qui tient à Huningue par-dessus tout. D'après Montgaillard (*Mémoire concernant*, p. 147), Pichegru aurait qualifié le plan du prince *d'absurde et d'extravagant*.
2. Expression chère à Fauche et qui n'est certainement pas de Pichegru.
3. Ce passage n'a-t-il pas été écrit sous la dictée de Montgaillard, qui voulait tenir les Anglais à l'écart de la négociation, tout en acceptant leurs subsides ?
4. Chantilly, Z, t. XXXIII, pièce 36, p. 48. Ce billet est incontestablement de la main de Pichegru. Il prouve que le général consentait éventuellement, sans préciser ni les moyens ni la date, à effectuer, d'accord avec Condé, l'espèce de pronunciamiento militaire qu'il méditait.
5. En dépit du rapport de Fauche, un nouveau plan fut attribué à Pichegru. Montgaillard en posa les bases dans sa lettre du 26 août.

« Ce général, écrit-il, adoptera, si les circonstances et les localités le lui permettent, le plan de V. A. pour proclamer sur l'autre rive. Il a paru frappé et charmé de l'idée de demander le passage au Sénat de Bâle, et il l'a saisie avec satisfaction. » Condé lui répondit : « Après avoir bien réfléchi sur le passage par Bâle, on pourra peut-être s'en servir pour une partie de l'armée, mais il est de toute nécessité que j'aie un pont sur-le-champ à Huningue. »

Fauche, ni dans son rapport du 26 août ni dans son *Résumé* de 1796, ne parle d'un passage par Bâle ; il n'en est plus question dans la correspondance conservée à

du succès des négociations : « Pichegru est si profondément dévoué à la chose ! écrivait le premier. Il attendait l'occasion qui lui est offerte avec tant d'impatience ! » « Je suis fermement convaincu que la chose éclatera 48 heures au plus tard après l'arrivée de l'homme de confiance. » Et Condé répond : « Ceci prend une bonne tournure ; il est impossible de se refuser à espérer¹ ».

Aussi Montgaillard, tandis que Fauche se rend à Mulheim, le 26, reste à attendre à Bâle l'homme de confiance de Pichegru. — Il craint de partager avec ses associés l'honneur de recevoir l'agent de Pichegru et veut éloigner de Bâle Courant, Fenouillot, Fauche lui-même : « Ce sont des bavards, déclare-t-il, qui pourraient trahir le secret. » Il serait difficile de « faire taire l'amour-propre » de Fauche. Il offre même au prince de partir pour Vérone, afin d'annoncer au « roi » les bonnes dispositions de Pichegru. Il songe déjà à se faire une place au pied du trône².

### X. — *Mission de Courant auprès de Pichegru.*

Dès le début des négociations, Montgaillard demandait à Montesson si le prince avait l'argent nécessaire pour faire vivre et solder les troupes de Pichegru « après l'éclat ». Malgré l'affirmation de Montesson, il posait la question au prince lui-même, le 24 août. Il ajoutait que Pichegru avait aussi besoin d'argent pour gagner son

---

Chantilly. Cependant Montgaillard, dans son *Mémoire* de 1798, attribue formellement à Pichegru le plan d'un passage par Bâle.

« Le nouveau mode d'exécution, écrit-il, consistait à forcer le territoire bâlois. Le prince, qui n'était qu'à 4 ou 5 lieues de Bâle, fût arrivé dans la nuit sous les murs et eût demandé passage dans cette ville, et dans le même temps que Pichegru lui eût fait pareille sommation du côté d'Huningue.. On eût demandé sur-le-champ aux Suisses l'exécution des traités qui les liaient à la monarchie française... On eût gagné de suite les gorges de Porrentruy et, traversant la Franche-Comté, on eût dirigé sa route sur Paris. »

De ce prétendu plan de passage par Bâle, Fauche-Borel ne dit mot dans ses *Notices* ni dans son *Précis historique*. Mais, dans les *Mémoires*, de Beauchamps copie sans scrupule Montgaillard.

Rejetons sans discussion le nouveau plan attribué à Pichegru. Il est trop visible qu'il est tout entier l'œuvre de Montgaillard.

1. Voir les lettres de Condé à Montgaillard du (27) août et du 3 septembre (Chantilly, Z, t. XXXIV, p 123, et t CXXXII, p 89), et celles de Montgaillard à Condé, 26, 28 août, 2 et 3 septembre (Chantilly, Z, t. XXXIV, p 134-5, 143).

2. Nous résumons les lettres de Montgaillard des 26, 28 août, 2 et 3 septembre. Certainement Montgaillard est convaincu que Fauche a vu Pichegru et que le général est disposé à s'entendre avec Condé pour rétablir le trône. Sa sincérité nous parait à ce moment incontestable : ce désir peu dissimulé d'écarter Fauche et Courant d'une négociation qu'il croit presque achevée en est la meilleure preuve. Or Montgaillard était trop intelligent pour se laisser tromper par Fauche ou par Courant ; il les avait vus le premier à leur arrivée d'Alsace : à leurs rapports, à leur joie, il eut l'impression que Pichegru était gagné.

armée, au moins ses principaux officiers, et que Fauche avait promis de lui en envoyer par Courant.

Le prince répondit que les Anglais entendaient payer l'armée patriote comme la sienne, lorsqu'elle aurait reconnu « le roi dans toute son autorité », et se proposaient même de lui donner une « magnifique gratification » dès qu'elle se serait jointe aux Condéens. Mais, très défiant, il ajoutait : « Je doute que les Anglais veuillent risquer une grosse somme sans certitude, et il vaut mieux que l'argent n'arrive qu'avec moi [1]. »

Huit jours se passent : Montgaillard guette l'arrivée de l'homme de confiance à la Caldelberg; il ne s'éloigne pas « un seul instant de la poste, tandis que Fauche reste à Bâle, à l'auberge où doit descendre l'envoyé » Celui-ci n'arrive pas : à l'enthousiasme succède l'abattement. Pourquoi ce retard ? Pichegru forme un camp derrière Huningue : attend-il d'avoir réuni toutes ses troupes ? Ses soldats vont prêter serment à la constitution : veut-il profiter de l'occasion pour « éclater » ?. Madame Royale doit être échangée à Bâle contre les représentants livrés par Dumouriez : le soulèvement doit-il coïncider avec son passage ? Ne faut-il pas tirer « un heureux augure » du retard ? Le général « prend des dispositions telles qu'il n'y aura plus qu'à agir »; « quarante-huit heures » après l'arrivée de l'homme de confiance, l'armée du Rhin criera : « Vive le Roi [2] ! »

Ainsi Montgaillard essaie de calmer l'inquiétude de Condé; les lettres se succèdent pressées, anxieuses, entre Mulheim et la Caldelberg. « Je voudrais pouvoir partager votre sécurité, écrit enfin le prince, le 3 septembre, mais je vous avoue que je commence à craindre qu'il y ait quelque chose, soit en dérangement, soit en tromperie. Sous peu de jours je verrai bien noir [3]. » Montgaillard répond aussitôt : « Pichegru est dans les plus heureuses dispositions... En admettant qu'il pût être capable de changer ou de tromper, il est aujourd'hui hors d'état de le pouvoir, et cela parce qu'il est engagé trop avant, parce que son repentir ne paraîtrait ni sincère ni sûr à la Convention. » D'ailleurs ses entrevues avec les agents du prince, son court billet, le profond secret qu'il a observé jusqu'ici, sont des preuves suffisantes de ses bonnes intentions. Sans doute il n'a pas encore tout son monde; il préfère « employer quelques jours de plus et exécuter la chose pleinement ». Mais l'exprès n'arrive pas. Il faut envoyer Courant au quartier général. Est-il possible de l'y envoyer sans argent?

« Le général n'en a point, et lorsqu'il a reçu et gardé une somme

---

1. Chantilly, Z, t. XXXIII, p. 215; t. XXXIV, p. 121, 128.
2. Montgaillard à Condé, 26, 28, 29 août, 2 septembre, Chantilly, Z, t. XXXIV, p. 132-135, 143; t. LXXII, p. 237.
3. Condé à Montgaillard, 3 septembre, t. CXXXII, p. 89.

de cent louis, on est forcé de convenir qu'il faut qu'il se trouve dans le plus extrême dénuement. » Montgaillard parle « d'argent à regret, mais il le faut » : le général en a besoin « pour tenir ses soldats jusqu'à l'arrivée de S. A., après leur avoir fait crier : « Vive le Roi ! ».

Montesson accourt à la Caldelberg : le prince ne peut « donner de l'argent de plus jusqu'à l'éclat »; il n'en a pas ; il devrait en demander aux Anglais, et Montgaillard ne veut pas qu'on les mette dans la confidence. Tant de fois celui-ci a recommandé le secret le plus absolu aussi bien à l'égard des Autrichiens que des Anglais, des Anglais surtout !

Courant part donc sans argent. Il entre en France, le 7 septembre, à midi. L'attente a donné la « fièvre » à Montgaillard, mais il écrit au prince pour l'assurer qu'il « n'a point la plus légère inquiétude » : « Je réponds sur ma tête que la chose se fera »; cependant « je suis mortifié que V. A. ne juge point à propos de fournir au général les fonds dont il est certain qu'il a besoin ». Condé lui répond de nouveau qu'il lui est impossible d'en fournir sans en demander aux Anglais [2]

Enfin Courant revient à la Caldelberg le vendredi 11 septembre, à minuit. Montgaillard se contente de l'annoncer à Montesson : il lui est impossible d'écrire, sa tête « est dans un état affreux » ; il prie Montesson d'arriver de bon matin à la Caldelberg.

Ce court billet trahit sa déconvenue. Le 26 août, il avait certifié au prince qu'il changerait « la face de l'Europe avant 15 jours », le 28, que Pichegru se prononcerait dans les « huit premiers jours de septembre ». Or le général lui fait dire par Courant [3] qu'*il faut attendre*, ne pas se hâter, pour ne « rien confier au hasard », que l'exécution du plan était « soumise à une lenteur qui seule pouvait en assurer le succès. »

Pichegru refuse de livrer Huningue au prince, car cette place ne

---

1. Chantilly, Z, t. XXXIV, p. 135, (3 septembre).
2. Montgaillard à Condé, 8 septembre, Chantilly, Z, t. XXXIV p. 136, Condé à Montgaillard, Z, t. CXXXII, p. 89.
3. Le rapport de Courant n'est pas à Chantilly, mais on peut le reconstituer d'après la lettre de Montgaillard à Montesson (11 septembre), ses lettres à Condé, une sans date, les autres du 13 et du 16 septembre 1795, une autre du 19 février 1796 (Chantilly, Z, t. XXXIV, p. 138, 139, 186, 168). Dans ses *Mémoires*, t. I, p. 257-58 qui suivent de près le *Mémoire concernant*. Fauche prétend qu'il fut envoyé à Pichegru en place de Courant. Mais une lettre de Montgaillard prouve qu'il restait à Bâle, pendant que Courant se rendait auprès de Pichegru.
Nous ne tenons pas compte du « texte des instructions données par Pichegru à M. Courant » imprimé dans le *Mémoire concernant*, parce qu'il nous paraît difficile de séparer la vérité de l'erreur. Certainement Pichegru n'a pas remis son plan de campagne au prince, comme l'assure Montgaillard, ni annoncé son intention de se porter sur Manheim, pour forcer la place à capituler. Cependant (voir surtout p. 149) ces instructions sont assez conformes au texte des lettres conservées à Chantilly.

lui servirait de rien. Il veut « *travailler en grand* », « frapper un grand coup, un coup décisif ». « J'ai cela là et là, dit-il, portant la main à son cœur et à sa tête. » Il faut un grand ensemble, point de petits paquets : « Au nom de Dieu, qu'on ne fasse rien de décousu, de partiel, on perdra la chose [1]. »

Il entend lier la partie de manière à embarrasser la Convention *dans la capitale et sur les frontières* tout à la fois ; il demande que Fauche se tienne à Paris [2], pour l'instruire de tous les mouvements de la capitale ; il espère que les sections se prononceront hautement quand il en sera temps [3].

« Le général désire qu'on *travaille son armée* et qu'on y répande des chansons, des écrits, etc. ; il désire que M. Courant sonde plusieurs de ses officiers généraux avant de s'ouvrir à eux, lui, général.

« Il ne demande point de fonds ; il ne veut même pas en avoir, parce qu'il ne pourrait en être nanti sans se compromettre ; mais il désire que la personne qui sera près de lui puisse lui fournir, au moment même où il en aura besoin, pour les officiers généraux et son armée, les sommes qui lui seront nécessaires. Il désire *avoir auprès de lui M. Courant*, qui n'en bouge point jusqu'à l'exécution définitive [4]. » Courant devra donc revenir au quartier général avec l'argent. L'entrevue a eu lieu le mardi (8 septembre) ; Pichegru l'attend « *dimanche ou lundi au plus tard* » (*13 ou 14 septembre*) [5].

Pichegru conseille donc de patienter, refuse de livrer Huningue, fait des plans à longue échéance dont le succès ne dépend pas de lui seul ou de ses soldats, puisqu'il dépend de l'attitude des Parisiens à l'égard de la Convention, n'est pas même certain d'entraîner ses troupes ou leurs généraux, puisqu'il désire qu'on « travaille son armée », et demande une somme que Montgaillard évalue à cent ou deux cent mille livres. Montgaillard savait que le prince accueillerait fort mal le rapport de Courant.

Condé fut en effet mécontent du refus de livrer Huningue. Il envisageait le mouvement parisien, à ses débuts au moins, avec autant de crainte que d'espoir, car les meneurs des sections lui paraissaient d'accord avec le « parti constitutionnel ». « Les constitutionnels vont prendre le dessus en France, écrivait-il à Montgaillard » ; une alliance de Pichegru avec les Parisiens n'était pas pour le satisfaire. Enfin il n'avait pas d'argent et devait en demander aux Anglais [6].

1. Voilà bien l'idée essentielle de Pichegru : *pas de projets partiels*.
2. Courant tenait peut-être, comme Montgaillard, à éloigner Fauche.
3. Le 13 vendémiaire s'annonce.
4. Courant aspire à jouer le premier rôle.
5. *Mémoire concernant*, p. 149 : « Je vous recommande instamment d'être ici le dimanche soir. »
6. Condé à Montgaillard, Chantilly, Z, t. CXXXII, p. 89. Cf. *Mémoire concernant*, p. 261.

Or cette démarche lui coûtait beaucoup en ce moment. Le plan d'insurrection des provinces orientales de la France, le *grand plan de Wickham*, échouait lamentablement, et l'agent anglais, comme son confrère Craufurd, se demandait si les sacrifices d'argent faits par l'Angleterre pour restaurer le trône du roi légitime n'étaient pas inutiles [1].

Il venait de quitter Mulheim très découragé. Il s'y était rendu à la prière de Condé, au commencement de septembre, pour voir Wurmser et le décider à « diriger les opérations de façon à mettre en avant les royalistes et à attaquer la France au cœur même du pays ». Il demandait à Wurmser de jeter Condé en Franche-Comté avec un corps d'armée assez fort pour l'y soutenir, car dans ce pays, où la Révolution comptait un assez grand nombre de partisans, l'Angleterre ne pouvait espérer entretenir une chouannerie comme en Bretagne ou en Vendée, ni Condé songer à se maintenir sans le secours des impériaux. Ceux-ci seraient appuyés en arrière dans la haute Alsace par la grande armée autrichienne, établie aux environs de Thann, occupée aux sièges d'Huningue, de Neuf-Brisach et de Schlestadt, tandis que 30,000 hommes de cette armée garderaient le Brisgau Alors le Lyonnais, le Vivarais, le Forez, l'Auvergne même et la Provence s'insurgeraient à l'appel de Condé, et le général autrichien de Vins se porterait de l'Apennin sur la Savoie pour donner la main aux Lyonnais [2].

Mais l'empereur refusait de se prêter aux combinaisons de Wickham, plus soucieux de s'indemniser de la perte des Pays-Bas en Alsace que de favoriser les succès du parti royaliste dans les provinces de l'Est. Il donnait l'ordre à de Vins de rester sur l'Apennin, où l'armée de Kellermann, bientôt commandée par Schérer, se renforçait des vétérans venus des Pyrénées. Il enjoignait à Wurmser de laisser en Brisgau l'armée de Condé, s'il passait le Rhin, d'interdire au prince toute intervention dans l'administration de l'Alsace, s'il s'en emparait, et de l'autoriser seulement à se jeter en Franche-Comté, quand il aurait assez de forces pour s'y maintenir sans l'appui des Autrichiens [3].

Wickham apprenait à Mulheim ces nouvelles désolantes ; l'agent anglais à Turin, Trevor, lui faisait part de ses vains efforts pour déterminer de Vins à se porter en Savoie. L'ambassadeur anglais à Vienne, sir Morton Eden, lui rendait compte de sa conversation avec Thugut : les Autrichiens jugeaient imprudents les projets des

---

[1]. Lebon, *l'Angleterre et l'Émigration*, lire le chapitre III.
[2]. *Correspondance de Wickham*, t. I, p. 159, et lettre de Tinseau d'Amondans à Condé, 5 septembre. Tinseau avait fait ce plan de campagne à la prière de Craufurd, qui l'avait accepté.
[3]. L'empereur à Wurmser, 7 septembre, Vivenot, p. 203 et suivantes.

Anglais, se méfiaient des illusions royalistes ; ils entendaient s'avancer avec prudence et méthode dans la haute Alsace. Libre au prince de pénétrer en Franche-Comté avec ses seules forces, après le passage du Rhin[1]. Et Craufurd arrivait du camp de Clerfayt (Gross-Gerau) au camp de Wurmser (Fribourg) : il en rapportait la conviction que le premier ferait tout pour retarder ou entraver les opérations du second, et que Wurmser, malgré son bon vouloir, n'était pas sûr d'ouvrir la campagne au commencement d'octobre[2].

Sous l'influence du découragement que lui causait l'échec de ses plans, Wickham, devant Condé, laissa percer quelque regret d'avoir prodigué l'argent de l'Angleterre sans résultat en faveur des émigrés. Il eut des mots cruels sur leur indiscrétion et leurs illusions : il apprenait que les meneurs des sections parisiennes écrivaient en Suisse, qu'elles ne demandaient à l'émigration que de les « abandonner à elles-mêmes », et qu'elles étaient « déterminées à n'avoir aucune communication directe ou indirecte avec les émigrés et les princes, étant convaincues qu'il n'y a aucun fondement à faire sur leur discrétion[3] ». Le prince en fut piqué.

Néanmoins, au moment du départ de Wickham pour la Suisse, le 11 septembre au matin, il l'appela dans sa chambre ainsi que Craufurd[4], et il demanda aux agents anglais réunis de lui donner ensemble leur parole d'honneur, comme ils l'avaient donnée séparément, que si « la négociation (avec Pichegru) touchait à un résultat probable, elle ne serait pas entravée par le manque d'argent ». Et en même temps il leur montrait une réponse qu'il disait avoir reçue de « Baptiste » dans la nuit (peut-être le billet du général ou le dernier rapport de Fauche écourté). Les deux Anglais répétèrent leur promesse, de manière à ne lui laisser aucun doute. Mais S. A. refusa, en dépit de leurs demandes réitérées, de leur révéler le nom et la situation des agents employés, disant qu'il avait engagé sa parole de ne pas les faire connaître sans leur propre consentement. Alors Wickham, en se retirant, déclara qu'il lui serait impossible de disposer de sommes aussi considérables que celles dont on avait besoin pour gagner l'armée de Pichegru, sans connaître le nom des agents et le degré de confiance qu'il pouvait leur accorder.

Ce désaccord avec Wickham augmenta les perplexités du prince, à l'arrivée de Courant. Celui-ci apportait une lettre de Montgaillard, qui, après avoir conféré avec Montesson et sur l'assurance que le prince n'avait pas à sa disposition les fonds nécessaires, écrivait :

1. Sir Morton Eden à Wickham, 22 août, *Correspondance de Wickham*, t. I, p. 158 et suivantes.
2. Craufurd à Grenville, 10 et 12 septembre, Record Office, Army in Germany.
3. Lebon, p. 66.
4. Wickham à Grenville, 8 mars 1797, Record Office, Suisse.

« Si V. A. ne peut pas disposer d'une somme de cent, deux cent mille livres, il devient nécessaire de la demander aux Anglais. Je suis si profondément pénétré de la perfidie du cabinet anglais que lorsque j'ai l'honneur de proposer une mesure semblable à V. A., V. A. doit être bien convaincue combien l'état des choses me paraît critique. Cette confidence peut être faite d'ailleurs à M. Craufurd, d'une manière qui ne lui donne pas tout le secret. V. A. peut lui demander des fonds pour une opération secrète majeure, sans lui en définir l'objet, ou même en désignant pour cet objet la défection possible et assurée de 8, 10, 12 mille patriotes, en évitant soigneusement de laisser percer la moindre connivence ou participation de la part de Pichegru[1]. »

Après sa dernière conversation avec Wickham et Craufurd, Condé ne pouvait employer l'expédient imaginé par Montgaillard; d'autre part, il ne voulait pas apprendre à celui-ci, qui l'ignorait, que les agents anglais étaient au fait depuis longtemps de la négociation entamée avec Pichegru. Très perplexe, il passa 24 heures sans faire connaître ses ordres à Courant. Montgaillard revint à la charge le dimanche 13 : « Pichegru avait recommandé à M. Courant d'être auprès de lui aujourd'hui ou demain, au plus tard. » Le général, avec plusieurs de ses officiers, venait de passer cette après-midi à Bâle, allant à Arlesheim ; sans doute l'adjudant Badonville avait cherché Courant à Bâle. « Au point où se trouve aujourd'hui la chose, il est impossible de ne pas apporter la plus grande activité pour la suivre. J'ai l'honneur de répéter à V. A. que la chose est tellement avancée qu'il dépend entièrement de V. A. de l'exécuter ou de ne point l'exécuter. Les instants sont précieux ; chaque heure qui s'écoule devient irréparable. Si l'on balance, si l'on diffère, si l'on tergiverse un moment, la chose est perdue... La chose va être faite ou ne se fera point, suivant que V. A le voudra ou ne le voudra pas[2]. »

Montgaillard se rend à Mulheim. Il y voit de nuit le prince. Celui-ci fait répéter à Courant le récit de son entrevue, hésite encore. Enfin il promet de parler à Craufurd. Il le voit, lui avoue que Pichegru demande de l'argent, et, pour éviter de révéler le nom de ses agents (Montgaillard a insisté, il a ses raisons pour que Wickham ignore son nom), il propose à Craufurd d'écrire à son collègue d'envoyer l'argent à Pichegru par un homme à lui[3].

Le 15, Fenouillot est au camp. Condé lui révèle à mots couverts, embarrassés, sa conversation avec Craufurd, lui laissant deviner que les Anglais connaissent l'intrigue. Fenouillot accourt à la Caldelberg.

1. Chantilly, Z, t. XXXIV, p. 186.
2. Montgaillard à Condé, Chantilly, Z, t. XXXIV, p. 138. La lettre est du dimanche 13 et non du 15.
3. Condé à Wickham, 17 septembre, Chantilly, Z, t. CXXXV.

Colère de Mor.tgaillard ! Les Anglais connaissent sa participation à l'intrigue, vont le mettre à l'écart des négociations, en charger un agent de leur choix ! Il monte la tête à Fenouillot, lui fait jurer de se retirer avec lui en Suisse ou en Italie. Fauche et Courant promettent bien à contre-cœur de partir pour Neufchâtel ; enfin, il envoie au prince une lettre furieuse : « L'affaire que V. A. avait daigné me confier est totalement manquée, et le général Pichegru est perdu sous tous les rapports. Je regarde comme inévitable que les deux préposés de l'Angleterre préviendront leur cabinet du plan projeté, qu'ils voudront en suivre l'exécution, la diriger, et par conséquent l'entraver... Je suis trop attaché à mon roi et à V. A. pour vouloir travailler de concert avec les ministres anglais. MM. Fenouillot, Fauche et Courant ne s'y décideront pas davantage... M. Fenouillot attend, ainsi que moi, la permission de nous retirer dans notre domicile respectif [1]. »

Le prince fit répondre par Montesson qu'il était « prodigieusement étonné de la lettre », surtout après la conversation qu'il avait eue récemment avec Montgaillard et Courant, et qu'il priait un de ces messieurs de se rendre au camp pour éclaircir l'affaire. Tout s'arrangea. Fenouillot et Fauche vinrent à Mulheim, et il fut décidé qu'ils iraient à Berne porter à Wickham une lettre de Condé, qu'ils se présenteraient à lui comme les agents du prince auprès de Pichegru, s'engageraient à remettre au général la somme obtenue, et ne révéleraient pas aux Anglais l'intervention de Montgaillard dans l'affaire. En attendant leur retour, et pour parer au premier besoin de Pichegru, Courant lui porterait 1.000 louis dont pouvait disposer Condé [2].

La colère de Montgaillard s'apaisa dès qu'il sut que son nom ne serait pas révélé aux Anglais ; Condé écrivit, le 17 septembre, à Wickham, comme il avait été convenu, et même, au lieu de 100, 200 mille livres, il lui en demandait 200 ou 300 mille. Il est vrai qu'il offrait à Wickham de garder Fenouillot en otage [3] !

Le 18, Fauche et Fenouillot partaient de Bâle pour Berne, Courant pour Illkirch. Mais ce dernier, à un quart de lieue de Bourg-Libre (Saint-Louis), près d'Huningue, fut arrêté par deux hussards et un envoyé de Bacher. Il fallut revenir à Bourg-Libre. Courant, avant l'arrivée de Bacher, qui venait l'interroger, eut le temps d'avaler la lettre que le prince écrivait à Pichegru et de faire au préposé aux douanes, Larcher, oncle de Mme Salomon, des confidences qui lui assurèrent la complicité du personnage. Il laissa entre ses mains les 1.000 louis, déclina ses qualités de sujet neufchâtelois et de Prussien devant

1. Chantilly, Z, t. XXXIV, p. 139 (16 septembre).
2. Montgaillard à Condé, 19 septembre, Chantilly, Z, t. XXXIV, p. 140.
3. Condé à Montgaillard, 17 septembre, Chantilly, Z, t. CXXXV.

Bacher, qui l'accusait de complicité avec les émigrés, parvint à se faire relâcher, en menaçant l'agent français de révéler ses rapports avec le roi, mais dut revenir à Bâle et renoncer à son voyage pour ne pas compromettre Pichegru [1].

Il écrivit à Montgaillard de prévenir Fauche de faire diligence pour entrer en France, de « crever tous les chevaux pour qu'on arrive promptement ». Montgaillard se hâta d'expédier un de ses amis, le chevalier de Beaufort, à Fauche, pour presser son retour au camp de Mulheim [2]. Nous verrons que Fauche n'entra en France qu'à la fin de septembre. Depuis longtemps Pichegru avait renoncé à l'attendre.

1. Rapport de Courant sur son arrestation, Chantilly, Z. t. XXXIII, p. 401 et suite, t. XXXIV, p. 126. Courant sait que Barthélemy et Bacher n'ont « pas dédaigné de recevoir des marques de la magnificence du roi ».
2. Montgaillard à Condé, 20 septembre, Chantilly, Z, t. XXXIV, p 141.

# CHAPITRE III

### LE COMBAT DE HEIDELBERG ET LA RETRAITE DE JOURDAN.

#### I. — *L'inaction jusqu'au milieu de septembre.*

Pendant cinq mois, d'avril à septembre, l'armée de Rhin-et-Moselle n'avait fait aucune tentative pour pénétrer en Allemagne ; elle manquait de chevaux ; les équipages de pont ne furent prêts qu'en fructidor [1] ; Pichegru d'ailleurs ne témoignait aucune hâte de commencer les opérations Il ralentissait sa correspondance avec le Comité de salut public, qui se plaignait de la rareté de ses lettres.

Il fit d'ailleurs quelques préparatifs de passage, mais, « tout bien considéré, ces préparatifs ne pouvaient en aucune façon inquiéter beaucoup l'ennemi [2] ». A la fin d'août, sa droite se trouvait si peu en mesure de pénétrer en Allemagne que Desaix, qui la commandait, la jugeait incapable même de défendre l'Alsace contre une invasion de Wurmser, et il avouait que, si les ennemis eussent agi de suite, ils passaient le Rhin [3]. Pichegru attendait pour commencer la campagne que l'armée de Sambre-et-Meuse fût en Allemagne.

Cependant le Comité le prévenait, le 27 août, que l'ennemi continuait à recevoir sur le bas Rhin des renforts venus du haut ; Jourdan se plaignait que l'armée de Rhin-et-Moselle ne fît pas de démonstrations de passage sérieuses et craignait de ne pouvoir « agir sans courir les plus grands dangers » : « L'ennemi, ajoutait Doulcet, ne pouvant faire tous ses mouvements sans dégarnir la partie qui vous est opposée, vous en profiterez sans doute pour tenter le passage sur un des points que vous avez choisis [4]. »

Pichegru répondit, le 31 août [5], que l'ennemi ne recevait pas de renforts du haut Rhin, car Wurmser réunissait la majeure partie de ses forces pour tenter un passage en Alsace, et qu'il devait renoncer lui-même pour cette raison à entreprendre un passage en Brisgau. « Il n'est pas moins vrai, ajoutait-il, que le général Jourdan éprouve

---

1. Mémoire d'Abbatucci, A. G., mémoires.
2. Journal de Legrand, A. G.
3. Mémoire attribué à Desaix, A. G.
4. A. G., Rhin-et-Moselle, 27 août. Cf. Maze, *Marceau*, p. 194, 195.
5. A. G., Rhin-et-Moselle, 31 août.

de très grandes difficultés... J'ai le projet de les diminuer par une diversion [1] sur le centre, où l'ennemi s'est singulièrement affaibli. J'ai en conséquence donné des ordres pour faire à Oppenheim les préparatifs d'un passage qui aura lieu incessamment, si nous pouvons nous procurer les chevaux nécessaires pour le transport de l'équipage de pont. Quand on ne parviendrait qu'à jeter 12 à 15 mille hommes sur le Darmstadt, il y en aurait assez pour s'y maintenir, jusqu'à ce que l'ennemi ait détaché des forces de sa droite et de sa gauche, ce qui remplirait parfaitement le but de la diversion. »

Cette diversion annoncée [2], Pichegru ne l'exécuta point, Legrand [3] prétend même que « ce passage était plutôt un simulacre qu'autre chose ». Pourtant le général avait fait élever sur les hauteurs de Nierstein [4] un système de redoutes, dont le feu plongeant et dominant devait produire l'effet le plus décisif. Du reste, cette diversion parut inutile, lorsque le passage du Rhin par Jourdan (le 6 septembre, à Ordingen) laissa notre armée libre de commencer le bombardement de Manheim [5].

Au moins Pichegru devait-il se hâter de commencer ce bombardement ou d'obtenir la capitulation de Manheim par une négociation rapide. Poussé par Jourdan, Clerfayt allait passer le Mein et se rejeter sur Manheim pour la défendre. Au contraire, la ville prise et après elle Heidelberg, Clerfayt n'avait plus d'autre ressource que d'effectuer sa retraite vers l'Allemagne du Sud. « Heidelberg, écrivait un officier autrichien, était le grand dépôt de toutes nos armées. Les seuls magasins qui nous fournissaient y étaient gardés par de faibles détachements, qu'on avait calculés alors en comptant sur la protection de Manheim. Ces magasins perdus, la pénurie absolue de tout moyen paralysait toute opération, assurait la retraite forcée des armées et la perte de Mayence [6]. »

Aussitôt après avoir reçu la nouvelle du passage du Rhin par

---

1. Une *simple* diversion. Bacher écrivait cependant, le 19 août (A. G., Rhin-et-Moselle), que le centre de l'ennemi se trouvait si affaibli « qu'un corps d'armée de 20.000 hommes pourrait fort paisiblement passer le Rhin à Oppenheim sans y rencontrer d'obstacles ».
2. Et approuvée par le Comité le 4 septembre, A. G., Rhin-et-Moselle.
3. Il a suivi de très près les opérations de la campagne; il assistait au combat de Heidelberg. Voir A. G., Rhin-et-Moselle, 17 octobre, journal de Legrand.
4. Près d'Oppenheim.
5. D'après la capitulation de la tête de pont de Manheim (Saint-Cyr, II, 408, 25 décembre 1794), Manheim ne pouvait être bombardée sur la rive gauche par une armée française que si une armée française traversait le Rhin sur la rive droite pour l'investir.
6. Vivenot, p. 354. Pichegru n'ignorait pas l'importance de ces magasins. Voir sa lettre du 26 septembre au Comité et celle du 12 octobre à Moreau, A. G., Rhin-et-Moselle.

Jourdan (dès le 11 septembre), Pichegru devait prendre les mesures nécessaires pour occuper Manheim¹.

Le Comité de salut public (Letourneur) l'engageait, le 12 septembre, à diriger tous ses moyens offensifs contre Manheim ; il ajoutait que, pour assurer le succès de cette opération, il importait de prévenir les obstacles que le reploiement des troupes allemandes sur le Mein permettrait d'accumuler contre l'entreprise de la gauche de l'armée de Rhin-et-Moselle². Pichegru reçut cette lettre, le 16 septembre, à Illkirch, plus de deux semaines après celle du 31 août, où il promettait de faciliter à Jourdan le passage du Rhin par une diversion en avant de Mayence et six jours après avoir appris ce passage. Il n'avait encore *rien fait* pour tenir sa promesse, et ses troupes conservaient la même position qu'elles occupaient au commencement du mois Il restait à Illkirch ; seul, Merlin de Thionville était parti pour Mayence depuis trois jours, avec l'intention de sommer la ville et de s'en servir, comme d'une « tête de pont pour marcher sur le centre de l'ennemi³ ».

Au reçu des instructions du Comité, Pichegru se rendit chez Reubell, le 16, lui annonça qu'il partait pour Manheim, le lendemain⁴. Il prévint le Comité que, sans renoncer à l'idée d'un passage par Oppenheim, il en subordonnait l'exécution au succès de la sommation qu'il allait adresser au gouverneur de Manheim⁵. Il partit, le 17, d'Illkirch, arriva, le 19, à Frankenthal, près de Manheim : *ce jour-là seulement*, à son passage à Spire, il se décidait à modifier la disposition de ses troupes, « ayant eu avis que l'ennemi détachait une colonne de 10.000 hommes du haut Rhin pour se rendre sur le bas »⁶.

En effet, Wurmser, sans attendre des ordres, avait envoyé, au secours de son collègue, Quasdanovitch avec 12.000 hommes. « Dès mon arrivée ici, écrivait-il, le 16, de Fribourg, j'avais eu le soin de m'entendre avec le maréchal comte de Clerfayt sur un mode de soutien mutuel, de manière qu'au premier avis du passage des Français j'ai fait filer vers le bas Rhin autant de troupes qu'il en fallait... En

---

1. C'est le 11 septembre au soir qu'il annonce le passage de Jourdan à Merlin. Une note de Bacher l'a-t-elle retenu sur le haut Rhin ? Bacher écrivait, le 11 septembre : « Les Autrichiens se proposent de tenter cette nuit, 25 fructidor, ou une des suivantes, un passage du Rhin entre Ottmarsheim et Brisach ». Wurmser venait de se décider au contraire, à la suite d'un conseil de guerre tenu à Fribourg, à ne commencer les opérations qu'au début d'octobre. (Craufurd à Grenville, 12 et 22 septembre, Army in Germany.)
2. A. G., Rhin-et-Moselle, 12 septembre.
3. Reynaud, p. 250.
4. Reubell au Comité, AF ii, 207, et A. G., Rhin-et-Moselle, 16 septembre.
5. A. G., Rhin-et-Moselle, 16 septembre.
6. Mémoire d'Abbatucci ; Liebert au Comité, 18 septembre, et Bacher au Comité, 16 septembre, A. G., Rhin-et-Moselle.

attendant, je viens encore de dépêcher le général Lauer au maréchal Clerfayt pour combiner avec lui les moyens de le secourir ultérieurement[1]. » Wurmser agissait ainsi pour empêcher les Français de couper ses communications avec Clerfayt. Il donnait à Pichegru une leçon de prévoyance et de bonne confraternité d'armes.

Ce n'est donc que trois jours après le départ du détachement autrichien pour Manheim que Pichegru, qui devait prévoir depuis huit jours cette décision de Wurmser, s'est décidé à donner les ordres nécessaires pour s'emparer de Manheim. Les troupes dont il pouvait disposer campaient en majeure partie près de Mayence, et avaient presque autant de chemin à faire que celles de Wurmser.

Déjà Merlin de Thionville avait préparé la reddition de Manheim par une négociation secrète. La ville n'était défendue que par une garnison de 10,000 hommes de troupes palatines et un seul bataillon autrichien. Le 14 septembre, Merlin envoya un émissaire à Manheim. Un ordre secret de l'électeur palatin, daté du 24 août, autorisait le commandant de Manheim à capituler, si les Français menaçaient de réduire la ville en cendres. Le 18, Merlin prévenait le gouverneur que la ville serait brûlée, si elle ne capitulait pas. Il promettait, au contraire, de faire observer une neutralité parfaite dans tout le pays palatin, si Manheim se rendait à la première sommation[2]. Sur ces entrefaites, Pichegru arriva devant Manheim, et Merlin le pria de faire une sommation au gouverneur.

« Pichegru, écrit Legrand, fut excessivement mécontent moins des droits que Merlin usurpait en cette circonstance que des suites fâcheuses qui allaient en résulter pour le succès de l'armée. En effet, le but... était bien moins encore la possession de cette ville, qui ne pouvait manquer de se rendre, de peur d'une destruction totale et infaillible, à la première sommation, que de couper la communication de l'armée du général Wurmser avec celle du général Clerfayt.. Il fallait donc que la capitulation fût signée presque à l'instant que proposée, et non six jours après, que le pont pût être jeté à l'instant même de la signature, et surtout que tous les mouvements de troupes fussent ordonnés pour passer le Rhin dès que le pont serait achevé. En faisant le contraire, il arriva que nos troupes étaient encore à plusieurs journées de marche quand la capitulation fut signée, que les Autrichiens, prévenus par la sommation précipitée de Merlin,

---

1. Wurmser à Thugut et à l'empereur, 16 septembre, Vivenot, p. 213 et 216; Dietrichstein à Thugut, 17 septembre, Vivenot, p. 225.
2. Sur cette négociation, voir surtout : la Reddition de la forteresse palatino-bavaroise de Manheim, 40 (554), dans les Dissertations de l'Académie des sciences de Bavière, III, cl. xx, vol. III; Reynaud, p. 66 et p. 254-5 ; Vivenot, p. 224 ; Winckel à Craufurd, 6 octobre, Army in Germany, journal de Legrand.

faite le 28 fructidor, furent en force à Heidelberg quelques heures avant nos troupes qui passèrent le Rhin harassées de fatigue, suite des marches forcées qu'elles venaient de faire, et manquant de tout. La prise de Heidelberg et des immenses magasins qui s'y trouvaient, qui aurait pu n'être qu'un coup de main, ne réussit pas après une bataille sanglante [1]. »

Legrand avait tort d'accuser Merlin d'avoir contribué, par sa précipitation à sommer Manheim, à l'échec de Heidelberg : sans doute Wurmser fut averti, le 17, des négociations engagées pour livrer la ville, mais, dès la nuit du 14 au 15, il avait envoyé des renforts à Clerfayt [2]. Pichegru avait eu le tort de ne pas agir avec autant de décision que Wurmser, dès la nouvelle du passage du Rhin par Jourdan. Son arrivée tardive devant Manheim et la tardive concentration de ses troupes devant cette ville devaient causer l'échec de Heidelberg.

Non seulement, en effet, Wurmser envoyait des troupes au secours de Heidelberg, mais encore Clerfayt se repliait sur cette ville, après avoir passé le Rhin, sur les bords duquel, le 19 septembre, arrivait Jourdan [3]. Les troupes de l'armée de Rhin-et-Moselle, qui devaient traverser Manheim pour occuper Heidelberg, allaient se trouver prises entre les deux armées autrichiennes.

Le 19 septembre, Pichegru avait sommé le gouverneur de Manheim, en appuyant sa sommation d'une menace de bombardement. Le lendemain, 20, sur la promesse que l'armée française s'abstiendrait de toute réquisition sur le territoire palatin, le gouverneur capitulait [4].

L'armée de Sambre-et-Meuse et le Comité de salut public s'étonnaient et s'inquiétaient de l'inaction prolongée de Pichegru : « J'espère que le général Pichegru fera bientôt un effort de son côté, écrivait Joubert à Merlin. Jourdan a rempli sa tâche ; c'est à son tour [5]. » Le Comité adressait, le 21, une lettre vive au général : « Si, contre notre juste attente, vous n'avez pas passé le Rhin à Manheim, vous penserez sans doute comme nous qu'il n'y a pas un instant à perdre... Comme c'est de l'ensemble qui régnera entre vos opérations et celles du général Jourdan que naîtront les succès, nous vous prions d'en-

---

1. Journal de Legrand. Cf. Decaen, note dans Reynaud, p. 256 : il s'éleva au sujet de cette sommation une assez vive contestation entre Merlin et Pichegru, qui faisait des difficultés pour la faire.
2. Vivenot, p. 224.
3. Registre d'ordres de Kléber, papiers R. de Saint-Albin ; *Mémoires* de Soult ; de Championnet, éd. Maurice Faure.
4. Le texte de la capitulation se trouve dans le livre d'ordres de Pichegru, papiers R. de Saint-Albin. Cf. Saint-Cyr, t. II, p. 488 ; bulletin de Liebert des 18, 19 septembre ; lettres de Rivaud et de Merlin du 20 septembre, de Pichegru du 20 septembre, dans A. G., Rhin-et-Moselle ; journal de Legrand ; mémoire d'Abbatucci.
5. Reynaud, p. 252, 13 septembre.

tretenir avec lui la correspondance la plus suivie. Tous deux républicains, vous n'avez pas besoin qu'on vous recommande de faire ce qui peut assurer le bonheur et la gloire de la république. » Le 22 et le 23, lettres plus vives encore : « L'armée de Rhin-et-Moselle serait peinée de laisser à celle de Sambre-et-Meuse tous les lauriers de cette campagne... » « Nous n'avons aucune nouvelle ni de la sommation de Manheim ni du passage à Oppenheim ; ce silence nous inquiète... car nous n'imaginerions jamais que vous ayez manqué d'activité [1]. »

En apprenant, le 20 septembre, au Comité [2], la capitulation de Manheim, Pichegru annonçait qu'il allait « faire passer le plus de troupes possible sur la rive droite, pour intercepter toute communication entre les généraux Wurmser et Clerfayt, et empêcher que ce dernier ne se porte et n'envoie des renforts contre l'armée de Sambre-et-Meuse. »

## II. — *Le combat de Heidelberg.*

Pichegru a-t-il fait passer de l'autre côté du fleuve « le *plus de troupes possible ?* »

« Au moment où l'armée de Sambre-et-Meuse, écrit Abbatucci, avait passé le Rhin..., il y avait près de 30.000 hommes devant Mayence sur la rive gauche du Rhin. Il me semble qu'on aurait pu en retirer près de la moitié pour la joindre aux troupes qui avaient passé le Rhin à Manheim. Alors on aurait probablement pris Heidelberg... On aurait pu aussi retirer presque toutes les troupes qui bordaient le Rhin depuis Strasbourg jusqu'à Worms, pour les réunir à celles qui étaient sur la rive droite, en avant de Manheim. Alors on aurait eu un corps de près de 30.000 hommes avec lequel on aurait pu marcher vers le Brisgau, tandis que les troupes du haut Rhin auraient tenté un passage [3]. » Des 50.000 hommes qui gardaient le Rhin de Strasbourg à Mayence, Pichegru n'en a pas même utilisé le quart pour l'opération projetée sur Heidelberg. Il en a laissé 26.000 devant Mayence, près de 17.000 entre Manheim et Strasbourg [4] : deux divisions seulement, celles d'Ambert et de Dufour, et une brigade de la division Beaupuy, une *douzaine de mille hommes* à peine [5], ont passé le Rhin à Manheim. En laissant une division au

1. A. G , Rhin-et-Moselle, et Reynaud, p. 258 9.
2. A. G., Rhin-et-Moselle, 20 septembre.
3. Mémoire d'Abbatucci qui est, en 1795, aide de camp de Pichegru et très attaché à son général. Saint Cyr, t. II, p. 210, pense que Pichegru pouvait déboucher avec 40.000 hommes. Cf. Dedon, introd., p. 22.
4. J'établis ces chiffres d'après la correspondance de l'armée de Rhin-et-Moselle et non d'après des états plus ou moins sujets à caution.
5. 12.243 hommes, d'après Legrand ; 11.000, d'après Abbatucci ; une dizaine de mille, d'après la lettre de Pichegru du 25 septembre (après l'échec de Heidelberg). Cf. Saint-Cyr, t II, p. 210.

voisinage de Strasbourg et deux autres devant Mayence, Pichegru aurait pu disposer de six divisions (40.000 hommes environ ; 33.000 s'il n'en employait que cinq), pour couper les communications entre Wurmser et Clerfayt [1].

Il n'avait pas à craindre une invasion de la haute Alsace par Wurmser ; celui-ci, le 16, écrivait à Thugut : « Un passage du Rhin serait trop hasardé dans l'état actuel des choses », et à l'empereur : « Je me trouve réduit à ne plus m'occuper que de la défensive. » L'empereur lui-même avouait : « Il est impossible de procéder à l'expédition projetée en haute Alsace avant que nous ne voyons plus clair dans nos affaires en deçà du Rhin [2]. »

Encore si Pichegru avait fait passer le Rhin à ses *meilleures troupes!* 10.000 hommes peut-être de ces dernières, malgré le temps perdu, par une marche rapide, seraient parvenus à s'emparer de Heidelberg, à s'y établir et à s'y défendre. Mais les divisions d'Ambert et de Dufour faisaient partie de ce malheureux corps d'armée sous Mayence qui, depuis plus d'un an, s'épuisait, malgré l'hiver, malgré la faim, à faire le siège d'une ville investie d'un seul côté et par conséquent imprenable. Ces troupes indisciplinées, découragées, n'étaient guère capables de réparer par leur audace et leur vigueur les fautes commises par le général.

« L'armée de Mayence, écrivait, le 1er septembre [3], Ramboz, accusateur militaire à l'armée de Rhin-et-Moselle, est passée dans l'espace des quinze derniers jours à l'état d'indiscipline le plus effrayant. Le soldat, le sous-officier de toute arme, même les charretiers de l'armée, viennent sur les derrières jusqu'à trois et quatre lieues, ravagent les campagnes de la manière la plus désastreuse... J'ai voulu agir, mais le nombre des délinquants, armés ou non, ne m'a pas permis d'employer des remontrances... J'ai été moi-même chargé, ainsi que des officiers supérieurs qui ont tenté de s'opposer au pillage. Les officiers et les chefs manquent d'énergie, sont insouciants ou tolérants. » Cette lettre, Reubell et Merlin la transmettaient au Comité de salut public le 8 septembre, signalant à leur tour l' « état *complet de désorganisation* de l'armée devant Mayence », et l'expliquant par la mauvaise qualité du pain, les souffrances endurées, l'insuffisance des tribunaux militaires, surtout l'insouciance des

---

1. Neuf divisions gardaient le bas Rhin de Strasbourg à Bingen et trois le haut Rhin sous Desaix. En en laissant deux au voisinage de Strasbourg, deux autres en face de Mayence, cinq autres restaient à la disposition de Pichegru pour tenter l'opération sur Heidelberg. Pichegru pouvait même disposer d'une sixième s'il n'en laissait qu'une près de Strasbourg.
2. Vivenot, p. 213, 216.
3. A. G., Rhin-et-Moselle, 8 septembre. Cf. lettres de Pichegru, 9 septembre; de Reubell, 16 septembre; au Comité, *ibid.*; Rivaud au Comité, 9 septembre, AF II, 204.

officiers : « Ils ne peuvent, disaient-ils, vivre avec leurs assignats ; forcés de manger à la gamelle, avec le soldat, et de profiter ainsi du fruit de ses vols, à peine de mourir de faim, comment voulez-vous qu'ils empêchent ou répriment le pillage et maintiennent la discipline ? »

La supériorité numérique de la cavalerie assurait à l'ennemi, dans un combat en plaine, un avantage marqué. Pourtant Pichegru n'appela point sous Manheim la *réserve de cavalerie*, si faible fût-elle, 4.000 hommes à peine, composée de quatre régiments, qui, sous le général Forest, restait cantonnée en face de Mayence. Trois régiments de cette réserve ne passèrent le Rhin que le 30 septembre. Des deux régiments qui faisaient partie des 6e et 7e divisions, le 20e de chasseurs et le 7e hussards, le premier était signalé déjà par son indiscipline et la médiocrité de son chef. « L'immense supériorité de l'ennemi en cavalerie » lui assura la victoire [1].

Si tardivement que nos forces eussent passé le Rhin, rapidement dirigées sur Heidelberg, *par une seule* rive du Neckar, elles pouvaient bénéficier de la surprise de l'ennemi ou de l'avantage que leur donnait l'offensive pour enlever la ville. La grande faute fut de les partager en deux masses, des deux côtés du Neckar, sans construire même, pour leur permettre de s'appuyer l'une l'autre, un pont sur la rivière [2]. Le général Dufour, qui commandait la 7e division, eut ordre de passer le Neckar, de se porter sur la rive droite du Neckar à Fendenheim, Waldstadt, Ladenburg, pour, le lendemain, pousser des reconnaissances sur Weinheim, gardé par le général Zehentner. Le général Ambert, commandant la 6e division, dut rester sur la rive gauche, pousser au sud de Manheim, jusqu'à Bühl, et au sud-est jusqu'à Neckerhausen, pour être en mesure, le 23, de diriger des reconnaissances sur Heidelberg [3]. Pichegru agissait « comme s'il eût été trop fort, avec ce petit nombre de troupes réunies, pour battre la division Quasdanovitch ». Ce général, qui était placé sur les hauteurs et voyait tous nos mouvements, put se porter sur la droite ou sur la gauche à volonté, et s'assurer sur un point décisif la supériorité du nombre.

Cependant, le 23, Quasdanovitch n'avait pas encore reçu tous les renforts qui lui parvinrent ensuite. Zehentner restait tranquille spectateur à Weinheim du mouvement des Français, et se contentait

---

1. Rivaud et Reubell au Comité, 30 septembre, A. G., Rhin-et-Moselle ; mémoire de Desaix. A. G. ; Dedon, introduction. Sur le 20e chasseurs, voir Reynaud, 258 et aussi 249.
2. Soult, t. I, p. 252; Saint-Cyr, t. II, p. 192; Jomini, t. VII, p. 193, journal de Legrand ; mémoire d'Abbatucci, A. G.
3. Liebert au Comité, 22 septembre, A. G , Rhin-et-Moselle.

de les surveiller « avec sa lunette d'approche », sans faire un pas pour secourir son collègue [1].

Était-il impossible de se jeter sur Heidelberg et de s'y fortifier en attendant des secours ? Avec une brigade de la 7e division, Dusirat, se portant de Ladenburg sur les gorges de Schriesheim, à l'entrée des montagnes, délogeait les Autrichiens, qui prenaient poste sur les hauteurs de Handschusheim et se barricadaient dans ce village : il coupait à l'ennemi toute communication avec le Mein et s'emparait de la route de Heidelberg à Darmstadt, sur laquelle se trouvait Schriesheim. De son côté, avec une brigade de la 6e division, Davoust s'avançait jusqu'à Eppelheim, tout près d'Heidelberg. Ainsi sur les deux rives du Neckar, le 23, nos généraux poussaient leurs reconnaissances jusqu'au voisinage de cette ville, et Legrand affirme que ce *jour-là* « ils eussent pu entrer à Heidelberg, s'ils eussent été plus en force, et s'ils eussent seulement été assurés d'être soutenus par d'autres corps, qui n'avaient pu encore arriver, malgré des marches forcées ».

Le lendemain, 24 [2], au matin, Quasdanovitch attendait encore les renforts qui ne lui arrivèrent que dans la matinée. Si notre attaque avait commencé de *très bonne heure*, elle pouvait réussir. Pichegru avait donné l'ordre d'attaquer à 5 heures. Mais le général Ambert ne reçut l'ordre qu'à 7 heures du soir, le 23 ; ses troupes étaient exténuées des marches forcées des derniers jours ; il ignorait lui-même la p[...]ion de ses collègues ; il n'expédia les ordres qu'à minuit, et prit l'initiative d'écrire au général Dufour qu'ayant reçu trop tard l'ordre du général en chef pour attaquer Heidelberg, « la partie serait remise au lendemain, à 7 heures du matin [3] ».

L'attaque commença donc trop tard. Dusirat marchait sur le village de Dosenheim, placé sur la route d'Heidelberg, au pied des montagnes gardées par les Autrichiens, soutenu en arrière par la brigade Cavrois. Mais, sur la rive gauche, la division Ambert, appuyée par la brigade Lambert, au lieu de s'avancer sur Heidelberg, se bornait à une canonnade. Quasdanovitch, qui n'était attaqué vivement que sur une rive, lança sur la brigade Dusirat la cavalerie dont il pouvait disposer. Les Autrichiens « n'avaient pas plus de

---

1. Vivenot, p. 288 à 291.
2. J'ai utilisé, pour écrire le récit du combat, les sources suiv. : journal de Legrand, mémoire d'Abbatucci, les deux très complets ; lettres de Pichegru du 26 septembre au Comité et du 12 octobre à Moreau ; lettre de Liebert du 25 septembre, de Rivaud et Reubell du 30 septembre, ces lettres dans A. G., Rhin-et-Moselle ; Craufurd à Grenville, 27 septembre, et Winckel à Craufurd, 6 octobre, Record Office, Army in Germany. — Sources imprimées : dans Vivenot, lettres de Wurmser à Thugut, 25 septembre, à l'empereur, 16 octobre ; Dietrichstein à Thugut, 15 octobre ; Jomini, t. VII, p. 192 et suivantes, etc.
3. Collection Charavay, Pichegru à Ambert, 23 septembre. Cf. Abbatucci, Legrand, surtout une longue note de Dufour.

2.600 hommes sur ce point, et jamais un plus petit nombre n'a décidé une si importante question [1] ». Cette masse de cavaliers, en partie composée de dragons, tomba sur l'artillerie légère (2ᵉ compagnie du 9ᵉ régiment) et sur le 20ᵉ régiment de chasseurs de la brigade Dusirat. Un escadron de ce régiment, mal commandé et indiscipliné, « lâcha pied honteusement » et s'enfuit jusqu'à Manheim, semant l'épouvante sur son passage. Une demi-brigade d'infanterie essaya de faire bonne contenance, mais, découverte par la fuite de notre cavalerie, fut facilement culbutée. En vain le général Dufour, avec le reste de sa cavalerie, chargea les Autrichiens ; frappé de deux coups de sabre sur la tête, il dut rendre son épée. Alors la brigade Dusirat battit en retraite dans le plus grand désordre [2].

Cette retraite sur la rive droite obligeait Pichegru à retenir son mouvement sur la rive gauche, après huit heures de canonnade inutile. La division Lambert recula d'abord en bon ordre ; mais la brigade Dusirat passait le Neckar sur des bateaux ou bien à gué près de Ladenburg, lorsque des cris, partis d'un bateau qui sombrait, jetèrent l'alarme parmi les chasseurs chargés de protéger le passage ; ils se crurent tournés et s'enfuirent, en portant le désordre parmi nos troupes de la rive gauche, qui, au lieu de garder le terrain qu'elles avaient occupé la veille, accélérèrent leur mouvement de recul. Avec beaucoup de peine, Pichegru rallia les fuyards et, le soir, établit ses troupes en avant de Manheim, la droite près du Rhin, à Neckereau, le centre près du Neckar, en face de Fendenheim, et la gauche de l'autre côté de la rivière, derrière Fendenheim. Il « ne quitta la ligne que tout ne fût tranquille et il ne rentra qu'à 3 heures du matin [3] ».

Cette défaite, résultat de manœuvres tardives, entreprises avec des forces insuffisantes, exécutées sans entrain par des troupes fatiguées, découragées, indisciplinées, partagées en deux masses malgré leur petit nombre, « a décidé du sort de la campagne et nous a ôté tout avantage. Alors, nous ne nous sommes jamais trouvés qu'en infériorité ; l'armée de Sambre-et-Meuse n'a pas passé le Mein ; l'armée du Rhin attaqua seule l'ennemi, et tout a été perdu [4] ».

### III. — *L'assaut royaliste.*

L'échec des troupes françaises à Heidelberg permettait aux Autrichiens de rétablir leurs communications entre leurs armées. Il per-

1. Winckel à Craufurd, 6 octobre, Army in Germany.
2. Voir sources citées ci-dessus.
3. Abbatucci, A. G.
4. Mémoire de Desaix, A. G.

mettait à Condé et à Wickham de renouer la trame de leurs complots.

Après le passage du Rhin par Jourdan et par Pichegru, Condé s'attendait à battre en retraite derrière la Forêt-Noire. « Quel désastre, écrivait-il, si les ennemis, après avoir passé Kehl... enfilent la vallée de la Kintzig et vont droit à Willingen ! Alors, il n'y a plus de retraite ni pour Clerfayt, ni pour Wurmser, ni pour nous. » Wickham était malade de découragement à Lausanne [1].

L'échec de Heidelberg leur rendit courage. Craufurd déclarait : « Voilà sans doute le beau moment pour frapper un coup en France. »

Malseigne attendait toujours à Rhinfelden l'occasion propice pour rentrer en Franche-Comté. Son chef d'état-major désigné, le capitaine Tinseau d'Amondans, arrêtait avec lui le plan général d'insurrection. Le président de Vezet, l'abbé de Chaffoy, retirés l'un à Frauenfeld en Thurgovie, l'autre près de Neufchâtel, correspondaient activement avec les royalistes, et surtout avec le clergé du Jura et du Doubs. Pouthier de Saône se rendait à Mulheim, puis à Lausanne, répétant à Condé comme à Wickham, que la Franche-Comté était « meilleure que jamais ». On aurait « Besançon, le château de Joux, celui de Salins, à peu près quand on voudrait ». « Qu'on lui fournît un millier de louis pour les armer, et il répondait du succès [2] ».

Plus d'espérances encore du côté de Lyon !... L'ancien échevin de Lyon, un des chefs du mouvement royaliste en 1793, Imbert-Colomès, revenait de Russie, en août, et voyait Wickham avant de se rendre à Lyon. Dans cette ville, l'aide de camp du prince, Terrasse de Tessonnet, et Bayard, un jeune ingénieur au service de Wickham, l'avaient précédé. A peine arrivé, Tessonnet annonçait : « Jamais le moment ne fut plus favorable... Si, après avoir passé le Rhin, un corps d'Autrichiens s'avance seulement jusqu'à Besançon avec l'armée de Condé, nous nous engageons à soulever Lons-le-Saunier et ses environs, le département de l'Ain, le pays de Gex, la ville de Lyon, le Lyonnais, le Forez, les montagnes qui couvrent ce pays depuis Tarare jusqu'au mont Pilat. Vous pouvez compter encore sur l'insurrection du Vivarais, des hautes Cévennes, du Gévaudan et du Puy-de-Dôme... Vous pouvez encore compter sur Vienne, le Comtat Venaissin, Aix, Marseille, et la partie de la Provence qui

---

1. Condé à d'Avaray, 19, 25 septembre, Chantilly, Z, t. CXXXVII, p. 115 à 117 ; à Barbançon, t. CXXXIII, p. 67 ; d'Ecquevilly, t. I, p. 389.
2. Tinseau à Condé, 5 septembre ; Malseigne à Condé, 28 septembre ; Saint-Geniés à Condé, 25 septembre, Chantilly, Z, t. LXXXIX ; Condé à Wickham, 24 septembre, Z, t. CXXXV ; Pingaud, *le Président de Vezet*, *Revue historique*, 1882, novembre-décembre, p. 312, 313.

comprend Arles, Salon et Tarascon. Il faut y ajouter Aigues-Mortes, Nimes... Quand même vous passeriez le Rhin dès aujourd'hui, tout serait prêt ! » On avait aussi de « fortes espérances » de gagner Kellermann : son adjudant général en répondait « sur sa tête ! » M. de Bosset, ancien capitaine aux gardes suisses, travaillait l'armée ; un grand vicaire, l'abbé Linsolas, correspondait avec les prêtres du Forez et de Lyon [1].

Si les Lyonnais se portaient sur Saint-Etienne, pour s'emparer de la manufacture d'armes, le Forez s'insurgeait, sous la direction du chevalier de Lamothe et du marquis Duclaux de Besignan. Celui-ci affirmait : « Tout peut se passer quand on voudra [2]. »

Les royalistes du Vivarais devaient se joindre à ceux du Forez. Un des plus redoutables agitateurs de la région, Dominique Allier, jadis le bras droit de Saillans au camp de Jalès, lieutenant de Charrier dans la Lozère en 1793, partait de Mulheim, en août, voyait Wickham en Suisse et regagnait les Cévennes ; il promettait de soulever le Gévaudan, le Velay, le Rouergue et le Vivarais et de mettre sur pied 30.000 hommes en 8 jours [3] !

Une seule ombre à ce tableau : cette « tête chaude » de Tessonnet ne s'entendait pas avec Allier, se brouillait avec Besignan et Lamothe, dont les « étourderies », disait-il, avaient forcé les représentants à faire évacuer de Saint-Etienne la plus grande partie des fusils. A Lyon même, le chevalier de Guer contrariait ses opérations. Besignan accourait à Mulheim, portait plainte à Condé, qui, le 20 septembre, le renvoyait à Wickham, le croyant un peu « calomnié ». Tessonnet arrivait à son tour chez Wickham, qui l'adressait à Condé.

D'après lui, les provinces du centre de la France ne demandaient qu'à s'insurger. M. Colinet, adjudant général de l'armée devant Lyon, donnait des preuves évidentes de son zèle ; le général La Poype, commandant de Lyon, venait à résipiscence ; de même les généraux César, Chaptal ; le général Cerisiat rendait des services signalés. Tessonnet répondait « sur sa tête » du général Kellermann. Mais le succès de l'insurrection dépendait de l'entente entre les royalistes. Tessonnet demandait donc que le prince l'autorisât à former à Lyon un conseil composé d'Imbert Colomès, du chevalier de Guer, qu'on enverrait à Paris « remuer les sections », du chevalier de Fresne, de l'abbé de Linsolas et de lui-même. A ce conseil, il impor-

---

1. Wickham, *Correspondance*, t. I, p. 163 ; Tessonnet à Condé, 21 septembre, Chantilly, Z, t. LXXII, publié dans Daudet, p. 116 et suivantes ; M. de Bosset, ou de Bossey, ou de Bausset, cf. *Mémoires* de Fauche, t. II, p. 317, 352, et t. III, p. 7.
2. Sur Besignan, voir Daudet, *Conspiration*, p. 325 ; *Mémoires* de la Revellière, t. I, p. 333 ; Chantilly, Z, Condé à Wickham, 20 septembre, t. CXXXV.
3. Chantilly, Z, Condé à Wickham, 21 août, t. CXXXV. Cf. Daudet, p. 329 et suivantes.

tait de donner un chef : l'ancien commandant de Lyon, Précy, lui semblait tout désigné ¹.

Condé et Wickham écrivirent à Précy, réfugié en Piémont, pour lui demander de prendre la direction militaire du mouvement lyonnais. On renvoya Tessonnet à Lyon. L'insurrection annoncée devait éclater dans l'un des quatre cas suivants : une victoire signalée en Vendée, la défaite des républicains en Allemagne, le soulèvement de la Franche-Comté, l'organisation à Paris d'une opposition contre la Convention ; Wickham s'engageait à prendre 15.000 hommes à la solde anglaise ².

Pour assurer le succès de l'insurrection, il importait de s'entendre avec les Vendéens. Condé et Wickham, qui fondaient les plus grandes espérances sur le débarquement du comte d'Artois, voulaient entrer en correspondance avec lui et les chefs vendéens, Charette, Stofflet, Scépeaux. Au début de septembre, M. de la Féronnière partait du camp de Mulheim et, muni de 4.000 louis que lui avait fournis Wickham, traversait la France jusqu'en Poitou, déguisé en marchand auvergnat et poussant devant lui un mulet chargé de quincaillerie. Sur son passage, il organisait des gîtes d'étapes destinés aux envoyés de Charette ou du prince. Il arrivait heureusement chez Stofflet ³. D'ailleurs « l'agent secret du général Charette et des royalistes de l'Anjou, du Maine, de la Bretagne, de la Normandie et de la Picardie », Dunant, de son nom Duverne de Presle, arrivait à Lausanne. Le ministre Wickham avait promis à l'agence royale de Paris 20 000 livres sterling pour Charette. L'abbé Brottier envoyait Duverne à Wickham, pour lui demander un acompte sur la somme. Duverne arrivait à Berne, le 3 octobre, voyait l'agent anglais qui mettait à sa disposition, chez Marcel Carrard et Cⁱᵉ, banquiers à Lausanne, 200.000 francs. Il emportait à Paris, le 12 octobre, une partie de la somme qui, avec les fonds que fournit Carrard à Camot d'Anville, négociant à Paris, jusqu'à la fin d'octobre, atteignit le chiffre de 5.308 livres sterling, près de 133.000 fr. ⁴.

Wickham interrogeait Duverne sur le mouvement parisien. Il s'étonnait que les meneurs des sections parisiennes, Lacretelle, La Harpe, Richer-Serisy, qui passaient pour royalistes, n'entrassent pas en relation avec les émigrés et l'Angleterre ⁵.

---

1. Chantilly, Z, t. XXXIV, p. 58, Condé à Tessonnet, 9 septembre, t. CXXXII ; demandes des agents de Lyon, 3 octobre, t. CXXXII, p. 63 ; Condé à l'abbé Linsolas et à M. de Bossel, t. CXXXII, p. 97 ; Lebon, p. 72.
2. Chantilly, Z, t. LXXII, Tessonnet à Condé, 14 octobre.
3. Chassin, *Pacification*, t. II, p. 117 et 118 ; Chantilly, Z, t. LXXII, La Féronnière à Condé, 21, 26 septembre ; Record Office, Suisse, Wickham à Grenville, 11 mai 1796.
4. *Correspondance de Wickham*, t. I, p. 168 ; Brottier à Wickham, Record Office, Suisse, 15 octobre 1795, et Wickham à Grenville, *ibid.*, 14 mai 1796.
5. Duverne de Presle conseillait d'opérer une réunion de tous les ennemis de la

Wickham déjà, par l'intermédiaire de Mallet du Pan, réfugié en Suisse, correspondait avec un comité parisien de royalistes purs ou constitutionnels, qui, sans distinction de parti, s'étaient « réunis au but fondamental de renverser d'abord la Convention, de créer un corps législatif digne de confiance », et de s'en servir pour faire aussitôt appel à la nation et rétablir la royauté. Il fournissait des fonds à ce comité. Son agent, Bayard, était parti, en octobre, pour Paris, et se mettait en rapport avec Brottier [1].

Condé espérait faire tourner au profit de la royauté le mouvement parisien. L'ancien secrétaire du conseil des finances, Lemaître, se flattait « d'avoir associé à ses projets beaucoup de députés de la Convention » et prétendait avoir « passé avec une centaine d'autres une transaction, dont les divers articles devaient être signés par chacun d'eux, de ce nombre Rovère, Saladin [2] ».

Les royalistes montaient à l'assaut de la république. A Paris, le 23 septembre, la Convention avait réclamé le résultat des votes « sur la constitution présentée au peuple... et les décrets des 5 et 13 fructidor soumis à sa sanction ». Une majorité considérable se prononçait pour la constitution, sans se prononcer pour les décrets. Mais les sections parisiennes refusaient de reconnaître « l'authenticité du résultat proclamé [3] » ; l'agitation redoublait dans la capitale. Elle devenait assez menaçante, dès le 25, pour que la Convention publiât un décret, enjoignant aux armées de « tenir prêtes à marcher les colonnes républicaines », au cas où les sections menaceraient la représentation nationale.

« Tu sens, écrivait Joubert à Merlin, que la colonne républicaine que devrait fournir la brave armée de Sambre-et-Meuse serait bientôt en marche, si les circonstances l'exigeaient. » Et Merlin assurait à la Convention que l'armée de Rhin-et-Moselle se disposait à lui porter secours : « C'est au milieu du feu que l'armée vient de connaître le décret que vous nous avez fait passer... Représentants, elle est prête à partir, l'armée qui a vaillamment défendu Mayence ! *Le général Pichegru fait ses dispositions. Déjà son camp sur les rebelles à la volonté nationale est reconnu* [4] *!* »

« Voilà le véritable instant, marqué par le général lui-même, arrivé », écrit Montgaillard à Condé, le 1ᵉʳ octobre ; et Condé à Wickham, le 4 : « La semaine où nous entrons peut et doit être importante. »

---

Convention, sans distinction de parti. *Correspondance de Wickham*, t. I, p. 161, 178; Lebon, p. 71.

1. *Correspondance de Wickham*, t. I, p. 170-1; Lebon, p. 70.
2. Correspondance saisie chez Lemaître, p. 66 ; rapport de Bayard à Wickham (très important) sur l'agence royale à Paris et la chouannerie, Record Office, Suisse, vol. XIV, joint à la lettre de Wickham du 25 janvier 1796.
3. Zivy, *13 Vendémiaire*.
4. Merlin au Comité, 5 octobre, A. G., Rhin-et-Moselle.

Le prince supplie l'agent anglais de se rendre auprès de lui à Mulheim ; Wickham est le bailleur de fonds ; le succès dépend des sommes qu'il pourra fournir.

Mais le triomphe de la cause royale dépend encore plus de Pichegru. Aussi Montgaillard *multiplie les lettres à son adresse*. Le 27 septembre, il l'a prévenu que Fauche apportait des fonds, et l'a « vigoureusement » pressé d'agir sans tarder. Le 30, la lettre, qu'il lui envoie, est, écrit-il, « si extrêmement pressante qu'il me parait impossible qu'il ne se détermine pas à agir sur-le-champ. Jamais les circonstances ne furent plus favorables ; elles sont telles précisément que le général les désirait. » Le 7 octobre, il a déjà écrit *6 lettres au général et 5 à son adjudant* ; le 10, il en achève une autre, quand il apprend les événements de Paris, l'insurrection du 13 vendémiaire [1].

Sans doute, dans cet instant décisif, où les contre-révolutionnaires jouent leur suprême enjeu, Pichegru [2] s'apprête à saisir l'occasion propice. Il attend le signal que la Convention elle-même lui donnera. Il sait par Montgaillard qu'il aura de l'argent pour solder ses troupes [3], que le prince compte sur lui. Il *répond ou fait répondre, le 4 octobre, à Montgaillard* [4]. S'enfoncer en Allemagne à la poursuite des Autrichiens, ce n'est pas seulement combattre sa propre cause, c'est manquer, en s'éloignant, l'occasion de la servir.

### IV. — *Inaction de nos armées*.

Après le combat de Heidelberg, Wurmser avait momentanément rétabli ses communications avec Clerfayt. Mais la marche de nos troupes sur Heidelberg, leur *seule présence* sur les rives du Neckar, avaient obligé Clerfayt à faire remonter quelques régiments jusqu'à Heidelberg et facilité ainsi à l'armée de Sambre-et-Meuse son arrivée sur le Mein [5].

---

1. Chantilly, Z, t. XXXIV, p. 112, 141, 145, 149, 185 ; t. CXXXV, p. 66.
2. Ses sympathies vont aux insurgés. Voir sa lettre à Vienot à Vesoul, publiée par Fauche-Borel, dans *Notice*, appendice ; et *Mémoires*, t. II, p. 385. La lettre est authentique : la police consulaire en eut connaissance. (Voir dans F⁷, 6391, la lettre du général Vergnes, préfet de la Haute-Saône, à Réal, 9 ventôse XII.) Or Pichegru croyait encore, lorsqu'il écrivit cette lettre sous le Consulat, que l'hostilité que lui témoignait Bonaparte provenait surtout de « *l'improbation que je donnai dans le temps à la journée du 13 vendémiaire* ». Bonaparte, ajoute-t-il, « en fut vivement piqué et le manifesta plusieurs fois en présence d'officiers qui m'étaient attachés ».
3. Que Fauche-Borel arrive (voir ci-dessous, chapitre suivant).
4. Chantilly, Z, t. XXXIV, p. 151, Montgaillard à Condé, 16 octobre : « J'ai écrit avant-hier à Z... (Pichegru) ; je lui ai accusé la réception de sa lettre du 4. » Je n'ai pas retrouvé cette lettre du 4 dans les archives de Chantilly. Montgaillard prétend (t. XXXIV, p. 145) que l'avant-veille du conseil de guerre d'Oberingelheim (voir ci-dessous), Pichegru s'était rendu à Blotzheim chez Mᵐᵉ Salomon, « dont il est profondément amoureux », pour, dit-il, y rencontrer encore Fauche.
5. Pichegru au Comité, 26 septembre, A. G., Rhin-et-Moselle. Voir les registres de Kléber, correspondance de Bonnamy, papiers R. de Saint-Albin.

Le 25 septembre, l'aile droite de l'armée avec Kléber s'établissait sur les bords de cette rivière entre Cassel et Höchst, tandis que le centre et la gauche s'établissaient derrière Francfort et le long de la ligne de démarcation. Le Rhin seul séparait nos deux armées. Que d'avantages pouvaient résulter de la réunion d'au moins 100.000 Français entre Mayence et Manheim, au moment où Clerfayt pouvait à peine en réunir 60, où la plus grande partie des forces de Wurmser campait encore sur le haut Rhin [1] !

L'ennemi, découragé par les échecs qu'il venait d'essuyer sur la rive droite du bas Rhin, désorganisé par une retraite rapide et désordonnée [2], semblait prêt à se retirer par Aschaffenbourg sur le Danube, si nos généraux savaient l'y pousser. Il n'espérait plus de revanche qu'aux environs de Donauwerth. Le général prussien qui gardait la ligne de démarcation, Hohenlohe, annonçait railleusement qu'il serait forcé de couvrir la retraite des Autrichiens et « d'en faire l'arrière-garde [3] ». L'effroi régnait dans toute l'Allemagne. Les princes faisaient la paix avec la France : le grand-duc de Hesse-Cassel avait traité ; le duc de Wurtemberg négociait à Bâle ; le duc de Bade, l'électeur de Mayence se proposaient d'en faire autant ; l'électeur de Saxe retirait son contingent de l'armée impériale. Les Autrichiens s'attendaient à l'abandon des contingents de l'Allemagne du Sud, et les surveillaient, prêts à les désarmer, comme ils venaient de désarmer la garnison palatine de Manheim [4].

Sans doute la situation pouvait changer, si Wurmser s'empressait d'accourir au secours de Clerfayt. Mais le vieux général redoutait une « entreprise ennemie par la Suisse ou par le haut Rhin », jugeant avec raison qu'elle pouvait avoir pour la monarchie autrichienne des suites plus graves que la perte de Mayence. Un passage

---

1. Pichegru, qui n'avait plus à craindre l'invasion du Palatinat par Mayence (puisque Clerfayt, depuis qu'il avait passé le Mein, restait sans communication avec la place, investie désormais des deux côtés du Rhin), pouvait disposer, pour un mouvement d'ensemble avec Jourdan, de quatre divisions empruntées à l'armée de Mayence, des deux divisions de Manheim et d'une autre qui gardait le Rhin au voisinage de cette place, soit 45.000 à 50.000 hommes. Jourdan, qui « n'avait pas encore tout son monde », pouvait réunir 55.000 hommes en vue d'une bataille, s'il négligeait momentanément de garder la ligne de démarcation. En tout 100.000 Français. Clerfayt, après le désordre de la retraite, qui fut une véritable débandade, ne leur aurait opposé que 50.000 hommes, 60.000 au plus, avec le corps de Quasdanovitch. Cf. forces de Pichegru dans Saint-Cyr, état n° 100; celles de Jourdan, Jomini, t. VII, p. 197; celles de Clerfayt, Jomini, p. 170.

Voir A. G., Rhin-et-Moselle, une lettre d'un officier du génie (sans doute *Dejean*), 26 octobre, qui reproche à Jourdan de n'avoir point passé le Mein à la suite de Clerfayt, quand il le pouvait sans danger, dans le désordre de la retraite, et aussi le mémoire d'Abbatucci. Mais Dejean et Abbatucci étaient des amis de Pichegru.

2. Lettre de Francfort, envoyée par Bacher, 26 octobre, A. G., Rhin-et-Moselle.
3. Dietrichstein à Thugut, 23 septembre, Vivenot, p. 228, 229.
4. « Avalanche de paix partielles », écrivit Clerfayt. Voir Vivenot, p. 229, 235, 251, 265, 267, 275, 291, etc. Cf. Reynaud, p. 270.

des Français du côté de Rhinfelden, de Huningue ou de Kehl menaçait directement les États héréditaires, et l'armée de Wurmser avait pour mission première de garder le haut Rhin et la voie du Danube. Wurmser répugnait à subordonner ses mouvements à ceux du maréchal, dont il avait critiqué avec tant d'amertume les lenteurs et les hésitations. Clerfayt lui envoyait le major Plunkett pour le prier de se charger seul du blocus de Manheim et de lui prêter un corps de 15.000 hommes : il refusait de dégarnir le haut Rhin et se contentait d'envoyer du côté du Neckar 2 régiments de cavalerie ; il refusait même d'accepter une entrevue avec le maréchal, obligé, disait-il, de surveiller les mouvements de Pichegru dans la haute Alsace [1].

Il ne se décidait à prêter un concours plus efficace à son collègue que sur l'ordre exprès de l'empereur.

Pendant une semaine au moins, nos généraux ont pu profiter de la supériorité de leurs forces pour battre Clerfayt, le rejeter sur la Franconie et de là sur le Danube, assurer la reddition de Mayence, privée désormais de tout secours et terminer du coup la campagne ! Cette occasion propice, ils ne l'ont pas saisie.

Étrange spectacle que celui de ces deux armées qui, par un heureux concours de circonstances, ont réussi à passer le Rhin, se sont rapprochées l'une de l'autre, jusqu'à se donner la main. Un fleuve seul les sépare d'un côté, une étroite bande de pays de l'autre : cependant elles s'arrêtent au moment de se réunir, laissent passer l'occasion de battre l'ennemi et se séparent sans avoir rien fait.

Le Comité de salut public engageait les deux généraux à se porter simultanément à la rencontre de Clerfayt, afin de le rejeter « bien loin des bords du Rhin, de la Lahn et du Mein », par une opération d'ensemble, même une réunion de toutes nos forces, sous le commandement de Pichegru [2].

Nos armées s'attendaient elles-mêmes à effectuer cette jonction.

---

1. Lettres de Bacher, 23, 26, 27 septembre. A. G., Rhin-et-Moselle; Vivenot, p. 230-31, 249, 254-5, 263, 271, 272, 275.
2. A. G., Rhin-et-Moselle, lettres du 21, 22, 23 (2 lettres), 24, 26 septembre, lettre du 24, AF II, 203. Total, sept lettres en six jours, soit à Pichegru, soit aux représentants en mission à l'armée. Et dans toutes, mêmes recommandations de Letourneur, qui dirigeait, après Doulcet et Gillet, les opérations des armées de la frontière du Nord et de l'Est : « Seconder efficacement les opérations du général Jourdan » ; faire en sa faveur « une puissante diversion », soit en passant le Rhin à Manheim ou à Oppenheim, soit même en détachant de l'armée sous Mayence des forces suffisantes, pour remplacer les troupes de Jourdan sur les bords du Rhin, près d'Ehrenbreitsen et les rendre ainsi disponibles. Puis, lorsque la prise de Manheim est connue à Paris, instructions du 26 septembre, fort discutables au point de vue stratégique, mais enjoignant aux deux généraux de se prêter un mutuel appui pour envelopper l'armée de Clerfayt. Prévoyant la réunion des deux armées, le Comité rappelait le décret de mars, qui subordonnait en ce cas Jourdan à Pichegru. Surtout il leur recommandait « le plus grand concert ».

Au camp de Mayence, Marmont, alors simple officier, écrivait à son père : « S'il (Clerfayt) attendait, sa position ne serait nullement brillante. La neutralité de Francfort, garantie par les Prussiens, le force à une marche latérale, et dans cinq ou six jours, il se trouverait chargé par une armée victorieuse, pris de front et de flanc par des troupes fraîches, qui brûlent du désir de combattre[1]. » « Si les généraux en chef, concertant leurs mouvements, eussent opéré leur jonction entre le Mein et le Rhin, écrivait un officier du génie à l'armée de Sambre-et-Meuse, la campagne était décidée et finie[2]. » « On resta *stupidement divisé*. » Ce mot de Marmont résume toutes les critiques de Saint-Cyr, de Dedon[3].

Jourdan et Pichegru se rencontrèrent au quartier général de Schaal, à Oberingelheim, le 27 octobre, en présence de Merlin de Thionville et de Joubert, pour concerter des mesures. Mais ils n'arrêtèrent aucun plan d'ensemble, attendirent la décision du Comité. Ils convinrent seulement « de faire tous les préparatifs nécessaires pour passer le Mein », de former trois ponts sur le Mein, « pour assurer les communications les plus faciles entre les deux armées » et « n'en faire qu'une pour ainsi dire ».

Il fut entendu que l'armée de Rhin-et-Moselle « ferait seule le blocus de Mayence », pour permettre à Jourdan d'étendre sa gauche sur la ligne de neutralisation et la mettre à l'abri d'un mouvement tournant de Clerfayt. Pichegru enfin promit de « *tenter un nouveau mouvement sur l'ennemi* », aussitôt qu'il le jugerait convenable[4].

Aucune de ces résolutions ne fut suivie d'effet[5]. Les ponts ne furent pas construits et l'armée de Sambre-et-Meuse ne passa pas le Mein[6]. Pichegru ne fit aucun mouvement pour se rapprocher de

1. Marmont à son père, 19 septembre, *Mémoires*, t. I, p. 138.
2. Lettre d'un officier du génie (Dejean), A. G., Rhin-et-Moselle, 26 octobre.
3. Marmont, t. I, p. 72; Saint-Cyr, *Mémoires*, t. II, p. 211, 212 ; Dedon, introduction, p. 22 ; Soult, t. I, p. 253 et suivantes. Cf. Jomini, t. VII, p. 196 et 205, qui pense que Jourdan devait se réunir à Pichegru sous Mayence et déboucher avec lui de Manheim avec 120.000 combattants.
4. Pichegru au Comité, 26 septembre, et Rivaud et Reubell au Comité, 30 septembre, A. G., Rhin-et-Moselle ; Joubert au Comité, AF II, 214 ; Merlin de Thionville au Comité, 30 septembre, Reynaud, p. 263. Dans une lettre à Wickham du 13 février 1796 Fauche a prétendu que Badonville, lors du premier voyage que le libraire fit à Herxheim, 18 novembre 1795, lui raconta que Pichegru avait eu avec Jourdan une entrevue après l'affaire de Heidelberg, « et que l'un et l'autre promirent d'abandonner le commandement général, si on continuait d'accorder le commandement (*sic*) à des représentants tels que Merlin, auquel on attribuait la malheureuse affaire de Heidelberg ». Cf. l'entrevue de Jourdan avec Hohenlohe dans Vivenot, p. 307 ; Jourdan se plaignit de l'ordre qu'il avait reçu de passer le Rhin, disant qu'il venait de gens qui n'y entendaient rien. Lorsque le prince lui nomma Merlin, « il fit un rire méprisant en haussant les épaules ».
5. Joubert et Merlin se rendirent à Francfort, pour assurer le service des subsistances, mais on ne voit pas qu'ils aient obtenu des bateaux.
6. Jourdan se borna à faire replier les vedettes ennemies jusque sur le glacis de Cassel, forteresse qui gardait le pont de Mayence sur la rive droite du Rhin, et à

Jourdan. Au contraire, quelques troupes[1] du corps d'armée de Mayence qui, le 23 septembre, avaient tenté un débarquement, ainsi qu'un bataillon du corps d'armée sous Manheim, repassèrent sur la rive gauche. Pichegru se contenta d'effectuer des reconnaissances en avant de Manheim, sur Brühl, Schwetzingen, Waldstadt, Ladembourg[2]. L'ennemi parut ; les « reconnaissances, ayant rempli leur objet, se retirèrent en bon ordre[3] ».

Il somma pour la forme le gouvernement de Mayence de rendre la place, et même, après la réponse du général Neu, qui jugea la sommation ridicule[4], il la bombarda. Un millier d'obus fut jeté dans la ville, « sans produire aucun effet » ; l'ennemi se contenta de répondre par deux coups de canon[5]. Alors Pichegru fit ouvrir la tranchée, le 4 octobre, mais on manquait de pelles et de pioches : « 3.994 outils, écrivait le chef d'état-major de Kléber, Bonnamy, sont les seuls moyens disponibles pour la grande entreprise[6] ! »

---

s'établir, en face, sur le plateau entre Hochheim et Kostheim. Il fit attaquer sans succès les ouvrages de Cassel, Reynaud, p. 264 ; Soult, t. I, p. 250 ; Barbançon à Condé, 6 octobre.

1. Le corps d'armée sous Mayence, pour faciliter l'arrivée de Jourdan sur le Mein, avait effectué deux passages, le 23 septembre, sur la rive droite du Rhin, l'un en aval (en face d'Heidesheim), l'autre en amont de Mayence (près d'Oppenheim). Sur ce dernier point, un pont volant formé de 6 bateaux permettait de transporter environ 2.000 hommes par passage. On en jeta 1.000 sur la rive allemande. À leur suite auraient pu passer les troupes du camp sous Mayence, à portée de tendre la main à Jourdan, beaucoup plus près de lui que les troupes de Manheim. Elles ne couraient pas le risque, au moins immédiatement, d'être jetées dans le Rhin, car les troupes de Clerfayt avaient « abandonné la défense du Rhin ». Bulletins de Liebert, du 25 au 29 septembre ; Marmont, t. I, p. 137 ; livre d'ordres de Pichegru, lettre de Schaal du 24 septembre, dans papiers de R. de Saint-Albin.

2. Le 27, par exemple. Voir bulletins de Liebert, A. G., Rhin et-Moselle, 19, 23, 27, 29 septembre.

3. Bien loin de renforcer le petit corps d'armée établi en avant de Manheim (sur la rive droite du Rhin, des deux côtés du Mein), en vue de le mettre à même de tenter une nouvelle attaque contre la gauche de Clerfayt, Pichegru diminua sa force en infanterie : un bataillon d'infanterie partit de Manheim (29 septembre) pour aller garder la rive gauche du Rhin entre Rhingenheim et Spire. Le général se borna à appeler trois régiments de cavalerie à Manheim (30 septembre), ce qui prouvait qu'il voulait seulement tenter des reconnaissances et point d'action offensive décisive sur les bords du Neckar. Bulletins de Liebert.

4. Le général Neu répondit à Schaal, 30 septembre : « Je regarde comme une simple formalité votre sommation du 28, et c'est avec plaisir, mon général, que je saisis cette occasion pour détruire l'illusion que vous vous faites sur la dispersion entière de nos armées, en vous donnant avis d'une nouvelle que vous ignorez, suivant toute apparence, que nos troupes ont battu les vôtres près de Manheim » Schaal à Pichegru, 30 septembre, livre d'ordres de Pichegru, papiers de R. de Saint-Albin.

5. Dans la nuit du 1er au 2 octobre, huit obusiers commencèrent le feu. Marmont, aide de camp du général Dieudé, commandait la batterie. Dans la nuit du 2 au 3, une autre batterie fut installée ; le bombardement continua sans plus de succès. Un millier d'obus fut jeté sans produire aucun effet. Marmont, t. I, p. 71 ; Saint-Cyr, t. II, p. 187. Cf. Caudrillier, le Siège de Mayence, dans la Révolution française du 14 janvier, 1902, p. 57.

6. Registres de Kléber, lettres de Bonnamy à Ernouf et aux généraux sous les

On perdit une semaine en démonstrations inutiles et Wurmser se décida, sur l'ordre de l'empereur, à se rapprocher de Clerfayt.

L'empereur lui écrivait, le 25 septembre : « Plus il vous sera possible d'étendre les secours donnés à Clerfayt pour l'encourager et pour le rassurer, plus je vous en saurai gré [1]. » 55.000 hommes de l'armée de Wurmser s'établirent entre Cappel et Manheim, pour défendre, avec l'armée de Clerfayt, Heidelberg et la vallée du Neckar ; Wurmser se rendait à Heidelberg pour avoir une entrevue avec le maréchal et faisait descendre la majeure partie de ses troupes, si bien que, le 2 octobre, il ne restait plus que 25.000 hommes dans le haut Rhin, au sud de Cappel [2].

N'ayant plus à craindre de perdre le contact avec Wurmser, Clerfayt repassa le Mein. L'empereur lui enjoignait, le 25 septembre, de reprendre l'offensive contre Jourdan, « sous peine de la disgrâce la plus complète et la plus inévitable ». Il le rendait « personnellement responsable », envers lui et envers l'empire, si l'ennemi s'emparait d'Ehrensbreisten (assiégé par Marceau), sans que le maréchal l'eût « combattu plus d'une fois et avec toute l'énergie et toute l'opiniâtreté que la conjoncture exige ».

De son côté, le résident anglais Craufurd faisait les plus grands efforts pour éloigner de Clerfayt le colonel Gomez, qui avait conseillé la retraite au delà du Mein. Il y parvenait et, avec l'aide du comte de Mervelt, il démontrait au maréchal les avantages d'un mouvement d'offensive sur la gauche de Jourdan. Le maréchal finissait par « promettre solennellement » de se porter en avant et de livrer bataille [3].

Les deux généraux en chef des armées autrichiennes se rencontraient à Heidelberg, le 2 octobre [4]. Clerfayt y renouvelait sa promesse. Wurmser s'engageait à surveiller les mouvements de nos troupes portées en avant de Manheim, sur les deux rives du Neckar, à couvrir les gorges de Wiesloch, de Heidelberg, de Weiheim. Il refusait seulement de fournir des troupes à Clerfayt. Mais les deux généraux réunissaient 100.000 hommes sur un front de 40 lieues, et Clerfayt pouvait disposer de toute son armée contre Jourdan, tourner sa gauche pour l'obliger à la retraite, en violant la ligne de démarcation.

L'empereur, en effet, avait enjoint à Clerfayt de ne tenir aucun

---

ordres de Kléber, registre 14. Le général Neu fit une sortie par Cassel et parvint à enlever Costheim. Il n'en fut rejeté qu'avec peine. Cf. Championnet (Ed. Faure), qui reprit Costheim, *Moniteur réimp.*, t. XXVI, p. 231.

1. Vivenot, p. 262.
2. Bulletin de Bacher dans A. G., Rhin-et-Moselle, 23, 26, 27 septembre.
3. Vivenot, p. 232-3 ; Craufurd, lettre du 30 septembre, Army in Germany.
4. Vivenot, p. 261 et suiv., 302 ; Craufurd, lettre du 4 octobre, Army in Germany ; Barbançon à Condé, 6 octobre, Chantilly, Z, t. XL.

compte de la ligne de démarcation acceptée par la France à la demande de la Prusse, mais que l'empire n'avait pas reconnue [1]. Or cette ligne gênait singulièrement les mouvements de notre armée. L'armée de Sambre-et-Meuse, obligée de se déployer dans l'étroit espace compris entre le Rhin et la ligne de démarcation, qui, de Limbourg sur la Lahn, atteignait le Mein à Höchst, ne pouvait s'établir le long de cette rivière que sur un espace de six lieues. La droite seule, sous Kléber, et une partie du centre campaient sur ses bords ; le reste des troupes s'étendait en arrière le long de la ligne de démarcation jusqu'à Königstein, sans appui sur la gauche, trop loin de la Nidda pour en défendre le passage. Cette position n'offrait ni les avantages de la défense ni ceux de l'attaque : de la défense, car le général pouvait la tourner en passant la Nidda ; de l'attaque, car une partie seulement de l'armée était en mesure de surprendre la rive gauche du Mein, et Clerfayt, posté sur cette rive, avait le temps de l'écraser avant l'arrivée de l'autre à son aide. Un corps d'observation prussien, sous les ordres du prince de Hohenlohe, gardait jalousement la ligne de démarcation au voisinage de l'armée française. Le prince, avec une obstination qu'expliquaient ses sympathies pour l'Autriche, arrêtait nos troupes à chaque pas qu'elles faisaient en dehors de la ligne, mettait garnison dans la ville impériale de Francfort, dont un article séparé du traité de Bâle stipulait la neutralité, et dont les ponts nous auraient permis de passer facilement le Mein [2].

La ligne de démarcation empêchait aussi nos troupes de se ravitailler. Les Prussiens accueillaient à l'intérieur de la ligne les paysans qui fuyaient notre approche avec leurs blés, leurs fourrages, leurs bestiaux, et ne laissaient « rien sortir de cette ligne que l'argent à la main ». Plus d'une fois, pendant sa marche victorieuse, l'armée de Sambre-et-Meuse avait dû s'arrêter, faute de vivres ; arrivée sur le Mein, à l'entrée d'une des régions les plus riches de l'Allemagne, la Franconie, elle souffrait de la faim [3].

Mal nourris, non payés d'ailleurs, nos soldats pillaient pour vivre, passaient en contrebande la ligne de démarcation et rançonnaient les paysans. Le prince de Hohenlohe se plaignait à nos généraux des excès des Français [4] : « Que voulez-vous que je fasse ? lui répondait

1. Cette ligne ne nous laissait qu'un étroit passage sur la rive droite du Rhin dans l'Allemagne du Nord. Elle suivait à peu près l'Ems, atteignait Munster, la frontière du duché de Clèves, remontait le Rhin jusqu'à Duisbourg, longeait le comté de Mark, et par Hombourg, Altenkirchen, atteignait la Lahn à Limbourg, le Mein à Höchst, nous laissant sur la rive droite du Mein une ligne de *six lieues*. Voir *Correspondance de Barthélemy*, t. V, p. 167, 199, 203, 222, 240, 263, 270. 472-7 ; Vivenot, p. 131, 134, 138, 152.
2. Lettre de Bacher, 28 septembre, A. G., Rhin-et-Moselle ; Vivenot, p. 306.
3. Registres de Kléber, correspondance de Bonnamy et de Kléber, n° 14.
4. Quintin Craufurd, 30 septembre, Army in Germany.

Lefèvre ; je les punirai certainement, mais de l'autre côté dites au prince que je ne suis pas sorti aujourd'hui de chez moi, pour ne pas entendre ces gens crier pour du pain que je n'ai pu leur donner. Ces gueux (les conventionnels) n'entendent rien, nous envoient faire la guerre sans avoir de magasins, et nécessairement nous nous rendons odieux partout où nous allons. » Malheureusement ces pillages provoquaient l'indiscipline, et celle-ci risquait de compromettre le succès de la campagne, en diminuant le prestige des chefs et l'entrain des soldats.

Ainsi, pendant la semaine qui avait suivi l'arrivée de Jourdan sur le Mein, et par suite de l'inaction de nos troupes, la situation respective des armées ennemies s'était sensiblement modifiée au profit des Autrichiens [1].

### V. — *Le conseil de guerre d'Ober-Ingelheim.*

Des critiques militaires ont pensé cependant que la campagne n'eût pas été compromise, si nos généraux avaient adopté une des trois combinaisons suivantes :

1° *Pichegru renforçait Jourdan sur le Mein* avec une partie des troupes de Schaal, en ne laissant devant Mayence qu'un corps suffisant pour empêcher le général Neu de détruire les lignes de contrevallation. Jourdan, avec 60.000 hommes de son armée et 20.000 de l'autre, battait Clerfayt, réduit à 55.000 hommes depuis le départ du contingent saxon [2].

2° Jourdan venait relever les divisions de son collègue devant Mayence ou Manheim, lui rendant ainsi la disposition de 40.000 hommes, la moitié de ses forces. Alors Pichegru remontait le Rhin à la hâte, et avec toute son armée passait le fleuve entre Strasbourg et Huningue, rejetait Wurmser sur la Forêt-Noire, marchait sur le Danube, et obligeait les Autrichiens à se retirer sur Vienne [3].

3° Ce général débouchait de Manheim avec 80.000 hommes des deux armées, afin de battre séparément Wurmser et Clerfayt sur les deux rives du Neckar [4].

Mais, afin d'assurer le succès d'une de ces combinaisons, il

---

1. Les Autrichiens réunissaient 100.000 hommes sur un front de 40 lieues : 55.000 hommes de Wurmser entre Cappel (près de la Murg) et Manheim, 54 à 55.000 hommes de Clerfayt, déduction faite des garnisons (32.000) ; Craufurd, 18 octobre, Army in Germany ; Vivenot, p. 262, 285 ; Jomini, t. VII, p. 170.
2. Clerfayt craignait même que Pichegru ne parvînt à renforcer Jourdan avec 40 000 hommes. Vivenot, p. 262.
3. Saint-Cyr préfère ce plan à tout autre, t. II, p. 195, 212. Cf. Soult, t. I, p. 253.
4. Jomini, t. VII, p. 196, 203. Dedon, introd., p. 22, pensait que nous devions passer le Rhin « avec toutes nos forces ».

importait : 1° de construire des ponts sur le Rhin et sur le Mein, pour établir des communications faciles entre les deux armées et leur permettre de se prêter un mutuel appui ; 2° de négliger momentanément le siège de Mayence, pour grossir les forces de l'armée agissante, qui devait opérer contre Clerfayt ou Wurmser ou les deux successivement ; 3° de réunir la masse de nos forces sur les points de combat.

Or l'armée de Sambre-et-Meuse manquait de chevaux pour traîner les pontons qu'elle avait laissés sur le bas Rhin : « Nous sommes absolument dénués de moyens de transports, écrivaient les représentants en mission au Comité. Il nous manque au moins 30.000 chevaux pour le service de la seule armée de Sambre-et-Meuse[1]. » On ne trouva pas assez de bateaux pour établir des ponts sur le Mein. On ne chercha pas à en établir sur le Rhin.

Loin de songer à suspendre momentanément le blocus de Mayence, le Comité voulait au contraire en « accélérer la prise ». « Notre premier objet, écrivait Letourneur, c'est la chute de Mayence ; » et il enjoignait de bloquer cette ville et de la bombarder le plus tôt possible. « Vous sentez, ajoutait-il, combien cette opération est urgente, tant pour en imposer à nos ennemis, que pour nous rendre la libre disposition des troupes que cette place consume[2]. »

Enfin les instructions de Letourneur (26 septembre) ne prévoyaient une concentration de nos troupes qu'en *Allemagne*, après le succès de mouvements *isolés*, opérés simultanément par la gauche, le centre, la droite de chacune de nos deux armées : la gauche de Jourdan devait surveiller le grand-duché de Berg ; sa droite, bloquer Mayence ; son centre seul, agir contre Clerfayt en Franconie. La gauche de Pichegru devait assiéger Mayence ; son centre, rétablir la « libre navigation du fleuve » ; sa droite seule, préparer un passage du Rhin près d'Huningue. Nos troupes se partageaient ainsi en six tronçons pour se réunir, s'il plaisait à Clerfayt, dans la Hesse-Darmstadt ou dans la Franconie[3] !

Ces instructions fournissaient même un prétexte à la rivalité des deux armées. Les quatre divisions de Schaal passaient, jusqu'à la fin du siège, sous les ordres de Jourdan, chargé du blocus ; en cas de jonction des deux armées, Jourdan était subordonné à Pichegru.

---

1. Joubert, Merlin, Rivaud au Comité, 4 octobre, publié dans Barthélemy, *Correspondance*, t. V, p. 472.
2. Instructions des 24, 26 septembre, du 4 octobre, A. G., Rhin-et-Moselle, ou Reynaud, p. 265.
3. Voir critique de ces instructions dans Jomini, t. VII, p. 180 : « Letourneur, officier du génie, n'entendait rien à tout ce qui s'écartait des détails de son arme... La correspondance précise, parfois lumineuse de Carnot, fait place à des instructions vagues, dénuées de tout jugement. » Voir ces instructions du 6 octobre, A. G., Rhin-et-Moselle, à la date.

De telles instructions [1] devaient décourager les bonnes volontés, fortifier les mauvaises. Jourdan, désolé des souffrances de ses troupes et de leur insubordination, des entraves que les Prussiens opposaient à leur ravitaillement ou à leurs progrès, plus mécontent peut-être de l'inaction de Pichegru, arrêté dans sa marche par l'obligation de bloquer Mayence et d'en diriger le siège, demandait, par dégoût et par dépit, son remplacement, sous prétexte de santé. Kléber s'apprêtait à le suivre dans sa retraite [2].

Ces instructions fournissaient à Pichegru un excellent prétexte pour rester dans l'inaction. En effet, déduction faite des troupes de Schaal, il ne conservait sous son commandement que 45.000 hommes. S'il employait une partie de ses forces (son centre) à rétablir la navigation du Rhin, avec le reste, 30.000 hommes à peine, il ne pouvait agir en offensive du côté d'Huningue ou du côté de Manheim, où les forces de Wurmser et de Clerfayt se trouvaient réunies. S'il remettait à Jourdan le commandement de sa gauche (armée sous Mayence), surveillait avec son centre le cours du Rhin et préparait avec sa droite un passage dans le Brisgau, il devait rester sur la défensive en avant de Manheim, avec 10 ou 15.000 hommes, sans être même sûr de s'y maintenir.

C'est ce qu'il démontra dans le *conseil de guerre d'Ober-Ingelheim*, le 4 octobre [3], devant Jourdan et les représentants Reubell, Joubert, Rivaud et Merlin de Thionville. Il exposa l'état de ses forces, en défalquant celles qui passaient sous le commandement de son collègue, évalua celles qui gardaient Manheim à 10 ou 12.000 hommes, déclara qu'il ne pouvait les augmenter sans rappeler des troupes du haut Rhin, et que dès lors il devait renoncer, non seulement à remonter le Neckar jusqu'à Necker-Eltz, comme le lui demandait Letourneur, mais même à sortir de sa position défensive, car Wurmser observait ce petit corps par sa droite et Clerfayt par sa gauche. Il ne dissimula point qu'avec le reste de son armée, une trentaine de mille hommes, qui gardaient le Rhin de Spire à Huningue, il espérait à peine « contenir l'ennemi sur le haut Rhin par des préparatifs et des démonstrations », pendant qu'une partie de cette force chercherait à surprendre un passage aux environs de Kehl, pour s'emparer de cette tête de pont.

Il ajoutait que le corps d'armée sous Manheim devrait « rester dans sa position tant que le général Jourdan resterait sur le Mein ».

---

1. Elles ont d'ailleurs été modifiées, le 4 octobre, par le Comité. A. G., Rhin-et-Moselle.
2. C'est le 4 octobre que Jourdan demandait son remplacement. Voir Kléber à Damas, 4 octobre, Saint-Cyr, t. II, p. 566.
3. Lettre des représentants au Comité, 4 octobre, AF II, 241, imprimée dans Barthélemy, *Correspondance*, t. V, p 472; Pichegru au Comité, 5 octobre, A. G., Rhin-et-Moselle; Jourdan au Comité, 5 octobre, A. G., Sambre-et-Meuse.

Jourdan répondait qu'obligé de garder le duché de Berg et d'assiéger Ehrensbreistein, il ne disposait pas sur le Mein de forces suffisantes pour passer la rivière en face de l'armée de Clerfayt, sans courir le risque d'un échec. Si donc l'armée de Rhin-et-Moselle ne pouvait agir sur la rive droite, il lui était « impossible d'aller plus avant sans exposer l'armée ». D'ailleurs, déclarait-il, « n'ayant point de chevaux pour faire venir les pontons, je suis sans moyens pour passer le Mein ». Pichegru acquiesçait, appuyant même la démonstration de son collègue : « Cette armée (Sambre-et-Meuse) pourrait être compromise, si elle tentait cette opération, avant de s'être assurée de plusieurs ponts sur le Mein, et d'un au moins sur le Rhin... Elle n'a pas, à beaucoup près, les moyens nécessaires pour leur établissement. L'ennemi pourrait d'ailleurs l'attendre et lui livrer une bataille qui, si nous venions à la perdre, nous éloignerait forcément de Mayence et nous reconduirait peut-être fort loin [1]. »

Si elle ne passait pas le Mein, l'armée de Sambre-et-Meuse devait-elle en remonter la rive droite, pour essayer de tourner Clerfayt, en marchant sur Hanau et Aschaffembourg ? Mais Pichegru déclarait qu' « elle ne pourrait le faire sans s'affaiblir tellement sur le bas Mein, que le général Clerfayt ne manquerait pas de profiter de ce moment pour tomber sur les troupes du blocus et le faire lever, ce qui ferait échouer l'entreprise principale, la prise de Mayence. Elle ne pourrait d'ailleurs marcher sur Hanau et Aschaffembourg qu'en franchissant la ligne de neutralisation, à laquelle les Prussiens paraissaient tenir fortement ». Et, ajoutait-il, faisant allusion aux événements de Paris, « c'est au gouvernement de décider s'il est indifférent, dans les circonstances présentes, de courir les risques d'une rupture avec cette puissance [2] ».

Il importait donc, pour continuer la campagne [3], de régler la question de la ligne de démarcation et d'en finir avec les obstacles que le général prussien, Hohenlohe, opposait aux réquisitions de nos troupes comme à leur marche. Sous le prétexte que les Etats allemands de la rive droite du Mein avaient rappelé leur contingent, bien que ce rappel n'eût pas été suivi d'effet, ce prince entendait les faire jouir du bénéfice de la neutralité. Il prétendait nous interdire l'entrée de Francfort dont les troupes se battaient contre nous dans Mayence. Voulait-on requérir quelques chevaux pour transporter les ponts nécessaires au passage de l'armée, ces chevaux disparaissaient, les

---

1. Pichegru au Comité, 5 octobre, A. G., Rhin-et-Moselle.
2. *Ibid.* et journal de Legrand.
3. On ne voit pas qu'il ait été question, dans le conseil de guerre, du seul plan jugé praticable par Saint-Cyr et Jomini (Soult même) : Jourdan passant le Rhin, relevant les troupes de Schaal, tendant la main à Pichegru sous Manheim, pour laisser à celui-ci la libre disposition de ses forces.

propriétaires se réfugiant derrière la ligne de démarcation. « Comment faire la guerre avec des entraves pareilles? écrivaient les représentants au Comité. C'est ce qui détermine sans doute les généraux à rejeter le fardeau l'un sur l'autre. »

Et, de fait, ils assistaient, à la fin de la conférence, à un « *combat de modestie* », dont ils ne comprenaient pas la cause et qui leur paraissait étrange. Jourdan, par lassitude, « sous prétexte de mauvaise santé, ne voulait pas rester chargé en même temps du siège de Mayence, d'Ehrensbreistein et du commandement de son armée. Il voulait à toute force faire endosser une partie de sa besogne (le commandement du siège et des troupes de Schaal) à Pichegru, qui de son côté paraissait trop aise de s'en tenir aux termes de l'instruction ». Pichegru refusait aussi de prendre le commandement des deux armées en cas de jonction des forces françaises : « Je regarde, disait-il, comme impolitique d'en réunir le commandement tant que dureront surtout le concert et la bonne intelligence, qui ont toujours régné entre le général Jourdan et moi. Au surplus, si le Comité persiste dans son intention à cet égard, je déclare d'avance qu'il doit jeter les yeux sur un autre que moi pour exercer ce commandement, que je trouve infiniment au-dessus de mes forces et de mes moyens. La guerre, en affaiblissant les ressorts physiques de tous ceux qui la font, altère encore les facultés *morales* de ceux qui la dirigent, par un travail et une tension continuels que l'inquiétude et le souci rendent infiniment pénibles [1]. »

« Il faut avouer que jamais nous n'avons vu de généraux moins avides de commandement, » écrivaient les représentants [2] ; et, dans l'impossibilité de trouver une solution meilleure, ils se résignaient à attendre la décision du Comité. Ils décidaient que Jourdan resterait dans sa position sur le Mein et serait chargé du siège de Mayence, conformément aux ordres reçus de Paris ; que Pichegru inquiéterait l'ennemi dans les environs de Manheim, en même temps qu'il ferait des tentatives dans le haut Rhin [3]. Ils suppliaient le Comité de trancher la question de la ligne de démarcation.

## VI. — *La retraite de Jourdan.*

Cette décision laissait l'armée de Sambre-et-Meuse aux prises avec la faim, exposée aux attaques de Clerfayt. Déjà celui-ci se préparait

---

1. Lettre du 5 octobre.
2. Lettre du 4 octobre.
3. Les forces *restées* sous le commandement de Pichegru se réduisaient à 45.000 hommes, tandis que Wurmser seul en comptait 80.000. Voir Cochet fils à son père, A. G., Rhin-et-Moselle, 7 octobre.

à effectuer contre Jourdan le mouvement tournant qui devait changer l'issue de la campagne.

Ce mouvement, il n'aurait pu l'entreprendre, si Wurmser ne lui avait laissé la libre disposition de toute son armée, en occupant la Hesse-Darmstadt ; et Wurmser n'aurait pu faire passer une partie de ses troupes sur la rive droite du Neckar, si Pichegru l'avait sérieusement menacé du côté d'Huningue, de Kehl ou de Manheim.

Pichegru devait « entretenir la terreur d'un passage du Rhin, en faisant entre Brisach et Strasbourg des simulacres de passage, et surtout vis-à-vis de Kehl, jusque vers Offenbourg ». Wurmser n'avait promis à l'empereur de faciliter les opérations de Clerfayt contre Pichegru que s'il apprenait que l'armée ennemie du Haut-Rhin filait vers le bas et « s'il n'avait plus d'événement à parer » sur sa gauche [1].

Du côté d'Huningue, Pichegru se borna à enjoindre au général Ferino de « faire faire beaucoup de mouvements aux équipages de pont entre Neuf-Brisach et Huningue, pour attirer les forces de l'ennemi dans cette partie [2] ». — Du côté de Kehl, écrivait Merlin, il « préparait quelque chose ». Le général Schauembourg, mieux informé, avouait à un espion royaliste que nous ne passerions pas le Rhin [3]. — Du côté de Manheim, nos troupes, établies des deux côtés du Neckar, au voisinage de la ville, restaient dans l'inaction la plus complète, la gauche vers Kefferthal, le centre à Feudenheim, la droite à Neckarau. Le 12 octobre seulement, le jour même où Jourdan commençait sa retraite, Pichegru écrivait à Moreau : « Je me propose de harceler l'ennemi demain du côté de Weinheim pour faire une petite diversion ; » (il attendait deux régiments de carabiniers qui arrivèrent du haut Rhin, le 13). Ce jour-là [4], il poussa une reconnaissance en avant de Manheim, sur Heddesheim et Schwetzingen, songea même à faire exécuter quelques charges, mais n'en fit exécuter aucune, à cause du mauvais temps [5].

Aussi Wurmser continuait à dégarnir le haut Rhin ; Bacher annonçait que tous les camps placés dans les environs de Rhinfelden

1. Bacher au Comité, A. G., Rhin-et-Moselle, 6 octobre ; Vivenot, p. 265.
2. A G., Rhin-et-Moselle, bulletin de Liébert du 2 octobre ; lettre de Montrichard du 9 octobre.
3. Reynaud, 267, et A. G., Rhin-et-Moselle, 12 octobre. Pichegru n'en parle pas dans sa lettre au Comité du 9 octobre, A. G., Rhin-et-Moselle ; Chantilly, Z, t. LXXII, p. 300. Le Comité, 9 octobre, insistait encore pour un passage dans le Brisgau : « Si vous ne croyez pas cette opération possible, écrivait-il, au moins pourrions-nous inquiéter l'ennemi sur ce point *beaucoup plus que nous ne le faisons.* »
4. Journal de Legrand; Pichegru à Moreau, 12 octobre, A. G., Rhin et-Moselle ; Liébert, bulletin du 13 octobre.
5. Desaix, appelé du haut Rhin pour remplacer Dufour devant Manheim, faisait la critique de l'inaction de son chef, quand il écrivait, le 13 octobre, à Saint-Cyr : « Nous sommes assez *ennuyés de ne rien faire et espérons agir à la fin !* »

étaient levés, que, de cette ville à Neubourg, en face de Mulheim, on ne trouvait pas 2.000 hommes et, jusqu'au voisinage de Kehl, à peine 18.000. Le général autrichien, n'ayant plus « d'événement à parer sur sa gauche », réunissait au delà du Neckar la masse de ses forces, plus de 60.000 hommes, entre Kehl et Weinheim, occupait ce dernier point et laissait à Clerfayt la disposition de toute son armée contre Jourdan. Même il envoyait un renfort à Clerfayt, au moment où celui-ci passait le Mein pour tourner la gauche de Jourdan [1].

Clerfayt se décidait, après de longues hésitations, sur les instances de Craufurd, du comte Merfeld et de Wurmser lui-même, à tenter le mouvement qui devait obliger Jourdan à la retraite, en menaçant ses derrières. « Il a été très difficile d'amener le général à cette résolution, » écrivait Craufurd. Une lettre de Jourdan à Hohenlohe, communiquée par celui-ci à Clerfayt, avait triomphé de ses dernières hésitations. Le Comité de salut public venait de trancher les difficultés relatives à la ligne de démarcation, en décidant que les États qui n'avaient pas effectivement retiré leur contingent, seraient traités en ennemis, et que nos troupes auraient le droit de pénétrer sur leur territoire, en particulier sur celui de Francfort. Jourdan avait prévenu Hohenlohe, et après entrevue avec le prince, annoncé que, le 14, sans égard pour la ligne de démarcation, il exécuterait l'ordre du Comité [2]. Pour empêcher Jourdan de pénétrer sur le territoire neutre et surtout d'occuper Francfort, Clerfayt se hâta de passer le Mein [3]. Déjà, le 9 octobre, il avait concentré la masse principale de ses troupes auprès de Babenhausen ; le 10, il passa la rivière près de Seligenstadt et, le 12, il arrivait avec sa droite sur les bords de la Nidda, non loin de laquelle la gauche de Jourdan avait établi ses campements.

A la nouvelle du passage du Mein par Clerfayt et de sa marche sur la Nidda, Jourdan qui, dès le 9 octobre, avait prévu l'offensive autrichienne et donné des instructions à ses généraux, songea un moment à réunir toutes ses divisions en arrière de la Nidda et à battre Clerfayt. Dans ce but, il fit enjoindre par Kléber à l'une des brigades de l'armée de Rhin-et-Moselle, campée sous Mayence et laissée sous ses ordres, de passer le Rhin pour bloquer Cassel sur la rive droite, afin de lui laisser la libre disposition de toutes ses divisions. Celles-ci furent disposées en échelon derrière la ligne de démarcation, prêtes à livrer bataille. Des généraux réunis

---

1. Condé à Barbançon, 6 octobre, et Barbançon à Condé, 10 octobre, Chantilly, Z, t. XL, p. 93, 181 ; Bacher au Comité, 13 octobre, A. G., Rhin-et-Moselle.
2. Comité à Jourdan (s. d.) et à Joubert. *Correspondance de Barthélemy*, t. V, p. 274, 469 ; Reynaud, p. 270, Reinhard au Comité, 11 brumaire an IV. Archives des affaires étrangères, Hambourg, vol. 108
3. Vivenot, p. 293, 355 ; Craufurd, Army in Germany, 13 octobre.

chez Kléber, au dire de Saint-Cyr, comptaient sur la victoire [1].

Mais Jourdan espérait que le général autrichien n'oserait pas violer la ligne de neutralité. Il fut détrompé, lorsqu'il apprit que celui-ci, au lieu de se préparer au combat, dirigeait sa droite sur Friedberg, menaçant les derrières de l'armée française et paraissant disposé à profiter de sa supériorité de forces pour la tourner par sa gauche et lui couper la retraite.

Malheureusement Jourdan croyait que 17.000 hommes de l'armée de Wurmser étaient venus renforcer Clerfayt et que celui-ci pouvait lui opposer une armée bien supérieure en nombre à la sienne [2]. Il comptait moins que par le passé sur l'obéissance ou l'ardeur de ses troupes, qui se mutinaient [3].

Surtout il était convaincu que Pichegru ne voulait pas lui porter secours. Il n'avait pas été dupe de son désintéressement à Ober-Ingelheim [4]. Il l'accusait même de lui susciter des difficultés. En effet, il avait chargé Kléber du commandement des troupes de Mayence; Kléber avait refusé de correspondre avec Schaal, l'ancien commandant de ces troupes, car il voulait dissoudre l'état-major du petit corps d'armée. Les adjudants généraux protestaient, refusaient de livrer au chef d'état-major de Kléber, Bonnamy, leurs archives. Pichegru prenait leur parti. Il écrivait à Schaal : « Je ne suis pas du même avis que le général Jourdan sur l'état-major des quatre divisions, et mon intention n'est pas de le dissoudre [5]. »

De là, rivalité entre les officiers des deux armées : l'armée de « Sambre-et-Meuse, écrivait Marmont, se croit autorisée à tout envahir, à tout faire, à tout ordonner pour sa plus grande gloire ». Brusquement, Kléber donnait sa démission de son « triste et pitoyable commandement ». Il écrivait à Jourdan : « Je viens te déclarer que, dussé-je être arrêté, lié, garrotté et même guillotiné, je ne continuerai pas à commander les quatre divisions de la Moselle »

« Rien ne glace l'énergie comme la défiance, et ce sentiment fatal était partagé par tous les généraux de Jourdan. »

Jourdan prenait, le 12 octobre au soir, la résolution de battre en

---

1. Saint-Cyr, t. II, p. 198 et 493 et suiv.; Soult, t. I, p. 259 et 279; Jomini, t. VII, p. 200; Viennet, t. II, p. 254; A. G., Rhin-et-Moselle, 26 octobre, lettre d'un officier du génie; ibid., 9, 11 octobre, lettre de Reneauld à Lecourbe.
2. Jourdan à C. S. P., 3 octobre. Cf. Viennet, t. II, p 254. Craufurd assure que Wurmser n'envoya que de faibles renforts à Clerfayt, à peine 4.000 hommes d'après Dietrichstein.
3. Adresses de la 66e demi-brigade et de la 53e de l'armée de Sambre-et-Meuse à la Convention.
4. Il répondait à Hohenlohe qui l'interrogeait sur Pichegru : « C'est un fort galant homme; » mais le prince pouvait remarquer « qu'il ne l'aimait pas ». Vivenot, p 307.
5. Caudrillier, le Siège de Mayence, Révolution française du 14 janvier 1902, p. 60 et suivantes.

retraite jusqu'à la Lahn [1], où il espérait rallier une partie des forces qu'il avait laissées en arrière, et tenir tête à Clerfayt. Mais, à son arrivée derrière la Lahn, son armée se débandait ; il s'apercevait combien il est difficile d'arrêter une retraite commencée ; ses troupes affamées réclamaient des vivres ou leur retour sur le Rhin ; Jourdan continuait sa retraite et passait le Rhin.

### VIII. — *Relation entre l'intrigue et la défaite.*

1° A qui revient la responsabilité de la défaite de Heidelberg ? — Sans doute l'attaque a été engagée trop tard, malgré les ordres de Pichegru ; la fuite du 20e chasseurs, la débandade de la 7e division, l'inaction de la 6e, ont notablement influé sur le sort de la journée ; — l'indiscipline et la démoralisation des troupes du corps d'armée sous Mayence ont contribué à tous les échecs de la campagne. Mais les fatigues de marches trop précipitées ont épuisé ces troupes, et Pichegru pouvait leur épargner ces fatigues, en les appelant plus tôt devant Manheim. Il a commis d'ailleurs de graves fautes militaires : concentration tardive et insuffisante de ses troupes en avant de Manheim, séparation de ces forces, déjà si faibles, en deux masses, des deux côtés du Neckar.

Dans le Comité, « Letourneur et Louvet assuraient que Pichegru trahissait [2]. » En décembre 1795, un correspondant anonyme du Directoire jugeait « étonnante » sa conduite « lors de la jonction de l'armée de Clerfayt à celle de Wurmser [3] ».

En janvier 1796, un « patriote de 1789 » trouvait très étrange « que nous soyons entrés dans Manheim avec 4 ou 5.000 hommes, et qu'avec cette poignée d'hommes nous ayons tenté d'empêcher ou de couper la jonction de l'armée de Wurmser avec celle de Clerfayt [4] ».

Après le 18 fructidor [5], les compagnons d'armes de Pichegru se

---

1. « Le manque de subsistances et l'*inactivité de l'armée de Rhin-et-Moselle*, écrivait Kléber à Damas, nous ont forcés de nous retirer derrière la Lahn. » Saint-Cyr, t. II, p. 567. Pichegru a protesté vivement, dans une lettre à Rivaud, contre « la prétendue mésintelligence qu'on dit régner entre lui et le général Jourdan ». Voir mon article cité, p. 62. Le représentant Garrau écrivait au Comité : « Il ne règne pas beaucoup d'harmonie entre les deux armées. Il semble que les chefs se jalousent les uns les autres. On reproche à *Pichegru de n'avoir pas fait tout ce qu'il pouvait pour favoriser Jourdan sur le Mein.* »

2. Thibaudeau, *Mémoires sur la Convention et le Directoire*, t. I, p. 223. Thibaudeau était membre du Comité depuis le 7 octobre 1795. Il ajoute : « Ils n'en avaient pas de preuves ; cependant ils devaient avoir quelques données, ou ils étaient bien servis par leur instinct. »

3. A. G., Rhin-et-Moselle, 15 décembre. Il conseillait de nommer une commission, pour examiner sa correspondance et le journal de ses opérations.

4. Lettre de Drouin à son ami Dupérou, papiers de R. de Saint-Albin, transmise sans doute à Barras par Dupérou.

5. Quelques jours avant Fructidor, article du *Journal des hommes libres*, intitulé *Pichegru démasqué*, 28 août 1797.

partagèrent en deux camps, les uns soutenant qu'il s'était laissé battre volontairement, les autres qu'il avait commis des fautes de métier. Les mémoires de Jourdan n'ont pas été publiés, mais à lire *Victoires et Conquêtes* [1] ou l'*Histoire de la Révolution* de Louis Blanc, ouvrages qui se sont inspirés de ces mémoires, on ne saurait douter que Jourdan n'ait attribué à la trahison l'insuccès de Heidelberg. Même opinion de Soult [2], qui ne pouvait autrement expliquer « l'échauffourée du 24 septembre, où les règles les plus élémentaires de la guerre avaient été méconnues ». Au contraire Saint-Cyr [3], tout en signalant « les fautes énormes » commises par son ancien général, refusait de croire à sa trahison, avant l'armistice de 1795.

Cependant, en 1796, Pichegru déclarait à l'envoyé de Wickham, le major Rusillion, qu'au cours de la campagne de l'année passée, il avait « *fait ou laissé faire* ce qui pouvait être fait avec prudence » ; l'adjudant Badonville assurait à Demougé que Pichegru avait favorisé les Autrichiens devant Manheim, en ne passant pas le Rhin « ou *assez tôt* ou avec un nombre de troupes *suffisant* ». Demougé répéta les propos tenus par Badonville à Wickham, qui interrogea l'adjudant quand celui-ci se rendit à Berne, et Badonville ne démentit pas Demougé [4].

Mais, à cette époque, les artisans de l'intrigue craignaient que Wickham ne se lassât de fournir de l'argent. Pour tirer une dernière

---

1. *Victoires et Conquêtes*, t. III, publié en 1835, p. 10. Cf. Viennet, t. II, publié en 1828, p. 249.
2. Soult, t. I, p. 253-5.
3. Saint-Cyr, t. II, p. 178. 314. D'après lui, pour apprécier la conduite militaire de Pichegru, il importe de ne pas vanter outre mesure « ses grands talents », car « ceux qui étaient à même de l'apprécier ne lui en ont jamais connu que de *très médiocres* ». Soult regardait aussi Pichegru comme un « général médiocre » ; de même Kléber. Sous la Restauration, les journaux publièrent des articles pour ou contre la trahison de Pichegru, lorsque le gouvernement fit élever une statue à ce général. Ainsi, dans *le Constitutionnel* du 28 juillet 1828, article de M. Th. (Thiers?) l'accusant d'avoir commis « une infamie sans exemple dans l'histoire : il se fit battre volontairement et fut l'assassin de ses propres soldats ». Fauche-Borel se présenta au bureau du *Constitutionnel* pour défendre « son ami » ; on refusa d'insérer l'article de protestation qu'il avait écrit ; la *Quotidienne* l'inséra, le 31 juillet ; *le Constitutionnel* expliqua, le 1er août, pourquoi il avait refusé l'insertion : Fauche-Borel n'apportait aucune preuve à l'appui de ses dires.
4. Voir ci-dessous, *Correspondance* de Wickham, t. I, p. 494. Badonville est à Berne le 9 janvier 1797 ; le 15 janvier, Wickham rapportait au prince de Condé son entretien avec l'adjudant : « Il me donna, écrivait il, beaucoup de renseignements *très satisfaisants*, tant sur la campagne de 1795 que sur les projets de Baptiste à cette époque. » Wickham lui remettait 2.000 louis pour Pichegru.
Aussi Montgaillard affirme dans ses *Mémoires secrets* que « le général Pichegru s'était laissé battre dans le Palatinat » et dans le *Mémoire concernant* qu'il tenait le prince « au courant de ses moindres résolutions, l'assurant que son projet n'était pas de pénétrer plus avant dans le Palatinat ; que, si les Autrichiens voulaient attaquer son armée avec une certaine vigueur, il se replierait sur Manheim ». Aucune assurance de ce genre dans la correspondance de Chantilly.

traite sur le Trésor anglais, l'avocat et l'adjudant n'ont-ils pas librement interprété l'aveu fait par le général à Rusillion ?

Néanmoins, il nous paraît difficile de ne pas conclure avec le colonel Craufurd que Pichegru « *n'a nullement coopéré de bon cœur à l'invasion de la Germanie.* Ce n'est pas lui qui a fait capituler Manheim. Il n'a pas profité du tout des avantages que lui donnait la possession de cette importante place [1]. »

*Il n'a pas voulu vaincre.* Il a subordonné le succès de la campagne au succès de ses plans. S'il n'est arrivé devant Manheim que le 17 septembre, c'est qu'il *attendait* à Illkirch l'arrivée de Courant, qui lui avait promis de revenir, le 13 ou le 14 [2] ; c'est aussi que l'entreprise sur Manheim et sur Heidelberg *l'éloignait* du prince, avec lequel il voulait rester en contact, ajournait au moins, si elle ne la reculait indéfiniment, la jonction des deux armées républicaine et « royale ». Le succès d'une invasion en Allemagne relevait le moral de ses troupes et mettait un terme à leurs souffrances : or il spéculait sur leur découragement et leur mécontentement.

Une victoire enfin rehaussait singulièrement le prestige de la Convention, au moment où l'insurrection de Vendémiaire s'annonçait à Paris. Le jour même du combat de Heidelberg, Pichegru apprenait, par une lettre de Merlin de Douai à Merlin de Thionville, que les assemblées des sections de Paris étaient plus agitées que jamais, qu'un mouvement se préparait, qui « ne ressemblerait pas à ceux de Germinal ou Prairial, mais aurait ouvertement les couleurs du royalisme ». Le 30 août, Merlin annonçait : « Paris est en fermentation [3]. »

Les royalistes s'étaient flattés de détruire la république par la constitution même. Grâce aux élections fréquentes, ils pensaient obtenir une majorité décisive dans les conseils ou une influence incontestée dans les administrations. Mais, les 5 et 13 fructidor (22 et 30 août), la Convention avait décidé que les assemblées électorales devraient choisir dans son sein les deux tiers au moins des députés aux Conseils et pris les mesures nécessaires pour assurer l'exécution de son décret.

Dès le 26 août, on annonçait « une insurrection prochaine dans Paris » ; les 27, 28, 29 septembre, les orateurs des sections se pré-

---

1. Craufurd à Grenville, 18 octobre, Army in Germany. Et Craufurd devait traduire l'opinion des généraux autrichiens, car il suivait l'état-major de Clerfayt. Voir ci-dessous l'opinion analogue de Bellegarde, chef d'état-major de Wurmser.
2. 13 ou 14 septembre, dimanche ou lundi.
3. Dès le 25 août, il annonce : « Un nouveau Prairial s'organise, à ce qu'on prétend » ; le 30, il espère encore que « les bons esprits *l'emporteront* ». Quelques jours après, il faut renoncer à cette espérance : « Je prévois, écrit-il, que Paris aura une infâme représentation » ; le 20 septembre il n'en doute plus. Voir Reynaud, p. 238, 239, 246, 257.

sentaient à la barre de l'assemblée, protestaient contre les décrets ; la Jeunesse Dorée rouvrait son club au café Carchy; se répandait dans les cafés du Palais-Royal, chantait *le Réveil du Peuple*, maltraitait les passants [1].

Une victoire sur le Rhin aurait provoqué un revirement de l'opinion à Paris, empêché peut-être l'insurrection de Vendémiaire ; elle allait directement à l'encontre des plans de Pichegru. Une victoire sur le Rhin, c'était une défaite des sections parisiennes [2].

Est-il vraisemblable qu'au point où il en était de ses négociations avec les royalistes, il ait eu la générosité de sacrifier son intérêt à son devoir?

2° Il pouvait tendre la main à Jourdan en avant de Manheim, à la fin de septembre, empêcher, en octobre, Wurmser de prêter un secours efficace au maréchal Clerfayt. Faisons au gouvernement, surtout à Letourneur, sa large part de responsabilité dans les échecs de la campagne ; ne ménageons pas à Jourdan les critiques ; mais la faute de Pichegru reste entière : il n'a pas fait son devoir.

Il avait intérêt à ne pas contribuer au succès d'une campagne en Allemagne. Le 5 octobre, les royalistes assiégeaient le gouvernement dans la capitale et la Convention appelait une colonne de l'armée de Rhin-et-Moselle à son secours. Elle offrait à Pichegru l'occasion, cherchée sans doute, d'intervenir dans la lutte entre Paris et l'assemblée [3]. Devait-il la laisser échapper, en s'enfonçant en Allemagne?

Montgaillard le prévenait aussi que Fauche arrivait avec l'argent nécessaire pour exécuter ses projets. Pouvait-il s'éloigner en ce moment de Manheim?

Il a subordonné l'accomplissement de son devoir militaire au succès de ses combinaisons politiques. Nos ennemis mêmes l'ont cru capable de pactiser avec eux. Le baron de Vincent, attaché au service de l'Autriche, écrivait à Wurmser que tout le persuadait qu'il

---

1. Aulard, *Paris sous la réaction thermidorienne* ; Zivy, *13 Vendémiaire*, introduction ; Thibaudeau, *Mémoires* cités, t. I, chap. xv ; Schmidt, *Paris pendant la Révolution*, t. I, chap. xii, § 13.

2. Pichegru avait-il des alliés dans les sections? Montgaillard prétend, *Mémoire concernant*, p. 150, qu'il assura, en septembre, à Courant : « J'ai *des gens à moi* dans les sections. J'espère qu'elles se prononceront hautement lorsqu'il en sera temps. » Rien ne le prouve. Au contraire, une phrase de Lacretelle (*Histoire de France, Convention 1794-95*, p. 414) laisse entendre que les insurgés ignoraient sa sympathie pour leur cause : « Malheureusement, entre tous les généraux illustres, aucun Monk ne se présentait. Pichegru était à l'armée du Rhin et son royalisme n'était que *faiblement deviné* par les hommes les plus ardents ».
Il est certain d'ailleurs qu'il éprouva un mécontentement vif de l'échec des sections. Voir ci-dessus, citation de la lettre de Vienot. Il écrivait, le 12 octobre, à Moreau (A. G., Rhin-et-Moselle) : « Que mon nom soit tout à l'heure enseveli sous la poussière et qu'enfin ma patrie soit tranquille et heureuse! Il paraît que voilà encore une guerre finie à Paris. Puisse-t-elle ne pas recommencer. »

3. Voir dans ce chapitre la lettre du Comité aux représentants à l'armée de Rhin-et-Moselle.

serait possible de gagner Pichegru. Et lorsque le curé d'Eggs allait rendre ses hommages au général autrichien, à son passage à Rastadt, celui-ci lui parlait des « moyens de gagner Pichegru », lui assurait « qu'il était autorisé à lui offrir le cordon rouge et le grade de lieutenant général, s'il voulait passer avec son armée dans le parti du roi [1] ».

---

1. Chantilly, Z, Barbançon à Condé, t. XL, p. 106-107, 181; d'Eggs à Condé, 18 octobre, t. LXXII, p. 136. Condé s'en inquiéta beaucoup. Il prévint Montgaillard, le 2 octobre, et, sur son ordre, Montgaillard écrivit à Pichegru, le 6, de ne pas négocier avec les Autrichiens.
Vivenot, p. 311; voir l'opinion de Bellegarde, p. 336; Dietrichstein écrit à Thugut, le 21 octobre, et lui conseille de négocier avec Pichegru et Jourdan.
Soult, t. 1, p 253 et suivantes, va jusqu'à prétendre que Clerfayt avait déjà le secret de la conduite de Pichegru et que son audace, en octobre (manœuvre contre Jourdan), ne s'expliquait que par la connaissance qu'il avait de la trahison de Pichegru. Nous verrons cependant que Condé n'a fait connaître aux Autrichiens sa négociation avec Pichegru qu'en novembre.

# CHAPITRE IV

## LA DÉFAITE DE MAYENCE

### I. — *Le voyage de Fauche à Manheim.*

Au moment où Jourdan battait en retraite, Fauche-Borel arrivait enfin à Manheim.

Il était parti de Mulheim pour Lausanne, en compagnie de Fenouillot, le 18 septembre. Le ministre anglais avait fait bon accueil aux envoyés du prince. Il avait entendu parler de Fauche. « De bonne famille », à la tête d'une « solide maison de commerce », le libraire de Neufchâtel passait pour très honnête et très dévoué à la cause royaliste, « au bénéfice de laquelle il avait compromis sa fortune, en donnant des secours aux émigrés ». Quant à Fenouillot, Wickham « le connaissait bien ». Il parcourut la lettre du prince, interrogea Fauche et Fenouillot « séparément », voulant savoir quelles personnes avaient pris part à la négociation. Ceux-ci, se rappelant les recommandations du prince, se gardèrent bien de révéler le nom de Montgaillard et jurèrent leurs grands dieux que l'affaire n'était connue que d'eux-mêmes, d'un secrétaire de Condé et d'un M. Courant de Neufchâtel, qui, à cette heure, se trouvait auprès de Pichegru.

Satisfait d'ailleurs d'entrer en relations avec Pichegru par l'intermédiaire des agents du prince, Wickham[1] remit, le 22 septembre, à Fauche-Borel une *traite de 7.000 louis* sur Cârard et C<sup>ie</sup>, ses banquiers à Lausanne, et *1.000 louis d'or* en espèces sonnantes. Fauche-Borel lui donna reçu de la somme, « laquelle somme devait être employée de la manière convenue entre S. A. Mgr le prince de Condé et M. Wickham[2] ».

Fauche se hâta de reprendre le chemin de Mulheim, ayant appris à Lausanne par Beaufort, arrivé à franc étrier, que son compatriote

---

1. Wickham à Grenville, 8 mars 1797. Entre parenthèses, les expressions mêmes de la lettre de Wickham, Record Office, Suisse. Cf. *Mémoire concernant*, p. 161; *Mémoires* de Fauche, t. I, p. 267-8, qui suivent généralement ses publications antérieures; les *Notices sur Pichegru et Moreau*, 18; le *Précis historique*, 7.

2 Reçu de Fauche-Borel, joint à la lettre de Wickham du 14 mai 1796, Record Office, Suisse.

Courant, arrêté à son entrée en France, le conjurait de faire diligence. Le 27, il était au camp du prince qui, très heureux du succès de sa mission, écrivait à Wickham pour le remercier d'avoir si promptement satisfait à sa demande [1].

L'agent anglais avait fait promettre à Fauche de « remettre entre les mains mêmes du général les fonds dont il était nanti ». Condé renouvela la recommandation. Il lui enjoignit d'insister auprès de Pichegru pour qu'il ouvrît les portes d'Huningue et même celles de Strasbourg à l'armée royale, « *préalable* sans lequel on ne pouvait rien effectuer de décisif », en l'avertissant d'ailleurs qu'il laissait les Autrichiens dans l'ignorance de la négociation. Le prince remit aussi des instructions politiques à Fauche : celui-ci devait prévenir le général que le roi n'entendait nullement accorder une amnistie entière à tous les partisans de la Révolution, mais seulement son pardon à ceux qui lui rendraient « des services réels, tels que la livraison d'une place, etc. ». Cet article de l'amnistie ne dépendait pas de Condé, « non plus que celui des domaines nationaux » : le prince entendait se conformer exactement aux « intentions du roi », exprimées dans son manifeste récemment publié [2].

Condé demandait donc à Pichegru de trahir simplement et sans phrase, pour rétablir « l'ancien régime, moins les abus ».

Au moins fallait-il se hâter d'apporter au général les fonds demandés. Depuis près de vingt jours, il attendait le retour de Courant. L'occasion pouvait s'offrir de lier la partie à Paris et en Alsace — Mais, malgré Montgaillard qui, clairvoyant, doutait de la résistance des sections parisiennes et conseillait de presser l'arrivée de Fauche auprès du général avant leur défaite, le prince, renouvelant la faute déjà commise, ajoutant de nouveaux retards à d'autres retards déjà fâcheux, autorisa son agent à passer par Neufchâtel, pour entrer en France, au lieu de prendre la route de Francfort.

Fauche partit avec Fenouillot. — On avait renoncé à l'envoyer avec Courant, trop compromis depuis son arrestation [3]. Après avoir perdu quelque temps encore à Neufchâtel, dans sa famille, il quitta enfin son compagnon de route, qui dut se rendre à Bâle, pour transmettre ses lettres au prince, et se dirigea sur Besançon. Entré en France le 2 octobre, il acquitta sur la frontière les droits d'une trentaine de montres d'or et d'argent qu'il se proposait de distribuer au quartier général ; il recueillit sur son passage des renseignements relatifs aux dispositions des habitants à l'égard des princes et des émigrés. Il trouva « les villages depuis la frontière jusqu'à

---

1. Condé à Wickham, 27 septembre, Chantilly, Z, t CXXXV.
2 Montgaillard à Condé, 28 septembre, Chantilly, Z, t. XXXIV, p 142; Condé à Montgaillard, 14 octobre, *Mémoire concernant*, 264; cf *ibid.*, 163-4.
3. Montgaillard à Condé, 28 septembre, voir ci-dessus.

Besançon, tous bien pensants », à part deux communes, qui admettaient le retour des princes et des émigrés, mais ne voulaient pas rendre les biens vendus ni « entendre parler des prêtres ». A Besançon, « il y a, écrivait-il, une infinité de braves gens qui ne demandent qu'à se montrer. Il est dommage que l'on ne travaille pas un peu cette ville ; cela serait facile, en y répandant un peu d'argent, qui manque dans presque toutes les bourses ; les assignats sont avilis au point qu'on n'en veut plus nulle part... Plusieurs disent ouvertement : « Pourquoi l'armée du prince de Condé ne vient-elle pas ? nous la recevrions avec plaisir [1]. »

A Besançon, où il fit viser son passeport, il annonça qu'il se rendait à Paris, mais il prit la route de Vesoul. Le 8 octobre seulement, il arrivait à Strasbourg. Il recueillait les échos de la défaite de Heidelberg : soldats et généraux en accusaient Merlin de Thionville à l'envi ; il « avait attaqué contre les vœux du général en chef, contre ses ordres ». Le lendemain, il devait partir pour rejoindre, le 10, Pichegru à Manheim [2].

Les nouvelles de son voyage n'arrivaient à Mulheim qu'après un long détour par Neufchâtel d'abord et par Bâle ensuite. L'impatience gagnait Montgaillard [3]. Il ne recevait pas de nouvelles de Fauche, n'apprenait que le 7 octobre son entrée en France, s'exaspérait de sa lenteur. Que de temps perdu ! Paris, écrivait-il le 1er octobre, entrait en lutte contre la Convention. Strasbourg fraternisait avec les sections de la capitale ; « voilà le véritable instant marqué par le général lui-même arrivé ». Sans doute Pichegru attendait Fauche ; sans doute il comptait les heures sur l'autre rive ; le 1er, il était venu en poste de Manheim « passer la nuit chez Mme Salomon à Blopsheim ». « Je regrette chaque jour plus vivement que ce général n'ait point à sa disposition les fonds qui lui sont nécessaires. » — Les nouvelles reçues, le 7 et le 8 octobre démontraient la nécessité d'une prompte arrivée de Fauche à Manheim : à Paris, la Convention gagnait du terrain à vue d'œil ; à l'armée, Pichegru cherchait à « faire naître l'occasion et le prétexte d'éclater », en envoyant un courrier à la Convention « pour lui demander le rappel de Merlin, ce député ayant voulu, contre l'avis de Pichegru et de son conseil, qu'on donnât l'assaut à Cassel, mesure qu'on assure avoir été funeste aux patriotes [4] ».

---

1. *Détail*, publié dans Daudet en appendice. Chantilly, Z, t. XXXIII, p. 163. Fauche à Condé, 8 octobre. Chantilly, Z, t. XXXIII, p. 125 ; Fauche à Laffont et Cie, Chantilly, Z, 261.
2. Fauche à Condé, 8 octobre.
3. Je résume ses lettres au prince.
4. Pas trace d'un tel envoi dans la correspondance des représentants en mission ou du général.

Tant de retard dans l'envoi des fonds devait produire le plus fâcheux effet sur l'esprit du général. Montgaillard lui écrivait lettre sur lettre. Le 7 octobre, il lui avait adressé six lettres et cinq à son adjudant. Nouvelle lettre le 8; le 10, il écrit à Pichegru « d'une manière si extrêmement pressante » qu'il « regarde comme presque impossible que cette démarche ne le force à agir ». — Il s'avise même d'un stratagème pour contraindre le général à démasquer ses batteries : « Il deviendra facile de l'y forcer, déclare-t-il au prince, le 8 octobre. Je n'ai qu'à lui marquer que tous mes papiers ont été saisis à Bâle et sont entre les mains des magistrats, et par conséquent de Barthélemy, qu'il a connaissance de toutes les lettres que j'ai écrites, ainsi que des propositions qu'elles renfermaient, et que vraisemblablement ces papiers sont dans ce moment en route pour les comités de la Convention. » Le 14 octobre, il n'y tient plus : « J'ai écrit avant-hier à Z..., annonce-t-il, je lui ai accusé la réception de sa lettre du 4, et il est impossible de presser quelqu'un par des motifs plus forts... J'ai été jusqu'à lui dire que, mardi prochain au plus tard, ses affaires seraient entièrement publiques, les registres de ma maison venant d'être égarés ou de m'être enlevés [1]. »

A l'insu de Condé, il imagine même un autre expédient pour brusquer les événements et forcer le prince à révéler aux Autrichiens les négociations, obtenir d'eux l'autorisation de passer le Rhin, seul moyen à son avis pratique de réaliser l'union des deux armées républicaine et royale. Car il pense que Condé ne peut faire un mouvement sans l'autorisation des Autrichiens. Comment, en effet, traverser le Rhin sans leur aveu ? et cet aveu, comment l'obtenir sans promettre, « de bouche, sinon de cœur », des cessions en Alsace ? Après avoir vaincu la Convention, on reprendra l'Alsace aux Autrichiens ; mais, en attendant, le prince doit leur en ouvrir l'entrée. Or celui-ci ne veut pas communiquer son plan aux Autrichiens. Montgaillard l'y forcera bien, en révélant l'intrigue aux correspondants ou aux agents de l'Autriche. Il écrit à Mallet du Pan, qui, de Berne, transmet à l'empereur des nouvelles de France et les commente ; le 2 octobre, il voit à Bâle le baron de *Degelman*, agent impérial en Suisse. A l'un et à l'autre, il fournit des détails circonstanciés sur la négociation du prince avec Pichegru. Il se doute bien que l'empereur en sera informé, et que, tôt ou tard, Condé sera forcé d'en faire l'aveu [2].

1. Montgaillard à Condé, 1ᵉʳ octobre, 3, 7, 8, 10, 16 octobre, Chantilly, Z, t. XXXIV, p. 114, 145, 185, 313, 118, 119, 151. Je crois utile d'insister sur l'impatience de Montgaillard : ces retards de Fauche l'exaspèrent. N'est-ce pas une preuve qu'il est bien convaincu *que Pichegru a demandé à Courant d'apporter des fonds* ?
2. Wickham à Grenville, 8 mars 1797 : Wickham en est prévenu quelques jours

Condé, sans se douter des révélations de son agent, ne croit, n'espère qu'en Wickham. « L'Angleterre est notre ancre de miséricorde, » lui écrit le roi, de Vérone ; le prince écrit à Wickham, le 4 octobre : « La semaine où nous entrons peut et doit être importante, et l'on me dit que vous ne reviendrez pas ici, malgré mes pressantes sollicitations ! Que puis-je faire sans vous, s'il arrive quelque événement ? Que puis-je répondre de positif ? Il est impossible que je me passe de vous. »

Enfin l'agent anglais se rend à ses prières : il arrive le 8 octobre ; il va rester à Mulheim jusqu'après le 20, dans l'attente des nouvelles venues des provinces frontières, de Vendée, de Paris ou de Manheim [1].

Hélas ! les premières nouvelles sont mauvaises ou même désastreuses. Le 10 octobre au soir, Montgaillard annonce la défaite des sections parisiennes, « énorme échec que les puissances et les Français viennent d'essuyer à Paris ». Condé, le 11, l'apprend à son tour à Barbançon. « Hélas ! il y a eu grande bataille dans Paris, le 5 et le 6, entre la Convention et les sections ; le 6 au soir, la Convention a eu le dessus et la section Le Peletier a été désarmée (c'était la clef de voûte). » Le 17, dans sa lettre au roi, il déplore encore la « catastrophe de Paris. C'est une aventure affreuse par la quantité de monde qui y a péri et par le mauvais succès ». Cependant l'espoir est si vivace au cœur des émigrés qu'il se console déjà : « Rien n'est perdu pour cela, et les départements voisins, surtout Orléans, paraissent fort loin de s'abattre [2]. » Montgaillard n'annonce-t-il pas que « Laharpe, Lacretelle et plusieurs écrivains se sont sauvés de Paris et sont à Orléans, où un rassemblement considérable a pris des arrêtés contre la Convention ? » Le Forez s'insurge : « On porte le nombre des insurgés à 33.000 hommes » ; le Velay et le Vivarais suivent son exemple et Condé y envoie quatre officiers d'artillerie [3].

Mais Valdené transmet une nouvelle désolante, le 17 : Lemaître est arrêté à Paris, depuis le 12 ; les communications des royalistes entre la capitale et Bâle sont coupées ; le sénat de cette ville fait rechercher les correspondants de Lemaître ; 30 personnes sont arrêtées, Valdené et d'Artez menacés [4].

---

après, par Mallet et par Degelmann. Dans sa lettre du 30 octobre, Montgaillard parle à Condé de sa visite à Degelmann. Le 28 octobre, il insiste sur la nécessité de tout révéler aux Autrichiens, quitte à leur céder momentanément l'Alsace.

1 Condé à Wickham, 29 septembre, 4 octobre; Wickham à Condé, 2 octobre, Chantilly, Z, t. CXXXV, p. 66, et Y, t XV, p. 116.
2. Chantilly, Z, t. CXXXIII, p. 72; t. CXXXVII, p. 123.
3. Wickham à Grenville, 20 octobre, Record Office, Suisse.
4. Valdené à Condé, 17 octobre et 29 octobre, Chantilly, Z, t. LXXII ; Condé à d'Artez, 21 octobre, ibid., t. CXXXII.

Condé, qui gémit de ce « coup affreux », s'informe auprès de d'Artez, si le malheureux agent royaliste n'a pas eu l'imprudence de garder des lettres dangereuses pour ses amis. Il n'en a que trop gardé. Dans la Convention, le 15 octobre, Delaunay d'Angers en a fait l'objet d'un rapport spécial ; ces lettres sont lues à la tribune, le 17 et le 18 ; le 21, l'Assemblée en ordonne l'impression [1] : une partie des trames royalistes est découverte. Heureusement les intrigues des agents du prince dans le Lyonnais ou la Franche-Comté, la négociation avec Pichegru, restent inconnues.

Mais un des conseils militaires institués pour juger les complices de Vendémiaire, celui de la section Le Peletier, condamne à mort Lemaitre (9 novembre) ; depuis la fin d'octobre, d'Artez et Valdené ont dû quitter Bâle, expulsés par le sénat ; il faut renouer les fils de la correspondance royaliste à Paris. L'abbé Brottier, un des chefs de l'agence royale dans la capitale, compromis dans l'affaire de Lemaitre, a été emprisonné ; récemment élargi, il se terre, pour se faire oublier. L'agent de Wickham, Bayard, le voit chez sa parente, Mme de Rivière, peu disposé pour l'instant à entrer en communication avec Mulheim [2].

Le contre-coup de Vendémiaire s'est fait sentir à Lyon et en Franche-Comté. A Lyon, Bayard trouve à son passage « l'abattement complet ». Si Paris avait réussi, Lyon était prêt à se soulever, à s'emparer de l'hôtel de ville, à appeler Imbert-Colomès ». Mais après Vendémiaire, Tessonnet s'éloigne de la ville ; de Guer, découragé, brouillé avec Tessonnet, est sur le point de partir ; de Bosset est réfugié en Suisse ; « en un mot, personne ne faisait d'affaires qu'Imbert-Colomès, qui continuait les siennes [3] ». Les menées de Poutier de Saône en Franche-Comté sont dénoncées par l'ambassadeur Barthélemy et *le Moniteur* du 13 octobre. Poutier et l'abbé de Chaffoy sont obligés de quitter le canton de Neufchâtel, où les émigrés franc-comtois s'étaient réunis pour comploter la formation d'une Vendée nouvelle dans les provinces de l'Est : « Nous n'avons plus de lieu de rassemblement, » écrit Wickham [4].

A Paris, l'insurrection de Vendémiaire, la découverte des papiers de Lemaitre, le débarquement du comte d'Artois à l'île d'Yeu, le rapport de Chénier sur les assassinats des compagnies de Jéhu et du Soleil, la retraite de l'armée de Sambre-et-Meuse, provoquent une « recrudescence de jacobinisme ». Rovère, Saladin, Lhomond, com-

---

1. *Réimpression du Moniteur*, t. XXVI, p. 457 ; Chassin, *Pacification*, t. II, p. 126 et suivantes ; Forneron, *Histoire des Émigrés*, t. II, p. 81.
2. Rapport de Bayard à Wickham, janvier 1796, Record Office, Suisse, vol. 14.
3. *Ibid.*
4. Pingaud, *Négociation secrète sous le Directoire*, p. 5 ; *Moniteur* du 13 octobre ; *Correspondance de Wickham*, t. I, p. 190.

promis par Lemaître, sont arrêtés, ainsi qu'Aubry, regardé comme responsable des échecs sur le Rhin. Une commission des Cinq est nommée, pour prévenir les manœuvres des royalistes. La loi de brumaire est votée (24-25 octobre) : elle exclut des fonctions législatives municipales et judiciaires tous ceux qui, dans les assemblées primaires ou électorales, ont provoqué ou signé des mesures séditieuses et contraires aux lois; elle exclut des mêmes fonctions et des administrations les émigrés non rayés et leurs parents, non seulement père ou fils, mais oncles et neveux; les officiers replacés par Aubry dans les cadres, lorsqu'ils n'ont pas servi du 10 août au 15 germinal an III, sont destitués. Il semble qu'une nouvelle Terreur commence.

Wickham, qui s'est rendu à Mulheim pour assister de plus près à la ruine de la Convention, Condé, qui a promis de lui apporter des bulletins de victoire, sont atterrés. Il est difficile de peindre leur douleur, écrit Montgaillard : « Alors ils se jetèrent *véritablement dans les bras du général Pichegru* et le pressèrent avec les plus vives instances de ne pas perdre un moment pour éclater [1]. »

## II — *Fauche à Manheim (I<sup>re</sup> entrevue).*

Les événements de Paris refroidissaient au contraire singulièrement la bonne volonté de Pichegru. Il avait suivi avec un intérêt passionné les péripéties de la lutte entre la Convention et la capitale. La défaite des sections lui causa un désappointement profond et, dans le premier moment, il ne cacha point sa mauvaise humeur à ses intimes. Il critiqua même avec amertume le rôle joué par Bonaparte dans la circonstance. Ses paroles, rapportées à ce général, servirent de prétexte à une antipathie qui datait peut-être de longtemps [2].

Mais, ce premier moment de dépit passé, le prudent Franc-Comtois se borna aux allusions railleuses : le 12 octobre, il écrivait à Moreau : « Il paraît que voilà encore une guerre finie à Paris. Puisse-t-elle ne pas recommencer [3] ! »

La défaite des sections dérangeait ses plans, en reculait au moins l'échéance : à supposer que ses troupes fussent disposées à se soulever contre la Convention, la crainte d'un échec semblable paralyserait leur élan. Il fallait attendre que l'impression produite par la victoire de l'assemblée s'effaçât dans l'esprit des soldats. L'exemple des Parisiens lui inspirait d'autres réflexions : leur entreprise avait

---

1. *Mémoire concernant*, p. 167.
2. Voir ci-dessus, citation de la lettre à Vienot.
3. A. G., Rhin-et-Moselle, 12 octobre.

échoué, parce qu'elle était mal combinée ; il importait de ne rien laisser au hasard, d'arrêter à l'avance le détail des mesures projetées, et pour cela de ne pas en précipiter l'exécution. Plus que jamais enfin il convenait de ne rien faire « de décousu et de partiel », livrer une place sans être assuré du soulèvement de l'armée, provoquer l'insurrection d'une ou deux divisions sans être certain du bon vouloir des autres. Attendre tout du temps, de combinaisons patientes et du mécontentement général des troupes, mécontentement qui ne ferait que s'accroître, avec les souffrances de l'automne et de l'hiver, tel fut le plan auquel s'arrêta Pichegru, après l'échec des sections parisiennes.

Fauche arrivait alors à Manheim (10 octobre)[1], avec l'argent demandé. Il écrivait pour demander une audience, faisait connaître à Badonville les exigences du prince, toujours les mêmes, et son impatience du résultat. Que lui répondre ? Pichegru prenait le temps de réfléchir.

Il ne le recevait que le 13 au matin [2]. Il venait d'apprendre par une lettre de Saint-Cyr que Clerfayt menaçait le flanc gauche de Jourdan et pouvait l'obliger à battre en retraite. Saint-Cyr prévoyait même l'attaque des lignes de Mayence par les Autrichiens, et comme Kléber l'avait chargé, le 11, du commandement des troupes de siège sur la rive gauche, il demandait des instructions, au cas où il serait contraint lui-même à la retraite [3].

Que Jourdan se retirât sur la Lahn, ce n'était pas pour déplaire à Pichegru : le Comité serait forcé d'ajourner l'invasion de l'Allemagne, et l'armée de Rhin-et-Moselle resterait dans son inaction. Mais que l'armée de Sambre-et-Meuse battît en retraite derrière le Rhin, Pichegru y voyait un double danger. Clerfayt pouvait se rejeter sur Mayence, après avoir refoulé Jourdan derrière le Rhin, et combiner ses opérations avec celles de Wurmser, pour prendre entre deux feux les troupes françaises du Palatinat et d'Alsace. Or Pichegru n'avait aucun intérêt à se faire battre [4] : vaincu, il perdait une partie de son prestige auprès de ses troupes.

Autre danger : la retraite de Jourdan l'exposait à des insinuations et des attaques que, par ce temps de dénonciations, il pouvait mépriser, mais non dédaigner. Déjà la *Gazette française* l'avait pris à partie, dans son numéro du 15 septembre. Un certain Gaspard, capitaine au 3e régiment d'artillerie, avait envoyé, le 1er septembre, à ce journal

---

1. La date de son arrivée fixée par sa lettre du 8 octobre de Strasbourg, où il annonce qu'il sera, le 10, à Manheim, et par le *Détail*.
2. Fauche, 13 octobre : « J'ai vu ce matin Baptiste ». Chantilly, Z, t. XXXIII, p. 126.
3. Saint-Cyr, *Mémoires*, t. II, p. 191.
4. Tant qu'il se croyait sûr de garder le commandement de son armée.

une lettre, où il contestait au vainqueur de la Hollande les grandes qualités du commandement et attribuait aux généraux placés sous ses ordres les succès de la campagne, succès remportés, disait-il, surtout en son absence. Le général de l'armée du Nord, Moreau, avait fait signer à Souham, Salme, Reynier, Macdonald, etc., une protestation qu'il avait envoyée, le 1er octobre, à son ami. Mais, si les journaux critiquaient déjà ses victoires, que diraient-ils d'une retraite, celle de Jourdan, causée en partie par son inaction [1] ?

De là l'« air soucieux », avec lequel il accueillit Fauche et le « langage dilatoire », qu'il lui tint dans cette entrevue [1]. « Je me rendis chez lui à l'heure indiquée, rapporte Fauche, et lui fis part de l'empressement du Bourgeois (Condé) à voir réaliser ses promesses, en lui annonçant que je portais des fonds pour les premiers préparatifs. Il protesta de nouveau de son attachement aux intérêts du Bourgeois, de son dévouement au rétablissement de la monarchie et de l'ordre ; mais il me dit que l'instant n'était point arrivé, qu'il s'en occupait constamment, mais que ce n'était point une affaire à essayer et qu'on pouvait se reposer sur ses efforts et son zèle pour en accélérer l'époque [3]. »

Livrerait-il Huningue au prince ? Lui ouvrirait-il les portes de Strasbourg ? A ces questions de Fauche, il répondit par des faux-fuyants ; il s'arrangerait pour aller, dans quelques jours, visiter Huningue et y placer des officiers qui lui seraient dévoués. A Strasbourg, le gouvernement lui ordonnait de remplacer Bizy, commandant de la citadelle, nommé à Schlestadt ; il le remplacerait par un autre général, gagné comme lui aux idées monarchiques. Vagues témoignages de bonne volonté que l'agent de Condé prit pour des promesses ; il écrivit à Mulheim : « Vous ferez bien d'être prêt à recevoir la Pendule (Huningue), au moment où je donnerai avis de l'expédition Baptiste me charge encore de vous dire qu'il y mettra tous ses soins [4]. » Mais il avouait à Wickham, en février 1796, qu'il avait mal interprété la pensée de Pichegru, que, si le général l'avait

---

1. Pichegru à Moreau, 12 octobre, A. G., Rhin-et-Moselle ; *Moniteur*, réimpression, t. XXVI, p. 102 et 236 ; *Gazette française* du 15 septembre ; Pichegru à Moreau, 5 novembre, A. G., Rhin-et-Moselle. Pichegru attribuait l'article à Aubry ou à Sauvieu. Voir, dans Hennet, deux Gaspard, l'un lieutenant à l'armée des Ardennes en 1792, l'autre capitaine à Cherbourg.
2. *Mémoires de Fauche*, t. I, p. 274.
3. *Détail*, publié par Daudet, appendice.
4. Lettre de Fauche du 13 octobre, Chantilly, Z, t. XXXIII, p. 126. Vers cette époque, Pichegru avait donné « ordre » à Projean, chef de bataillon, commandant à Landau, de prendre le commandement d'Huningue. (Vernier, qui commandait la place de Strasbourg, venait d'être proposé pour celle de Landau.) Or Projean connaissait peut-être intimement Pichegru. En 1792, il était adjudant de place à Besançon, au moment où Pichegru était officier au 2e d'artillerie. AF II 204 ; Hennet, p. 2 ; dossiers de Bizy et de Vernier aux archives administratives de la guerre.

autorisé, au mois d'août, à déclarer au prince qu'il ferait en sorte de lui ouvrir (pas immédiatement d'ailleurs) les portes d'Huningue, en octobre, au contraire, « ses projets paraissaient entièrement changés, et il ne parlait plus de livrer *Huningue ni une autre place*[1]. »

Sur un autre point, Fauche constata que le général avait encore modifié ses projets. En août, il se proposait seulement de provoquer le soulèvement d'une partie de son armée contre la Convention. En octobre, « il a changé d'avis entièrement » ; il veut gagner « *son armée entière* » à la cause monarchique, et « décidément refuse de tenter une opération partielle, qui pourrait compromettre le succès du mouvement d'ensemble[2] ».

Mais, pour gagner l'armée, il faut y répandre des brochures. Que Fenouillot prépare des brochures aux soldats, écrit Fauche : Pichegru enverra un express à Mulheim pour les prendre. En attendant, il faut en « adresser de petits paquets, tous les courriers, à Baptiste, il en fera usage » ; il faut en faire passer un ballot à la maîtresse du général, M$^{me}$ Salomon, à Blopsheim : « Baptiste les fera prendre[3]. »

Avec l'argent anglais, Fauche fera des cadeaux aux officiers, des largesses aux soldats. Et d'abord il se rendra à Francfort avec Badonville, qui ne le « quitte plus », échangera les traites que lui a fournies Wickham contre l'argent et l'or de ses correspondants.

Et lorsque soldats et officiers seront prêts à marcher contre la Convention — ou le Directoire — l'agent du prince et Badonville se rendront à Mulheim pour en avertir S. A.[3].

Fauche satisfait s'empressa de transmettre à Mulheim le résumé de sa conversation avec Baptiste. Sa lettre, accompagnée d'un billet de Badonville, remplit de joie Wickham. L'agent anglais se hâta, le 20 octobre, d'annoncer à son gouvernement que Pichegru donnait « les plus fortes assurances de ses bonnes intentions » et paraissait « pleinement décidé à tenter quelque chose, dès qu'une occasion favorable se présenterait[4] ».

Condé ne fut pas aussi satisfait. Pourquoi Pichegru ne livrait-il point Huningue et Strasbourg ? Pourquoi n'avait-il pas « profité de la dernière crise pour éclater » ? Autant de questions qu'il posait à Montgaillard, en lui enjoignant d'écrire qu'il n'y avait pas « un moment à perdre pour livrer la Pendule (Huningue), car « l'armée royale » pouvait d'un jour à l'autre changer de cantonnements. Montgaillard écrivit à l'encre blanche, le 22 octobre, à Badonville : il fallait,

---

1. Wickham à Cranfurd, 13 février 1796, *Correspondance de Wickham*, p. 279.
2. *Correspondance de Wickham*, t. I, p. 270 et p. 283-4.
3. Lettre de Fauche du 13 octobre.
4. *Correspondance de Wickham*, t. I, p. 184.

disait-il, « se hâter d'éclater », de livrer Huningue et les gorges du Porrentruy et ne pas attendre, s'il était possible, « plus de quinze jours [1] ». — Lorsque la lettre parvint à l'adjudant général, à la fin d'octobre, Fauche avait renoncé à parler d'Huningue. Tout à la joie de ses intrigues auprès des officiers et des soldats, il ne s'apercevait pas que Pichegru devenait plus sombre de jour en jour, saisissait tous les prétextes pour échapper à ses sollicitations, anxieux de la responsabilité qui pesait sur lui et de la défaite qu'il prévoyait.

### III. — *Anxiété de Pichegru.*

Le 17 octobre, il apprenait par une lettre de Jourdan que ce général, faute de subsistances et de chevaux, devait abandonner les bords de la Lahn, pour battre en retraite derrière le Rhin. Ce recul de l'armée de Sambre-et-Meuse exposait celle de Rhin-et-Moselle à une double attaque de Clerfayt et de Wurmser. « La position de Mayence, ainsi que celle devant Manheim, écrivait Pichegru à Rivaud et Reubell, vont fixer en ce moment toute l'attention de l'ennemi et attirer toutes ses forces [2] ».

Il ne croyait pas si bien dire : le lendemain, 18, la fusillade le réveillait, à 4 heures du matin ; Wurmser culbutait ses troupes dans leurs camps et se lançait à l'assaut de Manheim.

Le général autrichien avait bien combiné son plan. Il connaissait les défauts de la place de Manheim, dont les ouvrages n'étaient qu'à demi-revêtemens : et ces demi-revêtements très bas, les contrescarpes à peu près nulles. Il munit une partie de ses troupes d'échelles pour les escalader, à la faveur de la surprise de l'ennemi. L'autre partie assaillit les camps français postés à droite et à gauche du Neckar : elle devait essayer de pénétrer par les portes, « pêle-mêle avec l'ennemi surpris et culbuté ».

Wurmser tirait un excellent parti des fautes commises par Pichegru. Celui-ci n'avait donné aucun ordre pour compléter les fortifications de Manheim ou pour dresser quelques batteries en avant de la place et prévenir une surprise de l'ennemi ; ses troupes étaient restées dans la *plus complète inactivité* jusqu'au 17 octobre. Il s'était contenté de poster ses camps à une lieue de la ville, trop près d'elle, car l'ennemi pouvait y entrer en même temps que ses soldats débandés [3].

La fortune le servit encore une fois. Au moment où ses troupes débandées lâchaient pied de tous côtés, où les Autrichiens péné-

---

1 *Mémoire concernant*, p. 265, Condé à Montgaillard.
2. Pichegru à Rivaud et à Reubell, 17 octobre, A. G., Rhin-et-Moselle.
3. Journal de Legrand ; Vivenot, p. 341-42.

traient dans les camps et même se glissaient entre nos troupes et la ville jusque sur le glacis des fortifications, un brouillard intense enveloppa les combattants, arrêta la marche de l'ennemi. Puis le jour parut ; il fallut renoncer à l'escalade. D'ailleurs nos troupes, revenues de leur surprise, se défendaient avec un courage, une intrépidité, à laquelle Pichegru a rendu hommage. Elles parvinrent à refouler l'ennemi du plateau qui domine Manheim, plateau dont l'occupation aurait permis aux Autrichiens de bombarder la place. Mais elles durent lâcher pied devant le nombre, évacuer leurs camps des deux côtés du Neckar, camps de Neckarau, Feudenheim, Waltstadt, Kaferthal, où les impériaux s'établirent. Elles avaient tant souffert qu'il fallut en faire rentrer une partie à Manheim. Il ne resta sur la rive gauche du Neckar que 4.000 hommes d'infanterie et 500 chevaux [1].

A peine remis de cette alerte, Pichegru apprenait que, dans la nuit du 18 au 19 octobre, à la faveur du brouillard, l'ennemi avait tenté de débarquer près de Mayence. Plusieurs barques, chargées de troupes, s'étaient présentées sur la rive gauche, entre Bingen et Mayence. Une pièce de canon chargée à mitraille, soutenue par quatre compagnies de grenadiers, avait forcé l'ennemi à se retirer [2].

Ainsi les deux généraux autrichiens, Wurmser avec la masse de ses forces, Clerfayt déjà avec une partie des siennes, se retournaient, aussitôt la retraite de Jourdan, contre l'armée de Rhin-et-Moselle. D'un jour à l'autre, 70.000 Français allaient avoir à combattre 140.000 Autrichiens. La destinée cessait de se montrer clémente : Pichegru n'avait pas secouru Jourdan contre Clerfayt : sa faute allait entraîner un désastre.

Il voulut défendre Manheim et s'y enferma. Il donna l'ordre de pratiquer quelques batteries derrière la chaussée de Seckenheim et de lier le fort du Rhin à la route de Schwetzingen par des retranchements appuyés par une forte redoute : « On travaille à un camp retranché, écrivit Liébert au Comité, entre la tête de pont du Neckar et le plateau où est marquée la Justice sur la carte de Turenne [3]. »

Mais si les Autrichiens parvenaient à forcer les retranchements derrière lesquels s'abritaient nos troupes, pour faire le siège de Mayence, chassaient celles-ci du Palatinat et les rejetaient sur

---

1. Sur le combat du 18 octobre, voir mémoire d'Abbatucci, lettres de Pichegru à Rivaud et Reubell, au Comité, à Jourdan, du 18 octobre ; d'Abbatucci à Casabianca, 19 octobre, et bulletin de Liébert, même jour ; journal de Legrand surtout : le tout A. G. ; Vivenot, p. 296, 332 ; Jomini, t. VII, p. 206, etc.
2. Bulletin de Liébert du 23 octobre ; lettre de Chasseloup à Collet du 22, dans A. G., Rhin-et-Moselle ; Merlin au Comité, Reynaud, p. 280 ; Schaal à Saint-Cyr, Saint Cyr, t. II, p. 508.
3. Journal de Legrand ; Liébert, bulletin du 27 octobre, dans A. G., Rhin-et-Moselle, ordres donnés, les 17 et 19 octobre.

Landau, ils pouvaient assiéger Manheim sur les deux rives et s'en emparer. Il importait donc d'assurer la défense des lignes ou de prendre en arrière une position assez forte pour défendre le Palatinat.

En apprenant la retraite de Jourdan, Pichegru désespéra de défendre les lignes. Le corps d'armée sous Mayence avait perdu deux divisions d'infanterie, celles d'Ambert et de Dufour, appelées devant Manheim, et trois régiments de cavalerie; la désertion faisait de nombreux vides dans ses rangs; il était réduit à 25.000 hommes à peine [1]. Avec si peu de forces, comment repousser l'agression d'un ennemi supérieur en nombre, auquel on attribuait jusqu'à 80 000 hommes ? « Nous autres, écrivait d'Ober-Ingelheim le chef de brigade Chasseloup au représentant Gillet, nous serons dans deux jours enfoncés et contraints de nous retirer de devant Mayence, par le retour d'une partie de l'armée qui a fait reculer Jourdan. » « Il ne dépend pas de nous de garder notre position, avouait Schaal, » et il adressait aux généraux que Pichegru venait de replacer sous ses ordres des instructions en cas de retraite [2].

« Il fallait, écrivait le général Duverger, aussitôt après la défaite de Jourdan nous replier où nous sommes (près de Landau, le 30 novembre). Étant ainsi resserrés, nous en aurions été bien plus forts. La prise de Mayence était devenue une chimère, depuis la retraite de Sambre-et-Meuse [3]. » Le 17 octobre, Pichegru émettait le même avis dans une lettre aux représentants Reubell et Rivaud. Il jugeait prudent « d'abandonner nos lignes de contrevallation, pour prendre en arrière une position plus tranquille et plus commode ». L'armée y gagnerait « de ne pas perdre encore plusieurs milliers d'hommes », pour garder inutilement les lignes pendant l'hiver, et de ne point s'exposer à une attaque soudaine de Clerfayt [4].

Mais les représentants protestèrent avec force contre l'abandon des lignes de Mayence. Rivaud écrivit à Pichegru : « Je ne veux pas m'établir juge de ce qu'il vous convient mieux qu'à moi de décider, mais je crois pouvoir vous dire que, si vous faites ce mouvement rétrograde tout à l'heure, vous jetterez le découragement dans votre armée; vous donnerez un excès de confiance à l'ennemi; il pénétrera dans le pays conquis, y prendra ses quartiers d'hiver et, s'il vient à y faire quelques progrès, si vous veniez à être forcé devant

---

1. Rivaud au Comité, 29 octobre, A. G., Rhin-et-Moselle. Voir états officiels dans Saint-Cyr, t. II, pièces justif., n° 100 : 30 000 hommes au plus.
2. Chasseloup à Gillet, A. G., Rhin-et-Moselle, 19 octobre ; Schaal à Saint-Cyr, Saint-Cyr, t. II, p. 509; Merlin au Comité, Reynaud, p. 280.
3. Duverger à Florent Guiot, 30 novembre 1795.
4. Pichegru à Rivaud et à Reubell, 17 octobre, A. G., Rhin-et-Moselle. Cf. journal de Legrand, qui est du même avis.

Manheim, alors nous serions exposés à voir cette ville bloquée. Je persiste donc à croire qu'il ne faut point ouvrir à Mayence un chemin sur le Rhin à l'ennemi (19 octobre). » Rivaud envoya la lettre de Pichegru au Comité, en l'accompagnant d'une autre, où il blâmait vivement toute tentative de retraite, annonçant qu'il allait rejoindre le général à Manheim [1].

Pichegru se rendit aux raisons de Rivaud et donna, le 21, au général Schaal l'ordre de combattre « jusqu'à l'extrémité des lignes », si l'ennemi nous y attaquait. Le 22, il lui prescrivit de nouvelles dispositions pour défendre ces lignes et rassurer ceux qui « pourraient croire que nous avions envie de nous retirer ». Il avait ordonné l'évacuation de l'artillerie de siège, que nos troupes, faute de chevaux, ne pouvaient amener avec elles en cas de retraite ; il enjoignit d'interrompre le transport des pièces, puis de ramener celles qui avaient été enlevées. Les batteries furent armées de nouveau, et les généraux eurent pour instruction « de faire usage de notre nombreuse artillerie », sans s'inquiéter de son sort en cas d'événement [2].

Décidé à garder les lignes de Mayence, il aurait dû renforcer la petite armée de Schaal. Saint-Cyr lui reproche de ne pas avoir même « employé des demi-mesures, telles que l'envoi devant Mayence de la 5e division [3], qui gardait les bords du Rhin et pouvait être remplacée en donnant plus d'étendue à la 4e ». Soult l'a blâmé de n'avoir point dégarni le haut Rhin et fait refluer les troupes qui le gardaient sur Manheim et Mayence [4]. Laissant la 1re et la 2e division (15.000 hommes) en amont de Strasbourg, il se contenta de faire descendre en aval la 3e et trois régiments de cavalerie. La 3e, la 4e et la 5e division reçurent l'ordre de s'étirer de Strasbourg jusqu'à Worms [5].

Au moins fallait-il évacuer Manheim, déclare Saint-Cyr [6], et renvoyer devant Mayence les divisions qui la gardaient. « Alors

---

1. A. G., Rhin-et-Moselle, 19 octobre.
2. Schaal à Saint-Cyr, Saint-Cyr, t. II, p. 512 et suivantes.
3. Bacher lui annonçait que les Autrichiens se proposaient de franchir le Rhin en aval de Worms, pour couper le gros de ses forces de Mayence. Aussi ordonnait-il à la 5e division de garder Worms. Ordre du 26 octobre, bulletin de Liébert, A. G., Rhin-et-Moselle.
4. Wurmser donnait l'ordre au général Mélas et à Condé de passer le Rhin, ordre du 6 novembre qui ne fut pas exécuté d'ailleurs ; 22.000 Autrichiens bordaient la rive droite du Rhin de Bâle à Kehl, prêts à tenter un passage si l'occasion s'offrait. Il semble donc que les critiques de Soult manquent de justesse, car Pichegru ne laissa dans le Haut-Rhin, en amont de Strasbourg, que 2 divisions, moins de 15.000 hommes.
5. Bulletin de l'armée du 25 et du 26 octobre, A. G., Rhin-et-Moselle. Voir Lorédan-Larchey, Journal de Fricasse, p. 72 : Fricasse descend le Rhin de la Vantzenau à Wœrth, Spire et Manheim.
6. Saint-Cyr, t. II, p. 221. Legrand approuve le projet de neutraliser Manheim, à condition de neutraliser Mayence.

l'armée de Pichegru, établie sur une bonne défensive, et libre dans tous ses mouvements, n'avait plus rien à risquer. » Pichegru répugnait à l'abandon de Manheim, sa seule conquête de toute la campagne. Cependant il appuya une proposition faite par l'électeur palatin à notre ambassadeur Barthélemy. Celui-ci proposait la neutralisation de Manheim. Pichegru écrivit au Comité (27 octobre) : « Si, en nous faisant la proposition de neutraliser cette place, les Autrichiens consentent de leur côté à neutraliser Mayence, vous ne devez pas différer d'accéder à cette demande. » Merlin de Thionville, au contraire, combattit vivement la proposition de l'électeur. Le 28 octobre, il adressait au Comité une lettre étrange, témoignant de son optimisme et de ses illusions : selon lui, il ne fallait pas neutraliser Manheim ; la saison des sièges était passée ; la ville ne serait pas assiégée avant l'hiver ! Si nous l'abandonnions, nous perdions le moyen d'effectuer un passage sur le flanc gauche de l'ennemi : « Si l'ennemi, écrivait-il, veut bombarder Manheim, il faut bombarder Mayence ; s'il attaque nos lignes formidables de Mayence, il se dégarnira devant Manheim, et alors nous attaquerons ses ouvrages. » Notre armée ne pouvait garder à la fois Mayence et Manheim, sans l'appui de Jourdan [1].

Celui-ci avait commis la faute d'éparpiller ses troupes le long du Rhin jusqu'à Dusseldorf, au lieu d'effectuer sa retraite entre Bingen et Trèves et de porter un corps considérable de troupes au voisinage de Mayence, sur la Nahe. Pichegru pria son collègue de venir à son aide [2]. « Ne penseras-tu pas, lui écrivait-il le 18 octobre, qu'il serait nécessaire de venir me renforcer sur l'une et l'autre de ces deux positions (Mayence et Manheim), ou au moins de remplacer une partie de nos divisions devant Mayence, pour pouvoir les faire remonter devant Manheim ? » Le 19, il lui annonce l'échec de la veille : « Cette circonstance rend plus urgents les secours que je t'ai demandés. Je te renouvelle donc mes sollicitations à ce sujet, en te priant de faire filer sur Mayence tout ce qu'il te sera possible de détacher. » Jourdan ne lui avait pas encore répondu, le 23. Ce jour-là, il le pressait encore de prolonger sa droite sur Manheim. Enfin Jourdan annonce qu'il envoie 12 bataillons sous Mayence, en attendant les ordres du Comité. Pichegru le remercie : « J'attendais avec bien de l'impatience de tes nouvelles, mon camarade, lorsque j'ai reçu ta lettre du 30 qui m'annonce ta retraite achevée. Les douze bataillons que tu nous envoies ne laisseront pas de nous donner une certaine consistance, en attendant la décision du Comité de salut public [3]. »

1. Pichegru au Comité, 27 octobre ; Merlin, 28 octobre, dans A. G., Rhin-et-Moselle.
2. La faute commise par Jourdan bien expliquée dans le mémoire d'Abbatucci, A. G.
3. Les lettres dans A. G., Rhin-et-Moselle, aux dates. Ces douze bataillons (la

Pichegru prévoyait cependant la défaite et dégageait sa responsabilité : « Il est temps que vous jetiez un coup d'œil attentif sur la situation des armées, écrivait-il au Comité, et que vous preniez des mesures promptes pour l'améliorer. Les combats et les maladies réduisent chaque jour les corps d'armée d'environ un centième et rien ne tend à les renforcer. Nous manquons d'un très grand nombre de chevaux pour les différents services, et ceux qui restent sont si mal nourris qu'ils sont incapables de supporter une journée de bataille [1]. » Avec Garrau, que le Comité de salut public vient d'envoyer sur le Rhin, en remplacement de Reubell, il a un entretien particulier. Il se plaint avec amertume de la « désorganisation presque totale de nos armées », des facilités accordées aux soldats pour quitter les drapeaux et de la désertion qui en est la conséquence, de la pénurie des chevaux, qui « pour les transports, les vivres, les fourrages, les hôpitaux, l'artillerie, est effrayante », de la « friponnerie des administrations militaires qui, soit ignorance, négligence ou mauvaise intention, ne font pas leur métier [2] ». Mêmes plaintes aussi vives à Rivaud, à Merlin de Thionville, qui les transmettent au Comité, le 22, le 24 octobre. C'est à la suite d'une de ces conférences avec Rivaud que celui-ci n'hésite pas à déclarer au Comité : « C'est à grand'peine que nous pourrons empêcher l'ennemi de passer le Rhin, s'il tente ce mouvement dans l'état de choses actuel [3]. »

### IV. — *Les intrigues de Fauche à Manheim.*

D'après Montgaillard, Pichegru « tenait le prince au courant de ses moindres résolutions : il l'assurait que, si les Autrichiens vou-

---

division Poncet), évalués à plus de 10.000 hommes avant le passage du Rhin, ne comptaient guère alors plus de 8.000 hommes. Ils n'arrivèrent d'ailleurs que tardivement dans le Palatinat, trois l'avant-veille de la perte des lignes de Mayence, trois autres la veille, soit 4.000 hommes. Les autres ne rejoignirent l'extrême-gauche de l'armée que les 7 et 8 novembre, à Rockenhausen.

1. Au Comité, 18 octobre, A. G., Rhin-et-Moselle.
2. Garrau au Comité, 21 octobre, A. G., Rhin-et-Moselle.
3. Merlin et Rivaud au Comité, 22, 24 octobre, dans A. G., Rhin-et-Moselle. Quelle différence entre ces lettres pressantes, anxieuses, que Pichegru adresse au Comité le 18, le 23 octobre, ou aux représentants en mission le 17 et le 18, et celles qu'il adressait au Comité en septembre, si rares et si sèches! De l'offensive, nos armées sont passées à la défensive; il ne s'agit plus d'envahir l'Allemagne, mais de sauver le Palatinat, l'Alsace et l'armée. Pichegru va payer la faute qu'il a commise en laissant Jourdan sans appui sur le Mein; c'est la défaite probable. De là son anxiété, ses remords peut-être : « Accoutumé, écrit-il au Comité le 18 octobre, à vous annoncer pendant longtemps des succès, il m'est *plus pénible* qu'à tout autre de vous parler de circonstances moins heureuses. » « Sa conduite, dans son ensemble, écrit Soult, a dû offrir *beaucoup de tergiversations*, comme celle de tout homme qui s'est placé dans une pareille situation et qui est entré dans la voie du crime. Il a dû même s'en *repentir, mais trop tard*, et chercher à *revenir sur ses pas*. » Soult, I, p. 237.

laient attaquer son armée avec une certaine vigueur, il se replierait sur Manheim, dont la reprise ne serait guère plus difficile que la conquête ne l'avait été », de là sur Strasbourg, où le prince n'aurait qu'à se rendre, en descendant le Rhin, pour effectuer « la réunion [1] ».

La correspondance de Fauche et de Badonville, conservée à Chantilly, prouve la fausseté de ces affirmations. Renseignements fournis au prince, promesse de se laisser battre, conseil de descendre le Rhin, autant d'inventions de Montgaillard. Pichegru, au contraire, se dérobait visiblement aux sollicitations de l'agent du prince.

A son retour à Manheim, Fauche prétendit l'avoir « vu cinq fois », pendant les trois semaines qu'il passa dans Manheim [2]. Qu'il l'ait vu, c'est possible ; qu'il lui ait parlé aussi souvent, c'est douteux. Il lui a parlé le 21 octobre, car, la veille, Pichegru écrivit sur le billet que Fauche lui envoya : « *Demain sur les 6 1/2 ou 7 heures* [3]. » Mais fréquemment il dut se contenter de lui faire passer des lettres et d'en recevoir des « réponses verbales [4] », transmises par Badonville.

Badonville servait d'intermédiaire entre le général et l'agent du prince. Sans doute il adoucissait les refus, grossissait les promesses, sollicitait de bonnes paroles, en échange des gros pourboires du libraire. Celui-ci, tout cousu d'or, vrai phénomène en ces temps de misère, lui donnait une montre, du beau linge, de l'argent de poche. L'ancien sous-officier, Coco, ou Cupidon de son nom de guerre, s'attachait aux pas de Fauche, ne le « quittait plus », refusait de le laisser partir avant qu'il eût « placé le reste de ses marchandises », écrivait un « *petit bonjour* » sur les lettres envoyées à Mulheim, expédiait par le même courrier des *billets* de sa grosse écriture, billets semés de fautes d'orthographe et qu'il signait : « Votre ami pour la vie, Cupidon [5] ! »

Mais, en dépit de son bon vouloir, les déclarations de Pichegru restaient *vagues*. Badonville annonçait : « Pichegru m'a chargé de vous déclarer très positivement (il appuyait sur le mot et Fauche le soulignait dans sa lettre) qu'il pensait à votre affaire plus que vous ne paraissez y croire » ; ou : « Tout se prépare, c'est moi qui vous le

---

1. *Mémoire concernant*, p. 167.
2. Lettres de Fauche, 17 octobre, 19, (20), 21 octobre. Chantilly. Z, t. XXXIII, p. 127, 128, 225, 397.
3. Le rendez-vous est *incontestablement* de la main de Pichegru. Fauche envoie le (20) la demi-feuille même sur laquelle celui-ci a écrit son rendez-vous et sur laquelle il écrit lui-même
4. Ainsi Fauche écrit à Montgaillard : « Ses nombreuses occupations occasionnées par la journée du dimanche et lundi (18 et 19 octobre) l'ont empêché de me voir ». C'est par Badonville que Fauche fait passer à Pichegru un important mémoire rédigé par le rédacteur de la *Gazette des Deux-Ponts*; c'est par Badonville que Pichegru, parti, le 29, de Manheim, sans le voir, lui envoie le conseil de quitter la ville à son tour.
5. Voir lettres de Fauche, ci-dessus ; billets, comme celui du « 21 », joint à la lettre de Fauche.

dis ; comptez sur l'excellence des intentions de Baptiste, vous ne pouvez les désirer meilleures. » Il écrivait au prince, ou à Montgaillard : « On prie votre associé de rester auprès de nous. Pichegru le voit, j'aime », ou : « Bonjour, mon ami ; nos affaires vont bien ; nous réalizerontz toute la paccotille. Assurez le Bourgeois tant de ma part que de celle de Baptiste (sic). »

Mais il ajoutait : « Votre associé... lui semble trop impatient, comme vous », ou : « Prenez uppeut de passiance » (sic). Et Fauche répondait aux pressantes missives qui lui venaient de la Caldelberg ou de Mulheim : « Un peu de patience de votre part... Ne gâtons rien, au nom de Dieu ! pas de précipitation, c'est le refrain de Baptiste... Baptiste n'attend que le moment de se bien prononcer, mais il veut frapper à coup sûr [1] ».

Pichegru se dérobait aux instances du prince ; il « attendait l'occasion » ; il refusait de livrer Huningue. Il ne peut « pas encore livrer la Pendule, avouait Fauche. Il ne veut y employer que de bons ouvriers » ; « les ouvriers seront tous les jours mieux disposés pour travailler à la Pendule », mais « pour cela il faut attendre ». L'express qui devait porter à Mulheim une lettre de Fauche et en rapporter des ballots de brochures, ne partait pas ; il avait « ses affaires à arranger avant ». Fauche et Badonville, qui devaient se rendre à Francfort pour échanger les lettres de change contre de l'or et de là gagner Mulheim, ne partaient pas. « Mon ami Baptiste m'a engagé à attendre des circonstances plus favorables, annonçait Fauche [2]. »

Pichegru, au contraire, acceptait l'argent, que le libraire lui remettait « chaque fois » qu'il le voyait, ou « très souvent lui envoyait par Badonville ». « Le Banquier a reçu un bon acompte », écrivait Fauche, ou : « M<sup>lle</sup> Zède attend avec impatience de pouvoir fixer l'instant de son mariage ; elle est toujours prudente et sage ; je lui ai donné quelques fonds et le trousseau ; je vais en réaliser pour acheter les meubles ». Cet argent, déclarait-il, dépensé par le général « avec la plus grande intelligence, a servi à augmenter la confiance que sa grande famille a en lui, et à mettre dans sa dépendance les personnes qui lui sont nécessaires pour les grandes opérations qu'il prépare [3] ».

---

1. *Résumé des divers entretiens*, publié dans Daudet, appendice : « A Manheim, le général me dit : « Qu'on ne se presse pas, cela viendra »

2. Le tout d'après les lettres de Fauche, ci-dessus citées.

3. Fauche, 19 octobre et 4 novembre ; cf. *Détail*, publié dans Daudet. Dans un article publié par *la Quotidienne*, le 31 juillet 1828, Fauche déclare que Pichegru était « d'un désintéressement inattaquable ; qu'il n'a jamais reçu de subsides que pour l'accomplissement de ses plans politiques, et jamais pour lui-même ».

Fauche reconnut devant Craufurd, à son retour d'Alsace, qu'il n'avait donné à Pichegru « qu'une petite partie » des sommes apportées par lui en Alsace, « ayant dis-

Le libraire donnait aussi de l'argent et des montres aux officiers, mangeait avec eux « constamment ». Aux soldats il faisait des « distributions adroites de vin, d'argent, de bottes, de souliers », lorsqu'ils étaient malheureux ou malades, « distributions, racontait-il, que j'avais l'air de faire uniquement par compassion, en me récriant sur les torts de la Convention de les laisser manquer de tout[1] ».

Il répandait « également dans la ville des brochures faites pour éclairer les soldats », payait la presse locale, promettait 100 louis par an au rédacteur de la *Gazette des Deux-Ponts*, Salomon, pour qu'il rédigeât sa feuille « dans le sens le plus convenable » et fît « ressortir les vexations et les injustices dont chaque jour la Convention se rendait coupable[2] ».

A ce rédacteur il demandait de rédiger « un plan de conduite pour Baptiste ». Salomon lui remettait un invraisemblable mémoire « sur les moyens d'empêcher la guerre civile et de terminer la guerre étrangère[3] ».

D'après lui, « quatre opérations préliminaires » devaient précéder toute démarche publique du général. D'abord une entrevue avec Clerfayt, suivie d'un armistice, en attendant la paix, par laquelle l'empereur céderait à la France Luxembourg, Mons, Tournai, les pays à la rive droite de la Queich et à la rive gauche de la Sarre. Condé publiait ensuite une déclaration de Louis XVIII, promettant de « maintenir le gouvernement d'une *monarchie tempérée* par les lois émanées de la *représentation nationale*, sur la proposition préalablement faite au nom du roi par des *ministres responsables* », accordait *amnistie* complète, même aux régicides, rassurait les *acquéreurs* de biens nationaux, sans faire mention « ni des droits féodaux, ni de la noblesse, ni des parlements ». Pichegru rédigeait aussi un manifeste commençant ainsi : « Français ! il n'est plus possible de me taire ! je me croirais coupable envers la nation, si je la laissais opprimer par cette troupe de brigands ineptes et sanguinaires, que le jacobinisme a

---

« tribué le reste parmi les officiers de son armée ». Craufurd à Wickham, 22 janvier 1796, publié dans Zeissberg, *Pichegru und Condé*, p. 58, et dans la *Correspondance de Wickham*, t. I, p. 248. Wickham ne doutait pas de l'honnêteté de Fauche et de sa véracité (*Correspondance*, t. I, p. 286).

1. *Détail, Résumé*, Chantilly, Z, t. XXXIII, p. 208. « Pichegru, écrit Fauche, le 12 mai 1796, me permit (à Manheim) de travailler son armée, en me recommandant toute la prudence possible. »

2. *Détail*.

3. Mémoire de Salomon, Chantilly, Z, t. XXXIII, p. 212, 218, 219. Pichegru, semble-t-il, fit bon accueil au mémoire de Salomon. Il est important, pour la suite de ce récit, de noter aussi certaines déclarations qu'il fit à Fauche, et que celui-ci rapporta au prétendant, en mai 1796. *Résumé des divers entretiens de Baptiste avec Louis* Chantilly, Z, t. XXXIII, p. 208 : « A Manheim, le général me dit :.... De grâce qu'on ménage l'opinion, qu'on *ne parle pas d'ancien régime* ; au contraire, qu'on ne parle que d'*oubli*..... Qu'on me laisse faire, jusqu'à ce que le roi ait mis le pied en France ; quand il y sera, je ne me mêlerai plus de rien. »

8

portés au sommet de la toute-puissance ! » Il répandait des écrits et
des brochures parmi les soldats. Ces préliminaires achevés, le général
remettait en mains sûres Strasbourg, Landau et quelques autres
places, s'emparait des caisses publiques, faisait renouveler aux
citoyens le *serment de 1789*, réunissait son armée à celle de Condé.
« Le prince de Condé, ajoutait Salomon, et les autres princes doivent se confondre dans l'armée comme généraux de division le commandement général *restant à Pichegru !* »

S'il faut en croire Fauche, les largesses aux officiers et aux soldats,
les brochures ou les articles de journaux eurent ce résultat de « pro-
pager de grands murmures dans les troupes et de faire éclater contre
la Convention de grands mécontentements [1] ». Ces murmures ou ces
mécontentements, il n'est pas seul à les signaler. Le représentant en
mission, Garrau, écrivait de Manheim au Comité : « Des murmures
commencent à se faire entendre dans l'armée : il faut empêcher qu'ils
n'éclatent. L'esprit du soldat est bon et il n'est aucun qui ne veuille
bien sincèrement la république ; mais peut-il exister dans l'état de
dénuement où il se trouve et avec sa solde en assignats, dans un pays
où cette monnaie n'a absolument aucun cours et où les vivres sont
d'un prix excessif même en numéraire ? Voilà ce qui le mécontente ;
de là des soupçons, des défiances, l'insubordination et le pillage [2]. »

Pichegru comptait bien tirer parti de ces soupçons et de ces
défiances.

## V. — *Nouveaux projets d'inaction.*

Il espérait que la campagne se terminerait par un arrangement,
au moins provisoire, entre les Autrichiens et les Français : les premiers renonceraient à assiéger Manheim, les seconds à investir
Mayence ; il écrivait au Comité, le 27 octobre, pour appuyer cette
combinaison imaginée par le gouvernement palatin. « Il serait même
à désirer, ajoutait-il, qu'en traitant cette proposition, vous puissiez
faire admettre celle d'un armistice de telle durée que vous jugerez
convenable, tant pour reposer les troupes que pour vous donner le
temps de pourvoir au remplacement et à la fourniture de quantité de
moyens qui nous manquent [3]. »

Un armistice convenait pleinement à ses desseins, laissait son
armée et sa gloire intactes, prolongeait cette inaction qui énervait

---
1. *Détail.*
2. Garrau au Comité, 21 octobre, A. G., Rhin-et-Moselle. Voir, dans le *Précis historique* de Fauche, la dénonciation de Cotta contre lui, p. 8.
3. *L. c.* L'empereur (voir Vivenot, 263) défend à Wurmser de consentir à la neu-
tralisation de Manheim. Il veut s'en emparer.

ses troupes et les « perdait », suivant l'expression énergique de Merlin de Douai[1]. L'armistice, par cet automne pluvieux, c'était le piétinement dans la boue, sous les averses, sans capote et sans tente; c'était l'écœurement d'une campagne manquée, l'irritation croissante, à cause de l'inutilité des souffrances. Que le froid se joignît à la pluie, pour achever l'œuvre de la faim et du découragement, la révolte éclatait dans l'armée, contre un gouvernement qui ne lui donnait pas même des victoires pour la consoler.

Mais, le 29 octobre au matin, arrivait à Manheim Cafarelli-Dufalga, porteur des instructions du Comité, rédigées par Letourneur, le 28 octobre, et destinées à la fois à Pichegru et à Jourdan. Loin de songer à un armistice, le Comité prescrivait l'offensive, pour sauver les têtes de pont que nous possédions sur la rive droite du Rhin, Dusseldorf, Neuwied et Manheim, et préserver les lignes de Mayence d'une attaque de Clerfayt. Ces instructions étaient suivies, le même jour, d'une lettre qui critiquait assez vivement l'inaction de Pichegru, premier indice des soupçons de Letourneur.

Dans le Comité de salut public, « Letourneur et Louvet assuraient que Pichegru trahissait », raconte Thibaudeau, membre du Comité, depuis le renouvellement d'octobre. Il ajoute qu'ils n'avaient pas de preuves et qu'on ne croyait pas en général à ces trahisons. Reubell, parti de Strasbourg le 18 octobre, revenait à Paris avec une opinion plus complexe, peu de sympathie pour le général, « vilain crapuleux, disait-il, n'aimant vivre qu'avec des gueuses, des juives, et dans la basse ivrognerie », peu d'estime pour ses talents, car il croyait « sa réputation bien au-dessus de son mérite réel », enfin de « graves soupçons sur sa fidélité », car il conseillait de se « méfier[2] ».

Le Comité laissait percer, dans ses lettres, son inquiétude ou ses soupçons. Il écrivait, le 22 octobre[3]: « Les troupes autrichiennes sur le haut Rhin ne pourront suffire à faire tête au général Pichegru, *surtout s'il développe les talents et l'activité dont il a donné des preuves.* » La lettre du 23 attribuait les insuccès du bas Rhin à l' « inexécution des mesures prescrites pour le haut » : Pichegru n'avait rien fait pour attirer l'ennemi du côté de Bâle et d'Huningue ; c'est pourquoi les Autrichiens s'étaient portés en masse sur l'armée de Sambre-et-Meuse ou sur Manheim.

1. Merlin de Thionville à Merlin de Douai, Reynaud, p. 258. Voir réponse de Merlin de Thionville, 28 octobre, Reynaud, p. 283 : « Cette cessation d'armes serait cessation de guerre pour nos soldats. Au lieu d'en augmenter le nombre, je ne sais pas seulement comment on rassemblerait ceux qui existent »
2. Thibaudeau, *Mémoires*, t. I, p. 223 ; Sorel, t. VI, p. 353 ; *Mémoires* de La Revellière, t. I, p. 393, 410.
3. Voir les instructions du 30 vendémiaire, 22 octobre publiées dans Reynaud, p. 277 ; la lettre du 23 octobre, avec les deux réponses de Pichegru du 29 octobre, sa lettre à Jourdan du même jour, celle de Rivaud au Comité du même jour, dans A. G., Rhin-et-Moselle.

Le Comité enlevait au général le commandement d'une partie de ses troupes, celles de Manheim, en formait un « corps d'armée agissant », avec 20.000 hommes de l'armée de Jourdan, en donnait le commandement à Kléber avec Desaix en sous-ordre. Cette petite armée, évaluée à 32.000 hommes, ayant une « administration particulière formée par le commissaire ordonnateur de Sambre-et-Meuse », devait agir en toute indépendance et sans s'inquiéter de garder Manheim, où Jourdan placerait une garnison de 8.000 hommes [1].

Kléber devait effectuer, dans le pays de Darmstadt, une diversion assez forte pour attirer sur ce point les troupes de Clerfayt, ou les empêcher d'attaquer Dusseldorf ou les lignes de Mayence. Mais Pichegru était chargé de faire une autre diversion dans le haut Rhin, en passant le fleuve à Kehl ou à Huningue, avec au moins 20.000 hommes, pour forcer Wurmser à remonter la rive droite et dégager Manheim.

Le général affecta d'approuver dans leur ensemble les dispositions prises par Letourneur pour sauver Mayence et Manheim, quitte à les critiquer en détail et se réserver d'en rendre l'application impossible. « Ces opérations, écrivit-il, me paraissent propres à produire l'effet que (le Comité) en attend, et qui consiste à rendre impuissants tous les efforts que l'ennemi ne manquera pas de faire, pour se rendre maître des trois têtes de pont qui nous restent sur la rive droite. » — Mais ces instructions étaient basées sur une évaluation inexacte des forces de son armée. On lui supposait 80.000 hommes, il n'en avait que 70.000. — Aussi ne pouvait-il disposer que de 15 à 18.000 hommes pour tenter la diversion sur le haut Rhin. Cette diversion même, il ne pouvait l'entreprendre avant l'arrivée de Kléber et des troupes de Sambre-et-Meuse sur Manheim, car il devait défendre Manheim contre les entreprises de Wurmser et il doutait du succès : « J'avoue que c'est encore un problème pour moi de savoir si un passage de vive force est possible devant une petite quantité de troupes retranchées et bien résolues à se battre. » Il écrivait à Jourdan : « Bien probablement (le passage) ne pourra avoir son exécution [2]. »

A lire les critiques dont Pichegru faisait suivre les instructions du Comité et sa lettre à Jourdan, Kléber comprit que, s'il acceptait le commandement de l'« armée agissante », il finirait par échouer dans son entreprise, par l'inaction calculée du général. Instruit par l'expérience, il refusa l'offre du Comité, sans dissimuler ses motifs à

---

1. Le Comité rétablissait, au profit de Kléber, l'ancienne armée de la Moselle, si, comme le pensait Pichegru (lettre du 29 octobre), il lui attribuait aussi le commandement du corps d'armée sous Mayence. Pichegru ne commandait plus qu'à cinq divisions (32.000 hommes environ).
2. Saint-Cyr, t. II, p. 262. Rappelant les instructions portées par Cafarelli, il ajoute : « Pichegru ne parut pas disposé à exécuter les projets du gouvernement. »

son entourage [1]. D'ailleurs, le jour même du départ de Cafarelli-Dufalga pour son quartier général, un double échec de nos troupes rendait impraticable l'exécution des plans de Letourneur.

## VI. — *Perte des lignes de Mayence* [2].

Le soir du 29 octobre, à l'entrée de la nuit, vers 7 heures, les troupes de Wurmser se portaient avec une grande énergie contre les retranchements et la redoute commencés par nos soldats sur la rive droite du Neckar, entre la tête de pont et les hauteurs de Galgenberg et de Rabenstein (plateau de la Justice). Wurmser ne voulait pas laisser achever ces travaux, qui tenaient ses troupes à distance et l'empêchaient de commencer le siège de Manheim. Non seulement les grenadiers autrichiens s'emparèrent des hauteurs, mais ils assaillirent la tête de pont, qui « n'était pas défendue et fut évacuée par nous dans le plus grand désordre »

Maîtres du fort du Neckar, ils s'y maintinrent trois heures et ne l'évacuèrent qu'après avoir détruit les travaux commencés et s'être établis sur les hauteurs. Ils s'y fortifièrent à leur tour et, lorsque le jour se leva, nos divisions, resserrées presque entièrement dans la place, ne purent se déployer pour les reprendre [3].

Le combat avait duré toute la nuit. C'est au milieu de l'action que Pichegru apprenait un autre échec, celui-ci bien plus grave et qui allait amener l'évacuation du Palatinat : la déroute des quatre divisions campées sous Mayence.

Clerfayt, après bien des retards et des hésitations, s'était décidé à attaquer nos lignes. Ces lignes tant vantées présentaient des imperfections nombreuses. *Trop étendues*, elles obligeaient nos troupes à s'éparpiller pour les garder ; placées *trop près de la place*, elles les exposaient à des surprises ; *interrompues* à leur droite, elles laissaient entre elles et le Rhin un large espace, par où l'ennemi pouvait se glisser pour les tourner.

Le général autrichien sut habilement tirer parti de ces défauts : il dirigea son attaque sur le point qui n'était pas défendu, c'est-à-dire sur notre droite ; ses troupes sortirent de Mayence pendant la nuit, s'entassèrent dans un ravin qui dissimula leur marche et se jetèrent

---

1. Viennet, t. II, p. 281, très bien informé sur tout ce qui concerne les opérations de Jourdan en 1795.
2. Voir Caudrillier, *le Siège de Mayence*, *Révolution française* du 14 décembre 1901 et 14 janvier 1902. Je me contente ici de résumer ce travail et j'y renvoie pour les notes.
3. Legrand, p. 51 ; Vivenot, Wurmser à l'Empereur, 30 octobre, p. 349 50 ;lettres de Pichegru, de Rivaud au Comité, 30 octobre, de Pichegru à Jourdan, 30 octobre ; bulletin de Liébert, 31 octobre, A. G., Rhin-et-Moselle.

au petit jour sur nos soldats surpris, à peine éveillés. Au lieu d'éparpiller ses troupes sur tout notre front, Clerfayt n'opposa à notre gauche, à notre centre, qu'une partie de ses forces, la plus faible; mais, contre notre droite, il massa les deux tiers disponibles de son infanterie, un tiers de sa cavalerie, plus de la moitié de ses troupes contre la seule division Courtot (la 8e), renforcée d'une demi-brigade de Poncet, en moyenne 15 assaillants contre 10.

Attaqués sur le point faible des lignes par les deux colonnes des généraux Neu et Staader, tandis que l'Anglais William tentait un débarquement à leur extrême droite, les soldats de la 8e division, très inférieurs en nombre, essayèrent un moment de résister, puis lâchèrent pied, courant, leur général en tête, sur la route de Kircheim-Poland. La 9e division, commandée par Saint-Cyr, se voyant tournée sur sa droite, battit en retraite lentement, résistant avec courage aux charges répétées de la cavalerie ennemie. Sa fière contenance sauva les 10e et 11e divisions, qui, ignorant la déroute de notre droite, poursuivaient sous Mayence les faibles forces qui leur étaient opposées; elle empêcha les colonnes de Staader et de Neu d'achever ce mouvement tournant, qui aurait rejeté sur Bingen et la Nahe toute notre gauche.

Celle-ci put rejoindre le reste du corps d'armée sur la première position de retraite, que lui avait assignée Schaal, entre Guntersblum et Worstadt, des deux côtés d'Odernheim, sur le Selz. Schaal, qui n'était arrivé que tardivement sur le champ de bataille, car il avait placé son quartier général trop en arrière des lignes, à Ober-Ingelheim, réussit à se maintenir trente heures dans cette position; mais la débandade de sa droite l'obligea bientôt à battre en retraite sur la petite rivière de la Pfrimm, qui se jette en aval de Manheim. Pichegru l'y rejoignit, pour essayer d'y rallier ses troupes. Il avait quitté Manheim le 30, en y laissant une garnison sous le commandement du général Montaigu [1].

Les Autrichiens avaient tenté le même jour un mouvement d'ensemble sur notre ligne. En amont de Manheim ils s'étaient emparés, la nuit du 29, de l'île de Rheinach, vis-à-vis de Vieux-Brisach, et n'avaient plus qu'à passer un bras du Rhin pour entrer en Alsace. En aval de Mayence, près de Coblentz, ils avaient surpris l'île de Nider-Wert, le 29, et obligé les troupes qui la gardaient à capituler. Jour-

---

1. *Toute notre artillerie de siège (180 pièces*, réunies à grand'peine) tomba au pouvoir de l'ennemi. Une partie de notre *artillerie de campagne*, faute de chevaux pour l'emmener, fut détruite par nos troupes ou capturée par l'ennemi. Celui-ci s'empara aussi d'une *masse d'approvisionnements*, *de voitures d'artillerie* (700), de chariots, etc. Nous eûmes 3.000 tués, 2.000 prisonniers environ, dont deux généraux, surtout une quantité de fuyards abandonna l'armée. De 30.867 hommes, les divisions de Schaal passaient à 23.500; plus de 7.000 tués, blessés ou disparus! « L'armée est à la débandade, écrivait Marmont à sa mère; *il n'existe pas 1.500 hommes réunis.* » Ce fut un désastre.

dan, qui déjà avait abandonné la tête du pont de Neuwied, faisait rompre le pont lui-même. Ainsi la journée du 29 nous était fatale : nous perdions une partie du Palatinat et, des deux têtes de pont qui nous permettaient de tenter une marche sur le flanc de Clerfayt, l'une était abandonnée, l'autre allait tomber au pouvoir de l'ennemi.

A qui revient la responsabilité de nos deux échecs devant Mayence et Manheim ? — Le général Schaal adressait au Directoire, le 13 pluviôse an IV, un mémoire sur les événements qui s'étaient passés sur le Rhin depuis 18 mois. Il se proposait « de faire sentir au Directoire que les revers que nous avions éprouvés à la fin de la dernière campagne, tenaient plus à un ensemble de circonstances malheureuses, auxquelles le *gouvernement* seul pouvait parer, qu'à la valeur des troupes qui nous avaient battus. » Sans doute il avait raison de critiquer le plan de campagne : « On n'agit pas impunément à la guerre sur des lignes d'opérations trop longues » ; la dissémination de nos troupes le long du Rhin, d'Huningue à Dusseldorf, augmentait sûrement les difficultés d'une concentration.

Avec raison aussi le général Schaal reprochait au gouvernement de négliger l'alimentation des troupes, et réclamait l'établissement de « magasins bien garnis et judicieusement distribués ». Faute de vivres surtout, l'armée de Sambre-et-Meuse avait dû battre en retraite, et journellement nos divisions perdaient une partie de leurs effectifs, faute de subsistances, par le pillage et la désertion qui en résultaient.

Et que d'autres critiques pouvaient adresser aux derniers Comités de salut public nos généraux et nos soldats ! Le manque de chevaux paralysait nos armées, entravait le service des vivres, des équipages de pont, de l'artillerie ; les dépôts étaient « pleins de cavaliers, dragons, hussards à pied » ; nous laissions dans les lignes de Mayence une quantité de pièces, faute de chevaux pour les traîner. Faute de numéraire, les employés des administrations et des agences militaires, jusqu'aux « blanchisseuses des bataillons », désertaient. Surtout la « mollesse du gouvernement causait une nonchalance inouïe dans tous les services », depuis celui des commissaires des guerres, qui refusaient d'obtempérer aux demandes des généraux, jusqu'à celui des municipalités, qui ne prenaient aucun soin d'arrêter les déserteurs [1].

Que dire des *représentants* en mission ? Les rapports optimistes de Merlin de Thionville avaient contribué à tromper le Comité sur l'état de notre armée, l'étendue de ses besoins ou les dangers qu'elle courait. Le représentant Becker, exposant au Directoire la situation

---

1. Schaal au Directoire, 2 février 1796, A. G., Rhin-et-Moselle ; Abbatucci à Luce Casabianca, 19 octobre 1795, *ibid.* ; la Revellière, t. I, p. 215 à 254.

lamentable de l'armée de Rhin-et-Moselle, témoignait « beaucoup de surprise des faux rapports faits au Conseil des Cinq-Cents par Merlin de Thionville », à son retour de Mayence, en novembre. Après la retraite de Jourdan, Rivaud avait empêché Pichegru d'abandonner les lignes de Mayence et de prendre en arrière une position plus forte ; Merlin dissuadait le Comité de neutraliser Manheim, et déclarait nos lignes « inattaquables [1] ».

*Jourdan* avait sa part de responsabilité dans nos échecs, car il avait fait sa retraite trop loin de Mayence et disséminé ses troupes de Coblentz à Dusseldorf. Il aurait pu donner à sa droite l'ordre de se retirer derrière la Nahe, pour être en mesure de secourir Schaal ; il aurait dû mieux surveiller les mouvements de Clerfayt, le retenir sur la Lahn, en le menaçant d'un nouveau passage, ne pas lui permettre de marcher sur Mayence avec la plus grande partie de son armée, tandis qu'un tiers à peine des forces autrichiennes restait en face de l'armée de Sambre-et-Meuse. L'envoi d'une division ne suffisait pas pour sauver Mayence [2].

Le général *Schaal* déclarait qu'il ne comptait « pas trop » sur le secours de Jourdan. A son tour, est-il exempt de reproches ? Il commandait depuis l'hiver dernier, sous Mayence : s'est-il douté de l'insuffisance des lignes ? Le matin même de la bataille, il écrivait qu'elles étaient « inattaquables ». Il n'a pas su les défendre Saint-Cyr le démontre avec évidence [3]; il a beau jeu signaler ses fautes : dissémination des troupes le long des lignes, aucune réserve en arrière, pas d'instructions précises en cas de surprise, l'attaque de droite si peu prévue que, le matin du 29, le général se portait au secours de sa gauche.

Pichegru rejetait sur les *troupes elles-mêmes* la responsabilité principale de l'échec. « Je n'ai encore vu ces troupes se battre, comme il convient, qu'une seule fois, écrivait-il à Moreau, c'est lorsque Wurmser vint nous resserrer sur Manheim (le 18)... Je suis forcé de convenir que si j'avais eu des troupes... comme à l'armée du Nord, je n'aurais pas encore éprouvé mon premier revers. » Legrand, dont le journal est si précieux pour l'histoire de la campagne, reconnaît le, 29, la tête du pont du Neckar « ne fut pas défendue ; elle fut évacuée par nous dans le plus grand désordre ». Sous Mayence, « l'armée ne s'est pas battue, écrivait Marmont à sa mère, le 31 octobre. Il y avait trois causes pour cela : son moral était affecté de la retraite de

---

1. Voir ci-dessus.
2. Voir les lettres de Schaal à Saint-Cyr, Saint Cyr, t. II, p. 509, 510, 512 : il était convenu que Jourdan ne viendrait pas au secours de son collègue, « sans un ordre formel du gouvernement ». Cf. Rivaud à Reubell, 19 novembre, dans A. G., Rhin-et-Moselle : « Il me semble voir, dans cette conduite, moins de volonté de relever promptement l'armée du Rhin de sa défaite... que de prétention à devenir un libérateur par un coup plus éclatant. »
3. Saint Cyr, t. II, p. 233.

l'armée de Sambre-et-Meuse ; elle était en paix depuis douze mois et ne se souciait pas de passer l'hiver affreux qui lui était préparé ». « L'ennemi dut son succès moins à son courage qu'au dégoût de l'armée, à la résolution où étaient les soldats de ne pas passer un second hiver devant Mayence, après avoir tant souffert pendant la durée du premier, et le combat ne fut qu'une déroute volontaire [1]. »

Déroute volontaire, soit! mais déroute causée par la retraite de Jourdan, et celle-ci causée en partie par l'inaction de Pichegru. Moins que tout autre, le général avait le droit de rejeter sur les soldats la responsabilité de la défaite.

### VII. — *Rapport entre l'intrigue et nos échecs.*

Que de rapports lui signalaient leur découragement! Qu'a-t-il fait pour y porter remède? Officiers et soldats ne l'ont plus revu depuis le 4 octobre. Quelle sécurité, et par conséquent quelle force leur aurait donnée sa présence! Il aima mieux rester à Manheim, que Desaix aurait pu défendre autant et mieux que lui, rester sans doute pour négocier avec Fauche-Borel et s'éloigner le moins possible de l'armée de Condé. S'est-il préoccupé au moins, à Manheim, de ranimer le moral des troupes? Il a laissé circuler au milieu des soldats, et flanqué de Badonville, Fauche-Borel, le marchand de consciences, courtier de l'émigration et de l'Angleterre [2]. Il « comptait profiter » du découragement des soldats dans l'intérêt de ses plans [3]. Il devait en prévoir les suites.

Autre conséquence de ses intrigues : Clerfayt et Wurmser connaissaient les « *vrais sentiments* du général Pichegru », sans avoir encore des notions certaines de ses négociations avec Condé ; Bellegarde poussait avec activité les travaux du siège autour de Manheim, avec la conviction que Pichegru n'attendait qu' « un *prétexte pour en sortir* ». Peut-on s'étonner de leur audace [4] ?

Il y a donc un rapport étroit entre la défaite du 29 octobre sous Manheim ou Mayence et la négociation du général avec Condé. L'intrigue politique a contribué à l'échec militaire. Entre les deux, le

---

1. Marmont, t. I, p. 73, p. 142. Mêmes déclarations dans le rapport de Duverger, inséré dans le journal de Legrand, présenté au conseil de guerre qui jugea Courtot, et dans le rapport de Schaal du 1ᵉʳ novembre, A. G., Rhin-et-Moselle. Cf. Pichegru à Reynier, 7 novembre, *ibid.*
2. Aussi les troupes, qui s'étaient bien battues le 18 octobre, lâchaient pied le 29.
3. Fauche, *Mémoires*, t. I, p. 277.
4. Vivenot, p. 336, 341. Voir plus loin comment les Autrichiens ont deviné l'intrigue, Bellegarde à Thugut, Vivenot, p. 311-12 : « Les *notions certaines* qu'on avait des vrais sentiments du général Pichegru devaient porter à croire qu'il ne serait *même pas fâché d'avoir un prétexte* d'évacuer une ville dont la conquête avait été faite pour ainsi dire malgré lui, de sorte qu'il l'avait même hautement désapprouvée. »

séjour de Fauche à Manheim, les secrètes confidences des émigrés, établissent une relation. Faut-il en conclure que Pichegru ait voulu se faire battre, comme l'affirme dans son mémoire Montgaillard?

A l'en croire, le général n'attendait qu'une occasion pour abandonner Manheim. Devant Mayence, « le général qui commandait l'aile droite abandonna son artillerie, en fuyant à vau de route l'espace de huit ou neuf lieues, d'après l'ordre qu'il en avait reçu de Pichegru, ainsi qu'il en avait fait prévenir le prince [1]. »

A son retour sur la rive droite, Fauche écrivit le *détail* de ses opérations. Il prétendit qu'en quittant Manheim, Pichegru alla trouver Jourdan, eut avec lui une longue conférence : « C'est en suite des déterminations prises dans cette conversation que la déroute de l'armée de Sambre-et-Meuse a eu lieu, ainsi que la perte du grand parc d'artillerie sous Mayence. » « J'ai su ces détails par Cupidon (Badonville), ajoutait Fauche; j'ai cru même que Baptiste s'attendait à être poursuivi jusque sous les murs du magasin nº 1, et que, si cela fût arrivé, tout était arrangé pour réunir à cette époque la famille de Baptiste et du Bourgeois (Condé) [2]. »

Craufurd n'eut pas de peine à démontrer l'absurdité de ce rapport, Jourdan ayant fait sa retraite derrière le Rhin, bien avant que Pichegru sortît de Manheim. Il interrogea Fauche. Wickham lui posa des questions par lettre et l'agent du prince dut avouer qu'il avait dénaturé le sens des propos de Badonville. Celui-ci lui avait parlé de l'entrevue de Jourdan et de Pichegru, qui eut lieu « après l'affaire d'Heidelberg »; et dans cette entrevue, les deux généraux s'étaient juré seulement « d'abandonner le commandement », si l'on continuait d'accorder une influence décisive sur les opérations militaires à des représentants tels que Merlin de Thionville.

Les affirmations de Montgaillard ne reposaient donc que sur les racontars de Fauche. Il importe cependant de les critiquer en détail, pour en démontrer la fausseté.

Pichegru n'avait pas « fait prévenir le prince » : l'aveu de Fauche à Wickham le prouve [3]. Pas une allusion d'ailleurs dans les lettres du libraire au prince ou à Montgaillard. Or il fut le seul intermédiaire entre le général et Condé en octobre, comme en novembre ou décembre.

Pichegru n'a pas ordonné à Courtot de fuir : il suffit de lire le dossier de ce général, conservé aux archives de la guerre, pour s'en convaincre [4].

1. *Mémoire concernant*, p. 171.
2. Publié dans Daudet. Magasin Nº 1 : Strasbourg.
3. Fauche à Wickham, 13 février 1796. *Correspondance de Wickham*, t. I, p. 250, 282.
4. Archives administratives de la guerre, dossier Courtot, en particulier lettre de

Honteux de sa fuite dans un moment d'égarement, Courtot s'était caché à Strasbourg. Recherché par ordre de Pichegru et menacé d'un conseil de guerre, il écrivit une lettre suppliante au ministre Aubert-Dubayet. Il fit valoir ses services, sa pauvreté, ses infirmités et ses blessures, pour solliciter sa retraite, envoya au Directoire des certificats de médecin, des attestations d'officiers (le général Michaud, l'état-major de l'armée du Rhin), témoignant du « patriotisme éclairé, de l'expérience militaire, du zèle, de l'assiduité, du dévouement », dont il avait fait preuve pendant plusieurs mois, comme chef de l'état-major à l'armée du Rhin. Il fut découvert dans sa retraite. Pichegru en prévint Aubert-Dubayet et le gouvernement ordonna de le mettre en jugement, tant pour la conduite qu'il avait tenue le 29 octobre, que « pour s'être absenté depuis sans permission de la division qu'il commandait [1] ».

Le conseil de guerre réuni le 4 mars 1796 à Haguenau, sous la présidence de Pichegru, avec, comme rapporteur, le général Duverger, l'acquitta sur le premier chef d'accusation et ne retint que le second : il fut destitué, déclaré incapable de servir dans aucun grade militaire, mais condamné seulement à trois mois de prison [2].

Pichegru avait donné l'ordre de le rechercher, dénoncé sa retraite au ministre, provoqué les sévérités du Directoire, présidé le tribunal qui l'avait condamné : étrange façon de reconnaître les services d'un complice. Mais Courtot, s'étant évadé la veille de son jugement, Legrand, qui fit partie du conseil de guerre, a reproché au général de l'avoir couvert de sa « protection », sans laquelle il eût été probablement « condamné à être fusillé ». Deux lettres prouvent le contraire. La première fut écrite par Courtot au général devenu député, le 5 août 1797, peu de temps avant fructidor. Est-ce le ton d'un complice ? « Quoique votre silence m'afflige, je ne persiste pas moins à réclamer de votre équité la justice qui m'est due. Votre impartialité ordinaire m'est un sûr garant que vous ne m'abandonnerez point dans la position où je me trouve [3]. » Il demandait sa retraite.

Cette lettre, retrouvée dans les papiers de Pichegru, proscrit et déporté à la Guyane, fit cependant arrêter Courtot une seconde fois, comme complice du général. Le plus étrange, c'est qu'un second jugement venait de casser le premier et de le rendre à ses fonctions. Il resta 14 mois en prison, de février 1798 au mois d'avril 1799. L'enquête à laquelle se livra, comme accusateur public du département du Bas-Rhin, le représentant du peuple Albert, démontra son innocence.

---

Courtot à Aubert-Dubayet, 29 brumaire an IV ; série d'attestations de Bassal, Bernard, Michaud, etc.
1. Pichegru à Aubert-Dubayet, 5 nivôse IV, collection Charavay.
2. Legrand à Clarke, 7 mars 1796, A. G., Rhin-et-Moselle, et journal de Legrand.
3. Archives nationales, F7, 4774 (74).

Albert examina ses papiers et écrivit au Directoire : « Loin d'y voir la moindre trace de conspiration ou complicité, j'y trouvai au contraire des pièces de correspondance qui établissaient sans réplique que Pichegru avait été le *persécuteur de Courtot*, et d'autres pièces qui prouvaient la probité, le zèle, le désintéressement, qu'avait eus dans ses fonctions le général Courtot[1]. » Il fut élargi, admis au traitement de réforme, obtint même sa retraite, en 1811. Saint-Cyr[2] qui commandait, le 20 octobre, la division voisine de la sienne, ne l'accuse pas de trahison, ne lui reproche même pas sa retraite, le blâme seulement de ne pas s'être « retiré sur les autres divisions et de ne pas s'être arrêté au point indiqué en cas de retraite ». Il était impossible, ajoute-t-il, de résister à Clerfayt sur notre droite. Le malheureux Courtot, d'ailleurs malade, perclus de rhumatismes, défiguré par un éclat d'obus qui lui avait emporté une partie du nez, ce qui l'empêchait, « dans des moments de fatigue, de prendre respiration », fut affolé de voir sa droite tournée par le débarquement de Williarı à Laubenheim, tandis qu'il luttait sans espoir contre les deux colonnes de Neu et de Staader. Il perdit la tête. Il est inutile de charger Pichegru d'une accusation injuste : le général n'a pas donné l'ordre à Courtot de s'enfuir.

« Il a été battu devant Mayence... On n'a pas besoin d'expliquer ce revers par une intention préméditée de livrer son armée. Il n'avait aucun intérêt à se faire battre et à diminuer ainsi la position qu'il avait en France et l'influence qu'il pouvait exercer[3]. » Mais ses intrigues avec Condé ont contribué à sa défaite. De les soupçonner, Clerfayt et Wurmser sont devenus plus entreprenants, tandis que le découragement pénétrait dans les âmes, à Manheim ou devant Mayence : ici, parce que Fauche exerçait la plus détestable influence sur le moral des officiers et des soldats, là, parce que Pichegru négligeait de se rendre au poste où l'appelait son devoir.

1. Mémoire de Courtot, longuement apostillé par Albert, 15 prairial an VII, 13 juin 1799, archives administratives de la guerre.
2. Saint-Cyr, t. I, p. 254.
3. Soult, t. I, p. 257, voir plus haut. Il n'avait encore aucun intérêt à se faire battre, au moins avant le 29 octobre.

## CHAPITRE V

### LA PERTE DU PALATINAT.

#### 1. — *Les Autrichiens informés de l'intrigue.*

La victoire de Mayence remplit de joie Wurmser. En poussant devant lui les patriotes, Clerfayt lui facilitait le siège de Manheim. La prise de cette ville n'était plus qu'une question de temps. La campagne se terminerait par un grand succès.

Qui sait même si le rêve de 1793 ne se réaliserait pas, si l'action combinée des deux armées autrichiennes n'aurait pas un résultat bien plus considérable, la conquête de l'Alsace ? On pouvait tout attendre des troupes impériales et du découragement des patriotes, surtout si nos ennemis avaient, comme ils le murmuraient, un allié dans la place.

Le bruit courait que Pichegru était, depuis peu, gagné à la cause royale. Ce bruit, Montgaillard avait contribué à le répandre à Bâle, Fauche-Borel à Neufchâtel, les confidents du prince autour de Mulheim. Le cardinal de Rohan prévenait que le secret « était connu de personnes qui n'auraient pas dû en être instruites ». Un curé de Benheim, prêtre émigré, d'Eggs, écrivait au prince : « Le général Pichegru paraît n'être plus un ennemi irréconciliable de notre cause. » Il annonçait qu'il employait « des personnes de la plus haute confiance, qui ont un libre accès près de lui, pour le tenter ». Il voyait Wurmser à Rastadt et celui-ci, sans doute instruit des confidences de Montgaillard par Degelmann, lui parlait « des moyens de gagner Pichegru », déclarait même « qu'il était autorisé à lui faire offrir le cordon rouge et le grade de lieutenant général, s'il voulait passer avec son armée dans le parti du roi ». D'Eggs s'assurait de « personnes capables d'entamer cette négociation » (18 octobre) [1].

Condé n'avait pu répondre aux premières avances du curé d'Eggs;

---

[1]. Correspondance du curé d'Eggs et de Condé, Chantilly, Z, t. LXXXIX, p. 61, 217; t. LXXII, p. 136; Condé au roi et à d'Avaray. Z, t. CXXXVII, p. 125 et 127, où il se plaint de l'autorisation donnée à Wurmser. Le roi et d'Avaray répondent que Wurmser n'a reçu aucune autorisation de ce genre.

il craignait que cette négociation n'entravât la sienne. Il répondit, quand il connut sa conversation avec Wurmser ; il l'engagea vivement à ne « rien entamer » sans l'autorisation du « roi » ou la sienne propre, en le priant de tenir secrète sa réponse. Tant de mystère ne fit qu'exciter la curiosité du curé, qui, désireux de conduire la négociation, s'arrangea de façon à forcer la main au prince. Le 26 octobre, il adressa au représentant de Condé près de Wurmser, le comte de Barbançon, la copie d'une lettre de son correspondant à Strasbourg, en le priant d'en faire part au commandant en chef. Barbançon dut s'exécuter. La lettre annonçait que Pichegru était dénoncé « par quatre représentants pour des histoires à l'armée du Nord » ; que l'échec de Mayence allait achever de lui « casser le col » ; que le Comité de salut public voulait s'assurer de sa personne ; elle se terminait ainsi : « Vous sentez bien que l'offre de notre part fera de l'effet, dans ces circonstances, et demain mon second partira pour lui parler. » — A la lecture de cette lettre, Wurmser, qui avait encouragé d'Eggs à tenter la démarche auprès de Pichegru, déclara vivement « qu'il n'avait aucune instruction de sa cour, mais qu'il ne voulait pas cependant manquer une occasion qui lui paraissait aussi favorable ; qu'il désirait bien faire tourner la chose de manière à mettre le camp du prince à même de former une Vendée en Franche-Comté ; que, si Pichegru pouvait y donner la main en Haute-Alsace et qu'une partie de son armée fût bien déterminée à le suivre, il ferait tout pour en faciliter les moyens ; qu'en conséquence il ne retirerait pas les pontons de Fribourg ». Il demanda que Barbançon envoyât un courrier exprès à Condé. (31 octobre) [1].

Le prince, en recevant la lettre de Barbançon, le 2 novembre, fut très perplexe. Il craignait que Wurmser n'eût vent de son intrigue avec Pichegru. Quelques jours auparavant, Barbançon avait reçu les confidences d'un autre émigré, M. de Vincent, attaché à l'état-major de Wurmser. Vincent, de retour d'un voyage en Suisse, où il avait vu Degelmann, déclarait qu'il était possible de gagner Pichegru, écrivait à ce sujet au commandant en chef, priait Barbançon de solliciter du prince des pouvoirs pour commencer la négociation [2]. Condé, qui s'était contenté de mander à son agent qu'il n'avait « rien à répondre » à ces ouvertures, et qu'il ne répondrait rien, avant que Wurmser « se prononçât bien clairement », ne pouvait se dispenser, après la lettre de Wurmser du 31 octobre, de prendre un parti.

1. Chantilly, Z, Condé à d'Eggs, t. CXXXII, p. 99 ; d'Eggs à Barbançon, t. LXXII, p. 155, avec la lettre de Guiot (Mandel, t. LXXII, p. 153 ; Barbançon à Condé, t. XL, p. 130-131.
2. Chantilly, Z, Barbançon à Condé, t. XL, p. 181 et 106-107 ; Condé à Barbançon, 14 octobre, t. CXXXIII, p. 73.

D'une part, il lui coûtait infiniment de livrer son secret au général autrichien ; d'autre part, il craignait que Wurmser ne négociât avec Pichegru sans son intervention. Il se décida à révéler aux Autrichiens une partie de la vérité.

Il écrivit une lettre ostensible à M. de Barbançon, lettre que celui-ci devait lire à Wurmser, sans lui en donner copie. Dans cette lettre, il se bornait à reconnaître qu'il avait « déjà envoyé à Pichegru ». Il ajoutait qu'il était bien « résolu de ne rien finir qu'après en avoir instruit le général ». Il indiquait le seul moyen, à son avis pratique, de continuer la négociation : il importait d'abord de remercier le curé d'Eggs de ses offres, sans les accepter, pour ne pas « tout croiser et tout perdre ». Le baron de Vincent, que le prince savait très dévoué à la cause du roi, irait, sous un prétexte d'échange ou de renseignement quelconque, au quartier général de Pichegru et lui remettrait un billet de Condé. Pichegru, prévenu déjà de ne pas négocier avec les Autrichiens, ne refuserait pas d'écouter Vincent. Le billet fut joint à la lettre : « Je lui mande dans ce billet, écrivait Condé au roi, que le général m'ayant proposé, la veille, d'entrer dans la proposition qui va lui être faite, de se déclarer avec son armée pour le roy et de me donner la main pour entrer en haute Alsace, j'en suis d'accord ; que c'est tout ce que je sais de la mission du sieur (Vincent) qui lui remettra ce billet et qu'il peut prendre confiance à cet égard. » Vincent devait demander à Pichegru de « terminer promptement la négociation, en livrant (au prince) au moins Huningue et Belfort (Strasbourg ferait encore plus d'effet), puis de faire déclarer son armée pour le roi, ainsi que toutes les places d'Alsace Wurmser donnait « sa parole de favoriser cet événement de tout son pouvoir » ; toute hostilité cesserait sur le Rhin, en attendant les ordres de François-Joseph et de Louis XVIII[1].

En remerciant Wurmser de n'avoir pas voulu traiter avec Pichegru, sans demander au chef de « l'armée royale » son avis et son concours, Condé déclarait, non sans arrière-pensée, que la négociation prouverait de plus en plus les vues désintéressées de l'empereur, « puisqu'on voulait bien (y) admettre un prince de sang royal en France ».

Moins convaincus que le prince ne voulait le paraître des vues désintéressées de S. M. autrichienne, Wurmser et Bellegarde se gardèrent de relever l'allusion et, tout en se déclarant flattés de la

---

[1] Condé à Barbançon, 4 novembre ; au roi, 9 novembre ; à Wickham 6 novembre, Chantilly, Z, t. CXXXIII, p. 78 ; t. CXXXVII, p. 130 ; t. CXXXV, p. 71 ; d'Eggs à Condé, 2 et 8 novembre. Z t. LXXII, p. 171 et 177; Condé à d'Eggs, 1er novembre, Z, t. CXXXII, p 103. On voit que le prince s'entêtait dans les mêmes demandes à Pichegru en novembre, comme en août.

confiance que leur témoignait Condé, s'empressèrent d'en référer à Vienne, avant de prendre aucune décision Dietrichstein fut chargé d'en parler au ministre Thugut [1]. En attendant sa réponse, Wurmser voulut faire servir l'intrigue au succès des armées impériales.

Il envoya au maréchal Clerfayt la lettre du prince, comme il lui avait envoyé celle du curé d'Eggs, « *en insistant sur la nécessité qu'il marche* » [2].

Il ordonna au général Mélas, commandant des troupes impériales restées en Brisgau, de préparer un passage du Rhin, avec l'armée du prince et les forces dont il disposait. Le général devait essayer de fixer l'attention de l'ennemi sur Huningue par l'apparence d'un bombardement : 2.000 ouvriers ouvriraient une parallèle devant cette place. Mais le passage s'effectuerait entre Vieux-Brisach et Mærckt. Le Rhin traversé, les troupes légères se dirigeraient vers la haute Alsace, par Belfort et le Porrentruy. De là le prince, s'il trouvait de l'appui dans le pays, gagnerait la Franche-Comté, et, sous son étendard, réunirait les insurgés royalistes. Il parviendrait ainsi à immobiliser une partie des forces des patriotes, pendant que les Autrichiens accableraient l'autre.

En informant Condé de ses intentions [3], le 3 novembre, Wurmser ne fit aucune allusion à Pichegru ; il ne donna qu'une raison de son entreprise : l'ennemi n'avait laissé dans le haut Rhin qu'un cordon de troupes ; la défaite de Mayence et la marche de Clerfayt sur Worms, le siège de Manheim, allaient l'obliger à tirer de la haute Alsace les quelques bataillons qui la défendaient ; un passage, en face de forces aussi réduites, présentait peu de difficultés, offrait en revanche de grands avantages. Le prince rapprocha la lettre du 31 octobre de l'ordre du 3 novembre et pensa que « l'espoir de faire déclarer Pichegru et son armée pour le Roy, en lui proposant de donner la main (à Condé) pour pénétrer en haute Alsace et l'introduire en Franche-Comté », entrait « pour beaucoup dans la détermination du projet [4] ».

Il accueillit d'ailleurs avec enthousiasme la décision de Wurmser. Enfin il allait pouvoir agir, se jeter en Franche-Comté, appeler à lui les partisans du roi, tendre la main aux Lyonnais, et sur la frontière de l'Est organiser une nouvelle Vendée !

---

1. Barbançon à Condé, Chantilly, Z, t. XL. p. 132-3, 142, 151. Barbançon voit Wurmser le 8 novembre.
2. Remarquer que Wurmser et Clerfayt sont instruits de la négociation entamée entre Pichegru et Condé, au moment même où ils repoussent notre armée de la Pfrimm sur la Queich et s'emparent de Manheim.
3. Chantilly, Z, t. XVII, p. 369-70.
4. Condé à Wickham, 6 novembre, *Correspondance de Wickham*, t. I, p. 188.

## II. — *Le péril royaliste*.

Il se hâta d'écrire à Wickham : « Je ne perds pas un moment, Monsieur, à vous confier, sous le plus grand secret, que j'ai reçu cette nuit l'ordre ci-joint de m'entendre avec le général Mélas pour passer le Rhin. Il est instant que, sans en dire positivement le motif, vous ne négligiez rien pour faire éclater tout à l'heure le Lyonnais et la Franche-Comté, où le général Wurmser veut me jeter tout de suite... L'éclat !... *il n'y a pas un instant à perdre à l'ordonner*... Je n'envoie point d'ordres directs, comptant sur vous comme sur moi-même, mais sentez, je vous prie, combien ma petite armée serait compromise si la Franche-Comté ne se déclarait pas *sous huit jours*[1]. »

« Monseigneur, répondit Wickham, le 10 novembre, la lettre que V. A. S. a bien voulu m'écrire, en date du 6, m'a mis la joie dans l'âme !... Voici ce que j'ai fait et ce que je me propose de faire. » Et l'agent anglais traçait le plan d'insurrection des provinces de l'Est[2].

Tandis que les Piémontais et le général de Vins tenteraient au moins l' « apparence d'une diversion » sur les Alpes de la Savoie pour retenir de ce côté l'armée de Kellermann, le Velay et le Forez s'insurgeraient et marcheraient sur Lyon. Dès que la garnison serait sortie, la ville se déclarerait pour le « Roy » ; M. de Précy en prendrait le commandement militaire ; Imbert-Colomès, le commandement politique. En même temps, Tessonnet, qui de Lyon s'était rendu à Saint-Claude et à Lons-le-Saunier, formerait un rassemblement qui rejoindrait la petite armée de Précy. Alors Précy, avec Tessonnet en avant-garde, marcherait à la rencontre de Condé.

L'arrivée du prince en Franche-Comté serait le signal de deux autres insurrections : celle de Besançon, où les frères Antonis pratiquaient des intelligences, celle des montagnes du Jura, dont le clergé, en correspondance avec de Chaffoy, soulèverait les populations. Malseigne, avec Tinseau comme chef d'état-major, assisté même de Poutier, prendrait la direction du mouvement jurassien ; Folney entrerait à Besançon pour organiser l'insurrection. Dans les montagnes, du côté de Belfort et de Vesoul, Mongenet, avec l'aide des mineurs et des exploiteurs de bois, ouvrirait au prince l'entrée de la Franche-Comté.

Avec une activité fiévreuse, Wickham s'est mis à l'ouvrage. Il n'a plus un instant à lui, écrit-il à Grenville, le 14 : ce n'est pas une petite affaire de « fournir toute la frontière, de Lyon au Porrentruy,

---

1. *Correspondance de Wickham*, t. I, p. 188.
2. *Ibid.*, p. 189 et suivantes. Voir l'original de la lettre dans la série Y, à Chantilly.

d'argent, d'armes, de poudre, de souliers, etc. », d'entretenir la correspondance la plus étendue, car il entre dans tant de détails, et les Lyonnais n'ont confiance qu'en lui ! Et les billets courts, pressés, se succèdent à l'adresse de son ministre, à celle de Condé : il sollicite leur indulgence, car il a si peu de temps pour écrire ! il donne les nouvelles à mesure, sans ordre, coupées de réflexions, pas toujours claires, et finit en déclarant qu'il faut avoir confiance en lui, car il ne peut demander ni conseil ni ordre, le temps presse [1] !

Son principal souci est de trouver assez d'argent pour satisfaire aux demandes. Il a prévenu Grenville que 40.000 livres sterling sont nécessaires pour Lyon, 10.000 pour Besançon, autant pour les autres centres d'insurrection, le tout dans 15 jours. Son collègue de Turin, Trévor, lui procure de l'argent monnayé, 30.000 livres sterling en louis. Mais ses agents emportent plus de lettres de change que d'or. En deux jours, le 9 et le 10 novembre, il envoie 11.651 livres sterling à Imbert ; de Guer seul reçoit 3.000 louis ; quelques jours après, le banquier Romain Baboin part pour Lyon avec 20.000 livres ; dans la Franche Comté, 6.000 livres serviront à l'achat des armes, des vivres, pourvoieront aux premiers besoins. De Chaffoy reçoit « quelques centaines de louis » ; 500 aux Antonis pour « gagner et payer la populace » ; Malseigne en aura 2 ou 3.000 ; Condé enfin réclame de l'argent : Craufurd paye son armée, mais il réduit la solde : grave faute, écrit le prince, au moment de passer le Rhin ! Wickham l'apaise en lui promettant 5.000 louis [2].

Aussi les nouvelles arrivent excellentes de partout ! Imbert-Colomès adresse au « Roy », à Wickham, à Condé, des lettres pleines de « nerf, de vigueur et de feu » ; en quatre ou cinq semaines, il prétend faire lever 30 à 40.000 hommes à Lyon et tout autour faire insurger cinq départements ! Il ne lui faut qu'un titre ! Ce titre, M. de la Chassagne va le demander à Vérone : le « Roy » le renvoie avec le rang de major, la croix de Saint-Louis. Car déjà Précy a reçu des pouvoirs. Wickham a envoyé le marquis de Digoine à Turin, où résidait l'ancien commandant de Lyon. Celui-ci s'est décidé à le suivre. Ils vont d'abord à Vérone ; le prétendant charge Précy du

---

1. Wickham à Grenville, 13 novembre, Lebon, p. 77 ; 14 novembre, *Correspondance*, t. I, p. 196 ; 17 novembre à Sir Morton Eden, Lebon, p. 80, 81 ; 18 novembre, à Grenville, *Correspondance*, t. I, p. 207, et Lebon, p. 80. Il faut lire aussi les lettres adressées par Wickham à Condé ou par La Tour, son secrétaire, au même, 17, 20, 22, 23 novembre, Chantilly, Z, t. LXXII, p. 192 ; Y, t. XV, p. 138, 166, 171, en réponse aux lettres du prince des 6, 7, 9, 10, 11, 17, 19, 23, 24 novembre, Chantilly, Z, t. CXXXV, p. 69 à 82.
2. 60.000 livres sterling, soit *un million et demi* Et cette somme n'a pas été jugée suffisante par Wickham. Il a envoyé à Lyon 750.000 francs ! Voir ses lettres ci dessus citées à Grenville et la lettre de mai 1796 déjà citée, ainsi qu'une lettre de Romain Baboin, du 22 novembre.

commandement du Lyonnais et de « toutes les parties circonvoisines qui pourraient se réunir sous son autorité ». M. de Flachlanden rédige ses instructions : il laissera provisoirement subsister les administrations, se contentera de les épurer, tout en s'efforçant d'effacer les noms de districts et de départements ; il chassera de leurs églises les prêtres assermentés, installera des insermentés à leur place, restituera aux nobles leurs biens, mettra en séquestre les propriétés des émigrés non rentrés. De Vérone, par Turin, Précy se rend à Lausanne auprès de Wickham. Il est arrivé le 25 novembre. Craufurd accourt de Manheim pour combiner avec son collègue et le marquis le plan d'insurrection définitif [1].

Meilleures nouvelles encore de Franche-Comté ! Malseigne, malade à Rhinfelden, se rétablit en quelques jours ; Tinseau apporte ses plans à Lausanne, puis à Mulheim ; Poutier est plein d'ardeur, mais Condé l'engage à suivre sa besogne « sagement et discrètement » ; Tessonnet, à Lons-le-Saunier, « sera prêt le 1er ». Pautenet de Véreux enfin revient de Besançon avec une grande nouvelle : le général Ferrand, commandant la place, ancien divisionnaire de Pichegru à l'armée du Nord et son ami, a consenti à une entrevue. Il aime mieux « la croix de Saint-Louis, l'estime de son seigneur et de son curé que d'être ce qu'il est ». Avec ses 24.000 livres en assignats, il n'a « pas le moyen d'acheter des pincettes » ; il est las d'un gouvernement qui ne le paie pas. De Véreux espère le gagner à la cause royale [2]. Enfin les deux tiers des montagnards sont prêts à se soulever. Les forts de Joux, de Salins, de Blamont, se rendront à la première sommation !

Aux insurgés de la Franche-Comté et du Lyonnais se joindront peut-être ceux de la Provence. L'agent anglais à Gênes, Drake, annonce le 22 novembre à Wickham que les royalistes de la province forment une « coalition » pour secouer le joug du gouvernement jacobin : 10.000 hommes sont prêts à prendre les armes dans les environs de Tarascon, bientôt suivis de 16 à 20.000 paysans [3].

« On tâchera, écrit Wickham à Condé, de faire éclater autant de mouvements que possible à la fois, pour distraire l'attention de la Convention et de ses généraux des vrais points et pour les obliger à séparer leurs forces. » C'est pourquoi Mallet est envoyé par

1. Voir le rapport de d'Artez, publié dans Daudet, *Conjuration*, p. 362, Chantilly, Y, carton XV, fos 187-198; les lettres de Condé et de Wickham ci-dessus citées et généralement la *Correspondance de Wickham*, t. I, p 195 à p. 214 ; la lettre d'Imbert-Colomès à Wickham, 13 novembre, Chantilly, Z, t. LXXII; celle de l'abbé de Rully à Condé, Z, t. XC. Voir dans Lebon, p. 77, 78, les pouvoirs de Précy.
2. Rapport de Véreux à Condé, Chantilly, Z, vol. LXXII, et Pingaud, *Une négociation secrète*; lettre d'Imbert-Colomès au roi, 13 novembre, Daudet, *Conjuration*, p. 121.
3. Drake à Wickham, 22 novembre, *Correspondance de Wickham*, t. I, p. 209.

Wickham avec de l'argent dans l'Orléanais pour assister Levencur ; Bayard à Paris et de là en Vendée, pour établir une correspondance entre les royalistes de l'Est et ceux de l'Ouest. Mais de ce côté, plus de soucis que d'espérance. Orléans est désarmé ; les membres de l'agence royale à Paris, Brottier et Duverne, se disputent la direction des affaires ; Stofflet, brouillé avec Charette, reste les bras croisés, entretenu dans son inaction par son secrétaire et ami Bernier, curé de Saint-Lô ; le comte d'Artois a quitté l'île d'Yeu pour retourner en Angleterre, le 18 novembre, et Charette a licencié la plus grande partie de ses bandes. Mais l'espérance est si vivace au cœur des émigrés qu'on se réjouit d'apprendre encore à Mulheim que Levencur reste « bien disposé », que Rochecotte et Bourmont chouannent dans le Maine et le Perche, que Scépaux « rejoint son armée ». Les nouvelles arrivent « par le nouveau mode de correspondance établi entre Tessonnet et La Ferronnière[1] ».

Après échange de plusieurs lettres, Wickham et Condé se sont entendus pour fixer *la date de l'insurrection* des provinces de l'Est au 20 ou au 25 novembre. Mais Imbert annonce que celle du Lyonnais ne sera pas prête avant les premiers jours de décembre. L' « éclat » reste d'ailleurs subordonné au passage du Rhin par Condé.

On se prépare à « passer », mais le colonel Craufurd a des doutes : « La tentative, écrit-il, paraît enfin arrêtée. Cependant, je crains qu'ils retournent sans avoir rien fait. La force est trop petite, même dans les circonstances présentes, surtout parce qu'ils ne sont pas maîtres d'une forteresse et n'ont ni le temps ni les moyens de s'en emparer[2]. »

La possession d'Huningue faciliterait singulièrement les succès de la petite armée. Base d'opérations si le passage réussissait, cette place assurerait la retraite en cas d'échec. Mais l'assiéger avec si peu de forces est impossible. Ah ! si Pichegru consentait enfin à la livrer ! Surtout s'il réunissait une partie de ses troupes avec celles du prince ! Que de difficultés évitées ! Aussi, sur l'ordre de Condé, Montgaillard écrit plusieurs lettres à Badonville ou à Fauche, lettres qui doivent être mises sous les yeux de Pichegru, pour le décider enfin à « remplir ses engagements ».

Mais la découverte des papiers de Lemaître, l'expulsion de d'Artès et de Valdené, correspondants du prince, chassés de Bâle, l'affaire de Poutier à Neufchâtel, ont inquiété le général. Il craint d'être

---

1 Rapport de Bayard à Wickham, joint à la lettre de celui-ci du 25 janvier 1796, Record Office, Suisse ; Wickham à Grenville, 13 et 18 novembre, *ibid*. Voir *Correspondance de Wickham*, t. I, p. 208, Lebon, p. 80, Chassin, *Pacification*, t. II, p. 93 et suivantes.

2. Craufurd à Grenville, 12 novembre, Army in Germany.

compromis par quelque indiscrétion des agents royalistes. Montgaillard croit indispensable d'écrire à Badonville « pour le rassurer sur les craintes que devait inspirer la correspondance de Bâle ».

Il a prévenu Pichegru des offres du curé d'Eggs, des intentions de Wurmser, pour l'empêcher de conclure « aucun engagement contraire aux intérêts du roi » : le général a fait écrire pour rassurer le prince, mais « il paraît mortifié qu'il y ait de nouveaux confidents ;... il tremble pour le secret [1] ».

*Le 5 novembre, Montgaillard lui annonce qu'il est désormais impossible de tenir les Autrichiens à l'écart de la négociation ;* ils ont désiré traiter avec lui par l'intermédiaire de Condé ; celui-ci leur a répondu qu'il avait prévenu leur désir et a écrit un *billet que lui portera un officier autrichien.* Le prince demande à Pichegru de répondre qu'il veut négocier directement avec Condé, ne remettre qu'à lui Huningue, Strasbourg et le Porrentruy, « ne rien faire qui ne soit préalablement soumis à la notification du Bourgeois (Condé) ». Le prince, qui « tient invraisemblablement à *avoir la pendule* en diamant (Huningue) avec les aiguilles (Porrentruy) », adjure le général de *se rapprocher.* Cette lettre est envoyée, le 6, par la poste ; un négociant doit en remettre une copie à Badonville au quartier général. Pour plus de sûreté, une autre copie est adressée à Fauche, à Strasbourg, le 7, avec des explications [2].

Le négociant annonçait, le 12, de Spire qu'il n'avait pas encore rejoint Badonville, pour lui remettre le message adressé à Pichegru ; mais la poste l'avait sans doute déposé au quartier général. Fauche s'empressait d'ailleurs, le 11 novembre, de faire « part de suite au Banquier » du désir du prince [3].

Pichegru a pu lire la lettre de Montgaillard *pendant sa retraite* de la Pfrimm sur la Queich. N'a-t-elle pas influé sur ses déterminations ?

### III. — *Retraite sur la Queich.*

Après avoir perdu quelques jours devant Mayence, Clerfayt s'était décidé, le 4 novembre, à lever son camp et à remonter la vallée du Rhin pour investir Manheim sur la rive gauche et faciliter ainsi à Wurmser la prise de la ville.

Suivant une convention faite à Mayence entre Bellegarde, chef

---

1. Montgaillard à Condé, 28 octobre, 1ᵉʳ novembre ; Chantilly, Z, t. XXXIV, p. 155, 156, 158.
2. Montgaillard à Pichegru, 5 novembre, à Fauche, 7 novembre ; à Condé, 7 et 21 novembre, Chantilly, Z, t. XXXIV, p. 341, 130 157, 160.
3. Fauche à Montgaillard, 11 novembre, Chantilly, Z, t. XXXIII, p. 133, 136.

d'état-major de Wurmser et le maréchal, le lieutenant général, comte Latour, traversa le Rhin avec quatorze bataillons et quarante escadrons et se plaça à l'aile gauche de l'armée victorieuse. L'aile droite, commandée par Wartensleben, devait esquisser un mouvement tournant du côté des montagnes, à la fois pour couper les communications de Pichegru avec Marceau, qui s'avançait par les défilés du Hundsruck et la vallée de la Nahe, et pour l'obliger, en débordant sa gauche, à battre en retraite de la Pfrimm sur la Queich et abandonner Manheim à elle-même [1].

Avec 35.000 hommes (il en avait laissé 10.000 à Manheim, et 27.000 environ gardaient le Rhin de Frankenthal à Bâle), le général en chef de l'armée de Rhin-et-Moselle allait lutter contre 73.000 dans la Palatinat. De ses troupes il tira une avant-garde qu'il confia au général Desaix, modifia le commandement des cinq divisions [2] réunies sur la Pfrimm, remplaçant Courtot, qui avait fui, par Ferino à la 9e et donnant la garde des montagnes à Saint-Cyr, très énergique, avec la 11e. La position qu'il avait choisie lui permettait de couvrir Manheim et d'attendre, s'il parvenait à s'y défendre, l'arrivée des renforts de Jourdan.

L'offensive ennemie commença, le 6 novembre, par une démonstration sur toute la ligne et surtout sur notre gauche. De ce côté, une demi-brigade (Mangen), chargée de garder les communications avec Jourdan, battit précipitamment en retraite devant l'avant-garde de Naundorff, mais l'arrivée des deux demi-brigades de la division Poncet de Sambre-et-Meuse, qui n'avaient pu prendre part au combat du 29 octobre, répara le dommage causé par la fuite de l'autre

Le comte de Wartensleben continuant son mouvement sur notre gauche, la bataille s'engagea, le 10 novembre, le matin au voisinage des montagnes et l'après-midi en plaine. Saint-Cyr, avec la 11e division, défendit pied à pied les sources de la Pfrimm et les pentes du mont Tonnerre. Il était parvenu à faire une habile retraite sur Draisen et à réunir ses troupes dans une position défensive, derrière le cours d'eau principal, sans découvrir l'armée, lorsque la 10e division plia sous les attaques du centre autrichien. Sa retraite sur Göllheim isolant la 11e des divisions de droite, Saint-Cyr se retira, suivant les ordres du général, sur Kaiserslautern en compagnie de la 10e. Pichegru, après l'échec de cette dernière, craignant d'être tourné

---

1. Vivenot, p. 361.
2. Disposition des troupes sur la Pfrimm, de gauche à droite : 11e (Saint-Cyr) autour de Kirchheim-Poland ; 10e (Mengaud) à Harxheim ; 9e (Reneauld) à Monsheim ; 8e (Ferino) à Pfeddersheim ; 5e (Beaupuis) en avant de Worms ; avant-garde (Desaix), en avant de la Pfrimm, près d'Herrsheim, sur la droite.
Il a 35.000 à 37.000 hommes au plus avec lui sur la Pfrimm. Il faut évaluer ses forces à 64.000 hommes au plus.

par sa gauche, donna, la nuit tombant, l'ordre d'abandonner la Pfrimm, pour prendre en arrière une position défensive sur l Isenach et le canal de Frankenthal [1].

Dès le lendemain, l'ennemi nous attaqua dans Frankenthal et nous y força. Le 12, on tenta de reprendre ce bourg ; l'attaque dura toute l'après-midi, fut des plus vives et sans résultat, car la nuit arriva trop tôt. Le 13, les Autrichiens essayèrent d'entamer notre gauche sans pouvoir gagner un pouce de terrain. Mais, le 14, Clerfayt, ayant réuni de grandes forces sur notre centre et notre droite, nous livra bataille. Nos troupes résistèrent longtemps ; la grande supériorité de l'ennemi en cavalerie et surtout en artillerie décida Pichegru, sur le soir, à quitter la position et à battre en retraite [2], en disputant le terrain pied à pied, sur la rivière du Speyerbach.

Désormais les Autrichiens pouvaient assiéger Manheim sur les deux rives. Ils ne l'auraient pas osé cependant, si Pichegru n'avait abandonné le Speyerbach. Il s'y décida le 16, parce qu'il crut que l'armée autrichienne continuait sur la gauche le mouvement d'offensive et venait de refouler la brigade du général Xaintrailles, chargé de garder Frankenstein dans les gorges. Il donna l'ordre à Saint-Cyr et à Delaborde de renoncer à défendre Kaiserslautern et d'occuper les sources de la Queich (Anweiller et Eusserthal), pendant que lui-même prendrait position avec son centre et sa droite sur le cours inférieur de la rivière, appuyé aux lignes de Landau [3].

Dans cette retraite, Pichegru avait rallié en route une division, la 4e (Taponier). Il s'établissait sur la Queich avec 30.000 hommes, qui devaient garder le pays depuis Germersheim jusqu'à Pirmasens, tandis que 21.000 observaient le Rhin, le Porrentruy et la Franche-Comté jusqu'à Besançon. Nous avions perdu les conquêtes des armées du Rhin et de la Moselle, à l'exception de Manheim, fort compromis d'ailleurs par la retraite de notre armée.

Cet échec tenait à plusieurs causes : il tenait d'abord à l'infériorité des forces de notre armée réduite à 70 000 hommes (62.000 par suite des désertions) après la déroute du 29 octobre et exposée aux attaques combinées de Clerfayt et de Wurmser, qui réunissaient un

---

1. Saint-Cyr, t. II, chap. vii, Pichegru au Comité, 10 novembre; à Jourdan (ibid. ; bulletin de Liébert, du 11, dans A. G., Rhin-et-Moselle ; instructions de retraite, ibid , et livre d ordres de Pichegru, papiers R. de Saint-Albin
2. Bulletin de Liébert du 12, du 13, du 14, du 16 novembre ; lettre de Pichegru au Comité du 13, du 14, et de Pichegru à Jourdan du 14, dans A. G., Rhin et-Moselle. Un rapport des batailles depuis le 7 brumaire, très exact, *écrit par le secrétaire de Pichegru*, se trouve dans les archives de Chantilly, Z t. XXXIV, p. 6. Cf Legrand, journal.
3. Bulletin de Liébert du 16 ; lettre de Pichegru au Comité du 16, A. G , Rhin-et-Moselle : journal de Legrand, mémoire d'Abbatucci ; Saint Cyr, t. II, p. 529 et chap. viii, etc.

total de 140,000 hommes. Cette infériorité de moitié ne pouvait être compensée que par l'arrivée de l'armée de Sambre-et-Meuse dans le Palatinat[1].

Or Jourdan ne se hâtait pas de renforcer Pichegru. Il avait envoyé, vers la fin d'octobre, Marceau sur la Nahe, avec 7 ou 8,000 hommes, en lui promettant des renforts. Marceau avait la mission de couvrir Trèves et la Moselle et de tendre la main à Pichegru. Mais les renforts n'arrivaient pas, et Marceau, exposé aux attaques des Autrichiens, bien supérieurs en nombre et surtout en cavalerie, piétinait dans les boues du Hundsruck sans avancer. — Ayant reçu de la cavalerie, assuré sa retraite sur la Moselle, en rétablissant le pont de Trarbach, il s'avançait enfin sur la Nahe, s'emparait de Kirn et des gorges de Stromberg (10 novembre). Clerfayt détachait alors contre lui, le soir même du combat de la Pfrimm, le corps de Wartensleben, et Marceau devait battre en retraite devant ces forces supérieures[2].

Jourdan se préoccupait cependant de secourir l'armée de Rhin-et-Moselle[3], mais des instructions pressantes du Comité lui enjoignirent de garder Dusseldorf et Neuwied, nos débouchés, le second déjà perdu, sur la rive droite ; il manquait de chevaux pour transporter ses vivres ou traîner son artillerie ; ses troupes, mal nourries, insuffisamment vêtues par le froid et la pluie, très mécontentes, s'alarmaient d'une marche nouvelle à travers un pays difficile et désolé ; les officiers, Marceau lui-même, éprouvaient de la répugnance à secourir « l'insatiable armée de Rhin-et-Moselle » ; enfin les ordres précis du Comité de salut public n'arrivaient pas. Aussi Jourdan se bornait à des simulacres d'offensive ; Marceau sur la Nahe, Hatry et Lefèvre sur la Sieg, poussaient des reconnaissances, au lieu de dégager Pichegru !

1. Pichegru n'a cessé de réclamer des renforts : voir ses lettres du 30 octobre, du 1er novembre, du 7 (depuis huit jours il a envoyé déjà cinq à six courriers au gouvernement). Le 9 seulement, il reçoit une lettre du Comité, le prévenant que Jourdan a l'ordre de s'avancer sur la Nahe, mais le porteur de l'ordre passe par le camp de Pichegru ! Il écrit encore pour réclamer des renforts de l'armée de l'intérieur ou de l'armée des Alpes. Le 10, à minuit, après la défaite sur la Pfrimm, le 13, avant la bataille de Frankenthal, le 14, après la défaite, encore demandes de renfort. Notons qu'à ce moment le gouvernement change de mains. Le Directoire remplace le Comité. Aussi pas ou peu de réponses de Paris.
2. Maze, *le général Marceau*, p. 63 et suivantes, p. 199 et suivantes. Lieutenant Lottin, *Un Chef d'état-major de Billy*, p. 48, 77, 99 ; voir la carte excellente de la guerre dans le Hundsruck. Billy était le chef d'état-major de Marceau.
3. Pichegru l'en sollicitait vivement ; voir ses lettres des 1er, 3, 6, 8, 9, 10 novembre. Qu'on lise ces lettres pressantes, celles qu'il adressait au Comité ou au Directoire à la même époque : on sera convaincu que Pichegru craignait d'être battu. Il nous paraît impossible d'admettre qu'avant la bataille de la Pfrimm, c'est-à-dire avant le 10 novembre, il ait voulu se faire battre. Même opinion de Saint-Cyr, qui le vit alors et qui fut témoin de son anxiété.

Le 12 novembre seulement, des ordres nets arrivaient de Paris : l'armée du Nord vint renforcer celle de Sambre-et-Meuse sur le Rhin, garder Dusseldorf ; les divisions Championnet, Bernadotte et Grenier se dirigèrent sur la Nahe ; le 24 novembre enfin, Jourdan reçut la mission de se porter lui même sur cette rivière, avec la masse de ses forces. Mais il ne fut pas en état d'agir avant la fin de novembre [1].

Notre échec tenait à d'autres causes, et d'abord à l'état de l'armée. L'armée de Rhin-et-Moselle avait laissé dans les lignes de Mayence une partie de son artillerie ; elle en perdit encore au cours de la retraite. Mais surtout elle manquait de chevaux pour traîner les pièces et les munitions. Les chevaux tombaient par centaines sur les routes, mourant de faim, épuisés de fatigue. La plupart des cavaliers étaient démontés ; les autres pouvaient à peine suivre les Autrichiens qui se retiraient au trot. Faute de chevaux, les officiers d'état-major ne parvenaient pas à transmettre les ordres pendant les combats. « J'ai vu hier, écrivait Rivaud, le général en chef lui-même, dont les chevaux sont épuisés de fatigue et d'inanition, traîner le sien une lieue par la bride [2]. »

Le défaut de moyens de transport empêcha les commissaires des vivres de fournir régulièrement aux troupes les subsistances nécessaires. D'ailleurs les administrations, effrayées de la perte des lignes, se retirèrent si loin qu'elles mirent longtemps à rejoindre l'armée. Des divisions manquèrent de pain pendant plusieurs jours ; il arriva souvent que le soldat se battit à jeun ou n'eut « pas de pain à manger après s'être battu toute la journée [3] ».

Mais les troupes souffrirent encore plus du froid et de l'humidité. Par cette fin d'automne, la pluie tombait à torrents. Les soldats devaient bivouaquer sans tente, marcher sans capote, souvent sans chaussures [4]. Vainement le général et les officiers adressaient leurs réclamations et leurs plaintes aux administrations. Celles-ci n'en tenaient aucun compte. Pacot, directeur de l'habillement, ne répondait pas à Rivaud. Le général « n'avait pas même le droit de faire donner une paire de souliers. »

Les officiers, « nu-pieds, comme les soldats, dans la misère et obligés de manger avec eux », n'avaient plus d'autorité. Vaine-

---

1. Viennet, t. II, p. 275-283, très bien informé des opérations de Jourdan.
2. Bulletin de Liébert, 12 et 17 novembre ; Rivaud au Comité, 11, 17 novembre ; Pichegru à Jourdan, 19 novembre : « A présent me voilà dans l'impossibilité *de faire aucun mouvement* en avant ou en arrière, le peu de chevaux qui nous restait ayant été tué dans les deux batailles et trois affaires que nous avons soutenues depuis la Pfrimm jusqu'ici. »
3. Pichegru au Comité, 13 novembre, A. G., Rhin-et-Moselle.
4. Voir toutes les lettres de Pichegru ou de Rivaud au Comité et celle de Rivaud au Directoire du 28 novembre, A. G., Rhin-et-Moselle.

ment ils s'efforçaient de réprimer les désordres et le pillage : la 201ᵉ demi-brigade s'exposait à être enlevée pour s'amuser à tirer des cochons ; un de ses bataillons recevait des paysans de l'argent pour garder leurs bestiaux, puis les volait quand même. Les soldats jetaient leurs armes sur le champ de bataille, s'enfuyaient à travers champs ou refusaient d'obéir aux ordres. L'indiscipline des troupes du général Xaintrailles, le 15 novembre, à Frankenstein, entraîna la retraite sur la Queich [1].

On ne saurait reprocher à Pichegru de n'avoir pas prévenu le gouvernement des besoins de son armée en hommes, chevaux, vivres, vêtements. Ses lettres, depuis le 1ᵉʳ novembre jusqu'au 19, prouvent avec quelle insistance [2] il a réclamé des renforts venus des armées voisines, l'arrivée de Jourdan sur la Nahe, l'envoi de secours.

### IV. — *Fautes militaires de Pichegru.*

Si désavantageuse que fût la situation de l'armée aux prises avec les forces combinées de Wurmser et de Clerfayt, les critiques militaires, et surtout Saint-Cyr, ont beau jeu de prouver que Pichegru n'en a pas tiré tout le parti possible.

1° Il n'a pas opéré la *concentration de ses troupes sur les points de combat*, au risque d'affaiblir momentanément sa ligne sur des points secondaires. Avant la bataille du 10, il avait le temps d'attirer à lui, sur la Pfrimm, une partie des forces qui gardaient le Haut-Rhin [3]. Clerfayt restait six jours à Mayence, au lieu de pousser devant lui les Français. Arrivé le 5 à Bechtheim, en face de notre armée, il hésitait cinq jours à les attaquer. Ces onze jours de répit, le général pouvait les mettre à profit [4].

Pourquoi laisser sur le Haut-Rhin 27.000 hommes inactifs ? Est-ce parce que le Comité ordonnait, le 29 octobre, de préparer un passage entre Strasbourg et Huningue [5] ? Mais le passage devenait impossible après la perte des lignes, et les instructions de Letourneur n'étaient point « impératives » [6].

---

1 Abbatucci à Casabianca, 3 novembre ; Xaintrailles à Liébert, 16 novembre. A. G., Rhin-et-Moselle. Voir la proclamation de Rivaud à l'armée, 7 novembre, AF ɪɪ, 245.

2. Voir ci-dessus. Le Directoire s'installait, le 2 novembre, au Luxembourg, n'ayant pas ou presque pas de numéraire, pouvant à peine payer les dépenses les plus indispensables avec des charretées d'assignats, dont la valeur devait bientôt tomber à zéro.

3 27.000 hommes environ, de Frankenthal à Bâle.

4 Les critiques de Jomini sur ce point nous paraissent décisives.

5. A. G., Rhin-et-Moselle, 29 octobre.

6. Letourneur à Garrau, 30 octobre, A F, ɪɪ, p. 244.

Pichegru craignait-il un passage de l'ennemi sur ses derrières ? « Le général Wurmser, écrivait-il, a environ 50.000 hommes. S'il laisse 25.000 hommes devant les lignes de Manheim et qu'avec les 25.000 autres il passe le Rhin entre Landau et l'armée, jugez de notre situation[1]. » Mais ce passage coupait les trois divisions, placées entre Bâle et Strasbourg, du gros de l'armée, les exposait à un désastre, si Pichegru, retenu en Palatinat par Clerfayt, ne pouvait accourir à leur aide ! Mieux valait leur donner l'ordre de rejoindre l'armée sur la Pfrimm.

Pichegru, déclare Saint-Cyr[2], devait appeler à lui trois des quatre divisions qui gardaient le Haut-Rhin, 20.000 hommes environ sur les 27.000 échelonnés de Bâle à Philippsbourg. « J'ai su, écrivait Montgaillard à Condé, le 21 novembre, j'ai su par M. le baron de Degelmann, que Pichegru *éparpillait ses troupes et semblait avoir perdu la tête*, d'après la manière dont il faisait ses dispositions militaires. » « D'autre part, le prince de Furstemberg, que j'ai vu hier au soir, m'a tenu à peu de chose près le même langage et m'a assuré qu'on serait cet hiver en Alsace[3]. »

2º Faute de concentrer à temps ses troupes sur les points de combat, Pichegru, le 10 novembre, céda une partie du terrain occupé par sa gauche à l'ennemi. Devait-il pour cela battre en retraite sur Frankenthal ? Non, affirme Saint-Cyr : « Rien ne l'obligeait à se départir du système qu'il avait adopté, de disputer le terrain en attendant l'arrivée de l'armée de Sambre-et-Meuse[4]. »

Le soir de la bataille, Clerfayt chargeait sa droite d'arrêter le mouvement de Marceau : pour chasser notre armée de la Pfrimm, il aurait dû « livrer bataille le lendemain, avec moins de forces que la veille ». Certainement le maréchal ne nous aurait pas attaqués. Déjà, le 9, il faisait appeler Latour dans sa chambre et déclarait au lieutenant de Wurmser que l'armée de Jourdan s'avançait sur la Moselle, qu'elle était en forces à Kirn, et « qu'enfin, dans la conférence que lui, maréchal, avait eue avec le général comte de Bellegarde, il ne s'était engagé qu'à avancer jusqu'à la Pfrimm, qu'il ne pouvait pas s'aventurer plus loin ». Il ne voulait pas « même prendre la position de la Pfrimm », tant que notre gauche resterait maîtresse des sources de la rivière. Le 10, il ne consentit à faire avancer, sur notre droite et sur notre

---

1. Pichegru au Comité, 9 novembre, A. G., Rhin-et-Moselle.
2. Saint-Cyr, t. II, p. 273 et 304. Une objection cependant : le baron de Mélas préparait un passage dans le Haut-Rhin (voir ci-dessous). Mais Pichegru déclarait à Demougé (voir l'entrevue de décembre) qu'il ne le » craignait pas ».
3. Montgaillard à Condé, 21 novembre, Chantilly, Z, t. XXXIV, p. 160.
4. Saint-Cyr, t. II, p. 305.

centre, ses colonnes, que lorsque Wartensleben eut refoulé Saint-Cyr sur Draisen. Privé de Wartensleben, le 11, il aurait repris sans doute sa position à Bechtheim. En tout cas il tenait « ferme à son projet de ne pas passer Worms ». Même le 11, après la retraite de Pichegru, il défendait à Latour de poursuivre l'ennemi au delà de Karlsbach, annonçait son intention « d'entrer en quartier d'hiver, de ne laisser que les troupes légères et six bataillons de soutien en avant de Mayence, de faire repasser le Rhin au reste de l'armée ». Latour restait convaincu qu'il refuserait de pousser l'ennemi jusqu'à la Queich [1].

Notre retraite étonna nos ennemis. Craufurd écrivait, le 12 : « Le général Pichegru a quitté *sa très avantageuse position* » ; « position *extraordinairement forte*, ajoutait son frère » [2]. Pichegru lui-même a reconnu sa faute. Il écrivait à Jourdan, quelques jours après : « Si j'avais su, le 19 au soir (10 novembre), que le général Marceau s'était battu ce jour-là sur Stromberg, quand j'aurais dû me faire échiner, j'aurais maintenu notre centre et notre droite sur la position de la Pfrimm, malgré que notre gauche eût été repoussée à environ deux lieues ; le lendemain 20, l'ennemi, me voyant toujours en présence, n'aurait pu détacher ses dix-huit bataillons et trente escadrons, et bien sûrement le général Marceau aurait pu, non seulement conserver ses avantages et rester sur la Nahe, mais même forcer le corps d'armée qui lui était opposé à rentrer dans Mayence. Et celui qui était devant moi, ayant alors à craindre pour ses derrières, se serait peut-être retiré aussi [3]. » Il avouait donc que, le 10 au soir, il ne lui était pas impossible de résister à Clerfayt. Or il n'ignorait pas, et cela depuis le 6, que Marceau s'avançait sur la Nahe et, depuis le 8, que Jourdan prenait des dispositions pour le soutenir d'un nouveau corps de troupes.

Les jours suivants, nos troupes se battirent avec vaillance. Pichegru leur en témoigna son contentement dans un ordre du jour du 13. Il écrivait au Comité : « Elles sont totalement revenues de la première terreur que leur avait causée la retraite de Mayence. » « Le découragement avait cessé, déclare Saint-Cyr ; il ne restait plus que le mécontentement produit par le défaut de subsistances [4]. » Le maréchal Clerfayt nous poussait mollement. Le géné-

---

1. Voir importantes lettres de Latour à Wurmser, les 9 et 11 novembre, dans Vivenot, p. 370 et suivantes, p. 374 et suivantes.
2. Army in Germany, colonel Craufurd, 12 novembre; Quintin Craufurd, 20 novembre.
3. Pichegru à Jourdan, voir ses lettres du 6, du 8 et du 19 novembre, A. G., Rhin-et-Moselle.
4. Pichegru au Comité, 14 novembre, A. G., Rhin-et-Moselle. Voir Saint-Cyr, t. I, p. 315, 527 ; bulletin de Liébert du 14 : « On ne peut trop louer le courage des troupes. »

ral Latour, au contraire, avec les troupes de Wurmser, nous attaquait avec vigueur. Mais le maréchal se tenait à l'écart de la lutte, laissant Latour, « comme un enfant perdu à deux lieues de l'armée ». Le maréchal, écrivait Wurmser à Thugut, « depuis l'affaire de Mayence, n'a jamais poussé que par des avant-gardes l'ennemi fuyant toujours [1]. »

Cependant Pichegru recula sur le Speyerbach. Le 16, il battait encore en retraite sur la Queich. D'après Saint-Cyr [2], notre position sur le Speyerbach était « très bonne », tant que nous occupions Kaiserslautern. L'ennemi s'était contenté d'esquisser un mouvement sur la gauche et Saint-Cyr avait pris ses dispositions pour défendre Kaiserslautern. Le général affirme que nous restions encore maîtres de la haute vallée de la Speyerbach, que nous n'avions pas perdu le poste de Frankenstein et que la débandade momentanée d'une brigade, celle de Xaintrailles, ne justifiait pas l'abandon de Kaiserslautern.

Cet abandon étonna nos ennemis : « Le front de cette position, celle du Speyerbach, écrivait Robert Craufurd, est très fort, mais il n'est tenable qu'autant que l'armée qui l'occupe est en possession de Kaiserslautern. L'ennemi avait occupé ce poste avec une force considérable, et l'en déloger était de la plus grande importance. » Aussi Nauendorf devait attaquer Kaiserslautern, le 17. « L'ennemi n'a pas disputé ce point, ajoutait Craufurd, mais, à la première annonce de notre marche, s'est retiré avec précipitation... S'il n'avait pas *perdu toute confiance* dans ses troupes, (Pichegru) aurait sans doute fait de grands efforts pour garder Kaiserslautern, *et avec la partie principale de son armée, dans cette position dominante et menaçante, il aurait pu attendre l'arrivée de renforts suffisants et peut-être trouver le moyen de harceler l'armée d'observation.* Le fait de ne pas s'être aventuré à le faire peut seulement être attribué à la panique dont a été frappée l'armée française par la série d'échecs qu'elle a essuyés dernièrement [3]. »

Or nos soldats, au contraire, faisaient bonne contenance devant l'ennemi : leur général se louait de leur endurance ; il écrivait au Directoire : « Ces troupes n'ont manqué ni d'énergie ni de courage », et Liébert : « L'armée est brave, elle s'est bien battue [4]. »

Rien ne justifie notre retraite sur la Queich. Au moins Pichegru devait attendre la prise de Kaiserslautern par l'ennemi pour abandonner la position du Speyerbach.

---

1. Vivenot, p. 380, 388.
2. Saint-Cyr, t II, p. 313.
3. Robert Craufurd à Grenville, 21 novembre, Army in Germany.
4. Pichegru au Directoire, 22, 24 novembre ; Liébert, 28 novembre, A. G., Rhin-et-Moselle.

On peut donc lui reprocher de *n'avoir pas défendu le Palatinat avec assez de ténacité et de constance et de s'être retiré prématurément en Alsace*.

3° Chaque pas qu'il faisait en arrière l'éloignait de Jourdan. Or le succès de la campagne dépendait entièrement de la coopération des deux armées.

Voulait-il, en reculant sur l'Alsace, se rapprocher de ses divisions du Haut-Rhin ? Mais il eût obtenu un résultat semblable en appelant à lui ces divisions. Pensait-il, à l'abri des lignes, les fameuses lignes de Landau, résister avec succès aux forces combinées de Clerfayt et de Wurmser ? Les Autrichiens, bien supérieurs en force, pouvaient emporter les lignes de Landau comme celles de Mayence.

Au lieu de battre en retraite sur l'Alsace, Pichegru devait, « avec la partie principale de son armée », prendre sur les plateaux du Hardt, autour de Kaiserslautern, « une position dominante et menaçante ». Ainsi il ne s'éloignait pas de l'Alsace, attaquait les Autrichiens en flanc, s'ils y pénétraient ; il restait à portée de secourir Manheim et harcelait l'ennemi par d'incessantes attaques. Surtout il gardait le contact avec les troupes de Marceau et de Jourdan : tout l'espoir de la campagne reposait sur la jonction de nos deux armées.

Le prudent Clerfayt se serait-il aventuré en Alsace, aurait-il consenti même à investir Manheim sur la rive gauche, quand la jonction de ces deux armées risquait de couper ses communications avec Mayence, et ne lui laissait d'autre espoir de salut qu'un passage hâtif du fleuve sous les boulets des Français ?

4° Ce fut donc une faute d'effectuer la retraite sur l'*Alsace*. C'en fut une aussi de la faire *en plaine*. Avec leur supériorité numérique, avec leur cavalerie surtout, bien plus nombreuse et mieux montée que la nôtre, les Autrichiens pouvaient nous infliger une défaite que la poursuite aurait changée en désastre. Comme Bonaparte à Arcole, Pichegru avait avantage à réduire le champ d'action des ennemis, pour limiter la portée de leurs coups. Il était sage de leur présenter des fronts étroits, des flancs couverts par de naturelles défenses. Dans les défilés du Hardt, nos troupes luttaient avec avantage ; dans les plaines du Palatinat ou de l'Alsace, l'ennemi perçait leur ligne mince et les tournait : un échec, et la cavalerie sabrait nos fuyards.

Notre retraite sur la Queich fut suivie de la reddition de Manheim.

### V. — *La perte de Manheim.*

La ville, abandonnée à elle-même, attaquée par la rive gauche comme par la rive droite, capitula cinq jours après.

Cette capitulation si prompte, après douze jours seulement de tranchée ouverte, sept jours de complet investissement, provoqua en

## LA PERTE DU PALATINAT

France une stupeur douloureuse. Elle étonna jusqu'à nos ennemis. Le 21 novembre, Robert Craufurd écrivait à Grenville : « Le général Lauer, qui dirige le siège, me dit avant-hier que, si les ennemis ne faisaient pas une plus vigoureuse résistance, il espérait être en possession du chemin couvert dans huit jours ; mais, si l'ennemi se défendait, il faudrait cinq ou six jours de plus [1] » : le jour même, la capitulation était signée.

Cette place passait cependant pour « l'une des plus régulières de l'Europe ». « Les approches sont bien défendues par de bonnes avancées et de bons bastions garnis de forts canons », écrivait le sergent Fricasse, qui visitait la ville quelques jours avant le siège [2].

Elle était située à l'extrémité d'une péninsule assez effilée, au confluent du Neckar et du Rhin, couverte sur trois côtés par ces deux rivières et sur le quatrième par des marécages étendus, dont les eaux se déversaient dans le vieux Neckar [3].

Malheureusement un plateau dominait Manheim sur la rive droite du Neckar, le Galgenberg, dont les Autrichiens s'étaient emparés le 29 octobre, et où ils s'étaient empressés d'élever des batteries avec lesquelles ils prenaient en flanc les sorties des assiégeants [4].

La place elle-même n'était pas suffisamment abritée contre l'attaque de l'ennemi par son système de défense. Au delà du fossé, protection en cas d'escalade, les contrescarpes manquaient d'élévation : les bastions offraient trop de prise au tir des canons. Les ouvrages n'étaient eux-mêmes qu'à demi-revêtements, ces revêtements très bas ; l'ennemi pratiquait aisément des brèches. Faute de parapets suffisants, l'artillerie des assiégés se trouvait à découvert jusqu'au-dessous du moyeu. La place ne renfermait d'ailleurs ni gabions ni saucissons et sacs de terre permettant d'élever rapidement

---

1. Army in Germany, 21 novembre.
2. *Journal de marche*, p. 73, voir la description enthousiaste qu'il fait de cette belle ville, régulièrement bâtie.
3. Un pont la reliait à la rive droite du Neckar, un autre à la rive gauche du Rhin pont de bateaux ; un ouvrage important défendait le premier ; la tête de pont du Rhin avait été détruite par les Français l'année précédente.
Le récit du siège a été écrit surtout d'après : 1° le *Journal de Legrand*, p. 49 à 58, qui a fait une enquête après la capitulation ; 2° une longue lettre du commandant d'artillerie *Garens* à son ami Lariboissière, A. G., Rhin-et-Moselle, 23 novembre. 3° trois lettres adressées à Pichegru, l'une par Montaigu, la seconde par le général Dusirat, la troisième par le commandant du génie Crétien, dans portefeuille de Pichegru, papiers de R. de Saint-Albin ; 4° lettres de Craufurd à Grenville, surtout celles du 21 et du 23 novembre, Army in Germany ; 5° le mémoire d'Abbatucci, A. G. ; 6° la correspondance de Pichegru et de Liébert avec le Comité, A. G., Rhin-et-Moselle ; 7° le mémoire de Heigel (en all.) ci-dessus cité. Voir une carte de Manheim au t. II des *Mémoires* de Saint-Cyr. Compléter avec la Bibliographie.
4. De plus, entre le Neckar et le Rhin, au sud de la place, une quantité de maisons, de chaussées et de digues en facilitaient beaucoup les approches et formaient « une contrevallation naturelle ». Pichegru n'avait pas fait construire de ligne de défense au delà de cette contrevallation.

des retranchements en terre et de compléter ainsi les défenses. Enfin il n'y avait pas en ville assez de casemates ou de souterrains à l'abri de la bombe pour mettre à l'abri les approvisionnements nécessaires [1].

Manheim passait pour une des plus belles villes de l'Allemagne : elle avait des rues larges, bien alignées, se coupant régulièrement à angle droit, éclairées de chaque côté par un réverbère à distance de trente pas, « très bien illuminée », écrivait Fricasse ; des maisons, vastes et spacieuses, « toutes de même hauteur et de toute beauté ». Les Palatins, très fiers de leur cité, avaient capitulé en septembre pour éviter un siège. Dans la crainte des effets du bombardement, ils devaient tout faire pour abréger les longueurs du nouveau siège [2]. Si le commandant français ne cédait pas à leurs plaintes ou à leurs réclamations, il pouvait s'attendre à un soulèvement populaire d'autant plus à craindre que la ville n'avait pas de citadelle où nos troupes puissent se retirer et se défendre.

L'insuffisance des vivres devait d'ailleurs abréger la défense. Vainement Pichegru avait prévenu le Comité que la place ne renfermait « aucune espèce d'approvisionnements en subsistances » ; vainement le Comité lui-même avait enjoint à l'agence des « vivres-pain » et à l'agence des fourrages d'approvisionner Manheim pour six mois et 10.000 hommes : le manque d'argent avait entravé l'exécution des ordres donnés.

Il fallut se résigner à ne donner à Manheim que l'approvisionnement « ordinaire de pain, viande, fourrages » pour un mois seulement [3]. Le 14 novembre, au moment où l'armée de Rhin-et-Moselle abandonnait Frankenthal, lorsque la communication de Manheim avec la rive gauche fut interceptée, il ne restait dans la place « que pour dix-huit à vingt jours de vivres ».

Dans ces conditions, la défense devenait particulièrement difficile. Or les troupes qui en avaient la charge semblaient moins que toutes autres capables d'en assurer le succès. L'ennemi, écrivait Pichegru au Comité le 30 octobre, avant le siège, « aura bientôt réduit par la fatigue nos troupes déjà harassées ». Les deux demi-brigades laissées dans la ville avaient fait la campagne depuis la prise de Manheim. Restes des divisions Ambert et Dufour (la 6e et la 7e), après leur défaite à Heidelberg, elles avaient passé l'automne aux avant-postes.

---

1. Le tout d'après Legrand, Garens et Crétien. « Une mauvaise place », écrivait Bellegarde, Vivenot, p. 367.
2. Vainement des officiers avaient conseillé de retrancher la gorge du front où le château était situé, afin d'en faire une espèce de citadelle, qui pût en imposer aux habitants ! Rien n'avait été ordonné ni exécuté (journal de Legrand).
3. Rapport de l'ille, 5 novembre. A. G., Rhin-et-Moselle, minute du Comité de salut public, 29 octobre, A F II, 244 ; lettres de Pichegru des 23, 27, 30 octobre, 14 novembre, et de Liébert, 14 novembre, relation de Garens, A. G., Rhin-et-Moselle.

Constamment aux aguets pour éviter les surprises de l'ennemi, par les pluies, dans la boue, sans capote ni tente, elles avaient perdu par le feu, la maladie ou la désertion, les deux tiers de leur effectif. En abandonnant dans Manheim ces 10.000 hommes, Pichegru ne dissimulait pas au Comité que leur énergie lui paraissait « fortement altérée [1] ».

Il ne se trompait pas. La garnison refusait d'aider les ingénieurs à compléter les fortifications de la place avec des levées de terre ou des blindages ; ceux-ci étaient obligés de requérir des travailleurs dans la campagne et, lorsque la ville fut bloquée, ils furent abandonnés à leurs propres ressources. L'artillerie manquait de bras pour exécuter les travaux les plus urgents [2] ; les canonniers abandonnaient leurs mortiers dans l'île de Muhlaüe, sans vouloir les transporter ; les pontonniers, chargés de replier le pont, après la retraite de l'armée de Rhin-et-Moselle, le laissaient emporter par le courant [3]. Chacun s'efforçait d'éviter les besognes fatigantes ou les accomplissait avec murmure et dégoût.

Un commandant en chef énergique, aimé des troupes, serait parvenu peut-être à relever leur moral, mais le général Montaigu, que Pichegru avait chargé de la défense, était un inconnu pour elles. Nouveau venu à l'armée de Rhin-et-Moselle, où il était arrivé en août, il avait fait toutes ses campagnes à l'armée du Nord ou à celle de Sambre-et-Meuse, jusqu'à la fin du siège de Luxembourg. On lui attribuait d'ailleurs des actions d'éclat : il avait défendu le passage de la Sambre avec un petit corps de troupes contre le double d'Autrichiens, sauvé le pont de Marchienne avec 40 grenadiers et conquis le grade de général de division à la pointe de son épée. A Fleurus, sa troupe s'était battue pendant trois jours. Jourdan, Kléber témoignaient de ses services : « Il a montré partout, assuraient-ils, les plus grands talents militaires, les intentions les plus droites, le républicanisme le plus prononcé. » « Adieu, lui écrivait Bernadotte, à son départ de l'armée de Sambre-et-Meuse : en t'éloignant des camarades qui t'aiment, sois bien persuadé que tu emportes un attachement vrai et une estime bien méritée [4]. »

Il fut cependant au-dessous de sa tâche à Manheim et manqua de

---

1. Pichegru au Comité, 30 octobre et 9 novembre, A. G., Rhin-et Moselle; Craufurd à Grenville, 23 novembre, Army in Germany.
2. Relation de Garens.
3. Relation de Dusirat. Voir le récit fantaisiste de *Victoires et Conquêtes* qui présente la garnison comme décidée à faire son devoir. Alors « les vieux soldats de l'ancienne armée du Nord » jurent de ne rendre Manheim qu'à la dernière extrémité ;... ils se préparaient ainsi à se couvrir d'une nouvelle gloire par une héroïque défense ».
4. D'après un dossier aux archives administratives de la guerre. Cf. Daudet, p. 174. Le *Dictionnaire de Courcelles* fait son éloge.

prévoyance comme d'énergie [1]. Letourneur avait ordonné à Pichegru de mettre dans la place un « commandant intrépide, résolu de défendre la brèche et... de ne point se rendre » ; il ajoutait : « Le général Desaix nous paraît convenir. » Ce fut un tort de ne pas charger Desaix de la défense, un tort plus grave de confier cette défense à un général que Pichegru lui-même avouait ne pas connaître.

Montaigu ne sut, en effet, prendre aucune des mesures de précaution nécessaires pour mettre la place en état de résister longtemps. Les généraux Davoust, Dusirat et Cavrois, le chef de l'artillerie Garens, le chef du génie Crétien, en proposèrent vainement plusieurs : blindages en bois pour mettre les vivres et la poudre à l'abri des bombes, retranchements au château en cas de soulèvement populaire, police exacte dans la ville pour en imposer aux habitants, surveillance de l'emploi des vivres, dont « on consommait 14 000 rations par jour, bien que la garnison ne fût que de 10.000 hommes » ; « rien ne fut ordonné ni exécuté. » Les chefs du génie et de l'artillerie jugeaient nécessaire de faire des sorties pour ruiner les travaux de l'ennemi. La force de la garnison devait en assurer le succès [2]. Une fois seulement Montaigu y consentit, mais il plaça ses soldats en tirailleurs, au lieu de les grouper en colonne ; l'insuccès de la tentative le découragea. Dès lors vainement les généraux proposèrent de faire des sorties, pour empêcher l'ennemi d'établir ses parallèles ou pour ruiner ses travaux : Montaigu répondit qu'elles seraient inutiles ou ne les exécuta point après les avoir décidées [3].

La retraite de l'armée derrière la Queich acheva de décourager la garnison. L'ennemi, qui avait construit deux parallèles, dans l'angle compris entre le Neckar et le Rhin, la première plus près de la place que d'ordinaire, ouvrit le feu, le 17, avec les 46 pièces de celle-ci, puis, le 19, avec les batteries de la seconde, tandis que l'artillerie du Galgenberg continuait de tirer. Il fallut évacuer la tête de pont du Neckar et le pont lui-même pris en écharpe. Les Autrichiens en profitèrent pour s'établir derrière les digues du

---

1. Voir son procès, dans Journal de Legrand, p. 58.
2. En effet, la portion de l'armée ennemie employée à la principale attaque ne s'élevait guère qu'à 18 à 20.000. (Wurmser disposait à peine de 26.000 hommes pour le siège, Vivenot, p. 361.) Il fallait à l'ennemi au moins 8.000 hommes de garde, s'il ne voulait être continuellement exposé à voir ses ouvrages renversés et ses batteries détruites. Ajoutons 3 000 travailleurs : cela fait 11.000 hommes journellement employés. En supposant que les Autrichiens servissent par tiers, il fallait une armée de 33 000 hommes pour faire le siège d'une ville défendue par 10 000. Dans ces conditions, l'avantage se trouvait en faveur de la garnison, car l'assiégeant, ne sachant sur quel point il allait être attaqué, devait distribuer sa troupe sur toute la parallèle, être faible partout, tandis que la garnison pouvait se porter en masse sur n'importe quel point : tel est du moins le raisonnement de Garens, A. G., Rhin-et-Moselle.
3. Voir les relations de Dusirat, de Garens, de Crétien, le Journal de Legrand, etc.

Neckar, ou dans la tête du pont. Ils occupaient aussi la rive gauche du Rhin, depuis le 15. Leurs batteries du Neckar et de la rive gauche commençaient à tonner, le 21.

Deux poternes sautèrent, le 18 et le 19 ; elles servaient de magasin à poudre ; deux casernes, l'arsenal, l'hôpital, une aile du château, plus de 100 maisons furent incendiés, une partie des farines brûlée. La population s'attroupait, suppliait Montaigu de capituler, témoignait « son désespoir de la manière la plus sensible.¹ ».

Le commandant avait reçu trois sommations de l'ennemi ; il se décida, le 21, à réunir les généraux avec les chefs de l'artillerie et du génie², leur déclara qu'il était impossible de résister plus longtemps. Le dernier soutint que la ville pouvait tenir au moins sept jours, que les brèches causées dans la muraille par l'explosion des poternes ne compromettaient pas la sûreté de la place, qu'elles avaient été palissadées pour tranquilliser les plus faciles à s'alarmer, et que le fossé plein d'eau et de vase, débarrassé des décombres, restait impraticable. Le général Davoust déclara qu' « après une si détestable défense, c'était à celui qui l'avait commandée à faire ce que bon lui semblerait ».

Le chef de l'artillerie prétendit que le rempart n'était plus tenable ; Dusirat parut lui même consentir à la capitulation ; Cavrois avoua que ses troupes étaient exténuées, tout en rejetant sur le commandant les fautes commises. L'assemblée décida de capituler, si l'ennemi consentait à laisser sortir la garnison avec armes et bagages.

Mais Wurmser exigea que la garnison demeurât prisonnière³. Montaigu se résigna, car l'ennemi profitait des pourparlers pour établir sa troisième parallèle et couronner le glacis de la place. La capitulation fut signée dans la nuit du 21. Quatre généraux, 409 officiers de moindre rang, 9.919 officiers non commissionnés ou soldats demeuraient prisonniers de l'Autriche⁴.

### VI. — *Rapport entre l'Intrigue et les défaites.*

Pichegru n'a-t-il pas subordonné le succès de la campagne au succès de l'Intrigue ?

---

1. Lettre de Montaigu à Pichegru.
2. Voir le compte rendu du conseil de guerre très détaillé dans le Journal de Legrand et la relation de Crétien.
3. Voir le détail de la capitulation, pièce officielle, dans le portefeuille de Pichegru, papiers R. de Saint-Albin.
4. Ils ne tardèrent pas à être échangés, mais ils s'engagèrent à ne pas servir contre l'Autriche au cours de la guerre ; la garnison de Manheim fut envoyée à Alençon, dans l'armée des côtes de Cherbourg Voir lettre d'Aubert du Bayet au Directoire, 7 nivôse an IV, A F, III, p. 147, et à Pichegru, 6 décembre, A. G., Rhin-et-Moselle.

1° Il avait intérêt à laisser sur le Haut-Rhin une partie de ses troupes, à faire sa retraite sur l'Alsace, au lieu de la faire sur les plateaux du Hardt et sans opposer une résistance bien vive à l'ennemi.

En effet, toute l'Intrigue reposait alors sur une combinaison essentielle : l'union des troupes de Condé avec celles de Pichegru, le « mariage » pour employer l'expression de Fauche. Cette union, il voulait l'accomplir avec les troupes de l'ancienne armée du Rhin, qui lui étaient dévouées ; ces troupes étaient cantonnées surtout sur le haut Rhin : Pourquoi les en éloigner, puisque le « mariage » devait s'effectuer au voisinage d'Huningue ?

Même raison de sa *retraite sur l'Alsace*. Pour réaliser l'union avec le prince, il devait s'en rapprocher : battre en retraite sur les plateaux du Hardt, c'était s'en éloigner. Le succès de la campagne dépendait de sa jonction avec Jourdan, mais celui de l'intrigue de sa jonction avec le prince. Croit-on qu'au point où il en était de ses rapports avec Condé, lorsque Montgaillard lui apprenait que les Autrichiens connaissaient l'intrigue, lorsqu'il l'adjurait de se « rapprocher du prince », il ait hésité longtemps entre la route d'Huningue et celle de Kaiserslautern ?

Il savait, lorsqu'il battait en retraite, — la lettre de Montgaillard du 5 novembre le lui apprenait, — que les Autrichiens connaissaient l'Intrigue, la favorisaient et qu'il allait recevoir leur envoyé avec un mot du prince : pouvait-il leur opposer une défense bien vigoureuse, quand il allait traiter avec eux ? Il n'ignorait pas que les Autrichiens poseraient, comme condition première d'une entente, l'abandon du Palatinat. Il l'évacuait dans une *retraite hâtive*, où il ne disputait à l'ennemi le terrain que pour n'être pas accusé de l'abandonner volontairement.

2° Mais quel intérêt à faire *retraite en plaine* s'il exposait ses troupes à une défaite totale, suivie d'une débandade désastreuse ? Quel intérêt à se faire battre — et battre à plate couture — s'il voulait conserver son prestige devant les soldats, devant l'opinion publique ? « Il n'avait aucun intérêt à se faire battre — telle était l'opinion de Soult — et à diminuer ainsi la position qu'il avait en France et l'influence qu'il pourrait exercer, influence qui ne se maintient qu'avec le succès. »

Encore moins avait-il intérêt à vaincre ! Une victoire relevait le moral des troupes, ranimait leur ardeur guerrière, profitait au gouvernement nouveau qui s'installait à Paris, le baptisait d'une gloire.

Or Pichegru comptait sur le découragement des troupes et l'impopularité du Directoire pour réaliser ses desseins. « Mon armée n'avait pas été *battue assez* l'année dernière, disait-il en juin 1796, à l'envoyé de Wickham, Rusillion, ou j'aurais été complètement maître d'elle... Je vis bientôt clairement que, si nous n'étions pas complètement battus, je ne pouvais essayer d'aller de l'avant[1]. »

Mais s'il désirait être complètement battu, pourquoi donc a-t-il pris à tâche de se dérober à l'ennemi, quand celui-ci allait lui porter des coups décisifs ? Sa gauche est-elle battue sur la Pfrimm ? il recule sur l'Isenach, sans laisser entamer sa droite. Sa droite est-elle vivement pressée à son tour ? Il se retire sur le Speyerbach, sans abandonner les positions défensives de sa gauche. L'ennemi paraît-il tourner ses efforts contre elle ? Le voilà qui décampe, sans perdre un homme, pour se réfugier à l'abri des lignes de Landau. Il s'installe dans ces lignes, parce qu'elles offrent un développement moindre que celles du Speyerbach ; sa petite armée pourra les défendre plus facilement. Il n'a laissé que 3.000 hommes en route ; il a emmené son parc d'artillerie presque entier ; il a fait preuve d'habileté, d'énergie ; il a échappé à l'étreinte de Clerfayt qui disposait de forces doubles des siennes. Les ennemis admirent l'aisance avec laquelle il se dérobe à leurs coups. « Nous avions à faire à Frankenthal à un grand général, écrit un officier ; la retraite fut un chef-d'œuvre d'art militaire. Notre cavalerie ne put en venir aux mains à cause des positions avantageuses que sut prendre l'ennemi[2]. » « On se réunit, écrivait Bacher, pour rendre cette justice au général Pichegru qu'il s'est montré digne de sa réputation. » Certainement il a sauvé ses troupes d'un désastre que la supériorité des forces de Clerfayt aurait rendu inévitable, si le général autrichien avait jeté toute son armée contre la petite armée française.

Et pourtant il a confié à Rusillion, l'envoyé de Wickham, qui lui reprochait de n'avoir rien fait dans cette campagne pour faciliter le triomphe des Autrichiens, « qu'il avait fait et laissé faire tout ce qui pouvait être fait avec prudence ».

Et comme Wickham s'étonnait, il envoyait Badonville à Bâle : Par deux fois, disait l'adjudant à Demougé [qui le répétait à Wickham], et surtout une fois sur la Pfrimm, Pichegru avait exposé son armée entière *à une défaite totale*. Certes il avait choisi une bonne position, car, avec les généraux qu'il avait sous ses ordres, il ne pouvait en prendre une autre. Mais quel magnifique champ de bataille pour l'ennemi, si celui-ci s'était jeté dans la mêlée avec toutes ses forces, et s'il avait profité de l'avantage que lui donnait sa supériorité numérique ? Au lieu de cela, l'ennemi s'était contenté de

---

1. Voir ci-dessous l'entrevue avec Rusillion.
2. Extrait d'une lettre d'un officier autrichien de Friesenheim, 25 brumaire an IV, A. G., Rhin-et-Moselle, cité dans Daudet.

l'attaquer sur un point ! Pouvait-il attendre qu'un général soucieux de sa réputation militaire se laissât tourner et s'exposât à faire une retraite pitoyable ? Ah ! les Autrichiens avaient eu la partie belle ! Ils pouvaient le poursuivre jusque sous les murs de Strasbourg. Alors son armée se serait débandée et il aurait été entièrement maître d'elle [1] !

En août de l'année suivante, Wickham lisait un article du *Journal des hommes libres*, article intitulé « Pichegru démasqué », où ce général était accusé de trahison ou d'ignorance pour avoir exposé son armée, en avant de Manheim, à une destruction complète, si les Autrichiens l'avaient battue. L'ambassadeur écrivit à son ministre : « C'est en effet à cette occasion, Votre Excellence se le rappelle, qu'il a, d'après ses déclarations répétées, donné une preuve incontestable de sa bonne volonté [2]. » Badonville, que Wickham avait vu en janvier, avait confirmé les explications données par Demougé, le mois précédent.

Explications invraisemblables, dira-t-on. Pichegru sauve son armée d'un désastre, et pourtant il souhaite un désastre, le rend presque inévitable, si l'ennemi attaque avec toutes ses forces. Quelle contradiction !

Contradiction plus apparente que réelle : il sauve son armée pour sauver sa réputation militaire, mais si cette armée succombe sous le nombre, sa réputation n'est pas compromise et le résultat est acquis : ces troupes démoralisées, furieuses de leur échec qu'elles attribuent au Directoire, qui ne les a pas renforcées ou n'a pas donné assez tôt l'ordre à Jourdan de les secourir, s'insurgent à la voix de leur général.

Est-ce à dire qu'il faut attribuer une valeur absolue à ces explications ? Absolue, non, car Pichegru ne les a pas écrites, et certainement elles se sont modifiées en passant de bouche en bouche. Peut-être même Demougé les a-t-il « arrangées » pour plaire à Wickham et pour en obtenir de nouveaux subsides. Mais elles ne sont pas invraisemblables, d'autant plus que Pichegru avait intérêt à précipiter la crise qui devait lui permettre de réaliser ses desseins.

Il venait en effet d'apprendre que le gouvernement se disposait à lui enlever son commandement. Au lendemain de la défaite des lignes, le Comité de salut public avait décidé de le remplacer. Le 3 novembre, il envoyait à Kléber l'ordre de prendre le commandement de l'armée et à Pichegru celui de se rendre à Paris pour donner au Directoire, qui allait rentrer en fonctions, des renseignements sur l'état de son armée. « Le Comité de salut public, rapporte

1. Voir *Correspondance de Wickham*, t. I, p. 494.
2. Wickham à Grenville, 28 août 1797, Record Office, Suisse

Legrand, crut devoir rappeler le 12 (3 novembre) le général Pichegru, sous le prétexte spécieux de venir se concerter avec le Directoire exécutif. Le général Kléber fut désigné pour le remplacer¹. » Pichegru ne devait être prévenu que si Kléber acceptait le commandement. Il le refusa, mais Pichegru fut informé — sans doute par une indiscrétion des bureaux — de la décision prise par le Comité et il prévint Moreau qu'il s'attendait à être rappelé.

Il affecta même de prendre les devants. « J'ai couru longtemps, écrivait-il le 9 novembre au Directoire, les chances heureuses de la guerre, je crains de les avoir épuisées ; je vous demande... de garantir l'armée de celles malheureuses qui pourraient m'être réservées, et d'en transmettre le commandement à un autre qui pourra les faire changer avantageusement. Ma santé est beaucoup altérée depuis quelque temps. » Et, le 16 : « Les désagréments du commandement en pareilles circonstances et l'impossibilité d'éviter des revers me font de plus en plus sentir le besoin du repos et me déterminent à vous renouveler ma demande². » Désirait-il vraiment être remplacé ? C'est peu vraisemblable. Il offrait sa démission pour enlever au Directoire toute raison de le soupçonner et conserver quelque temps au moins son commandement. Mais il n'était pas sûr de le conserver longtemps. Il *devait se hâter de provoquer* « l'éclat », de donner à l'intrigue une solution décisive avant de perdre, avec le commandement de son armée, tous ses moyens d'action.

3° Demougé ajoutait que Pichegru avait aussi favorisé les Autrichiens³, « en composant la garnison de Manheim de 10.000 hommes des meilleures troupes, mais des plus démoralisées de son armée, sous les ordres d'un chef tout à fait incapable de les commander ». Il est douteux que Pichegru jugeât Montaigu incapable de commander à Manheim, car il le connaissait peu⁴. Mais l'intrigue a contribué à la perte de Manheim, car ce sont les troupes que Fauche avait si

1. Journal de Legrand, A. G.
2. A. G., Rhin-et-Moselle, aux dates.
3. Voir aussi Montgaillard, *Mémoire concernant*, p. 170, et *Mémoires secrets* : « Pichegru avait préparé la prise de Manheim. » Fauche, *Mémoires*, t. I, p. 281, prétend qu'il n'a jamais rien écrit de semblable. Nous lisons cependant dans le *Détail de ses opérations* : « Lorsqu'on vit que Manheim allait être cerné, Baptiste s'occupa de la garnison qu'il voulait y laisser. Il la composa des troupes dont l'esprit était le plus mauvais, de celles sur lesquelles il pouvait le moins compter. Il confia ensuite la place au général Montaigu, auquel il donna ses instructions. » Cf. le *Détail* publié dans Daudet
4. Il ne connaissait Montaigu que pour l'avoir vu à l'œuvre à Worms le mois précédent, où il avait déblayé la rive droite du Rhin, en passant la rivière, au moment où Pichegru débouchait de Manheim. Des officiers de l'armée de Sambre-et-Meuse « lui en avaient dit du bien ». Cet acte de vigueur sembla confirmer leurs dires. Nommé commandant provisoire de Manheim, Montaigu prit, avec ses troupes, la tête de pont du Neckar envahie par les Autrichiens. Pichegru se décida à lui confier le commandement définitif. » Mémoire envoyé par Montaigu au mi-

bien « travaillées », en octobre, qui ont capitulé en novembre. Peu d'entrain, pas de zèle, laisser-aller, « inactivité », toutes les relations du siège, écrites par des témoins oculaires, s'accordent à leur sujet. Fauche avait semé le mécontentement et le dégoût : on récoltait la défaite.

Tandis que nos soldats se défendaient si mal, l'ennemi attaquait avec vigueur. Son audace s'explique : « Les notions certaines qu'on avait des vrais sentiments du général Pichegru devaient porter à croire qu'il ne serait pas même fâché d'avoir un prétexte pour évacuer une ville dont la conquête avait été faite, pour ainsi dire, malgré lui. » L'ennemi se persuadait que le général ne défendrait pas la ville. Bellegarde l'écrivait le 23 octobre. Quelques jours après, il apprenait avec Wurmser, par une lettre de Condé, que le prince négociait avec Pichegru. Quel motif de presser le siège, quand le général manquait au plus élémentaire de ses devoirs, la fidélité à son gouvernement !

---

nistre de la guerre, en fructidor an VII. Cf. Saint-Cyr, t. II, p. 264-5, d'après une conversation de ce général avec Pichegru, le 7 novembre.

Je crois qu'on ne peut pas reprocher à Pichegru d'avoir volontairement placé un général incapable à la tête de la garnison de Manheim. Car Montaigu avait de beaux états de service et il le connaissait trop peu pour avoir eu l'occasion de le juger autrement que Kléber ou Jourdan

Avec plus de raison on peut reprocher à Pichegru de n'avoir point donné le commandement à Desaix, comme le Comité le lui ordonnait le 3 novembre. Mais on répondra qu'il avait besoin de ce général à l'avant-garde, où son activité et son énergie paraissaient plus nécessaires qu'à Manheim.

# CHAPITRE VI

### NOUVELLE RETRAITE DE JOURDAN.

I. — *Nouvelle mission de Fauche au quartier général.*

Il paraissait improbable qu'après ces échecs, l'armée de Rhin-et-Moselle pût s'opposer au passage du général Mélas et de Condé dans le Haut-Rhin. Aussi le prince s'attendait à recevoir d'un moment à l'autre l'ordre de passer. Mais son impatience croissait d'autant de ne pas recevoir une réponse définitive de Pichegru au sujet d'Huningue : il voulait « à tout prix Huningue », point de passage du Rhin, base de retraite pour sa petite armée en cas d'échec, avec les gorges de Porrentruy. Et vainement, sur son ordre, Montgaillard multipliait les lettres à l'adresse de l'adjudant général ou de Fauche ; la correspondance reçue d'Alsace lui apportait des nouvelles sans intérêt.

Badonville répondait : « J'ai reçu votre lettre datée du 28 ; je la fais passer au citoyen Louis qui est dans ce moment à Strasbourg. La peur d'être cerné dans Manheim lui a fait quitter cette ville. Comptez sur mon zèle. » Fauche, parti de Manheim après Pichegru, le 1ᵉʳ novembre, annonçait son installation à Strasbourg, se vantait d'y « faire d'excellentes connaissances », entre autres ne tarissait pas d'éloges sur l'avocat Demougé, correspondant du général Klinglin, chef lui-même du service des renseignements dans l'armée de Wurmser [1].

---

1. Badonville à Montgaillard, 4 novembre ; Fauche au même, ou à Fenouillot, ou à Condé, 4, 6, 7, 8 novembre. — C'est dans cette dernière lettre qu'il faisait allusion à cet incident de la carrière de Pichegru, raconté dans l'introduction, qui lui valut les félicitations du prince et peut-être le grade de sergent : « Il (Pichegru, se rappelle le service que vous lui rendites, dans le temps où il était blessé (sic) ; il vous porte dans son cœur. »

Fauche désigne alors Demougé, dans la correspondance, sous le nom de *Duretour*, pour *Associé du Retour*, expression qu'il emploie quelquefois Demougé, en effet, « travaillait » à Strasbourg au profit de la cause royale (et des Autrichiens avec un nommé Mandel, appelé dans la correspondance *Retour*. Il était donc, sans l'aveu de Condé, qui ne le reconnaissait pas comme son agent, l'associé de ce Retour, agent du prince.

Demougé, sous le nom de *Furet*, correspondait avec le chef de l'espionnage autrichien Klinglin. Ses rapports passaient par Offenbourg, où la baronne de

Cependant, sur l'ordre du prince, Montgaillard avait écrit le 7 et le 12 novembre au libraire [1] ; il lui annonçait que les Autrichiens connaissaient l'intrigue, et le priait d'insister, sans répit ni trêve, auprès de Pichegru pour qu'il livrât Huningue.

Arrivé depuis quelques jours à Strasbourg, Fauche, au reçu de la première lettre, s'arrangea pour la faire passer tout de suite « au Banquier [2] » Wittersbach [3], lui ayant transmis une lettre de Montgaillard à Badonville il décida d'aller la porter lui-même : « plusieurs lettres » envoyées à Pichegru étaient restées sans réponse ; il fallait savoir pourquoi [4].

De fait, « M<sup>lle</sup> Z... (Pichegru) avait de l'ouvrage par-dessus la tête » ; l'armée de Rhin-et-Moselle effectuait sa retraite derrière la Queich. Fauche eut quelque peine à trouver le quartier général, dans le désarroi de la déroute.

Le 18, il parvenait à joindre Badonville et lui faisait écrire un billet pour calmer l'impatience du prince : l'adjudant accusait réception des « deux dernières », se portait garant des bonnes dispositions de Pichegru, ajoutant qu'il fallait « attendre l'occasion », qu'on ne pouvait fixer l'époque pour la « réunion », et qu'on le verrait « un beau matin ». Louis (Fauche) devait en dire « davantage [5] ».

Demougé, resté à Strasbourg, profitait de l'absence de Fauche pour entrer en rapports avec le prince de Condé. Il lui écrivait, le 17, pour lui annoncer le départ du libraire. L'arrivée d'une nouvelle lettre de Montgaillard, datée du 15, lui fournissait même l'occasion de se tailler un rôle dans la négociation [4]

Montgaillard prévenait Fauche, par « ordre exprès », que le prince « voulait absolument Huningue [6] » avec les gorges du Porrentruy. Au reçu de la lettre, Demougé dut partir pour le quartier général,

---

Reich, nièce de Klinglin, les recevait et les transmettait au général autrichien. La baronne surveillait le service des bateliers qui traversaient le Rhin en aval de Kehl.

Le souple et insinuant avocat, informé par des indiscrétions, de l'arrivée à Strasbourg d'un agent des princes, s'était empressé d'entrer en relations avec lui. Il soupait avec Fauche, le 6 novembre, et n'avait pas de peine à soutirer au vaniteux et naïf libraire tous les détails qu'il désirait connaître sur la négociation engagée. Il lui offrait de mettre à sa disposition les moyens de correspondance directe avec la rive droite, dont il se servait lui-même pour écrire à Offenbourg. Fauche acceptait, et envoyait, dès le 8 novembre, une lettre au prince par son intermédiaire.

1. Chantilly, Z. t. XXXIV. p. 159.
2. Pichegru, appelé dans la correspondance aussi Baptiste, Z., M<sup>lle</sup> Z., etc.
3. Agent de Klinglin à Bâle.
4. Lettres de Fauche des 11, 12, 13, 14 novembre ; lettre de Demougé à Condé, 17 novembre, Chantilly, Z, t. XXXIII, p. 136, 240, 133, 134.
5. Billet de Badonville, qui signe « Bernard dit Coco », Chantilly, Z. t. XXXIV, p. 3. Avec ce billet, Fauche dut envoyer à Mulheim le *Rapport des batailles et affaires soutenues par l'armée du Rhin depuis le 7 novembre*, rapport écrit tout entier de la main du secrétaire de Pichegru, Rénnck. Chantilly, Z, t. XXXIV, p. 6.
6. La pendule (Huningue) avec les aiguilles (Porrentruy).

## NOUVELLE RETRAITE DE JOURDAN

rejoindre Fauche en route, et le décider à tenter une démarche nouvelle auprès de Pichegru.

Fauche-Borel, que le prince avait prévenu de se méfier du correspondant de Klinglin, « non content de lui accorder sa confiance, le conduisit au quartier général, l'introduisit formellement auprès de Pichegru comme l'agent de l'Autriche et comme la personne la plus capable de continuer la correspondance, pendant qu'il serait lui-même absent [1] ».

Pichegru consentit à les recevoir, le 20 [2]; il blâma leur imprudence. Il engagea vivement Fauche, trop connu depuis son séjour à Manheim, à ne plus hasarder de nouveaux voyages auprès de lui, pour ne pas le compromettre, lui conseilla de se borner à écrire, puisque les lettres parvenaient à Badonville sans aucune espèce de danger [3].

Une fois de plus, « en termes non équivoques », il témoigna de ses intentions : il serait « flatté de pouvoir contribuer à l'union » des troupes royales et républicaines. — Mais il suppliait « le Bourgeois d'avoir un peu de patience » ; il ne fallait pas trop presser l'exécution des plans ébauchés. « Il ne parlait plus de livrer Huningue ou une place quelconque, mais de gagner toute son armée à la cause royale. »

Il s'attendait, disait-il, à battre en retraite sur Strasbourg, et prenait déjà ses « mesures en conséquence ». Les Autrichiens n'avaient qu'à le pousser vivement : son armée harcelée, battue, pourchassée, achèverait « de se dégoûter [4] ».

Déclarations étonnantes, qu'on voudrait dictées par la colère, l'irritation de la défaite ou le découragement, mais qui prenaient un autre sens dans la pensée et sous la plume des agents du prince, quand Pichegru les faisait suivre d' « un ordre formel de l'informer des mouvements de l'ennemi ». « Vous serez sans doute étonné et vous aurez de la peine à croire ce que je vais vous dire ; cependant cela est très positif, écrivait Demougé à Klinglin. C'est que j'ai de la main de Pichegru un ordre formel de l'informer des mouvements de l'en-

---

1. Wickham, *Correspondance*, t. I, p. 285. Pichegru n'ignorait donc pas que Demougé était l'agent de l'Autriche, ce qui aggrave singulièrement la portée de ses déclarations.
2. D'après le *Détail*, la première entrevue sans doute avec Badonville eut lieu à Herxheim, la deuxième (avec Pichegru) à Candelle, sans doute Langen-Kandel, près d'Herxheim, entre Landau et Lauterbourg.
3. Le récit de l'entrevue est rédigé : 1º d'après deux lettres de Fauche, 24 et 27 novembre, Chantilly, Z, t. XXXIII, p. 123 et 140 ; 2º d'après une lettre de Demougé à Klinglin du 24 novembre, publiée dans Zeissberg, p. 18 ; 3º d'après une lettre de Fauche-Demougé-Bizy du 24 décembre, Chantilly, Z, t. XXXIII, p. 45.
4. A rapprocher des déclarations faites par Badonville à Demougé en décembre 1796 et citées ci-dessus.

nemi. Il vous sera facile de concevoir quelle est ma joie et ce que j'ose espérer. C'est un secret que je mets inviolablement chez vous seul jusqu'à de nouvelles dispositions. »

Le général laissait entendre que la défaite entrait dans ses plans, qu'il en escomptait les suites, la déroute et le découragement, pour amener au « roi » ses soldats mécontents. Il laissait croire qu'il ne voulait connaître les mouvements des Autrichiens que pour assurer leur victoire et faciliter leur progrès [1]. Il demandait si « aucune vue d'intérêt ou de conquête ne guidait la maison d'Autriche ». Les troupes impériales se joindraient-elles « loyalement à celles du prince de Condé, pour lui ouvrir... l'entrée de l'Alsace » ? A ces doutes les deux agents répondaient par des protestations : « Vous devez être convaincu que les fidèles alliés de notre malheureux roi et de nos princes n'ont pour but, après tant de sacrifices, que de faire rendre à César ce qui appartient à César [2]. »

Il s'inquiétait de savoir si Wickham tiendrait ses promesses et fournirait l'argent nécessaire au paiement de ses troupes. Il acceptait même, en attendant, de « forts accomptes » : « Je l'ai aidé d'une partie de mes fonds, écrivait Fauche » ; il « en fait bon usage, plaçant le tout à un intérêt sûr [3] ». Enfin, sur les instances du libraire, le général remettait un court billet :

« (L'associé) Du Retour doit continuer à m'informer des mouvements de l'ennemi. B[ille] ne peut aller que jusqu'à Strasbourg. X doit patienter encore. Engager l'y (sic) [4]. »

L'Associé Du Retour (Demougé), en effet, après son arrivée à Strasbourg, entama une correspondance suivie avec le général. « Je viens de recevoir vos deux dernières des 22 et 23, écrivait Fauche à Montgaillard, le 25 : cette première est dans ce moment envoyée par notre ami Du Retour à Celle (Pichegru) qu'elle intéresse. » Et le 27 : « Dans ce moment, Du Retour écrit encore à l'aimable per-

---

1. Demougé ajoute : « Il sera essentiel que je sois instruit de ces mouvements, pour en transmettre à Pichegru ce que je jugerai à propos, pour *qu'il puisse se régler en conséquence* », Zeissberg, p. 18.
2. Réponse qui le laissait assez sceptique, car il prévoyait qu'il serait nécessaire d'accorder « des indemnités » à la maison d'Autriche
3. Chantilly, Z, t. XXXIII, p. 137 et 140.
4. Le billet est bien tout entier de la main de Pichegru, à part le mot (*l'associé*) écrit par Fauche. Au bas du billet, Fauche ajoute : « de la part de l'adorable Z. ». Le billet devait être envoyé au prince par l'intermédiaire de Demougé et à la baronne de Reich. On ne jugea pas la voie assez sûre. Il fut transmis à Fenouillot à Bâle et celui-ci le fit passer à Condé le 3 décembre. Fauche l'avait annoncé dans sa lettre du 24 novembre, dans celle du 30 novembre et dans celle du 2 décembre. » Mlle Z (Pichegru, écrivait Fauche le 24, m'a donné *quatre lignes* bien satisfaisantes. » Le billet comprend en effet quatre lignes, Chantilly, Z, t XXXIV, p. 46, pièce 8 ; cf. Z, t. XXXIV, p. 5 ; voir aussi *Détail, Mémoires*, t. I, p. 290. (Le billet n'était pas écrit en notes de musique, comme le prétend le rédacteur des mémoires de Fauche.) — B[ille] = Badonville. — X = Condé.

sonne. » Désormais, Demougé va devenir le principal intermédiaire entre Condé et M<sup>lle</sup> Zède (Pichegru) : *c'est l'agent autrichien qui prend la direction des négociations.*

Est-ce à dire que Pichegru entendait subordonner ses opérations à celles des Autrichiens ? En somme, il se dérobait aux pressantes instances du prince, refusait de livrer Huningue comme d'envoyer Badonville à Mulheim, faisait des plans à longue échéance posait surtout des questions indiscrètes. Les demandes de renseignements n'inspirèrent que défiance au général Klinglin : « J'aime à croire que la négociation est son objet, répondait-il à Furet, et d'après cela vous lui direz tout ce que vous croirez le mieux sur nos mouvements, dont je ne puis, comme bien vous sentez, rien confier au papier même en chiffre ¹. » Et l'agent de l'Angleterre, Craufurd, s'étonnait, comme Klinglin, de ces demandes : ruse de guerre peut-être, que ce général aux « déclarations platoniques » entendait faire servir au succès de ses opérations.

Pichegru néanmoins tenait une promesse qu'il avait faite à Fauche avant son départ : il envoyait Badonville à Strasbourg ² Celui-ci témoignait hautement de son dévouement à la cause royale. La république avait le tort de ne pas améliorer sa situation : il sollicitait vainement la confirmation de son grade d'adjudant général ³. Le général Bizy se joignit à Fauche et à Demougé pour fêter l'arrivée de Badonville à Strasbourg Il revenait dans cette ville fort mécontent. Après avoir été envoyé de Strasbourg à Schlestadt pour commander la place, il venait d'être destitué par arrêté du Comité de salut public ⁴.

Fauche, Demougé et Bizy avaient déjà rédigé, en commun, une lettre au général pour l'engager à envoyer un exprès au prince, à livrer Huningue avec le Porrentruy⁵, lorsqu'ils reçurent un billet de Montgaillard : les plans de Condé venaient d'être bouleversés par

---

1. Klinglin à Demougé, 20 novembre, Zeissberg, p. 18.
2. « Baptiste ne m'a point envoyé son homme de confiance », avouait Fauche, le 27, mais, le 30, il ajoutait en post-scriptum à sa lettre : « Coco est arrivé ici. » Badonville se rendait à Colmar : il vit Fauche et Demougé à son passage à Strasbourg, à l'aller et au retour. Fauche, lettres du 27 et du 30, Chantilly, t. XXXIII, p. 117 et 141.
3. Le 24 encore, Pichegru avait écrit une attestation en sa faveur, pour témoigner qu'il avait eu un cheval tué sous lui au combat de la Pfrimm ; Ferino de même, archives de la guerre, dossier Badonville
4. Archives administratives, guerre, dossier Bizy. — Arrêté du 11 brumaire. — Tout en fraternisant avec les ennemis de la république, Bizy sollicitait du ministre Aubert-Dubayet sa réintégration, réclamant contre une mesure « qui tendait à désorganiser la force militaire », vantant « ses connaissances militaires » et sa « moralité » (4 frimaire). Quelques jours après, Pichegru lui donnait un certificat de complaisance, témoignant de sa « satisfaction sur sa manière de servir, son zèle et ses soins pour le maintien du bon ordre » (25 frimaire).
5 Chantilly, Z, t. XXXIII, p. 45. — Ils recommandaient aussi à Pichegru le lieutenant-colonel *Borel*, du 2ᵉ de cavalerie.

un ordre de Wurmser, lui enjoignant de quitter Mulheim et de descendre le Rhin !

## II. — *Jourdan sur la Nahe : inaction de Pichegru.*

Wurmser renonçait, en effet, à ses projets d'offensive (invasion de la haute Alsace et blocus de Landau). Le 16 novembre, dans une entrevue avec Clerfayt, et le 18, dans une lettre, il défendait encore ses plans avec une vivacité singulière : à l'en croire, les Autrichiens pouvaient s'emparer encore de l'Alsace cet hiver. Mais il trouva Clerfayt sceptique, fatigué surtout, désireux de repos — (il demandait à l'empereur un congé de quelques mois). — Un conseil de guerre, tenu le 25 novembre, décidait de surseoir à toute offensive [1].

L'armée de Sambre-et-Meuse s'avançait en effet sur la Nahe, précédée par le corps de Marceau [2].

Jourdan avait tardé à effectuer ce mouvement sur la Nahe, le seul raisonnable en l'occurrence : ses soldats manquaient de vivres, sa cavalerie de chevaux ; les chemins du Hundsruck étaient détrempés par les pluies ; le gouvernement enfin lui ordonnait de tenter un double mouvement sur la Lahn d'une part, sur le Hundsruck de l'autre, mouvement qui ne pouvait avoir d'autre résultat que d'affaiblir son action sur l'un ou l'autre de ces deux points.

Le Directoire, au reçu des lettres pressantes de Pichegru, se décidait heureusement à modifier ces ordres, au moment où Jourdan commençait à les exécuter : le 21 novembre, il enjoignait au général de marcher avec la plus grande partie de ses forces au secours de Pichegru par la rive gauche. Laissant les corps d'Hatry et de Kléber pour garder le Rhin de Cologne à Baccharah, Jourdan se dirigeait sur la Nahe avec cinq divisions, 40.000 hommes environ. Le 30 novembre, Marceau, après avoir passé la rivière près de Birkenfeld, se portait sur son affluent, le Glan, occupait Meissenheim et Lauterecken, débordait l'aile gauche de l'ennemi et, le 1$^{er}$ décembre, Bernadotte attaquait son centre, enlevait Kreuznach sur la Nahe, tandis que Poncet, Championnet et Grenier s'avançaient entre cette ville et Bingen Jourdan se flattait de l'espoir d'arriver avant Clerfayt sous Mayence et de couper leur retraite aux Autrichiens [3].

Wurmser renonça spontanément à des plans dont le succès l'au-

1. Vivenot, p. 385-6, 391, 398, *Correspondance* de Craufurd, lettre du 27 novembre.
2. Celui-ci, après avoir reculé sur le Hundsruck, renforcé, le 18 novembre, par la division Bernadotte, avait repris l'offensive, et Jourdan lui confiait la mission de former la gauche de son armée, Maze, p. 212-17 ; de Billy, p. 55 à 78.
3. Viennet, t. II, p. 282-285 ; Maze, p. 219-21.

rait couvert de gloire, pour se porter au secours de son collègue menacé. Le maréchal Clerfayt ayant quitté la position de la Reebach et du Speyerbach, qu'il avait occupée au lendemain du combat de Frankenthal, pour renforcer sur la Nahe sa droite (commandée par Wartensleben), le général Latour (de l'armée de Wurmser) occupa cette position et fut rejoint par une partie des troupes qui avaient fait le siège de Manheim Clerfayt ayant eu besoin du corps de Kray, placé à Neustadt, l'armée de Wurmser le releva encore de ce poste. Enfin, le maréchal se décidant à effectuer un mouvement tournant contre la droite de Jourdan, pour la couper de la Moselle, et les troupes de Kray n'y suffisant pas, Wurmser consentit encore à prolonger sa droite jusque dans les défilés et le plateau du Hardt : les dernières forces de Clerfayt campées sous Nauendorf à Kaiserslautern furent remplacées par l'armée du Haut-Rhin, qui resta seule ainsi en face de Pichegru [1]. Celle du Bas-Rhin, restée disponible, s'avança tout entière contre Jourdan (du 27 novembre au 6 décembre).

Tandis que l'armée de Sambre-et-Meuse, en marchant sur la Nahe et le Glan, tentait de couper aux ennemis leurs communications avec Mayence et la rive droite, dégageait l'armée de Rhin-et-Moselle, en attirant à elle les forces de Clerfayt, cette dernière armée *restait inactive* et laissait les Autrichiens de Wurmser défiler sur son front, de Manheim à Kaiserslautern, sans essayer de reprendre par une surprise heureuse le terrain qu'elle avait perdu.

Le mouvement des armées autrichiennes dura cependant *neuf* jours ! Pendant neuf jours les troupes de Wurmser effectuèrent une marche de flanc du Rhin aux montagnes, très dangereuse en face d'un ennemi avisé. Toute la ligne ennemie fut en complet désarroi, ces troupes quittant leurs positions pour en occuper de nouvelles qu'elles connaissaient mal. Pichegru ne fit *rien* pour surprendre son adversaire dans une situation critique, en plein changement de camps !

Il est vrai qu'il ignora la prise de Manheim jusqu'au 28, car Wurmser se garda de lui envoyer la lettre de Montaigu aussitôt la capitulation signée [2]. Mais, la nouvelle reçue, il comprit aussitôt — il l'écrivit au Directoire — que le général ennemi avait différé de lui faire connaître ce fâcheux événement « probablement pour couvrir quelques mouvements de troupes », et il s'attendit à être attaqué. L'ennemi ne parut point : Pichegru dut se douter que le mouvement

---

1. Ces mouvements successifs de l'armée autrichienne sont très bien exposés, avec la plus grande exactitude, dans la correspondance du colonel Craufurd et de son frère Robert, Army in Germany. Voir lettres du 27 novembre, 2 décembre, 5 décembre, 9 décembre

2. Pichegru au Directoire, 28 novembre, A. G., Rhin-et-Moselle. Même jour lettre à Jourdan. « Bientôt, écrivait-il, nous aurons à nous opposer à quelque tentative de l'ennemi. »

de troupes qu'il redoutait s'effectuait d'Est en Ouest, du Rhin aux montagnes et non du Nord au Sud, dans la direction de Landau.

Pourtant il ne mit en mouvement sa ligne que le 10 décembre[1], vingt-trois jours après sa retraite derrière la Queich! A peine ordonna-t-il, le 5, une attaque sur Deux-Ponts, pour faire rentrer la pointe que l'ennemi tentait dans la trouée entre la Sarre et la Moselle[2].

Ignorait-il donc que Jourdan arrivait à son aide ? Mais, le 26 novembre, le Directoire le prévenait des instructions données la veille à son collègue. Il savait que Jourdan accourait sur la Nahe avec la masse de ses forces. D'ailleurs, le 29 novembre, Marceau écrivait à Saint-Cyr une lettre que celui-ci transmit à son général : « L'armée de Sambre-et-Meuse, forte d'à peu près 40.000 hommes, se portera demain en avant sur Creutznach, Lauterechen et Meissenheim. Le but... est de tâcher de couper à l'ennemi la communication de Mayence »[3].

On peut lui reprocher de n'avoir pas agi avec plus de hâte et de décision. Commencée quelques jours plus tôt, avant la furieuse attaque de Clerfayt contre la droite de Jourdan (8 décembre), son offensive aurait inquiété Wurmser. Celui-ci aurait appelé à son aide une partie des forces de son collègue, ce qui aurait diminué d'autant celles qui étaient destinées à accabler Marceau[4].

Pichegru devait, dès la fin de novembre, se mettre en mesure d'entreprendre un mouvement avec la plus grande masse de forces possible. Pourquoi laisser trois divisions, l'arme au pied, le long du Rhin,

---

1. Une des causes de son inaction fut encore le dénuement de son armée. « Il est de toute impossibilité, écrivait-il le 24, que (l'armée) reprenne son agression, tant qu'on n'aura pas pourvu aux plus pressants besoins, des chevaux et des souliers. » Le 22 novembre, il avait envoyé deux aides de camp à Paris pour solliciter des secours. Carnot, devenu directeur et chargé du bureau militaire au Directoire, le 27, lui ne pouvait lui procurer des renforts, mais l'autorisa à tirer quelques milliers d'hommes des garnisons et à mettre en réquisition les voitures, vivres, objets divers nécessaires à son armée, à charge d'en donner des récépissés. Dans les premiers jours de décembre, les soldats reçurent des souliers, des capotes et des bottes l'artillerie des chevaux ; les distributions de pain, viande, fourrages, se firent régulièrement. Dès leur arrivée aux affaires, les directeurs prirent les mesures les plus énergiques pour pourvoir aux besoins les plus urgents des armées, avec l'aide d'Aubert-Dubayet, nommé ministre de la guerre. Voir A F iii, 202, 204, 219, arrêtés divers relatifs au pain, à la solde, aux souliers, bottes, etc. — et, pour l'armée de Rhin-et-Moselle, au début de décembre, Pichegru au Directoire, 9 décembre ; Liébert au Directoire, 7 décembre. A. G., Rhin-et-Moselle.

2. Saint-Cyr, t. II, p. 323 et suivantes ; Pichegru, 9 décembre, et Liébert, 7 et 8 décembre, au Directoire, A. G., Rhin-et-Moselle. Nos troupes occupèrent Deux-Ponts.

3. Pichegru avait établi entre l'armée de Jourdan et la sienne une correspondance que les manteaux rouges ont souvent interrompue, en enlevant les courriers. Un parti de cent chevaux, sous le colonel Maurice, était chargé du service ; plus d'une lettre fut apportée à l'état-major autrichien au lieu d'aller à sa destination. Maze, p 226, 229.

4. Voir plus bas : Nauendorf devait revenir sur Kayserslautern le 12, si la gauche de l'armée de Rhin-et-Moselle avait continué son offensive.

quand l'ennemi franchissait ce fleuve à Manheim et marchait sur Kaiserslautern ? « Les armées françaises, écrit Saint-Cyr, étaient... *supérieures en force aux ennemis sur les bords du Rhin, où, pour le moment, il n'y avait rien à faire*[1]. »

Le 8 décembre seulement, le chef d'état-major Liébert annonçait : « Les troupes appuient sur la gauche... Deux demi-brigades ont ordre de quitter leur position sur le haut Rhin, pour se porter à Lauterbourg. » Tardive décision, faible augmentation de forces pour l'armée campée sur la Queich, quand plus de 20.000 hommes restaient inactifs de Lauterbourg à Bâle !

Cette décision, d'ailleurs, ne fut prise qu'après l'arrivée de Demougé au quartier général de Pichegru. Le 5 décembre, l'avocat venait annoncer au général que le prince de Condé quittait Mulheim et descendait le Rhin ; nos troupes ne *descendaient le Rhin qu'à sa suite*, comme si leurs mouvements étaient subordonnés à l'Intrigue[2].

### III. — *Projets sur Strasbourg : Demougé au quartier général.*

Le 26 novembre, Wurmser s'était décidé à déplacer le corps de Condé, puisqu'il renonçait à l'expédition du Haut-Rhin[3]. Il envoyait au prince l'ordre de lever le camp de Mulheim et de descendre le Rhin pour se porter, du 1er au 13 décembre, au voisinage de Manheim, à Wisloch[4].

Cet ordre, arrivé le 28 à Mulheim, avait jeté le prince de Condé, qui se voyait déjà en Alsace et en Franche-Comté, dans le désespoir[5].

---

1. Saint-Cyr, t. II, p. 324.
2. Liébert au Directoire, 8 décembre, A. G., Rhin-et-Moselle. Fauche écrit à Condé, le 13 décembre : « Tous ces jours il a filé des soldats pour le Bas. » (Chantilly, Z, t. XXXIII, p. 118.) Demougé donne à Klinglin, le 25 décembre, un état des forces (3 divisions) de Porrentruy à Germersheim et les évalue à plus de 22.000 hommes, Zeissberg, p. 39.
3. Une des causes de ce déplacement fut sans doute le mécontentement qu'éprouva Wurmser, quand le prince refusa de signer la proclamation envoyée de Vienne e qui devait être publiée au moment de son entrée en Alsace. Voir cette proclamation dans Vivenot, I p. 209. Elle a fait l'objet d'une correspondance active, en novembre, entre Condé d'une part, le prétendant, Wurmser et Barbançon d'autre part. Il semble que Lebon, p. 83 à 86, n'ait pas apprécié avec justesse la conduite du prince de Condé. Celui-ci refusait avec raison de signer des déclarations ambiguës : on lui demandait d'engager les Alsaciens à ne mettre aucun obstacle à l'entrée des impériaux, sans promettre de rendre l'Alsace au prétendant, après sa restauration, sans même le reconnaître comme roi de France.
4. Chantilly, Z, t. XVII, p. 407-8.
5. Condé à Wurmser, 29 novembre ; à Barbançon, 28 novembre ; au Roi, 2 décembre ; à M. de Ferrari, 30 novembre ; à Wickham, 28 novembre, Chantilly, Z, t. CXXXVI, p. 56 ; t. CXXXIII, p. 89 ; t. CXXXVII, p. 134-135 ; t. CXXXV, p. 85.
Voici quelques extraits de sa lettre à Wickham : « Quelle politique, grand Dieu ! N'en suivez pas moins vos glorieux travaux, quoique le Ciel me refuse l'extrême

Il écrivait, ce même jour, à Barbançon : « J'avais bien reçu des coups de poignard depuis six ans, mais c'est un coup de canon que vient de me tirer M. de Bellegarde (chef d'état-major de Wurmser). ... C'est perdre la France prête à s'insurger et notre armée que de ne pas nous faire passer par ici ; je suis au désespoir, mon cher Barbançon, au désespoir, et l'armée est dans la consternation. » Et à Wurmser : « Je dépose en vos mains l'expression de notre désespoir... C'est avec le regret le plus déchirant que nous abandonnons une expédition qui nous aurait introduits dans des pays où il nous est démontré par toutes les nouvelles de l'intérieur que nous allions être plus utiles à notre roi, à la tranquillité de notre patrie et à la cause de tous les peuples et de tous les gens honnêtes. »

D'ailleurs il se hâtait d'exécuter les ordres de Wurmser. L'« armée royale » partait sur trois colonnes, les 1er, 3, 5 décembre. Mais, avant de quitter Mulheim, il eut la consolation, — si c'en est une ! — d'apprendre par le colonel Craufurd, qui arrivait de Lausanne, que son éloignement de la haute Alsace ne compromettait point le succès de l'insurrection projetée dans le Lyonnais, cette insurrection étant devenue impossible par la faute du marquis de Besignan.

Cet écervelé, que Wickham avait tout fait pour retenir en Suisse, et dont la faconde avait fini par en imposer à Condé, se rendait de Genève à Lyon, portant sur lui un volumineux paquet de lettres, plans d'insurrection, mémoires à Condé, au « roi », 500 pièces environ, qui constituaient le plus remarquable dossier sur les projets contre-révolutionnaires des royalistes lyonnais, la plupart désignés par leur nom. Un employé des douanes au bureau de Mégrin (dans l'Ain) s'empara du paquet qui fut remis au représentant Legot et envoyé par lui au Directoire (18 novembre)[1].

---

bonheur d'y participer... Sauvez la France, Monsieur, immortalisez l'Angleterre : c'est une gloire qui vous est réservée. Pour nous, nous allons végéter et languir dans l'attente des événements ! » Dans sa colère contre l'Autriche il entrevoit le châtiment : « Il n'y a plus de remède et tous les États de l'Europe seront bientôt comme la France. *L'Autriche, ou je me trompe fort, sera la première qui y passera et je sais bien d'où partira la foudre !* » — Écrit quelques mois avant la campagne d'Italie.

La désillusion du prince fut d'autant plus grande qu'il se voyait déjà en Alsace et en Franche-Comté. Il prévenait, deux jours avant, le prétendant : « Nos affaires sont trop bien arrangées, depuis le Porrentruy jusqu'à Lyon, pour ne pas se flatter que tout pourra réussir. » Il annonçait à Wickham qu'il passerait, le 31 ou le 1er, et le priait de ne rien changer à la *date du 8 au 15 décembre* fixée pour le soulèvement de Lyon et de la Franche-Comté

1. Daudet, *Conjuration*, p. 134 et suivantes. — Cf. lettre d'Imbert-Colomès à Condé, 19 décembre, Chantilly, Z, t. XC, et Klinglin, *Correspondance*, t. I, p. 87. — Voir réponse de Condé à Imbert-Colomès, le 12 février, Z, t. CXXXII.

Craufurd, à la suite de la découverte des papiers de Besignan, avait tenu conseil à Lausanne avec Wickham et Précy. Celui-ci, déjà convaincu qu'un soulèvement du Lyonnais était prématuré avant le printemps, fut d'avis de renoncer momenta-

Compromis, Imbert-Colomès et ses amis se hâtèrent de fuir : Imbert en Suisse, le marquis de Surville et le chevalier de Lamothe dans le Vivarais et la haute Loire ; Besignan eut le temps de se cacher près de Lyon, mais plus de cent arrestations furent opérées par sa faute, et le plan d'insurrection avorta misérablement [1].

Le prince de Condé comptait encore sur le soulèvement de la Franche-Comté. L'abbé de Chaffoy lui envoyait des lettres pleines d'espoir ; Malseigne lui annonçait qu'il s'apprêtait à prendre le commandement des montagnards du Jura du côté de Pontarlier ; Tinseau d'Amondans, chargé de l'assister, de le diriger au besoin, se rendait auprès de Condé et jugeait le succès infaillible si la plaine imitait la montagne. Tessonnet, pour qui le prince réclamait le brevet de colonel auprès du « roi », se faisait fort d'insurger Lons-le-Saunier et sa banlieue. Enfin de Véreux rentrait à Besançon le 30 novembre, pour s'aboucher avec Ferrand et le décider à lever l'étendard de la révolte [2].

Quelle tentation pour Condé de pénétrer en Alsace et de donner le signal du soulèvement aux Francs-Comtois ! C'est alors que germe dans sa tête l'invraisemblable projet de surprendre Strasbourg avec la complicité des bourgeois, des généraux et de Pichegru !

Il écrit, le 30 novembre, à un de ses agents de Lyon, Mandel, cette étrange lettre : « Ne comptez plus sur mon passage par le haut. J'ai reçu l'ordre de me mettre en marche pour descendre du côté de Bruchsall. Mais votre lettre m'a donné une idée... Je serai le 5 et le 6 à Kintzingen, le 7 à Friesenkeim et le 8 à Appenweyer. Pourriez-vous, *de concert avec les commandants* de la ville et de la citadelle, fermer vos portes, faire déclarer la garnison et la bourgeoisie pour le Roy, arborer le drapeau blanc au clocher ? Tout *cela, le 6 ou le 7 au plus tard*, et m'envoyer par deux hommes sûrs à Friesenheim, le 7, une *lettre signée du commandant de la ville et de la cita-*

---

nément à toute entreprise, à moins que le prince de Condé et les Autrichiens ne remportassent des succès signalés dans la haute Alsace et que l'insurrection de la Franche-Comté n'éclatât simultanément. Ils apprenaient d'ailleurs que les Piémontais et les Autrichiens (Colli et de Vins) venaient de se faire battre à *Loano* par Schérer, le 23 novembre. Et « les généraux de l'armée des Alpes », dont Imbert escomptait la trahison, le prévenaient de ne plus compter sur eux, après la défaite du général de Vins. Condé à Précy, 6 décembre, Chantilly, Z, t. CXXXII, p. 108 ; Wickham à Condé, 8 décembre, Chantilly, Z, t. CXXXV, p. 173 et suiv. ; Wickham à Grenville, 5, 11, 19 décembre, Record Office, Saisie.

1. Wickham annonçait à Grenville, le 19 décembre : toutes les opérations qui ont été commencées dans l'intérieur sont suspendues et les personnes qui devaient les diriger sont en sûreté ; 9 à 10.000 louis d'or étaient sauvés ! — Mais cet échec du plan d'insurrection royaliste décida Craufurd à « réduire la dépense » qu'occasionnait à l'Angleterre la solde et l'entretien de l'armée de Condé. Craufurd à Grenville, 9 décembre, Army in Germany.

2. D'Artès à Grenville, 14 janvier 1796, Chantilly, carton XV, f° 187-198; de Chaffoy à Condé, 30 novembre, Z, t. XC, à la date, et de Malseigne au même, 8 décembre, *ibid.* ; Tinseau à Condé, 19 décembre, Z, t. LXXII.

*delle, ainsi que des principaux bourgeois*, par laquelle on me manderait que la ville et la citadelle viennent de se déclarer pour le Roy, et que si je veux venir tout de suite à Kehl avec mon armée, on va sur-le-champ raccommoder le pont pour m'introduire. *J'accepterai.* Tout le monde sera bien récompensé. — P. S. Concertez-vous avec le citoyen Louis (Fauche). Dans tous les cas, faites-moi trouver une lettre de vous, le 7, à Friesenheim [1]. »

En même temps, le prince chargeait Montgaillard de prévenir Badonville et Fauche qu'il serait, le 5 décembre, à sept lieues et, le 6, à quatre lieues de Strasbourg et que Pichegru devait profiter d'une occasion aussi favorable pour lui livrer la ville. Appelé par une députation de Strasbourgeois, Condé entrerait dans la ville et Pichegru, sous prétexte de vouloir la lui reprendre, ferait avancer ses troupes et les réunirait aux troupes royales [2].

En annonçant ses nouveaux projets à Craufurd et à Wickham, le prince ajoutait : « Si l'on suit mes idées, je prends sur moi d'entrer et je rends compte après le succès. Mais, je le répète, je n'y compte pas du tout et je ne me dissimule pas que c'est une chimère. [3] » Il comptait beaucoup, au contraire, sur le succès de son plan, mais il n'avait pas assez d'audace pour l'exécuter sans le consentement des Autrichiens.

Arrivé le 6 décembre à Kentzingen, il y trouva un envoyé de ses agents de Strasbourg, Mandel et Commart, un jeune présomptueux que la correspondance nomme Princeps. Princeps n'apportait pas la « lettre signée » des commandants de la ville et de la citadelle, mais il assurait que ces généraux étaient « aussi bien disposés que la bourgeoisie ». Ils avaient quelques scrupules cependant : ils ne voulaient pas livrer la ville sans l'ordre de Pichegru [4].

Condé envoya son homme de confiance, Lageard, à Wurmser, car il n'osait agir seul. Lageard devait conduire Princeps au général, après s'être concerté avec Barbançon. Il était porteur d'une lettre pour le commandant en chef [5] : Condé demandait à Wurmser

---

1. Chantilly, Z, t. CXXXII, p. 103. Je souligne les passages qui témoignent le mieux de l'étonnante naïveté des émigrés. — Le prince entretenait une correspondance des plus actives, généralement chiffrée, avec quatre ou cinq agents de Strasbourg, en particulier *Mandel* (le Retour), *Commart* (le Crocodile).

2. Chantilly, Z, t. XXXIV, p. 357. Cf. Montgaillard à Condé, 30 novembre, Z, t. XXXIV, p. 161.

3. Condé à Wickham, 2 décembre ; à Craufurd, 5 décembre, Z, t. CXXXV, p. 86 et suiv.

4. Et sans « un *assaut pacifique* » ! Cet assaut pacifique préoccupe Condé, « à cause de l'esprit du soldat » ; il aimerait mieux « une sommation pure et simple au nom de Louis XVIII ».

5 Et d'une autre pour Klinglin (Alsacien d'origine), dont il connaît « l'attachement au roi de France », Condé à Klinglin, 16 décembre, Z, t. CXXXVI, p. 57.

l'autorisation de faire halte au voisinage de Strasbourg, à Bühl [1].

A son arrivée à Manheim, Lageard présenta « le petit meneur de Strasbourg » au comte de Wurmser. « Son assurance et son petit bavardage » firent assez d'effet sur l'esprit du vieux général. Il voyait déjà l'Alsace conquise, était d'avis de profiter de la bonne volonté des Strasbourgeois. Ensuite vinrent les « si et les mais ». Le comte de Bellegarde fit des objections : il fallait réunir des pontons, 10,000 hommes ou moins ; ces préparatifs donneraient l'éveil à Pichegru. On devait s'assurer des dispositions de Pichegru : impossible d'entreprendre rien avant. Au moins Lageard obtint que le prince s'arrêterait à Bühl et Wurmser lui écrivit pour l'en avertir (9 décembre) [2].

Les Autrichiens ne voulaient agir qu'après avoir pris l'avis de Pichegru. Or Fauche, en recevant l'avis du déplacement de Condé et des projets du prince sur Strasbourg, s'était hâté d'envoyer au commandant en chef de l'armée de Rhin-et-Moselle l'agent de Klinglin, l'avocat Demougé [3].

Parti de Strasbourg le 3 décembre, Demougé parlait à Pichegru le 5. Le général assurait que ses dispositions étaient toujours les mêmes, qu'il n'attendait que l'occasion de se montrer tel qu'il était, mais qu'elle était délicate à faire naître et à saisir. Il ne rejetait point d'ailleurs positivement le nouveau plan de Condé, mais il voyait des obstacles à sa réalisation : les généraux qui gardaient le Haut-Rhin, Bourcier et Schaal, devaient s'y jeter à la moindre alerte avec 6.000 hommes. Sans doute on pouvait espérer les gagner. Mais, leur concours assuré, était-on sûr des dispositions des deux commandants de la ville et de la citadelle ? Quant au général en chef, il faisait des vœux pour le succès de l'entreprise : vœux platoniques, car il ne pouvait, sans perdre les sympathies de ses soldats et de ses officiers, sympathies si nécessaires au succès de ses plans, laisser prendre une place confiée à sa garde. Il faudrait l'occuper ailleurs, l'empêcher de secourir la ville. C'est pourquoi « il hésitait à conseiller l'entreprise » [4].

1. Il affirmait : « Pichegru est d'accord et son armée se déclarera ; la chose réussira. » Condé à Wurmser, à Barbançon, 6 décembre, Z, t. CXXXIII, p. 90 ; t. CXXXVI, p. 57.
2. Lageard à Condé, 12 décembre, Z, t. XL, p. 102.
3. Fauche à Condé, 3 décembre ; M<sup>me</sup> de Reich à Condé, 6 décembre, Chantilly; Z, t. XXXIV, p. 259 et 71.
4. Ce récit de l'entrevue est écrit d'après les lettres suivantes : Demougé à Fauche, 5 décembre, et à Condé, 9 décembre, Chantilly, Z, t. XXXIV, p 9 et 11 ; Condé au roi, 21 décembre, t. CXXXVII, p. 138 bis et suiv. ; Condé à Wickham, 13 décembre, t. CXXXV, p. 87 et suiv. ; Condé à Wurmser, 10 décembre, t. CXXXVI, p. 57 ; Condé à Barbançon, 8 et 10 décembre, t. CXXXIII, p. 90 ; Condé à Craufurd, 10 décembre, t. CXXXV, p. 87 ; note remise par Lageard à Wurmser, 11 décembre, t. XXXIV, p. 55. Il faut utiliser avec défiance ces deux derniers documents, qui ont pour but de tromper Craufurd et Wurmser sur les véritables intentions de Pichegru.

Demougé passa le Rhin pour se rendre auprès de Condé. Le général lui donna un sauf-conduit valable pour huit jours, « une rescription en deux lignes sur le Bourgeois pour le faire connaître », accepta « les 200 » (louis) que Fauche lui envoyait, mais refusa de laisser partir avec Demougé son adjudant Badonville [1].

### IV. — *Retraite de Jourdan.*

Tandis que Demougé se rendait à Bühl, Pichegru tentait en effet un mouvement d'offensive — molle offensive — vers Kaiserslautern. Il voulait seulement « harceler » les Autrichiens tant qu'il aurait « quelque espoir de leur faire passer le Rhin », exécuter des démonstrations susceptibles d'empêcher l'ennemi de pénétrer dans la trouée entre Sarre et Moselle.

Le 10 décembre, trois divisions, la 11e (Saint-Cyr), la 10e (Delaborde), la 9e (Reneauld), devaient s'avancer dans la direction de Kaiserslautern, vers Hombourg, Landstuhl, Trippstadt, Elmstein, sur le plateau boisé où l'Erbach, la Lauter, la Speyer et la Queich prennent leur source, essayer de couper les communications de Kaiserslautern avec Deux-Ponts et Neustadt et forcer ainsi l'ennemi à se retirer. Saint-Cyr était « autorisé » à poursuivre les Autrichiens s'il ne rencontrait pas de résistance sérieuse. Le reste de l'armée devait se borner à tenir « l'ennemi en échec par de fausses attaques [2] ».

Les divisions de gauche marchèrent en effet, le 10, sur les points qui leur étaient assignés. Très vigoureusement Saint-Cyr, avec Lecourbe sous ses ordres, délogeait l'ennemi de Hombourg, de Martinshohe et de Schopp, dès le 10, et le soir campait sur la route de Landstuhl et de Kaiserslautern. « Si je les avais laissés aller, écrivait Lecourbe [3], je ne sais où ils (les soldats) se seraient arrêtés. » Profitant de leur élan, Saint-Cyr débusquait l'ennemi de Landstuhl le 12, et Lecourbe, audacieusement, s'avançait jusqu'auprès de Kaiserslautern. « Comme ces mouvements de l'ennemi faisaient craindre qu'il eût résolu une sérieuse attaque sur Kaiserslautern, le général Nauendorf (armée de Clerfayt) détacha immédiatement un bataillon pour renforcer le général Wezero [4] (armée de Wurmser) qui y commandait... Pendant que la situation des affaires était précaire dans le voisinage de Kaiserslautern, le *général Nauendorf*

---

1. L'entrevue est du 5 décembre ; *c'est le 7* que l'ordre est donné aux troupes du Haut-Rhin (deux brigades) de descendre le fleuve.
2. Instructions de Pichegru à Saint-Cyr, Saint-Cyr, t. II, p. 539. Cf. le *Mémoire* d'Abbatucci, très précieux pour cette période.
3. Saint-Cyr, t. II, p. 541.
4. Sans doute le général que les généraux français appelaient Messaros.

ne pouvait exécuter son plan de tourner le flanc gauche de Jourdan...
Il devait même, si les Français n'étaient pas repoussés le 12, revenir
avec une partie de son corps sur Hombourg [1]. »

Mais la 10ᵉ et la 9ᵉ division ne s'étaient pas avancées aussi
loin que la 11ᵉ. La 10ᵉ chassait l'ennemi de Trippstadt, puis, manquant de pain et de cartouches, se retirait sur Leimen, abandonnant le terrain qu'elle venait de conquérir. La 9ᵉ, après une courte
offensive, reprenait aussi le chemin de ses cantonnements, perdait
même quatre compagnies qui étaient enveloppées et obligées de
mettre bas les armes dans les gorges de la Speyer.

Privé de l'appui de la 10ᵉ division, Lecourbe était attaqué le 12
et le 13 par le général Messaros, qui culbutait ses avant-gardes,
les poursuivait l'épée dans les reins ; menacé de front et pris en
flanc, Lecourbe n'échappait à la déroute que grâce à son sang-froid
et à son courage. A Schopp, à Fischbach ensuite, il se dérobait à
son adversaire qui le cernait, et battait en retraite sur Burgalben,
perdant, ainsi que la 9ᵉ division qui devait le suivre en arrière, tout
le terrain conquis les deux jours précédents.

L'avant-garde de l'armée, sous Desaix, et la 4ᵉ division, sous Taponier, s'étaient contentées d'esquisser un mouvement d'offensive ;
puis, après avoir pris le village de Schwegenheim, étaient revenues
dans leurs positions premières [2].

Ce simulacre d'offensive n'avait donc abouti qu'à un échec. Entrepris *trop tard*, avec des forces *insuffisantes*, *mollement* conduit
sur toute la ligne, excepté à l'extrême gauche, le mouvement, qui
aurait eu des résultats décisifs [3] si les autres divisions avaient agi
aussi vigoureusement que la 11ᵉ, n'empêchait pas Clerfayt d'effectuer
contre Jourdan le mouvement tournant qui obligeait celui-ci, le 13,
à battre en retraite sur le Hundsrück.

En effet, le maréchal Clerfayt, pouvant disposer de toutes ses
troupes, puisque l'armée de Wurmser les remplaçait à Neustadt
comme à Kaiserslautern, avait jeté la majeure partie de ses forces
sur la droite de Jourdan. Il renouvelait la tactique qui lui avait
réussi en octobre. Menacé déjà le 1ᵉʳ décembre, et chassé de
Lauterechen, Marceau, placé à l'extrême droite de notre armée,
était assailli le 8 décembre, sur le Glan, par des forces supérieures,

---

1. Quintin Craufurd à Grenville, 15 décembre, Army in Germany.
2. Sur tous ces faits, voir rapports de Liébert, 10, 11, 12, 13 décembre, dans
A. G., Rhin-et-Moselle ; le récit de Saint-Cyr, t. II, p. 325 et suiv., et p. 540 et
suiv. ; le livre d'ordre de Pichegru, qui contient le résumé de plusieurs lettres de
Saint-Cyr et de Reneauld, papiers de R. de Saint-Albin.
3. Wurmser écrivait à l'empereur, le 19 décembre, Vivenot, p. 405 : « Le poste
de Kayserslautern ne *pouvait résister qu'avec peine aux efforts sérieux de l'ennemi.* »
Rapprocher le passage cité de la lettre de Quintin Craufurd.

réunion des corps de Kray et de Nauendorf, et devait battre en retraite sur la Nahe. Il se défendait intrépidement dans les positions de Sobernheim et de Kirn ; mais Nauendorf accentuait le mouvement tournant, inquiétait la retraite de ses troupes sur la Moselle et, de peur d'être coupé du pont de Trarbach, Marceau reculait sur Kirchberg.

En même temps, l'armée de Clerfayt poussait de front les autres corps de Jourdan. Sous cet effort simultané, l'armée de Sambre-et-Meuse pliait, battait en retraite vers les défilés du Hundsrück, le 13, tenant d'ailleurs l'ennemi en respect par de brusques volte-face, comme à Sultzbach où, le 16 et le 17, Marceau et Poncet le mirent en échec [1].

Clerfayt se proposait, après avoir rejeté l'armée de Sambre-et-Meuse dans le Hundsrück, de s'emparer des ponts de Trarbach et de Treis, situés sur la Moselle, entre Coblentz et Trèves. Dans ce but, Nauendorf et Kray continuèrent leur mouvement tournant sur la droite française, menaçant ainsi de couper la retraite de notre armée [2]. La situation de Jourdan devenait périlleuse : assailli de front par Clerfayt, à droite tourné par ses lieutenants, bordé par le Rhin à gauche et n'ayant point de ce côté la faculté de passer le fleuve, car les Autrichiens gardaient la rive droite entre la Sieg et Mayence, il courait le risque d'essuyer une défaite que l'indiscipline des troupes aurait rendue sans doute irréparable.

Cependant Pichegru ignorait sa retraite, — car les estafettes circulaient avec peine entre nos deux armées, apportant des nouvelles vieilles de cinq à six jours. — Pressé par le Directoire, satisfait des succès remportés par sa gauche le 10 et le 11, il ordonnait, le 12, à Saint-Cyr et à Delaborde de marcher sur Kaiserslautern le 14, promettant de les soutenir avec le reste de l'armée. « Il faut, écrivait-il, laisser à l'ennemi le moins de temps possible pour préparer sa défense [3]. »

Mais, dans la nuit du 12, une lettre de Saint-Cyr le prévenait de la défaite des troupes de Sambre-et-Meuse. Il écrivait aussitôt à Saint-Cyr de ne pas effectuer l'attaque si cette armée battait en retraite. Une nouvelle lettre de son lieutenant, le 14, confirmait la nouvelle ; il enjoignit aux généraux de gauche et du centre de reprendre leurs positions [4].

---

1. Le récit de ces échecs et de la retraite est écrit d'après la correspondance de Marceau, Maze, p. 221 à 235, celle de De Billy, p. 91 à 120. Cf. aussi Vienne, les *Mémoires* de Soult, la lettre de Kléber, p 282.
2. Quintin Craufurd à Grenville, 15 décembre, Army in Germany.
3. Saint Cyr, t. II, p. 545.
4. Mémoire d'Abbatucci, A. G.

Cependant une lettre de Jourdan arrivait le 16, datée du 11, antérieure de deux jours à la retraite, annonçant que la droite seule de l'armée de Sambre-et-Meuse avait dû se retirer derrière la Nahe. Pichegru envoyait de nouveaux ordres d'offensive à la gauche : Saint-Cyr, Delaborde, Reneauld, devaient se porter, le 18, par trois routes différentes, vers Kaiserslautern et tâcher d'enlever ce poste important à l'ennemi. Mais le 16, une deuxième lettre de Jourdan, datée du 13, ne laissait plus de doutes : l'armée de Sambre-et-Meuse abandonnait la Nahe ; Jourdan, même, menacé d'un passage à Coblentz, se portait de ce côté pour « couvrir la Belgique et la Hollande » ; 20.000 hommes de sa gauche restaient entre la Nahe et la Moselle pour fermer aux ennemis l'accès de la Lorraine. Le 17, au matin, Pichegru prévenait les généraux de gauche de suspendre l'attaque [1].

Cependant Saint-Cyr avait commencé sa marche sur Kaiserslautern et Lecourbe venait de remporter un succès à Schopp, quand arriva l'ordre du général en chef : tête basse, les deux généraux reprirent leurs cantonnements. La campagne s'achevait sur un échec [2].

A cet échec de Jourdan, Pichegru avait contribué largement par son inaction presque complète de trois semaines, du 18 novembre au 10 décembre, et par la mollesse de son offensive, du 10 au 13. S'il avait agi résolument dans les premiers jours de décembre, à la rigueur même, le 10, en portant ses forces — toutes ses forces — sur les plateaux du Hardt, à la rencontre de Jourdan, il aurait obligé le général Clerfayt à interrompre sa marche en avant et permis au moins à son collègue de conserver sa position sur la Nahe.

Mais il eût fallu pour cela *dégarnir à temps le haut Rhin* des troupes (plus de 20.000 hommes), qui restaient inactives depuis longtemps, troupes destinées, sans doute, dans sa pensée, à réaliser l'union projetée avec l'« armée royale ». Une quinzaine de mille hommes portés à temps sur la Queich aurait changé le sort des armes. Pichegru n'avait appelé deux brigades que lorsque le prince l'avait prévenu de sa marche sur le bas Rhin.

Et il ne se décidait à en appeler d'autres pour renforcer sa gauche, du 21 au 23 décembre [3], que lorsqu'à son plan de jonction avec

---

1. Abbatucci, A. G. ; Saint-Cyr, t. II, p. 516-517. Remarquer qu'il *renonce définitivement à l'offensive, le jour même de sa seconde entrevue avec Demougé*, 17 décembre. Demougé arrivait du quartier général de Wurmser et il apportait l'assurance que les Autrichiens favoriseraient désormais l'intrigue
2. Saint-Cyr, t. II, p. 329.
3. Bulletin de Liébert, 23 décembre ; lettre de Pichegru au Directoire, 21 décembre, A. G., Rhin-et-Moselle. Dans cette lettre, Pichegru se déclarait prêt à exécuter la manœuvre qui, accomplie avec des forces bien supérieures, quinze jours

l'armée royale, dans le Haut-Rhin, il en substituait un autre : il renonçait à effectuer la jonction avec Condé près d'Huningue, songeait à la réaliser *sur les bords de la Queich*. Ce plan nouveau, il l'exposait à Demougé le 17 décembre.

### V. — *Nouvelle entrevue de Demougé avec Pichegru (17 décembre).*

Parti du quartier général le 5 décembre, Demougé y revenait le 17.

Il s'était rendu au camp de Condé et, le 8 au soir, avait parlé au prince à Appenweyer [1].

Malgré de fortes contradictions entre ses affirmations et celles de Princeps, Condé l'envoyait à Manheim avec des lettres pour Wurmser et Barbançon. Au premier le prince écrivait : « V. E. fera peut-être quelques changements dans la forme, car, pour le fonds, je crois qu'il est fort utile de le tenter. » Au second : « Quand vous aurez bien confessé cet homme, vous le mènerez à Wurmser. » Il annonçait à Craufurd : « Je n'ai jamais vu les affaires en meilleur train. » Il persistait à croire le succès possible ; les 6.000 hommes de Bourcier et de Schaal, on les occuperait, en tentant, en face de Selzel d'Huningue, deux fausses attaques ; Pichegru, on le retiendrait sur la Queich, « pour ne pas le compromettre [2] ».

Il attendit plein d'espoir le retour de Demougé. Celui-ci, sous le nom de Schneider, se rendit au quartier général autrichien. Barbançon et Lageard l'interrogèrent et, après une longue conférence, rédigèrent une note pour la présenter à Wurmser. Condé, dans ses lettres, avait déjà modifié les déclarations faites par Pichegru à Demougé ; ses deux agents les amplifièrent à leur tour et les dénaturèrent, attribuant au général des propos qu'il n'avait jamais tenus [3].

A les en croire, Pichegru « aurait fortement désiré que les généraux de S. M. I. eussent fait une entreprise vers la haute Alsace qu'il

---

plus tôt, aurait sans doute assuré la jonction des troupes françaises : « Conformément à vos intentions, je vais renforcer encore ma gauche, non pour attaquer Kayserslautern, que nous ne pourrions garder, mais pour inquiéter plus immédiatement les derrières de Clerfayt, en jetant un corps de troupes entre la haute Glan et la haute Nahe ».

1. Demougé à Condé, 7 et 9 décembre, Chantilly, Z, t. XXXIV, p. 10 et 11 ; Condé à Demougé (Schneider), 7 décembre, Chantilly, Z, t. CXXXII, p. 109 ; M⁹ᵉ de Reich à Condé, Z, t. XXXIV, p. 68.

2. Condé à Wurmser, 10 décembre, Z, t. CXXXVI, p. 57 ; à Craufurd, 10 décembre, Z, t. CXXXV, p. 87 ; à Barbançon, 8 décembre, Z, t. CXXXIII, p. 90.

3. Lageard à Condé, 11 décembre, Z, t. XXXIV, p. 54, 55, et t. XL, p. 102 ; note de Klinglin, Z, t. XXXIV, p. 132 ; Barbançon à Condé, 11 et 15 décembre, Z, t. XL, p. 187 et 192.

avait dégarnie [1] des troupes nécessaires à sa défense » ; il promettait de « travailler à lever les obstacles qui pourraient s'opposer à l'exécution du projet sur Strasbourg, en observant toutefois les règles de l'art militaire ». Pour le mettre « à l'abri de tout reproche de négligence », il voulait qu'on l'attaquât sur tous les points de sa ligne, qu'on cherchât même à déborder son front, pour tourner sa position par les défilés des montagnes, afin de l'obliger à faire venir à lui tous les corps de son armée en communication avec Strasbourg. Cette ville prise, il fallait se « porter sur Saverne, afin de lui barrer le passage » ; ses soldats affolés se déclareraient alors « en faveur du roi, pourvu qu'on ait eu la précaution de répandre en Alsace des invitations aux soldats et aux officiers de coopérer à rendre le calme à leur patrie » !

« J'espérais, écrit Lageard, que les propositions que nous faisions au nom de Pichegru étaient assez belles pour qu'on veuille opérer en conséquence. Mais le génie de Bellegarde domine. Il a vu qu'il était mis au pied du mur... et l'on s'est retranché à nous dire qu'il était impossible de faire faire aux armées autrichiennes des mouvements aussi considérables pendant l'hiver, et qu'il fallait absolument réserver tous ces projets pour le printemps. » On eut même la cruauté de « traiter de rêveries » les combinaisons écloses dans le cerveau de Lageard et de Barbançon ! Ceux-ci prirent comme arbitre l'excellent Klinglin ; Klinglin déclara qu'avant d'avoir gagné les généraux Schaal et Bourcier, les commandants de la ville et de la citadelle, avant de reconnaître les forces des postes le long du Rhin, il serait imprudent de tenter l'entreprise. Désolés, Lageard et Barbançon demandèrent au moins que le prince restât à Bühl provisoirement : ils l'obtinrent et Lageard revint au camp de Condé avec Demougé.

« Je n'avais pas tort de craindre le coup de Jarnac de Bellegarde », écrivit le prince à Barbançon ! « Je ne puis servir la cause efficacement qu'en me jetant directement dans une place de France et, malgré toutes les difficultés qu'on exagère, l'entreprise de Strasbourg est possible. Étant sûr de Pichegru comme je le suis, je ne doute pas un instant que je n'entre dans Strasbourg cet hiver. Il m'en indiquera les moyens. Mais je demande en même temps qu'on tienne toujours 10 à 12.000 Autrichiens à portée de marcher dans une nuit sur le Rhin. Voulez-vous que je pousse les choses plus loin ? Une fois entré dans Strasbourg avec mes 7.000 hommes, j'introduis les 12.000 Autrichiens ; j'en envoie tout de suite 9 à Saverne, avec 1.000 des miens (pour marquer la bonne intelligence). Le lendemain Wurmser attaque ou fait semblant d'attaquer les lignes de la

---

1. C'est le contraire.

Queich. Alors voilà le moment où Pichegru, se trouvant enveloppé de toutes parts, se déclarera avec son armée [1]. » Le prince persistait donc dans ses projets ; il en avertit Wurmser, en le prévenant qu'il envoyait demander à Pichegru quelle était la position où il croyait que la petite armée royale pouvait le mieux favoriser ses projets : Bühl sur la rive droite ou telle bourgade à son choix, voisine de ses avant-postes, sur la rive gauche ? Et il écrivait à Wickham : « J'ai pris un arbitre... ; cet arbitre est Pichegru qui va disposer de moi souverainement. Et ce ne sera peut-être pas une des choses les moins extraordinaires dans l'histoire de la Révolution [2]. »

Demougé fut donc chargé de porter une lettre à Pichegru. Condé priait ce général de lui « mander la position où il pensait que la présence de son armée pourrait lui être le plus utile ». Il défendait d'ailleurs avec vivacité son projet sur Strasbourg, demandait au général de « le mettre en intelligence d'abord avec les commandants de la ville et de la citadelle et en même temps avec Bourcier et Schaal... et que les postes sur l'autre rive fussent gagnés ». Il exposait ensuite le plan qu'il avait complaisamment expliqué à Lageard et à Demougé : les Autrichiens introduits à Strasbourg, marchant sur Saverne ; Pichegru pris entre deux feux, cerné : « Alors M. P. (Pichegru), voyant sa retraite embarrassée et ses vivres coupés, aurait, ce me semble, beau jeu de faire déclarer son armée pour le roi [3]. »

Cependant Demougé rentrait en Alsace [4], le 14 décembre, et se rendait directement au camp de Pichegru.

Il arrivait le 15 au soir à Candel, s'annonçait à Badonville qui accourait ; mais l'adjudant le prévenait que Pichegru ne pouvait le voir sans éveiller les soupçons. On disait qu'il allait être destitué ; il tenait à ne pas attirer l'attention des espions du Directoire. Très ennuyé, Furet écrivit, insista pour parler au général, se tint à l'affût d'une occasion et finit par la trouver. Le soir du 17, le général lui donnait rendez-vous dans la chambre de Badonville.

L'agent royaliste prit des notes, à mesure que Pichegru parlait. Dans son rapport au prince, il s'est efforcé de rendre fidèlement la

---

1. Condé à Barbançon, 13 décembre, Z, t. CXXXIII, p. 91 Voir aussi ses lettres des 17, 18, 20, même volume, et la longue lettre au prétendant du 21 décembre, Z, t. CXXXVII, p. 138 et suivantes
2. 13 décembre, Z, t. CXXXV, p. 87. Cf. *Mémoire concernant*, p. 177.
3. Minute, Z, t. XXXIII, p. 40
4. Après avoir vu M^me de Reich pour s'entendre avec elle sur les mesures les plus propres à activer la correspondance. Les mesures prises furent si exactes que Condé envoyait une lettre le soir à Strasbourg et en recevait ordinairement la réponse la nuit suivante. Deux passages établis, l'un à deux lieues au-dessus de Kehl, l'autre quatre ou cinq lieues plus bas. M^me de Reich à Condé, Z, t. XXXIV, p. 69 ; *Mémoire concernant*, p. 179 ; *Mémoires* de Fauche, t. 1, p. 289.

pensée du général ; il a souligné les phrases « construites des propres termes » dont celui-ci s'était servi. Parmi les documents conservés à Chantilly, il en est peu qui présentent un tel caractère de vérité.

Les déclarations du 17 décembre marquent une évolution dans les idées de Pichegru. Il suivait avec attention le mouvement de l'opinion publique en France et surtout à Paris. Comme beaucoup de Français d'alors, il se persuadait que le nouveau gouvernement, né de la Constitution de l'an III, ne serait *pas viable*. Les électeurs en majorité s'étaient prononcés, en octobre, contre la continuation des procédés jacobins et le maintien au pouvoir des conventionnels ; or le Directoire, composé de conventionnels et de régicides, appelait au ministère des jacobins connus, comme Merlin, Delacroix, Truguet, nommait aux places des conventionnels non réélus et des vainqueurs de Vendémiaire, formait une légion de police avec les « patriotes de 89 », laissait reconstituer la Société des jacobins sous le nom de Société du Panthéon.

A peine arrivé aux affaires, il se trouvait aux prises avec les difficultés les plus graves : baisse des assignats qui tombaient à 10 sous les cent livres, au milieu de décembre ; affreuse misère du peuple parisien, malgré les secours que lui fournissait le gouvernement ; impossibilité momentanée de faire face au service de la dette, au paiement des fonctionnaires, à l'entretien des armées ; comme conséquence, impopularité croissante.

« Un silence morne, une détresse concentrée, peinte sur toutes les figures », à Paris ; le peuple « ne fait entendre que des malédictions contre le gouvernement » ; sur la place Maubert, les femmes crient : « Au diable la République ! » ; dans le coche d'eau d'Auxerre à Paris, on chante une ronde avec ce refrain : « Et bientôt nous verrons le règne des Bourbons » ! Voici des réflexions courantes : « Plutôt un roi que de mourir de faim » ; le Directoire, c'est « une manufacture de sires à frotter » ; « gare pour la République, car elle a bien mal au dos [1] ».

Des victoires pouvaient relever le prestige de ce gouvernement. Mais, à part un succès en Italie, nos armées subissaient des échecs : échecs de l'armée du Rhin-et-Moselle devant Mayence, sur la Pfrimm à Manheim, échec aussi de la grande diversion tentée par l'armée de Sambre-et-Meuse sur la Nahe.

Pichegru, qui venait d'apprendre la retraite de Jourdan derrière

---

1. Aulard, *Histoire générale*, t. VIII, p. 377, surtout *Paris sous le Directoire*, t. II, de la p. 348 à la page 450, et je ne parle ni du prix des denrées toujours croissant (le pain passant de 15 à 30, 35, 40 et même 60 livres; voir le *Retour d'Épiménide* : à Paris il dépense en une journée 41.300 livres) ni de l'agiotage (les maisons, les chambres, les salons, transformés en bazars, etc.).

Hundsruck [1], jugeait le Directoire fort compromis; dès lors une *tactique nouvelle* s'imposait aux royalistes : laisser faire l'opinion. « *L'opinion a fait et nourri la Révolution, disait le général à Demougé; l'opinion fera la contre-révolution et nous n'en pouvons être éloignés. Le moment de réaction est plus près qu'on ne pense; il ne faut plus qu'une étincelle pour produire un grand incendie.* »

Telle est l'idée dominante de sa conversation : le Directoire succombe sous son impopularité; à bref délai l'opinion publique en débarrassera la France. « L'immense majorité du peuple et des armées est bonne. Elle espérait quelque bien du gouvernement; les citoyens comptaient sur la tranquillité, le respect de la propriété, le soulagement des impôts; le soldat sur la paix, sur une solde meilleure, sur des vêtements et de la nourriture. Bien loin de se voir donner tout cela, ils voient, par l'affectation avec laquelle on met en place les gens les plus prononcés, les dilapidateurs, les tyrans subalternes, qu'ils sont plus loin que jamais de leurs espérances... Déjà les esprits *se montent dans mon état-major*, ajoutait-il ; *le Directoire exécutif envoie en grade à mon armée un sujet détestable sous toutes les faces* [2]; *mes généraux et mes officiers m'ont dit qu'ils ne serviraient pas avec ce scélérat.* »

Dès lors il faut se garder de « *toute opération partielle. Cela romprait la direction qui se prépare dans les esprits, qui tendent harmoniquement vers le même but et les occuperait simultanément du désir de secouer l'oppression et de la crainte d'être les esclaves d'un vainqueur, et c'est ce qu'il ne faut pas* ». — Et Pichegru précisait : « *Mon opinion est que le Bourgeois (Condé) n'entre pas comme conquérant ou ennemi; il en aurait l'air en prenant une ville, et la mort d'un seul homme par son fait lui en aliénerait peut-être des milliers; il échouerait par trop de précipitation.* » Le prince devait donc renoncer à s'emparer de Strasbourg par surprise, même avec la connivence d'une partie des bourgeois et de la garnison; ce serait froisser l'opinion publique, la mettre en défiance, l'irriter, réveiller les passions chauvines et faire le jeu du Directoire. — D'ailleurs l'opération en elle-même présentait des difficultés « *infiniment plus étendues* » que ne le croyait Condé : « Jamais, dans une nuit, on ne parviendrait à débarquer 1.000 hommes »; des indiscrétions révéleraient l'entente des bourgeois et de la garnison; Pichegru ne pouvait pas nommer des affidés au commandement de la ville et de la citadelle, car le Directoire s'était réservé la nomination aux places et le général perdait de jour en jour son crédit auprès de lui.

---

1. Le 16 décembre dans la nuit.
2. Veut-il parler du général Dumas qui remplace alors sur le haut Rhin Schaal mis à la retraite ?

Au lieu de songer à s'emparer de Strasbourg, le prince ferait mieux de se rapprocher le plus près possible de l'armée de Rhin-et-Moselle, « *de façon que les avant-postes puissent communiquer facilement* », passer sur la rive gauche, s'établir de l'autre côté de la Queich, recommander aux patrouilles, choisies à cet effet, de fraterniser avec les patriotes, d'éviter tout propos blessant, toute menace qui pourrait réveiller des haines ; au contraire, « donner de bonnes paroles..., dire : « *Nous sommes tous Français, unissons-nous* », etc., composer des lettres de fraternité, d'amitié, à l'égard des républicains... et d'autres imprimés contre le terrorisme. Ce petit manège fera grand effet en détruisant la mauvaise opinion qu'on a des émigrés. Cela opérera une désertion de confiance ; ces déserteurs instruiront leurs camarades et cet amalgame opérera ce qu'aucune arme ne pourrait effectuer [1]. »

« Je ferai mon possible, ajoutait Pichegru, pour mettre à mes avant-postes des gens dont l'opinion, quoique cachée, m'est connue. Coco (Badonville) travaillera les hussards et une partie de la cavalerie... Le *moment de l'explosion peut être fort près*. Le gouvernement se tue lui-même et je m'attends à la destitution. »

« Recommandez aussi au Bourgeois de nous tenir en campagne ; que les *Autrichiens harcèlent*, mais que les Français donnent des paroles d'amitié et de paix [2]. »

Demougé se doutait que le plan de Pichegru ne conviendrait pas au prince. Avant de quitter le quartier général, « le 17, à 11 heures du soir », il pria Badonville d'écrire quelques mots. L'adjudant lui remit un billet, signé Coco : « Nous croyons et nous sommes sûrs (le Furet l'expliquera mieux) que le mariage de M<sup>lle</sup> Zède et du Bourgeois ne se fera en règle que par les moyens que le banquier (Pichegru) a expliqués à Furet et que celui-ci est spécialement chargé, moi témoin, de relater au Laurier (Condé). »

---

1. Barbançon écrivait au prince le 26 décembre qu'un émigré, M. de Bussy, employé aux avant-postes de l'armée de Clerfayt, venait de lui raconter que l'armée de Jourdan traitait avec un soin particulier les blessés, émigrés comme lui, et renvoyait les prisonniers et qu'un général accompagné d'une suite prodigieuse lui avait parlé aux avant-postes avec une sorte d'affectation et avait fini par lui dire : « Bientôt nous n'aurons plus besoin d'aucune précaution pour nous entretenir en bons amis. », Chantilly, Z, t. XL, p. 204-5.
2. Le tout Chantilly, Z, t. XXXIII, p. 121 et suiv. Pichegru, que les « flagorneries » de Montgaillard et ses promesses réitérées de récompense avaient agacé, protestait de son désintéressement : « *Dites-lui bien (à Condé) que je n'ai aucune ambition ni aucun intérêt personnel. Je ne veux rien ; j'ai appris à connaître les hommes ; j'en suis devenu meilleur, mon seul désir est que, la chose une fois terminée, il me reste deux ans de vie, pour écrire quelques pages sur ce que j'ai vu et éprouvé pendant ces malheureux temps. Que la mort alors me moissonne et je mourrai content !* » Badonville protestait aussi de son désintéressement : « Le fidèle Cupidon (écrivait-il) se croira assez récompensé en étant témoin de l'illustre mariage qui se prépare. »

Arrivé à Strasbourg le 20, Demougé tint conseil avec Fauche et le général Bizy (appelé dans la correspondance l'Econome). « Après avoir bien pesé et concerté, écrivit Fauche, dans notre petit conseil, les motifs qui mettaient Baptiste (Pichegru) dans le cas d'adopter ce plan plutôt que de nous faire occuper de suite le N° 1 (Strasbourg), nous avons jugé comme lui que rien ne serait plus prompt, plus prudent pour le bien général, que vous soyez plutôt appelé comme ami par les propres ouvriers (soldats) de Baptiste, que de pénétrer soit par force ou par surprise. En conséquence, il est nécessaire que vous vous approchiez de lui le plus près possible et que, dans la consigne que vous ferez donner aux officiers et aux soldats des avant-postes, vous leur enjoigniez de fraterniser avec les nôtres... L'Econome approuve beaucoup les plans de Baptiste. » Bizi écrivait en effet, après Fauche : « D'après un examen réfléchi de la situation et des différents plans proposés, l'Econome pense que celui du banquier Baptiste est seul admissible. »

Fauche eut la naïveté d'ajouter que Pichegru se conformait sans doute au plan qu'il lui avait communiqué à Manheim, plan rédigé par Salomé, directeur du *Journal des Deux-Ponts*, et que le prince ne connaissait pas. Très fier de lui-même, il envoyait ce plan à Condé, écrivait à Montgaillard pour lui conseiller de le lire et de s'en inspirer [1].

Lorsque le rapport de Furet, suivi des lettres de Badonville, de Bizi et de Fauche, parvint à Mme de Reich, à Offembourg, le 23, celle-ci l'envoya par un exprès à Bühl. En l'absence de Condé, parti pour Manhein, le chevalier de Contye décacheta le courrier, lut les lettres et conclut sagement : « Les dépêches qui sont arrivées ce matin (24) de la part de Baptiste ou d'un agent auprès de lui feront changer le projet », sur le N° 1. Il m'a paru que Baptiste a donné d'autres moyens plus sûrs [2]. »

Le prince s'entêta au contraire à repousser le plan de Pichegru et persista dans le sien. A Manheim, il parla pour la forme et par acquit de conscience du plan de Pichegru, s'ingéniant à en montrer les inconvénients plutôt que les avantages. Würmser, qui — le prince l'ignorait — venait de recevoir de l'empereur l'ordre de ne pas « employer sur le Speyerbach ou aux autres postes sur la rive gauche du Rhin » le corps de Condé et qui, fatigué de la présomption, des plaintes incessantes des émigrés, envoyait Bellegarde à

---

1. Chantilly, Z, t. XXXIII, p. 17 ; t. XXXIV, p. 12 ; t. XXXIV, p. 13 ; t. XXXIII, p. 145 ; Princeps revint à Strasbourg, le 19 décembre ; Demougé prévint Mandel que le prince ne voulait plus tenter le coup de main sur Strasbourg, Z, t. XXXIV, p. 50.

2. Record Office, Suisse ; joint à la lettre de Wickham à Grenville du 5 janvier 1796.

Vienne pour être « débarrassé » de l'armée royale [1], donna au prince la satisfaction de lui refuser les quartiers d'hiver qu'il sollicitait à contre-cœur dans le Palatinat. Condé, fort content du refus de Wurmser, prévint Barbançon de ne point insister, écrivit à Wickham : « (Pichegru) aurait voulu qu'on me fit passer le Rhin et qu'on me mît très près de lui, mais les Autrichiens ne veulent plus que je le passe. » Il ajoutait qu'il aimait mieux rester à Bühl, où il était « à portée de tout et plus en mesure pour les correspondances de l'intérieur » que d'être envoyé dans le Palatinat, « pour n'y rien faire ou pour être forcé de se retirer ». « J'en ai ma suffisance de voir ou de partager tant de retraites [2] ! »

Il se hâta d'annoncer à Pichegru que les Autrichiens refusaient de lui « faire passer le fleuve du côté de Manheim », que dès lors il fallait renoncer au plan exposé devant Demougé, plan « qui aurait entraîné encore beaucoup de longueurs ». Pour la seconde fois, il s'efforça de gagner le général à ses projets, déclarant qu'il voyait, « avec beaucoup de peine », que Pichegru n'était pas de son avis : « Z (Pichegru) recommande de ne pas causer la mort d'un seul homme. Ah ! si Z lisait dans le cœur de X. (Condé), il verrait combien il est éloigné de chercher à verser le sang d'un Français, quoiqu'ils n'aient pas épargné le sang des Bourbons... Notre honneur, notre conscience, nos principes, notre attachement à notre roi, nous font un devoir de combattre des rebelles... Qu'ils deviennent des sujets soumis, tout est oublié !... A l'exception des scélérats, tous deviennent nos compatriotes et nos amis ! »

Mais, avec une inconséquence rare, un manque de sens politique absolu, il ajoutait : « J'espère que Z ne m'a pas soupçonné d'avoir la moindre part à l'envoi d'un mémoire qui lui a été adressé de Manheim par le citoyen Louis. Ce mémoire est aussi contraire à mes principes qu'absurde, et destructeur de l'autorité légitime du Roy... Je consigne entre les mains de Z... une protestation contre ce mémoire. Je me flatte qu'il n'est pas plus conforme aux vues de Z qu'aux miennes. Je prie Z de vouloir bien s'expliquer *franchement* avec moi, et me dire si c'est le retour de la monarchie pure qu'il désire [3]. »

---

1. Vivenot, p. 399 et 425.
2. Condé à Wickham, Z, t. CXXXV, p. 88.
3. Condé à Pichegru (minute), Chantilly, Z, t. XXXIII, p. 31. Voir la lettre adressée par Condé à Fauche, sur la tête duquel retombe l'orage : « Je ne reviens pas d'étonnement de ce que vous m'envoyez ! Comment ! vous mon agent, non seulement vous vous mêlez d'envoyer des mémoires sur l'arrangement de la France... mais même d'en envoyer un aussi absurde que diamétralement opposé à mes principes et à la saine raison ! » etc. Voir aussi sa lettre à Montgaillard, qui se croit obligé de protester qu'il n'est pour rien dans cette « affreuse production » (Chantilly, Z, t. XXXIII, p. 3 ; t. XXXIV, p. 165 ; t. XXXIV, p. 261. Cf. *Mémoire concernant*, p. 266.)

Quelle confiance devaient inspirer au général les promesses de pardon et d'oubli, après cette protestation violente contre un mémoire qui n'avait de remarquable qu'une grande modération de fond et de forme et qui n'inspirait tant de colère au prince que parce qu'il assurait une amnistie complète, même aux régicides. Quels regrets, s'il était sincère, devaient éveiller en son âme ses négociations avec ces émigrés haineux, entêtés dans leurs préjugés hostiles à toute idée nouvelle, à la « monarchie tempérée » comme à la responsabilité des ministres, décidés à rétablir les privilèges de la noblesse comme ceux des parlements et à remettre en vigueur « l'ancienne constitution de 1400 ans », purgée à peine de quelques abus !

En tout cas, il devenait impossible d'exécuter le plan exposé à Demougé le 17 décembre, puisque les Autrichiens ne voulaient pas faire passer le Rhin à l' « armée royale » et l établir au voisinage de notre armée sur la Queich.

D'ailleurs nos ennemis négociaient une trêve avec Jourdan et Pichegru ; cette trêve était conclue dans les derniers jours de décembre. Pichegru, qui demandait aux Autrichiens de « harceler » son armée pour « achever de la dégoûter » du gouvernement, devait chercher de nouvelles combinaisons pour l'exécution de ses plans.

# CHAPITRE VII

## LA TRÊVE.

### I. — *La trêve; Vincent parle à Pichegru.*

Le maréchal Clerfayt, après trois mois de campagne, fatigué et souffrant, aspirait au repos : il avait demandé à l'empereur de le remplacer momentanément à la tête de ses troupes, insisté, dans sa dernière entrevue avec Wurmser, pour que les deux armées autrichiennes prissent leurs quartiers d'hiver [1]. Même désir de repos dans ces armées, qui souffraient comme les armées républicaines de la pénurie des vivres et qui venaient d'accomplir de longues et pénibles marches dans les boues du Palatinat rhénan par une saison très humide et froide. Elles rencontraient, de la part des troupes républicaines, une résistance à laquelle elles étaient loin de s'attendre, après les succès éclatants de la fin d'octobre et de novembre. Elles s'étonnaient de « l'opiniâtreté » avec laquelle l'ennemi ne cessait « d'insulter leur position, de réitérer ses attaques, de les harasser par un guerroiement continuel [2] ». Tandis que Saint-Cyr menaçait Messaros dans Kaiserslautern, Marceau faisait front aux attaques de Nauendorf et de Kray, remportait même, le 17 décembre, à Sultzbach, un succès qui plaçait le second de ces généraux « dans une position périlleuse [3] ». Découragé par cet échec, inquiet de la fatigue et du mécontentement des troupes qu'il commandait, Kray n'ignorait pas que l'appui de Nauendorf pouvait lui manquer bientôt. Le général Wurmser se désolait d'avoir cédé aux instances de Clerfayt, en occupant Kaiserslautern ; il était décidé à « ne pas sacrifier les troupes plus longtemps dans une position » qu'il jugeait périlleuse ; il en écrivait à l'empereur, envoyait le lieutenant-colonel Duka au maréchal « pour l'instruire à fond de l'inutilité et de l'impossibilité » de laisser Messaros à Kaiserslautern. Celui-ci parti,

---

1. Voir ci-dessus.
2. Wurmser à l'empereur, 19 décembre, Vivenot, 405.
3. Craufurd à Grenville, 12 janvier 1796, Army in Germany ; Maurice Faure, *Souvenirs du général Championnet*, p. 133 ; De Billy, p. 124 et suiv. ; Maze, *Marceau*, 235 et suiv.

Nauendorf devait occuper la ville et Kray rester seul en face de l'intrépide Marceau [1].

Kray se décida, sans l'aveu du maréchal, mais avec son consentement tacite [2], à proposer à Marceau une suspension d'armes. Le chef d'état-major de Marceau, de Billy, s'abouchait, le 20 décembre, avec les officiers de l'état-major de Kray, pour régler une entrevue entre les deux généraux. Après l'entrevue, Marceau en référait à Jourdan, qui lui envoyait l'autorisation de négocier un armistice, à la condition que l'armée de Rhin-et-Moselle y fût comprise (21 décembre) [3].

Un armistice permettait à Jourdan de garder le Hundsruck, qu'il craignait d'abandonner, sans sacrifier une partie de ses troupes ; il pouvait procurer à celles-ci, privées de tout, comme celles de Pichegru, les vivres, chevaux, souliers et capotes dont elles manquaient. Jourdan tremblait aussi de laisser Kléber, qui gardait le Rhin en aval depuis Bacharach, aux prises avec l'ennemi : Clerfayt pouvait l'attaquer de front, en passant le Rhin à Coblentz, de flanc et par derrière, à travers les défilés du Hundsruck. Il accueillit donc avec joie la proposition de Kray et fit cesser dès ce moment toutes les hostilités. Mais il n'aurait pas consenti à l'armistice sans en faire bénéficier l'armée de Rhin-et-Moselle : « Tu sens bien, écrivait-il à Kléber, que je ne puis rien faire sans qu'elle y participe [4]. »

Un officier de son armée partit pour Kaiserslautern avec un officier de Kray, qui remit au général Messaros une lettre de son général, demandant que l'armistice s'étendît aux armées de Pichegru et de Wurmser. Ce dernier fit quelques difficultés pour donner son consentement ; mais la crainte de rester seul aux prises avec Pichegru, renforcé peut-être par Jourdan, d'être « harcelé tout l'hiver par un ennemi qui n'avait rien à redouter dans ses fortes positions derrière les lignes de la Queich », d'être surtout obligé de défendre Kaiserslautern, qui « ne pouvait résister qu'avec peine aux efforts sérieux de l'ennemi », le décida bientôt à faire accompagner l'officier de Jourdan chez Pichegru par un officier intelligent, « chargé d'écouter les propositions de ce dernier, de ne pas compromettre les commandants généraux, de ne traiter l'affaire que comme une convention projetée par les commandants des avant-

---

1. Vivenot, p 402, 403.
2. L'empereur était d'avis que les troupes devaient prendre leurs quartiers d'hiver. Vivenot, p. 398
3. Voir Correspondance de Kléber, très inquiet des souffrances de ses troupes, des tentatives de débarquement de l'ennemi à Coblentz, dégoûté, découragé : « Je suis entièrement décidé à me retirer incessamment.. Le dégoût seul, que je dévore à plein vase, a commandé cette résolution. » Papiers H. de Saint-Albin.
4. De Billy, 123 ; Maze, p. 213 ; Maurice Faure, *Championnet*, p. 131 ; Jourdan au Directoire, 21 décembre, A. G., Sambre-et-Meuse.

postes et de ne s'engager qu'à une suspension provisoire qui pourrait être rompue moyennant un avertissement préalable de dix jours[1] ».

Il chargea de cette mission le baron de Vincent, initié au secret de l'intrigue entre Pichegru et Condé et porteur du « *billet de confiance* »[2], remis par Condé pour le général ; il le chargea de parler secrètement à celui-ci, de s'assurer de ses bonnes intentions, intentions dont il était parfois à douter, car il trouvait que Pichegru se défendait trop pour un complice[3].

Pichegru avait déjà reçu — Saint-Cyr la lui avait transmise — une proposition d'armistice venue de l'armée ennemie. Il « n'eut pas l'air de s'en soucier, ne répondit point[4] ». La trêve dérangeait ses plans en ce qu'elle permettait aux troupes de se reposer, et donnait au gouvernement le temps de les nourrir, de les habiller, de mettre un terme à leurs souffrances. Si les murmures cessaient, les chances d'insurrection, partant de restauration monarchique, s'évanouissaient.

Le 25 décembre, à 4 heures du matin, le baron de Vincent et l'officier de Marceau arrivèrent à Herxheim et pénétrèrent dans sa chambre[5] ; ils le trouvèrent couché, tout habillé et botté, avec, auprès de lui, des officiers d'état-major dormant étendus sur le plancher. Ils s'étonnèrent, l'Autrichien surtout, de la tenue d'un chef des armées françaises et de son entourage. Vincent le crut surveillé par ses officiers, se tint sur la réserve, attendant une occasion de lui parler seul à seul.

Pichegru fit des difficultés pour accepter l'armistice tel que le demandait Wurmser[6]. Il disputa longuement pour conserver telle position qui lui semblait importante, la gorge de Weyer par exemple, et, comme l'officier autrichien lui déclarait qu'il ne voudrait pas être chargé de traiter de la paix avec lui, tant il faisait de difficultés pour céder un simple village, il lui prit les mains et le regardant : « Si nous étions pour traiter de la paix, lui dit-il, je puis vous assurer que nous nous entendrions vite ; mais si j'évacuais maintenant ce petit village, le commissaire du gouvernement qui est avec

---

1. Wurmser à l'empereur, 29 décembre ; Vivenot, p. 413.
2. Voir ci-dessus.
3. Condé à Barbançon, 18 décembre : « Wurmser est étonné que P., malgré ses bonnes dispositions pour nous, l'attaque tous les jours vigoureusement. Il faut qu'ils s'attendent à cela, tant qu'ils ne négocieront pas *pour moi* et qu'ils ne s'expliqueront pas *pour le roi.* »
4. Saint-Cyr. t II, p. 330.
5. Mémoire d'Abbatucci, A. G. ; Pichegru au Directoire, 25 décembre ; Rivaud au Directoire, Pichegru à Rivaud et Rivaud à Pichegru, A. G., Rhin-et-Moselle, aux dates.
6. Voir appréciation inexacte de sa conduite dans *Victoires et conquêtes*, t. III, p. 102.

moi me reprocherait immédiatement d'avoir agi trop vite[1]. »

Il consentit d'ailleurs à l'armistice et en rédigea les conditions. Les deux armées devaient rester dans l'exact *statu quo* et cesser toute hostilité. Dans le cas où l'un des généraux commandant voudrait rompre la trêve, il devait avertir dix jours à l'avance. Un instant à peine, Vincent put causer avec lui secrètement.

« Lui ayant montré, écrit-il au prince de Condé, le billet dans lequel V. A. lui disait qu'il pouvait avoir toute confiance en moi, Pichegru le lut avec une grande attention et me dit : « *Pour le moment, la chose est impossible ; le prince de Condé sait la manière dont je pense, que je suis disposé à tout faire pour lui, mais que je n'ai personne à qui je puisse me fier ; mon armée n'est pas à la hauteur des circonstances dans le bon sens ; il faut attendre tout du temps*[2]. » Il est entré quelqu'un et je n'ai pu renouer la conversation. »

Après avoir accueilli avec grand mécontentement la nouvelle de l'armistice, annulé même la convention conclue par Marceau et acceptée par Jourdan[3], le Directoire consentit à s'incliner devant les faits accomplis et, le 1er janvier, mit sa signature au bas d'une convention nouvelle, que Latour et Desaix pour l'armée de Rhin-et-Moselle, Kray et Marceau pour celle de Sambre-et-Meuse, venaient de négocier. Les troupes allaient entrer pour plus de trois mois dans leurs cantonnements, conservant les positions qu'elles occupaient les 21-25 décembre ; l'armée de Sambre-et-Meuse gardait le Rhin jusqu'à Bacharach, et de là s'allongeait le long du Sohnwald, de la Simmern jusqu'à Kirn, puis de la Nahe, dans son cours supérieur, et de la Blies jusqu'à Ottweiler. L'armée de Rhin-et-Moselle s'étendait le long de la Blies, de l'Erbach et de la Queich. Deux-Ponts et Hombourg restaient neutres[4].

## II. — *Le Directoire mécontent.*

Il est probable que, si cette trêve n'avait pas été signée, Pichegru n'aurait pas conservé le commandement de l'armée de Rhin-et-

---

1. Craufurd à Grenville, 3 janvier 1795, Army in Germany.
2. Vincent à Condé, 28 décembre, Chantilly, Z, t. XVII, p. 436-437 ; Condé au roi, 30 décembre, Z, t. CXXXVII, p. 140 ; Craufurd à Wickham, 17 mars 1796, Army in Germany.
3. Directoire à Pichegru et à Rivaud, 1er janvier, A. G., Rhin-et-Moselle. Le gouvernement chargea même Rivaud d'entamer une nouvelle négociation d'armistice, A F III, 146.
4. Craufurd à Grenville, 26 décembre et 30 décembre, Army in Germany. Clerfayt essaya de donner le change à Craufurd, en lui laissant croire que les généraux français avaient *proposé* l'armistice aux Autrichiens. Jourdan au Directoire, 1er janvier, A. G., Sambre-et-Meuse ; *Mémoires* de Barras, t. II, p. 25.

Moselle. Sans doute Reubell ni Letourneur[1] n'avaient pardonné à Pichegru sa longue inaction, ni les échecs éprouvés par l'armée de Rhin-et-Moselle. Après la déroute des lignes, la retraite sur Landau, surtout la prise de Manheim, Reubell[2] émit des doutes sur ses talents ou son zèle. Le Directoire envoya, le 3 décembre, une lettre assez vive au général, lui reprochant de n'avoir pas pris les mesures nécessaires pour sauver Manheim. Celui-ci rejetait sur le gouvernement la responsabilité de ces échecs : il se plaignait de ne recevoir ni renforts ni secours. Le ton de ses lettres frisait l'impertinence quand il écrivait au ministre (22 novembre) : « Le ministre m'a bien écrit de donner aux troupes ce qui leur manque, mais il aurait dû m'indiquer en même temps où je dois prendre et surtout des chevaux. » Il répondit avec amertume à la lettre du 3 décembre : « Il eût été imprudent, téméraire et peut-être criminel de ma part d'exposer une armée de trente et quelque mille hommes, dépourvue de tous les moyens principaux de la guerre ; de l'exposer en offensive devant un ennemi au moins triplement nombreux, abondamment pourvu de tous les moyens matériels et enhardi par des succès[3]. » Déjà il avait sollicité son remplacement — pour la seconde fois, le 16 novembre, après la retraite ; — les journaux annonçaient sa destitution, puis la démentaient ; lui-même la regardait comme probable, en prévenait Moreau : « Je ne l'ai pas encore, mais je suis prévenu qu'elle ne peut me manquer ; peut-être seulement y mettra-t-on des formes dont je les dispenserais pour plus de célérité. J'ai dit à quelques membres du Directoire des vérités qui n'étaient pas de leur genre et que probablement on ne me pardonnera pas ; j'ai ma lettre d'avis et je suis prêt[4]. » Par dépit des reproches qui lui étaient adressés, ou pour forcer le Directoire à révéler ses intentions, ou pour en prévenir l'effet, il renouvelait, le 23 décembre, sa demande : « J'attends toujours que vous vouliez avoir égard à la demande réitérée de mon remplacement ; le bruit de ma destitution, la malveillance qui, pour l'accréditer, répand journellement de nouvelles calomnies sur mon compte, diminuent nécessairement la confiance de l'armée et rendent ce remplacement plus nécessaire[5]. »

Il ajoutait qu'après la retraite de Jourdan il était imprudent de prendre l'offensive. Les directeurs, mécontents de l'issue malheu-

---

1. Se rappeler que Letourneur et Louvet avaient déclaré, dans le Comité de salut public, qu'il trahissait, Thibaudeau. *l. c*
2. *Mémoires* de La Revellière, t. I, p. 410. Reubell avait une médiocre opinion des talents de Pichegru ; voir sa conversation avec Bonaparte, le 3 ventôse an X, *Nouvelle Revue rétrospective* juin 1904, p. 382.
3. A. G., Rhin-et-Moselle.
4. Nous n'avons pas retrouvé aux Archives de la guerre la « lettre d'avis ». Lettre à Moreau, 14 décembre, A. G., Rhin-et-Moselle.
5. A. G., Rhin-et-Moselle, 23 décembre.

reuse de la campagne, persuadés qu'une offensive habile sur l'un des points de la longue ligne occupée par l'armée de Rhin-et-Moselle, en particulier dans le Haut-Rhin, devait forcer l'ennemi à repasser le fleuve, avaient ordonné, avant la trêve, au général commandant les troupes de la haute Alsace d'effectuer un passage entre Brisach et Strasbourg[1]. L'ordre avait été envoyé *directement* à Schaal, qui commandait la première et la deuxième division, et Pichegru n'en recevait l'avis que le lendemain. Évidemment les directeurs doutaient de la bonne volonté ou de l'énergie du général en chef. La lettre du 23 décembre changea leur doute en certitude : Pichegru insistant pour son remplacement, les directeurs prirent la balle au bond et décidèrent de le rappeler.

Certes ils étaient étonnés de ses échecs, mécontents du ton de ses lettres, fatigués de ses demandes réitérées de remplacement. N'avaient-ils pas aussi quelque raison secrète de prendre une décision aussi grave ? Le Directoire se doutait-il de l'intrigue engagée avec le prince de Condé[2] ? Une lettre arrivait de Bâle : elle donnait à réfléchir.

L'ambassadeur de France en Suisse, Barthélemy, avait chargé Bacher de fournir au gouvernement, comme à nos généraux commandant sur le Rhin, des renseignements sur les opérations des armées ennemies et les entreprises des émigrés. Bacher s'acquittait à merveille de cette tâche, bien qu'il ne disposât que d'un budget très faible pour payer ses espions. « Il se trouve, écrivait l'ambassadeur, le 15 décembre, à la piste de faire la découverte des principaux émissaires anglais dans les départements frontières de la Suisse, dirigés par Wickham qui se tient à Lausanne. Les émigrés se vantent qu'ils préparent un grand orage intérieur pendant cet hiver. Un homme qui s'est adressé à moi, et que j'ai mis entre les mains du C. Bacher, offre de nous procurer successivement les lettres originales de Wickham et de ses principaux agents en France[3]. » Le même jour partait de Bâle une autre lettre plus précise. Bacher l'avait-il écrite, ou Bassal, l'ancien curé de Versailles

---

1. A. G., Rhin-et-Moselle, 22 décembre. Cf. mémoire d'Abbatucci, lettre de Schaal au Directoire, 27 décembre, A. G., Rhin-et-Moselle et à Pichegru, livre d'ordre de Pichegru, papiers R. de Saint-Albin. Schaal commandait dans le Haut-Rhin. Il fut remplacé par Dumas et celui-ci commença les préparatifs de passage et ne les suspendit que lorsque le Directoire accepta la trêve.
2. Barras, t. II, p. 86. D'après le rédacteur de ces mémoires, le Directoire ne soupçonnait pas l'intrigue lorsqu'il enleva son commandement à Pichegru. Mais n'oublions pas que Rousselin, qui a mis en ordre les notes prises par Barras au cours des événements, en les faisant suivre de ses propres réflexions, a essayé de démontrer que les accusations de trahison portées contre Pichegru ne reposent sur aucun fondement sérieux.
3. Barthélemy au Directoire, 15 décembre, A. G., Rhin-et-Moselle.

et conventionnel, que le Directoire avait envoyé en mission à Bâle comme agent secret du gouvernement[1]?

« Les ennemis, écrivait aux directeurs leur correspondant anonyme, sont assurés d'un soulèvement général en Lorraine et en Franche-Comté. Ils ont à leur disposition les mêmes gens qui leur ont si utilement servi à laisser battre Jourdan et qui ont tenu Pichegru devant Manheim dans une si *étonnante inaction*, lors de la jonction de l'armée de Wurmser à celle de Clerfayt. Ils ont parmi les agents des charrois militaires, des subsistances, beaucoup de gens qui les informent de ce qui se passe et qui entravent de tout leur pouvoir la marche des opérations. Ils ont, dans l'armée française, un grand nombre d'émissaires qui leur servent à entretenir la division... Plusieurs officiers généraux et de l'état-major concourent au succès de leurs desseins. Quelques-uns ont déjà des promesses signées de Vérone. Voilà, mot pour mot, les détails qui m'ont été rapportés par un officier d'artillerie de l'armée de Condé que j'ai connu autrefois et dont le prince fait beaucoup de cas... Ces détails m'ont été confirmés par un officier général autrichien qui était avec lui. L'un et l'autre partent ce soir pour Rhinfeld — et demain pour joindre le corps des émigrés, qui doit être arrivé hier à Wisloch, près Manheim.

L'auteur de la lettre conseillait, en terminant, de *faire examiner la correspondance de Pichegru* avec Merlin de Thionville, Jourdan et le Comité de salut public, ses livres d'ordre, le journal de ses opérations, d'épurer le corps des officiers, de déplacer enfin ceux des généraux et des membres de l'état-major qui paraîtraient suspects[2].

Les directeurs ne pouvaient accueillir avec indifférence des accusations aussi précises — et si exactes dans leur ensemble. — Le ministre de l'intérieur leur présentait, le 20 décembre, un rapport sur le complot royaliste, révélé par les papiers de Bésignan. Ils apprenaient que le Lyonnais, la Franche-Comté, préparaient un soulèvement et lançaient, le 26 décembre, des mandats d'amener contre une centaine de personnes que les papiers de Bésignan compromettaient[3]. Est-ce par hasard que le *même jour* ils rappelaient Pichegru? Soupçonnaient-ils l'entente établie par le prince

---

[1]. Plutôt Bassal, car Bacher n'aurait pas donné les conseils qui terminent la lettre. Bassal avait été nommé « agent secret du gouvernement » à Bâle, en remplacement de Robert Lindet, non acceptant, 24 brumaire an IV (15 novembre), registre secret du Directoire. Le 30 décembre, le Directo... écrivait à Bassal, pour lui accuser réception d'une lettre, datée de Bâle du 20 frimaire dernier (11 décembre). La lettre que nous reproduisons est du 24 frimaire (15 décembre).

[2]. A. G., Rhin-et-Moselle, 15 décembre.

[3]. Registre secret du Directoire. Parmi ceux-ci Linsolas, Alier (*sic*), Courvoisier, etc.

de Condé et Wickham entre le général et les royalistes conspirateurs des provinces de l'Est? ou ne jugeaient-ils pas prudent d'éloigner un général mécontent, dont l'attitude leur paraissait étrange, d'un milieu qu'ils savaient suspect?

Le 26 décembre, en effet (5 nivôse an IV), le Directoire prenait l'arrêté suivant : « Le général Pichegru est nommé ambassadeur près la Porte ottomane ; il est remplacé provisoirement par le général... dans le commandement de l'armée de Rhin-et-Moselle [1]. »

Il nommait Pichegru à Constantinople en remplacement de M. de Verninac qui demandait son rappel. Celui-ci avait tenté de provoquer une diversion des Turcs sur le Danube, essayé d'obtenir l'alliance du sultan Sélim contre l'Autriche et la Russie. La Porte voulait former une ligue de tout l'Occident contre ces deux puissances, ligue dans laquelle Sélim espérait faire entrer avec la France, la Prusse, l'Espagne, la Suède et le Danemark. La France se prêtait à la combinaison. De Verninac faisait des ouvertures dans ce sens au ministre du roi de Prusse à Constantinople, au bayle de Venise, Foscari ; on pensait obtenir facilement l'appui du Danemark, de l'Espagne qui se rapprochait de nous à ce moment (elle devait signer bientôt le traité de Saint-Ildefonse), de la Suède enfin en désaccord avec la Russie.

Mais M. de Verninac, dépassant ses instructions, présentait à la Porte un projet d'alliance, d'après lequel les deux puissances se garantissaient leur territoire. Une d'elles venait-elle à être attaquée, l'autre lui devait un secours immédiat, fixé à 32.000 hommes de troupes pour la Turquie et à six vaisseaux et deux frégates pour la France. La Porte acceptait le projet si l'Angleterre était exceptée du *casus fœderis*.

Le gouvernement français repoussa le projet Verninac, ne voulant pas accepter cette condition dernière. Mécontent et découragé, de Verninac demanda son rappel. Le Directoire décidait de le remplacer par Pichegru : un général illustre réussirait peut-être où de Verninac avait échoué, serait capable en tout cas de réorganiser l'armée turque, au besoin de la diriger contre les Russes et les Autrichiens, sans en prendre le commandement immédiat [2].

La nouvelle de l'armistice arriva sur ces entrefaites. Les direc-

---

1. La minute de l'arrêté est *de Carnot*. L'arrêté enjoignait à Pichegru de se rendre à Paris sur-le-champ, A F III, 337. Aucune mention de cet arrêté dans le registre secret du Directoire.

L'agent de Condé à Strasbourg, Mandel, connut la nouvelle par un de ses correspondants parisiens, très bien informé d'ordinaire. Il écrivait au prince, le 29 décembre : « Pichegru doit être nommé ambassadeur en Turquie. »

2. Le tout d'après un important mémoire manuscrit des affaires étrangères, mémoires et documents, Turquie, 63 ; mémoire écrit par E. Pellissier, auteur de l'*Histoire de la Diplomatie française dans le Levant*.

teurs, voyant la campagne terminée, jugèrent sans doute inutile de remplacer immédiatement Pichegru. Ils pensèrent que, pendant la suspension de guerre, ils pouvaient sans inconvénient lui laisser son commandement et ils ne publièrent pas leur arrêté.

Quelque temps après, ils voulurent se débarrasser du ministre Aubert du Bayet. Ils l'envoyèrent comme ambassadeur à Constantinople, avec une mission politique et militaire.

La trêve servit donc les intérêts de Pichegru, en lui permettant de rester jusqu'à l'ouverture de la campagne à la tête de son armée[1].

### III. — *L'arrestation de Fauche-Borel. Dernière entrevue avec Pichegru.*

Dans le même temps, il échappait à un danger plus grave : Fauche-Borel était arrêté à Strasbourg (21 décembre).

Notre Neufchâtelois, en effet, continuait à Strasbourg le « travail » commencé à Manheim. Il se glissait dans les milieux militaires, écoutait les doléances, attisait les mécontentements, distribuait de l'argent, des montres, des chevaux aux officiers, des souliers, des bottes aux soldats, critiquait le présent, rappelait le passé, insinuait que l'avenir appartenait au « roy », seul capable de donner à la France la paix avec le bien-être.

Il s'était mis en relation avec les agents du prince : *Mandel* (le Retour) qui envoyait à Mulheim une intéressante chronique des événements d'Alsace ou de l'armée ; *Commart* (le Crocodile), ancien commis de l'intendance, qui copiait les états du général Schauenbourg[2] pour les adresser à Condé ; *Princeps*, un jeune étourdi, prometteur et bavard ; *Olry*, surnommé Legros dans la correspondance : tous « chargés de travailler la campagne ou le magasin (Strasbourg) », ce qu'ils faisaient, déclare Fauche, « avec beaucoup de succès[3] ». Il était devenu l'inséparable de l'avocat *Demougé*, l'agent des Autrichiens, qui faisait passer au prince de Condé ses lettres par les voies de Helmlingen et de Freystett, d'où, par l'entremise de Mme de Reich, elles arrivaient à Bühl. Parmi les officiers, il avait gagné la confiance et la complicité du chef de bataillon *Tugnot*[4] (Phi-

---

1. Le 1er janvier, ils écrivaient « au général Pichegru, commandant en chef l'armée de la Moselle (sic) ». Cependant le bruit courut que Pichegru était nommé ambassadeur en Turquie. Aulard. *Paris pendant la réaction*, t II, p 639. 13 janvier.

2. Inspecteur général de l'infanterie à l'armée de Rhin-et-Moselle ; Mandel avait fait partie de son bureau.

3. *Détail*, voir Daudet, p. 380 Surtout *passim*, correspondance de Fauche avec Condé 6, 7, 8, 14 novembre

4. Tugnot (Philippe), chef de bataillon du 3e de la 12e demi brigade, puis du 2e de la 16e, né à Brotte (Haute-Saône), fils de « Messire Henri Tugnot de la Noye », Archives administratives de la guerre (dossier Tugnot), baron de l'Empire en 1808.

lippe), qu'il recommandait à Pichegru et qui remplaça momentanément Badonville malade, comme aide de camp du général. Il soupait avec un mécontent, le général *Bizy*, l'ancien commandant de Schlestadt ; il achetait des livres à M^me Vernier, la femme du général commandant la place, qui ne pouvait vivre avec les assignats de sa solde ; il prêtait obligeamment à des officiers de l'état-major.

Avec leur complicité, pénétraient dans la troupe les chansons ou les pamphlets révolutionnaires[1], Montgaillard, Fenouillot, s'employaient à les rédiger. M^me de Reich en faisait passer des ballots imprimés, à son défaut, Wittersbach, établi à Bâle.

Il dissimulait d'ailleurs cette œuvre de corruption sournoise, en affectant de vendre des étoffes, indiennes et toiles, des bottes et des souliers dont il encombrait sa chambre[2]. Il déclarait aussi qu'il voulait acheter un bien national, y monter une imprimerie, pour publier les derniers manuscrits de J.-J. Rousseau, qu'il avait en sa possession.

Les autorités de Strasbourg s'émurent à la fin de ses intrigues. À la demande de Bacher, assure Fauche, un gazetier de la ville, originaire de Mayence, Cotta, le dénonça au département[3]. Il l'accusa d'être entré à Manheim, avant le siège, avec la complicité des Autrichiens d'abord, des Français ensuite, d'avoir corrompu l'esprit des troupes républicaines et contribué ainsi à nos échecs. Le 21 décembre au soir, notre libraire fut arrêté à son domicile, à l'auberge de la Maison-Rouge et conduit à la prison du Pont-Couvert, où il passa la nuit dans les transes[4]. Ses papiers avaient été mis sous scellés et, bien qu'il eût l'habitude de détruire les lettres compromettantes, il se rappelait avoir laissé dans le secret de son portefeuille un billet du prince reçu dans la journée. Mais il avait emporté de l'argent. Les louis lui valurent les bonnes grâces du geôlier Rouville, un ancien officier, lieutenant-colonel de volontaires en 1793, que la

---

1. Voir ci-dessous.
2. *Détails, Notices, Précis historique, Mémoires* de Fauche.
3. Voir la dénonciation dans le *Précis historique*, p. 8. Réal, qui interrogea Fauche au Temple le 8 pluviôse an XII, lui rappela qu'il « faisait le métier d'espion », lorsqu'il fut arrêté « sur la dénonciation de Cotta ». (F^7, 6319 A). Cf. F^7 6140, doss. 162, lettre de Lajolais au ministre de la police Sotin, 7 vendémiaire an VI : « Dans les derniers temps de mon commandement en chef à Strasbourg, un nommé Cotta (sic), journaliste à Strasbourg, vint me dénoncer par écrit un nommé Fauge (sic), se disant imprimeur à Neufchâtel, comme agent des émigrés et enfin comme un contre-révolutionnaire très prononcé. Je crus devoir ordonner de suite son arrestation, à l'auberge de la Maison-Rouge, où il logeait, par le C. Arnette, alors adjudant de place. » Voir *ibid.*, doss. 136, lettre du C. Meyer de Strasbourg, 23 fructidor an V : « Cotta a dénoncé ici, il y a deux ans, le nommé Fauche-Borel (sic) et demandé son arrestation... » Cotta avait reçu une lettre de Heidelberg annonçant que Fauche-Borel était venu à Strasbourg « à travers les armées autrichienne et française avec beaucoup d'argent, des lettres de change d'Angleterre ».
4. Voir longs développements dans les *Mémoires*, t. I, p. 299 et suiv.

misère avait conduit à faire un métier qui lui répugnait [1]. Il promit à Rouville de le prendre à son service comme directeur de l'imprimerie qu'il voulait établir à Strasbourg, paya d'avance une partie des appointements et le geôlier, le conduisit à travers la ville chez Demougé, qui lui remit ses lettres et lui procura un avocat patriote dont le civisme ne pouvait être suspect [2].

Il trembla cependant lorsque le juge fit l'inventaire de ses papiers en sa présence ; mais le secret de son portefeuille ne fut pas découvert. L'accusation portée contre lui manquait de preuves. Vainement Cotta, de concert avec un des généraux commandant de la place, Lajolais [3], s'efforça de prouver ses affirmations. Le libraire fut remis en liberté : « Ouf ! s'écriait-il en quittant la prison, après six jours de détention, j'ai encore ma tête sur les épaules. » Un émigré, moins heureux que lui, venait d'être guillotiné [4].

Pichegru et Badonville avaient été prévenus de l'arrestation par Demougé. Celui-ci priait le général d'évoquer l'affaire à son tribunal, comme affaire d'espionnage, justiciable du conseil de guerre. Il attendit vainement une réponse. En dépit des affirmations du rédacteur des *Mémoires* et des insinuations de Fauche dans sa correspondance, l'adjudant ni le général ne se hâtèrent d'accourir à son aide. Pourtant la trêve était signée le 25. Ils n'arrivèrent à Strasbourg, Pichegru d'abord, Badonville *après lui*, que le 29 décembre. Fauche ni Demougé ne purent parler au général le jour suivant, comme ils l'espéraient. Il partit pour Illkirch et de là pour Colmar, sans les voir ; il ne revint à Illkirch que le 4 janvier. Le prudent Franc-Comtois ne tenait pas à intervenir en faveur de Fauche, dans un moment où il savait que le Directoire le faisait surveiller [5].

---

1. Lieutenant-colonel de volontaires à l'armée des Vosges en 1793. Hennet, p. 318.
2. Demougé au prince, 23, 29, 31 décembre; Fauche, 26, 29, 31 (deux lettres) décembre, Chantilly, Z, t. XXXIII, p. 48, 49, 147, 148, 407 ; t. XXXIV, p. 15, 166, 74 ; Demougé à Klinglin, dans Zeissberg, p. 39.
3. D'après Fauche, ce qui prouverait en tout cas que Pichegru, même à ses plus intimes, Badonville excepté, ne disait rien de ses projets. Il avouait, en 1796, ne s'être ouvert pleinement qu'à deux officiers.
4. Le prince, prévenu, ne voulut pas fournir d'argent pour sauver Fauche. *Mémoire concernant*, p. 267. Il envoya Courant à Wickham pour en obtenir des fonds. D'après la lettre de Meyer ci-dessus citée, c'est le général Vernier (ami de Pichegru) et le préposé à la police de la place, Fischer, qui ont assuré le salut de Fauche en ne l'arrêtant qu'après qu'il avait eu le temps de cacher ses papiers.
5. Cf. *Mémoires de Fauche*, t. I, p. 306-7; *Notices*, p. 27. Les lettres de Fauche et de Demougé citées plus haut prouvent que Pichegru n'a rien fait pour secourir Fauche. Le 31 décembre seulement Demougé annonçait : « Baptiste... est venu sous un prétexte militaire, à deux lieues d'ici, très certainement pour secourir Louis. » Il allait en réalité visiter les cantonnements du Haut-Rhin, où Dumas préparait un passage. Dans son interrogation du 8 pluviôse an XII (F$^7$, 6319$^A$), Fauche affirme encore : « Pichegru m'a réclamé, parce que mes instructions, ma négociation auprès de lui, avaient été utiles à ses opérations. »

Notre Neufchâtelois, après son élargissement, avait hâte de quitter Strasbourg et de se soustraire aux dénonciations qu'il prévoyait [1]. Pour ne pas éveiller la méfiance des autorités républicaines, il affecta de vouloir s'y fixer, en achetant une maison, bien national, dont il paya sur-le-champ une partie du prix. Il continua d'ailleurs à fréquenter l'état-major de la place, dîna même peut-être chez Vernier [2], annonça qu'il allait faire un voyage de quelques jours. Avant de partir, il voulait voir Pichegru.

Demougé venait de recevoir coup sur coup deux lettres de Condé. Celui-ci était « désespéré » que Pichegru refusât de lui livrer Strasbourg. Il demandait à ses agents de faire de nouvelles instances auprès de lui [3].

Le prince se persuadait qu'en lui refusant l'entrée de l'Alsace, le général l'empêchait de saisir une occasion excellente de soulever les provinces de l'Est.

Il recevait des lettres pressantes de l'abbé de Chaffoy ou de Tessonnet. Le premier écrivait de « Dierre, par la Neuville » : « Les dispositions actuelles sont bien bonnes et bien favorables. Hélas ! pourquoi le prince de Condé n'est-il pas au milieu de nous, il serait bientôt maître de la Franche-Comté ! » Le commandant du château de Blamont, « clef du Porrentruy », promettait de livrer la place ; les jeunes gens de la réquisition s'assemblaient dans les montagnes, se coalisaient avec les volontaires du Jura et du Doubs qui désertaient. Les prêtres réfractaires agitaient les paysans de la frontière, se montraient même à découvert, officiaient dans les églises. L'administration centrale du Jura, présidée par Bouvier, affectait de les combattre et les favorisait en sous-main. Les émigrés rentraient en foule. « Les ennemis de la France s'occupent d'organiser une nouvelle Vendée », écrivaient au Directoire les autorités locales restées républicaines. Celui-ci donna des ordres pour la répression de leurs complots. L'administration du Jura enjoignit au bailli de Romainmoutiers de surveiller la frontière. Le commandant de la 6e division, Ferrand, partit avec 800 soldats et du canon, à la fin de décembre ; il parcourut un à un les villages suspects, arrêta avec fracas un prêtre réfractaire [4]. Le gouvernement n'était pas obéi.

---

1. Fauche prétend qu'après son départ, le Directoire envoya un agent spécial pour élucider l'affaire et que des Neufchâtelois le dénoncèrent de nouveau. *Mémoires*, t. I, p. 213; *Précis historique*, p. 23.
2. Confirmé par une lettre de Mme de Reich, Klinglin, t. I, p. 58. V. *Mémoires de Fauche*, t. I, p. 308; *Précis historique*, p. 28.
3. Chantilly, Z, t. XXXIII, p. 35 e 42. La dernière, non datée, paraît être du 1er janvier.
4. De Chaffoy à Condé, 30 décembre, Chantilly, Z, t. XI.; cf. une de ses lettres, *ibid.*, t. LXXII. 23 décembre; Condé à Wickham, 29 décembre; à Craufurd, 8 janvier, Z, t. CXXXV, p. 89 à 91 ; au « roi », 30 décembre, Z, t. CXXXVII, p. 140 ;

A ces éléments de trouble s'en ajoutait un autre : une partie de la garnison de Besançon, le dépôt du 8ᵉ hussards, semblait disposée à se joindre à tous ces ennemis du repos public, pour faire la guerre à la république. Le 20 décembre, une rixe éclatait entre ces hussards et la population de Besançon. Le commandant de la place les avait chargés d'éteindre un incendie ; ils se prirent de querelle avec des habitants qui traversaient leurs rangs. Dans la journée, l'installation des commissaires du Directoire auprès des administrations départementale et municipale avait surexcité les esprits : des « Jacobins » et des Suisses de Genève immigrés injurièrent les soldats ; ceux-ci dégaînèrent, en blessèrent plusieurs, un même mortellement. La municipalité jacobine exigea le déplacement des hussards. Ceux-ci furent envoyés à Dôle et à Salins, en attendant que le Directoire averti prit une décision [1]. « Ils s'offrent aujourd'hui à moi, écrivait Tessonnet au prince et à Wickham. Ma réponse a été courte et bonne. Vous sentez qu'avec ce renfort j'aurais ce qu'il faut pour faire de la bonne besogne. » Il faut « éclater » plus tôt que plus tard, ajoutait-il, profiter du bon vouloir de la jeunesse comme de la colère causée par l'emprunt forcé et l'impôt en nature [2]. Condé transmettait ces avis à Wickham [2]. « La Franche-Comté me demande à éclater. . Tout ce que je vois, tout ce que je lis me fait penser qu'il se prépare quelque événement. » Wickham recevait aussi des lettres de Franche-Comté : le marquis de Champagne lui annonçait qu'il avait un parti dévoué à Lons-le-Saunier, qu'il était impatient d'agir ; Tinseau se déclarait prêt à entrer en Franche-Comté, tandis que Malseigne, encore malade à Rhinfelden, se désolait de ne pouvoir partir ; Tessonnet arrivait enfin à Lausanne avec Précy et Imbert-Colomès pour y conférer avec Wickham [3].

Wickham à Grenville, 5 janvier, et lettres jointes, Record Office, Suisse ; Pingaud, *Négociation secrète*, p. 10.

1. Ferrand à Pichegru, 22 décembre, avec le rapport du capitaine Agneu, 21 décembre ; lettre du Directoire à Pichegru, 13 janvier, et de Pichegru au Directoire, 19 janvier, le tout dans A. G., Rhin-et-Moselle. Le dépôt du 8ᵉ hussards fut envoyé à Strasbourg.

2. Cette lettre et les suivantes, jointes à la lettre de Wickham à Grenville du 5 janvier. Le 15 frimaire (6 décembre), le Directoire avait ordonné l'arrestation de Terrasse, dit Tissonnet (*sic*), du département du Rhône, et celle de Jean Tissot du même département. Ces deux personnages n'en font qu'un ; Tissot est le nom d'emprunt de Tessonnet.

3. Arrivaient aussi à Lausanne Dominique Allier, « député par le Vivarais, les Cévennes, le Velay, le Gévaudan, le Rouergue, le Forez », ainsi que Lamotte, qui commandait quelques centaines d'hommes dans le Forez. (Besignan était allé le rejoindre après son équipée et Lamotte l'avait chassé.) Ces deux chefs de parti sollicitaient de l'argent. Arrivés à la fin de décembre, ils repartirent, le 15, très mécontents de la manière dont Imbert-Colomès les avait reçus. Chantilly, Z, t. CXL, CXLI et LXXIII à la date. Le conseil tenu chez Wickham entre Précy, Imbert et Tessonnet décida de suspendre toute opération partielle jusqu'au printemps Cf. Lebon, p. 91 et Wickham, t. I, p. 234. Ce conseil procéda à une organisation des départements de l'Est dont nous aurons à reparler.

Mais Pichegru, arrivé de Landau à Strasbourg, le 30 décembre, était parti pour le haut Rhin presque aussitôt. Les agents du prince n'avaient pu lui parler. Ils attendaient avec impatience son retour et complotaient avec Badonville, qui passait ses soirées avec eux, de l'amener à souper chez Demougé. Ce dernier espérait tirer de lui des renseignements réclamés par Klinglin sur la force de son armée[2]. Le général arriva, le 4 au soir, à Illkirch, à deux lieues de Strasbourg; Badonville alla le rejoindre, le 5 au matin, pour l'engager à venir; Pichegru donna rendez-vous aux deux agents de Condé à Illkirch. Ils s'y rendirent le 7, et causèrent avec lui deux heures[3].

Pichegru leur déclara de nouveau qu'*il ne livrerait pas* Strasbourg au prince et leur donna ses raisons. « La force ni la ruse », dit-il, n'assureront le triomphe de la cause royale[4]; toute opération partielle lui sera fatale; il faut *conquérir l'opinion*, celle de l'armée d'abord. Quand le pays sera las de l'« oppression et de la tyrannie jacobine », quand les soldats seront fatigués de se battre pour un gouvernement qui ne les nourrit pas, le règne du Directoire sera fini: on peut seulement avancer le moment de sa chute, en attirant le mécontentement. Les têtes sont très montées dans l'armée. Faute de fonds, les troupes manquent du nécessaire: pas de viande depuis quelques jours: « *La gradation d'une pénurie bien sentie* amènera le soulèvement, surtout s'il est préparé par des insinuations adroites*[5]*. » A ces esprits simples et égarés, il faut, « sans les heurter », faire comprendre « que le seul moyen de recouvrer la vraie tranquillité, la sûreté des personnes et des propriétés », c'est de renverser la république et de rappeler le roi.

Le moment désiré est-il bien éloigné? Peut-être non. Il ne faut qu'une étincelle pour allumer l'incendie. « Le moindre incident peut provoquer l'explosion », « *ma destitution*, par exemple », dit Pichegru, qui mettrait le comble au mécontentement de l'armée[6].

---

1. Condé reprochait à Pichegru de « *donner toujours de bonnes paroles* », mais de « ne finir point », Condé à Craufurd, 8 janvier, Chantilly, Z, t. CXXXV, p. 90.

2. Klinglin, t. I, p. 47. Le prince voulait aussi savoir si c'étaient les Français qui avaient sollicité la trêve. Nous commençons à utiliser la correspondance de Klinglin dont nous avons comparé les pièces avec celles de Chantilly. Réal les a publiées avec beaucoup d'exactitude.

3. Ce récit de l'entrevue est écrit d'après deux rapports de Demougé à Klinglin, Klinglin, t. I, p. 53; à Condé, Chantilly, Z, t. XXXIII, p. 52; deux *rapports de Fauche* à Condé, le premier dans *Détail* (v. Daudet, p. 385), le deuxième à Chantilly, Z, t. XXXIII, p. 150. Voir une lettre de M<sup>me</sup> de Reich, Klinglin, t. I, p. 36.

4. Remarquer que les agents de Condé ont eu quelque mérite à lui envoyer le résumé des déclarations de Pichegru, déclarations contraires aux idées connues du prince.

5. Demougé à Condé, 12 janvier. Je suis de préférence ce rapport dans le résumé de la conversation. Demougé, plus intelligent que Fauche, saisit mieux et rend mieux la pensée de Pichegru.

6. Il importe de comparer sur ce point les rapports de Demougé et de Fauche. Ce dernier alla jusqu'à prétendre que Pichegru avait déclaré que « *la poire était mûre* »,

En attendant, le prince devait rester où il était, à portée des événements, et Wickham devait réunir des fonds pour les avoir prêts au moment de l'éclat.

Fauche parti, Demougé servirait d'intermédiaire entre le prince et le général ; inutile de faire intervenir des confidents nouveaux dans l'affaire. Et, si la trêve était rompue, « il faudrait *nous harceler de nouveau* [1] ».

Les agents parlèrent au général du mémoire de Salomé, du mécontentement du prince, de la désapprobation éclatante, du désaveu qu'il demandait à Pichegru. Celui-ci laissa entendre que le prince lui paraissait mal conseillé [2]. Il lut aux agents la dernière missive qu'il avait reçue de Bühl : il ajouta que sa tâche ne s'étendait pas « à se mêler du gouvernement » ; qu'il était d'ailleurs partisan de la monarchie légitime, de l'ancien gouvernement corrigé de ses abus [3]. Il apprit enfin à Fauche et à Demougé, qui l'ignoraient, qu'un officier autrichien (Vincent) lui avait porté un mot de Condé, le 25 septembre, et qu'il n'avait pu causer avec lui que quelques minutes [4].

IV. — *Fauche se rend auprès de Condé, de Wurmser et de Wickham.*

A son retour d'Illkirch, le 9 janvier, Fauche annonça qu'il allait faire un voyage et qu'il serait promptement de retour. Le 13 janvier il passait sur la rive droite, arrivait le 14 à Offembourg, se nommait à Mme de Reich qui l'accueillait avec joie. Il racontait sa dernière entrevue et recevait les confidences de la baronne qui se plaignait de la froideur du prince. Celui-ci, disait-elle, ne lui témoignait pas assez de confiance, ainsi qu'à son oncle, le général Klinglin. Fauche promit de « faire de fortes représentations » et repartit à trois heures pour se rendre en poste à Bühl [5].

Le prince le reçut avec quelque froideur, écouta le récit de l'entrevue avec impatience, s'étonna que Pichegru refusât d'adopter le

---

que l'éclat était proche. Mais les rapports de Demougé prouvent que Pichegru ne lui a pas donné d'espérances aussi proches. Au contraire, il recommande au prince de « *patienter* ». Et Condé ne s'est pas fait illusion sur les intentions de Pichegru, car il écrivait à Wickham, le 21 janvier : « les bonnes dispositions de Pichegru, disait-il, ne sont jamais que de bonnes dispositions ». Cf. sa lettre au roi du 26 janvier et celle adressée à Montgaillard le 24 : il avouait à ce dernier qu'il ne voyait pas le succès si proche.

1. Klinglin, t. I, p. 54.
2. Klinglin, t. I, p. 53, 57. Désormais je citerai la correspondance de Klinglin imprimée, au lieu de citer la correspondance de Chantilly, quand il y aura identité entre elles.
3. Cf. le rapport de Fauche (du 15), qui avait intérêt à regagner les bonnes grâces du prince Le rapport de Demougé, du 12, me paraît plus près de la vérité.
4. Pichegru ne donna aucun renseignement à Demougé sur la force de son armée. Il prévint Condé que le gouvernement improuvait la trêve.
5. Klinglin, t. I, p. 55 et suivantes.

seul moyen pratique de rétablir la monarchie, se plaignit de ses « longueurs », s'intéressa cependant au récit de l'arrestation et de la détention de Fauche au Pont-Couvert, mais reprocha au libraire d'avoir communiqué au général le mémoire de Salomé. « Cette démarche, dit-il, pouvait beaucoup me compromettre ; elle était inconsidérée. Elle n'altère d'ailleurs en rien ma confiance en vous. Je n'imaginerais jamais qu'un homme, qui a tant imprimé que vous contre les constitutionnels, le soit devenu [1]. »

Fauche protesta de la pureté de ses intentions : « L'objet du mémoire, dit-il, ne doit pas inquiéter Monseigneur : Baptiste, pas plus que moi, nous n'en approuvions les bases. Mais, si l'on veut se transporter à l'époque où il a été remis et où Baptiste désirait avoir quelque chose à présenter à une partie de son état-major, pour tâcher de le ramener petit à petit au vrai but, on verra que je n'ai pas dû craindre de le lui remettre, persuadé qu'il ne changerait rien à la bonne façon de penser du Banquier. Baptiste déteste autant les constitutionnels que moi. » Ces explications, plutôt vagues, ne convainquirent que médiocrement Condé. Un mois après, il écrivait encore au libraire : « Je vous ai dit franchement que vous aviez fait une démarche inconsidérée. J'aurais voulu que vous le sentissiez davantage quand je vous l'ai prouvé [2]. » Fauche s'appliqua ensuite à détruire les défiances du prince à l'égard de Mme de Reich et de Klinglin ou de leur correspondant à Strasbourg, Demougé. Bien qu'ils fussent payés par l'Autriche, ils méritaient, dit-il, « la plus entière confiance ». C'étaient de bons et francs royalistes avant tout [3]. Quant à Montgaillard, il importait de lui « continuer confiance », car il « pourrait nuire ». Le prince devait aussi envoyer « un mot favorable à Badonville, sous le nom de Coco, à Thuniot [4] sous celui de Philippe ».

---

1. Condé à Fauche, 2 février, Chantilly, Z, t. CXXXII, p. 114.
2. Fauche à Condé, 15 janvier, Chantilly, Z, t. XXXIII, p. 150 ; Condé à Fauche, 2 février, l. c. En passant à Manheim, Fauche alla voir Salomé et le pria de parler à Barbançon, le représentant du prince auprès de Wurmser. Salomé fut chargé d'expliquer comment et pourquoi le mémoire avait été remis à Pichegru, et il apporta une lettre de Fauche pour appuyer ses déclarations, Fauche à Barbançon, 19 janvier, Chantilly, Z, t. XXXIII, p. 151. De cet incident, Fauche garda quelque rancune au prince et il affecta d'aller attendre ses ordres à Neufchâtel. Voir sa lettre du 29 janvier à Condé et la réponse de celui-ci, 2 février, Chantilly, t. LXXIII, p. 34. Banquier, Baptiste = Pichegru.
Condé, rassuré par les déclarations de Salomé à Barbançon, écrivit à d'Avaray, le 19 janvier : « J'ai bien fait expliquer Pichegru : il déteste *Dumouriez* ; il m'a fait dire que je pouvais être tranquille, qu'il ne voulait pas plus que moi des constitutionnels, qu'il ne voulait que faire crier « Vive le roi ! » et d'ailleurs ne se mêler en rien du gouvernement ; c'est l'homme du monde le *moins intéressé*, Chantilly, Z, t. CXXXVIII, p. 3.
3. Fauche à Condé, 15 janvier, Chantilly, Z, t. XXXIII, p. 150. Quelques jours après, Fauche remettait à Condé le *Détail de mon dernier voyage en Alsace*, publié par Daudet, *Conjuration*, p. 376.
4. Tugnot.

Fauche témoignait le désir de parler à Wurmser, pour établir une entente étroite entre le maréchal, Condé et Pichegru. Condé envoya donc Fauche à Manheim, quartier général de Wurmser, et chargea Barbançon [1] de le présenter à celui-ci, ainsi qu'à Klinglin et à Craufurd. A peine était-il parti, qu'une lettre de Barbançon arrivait à Bühl : sur les plaintes du margrave de Bade [2], le maréchal expédiait l'ordre de faire partir l'armée de Condé pour Rothembourg, en Souabe, derrière la Forêt-Noire. Consternation du prince ; lettre désolée à l'ambassadeur anglais à Vienne, supplié d'intervenir ; protestation auprès de Wurmser par l'intermédiaire de Barbançon : « La France *est perdue*, si je pars ; non seulement Pichegru va se déclarer, mais la Franche-Comté et le Lyonnais (cela va même plus loin) n'attendent qu'un signal de moi pour éclater [3]. »

Sur ces entrefaites, Fauche arrivait à Manheim, était présenté par Barbançon au maréchal. Il faisait le récit de sa dernière mission à Manheim, puis à Strasbourg, affirmait que le général demandait aux Autrichiens de placer le prince aussi près que possible de ses avant-postes, de préférence à Spire ou à Worms, décidait le maréchal à modifier ses ordres et à laisser provisoirement le prince à Bühl, près de Strasbourg. Wurmser témoigna même le désir de parler une seconde fois au libraire. Le 18, « pour détruire toute méfiance », Barbançon s'abstint d'accompagner Fauche [4].

Le même jour, Barbançon présentait l'agent du prince au représentant de l'Angleterre, Craufurd. Celui-ci n'avait jamais partagé toutes les espérances de Condé ou de Wickham. Dans sa correspondance militaire avec le ministre anglais, il soulignait les fautes de Pichegru, mais il déclarait « que sa conduite militaire *n'avait pas été une preuve positive de ses bonnes intentions* », car si visiblement il n'avait pas « coopéré de bon cœur » aux opérations de la campagne à un certain moment, ce pouvait être « par jalousie ou dégoût », ou parce qu'il désapprouvait le plan de campagne ou pour une autre cause. Il concluait : « En somme je ne serais pas disposé à lui accorder trop de confiance. Le jugement reste suspendu dans un état

---

1. Condé à Barbançon, 15 janvier, Chantilly, Z, t. CXXXIII, p. 98 : « L'homme qui vous remettra cette lettre est un de mes principaux agents auprès de Pichegru, et certainement celui qui y a mis *le plus d'intelligence et d'intrépidité.* »
2. Se plaignait de délits de chasse et surtout d'un viol commis par des soldats de Condé, Condé à Elliot à Vienne, Chantilly, Z, t. CXXXII, p. 113.
3. Condé à Barbançon, 17 janvier, Chantilly, Z, t. CXXXIII, p. 99.
4. Condé fit prévenir Pichegru de l'intention de Wurmser de l'envoyer à Rothembourg ; il sollicitait son avis, pour le faire connaître aux Autrichiens. En l'absence de Pichegru, Demougé envoya l'avis de Badonville, qui désapprouva « le voyage de Rothembourg », déclarant qu'à défaut de Bühl, Wurmser devait placer le prince « et sa famille entière aux avant-postes du bas ». Chantilly, Z, t. CXXXIII, p. 103. Le prince dut envoyer sa cavalerie à Rothembourg.

d'incertitude, en attendant des faits qui le déterminent. » Fauche ne parvint pas à lui faire changer d'avis [1].

Fauche parla aussi à Klinglin, revint au camp de Bühl, en partit, le 22 janvier, pour Lausanne, avec une lettre du prince à Wickham : « Louis vous mettra mieux au fait du point où nous sommes, écrivait-il : les bonnes dispositions sont toujours les mêmes, mais ce ne sont jamais que des dispositions et je n'entrevois point d'époque à l'événement décisif [2]. » Après un arrêt à Offembourg, où il laissa des adresses que M<sup>me</sup> de Reich devait faire passer sur la rive gauche, il prit la route de Bâle, le 23. Il vit, en passant, Montgaillard à Rhinfelden ; redoutant sa jalousie et son mécontentement, il le mit au courant des négociations [3].

Au moment où il se dirigeait sur Lausanne, Wickham apprenait la malheureuse issue de l'affaire de Besançon [4]. Après une première tentative auprès de Ferrand, de Véreux s'était rendu en Suisse pour y faire son rapport à Wickham. De retour à Besançon, réfugié chez une dame Millot, qui, avec une demoiselle Lacase, accueillait chez elle les émigrés et les prêtres réfractaires, il se mettait en relations, par l'intermédiaire de l'abbé Breluque, avec un ancien procureur de Besançon, Bouvenot, prêtre défroqué. Celui-ci se chargeait de parler aux membres de l'administration générale du Doubs et s'assurait la complicité de deux ou trois d'entre eux. De Véreux reprenait lui-même ses négociations avec le général Ferrand, le 11 janvier, lui

---

1. Voir sa lettre du 22 janvier 1796 à Wickham, lettre qu'il refusa de confier à Fauche, qui partait pour Lausanne, et qui est imprimée dans la *Correspondance de Wickham*, t. I, p. 218, en abrégé et en entier dans Zeissberg, p. 50. Elle établit des contradictions entre les affirmations de Fauche et celles de Condé : 1° Celui-ci affirme qu'en novembre Pichegru a dégarni le Haut-Rhin pour le laisser passer ; Fauche déclare qu'il l'a dégarni parce qu'il ne craignait plus les forces du prince, trop faibles pour passer le Rhin avec succès. 2° Condé a paru affirmer que le général lui livrerait Strasbourg ; Fauche soutient qu'il n'a jamais voulu livrer ni Strasbourg ni aucune place forte. Sur un point seulement, nous le verrons, Craufurd met Fauche en contradiction avec les faits. Au cours de son entrevue avec Craufurd, Fauche rapporta que Pichegru disait : « qu'il était impossible *pour la France d'aller longtemps sans un roi, que le prince de Condé pouvait bien être ce roi, s'il le voulait* ».
2. Condé à Wickham, 21 janvier, Chantilly, Z, t. CXXXV, p. 92. Cf. lettre à M<sup>me</sup> de Reich : « L'état des choses paraît satisfaisant, mais *point décisif*. » T. CXXXII, p. 113.
3. Remarquez que Montgaillard ne connaît les négociations des derniers temps de 1795 que par Fauche, qui, pour se faire valoir, était disposé à exagérer son rôle et la portée des déclarations de Pichegru. Condé lui avait témoigné quelque froideur et l'avait même mis un moment à l'écart de l'intrigue à la prière de Wickham. Fauche dissipa le « malentendu » et Montgaillard écrivit au prince : « Je ne connaîtrai jamais qu'une volonté, celle de me sacrifier sans réserve aux désirs de V. A. », 29 janvier, Klinglin, t. I, p. 78, Chantilly, Z, t. XCI, p. 89.
4. Pingaud, *Négociation secrète sous le Directoire*. J'ai consulté aussi avec profit le rapport de Véreux au prince de Condé, Chantilly, Z, t. LXXIII, p. 16 et suivantes ; les lettres de Wickham à Grenville, Record Office, Suisse, vol. XIV, n° 9, 26 janvier ; le rapport de Pflieger au Directoire, 25 nivôse an IV, AF<sub>III</sub>, 116. Bassal s'est occupé de l'affaire : voir ses rapports aux Affaires Étrangères, Suisse, vol. CCCCLVI.

proposait de se mettre à la tête d'une insurrection de paysans du Jura et le quittait persuadé d'avoir obtenu son concours. Mais Ferrand venait d'apprendre la saisie des papiers de Tinseau ; or ces papiers contenaient tout un plan d'insurrection, où Ferrand était nommé en toutes lettres (ainsi que les administrateurs du Doubs, de la Haute-Saône et plusieurs du Jura) et désigné comme le chef probable du mouvement [1]. Furieux de cette découverte, qui le compromettait, persuadé de l'indiscrétion des émigrés, Ferrand résolut de leur faire payer cher leur impardonnable légèreté. Il dénonça le complot à l'administration du département, accepta un nouveau rendez-vous avec de Véreux, mais, avant d'entrer dans la chambre où se trouvait l'émigré, il fit cerner la maison par des gendarmes embusqués. Il entra dans la chambre, accompagné de Bouvenot, écouta de Véreux, reçut de lui deux rouleaux de cinquante louis, déclara même, comme Pichegru à Fauche, que, pour avoir du pain et de la viande régulièrement et une solde en numéraire, les soldats n'hésiteraient pas à trahir la république ; mais, à peine sorti, il appela les gendarmes et fit arrêter Bouvenot. De Véreux eut le temps de se réfugier sous un lit, puis s'enfuit en Suisse. Le département prévint le Directoire du complot découvert le 13 janvier, et le représentant Pflieger envoya un rapport au gouvernement. Les directeurs soupçonnèrent même une partie de la vérité, firent arrêter Ferrand [2] et les administrateurs du Doubs, Kilg, Jansson, Voisar, Mourgeon et Michel (arrêté du 19 janvier), nomma d'autres administrateurs pour les remplacer et ordonna de mettre en jugement Bouvenot [3].

---

1. *Tinseau d'Amondans* (né en 1749), officier dans l'armée de Condé, entrait en Franche-Comté pour s'aboucher avec d'Arçon, le célèbre ingénieur, retiré alors à Pontarlier, sa ville natale. Il écrivit, le 14 janvier, à Condé qu'il n'avait pu passer en Franche-Comté, sans lui parler de la découverte de ses papiers ; le 22, il lui racontait l'affaire de Besançon. Le 31 janvier, il lui annonçait que le ministre anglais à Gênes, Drake, l'appelait à Milan. Chantilly, Z, t. LXXIII et LXLI.

2. *Ferrand* était un compatriote (né à Jussey, Haute-Saône) et un ami de Pichegru, qui l'avait connu à l'armée du Nord, dont il avait commandé la droite au commencement de 1794. (Il commanda en chef en Belgique pendant la campagne de Hollande.) Il avait, depuis cinq mois, le commandement de la 6e division militaire à Besançon, lorsqu'il fut destitué et arrêté. Il parvint à se disculper, obtint un nouveau commandement, puis fut réformé, retraité. Il fit partie du Conseil des 500 ; invalidé, après le 18 fructidor, comme ami et complice de Pichegru, il resta maire d'Amance, sa commune ; il y mourut en 1804. Archives administratives de la guerre, dossier Ferrand.

3. *Bouvenot*, mis en jugement le 6 avril, fut élargi, faute de preuves ; il alla s'enrôler en Suisse, parmi les agents de Wickham, se fit même charger par Louis XVIII d'une mission auprès de Pichegru qu'il ne put voir.
*De Véreux*, réfugié à Diesse, en Suisse, écrivit fréquemment à Condé pendant l'année 1796, 27 janvier, 5 mars, 20 mars, 8 mai, 8 août, Chantilly, Z, t. LXXIII, XCI, XCII. Il revint en Franche-Comté pendant le Consulat, mourut à Besançon en 1830, Pingaud, p. 22

Wickham apprit la nouvelle avec désolation. Coup sur coup ses meilleures combinaisons échouaient : après l'affaire de Lyon, celle de Besançon [1]. Le Directoire se plaignait de ses menées, engageait avec menace les Suisses à le surveiller. L'arrivée de Fauche fit diversion. Le libraire lui assura que la trêve n'avait nullement compromis le succès de l'Intrigue, que Pichegru témoignait plus que jamais de son dévouement à la cause royale et que Wurmser promettait positivement son concours. L'Anglais reprit confiance. Il promit d'aller rejoindre bientôt le prince et Wurmser, pour combiner avec eux les plus indispensables mesures ; il fixa même la date de son départ au 8, pour arriver à Bühl vers le 15. Fauche devait le suivre jusqu'à Offembourg, y porter l'argent destiné à Pichegru ou à Demougé ; Fenouillot irait à Manheim surveiller l'impression des libelles destinés à l'armée du Rhin ; Courant serait placé aux avant-postes. « Patience ! écrivait au prince le ministre anglais. Croyez-moi, tout ira bien à la fin et nous serons dédommagés amplement de toutes nos peines et de tous nos soucis [2]. »

Comment d'ailleurs douter de la bonne foi de Pichegru, quand le prince annonçait qu'il s'était « absenté de son armée, le jour de l'horrible fête ordonnée pour célébrer l'anniversaire de l'assassinat de Louis XVI », qu'il avait « tenu sur les fonts du baptême un enfant baptisé par un prêtre non jureur [3] ? » Preuve plus convaincante de son dévouement à la cause royale ! Un de ses « confidents », le général Oudinot (pris dans Manheim et relâché sur parole), avait parlé à un officier de Condé, en passant près de Bühl, et l'avait chargé de dire au prince qu'il pouvait « *compter sur Pichegru* », « ce qui prouve que ce dernier ne cachait pas trop ses intentions » et qu'il était de « bonne foi [4] ».

---

1. Au commencement de *janvier*, Imbert, Précy et Tessonnet avaient tenu conseil avec Wickham et décidé que les opérations seraient suspendues pendant l'hiver, Wickham à Grenville, 5 janvier, Record Office, Suisse.
2. Fauche à Condé, 29 janvier ; Wickham à Condé, 3 février, Chantilly, Z, t. LXXIII, p. 31, et Y, carton 15, f° 211.
3. Condé à Wickham, 27 janvier, *Correspondance de Wickham*, t. I, p. 256. Il résume la lettre de Demougé du 22 janvier : « Le banquier (Pichegru) part aujourd'hui pour affaire pressée et, dans son voyage, va être parrain au baptême d'un bon prêtre. Ayant appris, avant-hier soir, que décidément on célébrait l'odieuse fête, il est subitement parti à sept heures du soir et n'est revenu que ce matin. » Chantilly, Z, t. XXXIII, p. 55. Le Directoire avait ordonné de célébrer l'anniversaire du 21 janvier, *Journal de Fricasse*, p. 76. Cf. le récit de la « fête » fait par Lajolais, qui ne signale pas la présence de Pichegru, A. G., Rhin-et-Moselle, 22 janvier.
4. Cet incident (passage d'Oudinot à Lechin...) est raconté en détail par Condé à Barbançon, 23 janvier, comme à Wickham, 27 janvier, et au comte de Lille, Chantilly, Z, t. II, p. 91 et *Correspondance de Wickham*, t. I, p. 256. Les officiers pris à Manheim, comme Oudinot, étaient renvoyés en France après échange. Ils arrivèrent un à un pendant tout le mois de janvier. Voici le texte de la lettre à Barbançon, Chantilly, Z, t. CXXXIII, p. 102 : « Le général Oudinot a dit au gentil-

Aussi Wickham, à la prière de Fauche, et dès le lendemain de son arrivée, *écrivait-il* à Pichegru pour lui confirmer les assurances données par le libraire, la promesse de payer son armée et de suffire à tous ses besoins, au moins « dans les premiers moments ». « Comptez sur moi pour tous les services que je serai en état de vous rendre. Quand mon ami (Condé) ou le bon vieillard (Wurmser) trouveront bon de me demander, je me rendrai dans vos cantons, où j'aurai le plaisir le plus sincère à vous voir et à vous témoigner de vive voix tous les sentiments dont je suis pénétré pour vous, et mon admiration des efforts généreux et honorables que vous voulez bien faire pour relever votre famille (armée) de l'état étroit et pénible où il a plu à la bonne Providence de la placer momentanément. » Il ajoutait : « Pour moi, je suis extrêmement tranquille et parfaitement disposé à laisser le tout à votre prudence dont vous avez déjà donné tant de preuves. » Il terminait en demandant au général un aperçu approximatif aussi détaillé que possible des « besoins de son armée ». La lettre était écrite et peut-être envoyée, lorsqu'arriva celle de Craufurd du 22. Elle rejeta Wickham dans ses perplexités : évidemment son collègue se méfiait de « Fauche ou de Pichegru [1] ».

L'ambassadeur fit subir à Fauche un interrogatoire : de nouveau, le libraire dut raconter la négociation, répondre aux questions précises, pressantes, que lui posait l'ambassadeur. Mais, comme Fauche répondit avec exactitude et sans ambages aux diverses questions que lui posa Wickham, celui-ci crut devoir écrire à Craufurd, le 13 février, pour prendre la défense du libraire : « Je suis fortement disposé, déclarait-il, à avoir confiance en Fauche pour les raisons suivantes : c'est un honnête homme, de bonne famille, qui, pour les principes et sans intérêt d'argent immédial, a abandonné un grand commerce pour suivre la négociation avec Pichegru. Il est bien connu en Suisse, à cause de la fermeté de ses principes politiques ; il a publié des pamphlets en faveur des puissances alliées et contre la Révolution : *son attitude est celle d'un homme qui n'a pas idée qu'on puisse soupçonner sa véracité* [2] ».

---

homme français : « *Dites au prince de Condé et à lui seul qu'il peut compter sur Pichegru ; pressez le prince de passer le Rhin et tout ira à son gré. Assurez-le de mon dévouement particulier, dont j'espère bien lui donner des preuves éclatantes.* »

1. *Correspondance de Wickham*, t. I, p. 250, 30 janvier. La lettre, datée de Berne du 11 février 1796, publiée dans le *Mémoire concernant*, p. 271, est probablement l'œuvre de Montgaillard. De Beauchamp l'a reproduite dans les *Mémoires de Fauche*, t. I, p. 310, 170. Demougé écrit, le 10 février : « Baptiste a été très flatté de la lettre de Bluet (Wickham) », Chantilly, Z, t. XXXIII, p. 61.
2. Sur un point, l'argumentation de Craufurd semblait concluante. Voir lettre de Craufurd du 22 janvier, dans Zeissberg, p. 57 (4ᵉ point). Fauche assurait qu'en abandonnant Manheim, à la fin d'octobre, Pichegru avait rencontré Jourdan à Worms. Or Jourdan, à cette date, avait repassé le Rhin. Mais Fauche se rappelait que Badouville lui avait parlé de cette entrevue, lors de son voyage à Herxheim,

Fauche gardait la confiance de Wickham, mais la lettre de Craufurd avait contribué à modifier les intentions du ministre. Il renonçait à se rendre à Bûhl ou à Manheim pour voir Condé ou Wurmser. Il plaçait Fauche (comme Fenouillot et Courant qui l'accompagnaient) entièrement sous la direction de Craufurd [1], laissant à celui-ci le soin d'arrêter les mesures à prendre, comme de fournir les fonds nécessaires au succès de la négociation [2]. Fauche demandait une somme de « 1.000 louis au moins » pour envoyer à Pichegru, à l'adresse qu'il lui avait « laissée, dans les environs d'Huningue », et 5 à 600 louis pour Demougé. Wickham pria son collègue de fournir la somme et renvoya Fauche à Manheim pour la toucher [3].

Fauche quitta donc Lausanne sans emporter d'argent et beaucoup plus tard qu'il ne l'avait pensé.

### V. — *Nouveaux entretiens de Pichegru et de Demougé.*

Fauche parti, Demougé restait à Strasbourg, pour servir d'intermédiaire entre le prince et le général.

Mme de Reich [4] prit les mesures les plus exactes pour assurer le service de la correspondance. Jamais les lettres envoyées sur les deux rives ne parvinrent à leur destination avec autant de régularité que dans les mois qui suivirent la trêve. Le prince de Condé envoyait une lettre à Strasbourg et en recevait ordinairement réponse dans la nuit suivante. Quatre passages furent établis à cet effet sur la rive gauche : « Bon Trou » (Gambsheim) et « la Flûte » (Plobsheim), utilisés surtout avant le mois de mars ; « le Poivre » (Vantzenau), que Mme de Reich dut abandonner ; un dernier passage enfin, « le Rasoir » (Eschau), que la baronne se plaignait de ne pouvoir « affiler » et qu'elle finit par employer de préférence, après le mois de mars,

---

et qu'elle avait eu lieu « à la suite de l'affaire d'Heidelberg » ; il rectifia son erreur dans une lettre à Wickham du 13 février, Chantilly, Z, t. XXXIII, p. 153.

1. *Correspondance de Wickham*, 13 février, t. I, p. 279 à 297. La veille, Craufurd lui écrivait une autre lettre pour appuyer encore ses affirmations. Zeissberg, p. 59. Voir aussi ses lettres du 7 et du 17 mars, que nous utiliserons, sur le voyage à Lausanne, et *Mémoires de Fauche*, t. I, p 315 et suivantes.

2. *Correspondance de Wickham*, t. I, p. 290.

3. Fauche à Wickham, 13 février, l. c. Cf. Klinglin, t. I, p. 175 et 185.

4. Mme la baronne de Reich, née de Bócklin, émigrée d'Alsace, avait été installée par son parent, le général de Klinglin, chargé de l'espionnage autrichien, à Offenbourg, près de Rastadt, pour centraliser entre ses mains les correspondances venues de la rive gauche et les transmettre aux généraux autrichiens. Elle rendit les plus grands services à l'état-major autrichien, avec l'aide d'un ancien curé de la cathédrale de Strasbourg, Jaglé qui déchiffrait la correspondance. Payée d'abord assez chichement par l'état-major autrichien, elle accrut ses ressources avec celles que lui fournit très parcimonieusement Condé. Fauche lui donna 200 livres par mois sur les fonds anglais. Klinglin, t. I, p. 211

parce qu'il était plus proche de Strasbourg [1]. Sur ces quatre points, des bateliers affidés faisaient le service, au prix de dix-huit livres par course. La correspondance était reçue à la rive droite par des postes autrichiens dont les officiers, comme celui de Freystatt, par exemple, demandèrent à être payés.

Le secret de la correspondance resta caché aux autorités de la rive gauche. Jamais cependant elle ne fut si active. Quatre ou cinq fois la semaine des lettres passaient le Rhin, dans un sens ou dans l'autre et, avec elles, des paquets entiers de brochures, des cartes, des plans, de l'argent même. Très proche de Strasbourg, en aval sur le Rhin, le poste autrichien de Freystatt expédiait les messages les plus importants, sous *le couvert de Pichegru*. Le général avait autorisé Furet à user de son nom sur ce point de passage : les paquets portaient en gros caractères « Piche » ou même étaient adressés en « toutes lettres à Pichegru » ; sur les autres points, M^me de Reich n'osait pas expédier la correspondance « sous la sauvegarde de Poinsinet [2]. »

Le plus difficile n'était pas d'assurer le service de la correspondance : c'était de communiquer avec Pichegru, de lui parler, sans éveiller la défiance des officiers qui l'entouraient. « Je n'ai pu encore m'aboucher avec Poinsinet, qui veut toujours que cela se fasse très secrètement », écrivait Demougé, le 27 janvier. Le prince priait le général d'envoyer « un mot à montrer aux Autrichiens », pour que Wurmser consentît à laisser l'armée de Condé rassemblée à Bühl, au lieu d'expédier la cavalerie à Rothembourg. Il le priait de faire connaître son plan et surtout de se hâter, car, écrivait-il, « de grandes provinces demandent à éclater » et le Directoire pouvait faire la paix avec l'Autriche. Demougé ne parvint à voir Pichegru que le 30, à Illkirch, à son arrivée de Haguenau [3].

Le général refusa nettement d'écrire au général autrichien : « Pas de pièce ostensible ! » dit-il. « Le secret est mal gardé : *dans l'affaire de Besançon*, on a commis des légèretés impardonnables, en laissant traîner des papiers ; déjà les émigrés du camp de Condé parlent, sans se gêner, des négociations. » On avait montré au général une lettre du Midi qui l'accusait « de tramer un coup de trahison ».

---

1. *Correspondance de Klinglin*, t. I, p. 107, 11?, 129, 164, 310, 430; *Mémoire concernant*, p. 179.
2. Poinsinet (Pichegru), *Correspondance de Klinglin*, t. I, p. 22, 85, 181, 231 319, 375, 413.
3. Badonville venait de tomber de cheval et gardait le lit ; de là difficulté de demander un entretien au général, Zeissberg, p. 44. Je raconte cette entrevue d'après la lettre de Furet (Demougé) à Condé, 30 janvier, à midi, Chantilly, Z, t. XXXIII, p 58. L'entrevue avait eu lieu le matin, à 7 h. 1/2. Cf. la lettre de Furet à Klinglin, 31 janvier, dans Klinglin, t. I, p. 63, moins complète que la précédente : par exemple, Furet passe sous silence le refus d'envoyer un mot à Wurmser.

Une fois pour toutes, il fallait se contenter des renseignements fournis par Demougé. Celui-ci pourrait parler désormais sans intermédiaire au général, qui s'arrangerait pour le voir aussi souvent qu'il en serait besoin. Quant à « un plan fini et fixe sur les opérations futures », Pichegru n'en avait pas. Les « circonstances seules » le dirigeraient. Il était, disait-il, « comme un chat aux aguets ». Évidemment les privations qu'enduraient les soldats, le manque de numéraire, le désir de la paix, les ordres donnés par le gouvernement « d'accélérer l'entrée en campagne », la nouvelle organisation de l'armée qui faisait des mécontents parmi les officiers, tout cela pouvait amener « l'explosion ». Mais il paraissait « impossible d'en calculer l'époque certaine ». Condé devait patienter, attendre, se garder de « toute entreprise partielle ». Jusqu'à ce que l'armée se prononçât contre le Directoire, rester dans ses positions actuelles, à Bühl, auprès du Rhin, ou se placer le long de la Kentzingen. « On gâterait tout en voulant forcer la chose. »

Il importait d'ailleurs de préparer l'événement par des écrits aux soldats, à condition de ne pas les heurter par des déclarations maladroites. On devait « procéder par gradation », éviter les allusions trop claires au retour des Bourbons. Demougé soumit à Pichegru un « dialogue en langage soldatesque » dont « le vieux Crocodile » (Commart) avait fourni le plan. Le général en approuva l'ensemble, corrigea quelques détails. Cet écrit paraissait fait par un constitutionnel ; il présentait les « choses en douceur » ; Pichegru, ajoutait l'avocat, en a fait supprimer tout ce qui lui semblait « trop positif sur nos vues[1] ».

« Le Banquier temporise », écrivit Condé à Klinglin et à Wickham. « Il attend que l'opinion se fortifie encore et je ne vois point du tout les choses aussi avancées que cela paraissait par le rapport de Louis (Fauche) ». Il concluait : « Poinsinet suivra, mais attendra l'impulsion qui lui sera donnée par l'intérieur et par les soldats[2]. »

Cependant, au risque de fatiguer Pichegru par son insistance, il le priait encore de « sortir du vague », de lui livrer Strasbourg, s'il en trouvait le moyen ; mécontent de la trêve qui nuisait à l'exécution de son plan, il lui demandait quand elle finirait. « Il a dit à Louis que la poire était mûre ! cueillons-la donc.[3] »

---

1. Le 10 février encore, après une nouvelle entrevue, Demougé écrit à Condé que Pichegru trouve les écrits qu'on veut distribuer sur la rive gauche « un peu trop forts et trop prononcés pour le moment », Chantilly, Z, t. XXXIII, p. 61.
2. Condé à Klinglin, 4 février ; à Wickham, 2 février, la 1re, Chantilly, Z, t. CXXXVI, p. 62 ; la 2e, série Y, t. CXXXV, p. 96 ; à Reich, 5 février, Z, t. CXXXII, p. 115.
3. Chantilly, Z, t. XXXIII, p. 10 et 11. Condé demandait aussi à Pichegru ce que ferait Jourdan au moment de « l'éclat ». Demougé lui répondit, le 10 : « Il ne sait pas trop ce que ferait Jacquot (Jourdan), le cas échéant ; il espère que son armée suivrait l'exemple de celle de Baptiste et qu'il se laisserait entraîner.

Demougé n'aurait pas sollicité un nouvel entretien s'il n'avait reçu des lettres pressantes du chef de l'espionnage autrichien, Klinglin. Celui-ci espérait obtenir de Pichegru des renseignements précis sur la force de son armée ou ses positions : « J'en reviens toujours aux états que je vous demande, écrivait-il à Furet. On ne sait jamais ce qui peut arriver et il est de la plus grande conséquence que nous ayons le tableau et l'ordre de bataille ». « Notre thermomètre est la force de l'armée à laquelle nous devons dans tous les cas avoir à faire, et la plus juste mesure que votre ami puisse prendre et pour lui et pour nous, est de nous la faire connaître [1]. »

Demougé reprit donc le chemin d'Illkirch [2], le 10 février, après avoir prévenu Pichegru. Par une pluie battante, celui-ci se rendit à la campagne pour lui parler. Aux pressantes insistances du prince, il répondit avec vivacité, avec chagrin : « On ne peut pas croire que je ne fasse pas ce qu'on désire de moi, quand même mon opinion ne m'y porterait pas en plein. Vous savez que le gouvernement me déteste sans oser le montrer et me craint. Vous savez comme je me suis prononcé et me prononce tous les jours, même trop, contre les gens qui soutiennent opiniâtrement la gageure et qui seuls tiennent toujours les rênes. Que dois-je espérer par la suite, si ce n'est des inculpations, puis des persécutions et à la suite pis encore ? Vous voyez donc que je suis personnellement intéressé à une chose que mon opinion prescrit et que mon cœur désire. Qu'on soit bien persuadé qu'ayant conduit la chose aussi loin qu'elle est je saurai aussi sans doute saisir le moment favorable, tel qu'il le faut, pour ne pas manquer le coup. »

« Baptiste, écrivait Demougé, ne trouve pas, quoique le mécontentement de son armée soit au plus haut point, qu'il puisse donner une impulsion ouverte » ; il se gardera bien de provoquer la rupture de la trêve [3]. Il s'efforcera de la faire prolonger au contraire, car c'est le « *seul moyen de réussir dans ses projets* ». Pendant la trêve, en

---

1. Zeissberg, p. 45 et 48.
2. Cette entrevue du 10 février est écrite d'après la *lettre de Furet*, Chantilly, Z, t. XXXIII, p. 61, 10 février, copiée pour le roi par Condé, Z, t. CXXXVIII, p. 9, et t. I, p. 147. Elle est plus complète que la copie envoyée par Condé à Klinglin, Klinglin, p. 121, et que les deux lettres de Furet du 10 et du 14 février, Klinglin, p. 119 et 122. *Demougé prenait des notes* pendant que Pichegru parlait : « A ma dernière entrevue, écrit-il le 10 à Condé, (Pichegru) *a gardé mes notes faites sous sa dictée et autres papiers*, pour me les faire remettre ici par Coco (Badonville), de crainte d'accident en route. »
3. Il risquerait, ajoutait Demougé, de compromettre les grands intérêts, en aventurant un éclat, avant d'être plus sûr qu'il ne l'est des autres chefs et officiers, car sans cela les soldats (ces J... Foutre, ce sont ses termes), quoique dégoûtés, tergiverseraient... J'ai souvent causé (a-t-il dit) avec plusieurs chefs .. sur l'esprit des officiers. Il est très difficile de leur ôter de la tête que, si les choses changeaient, ils ne deviennent extrêmement malheureux, que même on pourrait attenter à leur liberté, à leur vie. »

effet, les troupes n'étaient occupées que de leurs souffrances; elles manquaient de tout, les assignats perdaient toute valeur et le gouvernement ne pouvait payer les soldats en numéraire. Peu à peu le mécontentement grandissait. D'ailleurs la nouvelle organisation de l'armée réformait beaucoup d'officiers : autant d'ennemis du Directoire. Ceux qui restaient, Pichegru les choisissait, contribuait au moins à les faire désigner par ses notes : ceux-là, le général pourrait les « travailler » pendant la trêve. Que la trêve cessât au contraire, les hostilités reprenaient avec la « vigueur du désespoir ». Les troupes oubliaient momentanément leurs souffrances pour défendre le sol national; le patriotisme se réveillait; le Directoire jetait de nouvelles forces sur le Rhin : « Les revers, affirmait le général, feraient le même tort à nos projets que les succès. »

Condé devait donc attendre la fin de la trêve sans se déplacer [1]. « La correspondance se réduit à *demander du temps*, du temps et toujours du temps, écrivait-il à M$^{me}$ de Reich. Le Bourgeois (Condé), ne peut que patienter avec beaucoup d'impatience. »

Klinglin n'était guère plus satisfait de l'entrevue. Cependant Pichegru avait donné au Furet un avis précieux : son armée, de Besançon à Germersheim, se montait à 60.000 hommes à peu près [2]. Mais il demandait de lui procurer des renseignements sur la force, les positions ou les mouvements de l'armée autrichienne avant la trêve. Le général, expliquait Demougé, « m'avouerait en cas de malheur pour son agent principal (d'espionnage) » ; il mêlerait à ses papiers les renseignements procurés, « pour me justifier au besoin [3] ».

La demande parut étrange aux généraux autrichiens comme à Craufurd, d'autant plus que, quelques jours avant, Demougé avait prié Klinglin de lui faire connaître « l'ordre de bataille de l'armée autrichienne ainsi que sa position ». « Cette demande ne me paraît pas faite pour donner de la confiance ici, écrivait Barbançon, de Manheim ». Craufurd en concevait des soupçons; il pensait que Pichegru n'avait pas encore pris définitivement son parti et que ses avances aux royalistes ne l'empêchaient pas de préparer l'offensive : il voulait obtenir l'état exact de l'armée autrichienne pour se mettre en mesure de la combattre avec succès [4].

1. Condé à M$^{me}$ de Reich, 16 février, Chantilly, Z, t. CXXXII, p. 118.
2. Cf. Klinglin, p. 139. Demougé, par le calcul des rations, arrive au total de 61.000, « ce qui revient à ce que dit Poinsinet ». Aussi Klinglin écrit à Condé, le 20 février, Chantilly, Z, t. XVIII, p. 58 : « Il me semble que nous devons chaque jour concevoir de plus grandes espérances sur la bonne foi de Poinsinet. » Demougé envoya même à Klinglin « *l'ordre de bataille de l'armée de Rhin-et Moselle d'après la dernière organisation* », le 24 février, Klinglin, p. 168, et Zeissberg, p. 52. Mais rien ne prouve que ce soit Pichegru qui le lui ait fourni.
3. Klinglin, p. 119, 120.
4. Craufurd n'avait peut-être pas tort. Il semble bien (Fauche l'affirma dans son

Wurmser consentit cependant à fournir des renseignements ; Alvinzi en prévint Klinglin, en ajoutant qu'il ne devait envoyer que des renseignements erronés : tableaux inexacts des positions et des forces, faux avis sur les mouvements et projets des Autrichiens [1].

L'avocat cependant s'inquiétait du retard de Fauche-Borel. Celui-ci avait annoncé son retour de Lausanne pour la mi-février : il n'arrivait pas. Il avait promis de rembourser à Bâle 4.000 livres versées à Furet à Strasbourg : le remboursement n'étant pas effectué à temps, celui-ci avait dû rendre les 4.000 livres.

Enfin le libraire arrivait le 26 février à Offembourg, mais pour annoncer à M$^{me}$ de Reich qu'il allait chercher les fonds à Bühl, chez le prince, à qui les Anglais avaient dû les confier. — A Bühl, le prince lui apprend qu'il n'a pas même les fonds nécessaires pour payer ses troupes : il faut aller à Manheim pour en demander à Craufurd. Fauche part donc pour Manheim [2].

Il n'y trouve pas Craufurd, qui est en route pour Carlsruhe. Fauche parvient à le rejoindre, mais le colonel n'a pas d'argent. Fauche revient à Bühl, conjure le prince d'avancer 500 louis ; le prince y consent sous promesse que le libraire en demandera la restitution à Wickham et repartira immédiatement pour Lausanne [3].

---

interrogatoire du 24 messidor an X, F7 6319 A) que « Pichegru s'est servi de Demougé pour en retirer des renseignements sur la situation de l'ennemi ». Fauche déclarait en avoir fourni lui-même. L'aventure de Ferrand avait pu éclairer Pichegru sur les inconvénients d'une négociation avec les émigrés et elle pourrait nous éclairer nous-mêmes sur la sincérité du personnage. Peut-être faisait-il son jeu de deux façons, en prévision des événements, comme son ami Ferrand. Voir Craufurd à Wickham, *Correspondance de Wickham*, t. I, p. 213.

1. Le « Dez feint » (Dez : correspondance), comme l'appelait Demougé, continua jusqu'en avril, sur les pressantes instances de l'agent de Strasbourg, qui, en cas de découverte de la correspondance, espérait se sauver en se faisant reconnaître comme espion de Pichegru, Klinglin, t. I, p. 152, 154, 222, 225, 227, 247, 205, 376. Cf. Zeissberg, p. 49.

2. Fauche vit à Manheim Wurmser et Alvinzi, qui le prièrent de demander à Pichegru sur quel point il entendait faire sa jonction avec Condé, le moment venu, quelle conduite il conviendrait de tenir à l'égard de Jourdan et de son armée, etc. Ils promettaient d'aider « de tous leurs moyens » Pichegru et Condé, accordaient à Courant la permission de se fixer aux avant-postes. Plusieurs officiers généraux de la garnison de Manheim demandant à être renvoyés sur parole, Montaigu en particulier, ils priaient Pichegru de donner son avis à ce sujet et de désigner ceux auxquels on pouvait accorder cette faveur.

3. Klinglin, t. I, p. 175, 177, 180, 185, 186, 187, 203 ; Barbançon à Condé, 27 février, Chantilly, Z, t. XL, p. 278. Fauche s'était rendu à Manheim avec Fenouillot, qui y resta pour rédiger des adresses aux soldats. Ces 500 louis « la capricieuse » : l'argent ; M$^{me}$ de Reich les confia au curé Jaeglé, qui, dans la nuit du 3 mars, passa le Rhin à Freystatt, pour les remettre à un envoyé de Demougé. Le curé avait « une bonne sauvegarde », une lettre adressée à *Pichegru*, dont l'avocat avait envoyé le texte. Klinglin, t. I, p. 231.

## VI. — *L'exécution du nouveau plan.*

Tandis que Fauche allait et venait de Lausanne à Manheim, et de Manheim à Lausanne, que faisait Pichegru sur la rive gauche pour réaliser le nouveau plan arrêté après la trêve ?

S'il faut en croire les agents du prince, il tirait le meilleur parti de l'argent fourni par l'Angleterre. Il venait en aide aux officiers qui ne pouvaient vivre avec les assignats de leur solde, donnait quelques douceurs aux soldats que le gouvernement laissait dans le dénuement, invitait à sa table les généraux, recueillait leurs plaintes, attisait leur mécontentement, propageait ainsi sourdement la révolte, « constamment en courses » sur toute la ligne de son armée.

Naturellement la correspondance officielle de l'armée de Rhin-et-Moselle est muette sur ces agissements. La correspondance privée des officiers ou des soldats, comme leurs mémoires, ne l'est pas moins. On constate la présence de Pichegru à Strasbourg ou à Hagueneau fréquemment, plus rarement à Huningue ou à Colmar, mais on n'en peut rien conclure. Sur deux points seulement, l'affirmation est possible : Pichegru a laissé son *armée cantonnée* « *sur le sol dévasté* [1] » où elle s'était battue ; des *libelles et des pamphlets* dirigés contre le gouvernement ont circulé parmi ses troupes.

Il entrait dans son plan d'aggraver la misère des soldats, en les laissant campés sur le terrain des derniers combats. Il pensait que le gouvernement ne pourrait nourrir les armées si elles ne trouvaient, sur le sol même où elles campaient, un supplément aux envois de la régie des vivres. En effet, la crise financière s'aggravait en janvier ; les assignats tombaient à neuf sous ; le gouvernement se décidait à briser la « planche » pour relever le cours de ceux qui étaient en circulation [2] ; le rendement de l'emprunt forcé restait au-dessous des évaluations les plus pessimistes ; les rescriptions sur cet emprunt perdaient 40 0/0 de leur valeur ; la contribution en nature n'était acquittée que partiellement [3]. Aussi les fournisseurs exigeaient

---

1. Voir sa conversation du 18 mars avec Demougé, ci-dessous.
2. La chute des assignats, indiquée de huit jours en huit jours dans la *Correspondance de Mallet du Pan avec la cour de Vienne* (fin du 1er volume et commencement du second). Voir Stourm, *les Finances de l'ancien régime et de la Révolution*, t. II, p. 300 à 350; Deville, *Histoire socialiste*, p 299 ; Thibaudeau, *Directoire*, p. 34 ; Barras, *Mémoires*, t. II, p. 40.
3 *La banqueroute* paraissait inévitable. « Il n'y a pas d'argent », écrivait Carnot à Schérer, le 19 janvier 1796. Sorel. t. V, p 51 ; Voir Aulard, *Paris*, t II, p. 783, 17 février : « On dit que le Directoire n'a aucun moyen de parer la banqueroute. » 300 millions d'assignats ne suffiraient pas aux besoins de chaque jour. Voir une lettre d'Aubert-Dubayet, 1er février, AF. III, 147, et de Rivaud, 4 février, AF. III, 146, sur le paiement de la contribution en nature et son insuffisance pour nourrir les

leur paiement en numéraire ou suspendaient leurs envois ; le service de la viande ou celui du pain manquait aux armées [1] ; les soldats passaient des semaines à se nourrir de farines ou de viandes salées empruntées aux magasins des places fortes ; ces magasins se vidaient avec une rapidité effrayante et le gouvernement se trouvait dans l'impossibilité de les remplir à nouveau [2]. Quant à payer les troupes en numéraire, il n'y fallait pas songer [3]. Les malheureux soldats, que le gouvernement ne nourrissait pas — ou si peu — n'avaient même pas la ressource d'acheter leur nourriture avec les assignats de leur solde, car les marchands n'en voulaient pas ou les acceptaient à 1/4 ou 1/2 0/0 [4].

Encore s'ils eussent trouvé de quoi vivre sur le terrain même où ils campaient. Mais trois mois de guerre avaient ruiné le pays ; les paysans mouraient de faim, comme les soldats, ou cachaient soigneusement les rares provisions qui leur restaient. — La conclusion de la trêve donnait à Pichegru la facilité d'envoyer ses troupes se refaire sur les derrières de l'armée, dans les régions qui n'avaient pas été dévastées. Espacées par pelotons dans l'intérieur, elles pouvaient attendre la fin de l'hiver sans trop de souffrances.

La trêve devant être dénoncée dix jours avant la reprise des hostilités, les troupes pouvaient s'éloigner à dix jours de marche de la ligne de démarcation des armées. Rien n'empêchait de les échelonner dans les villages de l'intérieur jusqu'à 100 ou 150 kilomètres.

Jourdan se hâta de donner les cantonnements les plus étendus à l'armée de Sambre-et-Meuse. Saint-Cyr, qui commandait la gauche de l'armée de Rhin-et-Moselle, sans attendre les ordres du général en chef, dont l'approbation ne lui paraissait pas douteuse, s'empressa d'envoyer la majeure partie de ses forces se refaire en Lorraine. Il ne laissa en ligne que les postes nécessaires pour garder les villages et ne conserva qu'une demi-brigade à Deux-Ponts, où il avait établi son quartier général [5].

Pichegru, au contraire, *attendit au moins quinze jours*, après la signature de la trêve, avant d'assigner à son armée ses cantonnements. Il affectait de craindre que le Directoire ne refusât la trêve. Quand il

---

armées. Sur le peu de résultats que donnait la levée de l'emprunt forcé et le mécontentement qu'il excitait à Paris, voir Aulard, t. II, p. 620, 630, 646, etc ; Mallet du Pan, t. II, p 395, 398, 414, 423.

1. Journal de Legrand : « Le service de la viande fut interrompu pendant près de quinze jours. » Pas de pain dans quelques cantonnements, *Journal de Fricasse*, p. 77.
2. Le 19 février, l'armée vivait, depuis un mois, sur les approvisionnements de siège, AF¹¹¹, 146.
3 Les soldats devaient recevoir deux sous en numéraire et dix sous en assignats.
4. Mallet du Pan, *Correspondance*, t. I, p. 399 : « Excepté aux environs de Paris, les paysans ne vendent rien que contre espèces. »
5. Saint-Cyr, t. II, p. 333.

reçut l'avis des directeurs, il donna ses ordres à Liébert qui les fit connaître aux soldats (10 janvier).

D'ailleurs il ne voulut pas éloigner ses troupes *à plus de deux ou trois journées de marche* de la ligne. Pourtant il écrivit à Moreau, le 10 [1] : « Je ne laisserai sur notre ligne (dont la droite est à Germersheim et la gauche à Hombourg) qu'un léger cordon. » Au contraire Liébert, en envoyant au Directoire le tableau des positions nouvelles, annonçait que l'armée avait reçu l'ordre de prendre des cantonnements « sans cependant s'éloigner de la ligne à plus de deux jours de marche pour l'infanterie et quatre pour la cavalerie, les troupes nécessaires pour la garde des postes et la sûreté de l'armée devant rester toujours en ligne ». La cavalerie même ne s'éloigna pas à plus de trois journées. Liébert écrivait, en effet, le 15 : « L'infanterie n'a pas deux journées de marche à faire pour rentrer en ligne et la cavalerie trois journées [2]. »

Lorsqu'au mois de mars, Pichegru, qui venait d'obtenir un congé, remit le commandement provisoire à Desaix, celui-ci, malgré la recommandation que lui fit le général dans ses instructions du 5 « de tenir toujours les troupes assez approchées de la ligne pour pouvoir les y porter dans trois ou quatre jours de marche au plus », se hâta de leur donner des cantonnements étendus. Moreau, qui succéda dans le commandement à Pichegru [3], écrivait à Carnot, le 22 avril : « *L'armée n'existe que parce qu'elle a été extrêmement dispersée. Elle l'a été trop tard.* »

Moreau jugeait sévèrement son prédécesseur et son ami : encore ignorait-il le but odieux qu'il avait poursuivi. Pichegru avait sacrifié les intérêts de la défense nationale et la santé de ses soldats à la réalisation de ses plans. Le succès de la prochaine campagne, si elle restait défensive, paraissait compromis : le théâtre de la guerre était « ruiné ». « Il manque à l'approvisionnement de siège des places, qui dépendent de l'armée du Rhin, 77.700 quintaux de farine », annonçait Petiet au Directoire [4], et le commissaire ordonnateur de l'armée avouait : « Tous les services de l'armée sont anéantis, si le gouvernement ne prend des mesures promptes pour les relever ; l'appro-

---

1. A. G., Rhin-et-Moselle.
2. Liébert au Directoire, rapports du 10 et du 15 janvier, A. G., Rhin-et-Moselle.
3. Les instructions du 5 mars et la lettre du 22 août, dans A. G., Rhin-et-Moselle. Pichegru disait à Demougé, dans son entrevue du 18 mars : « La trève a fait le plus grand mal... l'armée obligée de rester sur un sol dévasté... de là pénurie de vivres, magasins de siège vides, dégoût du soldat... » S'il faut en croire Demougé, lettre du 20 février, Chantilly, Z, t. XXXIII, p. 62, « Pichegru *décourageait les fournisseurs* (de l'armée) par le peu de garantie qu'il donnait aux paiements ».
4. 25 février, AF III, 147 ; cf., dans AF III, 146, l'état général des approvisionnements de l'armée de Rhin-et-Moselle, signé de Bentabole.

visionnement des places et de l'armée sera consommé si la rentrée de la contribution financière en nature éprouve du retard[1]. »

Quant aux soldats, ils souffrirent cruellement de la faim pendant tout l'hiver. Le 19 février, près de Strasbourg, la 127ᵉ et la 91ᵉ demi-brigade s'amalgamaient pour former une seule brigade, et Fricasse écrivait mélancoliquement[2] : « Dans ce jour la 127ᵉ a perdu son numéro et a été mariée à la 91ᵉ dont elle a pris le nom. J'ai vu que lorsqu'on célébrait des mariages, rien ne manquait pour célébrer l'heureuse fête, mais parmi nous il n'en était pas de même, car ce jour-là *nous n'avions pas de pain. Cela ne nous surprenait pas, car ce n'était pas la première fois* ». Saint-Cyr, qui fut témoin de ces souffrances et qui, dans le récit de la campagne de 1795, a « défendu les opérations militaires de Pichegru contre l'inculpation de trahison », regarde « cette époque comme celle où Pichegru *irrévocablement consommé sa trahison* », car il a profité d'un armistice pour laisser périr son armée de faim et de misère »[3].

Les soldats se plaignaient amèrement de l'« état de détresse » où les laissait le gouvernement, sans soupçonner quelle part pouvait avoir le général à leur misère. « Le mécontentement devient général, écrivait le citoyen Charpentier de Strasbourg aux « citoyens représentants »... il faut craindre que le soldat dégoûté ne refuse de se battre, surtout s'il reste longtemps en cantonnements ; les approvisionnements ne se font ni pour les vivres ni pour les fourrages : point de vivres d'aucune espèce ; il n'y a pas pour huit jours de fourrages ; je ne parle pas de la viande, dont la ration a été supprimée aujourd'hui. Le mécontentement a fait infiniment de progrès. » Même avis, mêmes craintes du commissaire du Directoire, Hermann : « On ne peut se dissimuler, avouait-il, que la pénurie qu'on éprouve à l'armée n'ait fait beaucoup de mécontents. » Vandamme déclarait au représentant Woussens que notre armée était dégoûtée parce qu'elle était mal payée : passé depuis peu de l'armée de l'Ouest à celle de Rhin-et-Moselle, il était effrayé de la misère des officiers, des généraux même : « Les généraux, disait-il, à quoi sont-ils réduits ? A leurs huit francs ; ils dépendent du soldat ; ils ne peuvent pas l'empêcher de piller, de voler ; ils sont obligés de vivre avec lui ; l'officier

---

1. A G., Rhin-et-Moselle, 12 mars. Les Autrichiens étaient informés par Demougé de l'état des magasins. Condé se réjouissait de « l'impossibilité de reformer des magasins qu'on va épuiser ; lettre à Klinglin, Chantilly, Z, t. CXXXVI, p. 65.
2. *Journal de Fricasse*, p. 77. Cf. lettre de Demougé, des 16, 20 février, 4 mars, Klinglin, t. I. Les officiers souffrirent aussi beaucoup. Voir les lettres de Rivaud, commissaire du Directoire à l'armée de Rhin-et-Moselle, AF III, 147, AF* III, 219. Le Directoire fit ce qu'il put pour remédier « au gaspillage des magasins et à la misère des troupes; en particulier il donna aux *inspecteurs des armées* les instructions des 1ᵉʳ et 15 ventôse an IV, AF III, 147.
3. Saint-Cyr, t. II, p. 333.

dégoûté est sans autorité et sans courage ; le soldat le méprise et ne peut le respecter[1] ».

La réforme de l'armée[2], ordonnée par le ministre de la guerre le 12 janvier, et faite pendant les deux mois suivants, augmentait le mécontentement des officiers. Le Directoire s'était décidé à effectuer cette réforme pour réaliser des économies : il réduisait de 23.000 le nombre des officiers dans les armées de la République, ramenait à cent le nombre des demi-brigades d'infanterie de bataille, à trente celles d'infanterie légère, diminuait aussi le nombre des régiments de cavalerie[3].

Mais que faire de tous les officiers dont les services devenaient inutiles par cette réduction des demi-brigades ou des régiments? Dans chaque arme, les plus anciens officiers de chaque grade avaient été maintenus ; les autres, les « surnuméraires », souvent les plus actifs, formaient des compagnies auxiliaires ou rentraient dans leurs foyers, perdant un tiers ou une moitié de leur traitement, suivant leur ancienneté de service : autant de mécontents, 70 à 80 officiers par demi-brigade.

### VII. — *Les brochures contre-révolutionnaires.*

On comprend qu'au milieu de ces mécontents de tout ordre, soldats mal nourris ou mal payés, officiers dégoûtés ou réformés, *les brochures contre-révolutionnaires*, distribuées à Strasbourg dans les cantonnements ou aux avant-postes, aient produit « une sensation ».

Indépendamment des brochures anciennes, dont quelques-unes

---

1. Voir ces lettres dans A. G., Rhin-et-Moselle, 18 février, 2 et 14 mars. Cf. Klinglin *passim*, par exemple la lettre de Demougé du 2 février : « Les soldats crient hautement qu'on les trompe, car on leur avait promis du numéraire, le 11 de ce mois, et on les renvoie en germinal. Ils crient à l'enchère publique leurs assignats et personne n'en veut; ils menacent même de piller. » Ils se plaignaient surtout de ne pas recevoir les deux sous promis en numéraire.
2. Instructions du ministre de la guerre à Pichegru, 12 janvier, A. G. Rhin-et-Moselle. Pichegru en donna lui même au général Schauenbourg et à Desaix, 5 mars, *ibid.* Klinglin demanda à Demougé de lui procurer des tableaux précis de la force, des numéros et de l'emplacement des nouvelles demi-brigades. Ces tableaux ont été publiés dans la *Correspondance de Klinglin*, t. I, pièces 70 et 72. — Pourquoi le Directoire fit-il la réforme? Voir *Mémoires de Carnot* par son fils, t. II, p. 22. Comment fut-elle effectuée ? Voir *Journal de Fricasse*, p. 76 et 77 ; une lettre de Chembé, dans Klinglin, t. I, p. 416 ; les instructions données par Liébert, 3 mars, A. G. Rhin-et-Moselle; la lettre de Vandamme ci-dessus citée, etc.
3. Les demi-brigades supprimées se réunissaient à celles qui étaient conservées. Par exemple la 127ᵉ était « amalgamée » avec la 91ᵉ, dont elle prenait le numéro. Pour cela, on faisait rompre par pelotons les deux demi-brigades et la 127ᵉ se joignait à la 91ᵉ, en commençant par les premières compagnies. Dans l'armée de Rhin-et-Moselle, vingt-quatre demi-brigades de ligne ou légères furent ainsi incorporées aux vingt-six conservées par le ministre.

avaient été rédigées dans les derniers mois de l'année 1795, à Bâle par Fenouillot, — *la Tragédie de Louis XVI, la Relation du siège de Lyon, la Grande Maladie* [1], *le Gargantua* — qui circulaient déjà dans l'armée et que les troupes ne lisaient guère, peut-être parce qu'elles portaient trop visiblement l'empreinte royaliste, Montgaillard et Demougé, Fenouillot, après son arrivée à Manheim, s'occupèrent à en rédiger de nouvelles, plus conformes au goût des soldats.

La première œuvre de Montgaillard s'adressait plutôt au pays qu'à l'armée elle-même. Cette adresse aux Français, intitulée *Français et Amis*, envoyée tout imprimée par Condé à Strasbourg, distribuée secrètement par ses agents dans cette ville ou répandue dans les cantonnements, ne produisit qu'un effet médiocre sur l'esprit des troupes. Elle attira même des ennuis au prince : le colonel Craufurd y releva quelques phrases, celles-ci entre autres : « Soldats, vous avez fait trembler l'Europe » ou « Soldats, vous avez subjugué l'Europe », qui blessèrent au vif son patriotisme. Il écrivit au prince : « Il ne faut pas perdre de vue tout ménagement pour les puissances qui soutiennent votre cause avec tant de générosité et à tant de frais. » Très froissé, Condé voulut arrêter la publication de l'adresse; mais M^me de Reich en avait fait passer tous les ballots sur la rive gauche et Demougé en avait distribué le plus grand nombre [2].

Sur le conseil de Pichegru, au moins avec son assentiment, Demougé écrivit un autre pamphlet qui fut répandu dans l'armée à profusion et qui obtint plus de succès auprès des soldats, parce qu'il « présentait les choses en douceur », ne faisait pas directement allusion au rétablissement de la royauté. *L'Adresse des 83 départements aux soldats français* rappelait la Terreur et ses excès, semblait destinée surtout à combattre les « anarchistes » dont le Directoire

---

1. A. G., Rhin-et-Moselle, 26 septembre. Cette brochure, intitulée *Grande maladie de la grande et quatrième constitution*, est la plus curieuse de cette série de brochures antérieures à 1796 dont nous indiquons les titres, d'après les archives de Chantilly, Z, t. XXXIII, p. 78 et 155. C'est le dialogue de quatre soldats de l'armée du Rhin, *Prêt-à-boire, Jolibois, Sans-Souci, Tranche Montagne*, représentant l'ancienne armée de ligne ou la nouvelle (grenadiers, cavaliers, soldats de réquisition). En voici un extrait : *Tranche-Montagne*. « Voilà cinq ans qu'on nous fait jurer des constitutions du matin au soir, et aujourd'hui tous nos jurements sont des J. F. et il en faut encore jurer une autre ! » — *Prêt-à-boire*. « Est-ce que nous savons ce qu'on nous a baragouiné ? je n'ai parbleu pas entendu un mot, aussi nous avons tous haussé les épaules pour réponse » — *Jolibois*. « D'abord quelle religion nous donnent-ils aujourd'hui ? » — *Tranche-Montagne*. « La leur, celle des chiens qu'on encrotte... » — *Jolibois*. « Je veux la religion de mon père et de ma mère... » — *Tranche-Montagne*. « Ils commencent par flanquer la nation dans deux chambres...; ils mettent 250 messieurs Veto dans une des chambres...; Ils vous flanquent cinq rois qui auront un palais. — *Jolibois*. « Leurs trois premières constitutions nous ont régalés de la guerre, de la famine ; il me tarde, sacrebleu ! de voir ce que celle-ci va nous apporter. »

2. Chantilly, Y, carton 15, folio 203, et t. CXXXV, p. 94, 95; série Z, t. XL, p. 240; t. XXXIV, p. 70. Cf. Klinglin, t. I, p. 70 et 98.

venait de fermer le club à Paris (club du Panthéon) : « Menacée
du retour hideux de la Terreur, la patrie éplorée fait un dernier
appel à ses plus chers enfants, aux soldats de la victoire. Vous avez
vaincu l'Europe réunie ; il vous reste une gloire à conquérir, *c'est de
pacifier l'intérieur!* Serrez-vous avec nous ; marchons à la rencontre
des anarchistes, des terroristes et des buveurs de sang ; enfonçons
leurs sales et lâches bataillons ; jurons de les anéantir. Alors nous
aurons une constitution stable, la paix et le bonheur public [1]. »

Mais, de tous ces écrits, aucun ne fut accueilli avec plus de faveur
dans l'armée que le *Dialogue entre trois grenadiers de l'armée du Rhin*.
Le « Vieux Crocodile » (Commart) en avait fourni le plan et Pichegru en avait « modifié » quelques passages, supprimant, écrivait
Demougé, ce qu'il y avait « de trop positif sur nos vues et les retours
désirés [2] ».

*La Liberté*, *Sans-Chagrin* et *Francœur* se content mutuellement
leurs peines : pas de pain, pendant des cinq et six jours ; pas de
viande pendant des quinzaines entières ; il faut voler pour vivre !
Impossible de rien acheter avec les assignats. Quant à la solde en
numéraire, toujours promise pour le 1ᵉʳ du mois prochain ! Faut-il
continuer de se battre « pour la cause de tant de voleurs et de
Jean F...? » — *La Liberté* : « Ah ! sacredieu, si je savais seulement
z'un moyen de faire la paix ! » — *Sans-Chagrin* : «... Rien de si
facile... Si l'armée ne veut plus se battre, n'est-il pas clair que la
paix est faite ?... — *La Liberté*. « Mais, morbleu ! comment donc s'y
prendre pour f... l'ordre dans les affaires ? » — *Sans-Chagrin* : « Les
armées cesseront de s'abuser. Nous avons f... le bal à l'Europe
réunie tant que nous comptions nous battre pour notre patrie, mais
ce ne sera plus comme ça, j'espère ! il nous faut acquérir une vraie
gloire en réparant notre erreur ; il faut à leur tour pousser les
épaules à ces J. F. de Paris, dire à nos généraux de faire la paix à
tout prix et de *nous conduire ensuite dans l'intérieur*, pour tomber sur
le casaquin à tous ces sacrés gueux qui ont couvert la France de
sang et de ruines... Que nous soyons bien gouvernés, *fût-ce par
Louis XVIII*, dont les gueux disent tant de mal et peut-être à tort. »

« Nos écrits font miracle, écrivait Demougé à Condé, à Klinglin, à
Fauche ; le troisième va être mis sous presse et je pense que ce sera

---

1. Chantilly, Z, t. XXXIII, p. 60 ; t. LXXIII, p. 36 et 43. « Cette proclamation se
trouve entre les mains de tous les soldats, écrit le curé d'Egga. » Klinglin, t. I,
p. 146. L'écrit, dénoncé au Directoire, se trouve dans A. G., Rhin-et-Moselle, à la
date du 14 février 1796.
2. Le dialogue dans A. G., Rhin-et-Moselle, au 26 septembre 1795, dénoncé au
Directoire, postérieure à cette date. Cf. la lettre de Mᵐᵉ de Reich du 18 février dans
Klinglin, t. I ; lettre de Demougé à Condé du 6 février, Chantilly, Z, t. XXXIII,
p. 60 et de Condé au roi, 23 février, Z, t. CXXXVIII, p. 10 : « Dans le dernier
pamphlet, le nom de Louis XVIII est en toutes lettres. »

le dernier, car il dit tout et après cela je ne désire plus qu'une proclamation de Poinsinet (Pichegru) au premier mouvement majeur qui se fera dans la troupe[1]. » Dans ce nouveau pamphlet, d'une portée plus générale que le précédent, *Le peuple aux armées françaises*, Demougé s'attachait à détruire les « dernières illusions » et les plus enracinées des classes populaires : « L'Égalité ?... Croyez-vous encore à ce fantôme d'égalité, quand nos tyrans, après avoir anéanti les distinctions anciennes, en ont établi pour eux de nouvelles ? »... « La Liberté ?... Nous ne sommes pas plus les maîtres de nos récoltes que de nos enfants... Un dernier vol public de 600 millions métalliques, décrété par nos tyrans sous le titre impudent d'emprunt forcé, va consommer irrévocablement la perte de la patrie... » — « La Justice ?... Ah ! qu'ils nous disent les brigandages auxquels ils ne se seront pas livrés ! » Que dire de la quatrième constitution ? « Hélas ! le cruel essai de cette chimère ne fait également qu'accroître nos maux. » Peut-on au moins espérer la paix ? « Ah ! perdez ce frivole espoir ; l'intérêt de nos despotes s'opposera toujours à la paix générale. » — Commart travaillait à un autre écrit, le 2ᵉ *entretien des Grenadiers* ; il fut imprimé comme les autres à Strasbourg, distribué peut-être[2]. De Manheim arrivaient aussi, par Offembourg ou par Bâle, des libelles[3] écrits sous l'inspiration directe du prince et destinés à provoquer, au profit de son armée, la désertion dans l'armée patriote, des adresses aux officiers patriotes, des Chansons comme *le Grenadier patriote* dont Wurmser était « heureux au possible[4] ».

Les appels à la désertion n'obtinrent que trop de succès : la petite armée du prince, au début de l'hiver, atteignait déjà 10.000 hommes ; elle s'augmenta « tous les jours », jusqu'à la fin de mars ; du 1ᵉʳ au 26 mars seulement, Condé put former avec les déserteurs deux régiments à cheval de plus.

Les adresses ou chansons étaient distribuées aux avant-postes français par des soldats autrichiens, sur l'ordre de Wurmser et

---

1. Klinglin, t. I, p. 182. C'est le « troisième » écrit par Demougé. J'en donne le texte, d'après l'exemplaire de A. G ; Rhin-et-Moselle envoyé au Directoire par Hermann de Strasbourg le 14 mars.
2. Klinglin t. I, p. 268. C'est probablement celui dont Pichegru arrêta momentanément la distribution. Demougé devait en distribuer une partie, avec d'anciens écus de six livres, à des adresses connues de militaires et aux corps de garde de cantonnements.
3. Ainsi l'*Avis aux bons Français*, qui fut « jeté à profusion dans Strasbourg », écrivait Hermann au Directoire Chacun renfermait une pièce de vingt-quatre sols en argent, autour de laquelle était collé un assignat de cent sols. L'avis et les pièces furent jetés dans Strasbourg, au moment où trois bataillons, arrivés de la veille, devaient repartir pour le Haut-Rhin, sur la place même où ils attendaient l'ordre de départ. Voir lettre d'Hermann et l'*Avis* dans A. G., Rhin-et-Moselle, au 15 avril.
4 Voir correspondance de Condé, Chantilly, Z, t. CXXXIII, p. 110, et de Barbançon, Z, t. XL, p. 253, 274.

d'Alvinzy, malgré la répugnance des officiers qui ne « voulaient pas se brouiller » avec les officiers français et malgré la protestation de ces derniers. Lorsque Courant arriva de Suisse avec Fenouillot et Fauche, Wurmser l'autorisa, malgré la trêve, à s'installer aux avant-postes, du côté de Landau, pour y diriger ce que Barbançon appelait le petit « commerce d'exportation de nos denrées [1] ».

Ces divers écrits, tant ceux qui étaient imprimés sur la rive gauche du Rhin que ceux qu'on envoyait de la rive droite en ballots, *sous le couvert de Pichegru*, furent dénoncés au Directoire par les autorités constituées [2] des départements ou par les généraux commandants de place [3] ou par les commissaires du Directoire [4] ou par de simples citoyens [5]. Le gouvernement envoya des ordres pour rechercher et punir conformément aux lois les auteurs ou distributeurs de ces « imprimés incendiaires [6] ». A la réquisition de Rivaud [7], le chef d'état-major de l'armée de Rhin-et-Moselle, Liébert, dut prendre des mesures pour faire arrêter les colporteurs de pamphlets et punir quelques officiers qui leur laissaient trop de facilités. Ainsi le commandant d'un des postes d'avant-garde fut envoyé par le général Michaud devant un conseil de guerre [8] Olry, que Fauche et Demougé, avec la complicité de Badonville, avaient placé comme aide de camp auprès de Pichegru, fut accusé d'avoir répandu des écrits royalistes dans l'armée ainsi que des « avis » de Condé qui renfermaient des pièces de vingt-quatre sous ; il passa le Rhin et se réfugia chez Mme de Reich [9]. Pichegru conseilla même à Demougé de ne plus distribuer de nouveaux écrits avant que les choses « soient au clair ». Demougé venait d'être dénoncé pour avoir distribué des libelles ; il parvint d'ailleurs à se disculper.

Ces écrits ont-ils provoqué, comme Pichegru et les agents du prince l'espéraient, des mouvements insurrectionnels dans la troupe ? Il est certain que des cas d'indiscipline se sont produits dans l'armée. A Lauterbourg, un régiment de dragons se mutinait ; la 35e demi-brigade refusait d'aller à l'exercice ; la 86e demi-brigade se logeait de

---

1. Lettres de Barbançon des 6 et 8 mars.
2. Klinglin, t. I, p. 146.
3. Commandant de la place de Schlestadt, 20 février ; le général Vachot, 3 mars ; le général Reynier, 18 mai, A. G., Rhin-et-Moselle.
4. Hermann au Directoire, 14 mars ; Rivaud, 4 mars, A. G., Rhin-et-Moselle.
5. Charpentier, 18 février, A. G., Rhin-et-Moselle.
6. A. G., Rhin-et-Moselle, 21 avril.
7. Rivaud à Liébert, 4 mars, A. G., Rhin-et-Moselle ; même jour, lettre au Directoire : « *On travaille de toutes manières l'armée.* »
8. Michaud remplaçait provisoirement à l'avant-garde Desaix, qui remplaçait Pichegru en congé au commandement de l'armée, depuis le 4 mars.
9. *Legros* dans la correspondance, Chantilly, Z, t. XXXIV, p. 48. Tugnot (dit Philippe), placé aussi comme aide de camp auprès de Pichegru, répandait ces écrits, Klinglin, t. I, p. 351.

force chez l'habitant, pour ne pas habiter les casernes [1]. Ce sont là d'ailleurs des cas isolés et il est impossible d'établir une relation directe entre ces mouvements et la distribution des libelles.

Cependant, s'il faut en croire les agents royalistes, les soldats foulaient aux pieds la cocarde tricolore à Strasbourg ; à Lauterbourg, en février, ils criaient : « Vive le roi ! » dans les chambres ou dans les cabarets. Mais Legrand, dans son journal, déclare que les « pamphlets de tout genre à dessein de séduire l'armée » ne produisirent qu'un effet médiocre : « Nos soldats restèrent inébranlables » ; des bataillons ou des régiments entiers envoyaient même comme « dons patriotiques » au Directoire des montagnes d'assignats dont ils ne pouvaient tirer parti, car les marchands les refusaient, — et le Directoire les en remerciait solennellement [2].

1. Déchiffrement de Strasbourg, 24 février, Chantilly, Z. t. LXXIII, p. 50, et Klinglin, t I, p. 61. A. G., Rhin-et-Moselle, 25 mars et 10 avril. Dans certaines garnisons, ceux qui manifestaient trop vivement leurs sentiments républicains étaient exposés à de mauvais traitements de la part de leurs camarades. A. G., Rhin-et-Moselle, 7 janvier, lettre du chef du 3ᵉ bataillon de Saône-et-Loire, Vaile.
2. Vandamme, 2 mars, A. G., Rhin-et-Moselle, déclarait que si les militaires faisaient don de ces « sommes immenses en assignats », c'était parce que les assignats perdaient toute valeur. Le Directoire consigne ces dons sur ses registres de délibérations. Voir aux 21, 27 nivôse, 9, 13, 19 pluviôse, 2 ventôse, 30 germinal, etc.

# CHAPITRE VIII

PICHEGRU PERD SON COMMANDEMENT.

### I. — *Désillusion.*

A la fin de février, le mécontentement des soldats fut à son comble. Non seulement ils n'étaient pas payés en numéraire, ne recevaient plus de viande fraîche, depuis le milieu du mois et souvent manquaient de pain, mais, à mesure que les magasins de siège se vidaient, le gouvernement devait leur mesurer la maigre pitance qu'il leur distribuait. On les nourrit de lard rance pendant quinze jours et, quand le lard manqua, de harengs fumés, de beurre salé, de fromage, la ration de pain réduite à moitié[1]. Les soldats se plaignaient hautement, accusaient le Directoire, et Demougé se réjouissait du « succès inouï » de ses écrits.

« L'explosion s'annonce ; l'armée est très montée », écrivait-il le 27 février. Dès à présent il importe de « faire des préparatifs », d'amasser des subsistances pour Strasbourg, de réunir des bœufs (1.000 pièces pour un mois), surtout d'avoir les fonds disponibles. Il ajoutait : « Il paraît qu'on veut avoir Poinsinet (Pichegru) à Paris, et c'est là le degré convenable que le banquier (Pichegru) m'a toujours indiqué sur le thermomètre des évènements désirés. » Badonville venait de lui apprendre que le général envoyait son second aide de camp, Abbatucci, à Paris. Il en concluait : « Baptiste est appelé, mais il ne veut pas y aller lui-même. Cela va faire faire un éclat ; je suis d'une impatience extrême d'être instruit par le banquier[2]. »

Cette lettre provoqua une émotion extraordinaire à la petite cour de Bühl. Le prince de Condé qui se désolait, quelques jours avant, de ne point « entrevoir de terme » à son intrigue et qui, en désespoir de cause, faisait écrire par Montgaillard à Pichegru, pour l'engager à se hâter[3], crut le moment venu. Sans perdre « un moment », il écrivit au bailleur de fonds anglais, à Craufurd (28 février) : « *Tout*

---

1. Klinglin, t. I, p. 221.
2. Demougé 27 février, Chantilly, Z, t. XXXIII, p. 61. Cf. Klinglin, même date.
3. Condé à Demougé, 16 février ; Montgaillard à Pichegru, 20 février, Chantilly, Z, t. XXXIV, p. 378 ; lettre imprimée dans les *Mémoires de Fauche-Borel*, t. I, p. 334.

est prêt à éclater ; il est infiniment pressant d'envoyer à Strasbourg l'argent nécessaire. Pichegru, étant appelé à Paris et refusant d'y aller, va sûrement se démasquer *sous très peu de temps* et n'a pas d'autre moyen de se tirer d'affaire . « Ne pourriez-vous pas m'envoyer une estafette ce soir pour me dire ce que vous comptez faire [1] ? »

Il envoyait un courrier à Barbançon : « La poire est si mûre que je crois qu'elle va tomber sous huit jours. Baptiste, appelé à Paris et n'y allant pas, ne peut faire autrement que d'éclater. » Et il le priait d'aller voir aussitôt Wurmser et Alvinzy, d'obtenir l'autorisation de se joindre à Pichegru dès qu'il en ferait la demande, d'appeler à lui la cavalerie cantonnée à Rothembourg : « Pressez l'envoi des armes, ajoutait-il ; ceci viendra comme un coup de foudre [2]. »

Craufurd répondait qu'il se rendait immédiatement à Bühl. Wurmser envoyait à Condé « l'autorisation de se réunir à la personne connue sous le nom de Baptiste » et celle « de disposer de la cavalerie qui se trouve en quartier à Rothembourg, en supposant toutefois l'urgence du cas » ; il chargeait le baron de Vincent et Klinglin de se rendre, toute affaire cessante, auprès du prince, pour arrêter avec lui les mesures les plus propres au succès de l'affaire. Wickham, averti par lettre, se désespérait d'être retenu en Suisse par son gouvernement, qui l'avait chargé d'une négociation avec Barthélemy. Prévenu en hâte, le « roi » chargeait Condé d'un message spécial auprès de Pichegru : « Dites-lui que j'aime trop ma patrie pour n'avoir pas toujours aimé celui qui l'a si glorieusement défendue, et qu'il peut juger de la satisfaction que j'éprouve de trouver un sujet fidèle où je ne voyais qu'un ennemi. » Tous ceux qui étaient initiés au secret — ils étaient nombreux — attendaient avec impatience les nouvelles de Strasbourg. Mme de Reich se préoccupait déjà de faire broder des brassards avec des fleurs de lis pour les distribuer aux soldats de la république [2] !

Les nouvelles arrivèrent le 1er mars : le général, qu'on croyait prêt à marcher sur Paris avec son armée, voulait partir pour Paris en congé, incognito !

Demougé lui avait parlé la veille. Depuis plusieurs jours, l'avocat cherchait à le voir, sans succès d'ailleurs. Pichegru semblait prendre

---

1. Chantilly, Y, t. CXXXV, p. 99.
2. Condé à Barbançon, 28 février, Chantilly, Z, t. CXXXIII, p. 112; Barbançon à Condé, 1er mars; Wurmser à Condé, 1er mars Chantilly, t. XL, p. 279 et t. XVIII, p. 70; Wickham à Condé, Chantilly, Y, carton 15, p. 219 et Latour, son secrétaire, au même, 3 mars, Chantilly, Y, t. XCI, p. 229 ; le roi à Condé, 14 mars, Chantilly, Z, t. I, p. 153; cf. lettre de d'Avaray, qui prévoit la ruine de tant d'espérances et veut que, dans ce cas, Pichegru se réfugie auprès de Condé : « En cas de non-succès, le drapeau blanc doit être son asile. » Z, t. XXXVIII, p. 133

à tâche de se dérober à un nouvel entretien. Passait-il à Strasbourg? Demougé s'annonçait « précipitamment » : il partait pour le Haut-Rhin, se rendait à Blotzheim chez M^me Salomon ; des personnes, qui le voyaient, assuraient qu'il était « extraordinairement rêveur ». Il revenait à Strasbourg, mais c'était aussitôt pour se rendre à Haguenau, où le général Courtot, qui s'était caché depuis la perte des lignes, avait été conduit pour être jugé.

Hésitait-il avant de prendre une résolution décisive? Craignait-il, en annonçant ses intentions, — qui vraisemblablement devaient causer une désillusion cruelle au prince, — d'éveiller ses soupçons? Redoutait-il simplement de se compromettre en s'abouchant avec Demougé, d'augmenter les défiances du gouvernement qui, disait-on, commençait « sourdement à l'accuser d'avoir été cause des dernières défaites » ? Il donnait cette raison à l'avocat, mais le faisait prévenir par Badonville qu'il le verrait à Illkirch[1].

Il se rendit à pied à Illkirch, malgré le froid violent, le 29 au matin. Il apprit à Demougé, surpris et confondu, qu'il avait demandé un congé au gouvernement, congé d'un mois, sous prétexte d'affaires particulières qui l'appelaient en Franche-Comté, mais qu'il entendait se rendre à Paris incognito. Il lui donna les raisons de sa détermination, — celles du moins qu'il voulut donner : — *disparaître un moment*, pour n'être pas appelé officiellement à Paris, où le gouvernement témoignait l'intention de le consulter, peut-être pour lui enlever le commandement de son armée ; *se rendre secrètement à Paris* pour s'informer auprès de ses amis de la situation vraie de la capitale, où la fermentation était plus forte que jamais. Ces amis l'avaient prévenu que « l'affaire des sections n'était pas terminée », « qu'un parti très avancé et très considérable n'attendait qu'un chef » : il n'aimait pas à traiter les affaires par écrit ; il préférait voir ses correspondants et leur parler, apprendre d'eux ce qu'ils n'osaient écrire et s'entendre avec eux pour établir un ensemble entre les mouvements de l'armée et ceux de la capitale.

C'est pourquoi il avait prévenu le gouvernement qu'il se rendait dans son pays et, pour éviter d'être appelé, avait envoyé son aide de camp Abbatucci à Paris. Dans huit ou dix jours, il devait « disparaître, comme pour partir dans l'intérieur » — et se rendre incognito dans la capitale. Il habiterait chez son frère, ancien religieux, qui vivait très retiré ; il pourrait secrètement communiquer avec ses amis, apprendre verbalement ce qu'ils n'osaient lui écrire[2].

---

1. Lettres de Demougé des 20, 21, 27 février, Chantilly, Z, t. XXXIII, p. 62 à 64. Cf. Klinglin, t. I, p. 154, 169, 171.

2. L'entrevue racontée d'après la lettre de Demougé du 29 février 1796, Chantilly, Z, t. XXXIII, p. 65. Cf. Klinglin, t. I, p. 103, 219 à 223. Compte rendu qui paraît exact. L'avocat distingue nettement ce que le général lui a *dit* et ce qu'il *suppose*.

Demougé lui demanda s'il avait besoin d'argent pour entreprendre ce voyage ; il accepta les fonds qu'on lui offrait. Mais l'avocat n'eut pas le temps d'en apprendre davantage, — il aurait voulu connaître le secret de ses intentions; — le chef d'état-major général arriva fort à propos pour couper court à des confidences que Pichegru n'était pas pressé de faire.

## II. — *Le Congé. Pourquoi ?*

Il avait demandé un congé. Le 19 janvier, il écrivait aux directeurs : « Permettez-moi de vous rappeler encore ma demande pour mon remplacement au commandement de l'armée. J'éprouve le plus pressant besoin d'un congé. » Plusieurs fois — trois fois officiellement — il avait prié le Directoire de lui donner un successeur. Il affectait encore, le 10 janvier, de désirer ardemment son remplacement. En effet, il écrivait à Moreau : « Je ne compte pas être chargé de recommencer les hostilités ; j'ai demandé déjà six fois mon remplacement. Je le désire de plus en plus et je ne cesserai pas mes insistances à cet égard. La légèreté et l'injustice, avec lesquelles j'ai vu traiter le militaire, qui n'est pas toujours heureux, ont fait naître en moi un sentiment qu'il sera difficile de vaincre, le dégoût[1]. » Cependant, neuf jours après, il avait changé d'avis, puisqu'il présentait alors sa demande de remplacement sous la forme d'une demande de congé[2].

Le Directoire accorda le congé (arrêté du 6 février), « prenant en considération la demande réitérée et le besoin qu'a d'un congé le général Pichegru ». Il chargeait Desaix de le remplacer « provisoirement pendant son absence » au commandement de l'armée de Rhin-et-Moselle. Le ministre de la guerre, dans la lettre écrite au général, pour le prévenir de la décision prise, ne faisait aucune allusion à un remplacement définitif[3].

Ce congé, pourquoi le général l'avait-il demandé ? Les raisons données à Demougé furent-elles les seules qui le déterminèrent ?

Les seules, probablement non. Mais il est impossible d'affirmer qu'il en eut d'autres. On en soupçonne plusieurs cependant. La

---

1. A. G., Rhin-et-Moselle, 10 et 19 janvier.
2. Lorsque le Directoire, affectant de lui donner satisfaction, le remplaça par Moreau, il déclara qu'il n'avait jamais sollicité qu'un congé. Voir ses demandes de remplacement, ci-dessus, les 9, 16 novembre et 23 décembre. Probablement Pichegru affectait de demander son remplacement, pour prévenir une disgrâce qu'il prévoyait, en rassurant le Directoire par un apparent désintéressement. Si le Directoire faisait droit à sa requête, il gardait au moins le beau rôle, se posait auprès des soldats et de ses collègues en mécontent et en dégoûté.
3. AF* III, 201; registre du Directoire; archives administratives de la guerre, dossier Pichegru.

demande du congé fut envoyée le 19 janvier. A cette date, il avait reçu des instructions du Directoire qui motivèrent peut-être sa détermination.

Le 5 et le 11 janvier [1], on le chargeait de réunir à Strasbourg les troupes qui avaient capitulé à Manheim et que les Autrichiens venaient de mettre en liberté après échange. Il devait les réarmer dans cette ville et les diriger, de là, partie sur la Franche-Comté et partie sur les départements du Nord.

Il répugnait à se retrouver à Strasbourg avec ces témoins d'un passé qui n'était pas à sa gloire. Les plaintes des soldats qui revenaient d'Allemagne, aigris par la défaite et par la souffrance, celles des officiers qui avaient signé la capitulation, le récit des intrigues de Fauche-Borel à Manheim objet des dénonciations de Cotta, pouvaient éveiller dans la capitale de l'Alsace la défiance des autorités constituées. Un congé donnait à Pichegru la faculté de « disparaître » au moment opportun : son absence enlevait une partie de leur intérêt aux réclamations des uns comme aux accusations des autres [2].

Le ministre lui adressait d'autres instructions au sujet de l'organisation nouvelle de l'armée (12 janvier). Il s'agissait, on le sait, de réunir les brigades supprimées aux brigades conservées ; mais, comme le nombre des unités tactiques se trouvait diminué, il fallait renvoyer dans leurs foyers ou employer dans les places une partie des officiers [3].

En obtenant un congé, Pichegru se débarrassait d'un travail difficile ; sa popularité n'était pas atteinte par l'exécution d'une mesure qui froissait tant d'intérêts ; il n'était pas victime du mécontentement qu'elle devait provoquer ; ce mécontentement, au contraire, il restait libre de l'exploiter à son profit.

Peut-être aussi l'arrêté du Directoire (12 janvier) [4], qui ordonnait

---

1. A. G., Rhin-et-Moselle, déjà ordre du ministre, le 6 décembre, *ibid.* Cf. AF III, 147, lettre d'Aubert Dubayet au Directoire (7 nivôse an IV) : les prisonniers devaient être réciproquement rendus « en vertu d'un cartel, conclu à Lorrach, le 27 fructidor dernier ». La garnison de Manheim fut échangée contre celle de Luxembourg.
2. Pichegru ne répondit que le 18 janvier aux lettres du ministre et il conseillait de ne pas réarmer cette ancienne garnison de Manheim à Strasbourg Le ministre (27 janvier) ne tint pas compte de cet avis : la garnison fut réarmée à Strasbourg. Une partie des soldats fut envoyée dans le Doubs, une autre dans le Pas-de-Calais et le Nord Le « travail » de Fauche-Borel avait porté ses fruits, comme en témoigne une lettre de Besançon : « Les canonniers écrivait un citoyen, veulent qu'on les appelle Monsieur, disent qu'ils n'aiment pas la république .. Ils auraient voulu rester plus longtemps prisonniers. » Voir le tout dans A. G., Rhin-et-Moselle.
3. Voir ci-dessus. Il laisse *la besogne à faire à Desaix*, son remplaçant provisoire. Instructions du 5 mars.
4. Voir ci-dessus. Cf. dans A. G., Rhin-et-Moselle, la lettre de Lajolais au Directoire et celle de Rivaud, 22 janvier ; Condé à Barbançon, 23 janvier, Chantilly, Z, t. CXXXIII, p. 102.

de célébrer aux armées, comme à Paris, l'anniversaire du 21 janvier, n'a pas été sans influence sur la détermination prise le 19. En recevant cet arrêté, Pichegru a dû comprendre qu'il lui serait tôt ou tard impossible de soutenir jusqu'au bout le rôle double qu'il prenait depuis quelques mois sans se démasquer et se perdre.

Pour éviter de prêter le serment de haine à la royauté et de célébrer l'anniversaire du 21 janvier, il quitta brusquement Strasbourg et laissa Lajolais présider seul la cérémonie ; mais la difficulté, évitée une fois, pouvait se représenter une autre, sous une forme imprévue. Alors il serait obligé ou de rompre en visière au gouvernement — et de faire un éclat comme Dumouriez, brusquement sans choisir son heure, avec toutes chances d'échec — ou de mentir à ses engagements avec le prince de Condé.

Précisément il recevait la nouvelle de l'affaire de Besançon[1]. Ferrand, compromis par la découverte des papiers de Tinseau, venait, pour se sauver, de dénoncer de Véreux (13 janvier). Ce compatriote de Pichegru, retrouvé à l'armée du Nord, appelé par lui à l'armée de Rhin-et-Moselle et fort avant dans ses secrets peut-être, car Fauche le vit à Blotzheim chez M^me Salomon, avait accueilli de Véreux, comme Pichegru Fauche-Borel. Il s'était trouvé dans l'obligation de choisir brusquement entre deux alternatives : ou se démasquer ou trahir la confiance des royalistes, s'exposer aux colères du Directoire ou au mépris des émigrés. Il avait accusé, pour ne pas être accusé.

Pichegru fut frappé de l'analogie entre sa situation et celle de Ferrand. Il se plaignait amèrement de la légèreté des émigrés. Tôt ou tard, il pouvait aussi se trouver compromis par leur imprudence, obligé de les dénoncer ou de fouler aux pieds sa cocarde, méprisable ou rebelle, exposé à toutes les vengeances des royalistes ou jeté dans une aventure dont il ne sortirait que par la fuite ou la mort. Il sentit plus lourd que jamais le poids de son double rôle, éprouva l'impérieux besoin de s'en décharger un moment.

Il n'a pas fait connaître à Demougé toutes les raisons de sa détermination. Nous sommes loin d'ailleurs de les connaître toutes. Les motifs d'ordre privé nous échappent ou presque. Il cachait sa vie avec soin, vivant à Illkirch surtout ou à Strasbourg, s'abandon-

---

1. L'affaire de Besançon le touchait doublement, en ce qu'elle compromettait deux amis et peut-être deux complices, Ferrand et Bouvenot. Bouvenot, « un de ses amis », écrit Demougé, Chantilly. Z, t. XXXIII, p. 56. Bouvenot était aussi un ami de ce Couchery qui fut un des compagnons d'exil de Pichegru à Londres ; il s'était rendu à Paris, avec Couchery, lors du 13 Vendémiaire. Lettre de Pflieger au Directoire, 25 nivôse an IV, AF III, 146. Couchery venait d'être nommé depuis peu au Corps législatif.

nant, au dire de Saint-Cyr[1], à de « honteuses débauches, pendant que son armée, campée dans la boue ou sur la neige, manquant même de paille de couchage, souffrait dans les lignes de la Queich toutes sortes de privations ». Un jour Desaix se rendit chez lui pour le prier de faire cesser les souffrances de ses troupes en leur donnant des cantonnements plus étendus ; « il le trouva dans un état tel qu'il fut honteux d'être entré dans sa maison ; Pichegru le fut plus encore, au point qu'il se mit en colère contre Desaix... Celui-ci sortit aussitôt, en se promettant de ne plus remettre les pieds chez lui. » « C'est un vilain crapuleux, qui n'aime à vivre qu'avec des gueuses et des juives, et dans la basse ivrognerie », disait Reubell à Bonaparte[2].

Ce général de trente-cinq ans aimait la bonne chère et plaisait aux femmes. Il n'était pas de ceux qui sacrifient tout à leur ambition. A la veille de Fructidor, Montgaillard le trouva, sortant des mains de son coiffeur, occupé à achever une toilette recherchée[3]. A la veille de réaliser les plans élaborés avec Condé, qu'allait-il faire à Paris « incognito » ?

Paris se hâtait de vivre après la tourmente révolutionnaire : vie fiévreuse, donnée au plaisir, après l'agio. C'était le temps des Incroyables aux habits vert bouteille, aux cravates « écrouelliques », aux oreilles de chien, à la poigne solide, au parler zézayant ; le temps des Merveilleuses, « aux nudités gazées », aux costumes antiques à la Flore, à la Cérès, à la Vénus ! le temps des amours fragiles et des joies bruyantes : rendez-vous chez Garchy ou chez Frascati, courses en hockey, en wiski à Longchamp, bals d'abonnement au pavillon de Hanovre, feux d'artifice de Tivoli, féeries de l'Elysée ou d'Idalie[4] !

Une société nouvelle naissait des ruines de l'ancienne, singulièrement plus tapageuse et plus mêlée ; les agioteurs y donnaient le ton, avec des femmes légères que la Tallien éclipsait de sa beauté. M<sup>me</sup> Lajolais devait se plaire en cette société. Or elle se rendait seule à Paris[5] : Pichegru voulait l'y rejoindre, pour jouir avec elle en liberté des plaisirs de la capitale.

Il voulait aussi parler aux amis[6], qui lui annonçaient que « l'affaire des sections n'était pas terminée ».

---

1. Saint-Cyr, t. II, p. 333-4. Bon nombre de ses officiers l'imitaient. Voir lettre du Directoire à Pichegru, 24 janvier, A. G., Rhin-et-Moselle.
2. *Nouvelle Revue rétrospective*, juin 1904, p. 382, conversation de Reubell avec Bonaparte aux Tuileries, 3 ventôse an X : jugement qui nous paraît bien sévère.
3. Lacroix, *Souvenirs de Montgaillard*, p. 40.
4. Voir de Goncourt, *la Société française sous le Directoire* ; Lacroix, *Directoire* ; surtout Mercier, *Nouveau Paris*, et les lettres de Mrs Swinburne (édit. de Babeau), etc.
5. Voir page 227.
6. Quels amis ? sans doute Couchery, Laurençot, membres du Conseil des Cinq-Cents.

L'état de la capitale paraissait, en effet, dans les premiers mois de 1796, surtout en février, presque aussi grave qu'en septembre. Le Directoire n'avait jamais été populaire ; on s'en moquait ouvertement. « Il ne nous reste plus que cinq cartouches », disaient les habitués des cafés, ou : « La République est à l'agonie : cinq cochons à vendre et un louis à acheter [1]. »

Le gouvernement semblait près de la banqueroute [2]. Les paysans refusaient aux portes de Paris, aux Halles même, la monnaie métallique à effigie républicaine [3].

La levée de l'emprunt forcé provoquait les protestations les plus vives. Bon nombre de commerçants se plaignaient d'être imposés bien au-dessus de leurs revenus [4].

Le bas peuple, qui s'était réjoui d'abord de l'emprunt, en supportait les conséquences ; ces conséquences, Mallet du Pan les avait prévues. « La pompe foulante et aspirante du gouvernement, écrivait-il, met à sec par cette mesure le bassin de la circulation et retire la plus grande partie du capital nécessaire aux échanges, aux travaux de l'industrie, aux besoins de l'agriculture. C'est un acte de désespéré qui s'ouvre les quatre veines pour s'abreuver de son sang [5]. » Les commerçants, les fabricants ruinés fermaient boutique ou diminuaient leur personnel. Les ouvriers du faubourg Saint-Antoine, employés aux meubles, aux objets de luxe, ne trouvaient plus à s'occuper ; les patrons déclaraient qu'ils ne les feraient plus travailler. Les salaires baissaient [6]. Par contre les vivres augmentaient : « augmentation révoltante et toujours progressive », annonçait le Bureau central ; « surhaussement rapide de toutes choses ». Au milieu de février, la viande était taxée officiellement à 145 livres et le pain à 40 livres ; un boisseau de pommes de terre valait 140 à 210 livres ; un poulet, 400 à 480 livres [7].

A ce moment même, le Directoire fut obligé de réduire à Paris les distributions de pain et de cesser celles de viande aux indigents.

1. Rapport du bureau central, 12 février, Aulard, *Paris*, t. II.
2. Aulard, *ibid.*, t. II, p. 783. Le 22 février, on criait à la halle les assignats de 100 livres à 5 sols métalliques. *ibid.*, t. III, p. 5 ; les rescriptions sur l'emprunt forcé perdaient 40 0/0, t. II, p. 752.
3. Mallet du Pan *Correspondance*, t. I, p. 399 ; Aulard, *Paris*, t. II, p. 602 et 625 ; t. III, p. 30.
4. Des teneurs d'hôtel garni, qui n'avaient pour toute fortune que les meubles de leur hôtel, des marchands de lunettes ou de cire à cacheter étaient taxés à 6.000 livres en numéraire, 600 000 en assignats. Aulard, *Paris*, t. II, p. 627, 638. Beaucoup de propriétaires et de rentiers, qui avaient jadis un revenu de 20.000 livres et qui n'en touchaient plus qu'une faible partie, étaient portés sur le rôle du quart des plus imposés. Aulard, *ibid.*, p. 629.
5. Mallet, t. I, p. 386 et suivantes.
6. Aulard, *Paris*, t. II, p. 612, 613, 616, 658, 704, 721, 735.
7. Aulard, *Paris*, t. II, p. 696, 717, 730, 740, 746 ; t. III, p. 23, 25 ; Thibaudeau, *Directoire*, p. 24. C'est le 17 mars seulement, que les rapports de police constatent une diminution modique du prix des denrées.

560.000 individus bénéficiaient des premières. Ces distributions coûtaient 76 millions par an au Trésor en numéraire, plus de 138.000 livres par jour et pour le pain seul. Le *Rédacteur* du 19 pluviôse (8 février) publia l'arrêté du Directoire du 12. A la lecture de cet arrêté, la consternation fut générale ; le peuple semblait « perdre tout espérance¹ ».

De là l'effervescence populaire. On disait couramment : « Il vaudrait beaucoup mieux exister sous le despotisme le plus lourd que mourir de faim dans l'abondance ». Lorsqu'on apprit que les cartes de pain et de viande seraient retirées, à partir du 20 février, ce fut un concert de malédictions contre le Directoire. Les femmes criaient : « Nous irons aux cinq sires, comme nous avons été au Veto ; cela ne durera pas longtemps » ; les ouvriers : « Nos estomacs sont le mètre sur lequel nous mesurons nos opinions » ; « Quand la Bastille fut prise, nous n'avions pas d'armes » ; « La belle b... de république de voleurs ! après nous avoir fait guillotiner, ils nous font mourir de faim » ; « On nous a ôté nos armes, mais il nous reste un briquet et de l'amadou ; il faut les rôtir ou les miner². » Dans les spectacles, où le gouvernement avait ordonné de chanter les hymnes révolutionnaires, on couvrait d'applaudissements. « *Tremblez, tyrans* » ; au contraire, l'*Hymne à la Liberté* était écouté avec les marques d'une ironie peu déguisée³.

On parlait « partout d'un *nouveau 13 Vendémiaire* », sans être d'accord sur le parti qui devait le provoquer. « On s'attendait à un mouvement dans Paris ; un bruit sourd semblait l'annoncer⁴. » Les jeunes gens de la réquisition, qui refusaient de partir, se réfugiaient dans les bois du côté de Bondy, en relation avec les réquisitionnaires et les déserteurs du Nord de la France ; ils étaient prêts, disait-on, à se jeter dans Paris au premier signal.

Les royalistes espéraient faire tourner l'insurrection à leur profit Au café de Valois, au café Conti, au bal de l'hôtel d'Aligre, dans leurs lieux habituels de réunion, ils se réjouissaient de la misère et du mécontentement populaire⁵. Les cadenettes, les cravates

1. *Rédacteur* du 19 pluviôse (8 février) ; Barras, t. II, p. 43 ; Mallet du Pan, t. II p. 26. Cf. *Rédacteur* du 11 germinal.
2. Aulard, *Paris*, t. II, p. 737, 744, 751, 754, 781. Le Directoire dut continuer la distribution de pain à 250.000 individus, au lieu des 150.000 primitivement fixés
3. *Ibid.*, p. 744, 748. Il fallut substituer « Tremblez, chouans » à « Tremblez, tyrans ».
4. Lettre de Sandoz à son gouvernement, 22 février, dans Bailleu, t. I, p. 55. Déjà, en janvier, les marchands d'argent annonçaient : « Sous peu de jours nous allons avoir un *grand coup* qui réussira mieux que celui du 13 Vendémiaire. » Aulard, *Paris*, t. II, p. 628.
5. Le danger jacobin paraissait moins grave, en février 1796, que le danger royaliste. Il n'en est pas de même à la fin de mars, surtout en août et en mai. En mars, sont affichés les placards babouvistes : « Soldat, arrête et lis », « Chanson nouvelle à l'usage des faubourgs » ; en avril, l' « Analyse de la doctrine de Babeuf ». Cepen-

vertes, les collets noirs et verts reparaissaient. Les « aimables » portaient dans une poche du gilet un talisman dont la forme dessinait à la silhouette les figures de Louis XVI et de Marie-Antoinette ; les élégantes découvraient, en marchant, les bas à fleurs de lis ; sur l'éventail se dessinaient les portraits du roi et de la reine. Le boulevard des Italiens devenait « une petite Vendée ». On annonçait que des rassemblements royalistes se formaient à Charenton et à Paris ; que dix mille chouans se rendaient dans la capitale pour abattre les « cinq rois ». On affirmait que Passy devait être assiégé avant un mois ; les fables les plus étranges circulaient sur le compte de Stofflet, de Scépeaux, de Charette ; la section Le Pelletier remuait [1].

Le retour de la royauté « est une idée circulante dans toutes les têtes », écrivait Mallet du Pan ; « la République tombe en ruines » ; l'occasion est mûre !

Mais il ajoutait : « Qui saura en profiter ? Toujours point de chef, point d'homme à méthodes, point de noyau d'armée, point de centre d'opinion [2]. »

Pichegru serait-il ce chef ? Serait-il l'homme à méthodes ? Pouvait-il disposer de son armée ? Autant de questions sans doute que se posaient les amis [3] qui l'appelaient à Paris.

Il semble cependant qu'il ait hésité à profiter de ce congé. Il n'en prévint ni son entourage ni le prince de Condé. Des personnes, qui le voyaient à Blotzheim, chez M<sup>me</sup> Salomon, plusieurs jours avant son entrevue avec Demougé, le trouvaient singulièrement rêveur.

Ne voulait-il laisser à personne le soin de présider le conseil de guerre qui devait juger le général Courtot ? Celui-ci s'était caché, après la déroute des lignes, à laquelle il avait largement contribué par sa faute. On le retrouva ; on l'enferma ; le conseil de guerre se réunit à Haguenau pour le juger [4]. Il était question de le fusiller. Pichegru désirait-il le sauver [5] ? Ce qui est certain, c'est qu'il le laissa

---

dant fermeture du Club du Panthéon, le 27 février, comme de réunions royalistes (salon des Princes, réunion Sillery, église Saint-André des Arts, théâtre Feydeau).

1. Aulard, *Paris*, t. II, p. 629, 703, 706, 761, 781 ; t. III, p. 1, 4, 17, 21. Cf. *Décade philosophique* du 29 février : « Nous osons à peine porter nos regards sur les départements de l'Eure, du Calvados, de l'Orne, de la Manche ; les chouans y répandent la terreur »

2. Mallet, t. II, p. 17 à 34 ; Sorel, t. V, p 57.

3. Ces amis faisaient partie sans doute de la coalition du Nouveau Tiers avec « environ 130 à 150 conventionnels ». Mallet du Pan, 3, 18 avril, t. II, p. 43 et suivantes, 51 et suivantes ; Thibaudeau, p. 61 et suivantes, 79 à 84 ; Doulcet de Pontecoulant, *Souvenirs*, t. II, chap. II.

4. Pichegru à Aubert-Dubayet, 5 nivôse an IV, collection Charavay, voir ci-dessus.

5. Journal de Legrand : « Pichegru..., sans la protection duquel probablement le général Courtot eût été condamné à être fusillé. »

échapper. La veille de son jugement, Courtot s'évada. « Le général Pichegru, qui nous présidait, raconte Legrand, ne fit faire aucune recherche à ce sujet. Le général Courtot fut déclaré incapable d'occuper aucun grade et condamné par contumace à quelques mois d'emprisonnement qu'il n'a jamais subis, quoique chacun sût bien où il était assez publiquement (4 mars). »

Le lendemain, 5 mars seulement, Pichegru remettait le commandement à Desaix [1].

### III. — *Pichegru remplacé par Moreau.*

Il avait annoncé à Demougé qu'il garderait en voyage l'incognito. Il voulait, disait-il, « disparaître » pour ne pas être appelé officiellement à Paris, « sous le prétexte spécieux de venir se concerter avec le Directoire exécutif ». Il savait, en effet, qu'il avait été question de le remplacer [2]. L'aurait-il ignoré, la voie publique le lui aurait appris. Quelque temps avant, le ministre de la guerre s'était cru obligé de démentir sa destitution [3]. On annonçait à Paris qu'il allait partir avec le caractère d'ambassadeur pour la Turquie, où il commanderait les armées ottomanes. Demougé lui-même prévenait Condé qu'on l'inculpait « sourdement d'avoir été la cause des dernières déroutes et d'avoir accepté beaucoup d'argent des Autrichiens ». Wittersbach, espion de Klinglin à Bâle, n'ignorait pas que Pichegru, devenu suspect, risquait de ne pas commander dans la prochaine campagne [4].

Nous savons que, pour éviter d'être appelé officiellement, Pichegru envoya le chef de brigade, adjudant général, Abbatucci, à Paris (27 février). Il le chargea de donner aux ministres et aux directeurs des renseignements sur la campagne et l'état de l'armée. Cet officier, qui devait périr bientôt au siège d'Huningue, était son aide de camp depuis le mois d'août 1793 et l'avait suivi de l'armée du Rhin à l'armée du Nord, pour revenir avec lui, en 1795, à l'armée de Rhin-et-Moselle [5]. Il ignorait les intrigues de son chef et lui était attaché.

Dans un long mémoire [6], rédigé à cette époque et sans doute à cette

---

1. Voir les instructions qu'il remet à Desaix le 5 mars, dans A. G., Rhin-et-Moselle. A-t-il hésité à remettre le commandement à ce loyal soldat que le Directoire lui imposait comme remplaçant provisoire? Est-ce là une des raisons de son retard à profiter du congé qui lui avait été accordé?
2. Le 3 novembre et le 26 décembre 1795, voir ci-dessus, et sa lettre à Moreau.
3. *Moniteur*, réimpression, t. XXVI, p. 545; Aulard, *Paris*, t. II. p 659, 13 janvier.
4. Demougé, 16 février, et Wittersbach, 15 février.
5. Archives administratives, guerre, dossier Abbatucci; Charavay, *les Généraux morts pour la patrie*.
6. Celui que nous avons utilisé déjà, A. G., mémoires historiques. Il reprochait surtout à Jourdan d'avoir fait sa retraite, en octobre, si loin de l'armée de Rhin-et-Moselle, ce qui l'avait empêché de pouvoir le secourir à temps.

occasion, pour être mis sous les yeux des directeurs, il racontait la campagne de 1795 et, sans dissimuler quelques fautes trop évidentes, commises, le 23 septembre, à Heidelberg, il rejetait la responsabilité des échecs sur le Comité de salut public, sur des généraux comme Courtot ou Montaigu et surtout sur l'armée de Sambre-et-Meuse.

Pichegru pensa qu'il défendrait mieux sa cause auprès des directeurs que lui-même. Abbatucci devait le tenir au courant de ses démarches et de leur effet.

Il n'eut pas de peine à lui démontrer, dans sa première lettre, qu'il devait renoncer à se rendre à Paris incognito. Il serait reconnu « à peine aux barrières ». L'aide de camp ajoutait que « tout le peuple le suivrait en foule », que « tout le monde l'attendait », que le gouvernement lui-même était « empressé de le voir [1] ».

Cette lettre décida Pichegru : il irait à Paris, parlerait aux ministres, aux directeurs, exposerait l'état lamentable de son armée, s'assurerait ainsi la reconnaissance des soldats, leur appui au besoin.

Il espérait aussi obtenir du ministre le retrait d'une décision récemment prise : Petiet, le successeur d'Aubert-Dubayet, venait d'ordonner au général Lajolais de remettre le commandement de Strasbourg au général Moulin [2]. Autant l'arrivée de Moulin, dont l'ardent républicanisme était connu, déplaisait à Pichegru, autant la disgrâce de Lajolais le déconcertait.

En attendant que Pichegru pût se rendre à Paris, Mme Lajolais partit. La police secrète annonça, dans son rapport du 20 ventôse (10 mars) [3] : « La femme du général commandant Strasbourg est à Paris. On assure qu'elle y est pour solliciter la radiation de son père émigré [4] et rentré [5]. Elle est sur le point de l'obtenir. On assure que,

1. C'est du moins ce que Demougé, qui prétend avoir vu sa lettre à Pichegru, rapporte à Condé le 10 mars, Chantilly, Z, t. XXXIII, p. 71.
2. Petiet à Lajolais, 24 février, archives administratives, guerre, dossier Lajolais. Voir article de G. Bussy sur Moulin dans la *Révolution française* du 14 avril 1907 ; Morvan, *les Chouans de la Mayenne*, p. 163 et suiv. Moulin, adjudant général de la garde nationale parisienne, du 10 août 1792 à février 1793, plus tard général en chef de l'armée des Côtes-de-Brest, puis de l'armée des Alpes, avait succédé à Ferrand, comme commandant à Besançon, et Petiet l'envoyait à Strasbourg, parce que ses « principes » étaient « universellement connus ». AF iii, 147, lettre du 25 février. Moulin n'arriva d'ailleurs à Strasbourg qu'à la fin d'avril ou au commencement de mai. A. G., Rhin-et-Moselle, 7 mai.
3. Aulard, *Paris*, t. III, p. 43.
4. Un des nombreux émigrés de Haguenau, où le père de Mme Lajolais (née Oberlin) était pharmacien ; les notables de Haguenau, qui avaient accueilli le prince de Condé avec enthousiasme en 1793, s'exilèrent pour éviter la prison ou l'échafaud après la victoire du Geisberg. — Lajolais, comme gendre d'un émigré, tombait sous le coup de la loi du 3 brumaire. Pourtant le Directoire autorisait Pichegru à l'employer.
5. L'administration du Bas-Rhin avait envoyé au gouvernement la liste des émigrés rentrés.

maîtresse du général Pichegru, elle intrigue pour lui faire obtenir une ambassade. » La police secrète ignorait le remplacement de Lajolais, — principale cause du voyage de sa femme ; — sa note n'en est pas moins curieuse, en ce qu'elle laisse supposer que les Lajolais poussèrent Pichegru à solliciter une ambassade, avec l'intention peut-être de partir avec lui. Cette supposition admise, on explique mieux la brusque détermination prise, le 14 mars, par le Directoire, à l'égard de Pichegru.

Le Directoire se décidait, en effet, à accepter la démission de Pichegru, démission donnée trois fois en novembre et en décembre, mais retirée en fait par la lettre du 19 janvier.

Il est difficile de croire que le Directoire ait tenu à donner satisfaction au général. Tout prouve, au contraire, qu'il lui infligeait une disgrâce dont il importe de connaître les causes.

Les directeurs soupçonnaient-ils l'intrigue du général avec Condé? Ils surveillaient de près les menées des royalistes dans l'Est. L'affaire de Besançon leur avait donné l'éveil. Depuis, des douaniers avaient saisi sur une femme, au passage des frontières du Jura, un paquet de lettres révélant une partie des intrigues de Tessonnet en Franche-Comté.

Le Directoire ordonna, le 10 mars, l'arrestation de Terrasse-Tessonnet et de ses complices. Tessonnet se cacha, puis passa la frontière. Une surveillance active fut établie dans les départements du Doubs, du Jura et de la Haute-Saône, surtout lorsque Moreau remplaça Pichegru au commandement de l'armée de Rhin-et-Moselle [1]. Les directeurs réorganisèrent, auprès des Postes et Messageries, une commission de six membres, chargée d'ouvrir les lettres venant de l'étranger ou destinées à l'étranger. D'Alsace ou de Franche-Comté, ces dernières étaient envoyées à Paris avant de traverser la frontière. Il fallut un passeport du Directoire même pour sortir de France. « Le passage des frontières devient plus difficile que jamais, écrivait Wittersbach, l'agent de la correspondance autrichienne à Bâle [2]. » Bacher et Bassal allèrent jusqu'à ordonner la suppression d'un certain nombre de bureaux de douanes dans le Haut-Rhin, bureaux difficiles à surveiller. Sur leur arrêté, la plupart des chemins de traverse qui conduisaient à Bâle furent rompus par une tranchée et fermés par une barrière. Le Directoire cassa du reste l'arrêté, nuisible au commerce, appela même Bacher et Bassal à Paris, pour rendre compte de leur conduite [3]. Mais il exigea de ses

---

1. Registre secret du Directoire, n° 20, arrêté du 20 ventôse an IV ; instructions à Moreau, 25 mars, A. G., Rhin-et-Moselle.
2. Registre secret du Directoire, id., arrêtés des 11 et 27 pluviôse an IV ; Klinglin, t. I, p. 238 ; lettre de Barthélemy, 1er février, A. G., Rhin-et-Moselle.
3. Registre du Directoire, 3 ventôse (22 février), 9 germinal ; Klinglin, t. I,

agents la surveillance la plus exacte des menées de Condé et de Wickham : il devinait, derrière les intrigues obscures qui s'agitaient sur la frontière de l'Est, la main du prince et celle de l'agent anglais. Il prenait un *arrêté contre le libraire Fauche*, dénoncé, ainsi que Courant, par la *Gazette allemande* de Strasbourg [1]. Il chargeait Barthélemy de remettre à l'Etat et à la ville de Bâle une note accusant Condé de méditer une violation de la frontière suisse. Il demandait aux Suisses s'ils étaient en mesure d'empêcher cette violation ou s'il devait s'en charger lui-même [2].

Il se plaignait, auprès de la régence de Berne, des menées de Wickham à Lausanne et la régence priait Wickham de résider à Berne, de préférence à Lausanne, pour donner une satisfaction, du moins apparente, au gouvernement français [3].

Inquiet des menées des émigrés et de l'Angleterre sur les frontières de l'Est, le Directoire devait accueillir avec une attention particulière les dénonciations portées contre le général qui commandait sur ces frontières.

Or il recevait de Strasbourg ou de Bâle plusieurs lettres, assez vagues dans le détail, mais très nettes dans l'ensemble, car elles accusaient Pichegru de pactiser avec l'ennemi.

L'une, écrite au lendemain de la trêve, le 15 nivôse (5 janvier), par un patriote de 1789, Drouin, à son ami Dupérou, commissaire des guerres et transmise par ce dernier au Directoire, reprochait au général sa longue inaction, suivie d'inexplicables défaites : « Une armée, dans des retranchements inexpugnables, est mise en déroute par cinquante uhlans risqués pour tenter l'aventure, au point que trois cinquièmes fuient sans avoir vu l'ennemi à plus de dix ou vingt lieues, pillant, volant, massacrant ! Me dira-t-on que ce n'était pas un coup monté ? N'avait-on attendu si longtemps que pour donner à l'ennemi le temps et le moyen de se mettre en mesure et de nous désorganiser ? » Et cette entrée dans Manheim avec quatre ou cinq mille hommes, cette prétention de couper « avec une poignée de monde... la jonction de l'armée de Wurmser avec celle de

---

p. 288, 300, 308, 347, 373; Chantilly, Z, t. XXXIV, p. 90, et t. XXXIII, p. 75. Parti le 19 mars pour Paris, Bacher fut arrêté, puis relâché (29 mars) et renvoyé à son poste (12 avril). Bassal, parti quelques jours avant, revenait à Bâle le 11 avril, mais était rappelé, le 12 mai, de sa mission.

1. Chantilly. Z, t. XXXIV, p. 117 ; *Mémoires* de Fauche, t. I, p. 327.
2. A la suite d'une note de *Decaen*, qui avait pénétré dans l'armée de Condé à ses risques et périls et annonçait que les Condéens allaient nous jouer « un nouveau tour », auquel les patriotes ne s'attendaient pas : 2 mars, lettre transmise par Merlin de Thionville, A. G., Rhin-et-Moselle. Cf. rapport de Bacher sur l'armée de Condé, *ibid*, 4 février ; Barras, t. II, p. 99 ; Klinglin, p. 318-19, 361 et suiv.
3. A. G., Rhin-et-Moselle, 1er février ; Klinglin, t. I, p. 99 ; Lebon, p. 169-170. Sur les intrigues de Wickham en Suisse, voir le *Mémorial de Norvins*, t. II, p. 113 et suiv. A cette époque, Wickham avait été chargé d'entamer une négociation avec la République.

Clerfayt ! On voulait que nous fussions non seulement battus, mais même anéantis. » Et ces magasins, que l'ennemi a trouvés remplis quand nos soldats mouraient de faim, cette trêve tout à l'avantage des Autrichiens ! « Puisse le gouvernement prendre des mesures énergiques et purger l'armée de tous les malveillants, de tous les dilapidateurs de la fortune publique [1]. »

Vers la fin de pluviôse, le ministre des affaires étrangères recevait de Bâle et transmettait aux directeurs une autre lettre plus modérée dans la forme, aussi accusatrice quant au fond. Cette lettre était écrite par Bacher, sans doute sur les conseils de Bassal [2]. « Il faut que je vous confie une chose que j'ai sur le cœur et qui me tourmente véritablement : c'est Pichegru (sic). Est-il pur ? Ne l'est-il pas ? Je ne sais, et ce doute m'afflige. Je dois vous dire que cet homme est l'espoir de nos ennemis et que, s'ils ont quelques attaques considérables à diriger contre nos armées, vous verrez toujours que leurs plus grands efforts se dirigeront de préférence du côté où Pichegru commandera. Cela est un fait. J'ai déjà eu l'honneur de vous en parler dans ma lettre n° 3. Alors j'avais des inquiétudes ; j'ai maintenant des certitudes, par rapport aux opinions des ennemis sur ce général. Pourquoi n'a-t-il pas la confiance de ses soldats ? Pourquoi les ennemis espèrent-ils obtenir de plus grands succès de son côté que de celui de Jourdan ? Sans doute le Directoire a rigoureusement examiné la conduite d'un homme sur la fidélité duquel reposent d'aussi grands intérêts... S'il est pur, que le Directoire, par un grand acte public, le fasse donc connaître, que les armées françaises en soient informées, enfin que l'Europe le sache ! »

Cette lettre, émanée d'un agent aussi bien renseigné que Bacher, dut produire une impression décisive sur l'esprit de Carnot. Un passage de ses *Mémoires* le prouve : « Pichegru avait agi avec tant de lenteur et de maladresse que, ne pouvant taxer d'incapacité le

---

1. Cette lettre fut envoyée sans doute à Barras, car elle se trouve en original dans les papiers de R. de Saint-Albin.
2. Copie dans A. G., Rhin-et-Moselle, 13 février 1796, sans nom d'auteur. Le commencement prouve au moins qu'elle n'est pas de Bassal : « Bassal est parti hier, pour faire sur la frontière une tournée. Il s'est mis en situation d'être parfaitement informé de ce qui se passe en Souabe, Franconie, Haut-Rhin. Je lui ai indiqué les principaux points, nombre et mouvements des troupes, formation et emplacement des magasins. » Cette fin paraît bien être de Bacher qui adressait à ce sujet des rapports au Directoire et aux généraux. Rapprocher d'une lettre de Berne du 9 avril, envoyée par Barthélemy, *Correspondance*, t. IV, p. 32 : « Les émigrés, les Anglais..., s'ils se rencontrent avec un agent français... ou un ami de la France, vous les voyez se tenir à l'écart, se parler mystérieusement à l'oreille, en affectant de prononcer à tout moment... le nom du *général Pichegru*. »
D'autre part, il est certain que *Bassal* avait obtenu « à Bâle de nombreux renseignements et recueilli beaucoup de faits positifs qui accusaient Pichegru. Bassal avait fait part de ces découvertes au Directoire » (dans *Pichegru et Moreau*, p. 24, 25). Pichegru disait à Demougé, à son retour de Paris, qu'il avait été dénoncé par Bassal (voir ci-dessous), Klinglin, t. I, p. 485.

vainqueur de la Hollande, force était bien de se défier de l'homme. Ses grands services le défendaient ; pourtant le mécontentement qu'inspirait sa conduite perça [1]. » Mallet du Pan, bien informé, n'ignorait pas, le 5 mars, que le Directoire soupçonnait « fortement Pichegru ». Le 17, il annonçait encore : « Pichegru est l'objet de la défiance [2] ».

Il croyait même que les directeurs connaissaient les relations du général avec Condé. Rien ne prouve cependant qu'ils eussent obtenu des renseignements précis à ce sujet. Ils n'auraient pas nommé le correspondant du prince à l'ambassade de Turquie, en décembre, à l'ambassade de Suède, en avril : la République avait de trop graves intérêts à défendre à l'est et au nord de l'Europe. C'est pure invention de prétendre que Montgaillard leur avait fourni des données certaines [3]. Certes, il a séjourné quelques jours à Bâle [4], en février, mais il croyait encore aux succès de l'Intrigue et s'était, après un refroidissement passager, réconcilié avec le prince et avec Fauche-Borel. « Je viens d'avoir, écrivait-il le 21 février [5], avec M. Fauche, un entretien aussi long qu'intéressant. Il m'a appris tout ce qui a eu lieu depuis trois mois. Il m'a convaincu que le salut de la monarchie française était encore possible. » Quelque temps après, Montgaillard se rendait à Offembourg, auprès de M$^{me}$ de Reich, et vivait avec Fauche et la baronne dans la plus grande intimité. Il n'était pas homme à travailler contre ses intérêts, à donner aux directeurs des armes contre le général dont il escomptait la trahison.

Plus tard, à demi-mots, il a révélé l'intrigue à Lallement à Venise, à Barthélemy à Bâle ; il l'a fait connaître dans ses détails à Roberjot à Hambourg, mais alors il n'espérait plus rien de cette intrigue, à peine quelques libéralités arrachées à la faiblesse ou à la crainte du comte de Lille ou de Condé [6]. En 1796, jusqu'à l'in-

---

1. *Mémoires de Carnot par son fils*, t. II. p. 24 ; cf. *Mémoires de Barras*, t. II, p. 86, 87, où R. de Saint-Albin affirme que le Directoire n'avait pas « le moindre soupçon » de la trahison de Pichegru ; je crois, pour les raisons expliquées déjà, qu'il ne faut accepter cette affirmation qu'avec réserve. Cf *Réponse de Carnot à Bailleul*, p. 13, où il parle de ses « craintes sur la loyauté des principes » de Pichegru. Reubell cita au Directoire des faits qui les augmentèrent. Pichegru avait offert trois fois sa démission : « *je proposai enfin de l'accepter* ». « Je ne le crois *pas franc* ; c'est parce que le soupçon m'en est venu que Pichegru n'est plus commandant en chef de l'armée du Rhin. » p. 19.
2. Mallet du Pan, *Correspondance*, t. II, p. 28, 32. 52.
3. Fauche-Borel, t. I, p 333 ; Fabre de l'Aude, t. I. p. 138, conversation avec Chénier ; p. 297-98, conversation avec Barras ; p. 312, lettre de Bonaparte ; Fabre avoue d'ailleurs, t. I, p. 370, qu'il écrit de mémoire et qu'il intervertit les dates.
4. Où il aurait pu parler à Barthélemy. Il lui a parlé seulement en 1796.
5. Chantilly, Z. t. XXXIV, p. 169.
6. Voir ci-dessous et Cl. de Lacroix, *Souvenirs du comte de Montgaillard*, p. 38 à 55. Voir d'ailleurs *ibid*, p 52, la lettre de Roberjot au Directoire du 30 mai 1798 : « Sa démarche (de Montgaillard) est une suite de celles qu'il avait déjà faites à

vasion des Français sur la rive droite du Rhin, en juillet, il croyait encore au succès des négociations entamées avec Pichegru ; surtout il savait que Wickham fournissait généreusement à tous les frais de l'entreprise.

Le Directoire se défiait de Pichegru, sans avoir des renseignements positifs sur ses relations avec les émigrés. Il est même probable qu'il n'en a pas eu de positifs avant le mois de juillet 1797 et qu'il a eu d'autres raisons pour enlever son commandement à Pichegru, une entre autres : celui-ci ne s'entendait pas avec Jourdan.

« Ces deux généraux, écrit le rédacteur des mémoires de Barras, s'accusant réciproquement de leurs fautes personnelles, n'avaient pu être conservés ensemble à la tête des deux armées qui devaient s'aider mutuellement et concourir à une même opération. Le Directoire, ayant trouvé plus de docilité dans Jourdan, avait pu lui donner la préférence pour cette raison [1]. »

Par arrêté du 9 janvier, les directeurs avaient autorisé Jourdan à « se rendre à Paris pour rétablir sa santé ». Les *Nouvelles politiques* annonçaient son arrivée dans la capitale, le 22 janvier. Il n'y venait pas seulement pour prendre du repos, mais surtout pour rendre compte de l'état des armées du Rhin et concerter avec Carnot un nouveau plan de campagne. « Chaque jour, écrivait Sandoz-Rollin [2] à son gouvernement, le général Jourdan va au Directoire, travaille avec Carnot, et de plus en conférence avec les membres qui le composent. » Il présentait un plan de campagne qu'approuvait un comité militaire, plan d'offensive qui contrariait singulièrement les vues de la Prusse relativement à la ligne de neutralité.

En conseillant l'offensive, il flattait les idées du parti des « limites naturelles », parti de la guerre, parti dominant alors au Directoire et dans les Conseils [3]. « Oui, disait Carnot à Sandoz, nous tiendrons invariablement au système des limites du Rhin ». « Le système des limites prévaut, ajoutait Sandoz, dans le Directoire, je ne saurais plus en douter. Il n'y a que La Révellière et Barras dont les sentiments soient modérés et portés pour le *statu quo*. » Or il était certain que l'Autriche et l'Angleterre ne consentiraient à nous abandonner les limites du Rhin qu'après une nouvelle guerre et de retentissantes défaites. « Avant-hier, j'ai vu Reubell et Letourneur,

---

Venise auprès du citoyen Lallement, à Bâle auprès de Barthélemy, à Hambourg auprès du citoyen Reinhard. » La démarche auprès de Barthélemy est mise à sa place, après celle faite à Venise.

1. Barras, t. II, p. 86.
2. Bailleu, t. I, p. 47, lettre de Sandoz, du 2 février ; p. 58, lettre du 7 mai ; p. 63, lettre du 12 avril.
3. Cf. Mallet du Pan, t. II, p. 24, 39, 49.

écrivait encore Sandoz ; je les ai trouvés obstinément résolus à continuer la guerre. » Les directeurs paraissaient pleins de confiance dans l'issue de la lutte : « C'est un dernier effort, déclarait Reubell, mais j'en ai presque l'assurance, nous sortirons triomphants et glorieux. » Et Carnot : « Nous aurons en Hollande, en Allemagne et en Italie 850.000 hommes sous les armes. Certainement nous forcerons l'Autriche et la Sardaigne à la paix [1]. »

Aussi les directeurs faisaient fête au général qui entrait si bien dans leurs vues : « Jourdan, écrivait son chef d'état-major, Ernouf, à Kléber, a reçu l'accueil le plus flatteur ; il est logé chez le ministre de la guerre ; il a une bonne voiture à sa disposition, ainsi qu'une bonne table et, par-dessus, une loge à l'Opéra. » Les directeurs lui envoyaient « six chevaux, pris parmi les meilleurs des dépôts nationaux, avec leurs équipements », « à titre de récompense nationale », et quelques jours après lui donnaient un sabre et une paire de pistolets de la manufacture de Versailles, comme une « nouvelle preuve de leur estime » [2].

« Jourdan, écrivait Mallet du Pan [3], est le favori du Directoire. C'est lui qui a donné le plan et les plus belles espérances pour la campagne prochaine. Pichegru, au contraire, a cité l'épuisement et le mécontentement des armées ; il a montré des doutes sur de nouveaux avantages. En conséquence, Jourdan a été comblé de présents, de fêtes et de confiance, et l'on n'a témoigné à Pichegru que de l'humeur. »

Ces deux généraux, ne parvenant pas à s'entendre pour assurer le succès des opérations communes, « s'accusant, au contraire, réciproquement » des fautes commises dans leur exécution, le Directoire ne crut pas devoir les conserver ensemble à la tête des deux armées qui allaient coopérer à l'invasion de l'Allemagne. Obligé de choisir entre eux, il se décida en faveur de Jourdan, dont les idées cadraient avec les siennes ; il trancha le différend entre les deux généraux, « en enlevant à Pichegru son commandement [4] ».

1. Cf. Sorel, t. V, p. 26.
2. Registres de Kléber, papiers de R. de Saint-Albin, lettre d'Ernouf du 13 pluviôse an IV ; registre du Directoire n° 4. Voir article du 20 pluviôse dans *la Décade philosophique*.
3. Mallet, t. II, p. 7. A Paris, Pichegru passait pour partisan de la paix, donc hostile aux projets des directeurs, Aulard, *Paris*, t. III, p. 38. Voir, en effet, ci-dessous, la lettre de Pichegru à l'abbé David du 8 fructidor an IV : « Je ne veux parler de la guerre que pour dégoûter de la faire. »
4. Barras, t. II, p. 86. Cf. dans A. G., Rhin-et-Moselle, 10 avril, la lettre du Directoire à Moreau, où il insiste longuement sur la nécessité d'un *accord parfait* entre les deux armées. D'après les *Mémoires de Carnot par son fils*, t. II, p 77, Jourdan aurait même espéré obtenir le commandement des deux armées. D'après la lettre citée d'Ernouf, il aurait été question pour Kléber d'un commandement en chef.

La décision prise par les directeurs, le 14 mars, s'explique donc à la fois par un sentiment de défiance vague et imprécise à l'égard de Pichegru, mais plus encore peut-être par un désir très net d'en finir avec un désaccord qui pouvait tôt ou tard être fatal à nos armées.

Ils auraient hésité peut-être à enlever son commandement à Pichegru, si celui-ci n'avait pas lui-même par trois fois sollicité le gouvernement de l'en décharger? Ne disait-on pas d'ailleurs que sa maîtresse intriguait pour lui faire obtenir une ambassade? L'occasion était bonne pour l'enlever à l'armée de Rhin-et-Moselle, où sa présence inquiétait ou gênait le Directoire, sans paraître lui infliger une disgrâce que l'opinion pouvait accueillir avec défaveur.

Carnot, qui proposa et rédigea, le 14, l'arrêté portant acceptation de la démission et remplacement par Moreau, annonça le lendemain à Pichegru [1], que le Directoire se rendait enfin à regret à ses demandes réitérées de quitter l'armée de Rhin-et-Moselle : « Il sait, ajoutait-il, combien il lui sera difficile de vous remplacer, mais il sent aussi que vous avez besoin de repos et il l'accorde, quoique avec peine, à vos instantes sollicitations. Mais le repos d'un guerrier célèbre n'est point l'inaction, et, lorsque son bras est fatigué, sa tête travaille et son cœur s'enflamme encore pour le salut de la patrie. Le Directoire ne renonce donc point à l'avantage d'employer vos talents et il attend avec impatience l'occasion de vous donner de nouvelles marques des sentiments de confiance et d'estime que vous lui avez inspirés. »

Le public [2] ignora que Pichegru, après avoir donné sa démission, l'avait retirée en fait, en sollicitant, non plus un remplacement définitif, mais un simple congé [3]. Le général se garda de faire connaître la vérité et de se poser en victime. Nous saurons bientôt pourquoi.

1. A F III, 354, arrêté du 14 mars; 355, lettre du 15; les deux de la main de Carnot; la dernière signée de Carnot, de Reubell, de La Révellière; lettre du ministre à Pichegru, 24 ventôse, dans archives administratives guerre, dossier Pichegru.

2. Les journaux enregistrent la nouvelle à peu près sans commentaire. Cf. le Rédacteur, le Postillon des armées, etc. La Décade philosophique annonce, le 20 germinal : « Pichegru, à qui le Directoire, après des refus réitérés, a accordé sa démission de général en chef... »

3. La Révellière semble l'avoir oublié lui-même : « Ce ne fut qu'après des demandes très réitérées et très pressantes de sa part et à la suite de plusieurs réponses du gouvernement, très obligeantes et très propres à l'encourager, que sa démission fut acceptée. » Mémoires, t. I, p. 410; cf. Barras, t. II, p. 87

Lire le très curieux mais fantaisiste récit de cette démission dans le Mémoire d'un Émigré, publié en appendice par Schmidt, Paris... Ce mémoire, que nous avons retrouvé à Londres dans les archives du Record Office (France) et qui fut envoyé par Dutheil à Grenville, le 31 mai 1796, est l'œuvre d'un aventurier, le baron d'Auerweck.

Voir aussi le récit de Fauche, Mémoires, t. I, p. 357; Pichegru n'aurait donné sa démission qu'après son arrivée à Paris.

IV. — *Derniers entretiens (7 et 17 mars) avant le départ pour Paris.*

L'annonce du départ de Pichegru pour Paris avait plongé le prince de Condé dans la consternation. Il avait beau se creuser la tête, il ne comprenait pas pourquoi le général prenait un congé et quittait son armée au moment où, d'après les rapports venus de Strasbourg, cette armée paraissait prête à se soulever. Il s'étonnait surtout qu'il crût pouvoir arriver dans la capitale et y demeurer *incognito* et qu'il allât « se mettre lui-même sous le couteau des scélérats », quand il était en sûreté au milieu de son armée. Evidemment, Pichegru allait être reconnu, à peine entré à Paris, arrêté, à moins que, — et le soupçon pénétrait dans l'esprit du prince, — à moins qu'il n'eût prévenu le Directoire de ses relations avec Condé. Dans un cas, naïveté, « imprudence majeure » ; dans l'autre, tromperie [1].

Qu'allait penser Wurmser de cette détermination brusque, qui renversait tous les projets échafaudés depuis trois jours, depuis cette lettre reçue de Strasbourg annonçant l'explosion comme prochaine ? Que dirait Craufurd, déjà trop sceptique, et Wickham, auquel le prince venait d'envoyer Fauche pour une nouvelle demande de fonds ? Voici qu'à la prière de Condé Wurmser envoyait à Bühl Klinglin et Vincent, pour s'entendre avec lui et « profiter du moment heureux qui semblait s'approcher » ; Craufurd, appelé aussi, arrivait avec eux. La lettre de Demougé, tombée, le 1er mars, au milieu du conciliabule, produisait un effet désastreux. Les Autrichiens pensèrent que Pichegru trompait le prince ; Vincent espérait encore que le général reviendrait sur cette fatale résolution ; mais Craufurd allait jusqu'à douter même des relations établies entre le général et les agents du prince [2] !

Celui-ci avait écrit à Strasbourg, le 2, pour supplier Pichegru de renoncer à son projet, à ce fatal voyage qui devait compromettre irrémédiablement tous les plans ébauchés. Une réponse arriva, datée du 4 : Demougé n'avait pas encore vu Pichegru, mais il donnait des détails sur la misère des troupes, leurs souffrances, leur mécontentement [3] : pour quitter l'armée en un pareil moment, dans des cir-

---

1. Condé à Wickham, 1er mars ; à Barbançon, 2 mars ; à Wurmser, 3 mars ; au roi, 4 mars, Chantilly, Y, t. CXXXV, p. 99-100 ; Z, t. CXXXIII, p. 112 ; Z, t. CXXXVI, p. 64 ; Z, t. CXXXVIII, p. 12 bis.
2. Barbançon à Condé, 6 et 8 mars, Chantilly, Z, t. XL, p. 285-87 ; Robert Craufurd à Grenville, 2 mars, *Army in Germany* ; Vincent à Klinglin, 10 mars, Klinglin, t. I ; Craufurd à Wickham, 7 mars, 17 mars, *Correspondance de Wickham*, t. I, p. 296, 304.
3. Chantilly, Z, t. XXXIII, p. 67 ; la lettre à Pichegru, t. XXXIII, p. 13.

constances aussi favorables, le général devait avoir des raisons majeures ; le prince se rassura [1].

Le 10, arrivait une seconde lettre de Strasbourg : Demougé avait parlé à Pichegru, 3 heures durant, le 7 au soir : « J'ai coulé hier soir une main à fond, avec mon aimable Poinsinette [2], qui s'est enfin déterminée à venir dans mon cabinet. Je suis, comme vous pensez, bien plus savant ; mais la matière est si vaste qu'il est impossible de me résumer par ce courrier. » Il annonçait seulement que Pichegru persistait dans sa résolution de partir pour Paris et acceptait les fonds qui lui étaient offerts. Il fallut se contenter de ces nouvelles trop brèves, en attendant le résumé de la « grande conversation [3] ».

Ce résumé arrivait le 12. L'avocat s'excusait de ne pouvoir suivre Pichegru dans le « dédale de ses combinaisons ». Le général avait « des vues extraordinaires ». Il voulait *extirper le mal par la racine*, repoussait toute mesure partielle ; il fallait « soumiser » [4] et le gouvernement s'userait. Que faire pour arriver à ce résultat ? Le général conseillait d'attendre, surtout de ne pas lever la trêve : profiter au contraire de la faute que le Directoire se préparait à commettre, en brusquant les opérations, tomber alors sur l'armée française, irritée de la reprise des hostilités et disposée à se débander à la première défaite.

Quant à lui, il irait à Paris ouvertement, dirait leur fait aux gouvernants qui laissaient les troupes dans le dénuement. Cette démarche ouvrirait « les yeux à son armée » et peut-être à toutes les autres. Il accepterait d'ailleurs l'argent qu'on lui offrait et vendrait ses beaux chevaux pour en dissimuler la provenance [5].

« Je vous envoie le résultat de la fameuse conversation, écrivait Condé à Barbançon. Il me paraît qu'on nous rejette bien loin ! » et Barbançon répondait, après avoir montré à Wurmser la lettre de Furet : « La longue note de Furet n'a pas fait un très bon effet. V. A. aura sans doute remarqué qu'après avoir annoncé que sa longue entrevue serait très explicative, il conclut par peu de choses. » Craufurd déclarait à Wickham que Pichegru, très surveillé et prudent, n'avait pu rester trois heures en tête à tête avec Demougé — à moins de jouer double jeu — et que l'avocat ne disait « presque rien » de cette « très longue conversation ». Wickham pensait que le général

---

1. Condé à Barbançon, 8 mars, Chantilly, Z, t. CXXXIII, p. 114 et au Roi, t. CXXXVIII, p. 14.
2. Pichegru.
3. Klinglin, t. I, p. 241, et Chantilly, Z, t. XXXIII, p. 68, même lettre.
4. Voilà déjà la politique des « amis de l'ordre », avant fructidor, indiquée.
5. Klinglin, t. I, p. 259 ; Chantilly, Z, t. XXXIII, p. 71 ; Demougé à Condé, 10 mars et à Klinglin, 11 mars.

restait « au-dessous de l'ouvrage entrepris » ; il avouait : « Plus je pense à cette affaire, plus je m'y perds¹. »

Néanmoins, lorsque Fauche, parti d'Offembourg² pour aller demander à Wickham l'argent que Craufurd ne pouvait ou ne voulait pas lui donner, arriva, toujours confiant dans le succès de l'intrigue, à Berne, l'ambassadeur anglais crut devoir prendre les mesures nécessaires pour mettre à la disposition du prince et de Pichegru les sommes dont ce dernier disait avoir besoin en cas d'événement³. Pichegru pensait que 400,000 ou 500,000 louis suffiraient « pour le premier moment ». Craufurd déclarait qu'il n'avait pas d'argent ; Wickham prit les « moyens efficaces » pour permettre à son collègue de fournir les fonds nécessaires.

Mais il lui écrivit⁴ qu'il tenait à lui laisser le maniement de l'argent : « Il est très essentiel pour le service public que vous paraissiez avoir seul la direction de l'affaire et plus particulièrement celle du coffre-fort. » Il lui envoyait d'ailleurs la copie d'une lettre de Grenville, approuvant les négociations engagées et autorisant à payer l'armée de Pichegru pendant un temps limité. Il ajoutait qu'il entendait garder, le cas échéant, la responsabilité de la décision prise et qu'il le priait seulement d'être le bailleur de fonds.

Comme Fauche insistait pour emporter au moins une somme suffisante pour satisfaire aux demandes immédiates de l'agent de Strasbourg, Wickham pria le banquier Mérian, à Bâle, de lui fournir mille louis, à charge par Craufurd d'envoyer au banquier un ordre sur le trésor anglais. Demougé attendait cet argent avec impatience, pour en donner une partie à Pichegru avant son départ⁵.

Le 17 mars, Demougé venait d'avoir une nouvelle conversation

---

1. Condé à Barbançon, 13 mars, Chantilly, Z, t. CXXXIII, p. 115 ; Barbançon à Condé, Z, t. XL, p. 296 ; Craufurd à Wickham, 17 mars, Army in Germany, et *Correspondance de Wickham*, t. I, p. 304 ; Wickham à Condé, 8 mars et 18 mars.
2. Voir ci-dessus et Klinglin, t. I, p. 203, 209.
3. Wickham à Condé, 8 mars, Chantilly, Y, carton 15.
4. *Correspondance de Wickham*, t. I, p. 298. Wickham combattait dans cette lettre les préventions de son collègue à l'égard de Fauche, Demougé ou Pichegru. Il insistait sur trois points : 1° l'existence de la correspondance ; 2° la bonne foi des intermédiaires (Fauche et Demougé) à quelque exagération près ; 3° les bonnes dispositions de Pichegru.
5. Klinglin, t. I, p. 247 ; Chantilly, Z, t. XXXIII, p. 73. Fauche arriva à Bühl le 14 mars et le curé Joglé passa le Rhin, dans la nuit du 16 au 17, pour remettre l'argent à Demougé. Klinglin, t. I, p. 278 ; Condé à Klinglin, 14 mars, Z, t. CXXXVI, p. 66. Craufurd reçut d'ailleurs fort mal Fauche, lorsqu'il arriva à Manheim, lui déclara qu'il ne donnerait rien avant que Pichegru remît un plan précis et ouvrît une place aux Autrichiens, et il écrivit à Wickham, le 17 mars, une nouvelle lettre où il mettait en doute la bonne foi de Fauche et de Demougé. Il fit attendre Fauche deux jours, le fit aller chez lui dix fois à différentes heures, puis ordonna à ses domestiques de le renvoyer. Fauche dut retourner à Bühl, puis à Berne.

avec le général que le prince suppliait de renoncer au « fatal voyage » et de lui livrer Strasbourg[1].

Inutiles instances : les nouvelles reçues de Paris ne faisaient qu'affermir la résolution de Pichegru.

On le pressait, disait-il, « de toutes parts » d'arriver ; on l'attendait « avec impatience ». Et, de fait, la situation restait critique pour le Directoire, au début de mars comme en février. Les assignats tombaient à zéro ; le prix des vivres ne diminuait pas ; la police dénonçait les « progrès rapides du royalisme et du fanatisme ». La mort de Stofflet, pris et fusillé (26 février), passait presque inaperçue ; mais on annonçait les grands progrès de Charette, et l'insurrection du Berry commençait. « Le royalisme nourrit le peuple d'inquiétudes, écrivait le bureau central, et le dirige vers un but destructeur[2]. » Au péril royaliste s'ajoutait le danger jacobin[3]. Les partisans de Babeuf placardaient sur les murs : *Soldat, arrête et lis* ou *la Chanson nouvelle à l'usage des faubourgs*. Et, à l'extérieur, la situation semblait plus critique : la Russie et l'Angleterre signaient une alliance, « sujet de ralliement[4] » pour les ennemis du Directoire.

Plus le général réfléchissait, plus sa résolution s'affermissait. Il partirait pour Paris. Que pouvait-on lui faire ? L'envoyer en mission ? Il refuserait. Le destituer ? C'était possible, mais il reviendrait à l'armée. Il ignorait encore que le Directoire avait « accepté » sa démission. Les lettres d'Abbatucci lui laissaient d'ailleurs soupçonner la disgrâce qui l'attendait.

Aussi sa rancune contre les directeurs se donnait libre carrière ; elle l'entraînait même à des déclarations étranges, odieuses dans la bouche d'un général français[5].

Il fallait se garder, disait-il, de lever la trêve : elle avait déjà fait assez de mal à l'armée, en la forçant à vivre sur un sol dévasté : de là, les magasins pour siège vidés, la pénurie, le dégoût des soldats. Si le gouvernement dénonçait la trêve, on devait, sans perdre un moment, tomber sur ces troupes démoralisées, comme sur celles de Jourdan, le « plus rudement possible ». Le succès était inévitable, car l'armée de Rhin-et-Moselle pouvait s'élever à peine à 80.000 hommes.

---

1. Klinglin, t. I, p. 275 ; Chantilly, Z, t. XXXIII, p. 117, Condé à Barbançon, 18 mars ; t. XXXVI, p. 66, Condé à Klinglin, 18 mars ; t. CXXXVIII, p. 16, Condé au roi, 17 mars ; t. XXXIII, p. 33, Condé à Demougé, 15 mars.
2. Aulard, *Paris*, t. III, p. 56, 71. Voir Mallet du Pan, *Correspondance*, t. II, p. 22.
3. Aulard, *Paris*, t. III, p. 32, et t. III, p. 72. Voir *le Rédacteur* du 18 ventôse.
4. Barras, t. II, p. 40, 47, 82 ; Mallet du Pan, t. II, p. 43 et 54.
5. Je résume les lettres de Demougé à M<sup>me</sup> de Reich, 18 mars, Chantilly, Z, t. LXXIII, p. 68 ; 19 mars, Klinglin, t. I, p. 284 ; à Condé, 18 mars, Chantilly, Z, t. XXXIII, p. 76 ; à Klinglin, 21 mars, Klinglin, t. I, p. 290.

Mais si Pichegru était destitué, il importerait peut-être de lever la trêve. L'armée, irritée du départ de son chef, se débanderait ou déserterait en masse, qui sait même ? s'unirait à celle de Condé, à la voix de son ancien général, revenu de Paris pour diriger la révolte.

Pichegru accepta les fonds [1] que lui offrait Demougé, promit d'envoyer des nouvelles par Badonville. Celui-ci se rendrait à Colmar pour prendre des lettres et Tugnot resterait auprès de l'avocat à sa disposition.

Demougé le revit trois jours après, le 20 mars, au moment de son départ pour Paris. Pichegru savait que le Directoire l'avait remplacé (par Moreau) : il le laissa entendre, en ajoutant que le ministre de la guerre l'attendait à bras ouverts et lui offrait même un logement. Et l'avocat, en annonçant le départ, « le fatal départ », conservait des espérances : « Il m'est impossible de mal augurer de cela. Baptiste est *délicat* sur l'honneur ; il est impossible qu'il accepte des fonds s'il ne croit pas opérer ce que nous désirons. »

Condé ne partageait pas cet optimisme. Il ne voyait rien « de plus clair dans cette seconde conversation que dans la première », si ce n'est des « incertitudes » très prononcées, au moins des longueurs très dangereuses, et même quelques contradictions. Il regardait le départ de Pichegru comme « mortel et... sans retour [2] ». — Quant à Wurmser, il donnait brusquement au prince l'ordre de *quitter Bühl* et d'aller à Endingen prendre les cantonnements du prince Joseph qui descendait le Rhin. Condé se décidait, sans murmure, à s'éloigner de la ville qu'il avait rêvé d'occuper et tristement il s'acheminait vers de nouveaux campements : « Je pars, écrivait-il, sans faire de représentation et vraisemblablement on va nous faire mourir de faim là-bas [3]. »

Quant à Craufurd, il serrait de plus en plus les cordons de la bourse, refusant de l'argent pour les nouveaux escadrons formés de déserteurs, diminuant même le traitement alloué aux autres.

---

1. Demougé ne donne pas le chiffre exact de la somme reçue. Fauche, dans une lettre à Wurmser, prétend qu'il a reçu 900 louis. Klinglin, t. I, p. 123. S'appuyant sur ce témoignage, Moreau fixe le même chiffre dans sa lettre à Barthélemy, du 19 fructidor an V. Ce chiffre nous paraît exagéré, car Fauche ne porta que 1.000 louis à Demougé et celui-ci dut en garder plus de 100.
2. Condé à Barbançon, 22 mars, Chantilly, Z, t. CXXXIII, p. 119 ; Condé à M<sup>me</sup> de Reich, 21 mars, Chantilly, Z, t. CXXXII, p. 125.
3. Au même, 21 mars, Chantilly, Z, t. CXXXIII, p. 118 ; à Wickham, 26 mars, Chantilly, Y, t. CXXXV, p. 103 ; au même, 7 avril, 12 avril.

## V. — *Pichegru à Paris.*

Le 20 mars, Pichegru quittait Strasbourg et l'armée, sans faire part aux directeurs du moment et du lieu de sa retraite, et il arrivait à Paris quelques jours après, sans les en prévenir [1].

Il se plaignit « amèrement [2] », dès sa première visite aux directeurs, d'avoir été relevé de son commandement. « Lorsqu'on lui rappela ses demandes réitérées, il répondit qu'il avait demandé un successeur et non le retrait de son commandement ; et, lorsqu'on l'eut prié de dire comment on pouvait lui donner un successeur, sans lui retirer le commandement de son armée, il ne put que répondre « des paroles vides de sens ». Il avait donné sa démission ; on l'avait pris au mot, il ne pouvait se poser en victime. Les directeurs le prévinrent qu'il avait été dénoncé par Bassal. A son passage à Châlons, il avait reçu un avis semblable [3].

Il vit les directeurs individuellement, — au moins les trois qu'il connaissait déjà, Carnot, Reubell et La Révellière, — garda son impassibilité hautaine ; la franchise de leur accueil ne servit « qu'à accroître l'air mystérieux et la profonde réserve » dont il s'enveloppa [4] ; mais il évita de prendre ouvertement l'attitude d'un mécontent. Il laissa dire que les directeurs l'avaient forcé à donner sa démission : il eut la prudence de se taire.

Attendait-il une occasion de sortir de sa réserve et de prendre ouvertement parti contre le Directoire ? C'est probable. Mais l'occasion ne se présenta pas ou il n'osa pas la saisir.

D'une part les directeurs affectèrent de le recevoir avec les mêmes attentions, avec les mêmes égards que Jourdan, pour ne pas fournir à l'opposition des Conseils l'occasion de prendre sa défense et de se compter sur son nom. Le ministre de l'intérieur, Benezech, donna en son honneur une fête [5]. Il ne put trouver dans l'attitude du monde officiel à son égard le moindre prétexte de mécontentement.

---

1. La Révellière. *Mémoires*, t. I, p. 411.
2. Carnot, *Mémoires par son fils*, t. II, p. 24, d'après la réponse à Bailleul.
3. Fauche, *Mémoires*, t. I, p. 368, d'après une conversation de Pichegru avec Demeugé, Klinglin, t. I, p. 485. Badonville déclara à Wickham, en janvier 1797, que le Directoire connaissait « très sérieusement » les projets de Pichegru, « ce qui avait été la cause de sa démission ». Voir ci-dessous, lettre de Wickham à Condé du 15 janvier 1797.
4. La Révellière, *ibid.*, t. I, p. 412.
5. Où il s'entretient longuement avec Sandoz. — Rollin, Bailleu, t. I, p. 63, lettre de Sandoz, 12 avril. Benezech passait d'ailleurs pour un modéré. Voir ci-dessous. Wickham écrivait à Grenville, le 12 mars 1796, note en marge de la lettre : « M<sup>me</sup> Benezech a chargé la princesse (fille de Louis XVI) de ses compliments pour le roi (Louis XVIII). » Record Office, Suisse.

D'autre part l'annonce de « sa démission » ne produisit qu'une impression très faible à Paris. Les royalistes essayèrent de l'exploiter à leur profit. Ils racontèrent qu'il quittait l'armée parce que ses troupes n'étaient pas en état de tenir la campagne, qu'elles étaient exténuées et manquaient de tout; ils déclarèrent qu'il avait cédé à la crainte d'être « sacrifié par des anthropophages » ou par « des traîtres »; ils attribuèrent encore sa retraite à un « affront » dont son amour-propre était blessé [1]. Mais ces déclarations vagues n'émurent guère le public; la police nota seulement que, le 8 germinal (28 mars), un dragon, en allumant sa pipe au corps de garde de la rue Taranne, avait dit que « la destitution du général Pichegru était le plus grand malheur qui pût arriver [2] ». Les politiques des cafés Valois et Conti ou du « Petit Coblentz », les habitués du salon de la marquise d'Esparbès ou du pavillon de Hanovre en furent pour leurs frais: la retraite du conquérant de la Hollande laissa Paris indifférent.

C'est que la situation du gouvernement s'était relevée singulièrement à la fin de mars et en avril: la nouvelle de la démission de Pichegru circula dans Paris le lendemain du jour où la prise de Charette fut annoncée [3]. Quelques jours auparavant, le vote de la loi qui créait les mandats territoriaux (28 ventôse) permettait au Directoire de sortir de la situation inextricable où il se débattait depuis novembre. Le prix des denrées baissait très sensiblement [4]; l'insurrection royaliste du Berry [5] était réprimée à peine commencée; les babouvistes restaient encore menaçants, distribuaient l'*Analyse de la Doctrine de Babeuf*; mais la loi du 27 germinal (16 avril), sur la provocation à l'anarchie ou à la royauté, fournissait aux directeurs une bonne arme pour réprimer les complots. Enfin, le 21 avril, — Pichegru n'avait pas quitté la capitale, — arrivait à Paris la nouvelle d'une première victoire de Bonaparte (Montenotte), l'aînée de ces victoires qui allaient relever le prestige du gouvernement et ruiner les projets de Pichegru [6].

La Vendée soumise, l'Autriche vaincue, les armées reprenaient

---

1. Aulard, *Paris*, t. III, p. 71, 81.
2. *Ibid.*, p. 52, 53.
3. *Ibid.*, p. 77. On annonce, le 25 mars, la prise de Charette, pris le 22.
4. On peut noter cette baisse de prix à partir du 17 mars, *ibid.* Le prix des denrées n'augmente de nouveau qu'après le départ de Pichegru de Paris, le 30 avril.
5. Voir longs détails, surtout sur l'*insurrection sancerroise*, dirigée par le comte de Phélippeaux, envoyé de Condé, dans Hyde, *Mémoires*, t. I, p. 139. Sur l'ensemble, voir Aulard, *Histoire politique de la Révolution*, p. 634; Barras, t. II, p. 91.
6. Aulard, *Paris*, t. III, p. 137.

leur élan, le crédit renaissait ; le pays tout entier sortait de cette stagnation, de cette torpeur, favorable aux ambitieux, féconde en surprises, car elle est le signe d'un mécontentement secret ou d'un engourdissement des âmes.

Cependant les ennemis du Directoire voulaient profiter de la présence de Pichegru à Paris, exploiter au profit de leurs desseins son ressentiment. Des membres marquants du Conseil des Anciens et du Conseil des Cinq-Cents lui donnèrent un dîner [1]. Il fut fêté par le parti modéré qui, le 12 avril, remportait dans les Conseils un succès, en faisant élire dans son sein deux commissions importantes [2]. Des journaux du parti, le *Journal de Perlet* entre autres, firent le plus grand éloge de ses talents et de ses mœurs, critiquèrent la décision des directeurs à son égard [3]. On parla de nommer Pichegru généralissime des armées de l'intérieur [4], de faire destituer un des membres du Directoire connu pour son républicanisme, et d'installer à sa place le général [5].

Le parti des Orléans lui fit des avances : il l'affirma du moins, ajoutant qu'il avait refusé de voir la mère du jeune duc [6]. Ce parti gagnait des alliés, disait-on, dans le Directoire même et parmi les anciens dantonistes, à mesure que le parti du roi légitime en perdait [7]. Les acquéreurs de biens nationaux redoutaient le retour de l'ancien régime et songeaient à se rallier à une monarchie nouvelle, fondée avec l'appui des généraux du nouveau régime, soucieux de conserver leur grade. Mais « Baptiste, écrivait Condé [8], n'ira jamais à d'Orléans, parce qu'il craint et déteste Dumouriez qui serait visiblement le Mentor ».

Les légitimistes purs s'entendirent peut-être avec lui pour effectuer à Paris un coup de main contre le Directoire. Le baron de Marguerit [9] a raconté qu'il attendit un an à Saint-Cyr, près de

---

1. Klinglin, t. I, p. 420 ; *Gazette allemande de Strasbourg* du 18 avril ; Tallien et Isnard assistèrent au dîner.
2. Mallet, *Correspondance*, t. II, p. 54 et 58.
3. Aulard, *Paris*, t. III, p. 101 ; *Journal de Perlet*, 6 avril ; voir dans le *Moniteur*, réimpression, t. XXVIII, p. 312, 11 juin, un article élogieux, mais Trouvé fait aussi l'éloge de Bonaparte et de Jourdan.
4. Klinglin, t. I, p. 342.
5. Ou le général Montesquieu, Aulard, *Paris*, t. III, p. 95.
6. Klinglin, t. I, p. 483.
7. *Ibid.*, p. 481.
8. Lebon, p. 201 ; Barbançon à Condé, 11 avril ; Condé à Barbançon, Chantilly, Z, t. CXXXIII, p. 128.
9. Très curieuse brochure, éditée en 1829, en réponse aux *Mémoires* de Fauche, *Réponse à Fauche-Borel*. Le baron de Marguerit était un des personnages marquants du parti royaliste, en relations avec Michaud, avec les députés Mersan, Lemerer, qui se rendaient souvent chez lui à Versailles, le député Polissard. Il offrit un asile à Richer-Serizy proscrit ; il fut impliqué dans le complot de l'an XII et arrêté ; il fut même un moment le chef de l'agence royale à Paris.
Cf. Record Office, France : un agent de Paris signalait à Dutheil, à Londres, des

Versailles, l'occasion d'enlever les directeurs, avec une centaine de chouans, au moment où, l'armée de Pichegru s'étant réunie à celle de Condé, le Directoire enverrait sa garde à la frontière et dégarnirait Paris de troupes pour s'opposer à leurs projets.

Pichegru songeait peut-être — Demougé l'annonçait avant son départ pour la capitale — à faire soulever la légion de police, tirée des anciens corps militaires et grossie des jeunes gens de la première réquisition [1]. Cette légion inquiéta le Directoire par son agitation. Le Corps législatif décida de la renvoyer aux armées ; trois bataillons refusèrent de partir ; il fallut les désarmer et incorporer la légion dans l'armée active en la disséminant [2]. Les royalistes affirmaient qu'un mouvement devait éclater « à la fois dans les armées et à Paris, pour porter un coup décisif ».

Pichegru ne saisit pas l'occasion de porter ce coup décisif, si toutefois elle s'est présentée. Aux raisons qui l'empêchèrent de sortir de sa réserve et que nous avons exposées, s'en joignit peut-être une autre : le Directoire lui offrit l'ambassade de Suède.

Le Directoire poursuivait son dessein de provoquer contre la Russie des diversions dans le Nord et l'Est de l'Europe. Il s'inquiétait des préparatifs militaires de Catherine II [3] et s'efforçait de conclure avec la Suède un traité d'alliance avantageux.

Déjà la Convention avait signé avec le régent de Suède, duc de Sudermanie, qui gouvernait ce pays pendant la minorité de Gustave IV, un traité secret (28 fructidor III-14 octobre 1795) : « En attendant un traité définitif d'alliance et de commerce, dont les deux partis devaient accélérer la conclusion », le roi de Suède s'engageait à armer dix vaisseaux de ligne et cinq frégates. La France donnait à la Suède dix millions, dont quatre à la ratification et les autres payables tous les six mois, un par semestre [4].

La France avait déjà payé quatre millions, après la ratification du traité par le duc de Sudermanie. Mais, au moment de l'arrivée du Directoire aux affaires, le duc demandait que le gouverne-

---

rassemblements à Issy, près de Paris, qui se formaient pour attaquer les directeurs et les conseils.

1. Le Joyand, *Services rendus à la Maison des Bourbons*. Le Joyand était un Franc-Comtois, ami de Pichegru, médecin de l'armée, à Paris. Il est de ceux qui avaient projeté de faire soulever la légion de police contre le Directoire. Cf. *Mémoire concernant*, p. 165 : Pichegru « se croyait sûr particulièrement de la légion de police, et, dès la mi-avril, il fit assurer le prince que cette légion ne tarderait pas à se prononcer ouvertement : ce qui eut lieu en effet ».

2. Barras, t. II, p. 96 ; *Décade philosophique*, 20 floréal (9 mai).

3. Il apprenait que trois armées russes s'organisaient. Craignait-il que l'une d'elles ne fût destinée à combattre la France ?

4. Affaires étrangères, Suède, lettre de Staël-Holstein à Delacroix, 26 nivôse-16 janvier 1796 ; projet de contre-ratification, 11 ventôse-1er mars.

ment constitutionnel de la République ratifiât le traité conclu par la Convention et négociât avec la Suède une alliance politique et commerciale, « contre-poids indispensable du colosse monstrueux de la Triple-Alliance » (Angleterre, Russie, Autriche). Mais il sollicitait un subside extraordinaire, outre celui qui était stipulé dans le traité du 28 fructidor[1].

L'ambassadeur de Suède à Paris, le baron de Staël-Holstein, engageait vivement le ministre Delacroix à conduire les négociations avec activité : « Je vous le répète, écrivait-il, l'hiver doit voir cette négociation s'entamer et se conclure... C'est la France elle-même que la Russie menace en la Suède. C'est la République qu'elle attaque de concert avec l'Angleterre, en bloquant nos ports, en envahissant nos possessions. Notre crime, à ses yeux, c'est notre alliance avec la République[2]. »

La Russie, en effet, mobilisait des troupes et des vaisseaux, menaçait la Finlande, possession suédoise. Catherine II reprochait au régent, non seulement de négocier avec la France et d'accepter ses subsides, mais de vouloir marier le jeune Gustave IV à la fille du duc de Mecklembourg-Schwerin : elle destinait à ce prince une de ses petites-filles, la grande-duchesse Alexandra, avec la pensée d'entraîner la Suède dans le système d'alliances de la Russie. Elle refusait de recevoir notification officielle du futur mariage du roi avec la princesse de Mecklembourg et se préparait à envahir la Finlande. Les Finlandais formaient une milice nationale et les Suédois faisaient des préparatifs militaires[3].

Cependant les négociations du traité d'alliance et de commerce entre la Suède et la France traînaient en longueur. Le Directoire ne voulait ratifier le traité secret que si la Suède donnait un gage évident de sa bonne volonté à nous aider dans la lutte engagée contre l'Angleterre. Il demandait[4] que cette puissance s'engageât à armer cinq vaisseaux de ligne et cinq frégates, à les mettre sous un mois à la disposition du gouvernement français qui les emploierait à sa guise contre les ennemis de la République ; le Directoire offrait d'ajouter trois millions aux sommes stipulées.

Le régent hésitait à donner une telle preuve de son entente avec la France, par crainte des représailles de l'Angleterre ; il se rapprochait même de la Russie, par l'entremise d'une émigrée

---

1. Projet de contre-ratification, *ibid.*
2. *Ibid.*, lettre du 16 janvier.
3. Barras, t. II, p. 106, 133 ; *Correspondance du baron Brinkmann et de Staël-Holstein*, t. I, p. 269-270 ; *Décade philosophique*, article du 10 prairial (29 mai); Sorel, t. V, p. 42, d'après lettres de Rostopchine et les mémoires d'Adam Czartoriski.
4. Projet de contre-ratification.

française, la comtesse de Saint-Priest, acceptait l'idée d'un mariage de Gustave IV avec la grande-duchesse. Mais Catherine II mettait pour condition au mariage une rupture de la Suède avec la France [1].

Le Directoire prit ombrage de ce rapprochement avec la Russie. Il avait rappelé son envoyé à Stockholm, Le Hoc [2] ; le régent en fut mécontent, rappela de Staël, et envoya pour le remplacer un simple chargé d'affaires, M. de Rehausen. De Staël intrigua pour ne point quitter Paris et pour empêcher le Directoire de reconnaître M. de Rehausen. Il y réussit ; mais le régent s'entêta et menaça de renvoyer notre chargé d'affaires à Stockholm, Perrochel, si le gouvernement français n'acceptait pas Rehausen [3].

En attendant l'arrivée d'un ambassadeur, nous n'avions à Stockholm qu'un chargé d'affaires. Le 1er nivôse, Delacroix avait fait nommer comme ambassadeur le général Latour-Foissac. Mais il s'aperçut que le général, comme parent d'émigré, tombait sous le coup de la loi du 3 brumaire : il dut rapporter sa nomination le 21 nivôse (11 janvier) [4].

Comment terminer le conflit naissant entre le duc de Sudermanie et le Directoire, remplacer Foissac, cimenter une alliance entre la France et la Suède, en offrant à celle-ci les conseils et l'appui efficace d'un général capable de prendre au besoin la direction des forces suédoises dans une lutte contre la Russie et l'Angleterre [5] ?

Ce grand rôle, le Directoire voulut le confier à Pichegru. Le 14 germinal (3 avril), il nommait ce général ambassadeur en Suède [6]. La Révellière lui écrivit une lettre flatteuse pour l'en prévenir. De son côté, Delacroix annonçait en ces termes la nomination au baron de Staël (17 germinal) : « J'ai l'honneur de vous faire part de la nomination du citoyen Pichegru à l'ambassade de Suède. Le choix d'un général qui a rendu des services aussi signalés à la République et qui a contribué à l'affermir par ses succès, sera sans doute pour S. M. Suédoise et pour M. le duc régent une preuve du désir sincère qu'a le Directoire exécutif de resserrer et de *rendre utile* aux deux États l'alliance et l'amitié qui les unissent [7]. »

Il est douteux que le Directoire ait nommé Pichegru à l'ambassade

---

1. *Correspondance du baron Brinkmann*, etc., p. 269.
2. Affaires étrangères, Hambourg, vol. 108. Reinhard, 28 ventôse an IV, croit que son rappel portait « tous les caractères d'une véritable disgrâce ». Déjà, à la fin de pluviôse, Marivault tient la correspondance.
3. *Correspondance* ci-dessus citée ; Thibaudeau, *Directoire*, p. 127.
4. AF III, 340.
5. Curieuse lettre de Ferrand (l'émigré) à Condé à ce sujet, 1er mai 1796, Chantilly, Z, t. XLVIII.
6. La minute de la lettre de la Révellière, AF III, 337.
7. Affaires étrangères, Suède, 17 germinal.

de Suède sans avoir au moins des raisons de croire qu'il accepterait une ambassade. Qui saura le rôle que les Lajolais ont joué en cette affaire ? Le mari avait rejoint la femme à Paris, appelé, le 24 mars, par le ministre pour lui rendre compte des troupes qu'il avait sous son commandement [1]. Il produisit une impression détestable au ministère ; on décida de ne plus l'employer et de le réformer. On le jugeait « sans talents, sans moralité » et d'une « bravoure douteuse » [2]. Criblés de dettes, méprisés à Strasbourg comme à Wissembourg, les Lajolais songeaient peut-être à quitter la France à la suite de Pichegru [3]. Qu'on se rappelle la note de la police secrète en date du 10 mars : M$^{me}$ Lajolais intriguait pour lui faire obtenir une ambassade. La maîtresse assura-t-elle que le général accepterait des fonctions diplomatiques [4] ?

Cependant Pichegru affecta de n'envoyer ni « un mot de remerciement, ni d'acceptation, ni de refus [5] ». Il laissa pendant quinze jours le Directoire dans la plus complète ignorance de la décision qu'il avait prise. Les directeurs finirent par demander au ministre si le général avait reçu ses instructions. Le ministre répondit qu'il ne l'avait pas vu. Il reçut l'ordre de lui écrire, pour savoir s'il partait pour la Suède ou s'il entendait différer son départ : on disait qu'il ne partirait pas.

Le ministre écrivit, le 30 germinal (19 avril) : la réponse de Pichegru au Directoire est datée de la veille : en principe il accepte les fonctions d'ambassadeur, mais avant de quitter la France, il demande à prendre un repos prolongé [6].

Abbatucci annonçait à Ferino que Pichegru avait décidément accepté l'ambassade de Suède, sous condition d'aller passer un mois à Strasbourg pour vaquer à ses affaires. Dans son journal, Legrand

---

1. Archives administratives, guerre, dossier Lajolais. Les Lajolais, mari et femme, revinrent de Paris avec Pichegru, Klinglin, t. I, p. 471.
2. Etat de réorganisation de l'armée de Rhin-et-Moselle, 24 germinal-13 avril, AF III, 177.
3. Pendant l'exil de Pichegru en Angleterre, ils songeaient aussi à s'établir en Angleterre auprès de lui. Cf. l'interrogatoire de M$^{me}$ Lajolais (germinal XIII).
4. Pichegru n'avait-il pas songé à une ambassade plus importante que celle de Suède, celle de Prusse par exemple ? se rappeler sa conversation avec Sandoz. Pourquoi reste-t-il à Paris ? Il écrit à Badonville, le 1$^{er}$ avril : « *J'ai cru repartir il y a deux jours*. Je suis, contre mon gré, *retenu ici pour quelque temps.* » Klinglin, t. I, p. 359.
5. La Revellière, t. I, p. 412.
6. La lettre du 30 germinal fut écrite, après l'envoi de celle de Pichegru du 29 germinal, Affaires étrangères, Suède. Celle de Pichegru est caractéristique du personnage : il accepte, sans accepter... « Je n'aurais pas hésité et je m'estimerais heureux de pouvoir donner en cette circonstance un témoignage de dévouement absolu, en vous priant, citoyen président, de présenter mon acceptation au Directoire, mais j'éprouve le besoin d'un moment de repos ; je désire en jouir pendant quelques mois. » Cf. Klinglin, t. I, p. 396.

affirme qu'il accepta, mais demanda un délai pour se reposer [1].

Vraisemblablement Pichegru se réservait d'accepter ou de refuser l'ambassade, suivant qu'il trouverait ou non, à son retour à Strasbourg, l'occasion de réaliser ses desseins. Le Directoire, persuadé qu'il partirait pour Stockholm, lui donnait en effet l'autorisation de revenir en Alsace [2].

1. Les journaux de Strasbourg du 3 avril annoncèrent qu'il avait accepté et certainement les directeurs le crurent, pendant quelque temps au moins, puisqu'ils tardèrent à lui donner un remplaçant à Stockholm.
D'ailleurs le duc de Sudermanie, penchant décidément vers l'alliance russe, exigea le départ de Staël de Paris et celui-ci dut quitter la capitale, dans l'été de 1796, et se rendre avec sa famille à Coppet. Il ne revint à Paris comme ambassadeur qu'en 1798. Toute espérance d'alliance s'évanouissant, il devenait inutile d'envoyer en Suède un général illustre comme conseiller militaire du jeune roi. L'arrêté du 3 avril resta inexécuté, sans que le général eût annoncé son refus par lettre et que les directeurs eussent insisté pour obtenir son acceptation. Ils nommèrent Lamarque comme ambassadeur. Mais celui-ci ne se rendit pas à son poste et ce furent, après Perrochel, nos consuls généraux de Suède qui, jusqu'en 1799, envoyèrent la correspondance diplomatique.
Mᵐᵉ de Staël, qui avait peut-être rêvé avec son mari d'assurer le triomphe de l'influence française en Suède par l'envoi de Pichegru, conserva une vive rancune contre le général : « *Cœur de citrouille*, disait-elle, *fricassé dans la neige*. »
2. On laissa Pichegru « *au repos, avec conservation de son traitement* ».

# CHAPITRE IX

### LE « ROI » A L'ARMÉE DE CONDÉ

#### I. — *Doute et colère ; le nouveau plan de Pichegru.*

La nouvelle de la démission de Pichegru provoqua une émotion extraordinaire à Riegel. Après tant de promesses, Pichegru abandonnait l'armée qui devait exécuter ses plans, et l'abandonnait volontairement ! S'était-il donc joué de Condé, de Wickham, de Wurmser, et, après avoir tiré d'eux tout le parti — tout l'argent — qu'il espérait en tirer, se dérobait-il par une manœuvre habile aux obligations que lui imposaient ses engagements [1] ?

Demougé annonçait la nouvelle avec précaution, dans ses lettres du 30 mars et du 2 avril [2], la noyait au milieu de beaucoup d'autres [3], s'efforçait de la présenter sous un jour avantageux : « L'effet de la démission de Poinsinet n'est pas équivoque ; je la crois un fin coup de collier pour la chose. Le soldat en murmure déjà hautement. » — Mais il en était « malade » et « trépignait d'impatience » de ne pas « recevoir quelque chose du Banquier ». Vainement il envoyait Badonville à Colmar, où Pichegru devait adresser les lettres destinées à Demougé. Le général n'écrivait pas ; on attendit ainsi jusqu'au 10 avril, plus de vingt jours d'attente mortelle, depuis le départ du général pour Paris.

Condé ne cachait plus son découragement. « Désormais, disait-il, Pichegru ne peut plus être utile, car il ne reviendra pas à l'armée... Ah ! s'il avait voulu me croire, sa fortune serait faite à présent !... Je ne conçois plus les espérances que conserve Furet. » Et, chargé par le « roi » de faire passer au général le billet du 14 mars, il écrivait à Vérone qu'il en trouvait les expressions trop fortes :

---

1. *Constitutionnel* du 28 juillet 1828 : « Il (Pichegru) donna sa démission de général en chef et feignit de l'avoir reçue. On le répéta partout. Cependant on sut chez le prince de Condé et dans l'état-major autrichien qu'il l'avait donnée et l'indignation fut à son comble. On voulait le dénoncer, pour se venger de sa filouterie. »
2. Klinglin, t. I, p. 325 et 336.
3. Recul de l'armée patriote ; Desaix avait étendu ses cantonnements ; mécontentement des soldats ; manque de viande et de pain pour les hommes, d'avoine et de foin pour les chevaux.

(ainsi « sujet fidèle », « aimé », « estimable »), sans avouer au Prétendant les doutes que faisait naître dans son esprit la démission [1].

Mais il les avouait à Fauche. Celui-ci, malade à Offembourg, chez la baronne, adressait au prince, malgré une « fièvre violente et une toux suffocante », une longue justification de la conduite de Pichegru. On ne pouvait, disait-il, révoquer en doute la « générosité, le caractère et la profonde sagesse de Baptiste ». Or il avait déclaré qu'il « voulait travailler la chose en grand, ne rien donner au hasard, frapper un coup décisif ». Il avait reçu une « somme d'argent considérable à son départ ». Il était donc ou « le plus vil et le plus lâche des hommes », ou « un homme sage, doué d'un grand caractère et de talents supérieurs ». La première supposition était folle, car Baptiste ne se serait pas « ôté par sa démission les seuls moyens qui lui restaient pour assurer sa cupidité et mettre ses jours à couvert ». Il fallait donc envisager nécessairement l'acte de sa démission « comme... vigoureux et sublime » ! « Jamais les espérances que donna à V. A. l'affaire qu'elle a daigné me confier, assurait le libraire, ne furent plus grandes que dans ce moment-ci. Baptiste a démissionné, tant mieux, Monseigneur [2] ! » Il s'efforçait de faire partager sa conviction à M^me de Reich, qui écrivait à Klinglin : « Je ne crois pas que nous soyons mystifiés, mais je pense (à moins qu'on ne me démontre positivement que Baptiste est un scélérat) qu'un grand plan a été concerté et peut-être heureusement tenu à l'ombre... Je ne me persuaderai pas que la belle Zède est une coquine, » et elle ajoutait : « Il n'en est pas de même du Laurier (Condé) qui tourne, j'en suis fâchée, à une entière incrédulité et qui, s'il se montre ainsi à Bluet (Wickham), pourra desservir notoirement la chose, en nous faisant manquer de saisir la Capricieuse (l'argent) [3]. »

Le prince, en effet, à défaut de Fauche malade, avait envoyé Courant à Berne, pour prier Wickham de lui procurer l'argent que Craufurd ne voulait plus donner. Mais il adressait sa requête à l'ambassadeur anglais, sans prendre la peine de lui dissimuler son inquiétude et ses doutes : « L'argent pour la grande affaire est fort loin d'être prêt... Le Turc (Courant) veut conserver de l'espérance pour l'affaire de Baptiste, qu'on assure destituée. S'il revient malgré cela, quelle affreuse catastrophe que de lui faire dire : « Nous n'avons point d'argent pour vous ni pour votre armée [4] ! »

L'ambassadeur quitta Berne à l'arrivée de Courant, le prévenant

---

1. Condé à M^me de Reich, 7 avril; au roi, 10 avril, Chantilly, Z, t. CXXXII, p. 126 ; t. CXXXVIII, p. 21.
2. Klinglin, t. I, p. 314 ; Fauche à Condé, 9 avril, Chantilly, Z, t. XXXIII, p. 157.
3. Klinglin, t. I, p. 365-6.
4. 1^er avril, Chantilly, Y, t. CXXXV, p. 101 ; cf. lettre du 7 avril.

qu'il serait de retour le 8 avril ; il ne revint que le 12. Il réfléchissait « aux sacrifices énormes » qu'il avait faits en pure perte, souvent même contre l'avis des autres », s'efforçait de se soutenir « dans la persuasion que toute cette histoire n'était pas une illusion », avouait qu'il « ne comptait pas plus sur sa réussite, dans ce moment... que dans le commencement [1] ».

Enfin, Demougé voyait arriver Badonville à Strasbourg, le 9 avril, avec un billet de Pichegru. Le général écrivait à son adjudant. La lettre était timbrée de Paris et datée du 12 germinal (1er avril). Elle ne contenait que six lignes : « J'ai bien différé à vous donner de mes nouvelles, mon cher B., parce que j'avais cru repartir déjà, il y a deux jours; je suis, contre mon gré, retenu ici encore pour quelque temps et je retournerai au N° 1 (Strasbourg). Faites-moi le plaisir de dire à Mademoiselle *** [2] que je ne lui écris point, parce que je compte la revoir bientôt [3]. »

Pichegru revenait donc à Strasbourg ! Vite l'avocat envoya le billet à Fauche, en le priant de lui procurer au plus tôt de l'argent : il logeait chez lui Badonville, Olry, Tugnot, recevait à table ouverte les officiers de Strasbourg, leur prêtait : « Si Poinsinette, écrivait-il, me demandait des fonds, je serais hors d'état de lui en donner, étant au bout des miens propres que j'ai avancés. »

Fauche transmettait le billet de Pichegru en original à Condé, en suppliant le prince de lui envoyer, par retour du courrier, 500 louis pour les faire passer à Furet. Il promettait de le rembourser avec l'argent de Wickham, même avec sa « propre fortune [4] ! « Nous touchons à l'instant, ajoutait-il, où j'aurai à rendre compte de ma conduite à l'Europe entière et V. A. sent combien il importe à mon honneur de n'avoir à essuyer aucun reproche dans une circonstance dont va dépendre le sort de l'Europe [5] ! »

Le prince lut avec joie le billet de Pichegru, se hâta de le faire passer en copie à Wickham, en avouant : « La lettre de Baptiste me paraît fort extraordinaire. J'ai de la peine à comprendre comment on souffrira qu'il revienne à Strasbourg. » Néanmoins il engageait vivement le représentant anglais à renvoyer Courant au plus tôt, avec tous les fonds nécessaires à la grande entreprise [6]. Mais il se

1. Wickham à Condé, 15 avril, Chantilly, Y, carton 15, f° 235-40.
2. Sans doute Demougé.
3. Condé envoya la lettre autographe à Wickham, qui la réclama. Chantilly n'en possède que des copies. Elle n'est pas dans les papiers de Wickham au Record Office. Condé compara d'ailleurs la lettre avec le premier billet du général et il écrivit, le 23 avril, à Wickham : « Elle me paraît entièrement de la même écriture. » 4 copies à Chantilly, Z, t. XXXIV, p. 21, 72, 116, 45. Imprimée dans Klinglin, t. I, p. 359.
4. Autre preuve de la sincérité de Fauche, mais aussi de son exaltation (voir la suite).
5. Fauche à Condé, 10 avril, Chantilly, t. XXXIII, p. 158.
6. Condé à Wickham, 12 avril, Chantilly, Y, t. CXXXV, p. 105.

gardait d'expédier les 500 louis à Fauche. Celui-ci, le 12, lui écrivait une autre lettre plus pressante que la première : « Le moment arrive où j'aurai à rendre compte de l'affaire la plus essentielle dont un sujet ait été chargé depuis vingt siècles! Mon honneur m'ordonne impérieusement de répéter à V. A. que, ne voulant avoir aucun reproche essentiel à me faire, il m'est impossible de ne pas solliciter auprès de V. A. les moyens nécessaires. »

Le curé Jœglé, chargé de porter la lettre au prince, revint les mains vides. Le « bureau » d'Offembourg dut « boursiller » pour « amonceler 250 louis » que Jœglé porta de nuit sur l'autre rive du Rhin, sous le couvert de Pichegru [1].

Mais le prince avait froissé profondément Wickham, en conservant l'original du billet de Pichegru que lui envoyait Fauche. L'agent anglais écrivit à Condé une lettre très vive sous les formes les plus polies : « V. A. me prive d'un des plus puissants moyens, peut-être le seul que j'aurais eu d'aplanir les difficultés et de dissiper les doutes que je ne rencontre que trop partout. Je la conjure de réfléchir combien il me serait important..., ne fût-ce que pour ma propre justification, de pouvoir régler mes comptes et faire mon rapport définitif, muni d'une pièce aussi authentique et aussi convaincante que celle que V. A. vient de m'enlever. Je vous conjure donc de me l'envoyer sur-le-champ. » Il ajoutait que le billet de Pichegru ne dissipait pas les doutes que sa démission avait fait naître, puisqu'il avait « accepté (au moins en apparence) » l'ambassade de Suède : « Nous voici donc au même point de doute et d'incertitude où nous nous sommes trouvés au moment de l'arrivée de Courant. V. A. ne me blâmera pas si je persiste dans mon refus de me prêter à toute mesure extraordinaire, jusqu'à ce que nous ayons la certitude que Baptiste aura non seulement la volonté, mais la possibilité et le moyen de travailler avec succès à la perfection de son ouvrage (sic) [2]. »

Fauche se décidait à *emprunter* [3], à risquer sa fortune propre sur le succès de l'Intrigue, lorsque, le 14, il reçut de Strasbourg une lettre de l'avocat, datée de la veille, annonçant que Pichegru avait écrit à Mme Vernier, femme du commandant de la place, qu'il arriverait bientôt avec Moreau, « son intime ami ». Abbatucci avait prévenu Ferino que le général acceptait l'ambassade, sous condition d'aller passer un mois à Strasbourg [4]. Donc, plus de

1. Fauche à Condé, 12 avril, Chantilly, Z, t. XXXIII, p. 159 ; Klinglin, t. I, p. 373. Mongaillard était à Offembourg, avec Fauche et Jœglé.
2. Lettre du 15 avril, déjà citée.
3. Klinglin, t. I, p. 384. Il importe de noter ces preuves de la bonne foi de Fauche. Voir surtout sa lettre à Wickham du 17 avril, copie dans Chantilly, Z, t. XXXIII, p. 175.
4. Demougé, 13 avril, Chantilly, Z, t. XXXIII, p. 80 et 81 ; même lettre à peu près dans Klinglin, t. I, p. 394.

doutes : Pichegru revenait à Strasbourg ! N'était-ce pas la preuve que le Directoire ignorait l'Intrigue ? Sans doute Moreau devait être « la cheville ouvrière que Z (Pichegru) ferait mouvoir à son gré ». « Bien loin de croire qu'il y ait des choses de gâtées, je pense, déclarait Demougé, que nos affaires sont plus avancées par le voyage de Baptiste. »

La lettre de Furet fut transmise en toute hâte par Fauche, puis par Condé, à Wickham. On suppliait celui-ci de renvoyer Courant « avec les mains garnies ». Le prince reprenait courage : « Si Pichegru fait son grand voyage, tout me paraît à peu près manqué; mais, si ce n'est qu'un prétexte pour venir à Strasbourg, on peut espérer beaucoup[1]. »

Wickham pensa de même et, le 17 avril, il se décida enfin à envoyer Courant avec 800 louis. Il promettait « d'avoir de l'argent prêt à huit jours d'avertissement » et de suivre « en tout » les conseils du général[2].

De leur côté, les Autrichiens reprenaient confiance en Pichegru, en attendant son retour. Fauche démontrait à Wurmser que le général restait digne de son estime et se conduisait en « grand homme » ! « Baptiste, maître de prendre des millions à la Haye et en étant sorti pauvre et respecté, ne déroberait pas aujourd'hui quelques misérables rouleaux de louis qui le couvriraient d'infamie. S'il était possible de le déshonorer au point de le croire capable de partir pour la Suède, il ne suffirait pas de le croire scélérat, il faudrait encore le croire le plus fou de tous les insensés, puisque cet homme ne se dissimulerait pas qu'ayant laissé partout des preuves et des traces irrécusables de ses manœuvres contre le Directoire, il suffirait, pour le faire arrêter avant son arrivée à Stockholm,.. d'un seul mot d'une seule des personnes qui ont été en rapport avec lui à Strasbourg ! »... « Il va arriver... et... tout à l'heure frapper l'Europe d'étonnement[3] ! »

Sans partager l'enthousiasme de Fauche, Wurmser croyait aussi que Pichegru n'avait accepté l'ambassade que pour obtenir le droit de revenir à Strasbourg et se donner le temps d'exécuter ses desseins. « C'est le manteau dont il s'est couvert, » disait-il à Barbançon. L'archiduc Charles, successeur de Clerfayt, arrivé, le 11, à l'armée avec Bellegarde, s'intéressait à l'Intrigue, posait des questions à Barbançon ; Bellegarde restait froid et sceptique, avouait

---

1. A Wickham, 15 avril, Chantilly, Y, t. CXXXV. p. 105.
2. Lettre du 17 avril, à la suite de celle du 15, ci-dessus citée.
3. Klinglin, t. I, p. 390, 14 avril. Voir autre lettre à Wurmser du 20 avril, pour le prier de ne pas lever la trêve avant l'arrivée de Pichegru, *ibid.*, t. I, p. 419.

d'ailleurs qu'on pouvait faire encore quelques sacrifices pour une cause bien compromise[1].

Successivement Demougé annonça que Pichegru arrivait à Strasbourg avec Moreau, le 18 ou le 19, puis que Moreau était arrivé seul à Haguenau, suivi de près par Pichegru; enfin qu'une lettre de ce dernier, datée du 6 floréal (25 avril) de Paris et adressée à Vernier, le précédait de très peu, qu'on l'attendait le 30 avril ou le 1er mai, et que Moreau, venu à Strasbourg le 28, retournait à Haguenau pour le rencontrer[2].

A mesure, Fauche informait Condé, qui, de Riegel, transmettait à Wickham les nouvelles reçues, lui envoyait même son conseiller intime, le chevalier de Contye, pour solliciter de nouveaux fonds. Le prince demandait une « somme en espèces » que Fauche devait faire passer à Demougé « pour assurer l'explosion qui s'approchait beaucoup », et de plus une « somme très considérable », à laquelle il ne toucherait pas avant son arrivée en France, pour parer « aux nécessités des premiers moments[3] ».

Wickham répondit qu'au premier signal de Pichegru il partirait lui-même « sur-le-champ », muni des fonds nécessaires. Puis il se mit en route pour Fribourg, voulant conférer avec son collègue avant de prendre de nouvelles déterminations. Il rencontrait Craufurd à Fribourg, le 26 avril, et arrivait à Riegel, au camp de Condé, le 29, pour attendre les résultats du premier entretien que Demougé se proposait d'avoir avec Pichegru[4].

Le général arrivait à Strasbourg après Moreau[5], le 30 avril au soir[6]. Demougé lui faisait parvenir un mot, le 1er mai, lui demandait un rendez-vous pour le lendemain matin à la campagne. Le général s'y rendit.

Il revenait de Paris fort déçu. Sa démission n'avait causé qu'une sensation passagère; il n'avait pas trouvé l'occasion de porter un coup au Directoire; celui-ci même s'était relevé très sensiblement dans l'opinion. Une autre déception l'attendait en Alsace: son

---

1. Je résume ici plusieurs lettres de Barbançon et de Duhal, son remplaçant provisoire auprès de Wurmser, au prince, 13, 17, 18, 19, 21 avril, Chantilly, Z, t. XL, p. 339 à 354.
2. Klinglin, t. I, p. 404, 417, 446, 472. Voir les mêmes à Chantilly, Z, t. XXXIII, p. 82 et suiv.
3. 18 avril, Chantilly, Y, t. CXXXV, p. 105.
4. 22 avril, Chantilly, Y, carton 15, f° 241; Condé à Wickham, 28 avril, Chantilly, Y, t. CXXXV, p. 107.
5. Moreau avait accepté, le 22 mars, « le fardeau bien pesant » qu'on lui confiait; il arrivait, le 2 avril, à Paris, et le ministre, le 3, l'autorisait à y rester quelques jours. Il était à Haguenau le 1er floréal (20 avril), y devançant Pichegru qui ne quitta Paris que le 25. Le chef d'état-major de Moreau, Reynier, remplaçait Liébert, nommé, le 14 mars, au commandement de la 1re et de la 16e division militaire, A. G., Rhin-et-Moselle, aux dates.
6. Haussmann au Directoire, A. G., Rhin-et-Moselle, 2 mai.

armée acceptait presque sans murmurer le commandement de Moreau. Celui-ci s'était présenté fort habilement à ses officiers et soldats comme « l'ami et l'émule » de Pichegru. Un des généraux attachés à ce dernier, Duverger, résumait exactement l'opinion de tous, en écrivant : « Il n'est point un soldat de l'armée de Rhin-et-Moselle qui, en manifestant des regrets sincères sur cet événement (la démission de Pichegru), ne fonde sur vous sa confiance et n'espère y trouver des motifs de consolation. » « En perdant le général Pichegru, déclarait Lecourbe, l'armée a retrouvé le compagnon de ses travaux [1]. » Et Moreau, en envoyant à Carnot ses impressions sur l'armée nouvelle qu'il avait à commander, terminait sa lettre par cette conclusion consolante : « Cette armée était très découragée, mais elle est bonne et, pour peu qu'on vienne à son secours, on peut tout en espérer [2]. »

Pichegru était donc victime de ses machinations, si vraiment, comme le supposait Demougé, il avait offert sa démission pour causer de graves embarras au Directoire, provoquer les protestations de ses troupes et leur soulèvement [3]. Nul doute qu'il ne se repentît d'avoir demandé son remplacement et d'avoir fourni au gouvernement l'occasion facile de l'écarter des armées [4]. On devine ses rancunes et sa colère : il n'est pas d'autre excuse à ses propos.

Les Autrichiens doivent rompre la trêve immédiatement, déclarat-il à Demougé, tomber sur l'armée patriote, aussitôt les dix jours écoulés, ne pas cesser de la poursuivre après l'avoir battue, jusqu'à ce que Pichegru soit rappelé au commandement. Alors le général demandera une trêve et les Autrichiens l'accorderont, en déclarant qu'ils ne veulent traiter qu'avec lui. A ce moment, « un coup de théâtre imprévu » se produira : « on appellera Pichegru à la dictature [5] ».

Le général pensait en effet qu'on ne pouvait rétablir le roi après la République, sans transition. Il s'était, disait-il, appliqué, pendant son séjour à Paris, à connaître à fond l'esprit public. « Généralement tous ceux qui n'étaient pas jacobins demandaient le gouvernement

---

1. A. G., Rhin-et-Moselle, 30 avril (Duverger), 1ᵉʳ mai (Lecourbe). Voir de même la lettre de Ferino, 1ᵉʳ mai, de Nouvion, 2 mai, de Jordy, de Saintrailles, 12 mai.
2. A. G., Rhin-et-Moselle, 22 avril. Cf. lettre de Wickham à Grenville, 4 mai, Record Office, Suisse, et *Correspondance de Wickham*, t. I, p. 356 : « *Sa démission n'a provoqué qu'une très faible sensation ici.* »
3. Ce que nous ne croyons pas.
4. Wickham, *Correspondance*, t. I, p. 357.
5. La conversation reproduite d'après la lettre de Demougé (copie), Chantilly, Z, t. XXXIII, p. 91, texte identique à celui de Klinglin, t. I, p. 480 et suiv. Mallet du Pan, t. II, p. 20, 21 et 31, pensait, comme Pichegru, que, si les Autrichiens attaquaient immédiatement avec vigueur, ils seraient sûrement vainqueurs.

d'un seul. » Mais ils penchaient plutôt pour le duc d'Orléans que pour le comte de Lille. Que le trône fût relevé, aussitôt la République abattue, le duc d'Orléans y serait appelé par la majorité des partisans de la monarchie. Il fallait donc prévenir les Orléanistes, les « déjouer », donner le pouvoir à l'un des partisans du roi légitime, décidé à lui céder la place dès que tout danger de guerre civile serait écarté[1].

En attendant, le Prétendant devrait éviter de froisser l'opinion publique par d'imprudentes déclarations, « assurer et pénétrer tout le monde d'un pardon général », sauf à sévir plus tard. Pichegru laissait même entendre qu'il serait obligé de donner au pays des garanties constitutionnelles, car il ne pouvait « heurter les opinions d'un siècle erroné et perverti... », rentrer « sans palliatifs et avec l'intention prononcée de se remettre comme il était[2] ».

Tel était le plan que le général avait combiné avec ses amis de Paris, plan dont le succès paraissait infaillible si les Autrichiens se hâtaient de rompre la trêve. Dans les circonstances présentes, affirmait-il, aucun autre plan n'offrait de pareils avantages. Surtout il fallait se garder de toute entreprise partielle qui ne pouvait aboutir qu'à une inutile effusion de sang.

Pichegru ajoutait qu'il ne resterait pas à Strasbourg jusqu'à la levée de la trêve; il irait dans son pays natal, à Arbois, attendre le résultat des premières opérations. Habilement, il prévenait le prince qu'il n'avait pas encore accepté l'ambassade, comme s'il désirait le tenir par la crainte d'une acceptation, le forcer à consentir au plan dont toute la partie politique devait singulièrement lui déplaire. Il passait sur sa démission, ne soufflait mot de ses déceptions, tenait à laisser de lui l'impression d'un politique profond dont les combinaisons se réalisaient par un effet naturel de sa volonté. Il conseillait de ne pas chercher à gagner Jourdan, « fort douteux », ni même Moreau, qui n'était « pas tout à fait de son genre ».

## II. — *Le « roi » arrive à Riegel.*

Lorsque le compte rendu de cette conversation fut envoyé par Mme de Reich au camp de Condé, le comte de Lille venait d'y arriver. La république de Venise l'avait expulsé de Vérone.

Il hésitait depuis quelque temps sur le choix d'une résidence nou-

---

1. Ce projet de dictature reste le projet dominant de Pichegru jusqu'après son élection aux Cinq-Cents et peut-être plus tard. Voir ses « conversations » suivantes.
2. Voir ci-dessous, opinions identiques de Précy et de l'abbé Brottier.

velle, sollicité par l'Angleterre de se rendre à Rome ou à Gibraltar, par Condé de venir au milieu de sa « fidèle armée », par Charette de se réunir aux Vendéens pour marcher à leur tête contre les patriotes[1], lorsque le marquis Carlotti lui signifia l'ordre du gouvernement vénitien[2].

Obligé de quitter Vérone, le comte de Lille résolut de gagner le camp de Condé. Vainement lord Macartney, que l'Angleterre avait accrédité auprès de lui, conseilla au Prétendant de se rendre à Bologne ou à Parme, en attendant que l'Autriche consentit à son séjour en Allemagne[3].

Le Prétendant ne suivit pas les conseils de lord Macartney, parce qu'il craignait l'invasion des Français en Italie et surtout voulait se rapprocher de la France. Des avis secrets lui venaient de l'« intérieur » : ses plus fidèles partisans blâmaient son éloignement et son inaction ; le peuple l'oubliait ou le dédaignait. Beaucoup songeaient à rétablir la monarchie, mais au profit des Orléans ou de la princesse Charlotte, fille de Louis XVI, après son mariage avec le duc d'Angoulême. D'aucuns faisaient des avances à Condé. « Le roi de France a beau faire, disait le roi de Prusse, il ne se tirera jamais de là qu'il ne se mette, en vrai gentilhomme français, à la tête de sa noblesse et de ses sujets fidèles et qu'il ne combatte avec eux et comme eux. » « Si le roi se fût soustrait au perfide secours des puissances étrangères, écrivait Ferrand à Condé, pour venir se jeter hardiment en Franche-Comté, non pour y chercher sa cou-

---

1. Lebon, p. 114, 117, 122. Voir surtout la mission de lord Macartney à Vérone.
2. A la demande du gouvernement français, qui, le 6 mars 1796, décidait de faire notifier au « sieur Quirini et au sénat de Venise », par l'ambassadeur français Lallement, le mécontentement qu'il éprouvait « du séjour du prétendu Louis XVIII à Vérone, devenu le centre de toutes les intrigues contre la république française ». Deux raisons motivaient cette décision : le ministre russe à Venise, Mordvinoff, avait reçu de sa cour des instructions en vue de reconnaître le comte de Lille comme roi de France, et des lettres trouvées sur des prisonniers vendéens ou chouans prouvaient pleinement le rôle de la cour de Vérone dans les intrigues de l'intérieur. Le gouvernement vénitien, inquiet des premières victoires de Bonaparte, résolut de satisfaire le Directoire, Registre secret du Directoire, n° 20 ; Lebon, p. 182. Le rédacteur des *Mémoires* de Barras, t. II, p. 106, prétend au contraire que le sénat de Venise est allé « au-devant des convenances présumées » du Directoire.
3. Déjà, en septembre 1795, l'empereur avait empêché le marquis de Bade-Durlach de le recevoir dans ses États : l'empereur ne voulait pas le reconnaître comme roi, ni lui accorder une protection officielle, en lui permettant de résider en Allemagne, car il n'entendait pas s'enlever tout moyen de négocier avec la République ou de démembrer la France. A plus forte raison il devait s'opposer au séjour du Prétendant au camp de Condé, puisque les Condéens ne formaient qu'un corps de l'armée autrichienne. Que la République fût victorieuse, elle refuserait de négocier avec le protecteur officiel de Louis XVIII ; qu'elle fût vaincue, l'empereur ne pouvait dépouiller son protégé d'une des plus belles provinces de son royaume, l'Alsace. La présence du roi à l'armée de Condé risquait de donner au prince une importance et une indépendance que l'empereur n'entendait pas lui accorder plus qu'à un simple général autrichien.

ronne, mais pour y courir les risques de la guillotine, il n'eût point trouvé celle-ci, mais il eût obtenu l'autre. Cette démarche eût frappé : elle annonçait un grand caractère... Il fallait conquérir l'opinion. L'opinion est donc restée sur lui ce qu'elle était ou même elle a empiré[1]. »

Le prince de Condé joignait ses instances à celles des conseillers du « roi », l'engageait à sortir de son inaction, à se rendre à l' « armée royale » comme « un simple gentilhomme », à sacrifier de sa dignité en faveur de son intérêt. « Que le roi se fasse comte de Lille dans le seul endroit où il puisse tirer l'épée et je vous réponds que le comte de Lille redeviendra bientôt roi, l'épée à la main[2]. » Le Prétendant aurait préféré — il l'écrivait au moins — se jeter en Vendée, y jouer contre la République une partie décisive. La mort de Charette le décida, quand le comte Carletti lui signifia les ordres du sénat, à suivre le conseil du prince.

Le 19 avril, il annonçait sa décision à ce dernier : « J'arriverai peu après le duc de Fleury, qui vous porte cette lettre. Mais ne croyez pas que ce soit le roi de France qui vienne prendre le commandement de son armée : c'est le premier gentilhomme français qui vient se réunir à ceux qui combattent sous les drapeaux du digne héritier du grand Condé. » Et il ajoutait qu'il avait l'intention, en arrivant, « de faire une proclamation analogue aux circonstances, ou plutôt deux, l'une adressée à l'armée royale, l'autre à l'armée patriote ». Il partait, le 21, avec son conseiller favori, le comte d'Avaray, à 3 heures du matin, par la route de Bergamo et du Saint-Gothard, dans le plus strict *incognito*, tandis que son « principal ministre », le comte de la Vauguyon, qui lui ressemblait beaucoup, prenait ostensiblement la route du Tyrol. Lorsque les espions du Directoire ou ses créanciers le cherchaient encore du côté du Brenner, une berline légère l'emportait à travers la Suisse et il arrivait à Riegel, le 28 avril, dans la nuit, quelques heures après la lettre qui annonçait sa venue[3].

---

1. Barbançon à Condé, 2 mars 1796, Chantilly, Z, t. XL, p. 374, lui signale l'importance que prend en France le parti du *duc d'Angoulême*. Fauche-Borel, interrogatoire du 21 messidor an X, F 6319^A, pensait que Pichegru et son parti voulaient « *rétablir la monarchie dans la personne du duc d'Angoulême, qui n'aurait point froissé les opinions, comme le roi ou Monsieur* ». Ferrand (l'émigré) prévenait Condé, le 13 février, Chantilly, Z, t. XLVIII, que la fille de Louis XVI avait un « grand parti en France... Si elle épouse le duc d'Angoulême, on veut qu'elle lui donne la couronne. » L'empereur avait songé à faire épouser à Charlotte un archiduc (Charles ou Léopold).

Je cite un passage de cette même lettre dans le paragraphe ci-dessus. Cf. Lebon, p. 317, 319.

2. Condé à l'évêque d'Arras, 10 septembre 1795.

3. Le roi à Condé, Z, t. II, p. 76. Cf. lettre de d'Avaray du 17 avril, t. XXXVIII, p. 9 ; lettre de lord Macartney à Grenville, 22 avril, Lebon, p. 183 ; mémoires tirés du journal du vicomte d'H., aide de camp du roi, dans de Beauchamp, *Mémoires secrets et inédits*, p. 132.

Cette annonce avait jeté dans le plus grand embarras les deux représentants de l'Angleterre, Wickham et Craufurd, arrivés la veille de Fribourg-en-Brisgau. Ils ne pouvaient se dispenser de communiquer la nouvelle aux généraux de l'empereur, allié de leur roi, et craignaient que ceux-ci ne fissent arrêter le Prétendant aux avant-postes.

L'arrivée soudaine de ce dernier trancha la difficulté : Craufurd et Condé prévinrent l'archiduc Charles et Wurmser ; en attendant leur réponse, les deux agents anglais furent présentés au « roi », qui les reçut avec son affabilité coutumière. Ils décidèrent de lui témoigner désormais beaucoup de respect, mais de lui faire de rares visites, où ils éviteraient de donner leur opinion, lorsqu'ils le pourraient « décemment [1] ».

Les généraux autrichiens firent d'ailleurs bon accueil à la note du prince, qui les prévenait que le comte de Lille venait servir « comme volontaire » au camp des émigrés. Wurmser ne désespérait pas du succès de l'intrigue et jugeait que l'arrivée du Prétendant y contribuerait puissamment. Il répondit, dès le 30 avril, à la note du prince : « Le maréchal comte de Wurmser partage sensiblement la joie qu'a dû éprouver S. A. S. Mgr le prince de Condé... Le comte de Lille, en quittant une terre peu hospitalière, se trouve au moins dans une situation à pouvoir seconder efficacement les dispositions de l' « intérieur ». Le comte de Wurmser ne doute pas que l'arrivée du comte de Lille ne produise le plus grand effet si cette nouvelle est répandue convenablement et à propos ». Et il promit à Barbançon de faire annoncer la nouvelle à tous ses avant-postes, pour que toute l'armée républicaine en fût instruite à la fois. Il prévint d'ailleurs sa cour de l'arrivée du Prétendant [2].

La petite cour s'installa au château du prince de Schwarzemberg, en attendant les ordres de Vienne. Aux hommages qui l'accueillirent, à l'enthousiasme que provoqua sa présence, aux acclamations [3] dont le salua sa « fidèle noblesse », le comte de Lille put

---

1. *Correspondance de Wickham*, t. I, p. 346 ; Lebon, p. 185 et p. 361 ; Craufurd, à Sir Morton Eden, dans Zeissberg, p. 86, 29 avril.
2. Condé à Barbançon, 28 avril ; Barbançon à Condé, 30 avril, Chantilly, Z, t. CXXXIII, p. 130 ; t. XL, p. 373. Voir dans Barras, t. II, p. 134, une lettre du comte de Lille à Wurmser, communiquée par Wurmser à Moreau. Cf. Wurmser à Condé, 30 avril, Chantilly, Z, t. XVIII, p. 142.
3. Il passait des revues, se tenait à cheval plusieurs heures, malgré sa corpulence. (Voir Barras, t. II, p. 110, la revue des régiments d'Auvergne, du Languedoc, etc., quelques hommes, affublés de vieux uniformes, qui se présentent pour chaque régiment.) Un jour, le long du Rhin, sur la rive gauche, il aperçoit un groupe de soldats patriotes ; il veut leur montrer « leur roi ». Il fait mettre pied à terre à son entourage, reste seul à cheval, se laisse persuader qu'on l'acclame. Voir lettre de Riegel, interceptée par l'armée d'Italie, 5 mai, A. G., Rhin-et-Moselle, et *ibid.*, 6 mai, lettre de Poterat à Moreau ; 31 mai, lettre du Directoire à Moreau ; 5 juin, lettre de Moreau au Directoire. Cf. *Précis historique*, p. 11, *Mémoires de*

croire un moment qu'il était véritablement devenu roi. Les beaux jours de la monarchie semblaient revenus avec le printemps de l'année 1796.

Il s'enquit fiévreusement de tous les détails de l'Intrigue. Montgaillard accourut d'Offembourg, lui rappela un souvenir de 19 ans, la visite du comte de Provence à Sorèze, la poésie d'Horace traduite par le petit prodige de l'école, le jeune Roques[1]. Il rédigea sur la demande du roi, que le prince de Condé n'osa mettre en garde contre l'habile flatteur, un long mémoire[2] et fit de vive voix le récit des négociations engagées avec Pichegru. Fauche-Borel à son tour fut présenté au roi, prié de raconter sa première entrevue avec le général[3]. Quant à Demougé, qui se désolait de ne pouvoir passer le Rhin, il envoyait au roi des vers et des « fleurettes ».

Quand arriva le compte rendu de la conversation du 2 mai, le 4 au soir, le comte de Lille réunit le conseil, auquel assistèrent Craufurd et Wickham. Les agents anglais ne cachèrent pas leur désappointement : Pichegru renonçait à faire un coup d'État militaire avec l'aide de son armée ; il n'avait donc pas sur ses troupes l'influence qu'on lui attribuait ; il avait commis une grave faute en quittant le commandement ; il s'en repentait. Telles furent les conclusions qu'ils tirèrent de sa conversation avec Demougé et qu'ils transmirent aussitôt à leur gouvernement : « J'ai peu ou pas d'espoir, écrivait Craufurd, que l'affaire de Baptiste aboutisse à un résultat favorable. En perdant le commandement, il a perdu l'influence. Il a fait un mauvais calcul. »

Ils s'étaient proposé de paralyser les efforts de l'armée du Rhin, en l'engageant dans une aventure politique : c'est pourquoi ils jugeaient que leur argent était « extrêmement bien employé ». Du moment que Pichegru témoignait de son impuissance à entraîner ses troupes dans cette aventure, perdait avec le commandement tout moyen de rendre aux coalisés les services qu'ils attendaient de lui, les agents anglais hésitaient à le soutenir et Wickham demandait des instructions nouvelles à son gouvernement[4].

---

Fauche, t. II, p. 4 ; diverses brochures royalistes de la Restauration, comme *De l'Incrédulité intéressée*, p. 56. On faisait passer d'Offembourg en Alsace et distribuer aux armées la *Lettre d'un prisonnier français récemment libéré*, Klinglin, t. I, p. 476.

1. Roques, dit de Montgaillard, alors élève à Sorèze, traduisait l'ode *Eheu fugaces*. *Souvenirs du comte de Montgaillard*, p. ix.

2. *In extenso* dans les *Mémoires* de Fauche, t. II, p. 7 et suiv., à 22 ; lettre de Montgaillard à Condé, 8 mai, Chantilly, Z, t. XXXIV, p. 173. Cf. lettre de Wickham à Grenville, 8 mars 1797 : Wickham fut très mécontent de l'accueil que le Prétendant fit à Montgaillard.

3. Fauche, *Mémoires*, t. II, p. 33.

4. Craufurd à Grenville, 11 mai, Army in Germany ; Wickham à Grenville, 4 mai, Record Office, Suisse.

La petite cour de Riegel gardait ses illusions, croyait que Pichegru, avec l'appui de Moreau, pourrait encore livrer des places ou faire insurger les troupes. Elle s'inquiétait plutôt des opinions nouvelles, du plan politique nouveau qu'il avait rapporté de Paris.

Inclinait-il vers le parti des constitutionnels, — ces constitutionnels de 1791 que les Condéens haïssaient à l'égal des jacobins — ? Ne voulait-il pas lier à l'avance les mains au roi, l'obliger à un pardon général ? N'ambitionnait-il pas pour lui-même le pouvoir ?...

Il fallait cependant prendre un parti, répondre à Demougé : « Je leur suggérai, écrit Wickham[1], qu'il serait sage de dire à Pichegru en termes généraux qu'il pouvait assurer ses amis de Paris que les intentions du roi étaient absolument modérées et conciliantes et qu'il serait toujours disposé à faire les sacrifices personnels compatibles avec le *véritable* bonheur de son peuple. On fit à cette proposition moins d'objections que je ne m'y attendais, le mot « véritable » étant regardé par toutes les personnes présentes, comme leur laissant toute liberté de substituer à tout ce qu'on leur proposerait leur propre système, véritablement avantageux pour le peuple. »

Il fut donc convenu que le prince de Condé écrirait dans ce sens à Pichegru, mais que le « roi » lui tracerait un « canevas ». Après avoir « bien médité », le Prétendant fit le brouillon d'une lettre que le prince se contenta de copier pour l'envoyer au général : « Il faut mander à (Pichegru), écrivait-il, qu'il peut me rendre un service : c'est de faire comprendre aux meneurs, quels qu'ils soient, qu'ils ont tort de craindre ma sévérité au point où ils semblent la craindre ; que ma déclaration a fait connaître mon indulgence à ceux qui sont le moins coupables et que ceux mêmes qui le sont le plus, l'obtiendraient par des services importants et notamment de me faire ouvrir une place, de ramener une province sous mon obéissance, etc. » Le comte de Lille s'en tenait donc à ses déclarations antérieures, n'ajoutait aucune concession politique nouvelle à celles qu'il avait faites : la nuit avait porté conseil : on ne tenait pas compte des sages avis de Wickham.

On se résignait seulement à subir le gouvernement de transition que le général jugeait nécessaire, pour masquer le retour à la monarchie : « J'ai trop de confiance en Z, déclarait le « roi », pour ne pas désirer que nos succès[2] contraignent à lui remettre

---

[1]. Wickham à Grenville, 14 mai, *Correspondance*, t. I, p. 362, traduite en partie par Lebon, p. 361. C'est la lettre officielle. A côté se trouve, au Record Office, Suisse, la lettre *Private and Separate* du même jour, dont nous avons signalé l'importance et où Wickham rend ses comptes de l'année précédente. On y voit quelles sommes Wickham a dépensées en 1795 pour provoquer un mouvement royaliste sur les frontières de la France !
[2]. Ceux des Autrichiens.

une autorité dont je suis bien sûr qu'il n'usera que pour mon service [1]. »

Mais, avec autant d'entêtement que le prince, aussi peu d'intuition des difficultés présentes, le Prétendant priait Pichegru de se servir de son influence sur « l'armée, et même sur le Directoire exécutif [2] », pour lui livrer la place de Strasbourg !

La missive expédiée, on se préoccupa de modifier le texte de la lettre de Demougé et d'en écrire une copie qu'on pût montrer sans trop d'inconvénient à Wurmser et à l'archiduc Charles [3]. Cette copie se retrouve à Chantilly, comme le « canevas » de la lettre au général. On atténua, par la suppression des mots essentiels, les déclarations politiques [4] de Pichegru ; on supprima tout ce qu'il disait de l'indiscrétion des émigrés, de Moreau, de Jourdan. Barbançon fut chargé de faire lire la lettre, ainsi modifiée, aux généraux autrichiens. On leur demandait de rompre la trêve et de faciliter par leurs victoires le succès des nouvelles combinaisons.

En attendant la réponse des Autrichiens et celle du général, en prévision de leur consentement et des succès attendus, il importait de préparer « l'explosion » des provinces de l'Est et, dans ce but, Wickham et Condé avaient appelé Précy et Imbert-Colomès à Riegel. Ces deux chefs du parti royaliste, le premier désigné par le Prétendant, pour prendre le commandement militaire, le deuxième plus spécialement chargé de la direction politique de Lyon et des provinces voisines, arrivaient à Riegel, le 4 mai. Ils furent admis avec les deux agents anglais au conseil royal.

Après une entrevue à Lausanne, en décembre, ils s'étaient décidés à suspendre, pendant l'hiver, toute opération militaire dans l'Est. Tessonnet, qui les avait rejoints, s'était rendu à leur avis. La prudence de Précy l'avait emporté sur l'ardeur des deux autres, qui avaient fini par comprendre qu'un mouvement effectué pendant la trêve serait infailliblement réprimé par le Directoire [5].

Au commencement de mars, Wickham avait envoyé Précy à Condé

---

1. Voir le billet de Louis XVIII à Condé et le « canevas » à Chantilly, Z, t. II, p. 83 et 84. Le brouillon est surchargé de ratures, sans date, non signé, mais tout entier de la main de Louis XVIII. La copie de la lettre de Condé, *ibid.*, t. XXXIII, p. 24.
2. *Ibid.*, textuel!
3. C'était assez l'habitude. On ne laissait pas lire à Wickham et surtout à *Wurmser* les passages des lettres de Demougé qu'on jugeait prudent de laisser ignorer.
4. Par exemple on supprime, dans la phrase suivante, les mots que je souligne : « Il y aurait une guerre civile interminable, si le roi ou d'Orléans étaient *d'abord* installés, et surtout si le premier rentrait avec l'intention prononcée de se remettre *sans palliatifs* comme il était. » Chantilly, Z, t. XL, p. 377-8.
5. Voir ci-dessus, d'après lettres de Wickham du 19 décembre 1795 et du 5 janvier suivant.

pour arrêter avec lui les dispositions à prendre en vue du mouvement projeté. Condé l'avait envoyé à Craufurd, à Manheim. Mal reçu par le colonel, que le départ de Pichegru pour Paris rendait sceptique sur le résultat des intrigues royalistes, assez mal vu au camp du prince, parce qu'il conseillait de faire à l'opinion publique des concessions nécessaires, traité de « constitutionnel » et abhorré de tout ce qui était « pur », Précy, après avoir conféré avec Wurmser et Alvinzy, avait repris le chemin de Berne, convaincu qu'il fallait attendre la levée de la trêve et même des succès marquants de l'Autriche, avant de donner le signal de l'insurrection aux provinces de l'Est [1].

Ce fut l'opinion qu'il soutint dans le conseil royal. Imbert, au contraire, dès la fin de l'hiver, sollicitait de Wickham « la permission d'agir », envoyait un mémoire pour démontrer la « nécessité de hâter les mouvements de l'intérieur ». A son avis, il importait de lever l'étendard de la révolte, avant la fin de la trêve, au début d'avril : les troupes du Directoire seraient occupées aux frontières par les préparatifs de l'entrée en campagne ; les approvisionnements en grains et en subsistances se feraient plus facilement ; les jeunes gens de la réquisition appuieraient le mouvement, avant d'avoir été envoyés aux armées : « Un point de ralliement, sous un général de confiance, un Bourbon avec nous, et le premier mouvement sera une commotion électrique qui se communiquera à toute la surface du royaume. » Telle était la conclusion de son mémoire [2].

Mais, depuis l'envoi de ce mémoire, de graves événements s'étaient produits en Italie : les victoires de Bonaparte rendaient improbable l'appui des troupes autrichiennes ou piémontaises du côté de Lyon, et, les communications coupées avec l'Italie, les approvisionnements nécessaires à l'insurrection lyonnaise devenaient difficiles. L'insurrection du Cher, dirigée par Leveneur et Mallet (auxquels Wickham avait envoyé 75.000 francs), venait d'être réprimée ; celle des Cévennes, annoncée comme formidable, avortait : Imbert se rangea sagement à l'avis de Précy [3].

Celui-ci déclara catégoriquement qu'il ne se mettrait à la tête d'une insurrection lyonnaise que si les Autrichiens attaquaient l'ennemi avec vigueur et l'obligeaient à retenir une partie des garnisons de Lyon et du Midi. Hors ces deux circonstances, tout

---

1. Barbançon à Condé, 22, 23 mars ; Condé à Barbançon, 18 mars ; Wickham à Condé, 27 février, 8 mars, 18 mars, 23 avril ; Condé au roi, 23 mars, 10 avril à Craufurd, 13 mars ; M*me* de Reich à Klinglin, 10 mars. Le tout à Chantilly ; la dernière lettre dans Klinglin, t. I, p. 255.
2. Record Office, Suisse, joint à la lettre de Wickham du 7 avril 1796.
3. Record Office, Suisse, vol. XVII, Wickham à Grenville, 30 avril, 4 mai, 14 mai, 16 mai. La dernière lettre seule entièrement publiée dans la *Correspondance de Wickham*, t. I, p. 366 et suiv., et résumée dans Lebon, p. 191.

mouvement insurrectionnel lui paraissait dangereux ; mais, si elles se produisaient, il se déclarait prêt à rentrer en France dans les vingt-quatre heures. Il demandait de mettre à la disposition des insurgés plutôt 100 que 50,000 livres, dont il décomptait 14,000 louis laissés à Lyon et 1,200 avancés pendant l'hiver. Son avis l'emporta ; Wickham promit de fournir les sommes demandées, quand il aurait l'assurance que les plans militaires des Autrichiens sur le Rhin ne seraient pas modifiés par le mauvais succès de leurs opérations en Italie. En attendant, il donnerait 12.000 livres à son retour à Berne pour l'achat d'armes et de munitions à Genève.

Ainsi le mouvement lyonnais était *subordonné aux succès des Autrichiens* sur le Rhin, et ces succès, croyait-on, en étroit rapport avec les projets de Pichegru. Quelle réponse allait faire le général aux pressantes instances du Prétendant ?

### III. — *Pichegru persiste dans ses résolutions. Dénonciation de la trêve.*

Demougé ne put le voir, aussitôt la lettre de Condé reçue. Pichegru s'était rendu à Haguenau, quartier général de l'armée, pour remettre au chef d'état-major de Moreau, le général Reynier, des mémoires sur l'Alsace et les pays adjacents, avec les cartes nécessaires pour l'étude des points principaux de passage [1]. Le 9 au matin, il rencontra Pichegru à la campagne et lui remit la lettre du Prétendant.

Le général comprit-il, en la lisant, qu'il avait fait fausse route, que les projets des émigrés différaient profondément des siens ? Ils voulaient un coup d'État militaire brutal, une conquête violente du trône, qui leur rendrait l'absolue puissance et leur permettrait d'assouvir leurs rancunes. Ils ne lui demandaient qu'une trahison vulgaire, la livraison de places, pour permettre à l'ennemi de les introduire de vive force au cœur du pays.

Pichegru rêvait, au contraire, une restauration accomplie avec l'appui de l'opinion publique, restauration suivie d'oubli et de pardon, de concessions nécessaires, restauration où il jouerait le rôle de modérateur suprême, où sa trahison trouverait son excuse, s'effacerait devant le bien public.

Il répéta ce qu'il avait dit, le 2 mai, et l'expliqua : les Autrichiens devaient se hâter de commencer la campagne, pour n'être pas préve-

---

1. Demougé annonça, le 8, qu'il avait été absent deux jours et n'était revenu que la veille au soir. Voir dans A. G., Rhin-et-Moselle, l'inventaire des papiers remis au général Reynier, 5 mai.

nus par Moreau et Jourdan (qui formeraient leur rassemblement le 17 mai, agiraient le 27). Nos ennemis devaient gagner le plus de terrain possible, battre sans désemparer l'armée patriote, jusqu'au moment où Pichegru serait appelé à la dictature.

La dictature « paralyserait » les efforts des politiques modérés, qui, après avoir « donné dans la Révolution », en étaient revenus, mais craignaient le retour des émigrés et de leur roi, la punition des régicides, le rétablissement de la monarchie absolue. Ceux-là voulaient donner le trône aux d'Orléans, car ils étaient persuadés qu'au prix d'une couronne ils ne refuseraient pas de s'assujettir à des règles constitutionnelles et ne vengeraient pas la mort de Louis XVI.

Mais, en attendant, il importait de ne pas les effrayer par des déclarations maladroites ou des procédés violents. Dans tout ce qu'il ferait ou dirait, le Prétendant ne devrait avoir « jamais l'air de tenir à ses anciennes prétentions ».

Pichegru donc ne livrerait pas Strasbourg. D'abord il n'en avait pas le pouvoir ; ensuite il ne voulait pas perdre la confiance qu'on avait en lui, froisser l'opinion publique et se l'aliéner à jamais. La prise de Strasbourg serait un faible avantage pour le résultat final. La ville tomberait entre les mains du « roi », si les Autrichiens l'isolaient par une victoire de l'armée patriote, car elle était dépourvue de tout approvisionnement, et les royalistes nombreux dans la place auraient tôt fait de s'unir pour la livrer au « roi », quand ils le pourraient sans danger.

Rien à faire pour le moment que lever la trêve et attaquer. Le « roi » devait rester au camp de Condé, car son arrivée sur les bords du Rhin avait produit une sensation dans le pays. Quant à Pichegru, il se rendrait dans le Jura pour y travailler au succès de ses plans, dans le Lyonnais peut-être. Il demandait les noms des principaux agents royalistes de ces régions [1]. Il verrait, avant de partir, s'il avait besoin d'argent et probablement écrirait un billet en chiffres.

Il ne conseillait pas de faire des ouvertures à Moreau, appelé « la Mariée » dans la correspondance ; il pensait seulement que lorsque Moreau serait « frotté », il serait disposé à tout faire [2].

---

1. Demougé promit de lui procurer un guide sûr, le jeune d'Hottelans. Broc d'Hottelans (ou d'Hotelans), dont le frère, émigré rentré, était un des meilleurs auxiliaires de Tessonnet.

2. Lettre de Demougé du 10 mai, Chantilly, Z, t. XXXIII, p. 92, en copie, de la main de Courant ; même texte dans Klinglin, t. I, p. 512 et suiv. Cf. billet de Demougé à Condé, du même jour, annonçant la lettre en original, Z, t. XXXIII, p. 93. Demougé avait dissuadé Fauche et Klinglin de chercher à voir Pichegru. Chantilly, Z, t. XXXIII, p. 166, et Klinglin, t. I, p. 492.

Demougé concluait en demandant des fonds pour Pichegru ; il en sollicitait aussi pour « épauler » un mouvement à Strasbourg, où, disait-il, la « bonne cavalerie » pouvait se jeter et s'unir aux bourgeois, afin de livrer la ville au « roi »[1].

Ce compte rendu, on le pense, ne satisfit que médiocrement le Prétendant et Condé. Ce dernier écrivit à Barbançon : « Je crois que vous n'aurez pas été plus content que nous du plan de Baptiste ; il me paraît bien incertain » ; et au comte d'Artois : « La grande affaire... a changé absolument de nature et la tournure qu'elle prend entraîne nécessairement selon moi beaucoup de longueurs et même d'incertitudes[2]. »

On attendit le billet de Pichegru : les lettres y étaient représentées par des notes de musique. Badonville remit le 13 « la *musique de Z* » à Demougé. Mme de Reich la reçut à Offembourg, dans la nuit du 14 au 15, avec une lettre de l'avocat. Courant fut chargé du déchiffrement et il envoya, le 15, à Riegel, la « traduction de la musique de Z[3] ».

« J'ai fait part à Furet de toutes mes observations et réflexions, écrivait Pichegru. Il doit vous les transmettre dans tous leurs détails. Ils le sont (*sic*). Plus de projets partiels et isolés, dont l'exécution toujours arrêtée, empêchée, opère une diminution réelle de forces et de moyens, sans produire d'autre effet que la crainte et le découragement dans les esprits réunis et l'éloignement dans ceux disposés à se rapprocher. De *grands événements militaires* peuvent amener le moment favorable ; je le saisirai, et le descendant d'Henri IV peut compter sur mon dévouement[4]. »

Le général résumait en quelques mots sa conversation avec Demougé : il attendait les victoires de l'Autriche, s'opposait à toute entreprise particulière (sur Strasbourg), conseillait de ménager l'opinion publique.

Pichegru, annonçait Demougé, voulait partir dans deux jours (le 16 mai) pour le Jura. Il acceptait de l'argent et demandait les noms des agents du prince en Franche-Comté.

Le prince refusa de faire connaître ces noms[5] sans l'autorisation

---

1. Chantilly, Z, t. XXXIII, p. 94 ; Klinglin, t. I, p. 526.
2. A Barbançon, Z, t. CXXXIII, p. 131 ; au comte d'Artois, Z, t. CXXXVIII, p. 21.
3. Fauche à Condé, 13 mai et 15 mai. Il est à Offembourg et reçoit la musique de Z, que Courant et Olry sont allés prendre des mains du batelier, Chantilly, Z, t. XXXIII, p. 169-170. Demougé avait fourni le chiffre.
4. L'original en notes de musique fut emporté par Courant à Wickham qui avait quitté Riegel le 8 mai. Voir la « traduction de la musique » (écriture de Courant), Chantilly, Z, t. II, p. 47. Même texte dans Klinglin, t. I, p. 513-44. Remarquer « le descendant d'Henri IV » : veut-il éviter d'écrire « le roi » ou « Louis XVIII » ?
5. Preuve de défiance à l'égard de Pichegru, plus encore que de discrétion à l'égard des agents.

de Wickham, et déclara qu'il ne fallait « compter sur lui pour de l'argent dans aucune occasion quelconque, puisqu'il en manquait absolument pour l'armée ». Il envoya Courant avec l'original du billet de Pichegru à l'ambassadeur anglais, en le priant de satisfaire à ses demandes, s'il le jugeait à propos. Après avoir attendu et fait attendre Pichegru [1] — qui ne partit que le 18 pour Arbois, — Demougé imagina de donner au général la moitié d'une carte, que celui-ci devait remettre à Tessonnet, à qui le prince enverrait l'autre moitié. Par Tessonnet et grâce à ce signe de reconnaissance, le général pourrait entrer en relations avec les agents royalistes de la Franche-Comté. — Puis il emprunta, pour offrir 300 louis à Pichegru [2].

Il les lui remit le jour de son départ, le 18, à Rosheim. Il l'avait revu la veille. En apprenant que la trêve n'était pas levée, le général s'était plaint qu'on se hâtât si peu de suivre ses avis. Il répéta qu'il fallait lever la trêve « aussitôt ». Badonville devait rester à Colmar, « tout sellé et bridé », pour lui porter la nouvelle de la reprise des hostilités et se rendre ensuite à Paris, afin de prévenir les « amis » et leur porter des instructions [3].

Par Colmar, le général se rendait à Arbois, où, disait-il, il ne serait pas rendu avant le 3 juin [4].

Il fallait donc se préoccuper désormais de décider les Autrichiens à lever la trêve [5]. Mécontent, Condé ne se pressait pas de solliciter Wurmser et l'archiduc. On se borna à envoyer Montgaillard à Manheim et à Mayence, porter les dernières dépêches reçues de Strasbourg.

A Manheim, Wurmser lui fit bon accueil. Il prit connaissance du nouveau plan et, quoique déçu des lenteurs et des atermoiements, il promit de « favoriser la chose... par tous les moyens en son pouvoir [6] ».

---

1. Demougé pria Pichegru d'attendre jusqu'au 18, parce qu'il n'avait pas d'argent. Demougé à Fauche, Chantilly, t. XXXIII, p. 96 ; cf. Klinglin, t. I, p. 538. Condé écrivit à Wickham, Chantilly, Y, t. CXXXV, p. 108, 16 mai. Pichegru attendit pour avoir l'argent.

2. Lettre de Demougé du 19 mai, Chantilly, Z, t. XXXIV, p. 95, copie du curé Jorglé.

3. Lettre de Demougé du 16 et du 17 mai, Chantilly, Z, t. XXXIII, p. 96 et 97.

4. M.me de Reich à Condé, 21 mai, Z, t. XXXIV, p. 94. Elle ajoutait à sa lettre une autre pour *Polignac*, dont Demougé avait été longtemps « le correspondant » et qui pourrait témoigner en sa faveur. Car les actions de Demougé baissaient à Riegel, depuis qu'il envoyait des comptes rendus qui déplaisaient à la petite cour. On l'accusait d'avoir donné trop d'espérances, car il en donnait maintenant trop peu.

5. Tout occupée des réponses à faire aux projets politiques de Pichegru, la petite cour de Riegel n'avait oublié que cela !

6. Montgaillard à M.me de Reich (12 mai), Klinglin, t. I, p. 530 ; Barbançon à Condé, 14 mai, Chantilly, Z, t. LX, p. 390.

Il engagea Montgaillard à se rendre à Mayence, auprès de l'archiduc [1]. L'archiduc, que Barbançon avait mis au courant de l'intrigue à son arrivée à l'armée, en avril, voulut en connaître les détails de la bouche même des agents du prince. Il écouta Montgaillard et témoigna le désir de voir Fauche. Le premier s'étonna qu'il connût si peu l'affaire, qu'il ignorât les noms de convention (Requin [2], Banquier, Diogène). Il s'imagina, d'ailleurs, qu'il avait produit une impression décisive sur l'esprit de l'archiduc, qui au contraire partageait l'opinion du comte de Bellegarde. Celui-ci écrivait à Klinglin, le jour même où partait Montgaillard (16 mai) : « Vous me demandez si je crois que la correspondance avec Poinsinet puisse devenir utile à continuer. Si je devais en juger par le passé, je dirais que non, car nous ne lui avons dû jusqu'ici aucune nouvelle intéressante, aucun renseignement utile, aucune donnée sur laquelle nous eussions pu tabler. Mais maintenant, comme un joueur en perte, il paraît que nous ne pourrons nous dispenser de courir après notre argent et que, dans l'espérance que cette correspondance pourra conduire à quelque chose un jour, il faudra ne pas l'abandonner, surtout si c'est à nous à n'en pas supporter les frais [3]. »

L'archiduc ne promit pas de lever la trêve [4]. Pourtant il avait lu le résumé de la deuxième conversation de Pichegru avec Demougé. Celui-ci rappelait dans chacune de ses lettres que le général attendait avec impatience la reprise des hostilités. Fauche se désespérait de ces retards, écrivait à Condé, offrant de se rendre auprès de Wurmser, pour lui rappeler les « promesses faites... d'aider le projet de Baptiste et de suivre absolument tout ce que ce général croirait devoir réclamer de la part des Autrichiens pour faciliter l'exécution de son plan ». Condé ni le Prétendant ne voulaient assumer la responsabilité de la démarche [5]. Fauche [6] *prit sur lui de*

---

1. L'archiduc Charles avait succédé à Clerfayt dans le commandement de l'armée autrichienne du Bas-Rhin. Après le départ de Wurmser pour l'Italie, il eut le commandement des deux armées. Dans le *Mémoire concernant*, p. 198, Montgaillard prétend que le prince de Condé l'a envoyé en mission une première fois auprès de l'archiduc, le 18 avril. Aucune trace de cette mission à Chantilly. La lettre de l'archiduc du 20 avril, citée par Zeissberg, p. 81, prouve seulement que l'archiduc connaissait l'intrigue. Zeissberg démontre d'ailleurs que l'archiduc n'a pas fait de voyage à Vienne, après cette prétendue mission de Montgaillard.
2. Requin (Directoire), Banquier (Pichegru), Diogène (Mme de Reich).
3. Klinglin, t. I, p. 517. Cf. Zeissberg, p. 104, lettre de l'archiduc à l'empereur, du 4 juin. Montgaillard raconte son entrevue avec l'archiduc, dans une lettre du 15 mai à Mme de Reich, Klinglin, t. I, p. 515, et une lettre du 23 mai à Condé, Chantilly, Z, t. XXXIV, p. 174.
4. Car Montgaillard n'en dit mot dans ses lettres et Fauche se rendit à Mayence pour l'en prier.
5. Le Prétendant négociait avec les généraux autrichiens pour obtenir de rester à l'armée de Condé. Il craignait peut-être de trop leur demander, en les priant aussi de lever la trêve.
6. Fauche à Condé, 16 mai, Chantilly, Z, t. XXXIV, p. 168. Il était alors à

partir pour Manheim, en prévenant le prince : « Je crois devoir me rendre tout de suite auprès de César (Wurmser) et Persée (Klinglin), que je prierai de me fournir les facilités de me rendre auprès d'Antoine (archiduc)... Je suis trop pénétré de la bonne foi des Y (Autrichiens) pour ne pas croire qu'ils agiront d'après les avis de Z (Pichegru)[1]. »

Parti d'Offembourg le 18 mai, il arriva chez l'archiduc dans la nuit du vendredi 20. Après une demi-heure d'entretien avec le comte de Bellegarde, il obtint une entrevue avec l'archiduc, à 6 heures du matin. L'archiduc écouta le récit des négociations entre le prince et Pichegru, « prit lecture de la lettre en musique et de la lettre de Furet qui l'accompagnait. Sur-le-champ, il fit partir le feld-maréchal comte de Bellegarde pour faire aux avant-postes la proclamation de la rupture de la trêve » : Fauche le crut au moins et l'écrivit à Condé. Il quitta Mayence, convaincu que l'archiduc ne s'était décidé que sur ses instances à lever la trêve [2].

En réalité, l'archiduc avait levé la trêve sur l'ordre de l'empereur, après entente avec Wurmser, au jour fixé dans une entrevue préalable avec le maréchal.

Dès le 6 mai, en effet, l'empereur écrivait à l'archiduc et à Wurmser pour les engager « à ne pas différer davantage la reprise des opérations ». Il les priait de s'entendre dans une entrevue pour en arrêter l'époque et leur donnait les raisons pour lesquelles il souhaitait vivement que la guerre recommençât bientôt sur le Rhin. Il

---

Riegel, où il venait de porter au prince le « *résumé des diverses conversations avec Pichegru* », publié dans Daudet.

1. Fauche à Condé, 18 mai, Chantilly, Z, t. XXXIII, p. 171. Il faut lire encore cette lettre pour se convaincre de sa bonne foi.
2. Fauche à Condé, 23 mai, Chantilly, Z, t. XXXIII, p. 172. Lire aussi sa lettre à Pichegru, dont il envoie copie au prince, le 25 mai. Il a, dit-il, remis à l'archiduc la lettre en musique : « à peine en eut-il pris connaissance que, sans retarder un seul instant, il fit donner l'ordre de faire porter aux avant-postes l'avis de la rupture de la trêve. » En quittant Mayence, Fauche revint à Manheim et de là écrivit, le 22 mai, à l'archiduc, pour lui envoyer copie d'une dépêche de Strasbourg du 20 mai et l'engager encore à attaquer les patriotes vigoureusement, « en ne leur laissant pas un moment de repos ». Copie de cette lettre fut envoyée à Condé, le 23 mai, Chantilly, Z, t. XXXIII, p. 173. A cette lettre, l'archiduc répondit par celle du 26 mai, datée de Meissenheim, que Fauche a publiée dans ses *Mémoires*. Ces mémoires racontent d'ailleurs inexactement les faits : la lettre du 22 mai est postérieure à l'entrevue avec l'archiduc et non antérieure, comme le prétend le rédacteur des mémoires et comme le croit Zeissberg, p. 94, qui oppose le témoignage de Fauche à celui de Montgaillard. Cf. *Mémoires de Fauche*, t. II, p. 25 et 26, et *Mémoire concernant*, p. 200. Montgaillard, comme Condé, resta convaincu que l'archiduc avait levé la trêve sur les instances de Fauche : Montgaillard à Condé, 23 mai, Chantilly, Z, t. XXXIV, p. 171 ; à Mme de Reich, Klinglin, t. I, p. 574 ; Condé à Craufard, 24 mai. Puis Fauche, à son retour de Mayence, partit pour Berne, — encore sans l'autorisation du prince, — pour obtenir de l'ambassadeur anglais de nouveaux fonds, que celui-ci lui accorda et qu'il fit passer à Demougé. Klinglin, t. I, p. 576 ; 30 mai, départ de Berne avec l'argent.

espérait surtout que des succès décisifs de ce côté arrêteraient, par une diversion opportune, l'armée française d'Italie dans sa marche vers l'Adige, et jugeait qu'une invasion de la Haute-Alsace par l'armée de Wurmser « contribuerait efficacement à dégager plus ou moins... Beaulieu [1] ». Sur l'invitation de son frère, l'archiduc se rendit, le 11 mai, à Manheim, et fixa, d'accord avec Wurmser, l'époque et le plan général des opérations futures [2].

Les deux généraux en chef étaient chargés par l'empereur de faire précéder la reprise des hostilités d'une déclaration [3] aux armées françaises, déclaration dans laquelle ils devaient affirmer que l'empereur voulait la paix, mais qu'il était poussé à la guerre par le « refus opiniâtre et intéressé du Directoire exécutif » de s'y prêter. L'empereur les priait d'envoyer un officier intelligent aux avant-postes des deux armées françaises, pour expliquer le sens de cette déclaration aux officiers, après avoir annoncé la levée de la trêve. L'officier autrichien devait faire lire aux Français les notes échangées entre Barthélemy et Wickham, notes prouvant que le Directoire se refusait à toute négociation sérieuse, puisqu'il n'entendait répondre à aucune proposition qui aurait pour but la restitution de quelqu'un des pays dont la réunion à la France aurait été décrétée.

En conséquence des ordres de l'empereur et des décisions prises par les deux généraux, le 21 mai, le commandant de l'avant-garde de l'archiduc, Kray, envoya le major d'artillerie Schuhay à Marceau, comme le commandant de l'avant-garde de Wurmser, Hotze, envoyait le major du génie Fuhrman à Beaupuis pour dénoncer la trêve [4].

Wurmser en prévint Condé, sans ajouter qu'il se conformait au désir exprimé par Pichegru ou qu'il cédait aux instances de Fauche-Borel.

La mission de Fauche-Borel n'a donc pas avancé d'un jour la date fixée à l'avance par les deux généraux pour la dénonciation de la trêve : le même jour, à la même heure (11 heures) [5], Schuhay et

---

1. Vivenot, p. 437 et suiv., Zeissberg, p. 94.
2. Barbançon à Condé, 11 mai, Chantilly, Z, t. XL, p. 386, annonce l'arrivée de l'archiduc avec Bellegarde « ce matin ». L'archiduc doit repartir le lendemain pour Mayence.
3. La déclaration fut faite sous forme d'une lettre des généraux d'avant-garde, Hotze et Kray, aux généraux commandant les avant-postes français, Beaupuis et Marceau. Voir la lettre imprimée de Hotze à Beaupuis, Chantilly, Z, t. LXXIII, p. 163, et dans A. G., Rhin-et-Moselle, 21 mai, la lettre de Marceau au Directoire avec celle de Hotze. La lettre de Hotze était datée de Neustadt, le 21 mai, à 7 heures du matin.
4. Zeissberg, p. 109 et 110. Schuhay raconta que les généraux et officiers placés sous les ordres de Marceau avaient été indignés de l'obstination du Directoire à ne pas vouloir la paix. Voir sur une tentative de négociation entre Wickham et Barthélemy, peu sincère du côté anglais, Sorel, t. V.
5. Il est impossible que Wurmser (à Manheim) ait été prévenu par l'archiduc

Fuhrman se présentèrent aux avant-postes français, à vingt lieues de distance, avec des lettres et des instructions semblables, quelques heures à peine après l'entrevue de Fauche avec l'archiduc. Le libraire s'est trompé quand il a cru qu'il avait décidé l'archiduc à rompre la trêve ; l'archiduc et Bellegarde se sont moqués de lui, s'ils lui ont laissé croire qu'il avait joué un rôle quelconque dans une affaire dont tous les détails étaient arrêtés à l'avance.

En apprenant la rupture de la trêve, Demougé s'empressa d'envoyer Badonville à Pichegru : « Je suis soulagé d'un grand poids, écrivit-il à M^me de Reich, de voir le souhait de Z rempli [1]. » Le 26 mai, il annonçait aux « associés » : « Coco (Badonville) est de retour de chez la belle Z qu'il a atteint à Blotzheim, près d'Huningue. Elle ignorait encore la levée de la trêve qui lui a fait le plus grand plaisir. Coco a ordre de venir la joindre dans quatre ou cinq jours, pour être définitivement envoyé à Messaline (Paris) et y porter des dépêches importantes [2]... »

La brusque dénonciation de la trêve, qui surprit nos officiers [3], pouvait causer un grave dommage aux armées françaises dispersées dans des cantonnements éloignés, provoquer une concentration hâtive et par conséquent incomplète de nos forces [4], de l'inquiétude et du désarroi parmi les soldats déjà prévenus contre le Directoire et mécontents de la continuation de la guerre !

Que penser du général qui spéculait sur la déroute de ses anciens soldats pour assurer le succès de ses plans et qui espérait rendre cette déroute inévitable en décidant l'ennemi à les attaquer le premier ?

IV. — *L'Autriche renonce à l'offensive sur le Rhin ; ses défaites.*

Le succès de ces plans dépendait du bon vouloir de l'Autriche, puisqu'il dépendait de son offensive et de ses victoires. De ce bon vouloir, la levée de la trêve n'était pas une preuve, nous le savons ;

---

Charles (de Mayence), après l'entrevue de celui-ci avec Fauche, le 21, à 6 heures du matin, à temps pour envoyer Fuhrman au même moment que Schuhay aux avant-postes français, dans la *même matinée*.

1. Chantilly, Z, t. XXXIV, p. 23. Cf. Klinglin, t. I, p. 571, même lettre.
2. Chantilly, Z, t. XXXIII, p. 99 ; *Id.*, Klinglin, t. I, p. 582 et suiv. Demougé ajoutait : « Le Banquier (Pichegru) dit qu'il ne connaît *pas le buisson* (plan de campagne) de la Mariée (Moreau) ; qu'il ne croit pas que nous tentions un passage, en raison de ce que nous ne pouvons pas trop diviser nos forces. Il ne pense pas qu'il soit possible que jamais nous violions le territoire de la Pomme (Bâle) ; que, si nous faisions quelques tentatives dans le Haut, cela ne pourrait être qu'entre le Bilboquet (Huningue) et les Tresses (Strasbourg). Il recommande de nouveau de battre le fer très dru et sans ménagement pour tout épouvanter. »
3. Les officiers de Marceau croyaient que Schuhay venait leur annoncer une prolongation de la trêve.
4. Le général Jourdan et Moreau, qui s'étaient rencontrés à Trèves, au début de

l'ordre donné au roi de quitter l'armée de Condé était une preuve du contraire. A la requête que le comte de Lille lui avait adressée en partant de Vérone [1], l'empereur venait de répondre par un refus catégorique. Il refusait d'autoriser le Prétendant à rester au camp de Condé. Il lui permettait seulement de résider en Allemagne, en Souabe par exemple, à Stockach ou à Rothembourg, et chargeait le baron de Summerau, président de la régence de Brisgau, de lui faire connaître ses volontés [2].

Ainsi la cour de Vienne, au moment où les royalistes se préparaient à tenter contre la République un suprême effort, n'hésitait pas à les frapper au vif de leur confiance et de leur enthousiasme, en éloignant le « roi ». Celui-ci devait abandonner, au moment même de la reprise des hostilités, le poste de combat qu'il s'était choisi. La petite cour de Riegel apprit avec désolation, par une lettre de Saint-Priest, la décision impériale. Le Prétendant écrivit aussitôt à Vienne [3], pour protester contre une mesure qui devait être fatale à lui-même et à son parti.

Mais le baron de Summerau, puis Wurmser, lui signifièrent [4], avec tous les égards qui lui étaient dus, les volontés impériales. On leur répondit que le comte de Lille avait écrit de nouveau à Vienne et attendait une réponse. Wurmser, très à contre-cœur, crut devoir faire observer au comte de Barbançon que les ordres de sa cour étaient positifs et qu'il jugeait nécessaire que le comte de Lille se rendît au préalable à Rothembourg, où il pourrait attendre la réponse de l'empereur. Il finit cependant par consentir à laisser le Prétendant à Riegel jusqu'à la réponse.

Wickham et Craufurd furent sollicités d'écrire à l'ambassadeur anglais à Vienne, Sir Morton Eden, et de faire agir leur cour en faveur du Prétendant. Ils jugeaient que l'éloignement du roi serait nuisible à la cause monarchique et compromettrait le succès des intrigues royalistes. Ils l'écrivirent, tout en laissant Sir Morton Eden

---

mal, avaient demandé au Directoire de surseoir à la levée de la trêve, car ils n'étaient pas prêts à commencer les opérations et le Directoire, qui aurait voulu que les hostilités commençassent le 28 floréal, y avait consenti.

1. Et que lui avait apportée le comte de Saint-Priest. Déjà, le 22 septembre 1795, l'empereur avait refusé de l'autoriser à se rendre à l'armée de Condé. Augeard, *Mémoires secrets*, p. 351.

2. Vivenot, p. 445; Zeissberg, p. 90 et suiv.

3. Voir sa lettre, Riegel, 12 mai, dans *Lettres et Instructions de Louis XVIII*, p. 9, texte à Chantilly, Z, t. I, p. 163.
Cf. Condé à Barbançon, 8 mai; Condé à Monsieur, 14 mai, Z, t. CXXXVIII, p. 24; Condé à Rodjacob, Z, t. CXXXII, p. 128.

4. Augeard, p. 352. Wurmser en fut peiné, car il comprenait que cette mesure nuisait au succès de l'intrigue. Barbançon à Condé, 13 mai; les deux sommations de Wurmser furent transmises par Barbançon, le 15 et le 18 mai, Chantilly, Z, t. XI, p. 394 à 401; Zeissberg, p. 90.

juge de faire de leur témoignage l'usage qui lui conviendrait[1].

On pressa Demougé de mander à Pichegru que la cour de Vienne exigeait l'éloignement du « roi », que celui-ci opposait la résistance la plus ferme à cette résolution de l'empereur, qu'il aimait mieux mourir que partir. On voulait que le général écrivît que, si le roi quittait l'armée, « il ne pourrait ni ne voudrait plus suivre le plan dont il avait fait part aux Autrichiens[2] ». Mais Pichegru se rendait en Franche-Comté. Que faire, en attendant sa réponse, si la cour de Vienne se décidait à un éclat? Le Prétendant eut l'idée d'envoyer Montgaillard au frère de l'empereur, à l'archiduc, *comme le porte-parole de Pichegru*[3].

Parti d'Offembourg le 31 mai, après avoir écrit à Pichegru, Montgaillard se rendit au quartier général de l'archiduc, muni d'instructions précises pour le cas — a-t-il prétendu — où l'Autriche exigerait des cessions territoriales, en échange du séjour du « roi » à l'armée. Arrivé à Kayserslautern le 3 juin, il prit avec lui le comte de Barbançon, et les deux agents du Prétendant et du prince se rendirent à Ulmet, petit village où campait l'archiduc. Le 4, vers 9 heures du soir, ils eurent avec ce dernier une courte entrevue en présence du comte de Bellegarde[4]. Ils lui remirent la lettre dont le comte de Lille les avait chargés, lettre pressante et habile, où le Prétendant faisait valoir avec adresse tous les arguments qui pouvaient militer en sa faveur[5]. Puis Montgaillard prit la parole et, affirme Wickham, prêta au général Pichegru des paroles « que non seulement Baptiste n'avait jamais prononcées, mais qui étaient directement contraires à ses réels sentiments[6] ».

L'archiduc, raconte Barbançon, « ne nous a pas dissimulé l'extrême embarras où le jetait la lettre de Sa Majesté », à cause « des réponses positives que l'empereur avait déjà faites »... « Il a fini cependant par nous dire qu'il mettrait sous les yeux de l'empereur la lettre que lui avait écrite S. M. Il s'enferma avec M. de Bellegarde quel-

---

1. Ils assistèrent avant leur départ de Fribourg, 8 mai, au conseil où fut discutée la réponse à faire à la lettre de Saint-Priest, et contribuèrent à ramener la petite cour dans la voie de la modération et du bon sens. Zeissberg, p. 86 ; *Correspondance de Wickham*, t. I, p. 368 ; Lebon, p. 362. Du reste, les conseils de Sir Morton n'eurent pas plus d'influence sur l'empereur que les prières de Saint-Priest. Il refusa de modifier sa décision et menaça même de faire expulser de vive force le Prétendant de l'armée.

2. Condé à Demougé, 24 mai, Chantilly, Z, t. XXXIII, p. 175 ; 30 mai, *ibid.*, p. 29.

3. Fauche-Borel a prétendu qu'il avait été chargé antérieurement d'une mission analogue. *Notice* ; *Mémoires*, t. II, p. 24-25. Rien ne le prouve.

4. Barbançon à Condé, 3 et 5 juin, Chantilly, Z, t. XLI, p. 3 à 5. — Comparer avec le récit contestable des *Mémoires secrets* de Montgaillard, p. 98 à 106, et du *Mémoire concernant*, p. 202 à 205.

5. *In extenso* dans *Mémoire concernant*, p. 274-5.

6. Wickham à Grenville, Record Office, Suisse, 8 mars 1797.

ques moments et nous porta lui-même sa réponse au « roi », en nous faisant de brefs adieux qui pouvaient être mis sur le compte des fatigues de la journée. »

Ainsi, l'archiduc tolérait la présence du Prétendant à l'armée, jusqu'après la réponse de l'empereur à la lettre du comte de Lille. C'était du temps gagné : les émigrés s'en réjouirent. Leur joie eût été mêlée d'inquiétude s'ils avaient lu la lettre que l'archiduc écrivait à son frère le lendemain : l'archiduc y déclarait qu'il n'entendait nullement contrarier les volontés impériales ; qu'il avait recommandé de s'en tenir strictement aux ordres reçus ; que d'ailleurs toutes les intelligences que les émigrés prétendaient avoir dans les armées ennemies n'avaient été jusqu'ici et ne seraient d'aucune utilité à l'Autriche et ne serviraient qu'à faire dépenser de l'argent aux Anglais. Montgaillard lui paraissait un intrigant, et il qualifiait ses intelligences avec Pichegru de « pur chantage [1] ».

D'ailleurs, la question du séjour du comte de Lille à Riegel passait déjà au second plan. Qu'importait la présence du comte de Lille à « l'armée royale », quand les Autrichiens *renonçaient à l'offensive* ? En donnant à ses généraux l'ordre de se tenir sur la défensive, en face des armées de Jourdan et de Moreau, l'empereur ruinait par la base tous les projets de Pichegru.

Cet ordre fatal, envoyé de Vienne [2], venait d'arriver au quartier général de l'archiduc, le 1er juin.

Effrayé des échecs de Beaulieu [3], mais convaincu que la « partie la plus essentielle du théâtre de la guerre » se trouvait en Italie, l'empereur enjoignait à Wurmser de détacher de son armée un corps de 25.000 hommes et de le diriger en grande hâte sur le Tyrol et l'Adige. Dès lors, les armées autrichiennes du Rhin devaient abandonner le plan offensif adopté par l'archiduc et Wurmser [4], se tenir sur la défensive, Wurmser en avant de Manheim, l'archiduc en avant de Mayence.

« Le mouvement rétrograde commence aujourd'hui, écrivait Craufurd à Grenville, le 1er juin [5]. L'armée va prendre une position

---

1. Zeissberg. p. 103.
2. Antérieurement à la lettre du 29 mai (lettre de l'empereur à Wurmser, Vivenot, p. 417), dans laquelle l'empereur prévient Wurmser qu'il le charge du commandement de l'armée d'Italie, en remplacement de Beaulieu.
3. Battu par Bonaparte à Lodi, 11 mai ; entrée des Français à Milan, le 15. Pour la troisième fois, *les victoires de Bonaparte contrariaient les plans de Pichegru.* Au 13 Vendémiaire Bonaparte sauvait la Convention ; en avril, ses succès sur l'Apennin relevaient le prestige du Directoire, au moment où Pichegru attendait à Paris l'occasion de tenter un coup de main ; en juin, ils empêchaient les armées autrichiennes de prendre l'offensive sur le Rhin.
4. Les deux généraux voulaient se porter entre les deux armées françaises pour les battre séparément, et Wurmser se proposait d'envahir la Haute-Alsace.
5. Voir lettres des 1er et 5 juin, Army in Germany.

défensive de Spire à Kreutznach. C'est bien malheureux, car il y a tout lieu de croire que l'offensive aurait été heureuse en Alsace. » Cinq jours après, il annonçait que Wurmser allait se retirer derrière la Rehbach et l'archiduc derrière la Nahe et l'Alsens; il prévoyait qu'il faudrait bientôt passer le Rhin et occuper les camps de Mayence et de Manheim. Il constatait avec amertume que l'armée française de Rhin-et-Moselle, cette armée si mécontente du Directoire pendant l'hiver et que les émigrés disaient « prête à se soulever », semblait, depuis qu'elle était mieux vêtue et mieux nourrie, plus disposée que jamais à se battre : « Avec la légèreté naturelle à la nation française, ces troupes, qui voulaient changer de gouvernement, paraissent maintenant attachées à la République. »

Wurmser « était au désespoir » : « Pour vous seul au monde, disait-il à Barbançon, le 3, on se retire : ainsi voilà notre espoir pour Pichegru détruit. » Et comme le curé d'Eggs lui envoyait une lettre pleine de détails sur l'Alsace, qui, disait-il, n'attendait que l'entrée des Autrichiens pour se soulever, il prenait à part Duhal, qui momentanément remplaçait Barbançon auprès de lui : « Comment faut-il que je fasse ? s'écriait-il, les larmes aux yeux. On me force à me mettre sur la défensive, en m'ôtant 25.000 hommes de mon armée pour aller au secours de l'Italie. On me prend jusqu'à mon régiment. Ne pouvant plus faire ce qu'aurait désiré Baptiste (Pichegru), il faut qu'il change de vues et qu'il engage la « Mariée » à séduire son armée. » Dans ces affreuses circonstances, tout étant au moins « reculé », Wurmser conseillait au Prétendant de se rendre à Rothembourg [1].

Lorsque les lettres de Barbançon et de Duhal firent connaître les nouvelles dispositions de l'Autriche à Riegel, elles y provoquèrent une stupéfaction, une irritation, une désolation inconcevables.

Condé s'attendait à passer en Alsace avec le général Latour : « Il paraît positif, écrivait-il à Wickham, que nous allons tenter un passage du Rhin dans le haut... Je vous avoue que je ne le croirai que quand je le verrai ; mais il ne faut pas moins s'y préparer, toutes les apparences étant à la tentative. » Et il priait Wickham, qui pressait le passage et qui, dans ce but, était entré en correspondance active avec le général Latour, de disposer toutes choses pour amener en temps voulu, après l'entrée de Condé en Alsace, le soulèvement des provinces de l'Est : « Je vais vous confier, écrivait-il, ce que je crois qu'il y a à faire : alimenter fortement le parti dans la Franche-Comté ;... s'assurer de Besançon ; mander à l'agent du Porrentruy de redoubler son travail .. Si je passe le Rhin, il n'y a pas à

---

1. Barbançon à Condé, 3 juin, Chantilly, Z, t. XLI, p. 3 ; Duhal à Condé, 4 juin, t. LX.

hésiter à faire déclarer le Jura, le Lyonnais et tout ce qui s'ensuit (sic). Il faut étourdir le Directoire par la masse et l'étendue de cette subite insurrection, afin qu'il ne sache où porter secours. » Il prévoyait cependant une retraite des Autrichiens, mais après le passage du Rhin. Dans ce cas, il refusait de revenir sur la rive droite si Wickham ne lui procurait un point d'appui, Huningue : « C'est à quoi je vous demande avec insistance de ne rien épargner. Il ne faut pas perdre un moment à tenter vis-à-vis du commandant, des officiers et même des soldats, les propositions dont vous connaissez le genre : de l'argent (et suffisamment pour tenter), de plus assurance positive de conservation de grade [1]. »

Dans l'attente des victoires autrichiennes, Précy restait à Berne, prêt à entrer en France immédiatement ; Malseigne se portait garant des bonnes dispositions des montagnards du Jura, et Tessonnet, de Lons-le-Saunier et de sa banlieue ; Pichegru voyageait en Franche-Comté ; à la première nouvelle des victoires de l'Autriche, l'insurrection, comme une traînée de poudre, devait s'étendre de Bâle à Lyon [2] !

La décision de l'empereur réduisit à néant tous ces projets : « Quel est mon étonnement d'apprendre qu'on va laisser passer les plus beaux moments sans rien faire et dans une défensive qui peut accroître la témérité des nôtres ! » écrivait Demougé à Klinglin. « Au lieu d'envoyer des troupes en Tyrol et en Italie, il fallait avoir des succès ici, et vous auriez vu les nôtres se sauver d'Italie, la tête basse [3] ! »

« J'arrive du quartier général de M. l'archiduc et de Wurmser, écrivait, le 9 juin, Montgaillard à Mallet du Pan : tout est consommé ! On a perdu et la plus belle occasion et les plus grands moyens qu'on ait eus depuis six ans [4] ! »

Tandis que l'armée de Sambre-et-Meuse, après un premier passage du Rhin, suivi d'un échec et d'un recul, reprenait l'avantage, entrait à Francfort, chassait devant elle Wartensleben, battait ce général à Wurzbourg, s'étendait dans la Franconie, l'armée de Rhin-et-Moselle envahissait l'Allemagne du Sud. Elle refoulait Wurmser de la Rehbach sur Manheim, le 14 juin, et, pour donner le change sur ses intentions véritables, attaquait le camp retranché établi sur la rive gauche en avant de cette ville, le 20 juin. Puis, brusquement, elle passait le Rhin près de Strasbourg, chassait de

---

1. Chantilly, Y, t. CXXXV, p. 110.
2. Wickham à Grenville, 29 mai, private, Record Office, Suisse.
3. 13 mai, Chantilly, Z, t. XXXIV, p. 107.
4. Cl. de Lacroix, *Souvenirs du comte de Montgaillard* p. xxxv. Montgaillard avait révélé l'intrigue à Mallet du Pan et celui-ci à Mounier. Note de Wickham en marge de la lettre de Demougé du 2 mai, Record Office, Suisse.

Kehl les Souabes (24 juin) et, aux combats de Reuchen (5 juillet), d'Ettingen (ou Malsh, 9 juillet), enlevait au général Latour, puis à l'archiduc Charles, la possession du duché de Bâle et du Brisgau. L'archiduc passait les montagnes, abandonnait Carlsruhe et la Souabe ; Moreau pénétrait dans la vallée du Danube, après la bataille de Neresheim[1]. Les ducs de Bade, de Wurtemberg, les petits princes de la Souabe, de la Franconie, la Saxe même, traitaient : c'était la ruine de l'ancien régime en Allemagne, la ruine des espérances royalistes en France, l'avortement de l'Intrigue !

« La Révolution française monte au Capitole, écrivait à Montgaillard Mallet du Pan. L'Europe est finie ; elle l'a voulu. Six cent mille barbares se répandent sur cent États pourris, divisés, hébétés, gouvernés par des marionnettes de papier mâché... On reviendra sans doute à la monarchie, mais probablement ni vous ni moi ne verrons cet événement. Toute espérance est bannie de mon âme. Ne comptez en aucune manière sur la volonté de votre ami (Pichegru). Je le crois loyal et pur, mais il est impuissant[2] ! »

### V. — *Missions de Rusillion et de Fauche-Borel auprès de Pichegru.*

Cependant l'Intrigue suivait son cours pendant le mois de juin. Après un voyage à Riegel, Wickham, étonné des déclarations de Pichegru et craignant que Demougé n'en eût altéré le sens, ou que le général, par défiance, n'eût pas fait connaître le fond de sa pensée, résolut d'entrer en communication avec lui, par l'intermédiaire d'un officier suisse, « homme d'honneur et d'intégrité », habile, prudent et éclairé, dévoué à la cause royaliste et personnellement attaché à l'ambassadeur anglais : le major Rusillion, commandant le cordon du canton de Berne, du côté d'Yverdun[3].

Le prince de Condé engageait Wickham à communiquer avec Pichegru par la Suisse et lui conseillait d'employer, pour s'aboucher avec lui, un de ses amis, l'ex-prêtre Bouvenot, qui, compromis dans l'affaire de Véroux, avait été emprisonné et s'était sauvé en Suisse. De son côté, Courant, que le prince avait envoyé à Berne pour

---

1. Surtout d'après Dedon. Cf. l'archiduc Charles, *Principes de stratégie*, et les *Mémoires* de Jourdan sur la campagne de 1796.
2. Dès le 14 mai, après les victoires de Bonaparte : voir de Lacroix, p. XXXIV ; cf. la lettre du même jour à l'empereur. *Correspondance*, t. II, p. 71.
Barras, t. II, p. 102-104, signale l'affluence des « nouveaux courtisans au Luxembourg ». Benjamin Constant publie sa brochure : *De la force du gouvernement actuel de la France.*
3. Wickham à Grenville, 15 juin, *Correspondance*, t. I, p. 374 et suivantes. Voir en allemand, et daté du 17 juin, dans Zeissberg, p. 131 et suivantes, le même récit de la mission de Rusillion Nous racontons cette mission d'après deux lettres de Wickham.

chercher de l'argent, sollicitait le périlleux honneur de passer en Franche-Comté, malgré les dénonciations et les mandats d'arrêt lancés contre lui.

Wickham ne voulut pas exposer Courant au danger d'être arrêté, sa figure étant trop connue et trop caractéristique pour tromper la police, et la recommandation du prince en faveur de Bouvenot le décida peut-être à ne pas l'employer, car il désirait se mettre en rapport avec Pichegru sans passer par l'intermédiaire des émigrés ou de leurs amis[1].

Il écrivit donc à Rusillion[2] de venir le voir à Berne. Le major accepta avec joie la mission qui lui était confiée, emporta un billet pour Pichegru et alla attendre à Yverdun le moment favorable pour voir le général. Il se munit d'une lettre de recommandation d'un ami commun et, le 9 juin, apprenant qu'il trouverait Pichegru près de Vesoul dans un couvent, où celui-ci s'était logé pour habiter près de sa sœur, il partit d'Yverdun. Le 11, il arrivait à Bellevaux[3], présentait sa lettre de recommandation, était introduit auprès du général qui l'invitait à souper. Mais, après avoir parlé de choses indifférentes, il lui demandait un entretien particulier et remettait le billet de Wickham. Le général, changeant de visage, s'assurait que les portes étaient bien fermées, faisait entrer Rusillion dans son cabinet et, après s'être excusé des précautions qu'il prenait pour dépister les espions qui le surveillaient jusque dans ce petit village, lui offrait une pipe et l'écoutait.

Suivant les instructions de l'ambassadeur anglais, le major lui demanda si, dans les circonstances présentes, il croyait possible de tenter quelque mouvement en Franche-Comté et s'il consentirait à avoir une entrevue avec Précy.

Le général ignorait encore que les Autrichiens avaient renoncé à l'offensive. Il répondit qu'on ne pouvait rien tenter en Franche-Comté qu'après la défaite complète de nos armées. Supposant même que les royalistes, après un soulèvement, fussent maîtres de Besançon, de Belfort, de Huningue ; que le prince de Condé eût passé le Rhin, que Lyon se fût prononcé, que la Franche-Comté se montrât disposée à soutenir la cause de la monarchie, le

---

1. Condé à Wickham, 19 mai, 4 juin, Chantilly, Y, t. CXXXV, p. 109 à 111 ; Wickham à Condé, 30 mai, Chantilly, Y, carton 15, folio 250 ; cette dernière publiée par Daudet, *Conjuration*, p. 365

2. Voir un important dossier aux archives administratives de la guerre sur Rusillion, qui se fit nommer colonel dans l'armée française en 1814, comme ayant été « aide de camp » de Pichegru en 1804 ; il mourut maréchal de camp sous la Restauration.

3. Pichegru venait d'acheter l'abbaye de Bellevaux, bien national ; l'abbaye était située commune de Cirey, canton de Rioz, arrondissement de Vesoul. L'abbaye passa, après sa mort, à son frère Jean-Louis, ancien religieux, et aux enfants de sa sœur Denise et de son beau-frère Claude Jacquet.

Directoire triompherait infailliblement de l'insurrection si ses armées n'étaient point battues *à plate couture* par les Autrichiens.

Avant de rien tenter, répétait-il, il faut que nos armées soient *vaincues, poursuivies sans relâche :* « Mon armée¹ n'avait pas été assez battue l'année dernière ou j'aurais été complètement maître d'elle. J'ai fait et laissé faire tout ce qui pouvait être fait avec prudence, et mon armée était certainement mieux disposée qu'aucune autre ; mais je vis bientôt clairement que, si nous n'étions pas complètement battus, je ne pouvais essayer d'aller de l'avant. Dites à ces messieurs, et il le répéta au moins dix fois, que c'est là mon opinion arrêtée et que, s'ils entreprennent rien de partiel avant que l'armée soit battue, ils perdront tout et sacrifieront tous leurs meilleurs amis. » Quant à Précy, il le verrait volontiers, car il avait de lui une haute opinion.

Après le souper, le major ne jugea pas prudent de rester auprès de lui plus longtemps ; il prit congé du général, mais au moment où il franchissait la porte, celui-ci le rappela et lui dit : « Il y aurait bien peut-être quelque chose à faire à Paris : je crois que 200 ou 300 hommes bien résolus suffiraient pour exterminer tous ces gueux². »

Wickham se félicita de cette entrevue, parce qu'elle confirmait les propos tenus par le général aux agents du prince et lui permettait de renvoyer tous les faiseurs de projets qui l'assaillaient de plans fantaisistes, toujours pour en obtenir de l'argent. Aussi refusa-t-il d'entrer dans les combinaisons de La Vauguyon, qui lui arriva quelques jours après avec Fauche, pour lui soumettre un projet, élaboré en conseil royal dans « le désespoir » que la retraite de l'armée autrichienne avait causé à la petite cour³.

C'était un de ces projets « en l'air, mal bâti et bâclé », dont les émigrés rebattaient les oreilles des agents anglais depuis le commencement de la guerre. On devait entrer par trahison dans Besançon, donner le commandement de la place à Pichegru et, grâce à ce dernier, par son intervention, gagner Kellermann et même Bonaparte à la cause royale avec 5.000 louis !

Fauche devait se rendre auprès de Pichegru, pour obtenir son consentement à ces combinaisons absurdes. Il était parti de Mulheim, où le corps de Condé séjourna quelques jours, avec une lettre du roi pour le général, et il arrivait à Berne pour demander à Wickham de lui confier une autre lettre avec de l'argent. La mission de Fauche avait d'ailleurs un autre objet : le Prétendant

---

1. *Correspondance de Wickham*, t. I, p. 376 ; Zeissberg, p. 133. Je ne vois pas de raison pour mettre en doute la bonne foi de Rusillion.
2. Wickham, t. I, p. 377. Pichegru était-il en relation avec ce baron de Marguerit dont nous connaissons les projets ?
3. *Ibid.*, p. 378.

voulait que Pichegru écrivît un billet pour l'engager à rester au camp de Condé ; il pensait qu'un mot du général ferait réfléchir les Autrichiens et les empêcherait de procéder à une expulsion violente[1].

Il désirait aussi connaître les correspondants de Pichegru à Paris, ses moyens d'action, ses plans éventuels dans la capitale ou dans les provinces. Il lui demandait « de réunir les moyens de correspondance et d'influence dont il disposait dans l'intérieur, avec les moyens employés par Wickham pour arriver au même but ».

Rusillion n'eut pas de peine, en rapportant les propres paroles du général, à décider La Vauguyon à renoncer à son plan d'insurrection partielle de la Franche Comté. Mais le comte se flattait de gagner Kellermann et Bonaparte. Il fallut bien charger Fauche de consulter Pichegru sur ce sujet. Wickham étant désireux de donner plus d'unité aux efforts des royalistes dans l'intérieur, approuvant au moins un des objets essentiels de la mission confiée au libraire, laissa donc partir celui-ci et lui remit, avec un billet pour Pichegru daté du 13 juin, de l'argent et l'autorisation d'en prendre en cours de route chez ses correspondants.

Fauche-Borel ne s'en fit pas faute, car en passant à Lons-le-Saunier, le 23 juin, il se fit remettre 500 louis, en l'absence de Tessonnet, par d'Hotelans, son collaborateur et son ami[2]. Il arriva le 24 à Arbois[3], où le général s'était rendu en quittant Bellevaux, et, le 25, parvint à lui parler secrètement.

La première parole que lui dit Pichegru fut pour lui demander la cause de la retraite des Autrichiens. Cette retraite lui paraissait incompréhensible et absurde. Et quand il apprit qu'elle était l'effet des ordres reçus de Vienne et la conséquence des revers d'Italie, il s'emporta contre l'étrange politique de cette maison d'Autriche qui avait eu tant d'occasions de faire passer Condé en France, de l'y soutenir, et qui ne les avait jamais saisies.

Que faire désormais, si l'Autriche renonçait à vaincre, à pousser devant elle ces armées dont il escomptait la défaite ? Il n'avait pas à

1. Voir sur cette mission le récit des *Mémoires* de Fauche, t. II, p. 31 à 53, qui suivent d'assez près un mémoire manuscrit qu'il a rédigé à son retour d'Arbois et que le duc d'Harcourt, agent du Prétendant à Londres, remit au ministère anglais. Record Office, France, Advices and Intelligences, 23 août 1796.
2. 480 exactement, chiffre donné par Tessonnet, dans une lettre du 26 mai, placée à la suite de son rendement de compte du 1er juin 1797. Voir ci-dessous.
3. Le maire d'Arbois, dont nous avons utilisé la biographie de Pichegru (papiers de R. de Saint-Albin), se rappelait le passage de Fauche à Arbois. Il raconte la visite de Pichegru à Arbois, l'accueil enthousiaste de ses compatriotes ; il fut frappé de son *maintien morne et abattu*, lorsqu'au milieu du banquet qui lui fut offert, les convives firent des vœux pour le salut de la République. Cf. sur ce voyage de Pichegru à Arbois les *Souvenirs et portraits* de Nodier, p. 223.

Paris un parti assez fort pour se faire nommer dictateur si des échecs extérieurs n'achevaient de dépopulariser le Directoire. Et pourtant le parti d'Orléans attendait une occasion propice pour réaliser ses desseins[1]. Il dépendait des Autrichiens de l'en empêcher, en ouvrant l'accès de la France à la famille royale.

D'autre part, provoquer le soulèvement des départements du Doubs et du Jura, c'était folie, tant que les armées républicaines restaient intactes, prêtes à se jeter sur les insurgés pour les écraser. Tenter des ouvertures auprès de Moreau ? Qui sait si Moreau n'en préviendrait pas le Directoire pour se faire valoir auprès de lui ? Pichegru serait alors compromis. Adresser des propositions aux généraux de l'armée d'Italie ? Si Kellermann les accueillait, ce qui était possible, Bonaparte les rejetterait sûrement, car il était « infatué » de ses victoires.

Le « roi » devait se résigner à prendre patience, sans se décourager et, pour l'instant, s'éloigner de l'armée de Condé, car, au moment voulu, les Français sauraient bien le trouver où il serait. En attendant, il importait qu'il rassurât l'opinion publique sur ses intentions futures, et qu'il promît de gouverner suivant des formes constitutionnelles « C'était le seul moyen de rallier tous les esprits à un centre commun. »

Quant au général lui-même, il attendrait dans la retraite l'occasion de « se montrer ». Pour le moment, il songeait à la députation. Ses compatriotes lui faisaient bon accueil[2]. La ville d'Arbois donnait des fêtes en son honneur, et Lons-le-Saunier, où son ami Dauphin présidait la municipalité, se proposait de lui envoyer une députation pour l'engager à visiter la ville.

Fauche-Borel partit d'Arbois, non sans avoir glissé, dit-il, sous la couverture du général une partie de l'or qu'il avait dans ses poches. Il emportait un court billet de Pichegru, qui s'est perdu sans doute avec les documents de cette époque dans la débâcle qui suivit la retraite de l'armée autrichienne. Par Bâle, il arriva au camp de Condé, à Villingen ; l'armée de Rhin-et-Moselle serrait de près les impériaux[3].

---

1. D'après Pichegru..., ou d'après Fauche.
2. Voir en particulier Nodier, ci-dessus cité. Sur son passage à Besançon, où il fut porté en triomphe par la jeunesse, voir Wickham, *Correspondance*, t. I, p. 433, lettres du 21 et du 23 juillet ; Lebon, p. 205, 206.
3 Voir la discussion du texte des mémoires de Fauche, dans Daudet, *Conjuration*, p. 250, discussion qui me paraît contestable. Une lettre de Fauche du lundi 11 juillet 1796 (Chantilly, Z, I, XXXIV, p. 84), prouve qu'il est arrivé à Bâle ou aux environs depuis le 5. Sans doute il revient de Villingen. Il part pour Neufchâtel, où il prie Condé de lui faire passer par Wittersbach ses ordres et des nouvelles. Voir Z, I, XXXIV, p. 27, une autre lettre du 9 peu compréhensible. Une lettre de Mérian du 13 juillet témoigne aussi de son passage à Bâle. Dans une lettre

On devine que les réponses de Pichegru ne plurent pas au « roi » et à son entourage.

Sans refuser de faire connaître « les noms et le nombre de ses amis de Paris », Pichegru avait gardé son secret[1].

Les conseils qu'il donnait furent mal accueillis. Le « roi » était décidé à ne faire aucune concession d'ordre constitutionnel à ses sujets. Il venait de répondre par une fin de non-recevoir aux demandes de son agent de Paris, Brottier, qui avait envoyé Duverne pour lui porter les propositions d'un petit groupe de royalistes modérés.

Ces royalistes, parmi lesquels Lemérer, conseillaient au Prétendant de consentir à l'établissement d'une monarchie limitée. Ils se contentaient d'une promesse générale, sans entrer dans le détail des concessions à faire à l'opinion publique. Le Prétendant avait différé sa réponse, « les événements de la campagne ne lui laissant, disait-il, aucune liberté. » Puis il avait répondu que ce moyen de relever le trône « lui paraissait entièrement inadmissible[2] ».

Des propositions semblables lui étaient adressées par Précy, au nom de Boissy d'Anglas, et par l'ancien constituant d'André, rallié au roi légitime, au nom d'un comité de cinq personnes. Elles prouvaient que les conseils de Pichegru étaient justes et qu'au prix de concessions nécessaires le Prétendant aurait pu fortifier sa cause et combattre l'influence grandissante du parti d'Orléans[3].

Sur un point seulement, le comte de Lille suivit les conseils de Pichegru. Déjà, malgré l'avis de Condé, qui, après Reuchen, le 30 juin, le suppliait de quitter l'armée, il avait refusé d'abandonner « sa fidèle noblesse » et l'avait accompagnée d'étape en étape à travers

---

du 30 octobre suivant, Fauche déclarait qu'il avait promis à Pichegru, « dans son entrevue du 25 *juin* dernier », de ne pas se mêler d'autre affaire que de la sienne, Z, t. XXXIII, p. 180.

1. C'était pour la seconde fois que Pichegru *refusait de mettre le roi dans ses secrets* Déjà Badonville avait été envoyé au général par Demougé, mais le général était ou se disait malade ; il fallut se contenter de ce billet de Badonville, dont je supprime les fautes d'orthographe (Chantilly Z, t. XXXIV, p 25), « du 28 prairial », 16 juin : « Je viens de voir votre belle maîtresse Zède, que j'ai bien trouvée malade. J'ai été obligé de voyager sans permission. Sa musique, qu'elle vous a promise, n'est pas encore achevée. Je l'attends aujourd'hui ou demain. » (Il signait Coco, nom d'emprunt de Badonville.) Le billet fut adressé à Demougé qui le fit passer, le 21 juin, au prince ; mais le billet en musique promis par Pichegru ne fut pas écrit, car il n'en est plus question dans la correspondance de Chantilly.

2. La Vauguyon faisait suivre cette lettre d'une autre plus détaillée, où, après avoir blâmé Brottier d'avoir outrepassé ses instructions, il déclarait que le roi n'accepterait jamais une « représentation permanente », pas plus deux chambres qu'une seule ; qu'il entendait rétablir l'ancienne constitution, « dépouillée de ses abus », mais adopter un plan d'administration sage et ne régner que par les lois : la lettre du roi à 99 (Brottier) et celle de La Vauguyon sont annexées à la lettre de Wickham du 18 juillet, datées l'une et l'autre du 11 juillet, Record Office, Suisse. Lebon, p. 197, les a analysées. Voir aussi les importantes lettres de Wickham à Grenville des 3, 16 et 18 juillet dans sa *Correspondance*, t. I, p. 402-4, 410-18.

3. *Correspondance de Wickham, ibid.*

la Forêt-Noire, jusqu'à Villingen. Mais, le 13 juillet, Condé lui annonça que l'armée autrichienne battait en retraite derrière le Danube. Désormais les Condéens ne devaient être employés, en vertu de leurs engagements envers la maison d'Autriche, qu'à défendre les États héréditaires. Le Prétendant jugea que sa présence au camp n'était plus utile et qu'elle pouvait au contraire devenir nuisible à sa cause. Du moment qu'il perdait momentanément l'espoir de rentrer en France à la tête de sa noblesse pour y restaurer la monarchie légitime, et que la guerre n'avait plus d'autre objet que la défense de l'Allemagne contre les Français, il ne lui convenait plus d'y prendre part. Il s'éloigna, le 14 juillet, gagna le Danube et par Ulm reprit le chemin de l'exil, sollicitant des autorisations de séjour qu'on lui refusait, frappé d'une balle à la tête par un assassin à Dillingen, toléré enfin, après un long exode à travers l'Allemagne, par le duc de Brunswick à Blankembourg [1].

Pendant la tourmente qui suivit l'invasion de l'Allemagne par Jourdan et Moreau, jusqu'au retour des armées autrichiennes sur le Rhin, le prince de Condé se désintéressa complètement de l'intrigue et ne reçut de vagues nouvelles que par l'intermédiaire de Wickham et de Tessonnet. Celui-ci communiquait au prince quelques renseignements sur Pichegru. Un jour il annonça que Pichegru était envoyé par le Directoire en Alsace comme généralissime ou comme dictateur. La nouvelle atteignit Condé à Walsee en Bavière, à la fin de juillet. Il la transmit à d'Avaray ; Wickham l'annonçait à Grenville, sans y croire. Elle était fausse [2]. Et jusqu'à la fin de septembre, il ne fut plus question du général dans la correspondance de Condé avec le « roi et ses entours ».

Pichegru se terrait à Bellevaux [3]. Badonville faisait la campagne avec l'armée de Rhin-et-Moselle, comme colonel en second, au 8e hussards, car le Directoire n'avait pas voulu le confirmer dans son

1. Un grand nombre de lettres dans les archives de Chantilly. Je cite seulement le billet du roi du 28 (juin), un autre du 13 juillet, les lettres de Condé du 30 juin et du 13 juillet et un mémoire important de d'Avaray sur les « motifs qui ont décidé le roi à quitter l'armée le 14 juillet », le bulletin de voyage du Prétendant par le même, 27 août. Voir ces lettres, Z, t. 1 p. 38 et 138, aux dates.
2. Tessonnet à Condé, Chantilly, Y, carton 12, dossier 3, 20 juillet ; Condé à d'Avaray, 30 juillet, Z, t. CXXXVIII, p. 27 ; Wickham à Grenville, 6 août, Record Office, Suisse, vol. XVIII.
3. Voir sur ses relations à cette époque avec Moncey, général de l'armée des Pyrénées-Orientales, alors en congé à Moncey, près de Bellevaux, le livre du duc de Conegliano, *le Maréchal Moncey*, p. 66 et suiv., deux lettres de Pichegru, l'une du 4 thermidor (22 juillet) an IV, l'autre du 13. Dans l'une, il accepte une partie de pêche où il se rendra avec le *général Vernier*, commandant de Strasbourg, et sa femme ; dans l'autre il invite Moncey à un dîner auquel assistera le *général Dufour* (voir le combat d'Heidelberg). Cf. l'*Histoire secrète* de Lewis Goldsmith, t. I, p. 249, qui prétend sans preuve et contre toute vraisemblance que le Directoire avait chargé Moncey d'espionner Pichegru.

grade d'adjudant général. Il fut blessé près d'Immenstadt en Bavière, en septembre [1].

Lajolais, mis à la réforme, essayait de se signaler par une action d'éclat au passage du Rhin [2]. Fauche se réfugiait à Neufchâtel; Demougé se cachait à Strasbourg.

Montgaillard s'éloignait des bords du Rhin, pour tenter des aventures nouvelles. En apprenant que l'archiduc renonçait à l'offensive, il s'était retiré à Carlsruhe. Il y fut ou se dit malade, lorsque Mme de Reich le pria de se rendre à Bâle pour y conférer avec Tugnot. Puis, à la veille du passage du Rhin, tout en engageant sa parole d'honneur de consacrer sa tête et sa plume à « publier la vérité et à défendre le roi contre qui que ce puisse être », il partit pour l'Italie. reculant pas à pas devant les armées françaises, de Stuttgard à Anspach et d'Anspach à Munich; il passa les Alpes à la fin d'août, arriva le 2 septembre à Venise, où son premier soin fut d'entrer en relations avec Lallement, notre ambassadeur [3].

La nuit se fait sur l'Intrigue jusqu'en octobre.

---

1. Archives administratives, guerre, dossier Badonville.
2. *Ibid*, dossier Lajolais.
3. Montgaillard à Mme de Reich, 19 juin Chantilly, Z, t. XXXIV p. 102; à Condé, 13 août, *ibid.*, p. 176. Cf. *Mémoire concernant*, p. 214 à 217.

# CHAPITRE X

### AVORTEMENT DE L'INTRIGUE.

#### I. — *Pichegru à Strasbourg.*

Pendant la plus grande partie de l'été, Pichegru resta en Franche-Comté. Les armées de Jourdan et de Moreau continuaient la série de leurs succès en Allemagne.

Mais, dans les dix derniers jours d'août, l'archiduc Charles par une manœuvre habile ramenait la victoire sous les drapeaux de l'Autriche. Moreau, en pénétrant dans la Bavière, après la victoire de Neresheim (11 août), pour obéir à des instructions du Directoire qui l'engageaient à se rapprocher du Tyrol et de l'armée d'Italie, s'était trop éloigné de Jourdan. L'archiduc conçut l'idée de se placer avec toutes ses forces entre les deux armées françaises pour les battre séparément. Laissant devant Moreau son lieutenant Latour avec une partie de ses troupes, il rejoignit avec l'autre Wartensleben qui faisait retraite devant Jourdan. Il repoussa les Français à Neumarck et à Amberg dans les derniers jours d'août, et força l'armée de Sambre-et-Meuse à se diriger, en dehors des routes de la Franconie, par un pays d'accès difficile, sur Wurzbourg, où, le 3 septembre, il la battit complètement. Jourdan dut se retirer sur la Lahn, puis sur le Rhin. L'archiduc, semblait-il, n'avait qu'à se rejeter sur Moreau, à l'attaquer par derrière, tandis que Latour lui ferait front, pour achever la déroute de nos armées.

La nouvelle de Wurzbourg tira Pichegru de sa retraite. Il avait reçu la visite des Lajolais [1]. Il les suivit en Alsace [2], dans une propriété qu'ils possédaient à une lieue de Wissembourg. Il se proposait d'y rester six semaines.

Demougé, apprenant son passage, le 14 septembre, à Wissembourg, voulut le joindre à Brumath pour lui parler. Il le manqua d'une demi-heure et dut se contenter de lui envoyer un mot par son secré-

---

1. Interrogatoire de M<sup>me</sup> Lajolais, du 13 germinal an XII, original dans les papiers de R. de Saint-Albin et lettre de Lajolais à Solin, ci-dessus citée.
2. Même interrogatoire et lettre de Pichegru à Moncey dans l'ouvrage du duc de Coneglíano, p. 71.

taire. Pichegru ne jugea pas à propos de répondre ni de se prêter à une entrevue. Il n'avait rien de nouveau à dire ; il attendait les événements. Demougé fit une autre tentative pour l'approcher : il se déroba. Les Lajolais ignoraient-ils l'Intrigue ? L'avocat le pensa et, comme il était connu, il craignit d'éveiller leurs soupçons et revint à Strasbourg [1].

Le 18 septembre, le canon tonnait de l'autre côté du Rhin, près de Kehl. L'archiduc en effet abandonnait la poursuite de Jourdan et envoyait devant lui en avant garde le général Petrasch avec 7.000 Autrichiens, détachés des garnisons de Manheim et de Philipsbourg. Il les chargeait de poursuivre le général Scherb, laissé en observation par Moreau sur le Rhin, et e s'emparer de Kehl. Surpris par une brusque attaque, le petit corps français faiblissait, abandonnait Kehl dont l'ennemi s'emparait. Heureusement la 68e demi-brigade, secourue par des renforts de Strasbourg, reprenait l'avantage et chassait les Autrichiens de la forteresse [2].

Kehl prise, c'était la retraite de Moreau coupée : Pichegru accourut dans la Ruprechtsau, près de Strasbourg. Il y passa deux jours chez un M. Planier, et n'en partit qu'après la retraite des Allemands [3]. A son retour à Wissembourg, il faillit être enlevé par un parti de cavalerie autrichienne qui, sous les ordres du général Hotze, était sorti de Manheim et rançonnait les bourgades du nord de l'Alsace jusqu'aux portes de Haguenau. Les Lajolais se hâtèrent de quitter Wissembourg, rentrèrent à Strasbourg. Pichegru ne les suivit pas, mais s'éloigna aussi de Wissembourg : il voyagea sans doute en Alsace [4].

Il arriva enfin, le 13 octobre au soir, à Strasbourg ; les troupes de Moreau, après avoir effectué leur retraite à travers la Bavière et la Souabe, venaient de forcer Latour, Nauendorf et Petrasch, après la victoire de Biberach et les combats de Villingen et de Rotweil, à leur laisser le passage libre à travers la Forêt-Noire. Elles défilaient par la coupure étroite du Val d'Enfer qu'un dernier combat (11 octobre) leur avait ouvert, et descendaient, à peine entamées, harassées, déguenillées mais glorieuses, dans la vallée du Rhin.

Moreau arrivait à Kehl, laissant son armée près de Fribourg. Il

1. Lettres de Demougé du 18, du 27 septembre, Chantilly, Z, t. LXXIII, p. 199, et t. XXXIII, p. 178
2. Dedon, p. 147 et suivantes
3. Lettre de Demougé du 27 septembre ; Wickham à Condé, Chantilly, Y, carton 15, folio 476.
4. Duc de Conegliano, livre cité, p. 71-72. Pichegru écrit de Prosheim (6 octobre), où il s'est réfugié, à Moncey : « Nous n'avons pu rester aussi longtemps que nous nous l'étions proposé à la campagne du général Lajolais L'ennemi est venu nous en chasser. » Cf. dans la collection Charavay une lettre de Pichegru à son aide de camp, Gaume, 9 octobre, où il donne des détails sur les opérations militaires et la « retraite qu'il a été obligé de faire devant l'ennemi ».

venait voir si le pont était intact, la forteresse capable de résister à un assaut, car il voulait, en Breton têtu, au lieu d'entrer en Alsace par Huningue et sans combat, y revenir par Kehl, forcer l'archiduc à lui laisser au retour la route prise à l'aller.

Pichegru accourut pour lui parler (14 octobre). La retraite victorieuse de Moreau dérangeait ses plans, en retardait au moins l'exécution ; fallait-il y renoncer ou espérer encore ? — Le jeune général lui parut singulièrement fier de ses succès ; ce n'était guère le moment de lui faire des ouvertures et de compter sur sa complicité. Pourtant il restait inquiet, doutant du résultat final. Parviendrait-il à forcer les passages de l'Elz, à pénétrer dans la vallée de la Kinzig pour faire sa retraite sur Kehl ? Le général Froelich et Condé le poursuivaient par derrière, venant de Neustadt ; en arrière aussi, le général Wolf, dans les villes forestières ; Nauendorf gardait les montagnes aux sources de l'Elz ; sur la rive droite, barrant le Rheinthal, Latour et Petrasch arrivaient à Ettenheim ; l'archiduc appelait à lui sur la Kinzig toutes les forces disponibles de l'armée du Bas-Rhin. Moreau avouait des pertes importantes, craignait de passer le Rhin en présence des forces autrichiennes ; il pouvait, disait-il, être « *entièrement battu* » : tout dépendait de l'énergie avec laquelle l'archiduc l'attaquerait et de la rapidité de ses coups [1].

Pichegru ne l'ignorait pas. Le lendemain 15, il était chez Demougé, le correspondant de Klinglin, l'espion des Autrichiens, et il lui racontait son entrevue avec Moreau [2].

On devait se garder, disait-il, de faire des ouvertures à Moreau ; il était trop fier de ses succès et pourrait « abuser » des confidences. Ces succès reculaient l'exécution du plan qu'il avait exposé au mois de mai. Cependant rien n'était désespéré. Les Autrichiens, dont il était « fort content », pouvaient remporter des avantages décisifs sur le haut-Rhin. Sur le bas-Rhin, ils n'avaient rien à faire. Moreau avouait des « pertes considérables » : il fallait donc profiter de sa faiblesse pour l'accabler.

Pichegru ajoutait que, si l'archiduc ne battait pas Moreau, il quitterait l'Alsace, ne voulant pas s'attarder à des besognes inutiles, et se rendrait en Franche-Comté, puis à Paris, pour se faire élire député.

Que le résumé de cette conversation (le rapport de Fauche) passât le Rhin et arrivât au quartier général du prince ou à Klinglin, dans les

---

1. Demougé à Fauche, qui était l'intermédiaire entre Demougé et le prince et qui transmettait les renseignements venus de Strasbourg par Bâle à Condé ou à Wickham. 17 octobre, Chantilly, Z. t. XXXIV, p. 32.
2. Demougé à Fauche, 17 octobre ; Wickham à Grenville, 22 octobre, *Correspondance*, t. I, p. 471.

vingt-quatre heures, fût envoyé promptement à l'archiduc[1]; que celui-ci, connaissant les inquiétudes de Moreau, s'enhardît à l'attaquer avec toutes ses forces pour le jeter dans le Rhin, s'acharnât à sa perte : c'en était fait peut-être de l'armée de Rhin-et-Moselle ; au moins arrivait-elle battue, désemparée, démoralisée en Alsace.

Or l'archiduc attendait un avis de Pichegru. Dès le 21 septembre, il priait Barbançon, le représentant de Condé au quartier général autrichien, de demander au prince « des nouvelles de Poinsinet (Pichegru) » : « Il pense, écrivait Barbançon, que, dans le cas où les succès continueraient, on pourrait encore en tirer parti. L'archiduc a paru *très ardent* à vouloir connaître l'avis de Lucas (Condé) sur ce point[2]. »

Le duc de la Vauguyon pressait aussi le prince de reprendre sa correspondance avec Pichegru, « les revers de Jourdan et de Moreau semblant amener les choses au point où il s'attendait, pour réaliser son grand plan » (sic). Condé prévint le « roi », le 29, qu'il avait reçu avis du désir exprimé par l'archiduc et que, « sous peu de jours », il écrirait à Wickham, dès « que la communication avec la Suisse (il était encore en Bavière) serait complètement ouverte[3] ». De son côté, Wickham lui donnait l'assurance qu'il était tout prêt à remplir les promesses faites à Pichegru. A son avis, « les choses étaient au point où les avait toujours désirées Baptiste. »

Condé, cependant, n'informait Wickham des intentions de l'archiduc *que le 20 octobre*, un mois après la conversation de ce dernier avec Barbançon[4]. Il n'en prévenait ni Fauche ni Demougé, encore moins Pichegru. Le jour où les Autrichiens semblaient disposés à favoriser l'Intrigue, Condé, qui avait maudit leur mauvais vouloir, surtout en juin, ne faisait rien pour profiter de leur bonne volonté.

C'est qu'il ne comptait plus sur Pichegru, ou plutôt n'attendait plus de lui ce qu'il en espérait. Le général ne livrerait pas de places ; il ne le voulait pas et ne le pouvait plus. Il refusait de coopérer au coup d'État militaire violent, brutal, que rêvait le descendant des

---

1. Mais M<sup>me</sup> de Reich n'était plus à Offembourg; il n'est guère plus question d'elle dans le second volume de la correspondance de Klinglin. Aussi, bien que les lettres de Furet (Demougé) pour Persée (Klinglin) passent encore par Plobsheim et Gambsheim, la correspondance est plus lente. D'ailleurs cette correspondance est surtout militaire. Les nouvelles de Pichegru vont à Condé (et surtout à Wickham) par Bâle, d'où Fauche les transmet. Demougé n'écrit plus guère à Klinglin que pour lui envoyer des renseignements militaires, fort peu intéressants d'ailleurs.
2. Barbançon à Condé, 21 septembre, Chantilly, Z, t. XLI, p. 114. Mêmes demandes de Bellegarde.
3. La Vauguyon, 23 septembre, Z, t. LII p. 78 ; Condé, 27 septembre, t. CXXXVIII, p. 32.
4. Condé à Wickham, 20 octobre, Chantilly, Y, t. CXXXV, p. 117.

Condé. Il entendait *convertir* l'armée et le pays à la monarchie, laisser aux Français le temps de se retourner de la république vers la royauté, leur ménager une transition par des concessions libérales ! « Cela se réduit, écrivait dédaigneusement le prince à Barbançon, à des espérances fort incertaines et fort éloignées, auxquelles tous ceux qui voient Baptiste attachent beaucoup de prix et moi fort peu [1]. »

A quoi bon solliciter le bon vouloir des Autrichiens ? « Nos insistances, nos négociations, nos mémoires, nos cris, nos désolations, nos espérances ne feront pas faire aux Autrichiens un pas de plus que ce qu'ils voudront. Leur plan politique est arrêté, et rien ne les dérangera qu'une seule chose, ce serait une grande insurrection à l'intérieur, une force de 15 à 20.000 hommes qui se montrerait. » Et le prince revenait à ses premiers projets, à ceux qui avaient précédé l'Intrigue, auxquels il avait toujours subordonné même sa négociation avec Pichegru : la Franche-Comté, le Lyonnais s'insurgeant, l'armée de Condé passant le Rhin, arrivant au milieu des « fidèles populations » de la France orientale, relevant le trône et l'autel avec le drapeau blanc, sans faire de concessions à la Révolution, sans accorder de constitution ! Et il priait Wickham, *avant de lui faire connaître les intentions de l'archiduc*, d'engager les Autrichiens à penser de nouveau aux projets sur l'Alsace et la Franche-Comté, projets de l'année passée [2].

Ainsi le prince se désintéressait de l'Intrigue ou presque. Il avait tant de fois sollicité les Autrichiens de se conformer aux plans de Pichegru ! il ne voulait plus s'en mêler. Le résumé de la conversation avec Pichegru, que lui adressa Demougé le 17 octobre, le trouva indifférent.

L'archiduc ignora les inquiétudes de Moreau et le poussa prudemment, le croyant plus fort qu'il n'était, redoutant un échec. Moreau parvint à se tirer du mauvais pas où il s'était jeté, en essayant de pénétrer jusqu'à la Kinzig et jusqu'à Kehl. Après les combats de l'Elz (19 et 20 août), il rebroussa chemin prudemment, fit passer Desaix par Brisach et, avec le reste de ses troupes, après avoir livré à Schliengen une bataille défensive, il traversa le Rhin, du 25 au 26 octobre, à Huningue. L'armée de Rhin-et-Moselle était sauvée.

Le 23 octobre encore, Pichegru revenait chez Demougé. Rien n'était perdu car l'armée n'avait point passé le Rhin. Il espérait

---

[1]. Condé à Barbançon, 25 novembre, Chantilly Z t. XLI, p. 172. Il écrivait au roi, 1er et 15 novembre, Z, t. CXXXVIII, p. 36 et 37 : « M<sup>lle</sup> Zède... je la crois toujours bien disposée, mais *sans pouvoir* » Fauche, ajoutait-il, « m'envoie perpétuellement des *tas de papier* que je ne fais point passer à V. M...; ils contiennent tous des lueurs d'espérances, qui me paraissent à l'ordinaire fort éloignées. »

[2]. Wickham à Sir Morton Eden, 16 octobre, *Correspondance*, t. I, p. 469 ; Condé à Imbert-Colomès, 29 novembre, Chantilly, t. CXXXII, p. 135 *bis*.

« encore être général »[1], avouait qu'on ne lui rendrait son comman-
« dement qu'à la dernière extrémité », déclarait qu'il ne l'accepterait
« qu'aux conditions essentielles d'un pouvoir illimité », mais que tout
dépendait des « mesures rigoureuses et non interrompues des Allemands ». — Du reste, il se préparait à changer son fusil d'épaule et,
après un séjour de quelques semaines à Bellevaux, à partir pour
Paris, où Demougé devait le suivre. Là, il aurait besoin d'argent ; il
songeait à emprunter 1.000 écus à Strasbourg, par l'intermédiaire de
M<sup>me</sup> Vernier, et, pour la *première fois*, il témoigna à Demougé qu'il
lui fallait une somme assez forte. Il ne pouvait pas en fixer le chiffre à
l'avance : « Il suffisait que les fonds fussent faits de manière à n'être
pas gêné, s'il se présentait une bonne occasion... dans les troupes de
Paris[2]. »

Il devait partir le 27, pour la Franche-Comté. Il n'était pas encore
parti le 4 octobre. Le 29, il envoyait un mot en musique au prince :
« Je retournerai chez moi incessamment, dans six semaines environ
à Paris ; *il faut continuer avec vigueur en tout comme à présent*[3]. »
Continuer en tout, écrivait Demougé, « cela veut dire culbuter
par le fer » les patriotes. Pichegru engageait donc les Autrichiens
à battre son ancienne armée, ses anciens officiers, qui l'accueillaient alors avec enthousiasme et Moreau, son ami[4] ; il s'impatientait de leurs lenteurs, allait visiter les fortifications de Kehl,
qu'ils devaient assiéger, les faisait prévenir par Demougé que ces
retranchements lui paraissaient « mauvais et insuffisants ». « Nous
avons bu, écrivait l'avocat, comme des capucins, à la santé du
grand et brave Antoine à l'occasion de sa fête, la Saint-Charles
(4 novembre) ; nous comptions aujourd'hui sur une sérénade de sa
part[5]. »

La sérénade ne fut pas donnée ; les Autrichiens n'ouvrirent la tranchée devant Kehl que le 1<sup>er</sup> frimaire (21 novembre). Depuis longtemps,
Pichegru était parti de Strasbourg (depuis le 4), prévenant Demougé
qu'il lui était impossible de fixer l'époque à laquelle il réaliserait ses
plans et que tout dépendait « des vigoureuses opérations » des Autrichiens. Et désormais, sans s'attarder en route, comme désespéré de

---

1. Dans sa lettre du 6 octobre à Moncey, il remerciait celui-ci des démarches qu'il
avait faites au Directoire en sa faveur. Moncey aurait voulu lui faire donner le
commandement de la 6<sup>e</sup> division militaire. Il lui déclarait qu'il préférait infiniment
un commandement d'armée. Voir le duc de Conegliano, l. c.
2. Demougé, 25 octobre, copie de Fauche, Chantilly, Z, t. XXXIII, p. 112.
3. On ne trouve pas l'original du billet à Chantilly. Les archives des Condé ne
possèdent qu'une copie du billet, faite par Olry. Wickham reçut l'original, qu'il a
gardé sans doute dans ses papiers particuliers, Demougé à Fauche, Chantilly, Z,
t. XXXIII, p. 114.
4. Demougé, 2 novembre, Chantilly, Z, t. XXXIII, p. 115.
5. Demougé à Klinglin, 4 novembre, Klinglin, t. II, p. 27.

la lenteur et du manque d'audace des Autrichiens, il se hâtait « de nuit et de jour » vers Besançon[1].

Avant de partir, il avait revu Badonville. L'ancien aide de camp, blessé à Immenstadt en Bavière, le 14 septembre, à 2 heures du matin, d'un coup de feu à la cuisse, et fait prisonnier par les Autrichiens, était entré en relations avec les généraux commandant la gauche autrichienne, les généraux Frœlich, Wolf et Saint-Julien. Frœlich l'avait renvoyé sur parole à Strasbourg, en attendant qu'il fût échangé par Bacher contre un officier de rang égal (colonel). Arrivé en Alsace, Badonville avait offert ses services à Klinglin, qui lui avait envoyé une « instruction » et « comptait beaucoup » sur ses talents militaires, espérant surtout qu'il pourrait aller à Kehl pour donner de « nouveaux renseignements ». Il devait continuer, pendant les mois suivants, à servir l'espionnage autrichien[2] comme d'ailleurs son ami Tugnot. Celui-ci, qui commandait un bataillon, écrivait régulièrement à Demougé de Lauterbourg ou Selz ou Lauterheim et lui procurait, à la fin de décembre, l'état des troupes campées le long du Rhin[3].

### II. — *La mission de Demougé à Bellevaux.*

Au moment où Pichegru, renonçant à attendre les succès de l'archiduc, se préparait à partir pour la Franche-Comté, Wickham arrivait à Bâle, pour se rapprocher de lui, être prêt à saisir l'occasion, qui semblait s'offrir, de réaliser les plans du printemps dernier. Il écrivait à Condé : « Que nous sommes aveugles, nous autres pauvres mortels ! et que les voies de la Providence sont inscrutables ! Il me paraît démontré dans ce moment que ce qui nous affligeait ce printemps est peut-être ce qui pouvait nous arriver de plus heureux. Au lieu d'une armée nombreuse et bien pourvue de tout, ayant une opinion très prononcée de sa propre force..., vous allez trouver, sur les frontières de la France, des corps à moitié débandés, découragés, mécontents. C'est bien, à tous égards, le temps et l'occasion que demandait Baptiste. Nous allons voir quel parti il saura en tirer[4]. »

Il arrivait, après avoir reçu la lettre que lui adressait Condé le 20 octobre, pour le prévenir que l'archiduc demandait au prince de reprendre la correspondance avec Pichegru. Si les Autrichiens

---

1. Demougé, 8 novembre, Chantilly, Z, t. XXXIII, p. 187.
2. Archives administratives de la guerre, dossier Badonville; Klinglin, t. II, *passim*, surtout p. 12, 29, 39, 85, 104, 114, etc. ; *Correspondance de Wickham*, t. I, p. 471, 493, etc.
3. Klinglin, t. II, p. 11, 30, 110, 193, 357.
4. Chantilly, Y, carton 15, p. 476.

consentaient à favoriser l'Intrigue, Moreau vaincu, quelle probabilité, quelle certitude même de succès! « Vivat! mon cher Louis », écrivait à Fauche son secrétaire, La Tour [1].

Hélas! Fauche, en lui remettant la lettre en musique de Pichegru le 31 octobre, à Bâle, lui annonçait que le général quittait Strasbourg. Que signifiait cette nouvelle fuite? Elle rappelait trop celle du mois de mars pour que l'agent anglais pût se méprendre sur sa signification: Pichegru comprenait son impuissance; il renvoyait encore à plus tard la réalisation de ses promesses; les Autrichiens ne remportant plus de nouveaux succès, il se dérobait.

Wickham déclara nettement, sèchement, qu'il ne fournirait plus d'argent, puisque ses subsides étaient inutiles, jusqu'à ce que Pichegru l'eût informé directement qu'il jugeait nécessaire de les continuer, et tant qu'il n'aurait pas « connaissance des espérances que Baptiste conservait ». Fauche eut beau lui assurer que le général était « de la meilleure foi du monde », Wickham resta inflexible [2]. Alors le libraire se hâta de prévenir Demougé.

Le général venait de quitter Strasbourg le matin même, le 4, lorsque Demougé reçut la lettre. Immédiatement l'avocat envoya Badonville à sa poursuite. Fauche attendait sa réponse avec anxiété à Bâle, pendant que Wickham se rendait à Mulheim, où Condé, depuis le mois d'octobre, était cantonné de nouveau [3].

Les premiers jours d'octobre se passèrent sans nouvelle du général. Badonville courait à sa suite et ne l'atteignait pas. Wickham passait de mauvais jours à Mulheim, très ennuyé, comme le prince, d'une nouvelle affaire : Montgaillard envoyait de Venise lettre sur lettre pour demander de l'argent. Le prince avouait à l'ambassadeur que ce maître chanteur était au fait de l'Intrigue depuis ses débuts. Très découragé, Wickham regagnait Bâle, puis Berne [4]. Le lendemain de son départ de Bâle, le 10, une lettre envoyée par Demougé le 8, annonçait le retour de Badonville.

Celui-ci n'avait rejoint Pichegru qu'à Roulans, près de Besançon. Le général le renvoyait avec un « *bout d'écrit* pour les Bourgeois (le roi et Condé) et un *mot de musique* pour Bluet (Wickham). Coco (Badonville), porteur des originaux, était *chargé de dire verbalement tout ce que Baptiste lui avait communiqué de plus.* » Il allait partir de

---

1. Chantilly, Z, t. XXXIV, p. 33.
2. Fauche à Condé, 1er novembre, Chantilly, Z, t. XXXIII, p. 182; Wickham à Grenville, 14 décembre, *Correspondance*, t. I, p. 491.
3. Demougé, 4, 6 novembre, cette dernière, Z, t. XXXIII, p. 186; lettre transmise, comme les précédentes, par Fauche ; voir par exemple la lettre de Fauche du 4 novembre, accompagnant celle de Demougé du 2, Z, t. XXXIII, p. 183.
4. Sur son séjour à Manheim, voir lettres de Fauche des 30 octobre, 1er, 4, 6, 10 novembre, Z, t. XXXIII, et Wickham à Grenville, 12 novembre 1796 et 8 mars 1797, Record Office, Suisse.

Strasbourg le lendemain à portes ouvrantes (le 9) et, après avoir demandé une permission à Colmar, se rendre à Bâle pour parler à Wickham[1]. Demougé se garda de laisser partir Badonville seul pour Bâle. Peut-être n'était-il pas assuré de son savoir-faire. Ils ne trouvèrent pas Wickham à Bâle, mais seulement Fauche. Badonville ne se crut pas autorisé à partir pour Berne ; il était colonel du 8º hussards et sollicitait son échange ; il profita de son séjour à Bâle pour voir Bacher, se rendit à Huningue pour s'informer des projets de Moreau sur le haut Rhin (on annonçait un passage), mais ne partit pas pour Berne. On se demande si Demougé et Fauche insistèrent pour l'emmener.

Arrivés à Berne, ils remirent à Wickham le billet et le mot en musique[2]. Par le premier, Pichegru prévenait que, dans l'état actuel des choses, jusqu'à de nouveaux succès des Autrichiens, il ne pouvait rien faire ; par le second, il sollicitait la continuation des subsides, sans fixer la somme qui lui paraissait nécessaire. L'avocat présenta les explications que Pichegru avait données oralement à Badonville. Ces explications, Wickham les a résumées aussi fidèlement que possible dans une lettre à Grenville[3]. Mais qui nous dit que Badonville les a bien comprises, et surtout que Demougé les a fidèlement transmises ? Et elles sont si graves ! si importantes, surtout pour l'histoire des événements qui précèdent !

Le général, disait Demougé, jugeait inutile de distribuer désormais de l'argent aux troupes ou aux officiers. Il demandait seulement à l'ambassadeur de continuer ses subsides à deux officiers (Badonville et Tugnot, sans doute, qu'il avait attachés à sa personne et placés avantageusement sous le commandement de Moreau), et de tenir les promesses faites par Fauche à Strasbourg pendant son emprisonnement[4]. Il le priait aussi de lui céder Demougé pour un temps, pendant son séjour à Paris, car il n'emmènerait pas Badonville, qui, entré en correspondance avec les généraux autrichiens, pouvait rendre des services à Strasbourg. Il désirait que l'avocat eût un « crédit à Paris » ou pût s'adresser à une personne dési-

---

1. Demougé, 8 novembre, Z, t. XXXIII, p. 187. Cf. *Mémoires de Fauche*, t. II, p. 63-64. Le régiment de Badonville (8º hussards) fut cantonné d'abord près de Brisach, puis au voisinage de Schlestadt, enfin près de Strasbourg.
2. Les originaux des deux billets ne se retrouvent pas à Chantilly (Wickham les gardait) Ils ont été copiés ou résumés dans les lettres de Demougé, 8 novembre, de Fauche, 10 novembre, de Wickham à Grenville, 14 décembre, *Correspondance de Wickham*, t. I, p 491. Sur le voyage de Demougé à Bâle, voir Klinglin, t. II, p. 47, 51, 62, 67, 85.
3. Record Office, Suisse, volume XIX, 14 décembre 1796 ; la lettre a été presque entièrement publiée dans la *Correspondance de Wickham*, t. I p. 491 et suivantes. Cf. lettres de Fauche à Condé, 17 novembre, Chantilly, Z, t. XXXIII, p. 190, et à Klinglin, 18 novembre, Klinglin, t. II, p. 81.
4. Sans doute au concierge de la prison du Pont-Couvert.

gnée par l'ambassadeur et qui lui fournirait l'argent nécessaire [1].

Il ne désespérait pas encore des succès de l'Autriche [2]. Mais, avant de se livrer à des combinaisons nouvelles, il voulait avoir l'assurance que l'Angleterre, contrairement au bruit courant, ne soutenait pas de ses subsides les jacobins et le parti d'Orléans, dans le but d'affaiblir la France par l'anarchie.

Il assurait que, dans la campagne dernière, il avait fourni aux Autrichiens des occasions de le battre : 1° En ne passant le Rhin ni aussitôt ni avec des forces aussi importantes qu'il l'aurait pu ; 2° en composant la garnison de Manheim de 10.000 hommes de troupes, excellentes sans doute, mais désespérées de misère, sous les ordres d'un homme incapable de les commander ; 3° et 4° en exposant son armée entière deux fois, surtout sur la Pfrimm, dans une position certainement bonne (car il ne pouvait en prendre d'autre avec ses généraux), mais sur un terrain de grande bataille où les Autrichiens devaient la détruire complètement. Or les Autrichiens n'avaient voulu l'attaquer que sur un seul point : pensaient-ils qu'il se laisserait tourner, acculer à une retraite ridicule, au détriment de sa réputation militaire ? Certes, les Autrichiens avaient eu la partie belle : ils pouvaient le poursuivre jusque sous les murs de Strasbourg et, dans ce cas, son armée se serait débandée entièrement ou il aurait été « maître d'elle [3] ».

Wickham fut convaincu. Il remit à Demougé une lettre, la première écrite de sa propre main [4], qu'il chargea l'avocat de porter au général. Dans cette lettre, il déclarait qu'il pensait comme lui et qu'il avait en lui une confiance « sans bornes » ; qu'il mettait à sa disposition ses moyens et qu'il les tiendrait « toujours prêts ». Il se défendait avec indignation et défendait son gouvernement d'avoir jamais aidé de ses subsides les partis de désordre et d'anarchie en France ; il avait de la « peine à pardonner à Baptiste de s'être livré à de pareils soupçons [5] ».

Il confiait en outre à Demougé une forte somme d'argent, pour l'employer à la réalisation des plans de Pichegru à Paris, avec défense de s'en servir pour tout autre usage. « Baptiste est cavé pleinement pour les grands coups », écrivait l'avocat à Klinglin. Wickham refusait d'ailleurs de payer les frais de la correspondance militaire de Klinglin avec Strasbourg, et faisait la sourde oreille

---

1. Probablement Demougé interprétait à son avantage les désirs (?) de Pichegru.
2. Il demandait que les Autrichiens ne s'en tinssent pas seulement à la reprise de Kehl et de la tête de pont d'Huningue, mais qu'ils pénétrassent en Alsace, en s'y faisant précéder d'une déclaration où ils annonceraient qu'ils se proposaient seulement de reprendre les provinces que les Français avaient envahies.
3. Voir la lettre de Wickham du 14 décembre, ci-dessus citée.
4. Les autres étaient écrites par son secrétaire, La Tour.
5. *Correspondance de Wickham*, t. I, p. 476, lettre du 16 novembre.

quand Demougé lui demandait de lui rembourser les avances qu'il avait faites depuis le mois de juin [1].

Demougé revint à Bâle le 17 novembre, et de là se rendit à Strasbourg, afin de mettre en ordre ses affaires, avant de partir pour la Franche-Comté. Arrivé chez lui, le 20, il était en route déjà le 22 [2].

Il apportait à Pichegru, avec la lettre de Wickham et l'argent, la nouvelle que les Autrichiens avaient commencé l'ouverture de leur première tranchée devant Kehl (nuit du 21 novembre) et qu'ils voulaient enlever d'assaut la tête de pont d'Huningue, investie depuis la fin d'octobre. Partout, sur sa route, disait-il [3], il rencontrait des preuves du découragement et de la lassitude des troupes : les déserteurs encombraient la chaussée de Besançon, jetaient leurs fusils par les champs ; il fallait envoyer des régiments de cavalerie dans les gorges et les cols des Vosges pour les arrêter ; les troupes n'étaient pas payées ; mal nourries, exposées aux intempéries d'une fin d'automne déjà froide, elles murmuraient de nouveau contre le gouvernement, qu'elles accusaient de les abandonner ; les généraux déclaraient que, si les Autrichiens continuaient la campagne, obtenaient des succès, on ne pourrait tenir en Alsace.

Ces nouvelles, apportées par Demougé à Bellevaux, décidèrent Pichegru à remettre son voyage à Paris à trois semaines ou un mois. Il espérait encore réaliser le plan du mois de mai, se faire nommer généralissime, dictateur, à la faveur de nos défaites et du découragement des troupes. Il laissa donc repartir Demougé pour Strasbourg, en le priant de remercier Wickham, en lui promettant de « servir la cause des alliés autant que les circonstances le lui permettraient ». Il faisait dire à l'archiduc de « pousser ses spéculations avec son intelligence accoutumée », de s'emparer de Kehl et de la tête de pont d'Huningue, de profiter des dispositions des troupes, les unes mourant de faim, les autres gorgées de butin, toutes lasses de se battre, aspirant à la paix, au repos, pour pénétrer en Alsace, où les soldats seraient bien accueillis, s'ils respectaient les propriétés et les habitants. Les places, manquant de vivres et de munitions, ne tarderaient pas à tomber entre ses mains [4].

1. Klinglin, t. II, p. 77 et suivantes, 17 novembre.
2. Klinglin, t. II, p. 81, 83, 91, 96 ; Fauche à Condé, 17 novembre, Chantilly, Z, t. XXXIII, p. 100.
3. Demougé à Klinglin, 5 et 6 décembre, Klinglin, t. II, p. 168.
4. « J'ai remis au banquier (Pichegru), ajoutait Demougé, les 300 louis qui m'ont été confiés. Il en était temps, je crois. Dans une lettre écrite après Fructidor an V, Mengaud raconte qu'il a lu à Lille une lettre que Pichegru avait écrite à une ancienne maîtresse vers cette époque, lettre où il se plaignait de sa détresse : la lettre dans papiers R. de Saint-Albin. Demougé raconte que Pichegru recevait à sa table

Demougé revint à Strasbourg le 5, et expédia deux rapports, l'un à Condé, l'autre à Klinglin¹. Le dernier fut envoyé à l'archiduc.

Celui-ci avait reçu quelques jours auparavant un auxiliaire de Tessonnet en Franche-Comté, Broch d'Hotelans, qui venait de parler à Pichegru.

C'était un « gentilhomme sûr et intelligent », ayant de la « sagesse et de la mesure » et pas du tout de la « clique de ceux de l'année passée » : ainsi l'annonçait le prince, en l'adressant à Barbançon, le 25 novembre. Condé ajoutait d'ailleurs : « Ce qu'il vous dira me paraît à peu près revenir au même que ce que disaient les autres ². »

L'envoyé de Tessonnet ³, présenté à l'archiduc et à Bellegarde, le 27, produisit sur Son Altesse royale comme sur Bellegarde l'impression la meilleure ⁴ et leur parut avoir « autant de mesure et de prudence » qu'ils en supposaient peu « aux autres agents, Louis et Furet ». Mais il ne leur apporta que des promesses vagues de bon vouloir et l'aveu d'une impuissance à laquelle les victoires de l'Autriche pouvaient seules mettre un terme. On le pria de demander à Pichegru son avis sur Fauche et sur Demougé et il repartit, sans avoir fourni aux Autrichiens les renseignements militaires ou les avertissements utiles qu'ils attendaient assez naïvement de Pichegru.

### III. — *Mission de Badonville.*

Ces renseignements, Badonville paraissait plus disposé à les fournir. Pendant sa captivité à Immenstadt, il était entré, nous le savons, en relations avec le général Frœlich. Il eut avec ce général et son collègue, le général Wolf, une entrevue à Bâle en décembre. La conversation porta sur les opérations devant Kehl et Huningue ⁵. L'archiduc, informé par Klinglin, qui avait permis l'entrevue,

---

de nombreux visiteurs; Demougé, qui « a dîné, soupé et couché chez lui », avait mangé avec deux généraux venus de Besançon. Il apportait à Pichegru, suivant les instructions que celui-ci avait données à Badonville, un *manchon*, de la tapisserie, des mouchoirs d'indienne : « Zélie (Pichegru) ne m'a pas demandé ce que cela coûtait et je ne lui en ai rien dit. »

1. Le premier, Chantilly, Z, t. XXXIII, p. 119; le second, lettre des 5 et 6 décembre, voir ci-dessous.
2. Condé à Barbançon, 25 novembre, Chantilly, Z, t. XLI, p. 172; Condé au roi, 1ᵉʳ décembre, Z, t. CXXXVIII, p. 41.
3. Qui venait de passer par Berne et par Mülheim (où il avait remis une lettre d'Imbert Colomès à Condé, lettre du 23 novembre, pour lui servir d'introduction auprès du prince).
4. Barbançon à Condé, 27 novembre et 8 décembre, Chantilly, Z, t. XLI, p. 176-177, p. 199.
5. Klinglin, t. II, p. 114, 221, 282, 383; Wickham, *Correspondance*, t. I, p. 493 et 500.

désira voir l'ancien aide de camp du général. Il avait des doutes sur la bonne volonté ou la bonne foi de ce dernier, doutes qu'il voulait éclaircir[1]. Il espérait aussi peut-être obtenir de Badonville des renseignements militaires. Il pria le colonel de se rendre à Offembourg pour lui parler.

Celui-ci, avec un passeport dont il avait changé la date, alla demander conseil à Wickham. Il avait fait répondre à l'archiduc qu'il ne pourrait se rendre à Offembourg avant d'avoir pris l'avis de Wickham et de Pichegru. Le premier, fort embarrassé, jugeant l'entrevue inopportune, mais n'osant pas la déconseiller, le renvoya au second. Badonville partit donc pour Bellevaux. Il en revint quelques jours après et rendit compte à Wickham de sa conversation avec Pichegru[2]. Le général lui conseillait de ne pas entreprendre le voyage d'Offembourg. Ce voyage d'un officier français en pays ennemi paraîtrait suspect. Au contraire, il pouvait se rendre en Suisse, pays neutre, à Berne, sans éveiller les soupçons. Il communiquerait à Wickham l'opinion de Pichegru sur la présente situation des choses et l'agent anglais la ferait connaître à l'archiduc. Si celui-ci désirait poser des questions particulières, Wickham serait encore l'intermédiaire entre le général et lui.

Badonville apportait à Berne un mot de Pichegru, un simple accusé de réception, écrit de sa propre main, de la lettre que l'ambassadeur lui avait envoyée par Demougé. Le général l'avait aussi chargé de dire à Wickham qu'il « pensait toujours de même » : il fallait battre sans cesse et harasser les armées républicaines, vu que ces armées formaient toute la force du Directoire et que le gouvernement serait toujours sûr, tant qu'elles resteraient intactes, d'obtenir, soit au dedans, soit au dehors, les ressources financières dont il avait besoin. Les troupes étaient fatiguées, dégoûtées ; Pichegru en avait les preuves les plus fortes. Il voyait très souvent des officiers qui dînaient à sa table, en recevait des rapports exacts sur l'état de l'armée. Il ne négligeait rien pour augmenter leur mécontentement, « sans cependant trop se compromettre et sans quitter le langage républicain ». Il importait donc de ne pas signer d'armistice avec Jourdan et Moreau et de ne pas entrer en quartiers d'hiver. Si la campagne continuait pendant la saison froide, une bonne partie de l'armée se débanderait ou déserterait. Au contraire, si les hostilités étaient suspendues, les soldats seraient employés pendant l'hiver à donner la chasse aux réquisitionnaires,

---

1. Barbançon à Condé, 15 décembre ; Chantilly, Z, t. XLI, p. 207. Robert Craufurd à Grenville, 5 novembre 1795, Army in Germany.
2. Cette conversation nous est connue par deux lettres très étendues de Wickham, l'une adressée à Condé, le 15 janvier, Chantilly, Y, carton 15, folios 329-332 ; l'autre à Grenville, 8 mars, Correspondance, t. II, p. 21, et Record Office, Suisse, t. XX.

aux déserteurs, à « effrayer les paisibles habitants de l'intérieur et à les empêcher de se rendre aux assemblées primaires » ; une partie des troupes irait renforcer l'armée d'Italie.

Si cependant l'archiduc jugeait nécessaire de prendre des quartiers d'hiver, il devait alors ouvrir la campagne « très prématurément », avant les nouvelles élections, pour qu'elles ne fussent pas troublées par les troupes et avant que les détachements envoyés en Italie fussent arrivés à destination.

Pichegru, ajoutait Badonville, attendait la fin de la campagne pour aller à Paris. Il resterait jusque-là en Franche-Comté. Tant que la campagne durait, « il y avait toujours de l'espérance ». Il était prêt à saisir toute occasion favorable et ne voulait pas s'éloigner « au cas où les armées seraient entièrement battues ». Il « n'avait point de projet particulier pour le moment... ; il ne pouvait en avoir, étant l'esclave des circonstances ». Mais il condamnait tout projet partiel [1].

Wickham interrogea Badonville sur la campagne dernière. L'adjudant lui « donna beaucoup de renseignements *très satisfaisants*, tant sur la campagne elle-même que sur les projets de Pichegru à cette époque ». Il lui avoua que le général « ne s'était jamais ouvert sur ses projets qu'à *lui seul et à un autre officier* », ajoutant que « cependant la plupart des officiers généraux et de l'état-major en soupçonnaient quelque chose, et que le Directoire le savait (*sic*) très sûrement, ce qui avait été la seule cause de sa démission ».

Cette conversation, « très longue et très détaillée », satisfit pleinement l'ambassadeur anglais. Il avouait seulement qu'il aurait préféré que Pichegru se rendît à Paris, au lieu d'attendre en Franche-Comté les résultats de la campagne.

« Bluet (Wickham) a été singulièrement content de Coco, écrivait Fauche, qui devait accompagner Badonville à Berne... Aussi il m'a mis à même de lui faire toucher une bonne partie de bijouterie (argent), et a donné l'assurance de ne l'en point laisser manquer. Bluet est le plus zélé des amis [2]. »

« Je vous ai envoyé *par Coco 2.000 louis*, écrivait Wickham au général. Vous en aurez davantage, si vous le souhaitez. Je vous demande seulement de me faire savoir la nature de l'emploi que vous en voulez faire. Le Major (Rusillion) sera notre intermédiaire pour faire passer notre correspondance et nos fonds. » (1) janvier [3].)

---

1 Badonville ajoutait que Pichegru était certain de son élection aux Cinq-Cents, qu'il y avait même un fort parti pour le nommer au Directoire (?). Il n'avait pas l'âge.
2 1) janvier 1797, Chantilly, Z, t. XXXIII, p. 193. Fauche venait de perdre successivement deux de ses filles.
3. *Correspondance de Wickham*, t. II, p. 414, texte capital, qui prouve incontestablement que Pichegru recevait de l'argent de Wickham. Celui-ci lui en envoie par son ancien aide de camp.

Badonville, avant de quitter Berne, adressa au « roi » l'hommage « de son respect et de son amour » : « V. M., déclarait-il, n'a pas de sujet plus fidèle que le général Baptiste... Il vient de m'envoyer auprès de Bluet dans lequel j'ai trouvé la plus grande générosité. Je vais rejoindre sur-le-champ Baptiste et lui porter les fonds nécessaires pour activer les puissantes intelligences qu'il a dans son département, où son nom seul produit l'enthousiasme. » (8 janvier[1].) En d'autres termes, les fonds anglais allaient payer la campagne électorale dont Pichegru devait sortir vainqueur.

Badonville partit de Berne directement pour Bellevaux. Il ne voulut pas se rendre à Malheim, quoique Wickham l'en pressât et que le prince l'eût désiré : « Baptiste lui avait défendu de la manière la plus formelle de quitter le pays neutre[2]. »

### IV. — *La conversation avec Bouvier et la nouvelle mission de Rusillion.*

A peine dix jours après, Tessonnet arrivait à Berne et rapportait à Wickham une conversation de Pichegru avec Bouvier, président de l'administration centrale du Jura : il prêtait au général des propos invraisemblables, lui attribuait des projets qu'il avait combattus et des opinions contraires à celles que Badonville avait exprimées en son nom[3].

A l'en croire, Pichegru attendait pour agir ou la dissolution des armées patriotes ou sa nomination par le Directoire au commandement général des armées ou le passage de l'armée royale et du prince de Condé sur la rive gauche du Rhin. Et il présentait chacune de ces hypothèses comme possible, bien qu'elles fussent toutes les trois pour le moment inadmissibles :

1° La dissolution des armées patriotes : il regardait comme certaine celle de l'armée d'Italie ; il ne doutait pas que celle du Rhin n'éprouvât bientôt le même sort, surtout si l'archiduc Charles

---

1. Badonville au roi, copie faite par Courvoisier et envoyée à Malheim, 8 janvier 1797, Chantilly, Z, t. XLV, p. 195. Montgaillard, qui arrivait d'Italie et qui avait vu Badonville en Suisse plusieurs fois du 4 au 9 janvier, *Mémoire concernant*, p. 221, emporta à Blankembourg la lettre de Badonville. Le « roi » donna à Badonville la *croix de Saint-Louis*, archives administratives, guerre, dossier Badonville, supplique de M⁽ᵐᵉ⁾ Badonville au duc de Feltre, du 9 octobre 1815.
2. Wickham à Condé, 26 février 1797, Chantilly, Y, carton 15, folio 554-57.
3. L. Pingaud, *Annales franc-comtoises*, mars-avril 1900. Cette conversation est en manuscrit à Chantilly, Y, carton 15, folios 495-496, avec en marge les réflexions de Wickham : c'est le *Rendement de compte du 18 janvier* remis par Tessonnet à Wickham le 19, et envoyé par celui-ci à Condé le 20. Cf. la longue et importante lettre de Wickham à Grenville du 8 mars 1797, Record Office, Suisse, et celle du 15 janvier du même à Condé, post scriptum du 20. Le rendement de compte du 18 janvier est aussi dans les archives du Record Office, Suisse, vol. XX.

continuait à harceler l'ennemi ; la désertion était à son comble et les départements voisins de l'armée inondés de déserteurs.

2° Sa nomination au commandement général des armées : le Directoire finirait par s'y résoudre ; il avait proposé déjà le commandement de l'armée de Sambre-et-Meuse à Pichegru qui l'avait refusé.

3° Le passage de l'armée royale sur la rive gauche : l'archiduc autoriserait le prince de Condé à passer par Bâle et le Porrentruy. Condé entrerait en Franche-Comté ; Pichegru *irait à sa rencontre avec 20.000 vieux soldats*, pourvu qu'il eût à l'avance les fonds disponibles pour les solder pendant trois mois, les armes et les munitions nécessaires. Il s'emparerait aisément des places fortes, Belfort, Blamont, Besançon, les deux premières n'étant pas approvisionnées, la troisième étant gardée par des troupes dont il répondait. Le général prévoyait cependant le cas où aucune de ces hypothèses ne se réaliserait : alors il attendrait les nouvelles élections et se déciderait à accepter la députation qui lui était offerte par plusieurs départements, entre autres le Jura.

Wickham lut avec stupéfaction le « *rendement de compte du 18 janvier* » qui lui parut, « pour ne rien dire de plus, une pièce extraordinaire ». Il venait d'apprendre la nouvelle de Rivoli (14 janvier), et Pichegru regardait comme certaine la dissolution de l'armée d'Italie ! Sans doute l'archiduc était entré à Kehl, le 9 janvier, par capitulation ; mais le contre-coup des échecs d'Italie devait se faire sentir en Allemagne ; les armées patriotes allaient reprendre l'offensive : que venait-on parler de leur dissolution ?

Pichegru nommé au commandement général ! Quelle invraisemblance ! Badouville affirmait que le Directoire connaissait les relations du prince avec le général ; pouvait-on croire que le gouvernement déposerait entre les mains d'un ennemi le suprême pouvoir militaire ? « Pour moi, disait l'ambassadeur, je suis persuadé qu'on ne le fera que dans le moment de la dernière détresse [1]. »

Il paraissait plus étrange encore que Pichegru conseillât au prince de franchir le Rhin, dans un moment où les Autrichiens remportaient des demi-succès, à la veille peut-être de graves échecs. Badouville n'avait-il pas répété, dix jours auparavant, ce que le général avait fait dire tant de fois par Fauche et par Demougé : qu'il fallait se garder de tout projet partiel, éviter toute entreprise locale, attendre la défaite *complète* des armées du Rhin pour tenter contre le Directoire un assaut *général*, avec l'appui de l'opinion publique, avec l'aide du pays ? Était-il possible qu'à si peu d'intervalle Pichegru changeât d'avis, songeât même à entreprendre une « opération partielle », à lever 20.000 hommes, quand le Directoire disposait de telles

---

[1]. *Correspondance de Wickham*, t. II, p. 10.

forces pour l'écraser ? Certes, s'il levait 20.000 hommes, il trouverait aussi les canons et les fusils pour les armer !

Une dernière invraisemblance de ce rapport : Pichegru semblait douter de la bonne volonté de Wickham, de sa « générosité » (dont il avait eu si récemment la preuve), des promesses, tant de fois répétées, de lui fournir l'argent dont il aurait besoin. Ce doute froissait l'agent anglais ; il lui prouvait l'invincible défiance des émigrés à l'égard de l'Angleterre [1] ; mais il inclinait à croire que Tessonnet avait modifié le sens des déclarations de Pichegru en lui prêtant certaines de ses opinions avec ses projets Aussi conseillait-il au prince de ne point permettre à Tessonnet de se rendre auprès de l'archiduc. Celui-ci, mis en défiance par les exagérations des précédents agents, relèverait sans peine toutes les invraisemblances de son rapport. Wickham fit écrire au prince par Imbert-Colomès, qui résidait auprès de lui à Berne. Imbert, qui s'était réjoui d'abord des projets de Pichegru, projets qui cadraient fort avec ceux qu'il avait exposés lui-même très récemment à Condé [2], jugea, comme l'ambassadeur, « qu'il serait dangereux de les présenter à l'archiduc, avant que Jacques (Tessonnet), par une conférence personnelle avec Baptiste, se fût assuré des moyens d'exécution. « Il est possible, écrivit-il au prince, que celui qui a vu Baptiste ait mal saisi ou un peu amplifié, et que Jacques lui-même, transporté par son zèle, en ait fait autant. D'ailleurs Robert (Wickham) désire que Jacques ait de nouveaux détails, et il est bon de ne pas le contrarier [3].

Condé fit bon accueil à Tessonnet : Il n'avait point vu Badonville et ne fut point frappé, comme Wickham, des contradictions qui existaient entre son rapport et celui de « Jacques ». Il n'avait d'ailleurs jamais bien compris Pichegru, ni sa répugnance aux projets partiels, jamais admis ses « plans à longue échéance ». Il applaudit au projet qu'on lui prêtait de réunir 20.000 hommes, vieux soldats, pour marcher au-devant de l'armée royale, après le passage du Rhin. Pichegru entrait dans ses vues, dans ses idées premières : une grande insurrection des provinces de l'Est; la Franche-Comté, le Lyonnais appelant le prince à leur aide, l'accueillant comme un libérateur ! C'était le projet épique, médité, caressé depuis de longues années,

---

1. Voir lettre d'Imbert-Colomès à La Vauguyon, dans Wickham, *Correspondance*, t. II, p. 413.

2. Il n'est pas impossible que le plan attribué à Pichegru ait été suggéré à d'Hotelans, lors de son voyage à Berne en novembre, par Imbert lui-même. Il faut lire la lettre d'Imbert à Condé du 23 novembre, Chantilly, Z, t. XCIII, p. 124, et celle de Condé à Imbert, 9 novembre, Z, t. CXXXII, p. 133.

3 Imbert à Condé, 20 janvier 1797, Chantilly, Z, t. LXXIII, p. 217 ; cf. lettre du 15 février, Z, t. XCLIV, p. 79.

le projet qui laissait le « roi » maître du lendemain, sans attache avec les partis, sans compromis avec l'étranger !

Il écrivit au « roi » : « On est venu me dire, de la part de Z, que son projet était de se porter devant moi quand il pourrait, avec 20.000 hommes choisis et de là nous marier ; mais que d'obstacles et de longueurs encore à vaincre avant d'en être là ! Vous croyez bien que je n'ai pas refusé [1] ! »

Cependant il n'envoya point Tessonnet à l'archiduc ; mais il crut devoir demander à Wickham de lui promettre par écrit qu'il était prêt à lui fournir tout l'argent nécessaire pour solder les 20.000 hommes pendant trois mois. « Ce papier, ajoutait-il, restera dans mon portefeuille et ne sera vu de qui que ce soit... Mais cette mesure me paraît indispensable, pour donner confiance à Baptiste... Quand je manderai à Baptiste : « Je vous donne ma parole que tout est prêt et assuré », tout marchera [2]. »

Et Tessonnet repartit pour Berne, portant la note suivante à laquelle Condé priait Wickham de répondre *en marge* : « M. Wickham autorise-t-il le prince de Condé à promettre dans l'intérieur et nommément à Baptiste que, dès que le corps de ce prince sera entré en France, il lui fournira des sommes suffisantes à l'entretien de son corps actuel (et de *l'augmentation* qu'il recevra, par la réunion des royalistes, soit de l'armée républicaine, soit des habitants des villes et des campagnes) ? »

L'ambassadeur anglais fut froissé de la défiance que laissait soupçonner la note du prince. Il répondit avec vivacité que « le métier de donner de l'argent à ceux qui maudissaient la main qui le leur tend est trop fatigant pour qu'un homme puisse y tenir », et que l'impossibilité où il se trouvait de calmer la méfiance des royalistes l'engageait à réclamer plus vivement que jamais son rappel. Il joignait à sa lettre celle qu'il écrivait à Pichegru et qu'il lui envoyait par l'intermédiaire de Rusillion, chargé de contrôler les dires de Tessonnet et de rapporter une réponse du général [3].

En effet, le lendemain du départ de Tessonnet pour Mulheim, il avait appelé Rusillion à Berne ; le 20 janvier, il lui remettait une longue lettre, où il résumait « le rendement de compte » et demandait au général s'il avait tenu les propos qu'on lui prêtait [4]. L'archiduc, ajoutait-il, ne consentira au passage du Rhin par Condé que si le prince est « appuyé par un fort parti à l'intérieur », et ce dernier

---

1. 30 janvier 1797, Chantilly, Z, t. CXXXVIII, p. 49.
2. Chantilly, Y, carton 15, folio 335. Voir, du même au même, lettres du 24 janvier, du 9 février, *ibid.*, folios 333 à 339.
3. Wickham à Condé, 7 février, Chantilly, Y, carton 15, folio 340.
4. Lettre à Pichegru, jointe à celle de Wickham à Grenville du 8 mai 1797, Record Office, Suisse.

ne pourra jamais effectuer ce passage sans le consentement de l'archiduc. — Les fonds, l'Angleterre les fournira « en quantité suffisante »; mais il est juste « que celui qui les trouve sous sa responsabilité en connaisse en gros la destination ». La parole donnée sera tenue : « Il est fatigant et même pénible » de voir qu'on en doute. « Si Baptiste a réellement des projets dignes de lui à me présenter, je lui répète de nouveau : les fonds nécessaires pour mettre ses projets à exécution ne manqueront pas... S'il n'en a point, il peut compter que j'empêcherai toujours toute espèce de projet partiel. » — Wickham finissait, en conseillant à Pichegru de se rendre à Paris, où « seulement il peut se porter des coups décisifs » : « Ayant le cœur des soldats et des officiers, (Baptiste) appellera à lui ceux qui lui sont dévoués, et Paris est le local le plus facile à former un noyau (sic) ».

Rusillion vit Pichegru à Bellevaux, quelques jours après la découverte du complot de Brottier, c'est-à-dire dans la première semaine de février. Il le trouva fort inquiet. Était-il en relations avec l'agence royale à Paris ? On le croirait à son anxiété : « Il m'a paru très affecté de ce qui s'était passé, écrivit Rusillion dans son rapport à Wickham. Il m'a dit qu'il était inconcevable qu'on eût toujours des agents de la sorte ; que, depuis bien du temps, on dépensait fort inutilement beaucoup d'argent pour rien, parce qu'on remettait toujours ses intérêts entre les mains de personnes qui se confiaient trop facilement au premier venu. » Il s'attendait « à chaque instant à voir son nom paraître dans les journaux »; il craignait d'être « compromis du plus ou du moins dans cette affaire [1] ».

A la lecture du résumé que Wickham avait fait du rendement de compte, il déclara que « personne n'avait eu de sa part commission » de se rendre à Berne pour y porter de pareils propos. Il avait envoyé récemment Badonville à Wickham, mais Badonville n'était chargé de rien de semblable. A l'avenir il ne faudrait « s'en rapporter à personne qui ne fût muni de sa signature »; « les personnes qui s'étaient rendues chez lui avaient enté-

---

[1]. Voir dans Forneron, t. II, p. 250 et suivantes, le billet que Brottier fit parvenir à d'Antraigues du fond de sa prison : « Trahison de Duverne de Presles qui a livré tous les secrets de la correspondance et de l'agence du roi. Tous les originaux ont été anéantis. Assurez-en le roi. Il n'existe aucune preuve contre Pichegru. Duverne n'avait fait que quelques copies de nos lettres. » Cf. Barras, t. II, p. 303. (Cochon donne lecture des pièces saisies sur les commissaires royaux) : « Un général est compromis dans cette conspiration royale. Rewbell croit que c'est Kellermann, beau-frère de Barbé-Marbois. » Mais à lire les lettres de La Villeurnois, publiées par Bonhomme, il semble bien que La Villeurnois ignorât la complicité de Pichegru, et certainement à la Guyane Brottier n'eut que peu de rapports avec Pichegru, qui lui cacha même, assure Barbé-Marbois, son intention et ses projets de fuite. Brottier fut arrêté le 30 janvier.

rement changé la nature de la conversation qu'il avait eue avec elles [1] ».

Il ajouta qu'il remerciait Wickham de ses offres, mais n'avait « besoin de rien pour le moment ». Il s'attendait à être nommé par « presque tous les départements » au conseil des Cinq-Cents. Arrivé à Paris, il voulait faire « bonne besogne ».« Il ne *manquera pas alors*, écrivait Rusillion (sous sa dictée), *de profiter de vos offres, s'il le croit nécessaire, et il s'adressera pour cela à l'adresse que vous lui avez donnée à Paris*. Comme les anciens militaires ne sont pas payés, il commencera par les faire payer, pour s'attirer leur confiance, et il profitera, pour cet effet, de tous vos ordres (sic) [2] ».

Il venait de refuser le commandement du Midi que le Directoire lui avait offert ; il refuserait de même tout commandement analogue [3].

Pichegru garda chez lui Rusillion deux jours et deux nuits. Le major trouva d'ailleurs à Bellevaux une société nombreuse : « Il y avait *toujours table pleine d'officiers républicains ou soi-disant tels*. » Il vit Badonville et revint avec lui à Besançon, apportant à Wickham une note qu'il avait rédigée sous la dictée de Pichegru et que celui-ci avait « approuvée ».

V. — *La conversation avec d'Hotelans à Strasbourg (20 février).*

Bien avant le retour de Rusillion en Suisse, Tessonnet arrivait à Berne (27 janvier), mécontent de n'avoir pu se rendre auprès de l'archiduc et accusant Wickham de l'avoir desservi auprès du prince [4].

Aussi, lorsque l'ambassadeur manifesta l'intention de le garder à Berne jusqu'au retour de Rusillion, il déclara hautement qu'il avait des ordres « trop positifs » pour différer son départ et qu'il devait

---

1. Voir, dans le rendement de compte de Tessonnet de juin 1796, l'explication donnée.
2. Sur la mission de Rusillion, voir lettre de Wickham à Grenville, du 20 février 1797, série Y, carton 15, folios 351-357; mémoire de Rusillion, Record Office, France, vol. 621; Pingaud, article cité, *Annales franc-comtoise*, p. 84 et 97. Le rapport de Rusillion fut presque entièrement écrit sous la dictée de Pichegru.
3. Sur le remplacement de Willot par Pichegru à Marseille, voir duc de Conegliano, *le Maréchal Moncey*, p. 74, lettre de Meillan ; Barras, *Mémoires*, t. II, p. 220, 243, 245, 272, 280, etc. Le 3 pluviôse, 22 janvier 1797, le Directoire ordonna d'écrire au général Pichegru, pour lui donner avis de sa nomination au commandement de la huitième division militaire, avec invitation de s'y rendre le plus tôt possible. La lettre fut écrite le même jour, AF III*, 219. De nouveau, le 11 prairial, 30 mai 1797, le Directoire écrivit au ministre de la guerre de donner des ordres pour que Pichegru se rendît à Marseille en remplacement de Willot, AF III*, 202.
4. Voir le rendement de compte du 1er et du 3 juin, ci-dessous, et Pingaud, article cité, p. 84, 85.

se rendre sans tarder à Bellevaux pour obtenir de Pichegru les éclaircissements demandés par le prince.

Ne pouvant le retenir, Wickham lui donna un mot pour Pichegru. Il prévenait celui-ci qu'il confirmait tout ce qu'il lui avait écrit, le 26, lui recommandait Tessonnet, mais priait « de lui faire bien répéter sa leçon, avant de le laisser partir [1] ». Tessonnet prévint Imbert-Colomès qu'il ne remettrait pas au général ce billet, qui, « loin d'établir la confiance, était fait pour l'éloigner », et il partit pour la Franche-Comté (31 janvier).

Mais, en traversant les montagnes, il fut pris de la goutte, dut rester au lit plusieurs jours et, lorsqu'il envoya demander un rendez-vous à Pichegru, il apprit que le général avait quitté la campagne pour se réfugier à Strasbourg, « au centre de l'armée du Rhin ». Obligé de rester en Franche Comté, pour y organiser « le travail des élections », il envoya Philippe (Broch d'Hotelans) en Alsace.

Pichegru, en effet, était parti pour Strasbourg. Il voulait se rendre compte de l'état de l'armée du Rhin, après la prise de Kehl (9 janvier) et celle de la tête de pont d'Huningue (1ᵉʳ février) par les Autrichiens ; revoir les Lajolais et les Vernier, ses intimes amis ; peut-être aussi, craignant d'être impliqué dans la conspiration de l'agence royale, il se croyait plus en sûreté au milieu de son ancienne armée qu'à Bellevaux. Il pensait que le Directoire n'oserait pas l'y faire arrêter. D'ailleurs il n'avait qu'à passer le Rhin pour se mettre hors de portée.

Fauche-Borel apprit par Demougé, le 17 février, son arrivée à Strasbourg : la nouvelle était du 12 et Demougé pensait le voir le lendemain [2].

L'avocat lui a-t-il parlé le 19, comme il l'espérait ? La correspondance conservée à Chantilly ne nous l'apprend pas. En tout cas, Philippe, après avoir rejoint le général à Strasbourg, avait avec lui, le 20, une conversation importante. Il le trouvait anxieux, irrité ; à peine écoutait-il ses premiers mots. D'Hotelans lui demandait pourquoi le rapport de Tessonnet présentait tant de différence avec celui de Badonville (d'où étonnement de Wickham, envoi de Rusillion à Bellevaux). Le général était-il plus disposé à faire des confidences au président de l'administration centrale du Jura, dont il connaissait la loyauté, la capacité, qu'à son ancien aide de camp ? Pichegru esquissait un geste vague, que d'Hotelans prenait pour un acquiescement et, l'interrompant avec vivacité et chaleur : « Écoutez, lui disait-il, et soyez mon interprète, je vous prie. *Il m'est impossible de rien faire, de rien dire, de donner même des conseils d'ici à deux*

1. Voir le rendement de compte du 1ᵉʳ et 3 juin, ci-dessous, et Pingaud, article cité, p. 84, 85.
2. Fauche à Condé, 16 février, Chantilly, Z, t. XXIII, p. 194.

ou trois mois : *l'affaire de Paris change tout.* C'est le comble de l'ineptie de la part des agents et le machiavélisme le plus atroce de la part de ceux qui les emploient. Je vois bien évidemment qu'ils cherchent à tirer parti de tous ceux qui pourront les servir, mais qu'ils les abandonneront et même les sacrifieront, quand ils n'en auront plus besoin. Mais ils sont bien aveugles : ils se perdront, et la France entière avec eux.

« Ce n'est point l'ambition qui me fait agir : je ne demande rien ; je n'ai en vue que le bonheur de ma patrie, et je vous prie de le dire : Si je croyais que la France pût être heureuse sous le régime républicain, je servirais demain la République...

« Je m'attends que mon nom va bientôt paraître[1]. Mais, si le Directoire peut éviter de le prononcer, il le fera ; il ne les servirait pas dans leurs projets. Au surplus, je ne les crains pas, ils ne me peuvent rien (*sic*). Le mal que cela ferait, c'est que si je me trouve nommé, les jacobins, qui ont les yeux sur moi et qui n'ont pu jusqu'à ce moment découvrir mon opinion, ne manqueront pas de crier haro! Je serai surveillé et, par conséquent, dans l'impossibilité de rien faire. Voilà où aboutira la fureur qu'on a d'écrire et de nommer par leur véritable nom les personnes qui se dévouent !...

« *Tout mouvement partiel est dangereux et à Paris il est de plus impossible.* C'est l'opinion qui a fait la Révolution, l'opinion doit la détruire. La marche qu'on a suivie jusqu'à ce moment, bien loin de hâter nos projets, n'a fait que les retarder. Ce dernier événement comprime tout : les personnes qui m'écrivaient gardent le silence, et le peu de lettres que je reçois laissent apercevoir l'inquiétude et la terreur.

« Il faut rester tranquille et laisser au temps le soin de réparer cette faute qui est des plus majeures. Puisse-t-elle être la dernière ! D'ailleurs tout doit être subordonné aux opérations militaires, et ce n'est pas dans le moment où les armées ont des succès si brillants qu'il faut tenter quelque chose... Comment l'archiduc ne voit-il pas qu'il fallait reprendre Mantoue sur ce point-ci (en Alsace) ? Pourquoi ne tente-t-il pas un grand coup de ce côté, où nous n'avons à proprement parler personne ?

« Voici quel est mon plan : le Directoire veut bien s'occuper de moi ; il m'offre le commandement du Midi[2]. C'est un os qu'il me donne à ronger ; je ne suis pas sa dupe. Je vais traîner[3] en longueur ; je ne refuse ni n'accepte. Je suis sûr d'être nommé à la députation par le département de la Haute-Saône. — Je crois pouvoir vous assurer, lui dit Philippe, que vous le serez aussi par le département

1. Affaire Brottier.
2. Voir ci-dessous, p. 335.
3. En effet, il ne refusa pas le commandement du Midi.

du Jura. — Tant mieux ! reprit-il, c'est mon département, et je ne balancerai pas d'accepter l'honneur qu'il me fera. Si donc je suis nommé, je vais à Paris. Je serai sûrement employé dans le Comité de la guerre, peut-être même aurai-je quelque chose de mieux. Alors j'aurai la possibilité de placer où je voudrai les personnes qui pourront me servir dans mes projets. Si je n'étais pas nommé, j'accepterais le commandement qu'on me propose [1]. »

Pichegru renonçait donc au plan qu'il avait exposé à Demougé, en mai de l'année passée, à son retour de Paris. Il ne comptait plus sur l'offensive autrichienne et sur les succès foudroyants de l'ennemi, pour forcer le Directoire à lui offrir la dictature. Certes, après Rivoli (14 janvier), après la reddition de Wurmser à Mantoue (3 février), après le départ de l'archiduc Charles pour l'Italie (2 février), bientôt suivi de l'envoi de renforts au delà des Alpes, c'eût été folie de faire de pareils rêves !

Il renonçait, pour un temps du moins, à reprendre le commandement de son armée et même de toute armée. Ne pouvant être général en chef, il serait député. Il grouperait autour de lui les éléments d'une opposition nouvelle, constitutionnelle en apparence ; il attendrait patiemment que l'opinion, qui avait « fait la Révolution », se prononçât en faveur de la contre-Révolution.

Imbert-Colomès suivait son exemple. Réfugié à Berne, auprès de Wickham, il avait lu le rapport de Tessonnet et espéré... Pichegru marchant à la rencontre du prince avec 20.000 vétérans, c'était l'« éclat » tant attendu, l'insurrection des provinces de l'Est, du Lyonnais, de la Franche-Comté !

Mais le général désavouait Tessonnet, se prononçait plus énergiquement que jamais contre tout projet partiel. Wickham, depuis longtemps hostile aux entreprises locales, gagné aux idées de Pichegru, pesa sur les décisions d'Imbert-Colomès. Celui-ci fit prévenir le prince par d'Hotelans et lui écrivit, le 14 mars, qu'il se décidait à changer son fusil d'épaule : puisque l'insurrection des provinces de l'Est n'était plus possible, — au moins tant que les Autrichiens resteraient sur la défensive, — il quittait la Suisse pour se rendre à Lyon et se faire nommer aux Cinq-Cents [2].

---

1. Le compte rendu de Philippe (d'Hotelans) à Chantilly, Z, t. LXXIII, p. 259 et suivantes. M. Daudet en a publié la plus grande partie, p. 238 et suivantes. Pichegru disait encore à Demougé, sans doute quelques jours après, qu'il se « fondait toujours sur l'opinion, qui était à la veille de recevoir quelque impression profonde dont il entendait profiter », Demougé, 13 ventôse (3 mars), copie de Fauche, Chantilly, Z, t. XXXIII, p. 66. Avant de quitter Pichegru, d'Hotelans lui avait demandé, sur l'ordre du prince, son avis au sujet de Fauche, Demougé et Courant. Il répondit qu'il « croyait que ces personnes étaient bien portées pour la chose, mais très intéressées » ; « qu'elles donnaient trop d'espérances et disaient plus qu'il ne les avait chargées de dire ».

2. Chantilly, Z, t. LXXIII, p. 267.

À son avis, le parti royaliste devait désormais chercher à s'assurer la majorité dans les Assemblées, « bonifier » les autorités des départements et des communes, afin de pouvoir mettre les ministres et le Directoire en jugement et proclamer le « roi ».

Précy, revenu d'Angleterre, investi par le « roi » du commandement des provinces de l'Est, à son passage à Blankembourg, ne gardait en Suisse auprès de lui qu'un petit nombre de bons officiers. Il demandait que le premier emploi de fonds fût destiné à travailler au renouvellement des autorités constituées dans les départements. « Les événements, écrivait-il dans un mémoire à lord Grenville, ne permettant pas actuellement à l'intérieur de se montrer ouvertement, le travail auquel il faut se livrer est celui de faire placer à la tête des autorités, tant civiles que militaires, et dans toutes des branches d'administration, des hommes dévoués au bon parti. » Établi auprès de Wickham en Suisse, il passait son temps à préparer les élections de l'an V, recevait une multitude de rapports de ses agents de France, y répondait par des instructions. Celui-là renonçait aussi aux combinaisons militaires, se rendait aux idées de Pichegru : *pas d'action partielle* [1] *!*

Tessonnet espérait encore relever le drapeau blanc à la faveur des victoires de l'Autriche, avec l'appui de l'armée royale. Il énumérait ses forces, comme un général prêt à entrer en campagne. Il disposait, disait-il, en Franche-Comté de 10.000 hommes répartis en sept divisions et de 1.500 cavaliers ; il comptait sur trois lignes de défense, où l'ingénieur d'Arçon devait construire des ouvrages [2].

Mais l'Autriche renonçait à l'offensive. Le général Mack en prévenait Wickham, à son passage à Mülheim (20 mars) [3]. Il s'attendait à battre en retraite derrière les Vosges et à prendre comme base de défense la place d'Ulm. Dans l'hypothèse toutefois d'une victoire, il étudiait les points de passage du Rhin ; mais il ne voulait entendre parler ni d'augmenter l'armée de Condé, ni de prendre des places au nom de Louis XVIII, ni d'en laisser prendre aucune à Condé, ni de permettre à celui-ci « d'agir pour lui-même » : le corps du prince ne devait servir qu'à faire une « diversion en faveur des opérations autrichiennes ».

Bientôt même l'armistice de Léoben (18 avril) allait mettre en

---

1. Sur le voyage de Précy en Angleterre, son retour en Suisse par Blankembourg, voir La Vauguyon à Condé, 23 septembre 1796, Z, t. LII, p. 78 ; Barbançon à Condé, 22 décembre ; Condé à Wickham, 31 décembre 1796, Y, t. CXXXV, p. 120 ; Précy à Grenville, 8 octobre 1796, Record Office, France; *Correspondance de Wickham*, t. II, p. 7, 11 ; Wickham à Grenville, 28 décembre 1796, Record Office, Suisse.

2. État des ressources du commandant Tessonnet, 30 juin 1797, Affaires Étrangères, France, vol. 591, folios 208-212.

3. *Correspondance de Wickham*, t. II, p. 32 ; Lebon, p. 223.

question l'existence même du corps de Condé. Dès le mois d'octobre, ce corps devait passer à la solde de la Russie et partir pour la Pologne russe.

## VI. — *Projets de gagner Moreau et Bonaparte à la cause royale.*

C'était la fin de l'Intrigue : l'Autriche déposant les armes, Pichegru devait renoncer à l'espoir de la dictature et l'insurrection des provinces de l'Est devenait impossible. Instruit par les événements, Condé refusait de s'engager dans de nouvelles intrigues analogues à celle qu'il avait conduite pendant deux ans, plus fragiles encore. Il écrivait à La Vauguyon, le 14 décembre : « Le peu de succès du passé m'a rendu plus circonspect pour l'avenir. »

Cependant le roi le chargeait, le 26 janvier [1], de faire des ouvertures à Moreau. Les agents de Paris en avaient suggéré l'idée. Le Prétendant avait écrit au duc d'Harcourt, son représentant à Londres ; il le priait de demander au ministre anglais les fonds nécessaires pour gagner l'armée de Moreau, la solder pendant quelque temps, l'habiller et lui fournir des vivres. Le 14 février, il envoyait même au prince une lettre patente, scellée du sceau royal, l'autorisant à promettre à « M. Moreau, commandant les armées sur le Rhin », de le maintenir « sous les ordres d'un prince dans le commandement desdites armées » et dans son grade, s'il faisait proclamer le roi par son armée.

Condé répondit, le 27, au roi : « La lettre de Votre Majesté ne me parvient qu'en ce moment. Je ne reviens point de ce qu'elle contient. Il faut que l'on voie bien différemment à Blankembourg de ce que nous voyons tous ici ! Qui peut donc, grand Dieu ! donner à V. M. des espérances aussi prochaines que celles-là. Je crois qu'elles étaient encore loin de l'être avant la catastrophe de Paris, mais depuis ! que V. M. me permette de lui dire que ce n'est pas une chose qui se jette au moule de gagner une armée ! » Il écrivit à La Vauguyon : « Je tombe de mon haut, Monsieur, en recevant la lettre du roi du 14... Il faut que ses agents soient bien indiscrets pour lui donner des espérances aussi prochaines, uniquement fondées sur l'étourderie majeure qu'ils me paraissent avoir faite en se livrant à un Malo, à un Ramel, sans réserve et dès la première entrevue. »

Par déférence pour les volontés royales, il priait Wickham de « lui

---

1. Je résume un article que j'ai publié dans la *Révolution française* du 14 septembre 1903 : « Projets ou essais de négociations entre Condé et Moreau. »

procurer un ami commun et les moyens indispensables pour arriver à Moreau ». La réponse de l'ambassadeur ne se fit pas attendre ; elle fut nette et froide : il n'avait aucun moyen d' « approcher » Moreau et pensait que, dans les circonstances actuelles, « il ne se laisserait approcher par personne. » Lorsque Wickham se rendit à Mülheim, en mars, il refusa d'engager toute négociation avec Moreau et en prévint lui-même d'Avaray. Condé conseilla de renoncer à une tentative qui n'avait aucune chance d'aboutir, et la lettre patente resta dans les papiers de Condé, avec son sceau en cire jaune aux armes de France.

La dernière équipée de Montgaillard avait achevé de dégoûter le prince de ces sortes de négociations. Au moment de l'invasion de l'Allemagne par les Français, Montgaillard était parti pour l'Italie avec l'abbé Dumontet, précepteur de ses enfants. Il écrivait au prince, le 13 août, de Munich, qu'on lui offrait de rentrer en France et d'y occuper un « emploi important » : « Le mépris et le silence, ajoutait-il, ont dicté ma réponse à des propositions qui outragent mon honneur aussi vivement que mes principes [1]. »

Il arriva le 2 septembre à Venise [2], et vécut quelque temps à l'écart, sans entrer en relations ni avec Lallement, le ministre de France, ni avec Drake, celui d'Angleterre, qui de Gênes s'était réfugié à Venise, ni avec d'Antraigues, le représentant du comte de Lille, que sa présence intriguait fort. Il écrivait à Condé qui ne recevait pas ses lettres ou n'en tenait pas compte, à Fauche qui lui envoyait de Suisse des nouvelles, à Beaufort resté à Munich [3].

Il travaillait, assurait-il, au succès de l'Intrigue. Son frère, l'abbé, était resté en relations avec le directeur Barras [4]. Doutant que Pichegru pût « réussir sans un appui dans le Directoire, peu disposé à lui rendre son commandement », Montgaillard voulait, disait-il, négocier directement avec le Directoire, pour faciliter « au général l'exécution du projet [5] ».

Pendant ce temps, Bonaparte battait Wurmser à Bassano (8 septembre), l'enfermait dans Mantoue, dominait l'Italie du Nord jusqu'à

1. Chantilly, Z, t. XXXIV, p. 176.
2. Voir sur le voyage de Montgaillard en Italie, outre les documents manuscrits que je citerai, les *Mémoires secrets* et le *Mémoire concernant* de Montgaillard, la *Notice sur les généraux Pichegru et Moreau*, le *Précis historique* et les *Mémoires* de Fauche, les *Souvenirs du comte de Montgaillard* par Cl. de Lacroix, *Un agent secret, le comte d'Antraigues*, par L. Pingaud, et Daudet, *la Conjuration de Pichegru*.
3. *Précis historique*, note p. 53 à 65, et *Mémoires de Fauche*, t. II, p. 80 à 110. Fauche a publié la correspondance de Montgaillard et de Dumontet avec d'Antraigues dans sa *Notice*, p. 117-159.
4. Wickham, lettre du 8 mars 1797 à Grenville, l. c. s'en déclare certain, Forneron, t. II, p. 89.
5. Montgaillard à Beaufort, 22 octobre, Chantilly, Z, t. XXXIV, p. 31, et Beaufort à Condé, 23 octobre, Chantilly, Z, t. XCIII, p. 40 et suivantes.

l'Adige. L'idée de gagner le jeune vainqueur à la cause royale, de l'intéresser à l'Intrigue, de le substituer peut-être à Pichegru, à tout le moins de s'attacher à sa fortune germait dans l'esprit de Montgaillard.

Cependant il avait reçu, dès le 14 septembre, écrivait-il à Beaufort, « l'assurance que la maison Rougemont (le Directoire) était disposée à rendre sa confiance au Banquier (Pichegru). » Il annonçait encore à son ami qu'il se rendrait prochainement à Bâle et qu'il l'y rencontrerait[1]. Mais ses lettres témoignaient d'une préoccupation nouvelle, d'un projet nouveau, encore mal éclairci, qui devait le retenir en Italie.

Il finit par se décider, le 15 octobre, à écrire à Fauche, à Olry, à Wickham, à Beaufort[2]. Il engageait Olry et Fauche à se rendre avec Courant en Italie. Il avait besoin d'eux pour traiter une affaire capitale. Il ne pouvait confier au papier ces nouveaux projets, parlait vaguement de négociations avec Paris et plus obscurément d'autres, demandait surtout qu'on lui apportât de l'argent : Montgaillard ne voulait pas en demander au ministre anglais Drake !

Néanmoins il en demandait à Wickham, annonçait de « grandes espérances ». A Beaufort seul il avouait sa détresse et ses projets : il lui fallait 200 louis ; il avait conféré avec Lallement[3] et lui avait demandé une lettre de recommandation pour Bonaparte, auprès duquel il était « certain d'aboutir ». Il n'entendait point aller avec Bonaparte « aussi loin qu'avec Baptiste », mais le traiter « en second ».

Quelques jours après, nouvelle lettre plus explicative : il venait d'avoir un très long entretien avec Lallement, et se décidait à aller voir Bonaparte, « auprès duquel, affirmait-il, je suis sûr, d'avoir un accès facile et heureux. Je crois même pouvoir répondre de lui faire faire, et promptement, ce que nous désirions tant que le Banquier fît de son côté. » Cette négociation nouvelle devait retarder son voyage à Bâle. Beaufort ferait bien de le rejoindre et de lui apporter 3 ou 400 livres, ou même 6 ou 700, avec « une procuration en blanc du Bourgeois (Condé) et au nom de la Marquise (le roi) ». Il l'engageait à voir Wickham, pour en obtenir des fonds[4].

Il s'était en effet rendu à l'ambassade de France, avec l'abbé Dumontet. Lallement annonçait à Delacroix, le 22 octobre, qu'il avait vu deux Français qui demandaient l'autorisation de rentrer en

---

1. Beaufort à Condé, 20 et 23 octobre, Chantilly, Z, t. XCIII, p. 40 et suivantes. Il semble bien qu'il se soit décidé, entre le 15 et le 22 octobre, à tenter la négociation avec Bonaparte.
2. Chantilly, Z, t. XXXIV, p. 31; t. XCIII, p. 40 et suivantes; Y, 263, 267, 388, 434.
3. Ambassadeur de France à Venise.
4. Chantilly, Z, t. XXXIV, p. 31, 22 octobre, lettre très importante.

## AVORTEMENT DE L'INTRIGUE

France et qu'il joignait à sa lettre celle qu'ils lui avaient remise. Dans cette lettre, Montgaillard affirmait qu'il n'avait point combattu les Français, mais cherché seulement à les délivrer de la tyrannie jacobine; qu'il avait mérité la haine de Pitt et qu'il voulait désormais servir la République avec le même zèle qu'il avait employé au service de la monarchie. Il désirait s'associer à la gloire de son pays; il envoyait ses ouvrages au Directoire. Il revit d'ailleurs Lallement au moins deux fois encore, comme en témoignent deux lettres de l'ambassadeur des 16 et 27 frimaire (6, 17 décembre): Montgaillard était revenu à l'ambassade; il paraissait avoir des révélations à faire, mais il était parti sans les faire, brusquement, en disant qu'il les ferait à Bonaparte [1]; Lallement l'avait engagé à voir ce général [2].

A cette date, il s'était décidé à tirer tout le parti possible des secrets de l'Intrigue. Rien ne prouve qu'il ait eu cette intention en octobre, quand il vit pour la première fois Lallement. Au contraire, il entrait en relations avec d'Antraigues et avec Drake. A d'Antraigues, il envoyait l'abbé Dumontet avec de courts billets pour s'excuser de ne pas venir [3]. Il craignait d'éveiller les soupçons de Lallement en se rendant chez le représentant du comte de Lille. Dumontet faisait allusion aux services que son « ami » avait rendus aux Bourbons, à ceux qu'il espérait leur rendre encore. Le projet de gagner Bonaparte intéressait d'Antraigues, car, le 27 octobre, le Prétendant lui avait envoyé l'ordre de s'aboucher avec Bonaparte et ses principaux lieutenants [4].

Le 15 novembre, d'Antraigues reçut une lettre de Fauche-Borel qui le priait de remettre 600 livres tournois à Montgaillard, et de l'engager à se rendre sur-le-champ à Bâle. Montgaillard, prévenu, envoie l'abbé, refuse, puis quinze jours après renvoie chercher les 600 livres [5].

---

1. Affaires étrangères, Venise, t. CCLII, lettres de Lallement des 1er brumaire an V, (22 octobre), 16 frimaire (6 décembre, celle-ci, indiquée seulement comme envoyée, dans celle du 9 vendémiaire an VI), 27 frimaire (17 décembre), 9 vendémiaire an VI, où il rappelle, après le 18 Fructidor, qu'il a dénoncé « les premiers fils de la conspiration ». La copie de la lettre du 1er brumaire, destinée aux directeurs, AF III, 80, ne contient pas le post-scriptum relatif à Montgaillard. Delacroix ne répondit pas à la lettre de Montgaillard; Lallement s'étonnait qu'après sa dépêche chiffrée du 16 frimaire (celle dont nous n'avons pas le texte aux Affaires étrangères), on n'ait pas appelé Montgaillard à Paris. Voir la correspondance de Lallement en copie aux Archives nationales, AF III, 80, dossiers 381, 384 à 386. Cf. lettre de Montgaillard à Roberjot dans les *Souvenirs* du comte de Montgaillard, p. 31, et sa lettre à Dubois, préfet de police, 3 ventôse an XII, papiers R. de Saint-Albin.
2. Lallement ajoute dans sa lettre du 9 vendémiaire : « J'ai tout lieu de croire qu'il ne s'est pas adressé au général Bonaparte, qui ne m'en a jamais parlé. »
3. Ces billets publiés par Fauche dans la *Notice*, p. 142 et suivantes; au moment de cette publication (1807), il était en Angleterre, en relations avec d'Antraigues, qui a dû lui communiquer les billets.
4. Pingaud p. 140; Affaires étrangères, France, vol. 609.
5. Cf. Klinglin, t. I, p. 2, pièce trouvée à Venise dans le portefeuille de d'Antraigues. La date du 15 novembre est probable mais non certaine.

Condé n'avait pas voulu fournir les fonds demandés pour la nouvelle entreprise : Contye répondait de sa part à Beaufort, le 7 septembre : « On me charge de vous mander qu'il y a six mois qu'on vous a dit et répété plusieurs fois qu'on était hors d'état de fournir de l'argent à autre chose qu'aux besoins de l'armée. » On conseillait de s'adresser à Wickham ou à Drake [1]. Les lettres de Beaufort avaient d'ailleurs fort étonné Condé ; il n'avait pas confié de mission à Montgaillard, surtout en Italie, et doutait que le « roi » lui en eût confié. Il apprenait bientôt par La Vauguyon que « le roi ne l'avait chargé d'aucune négociation d'aucune sorte » ; une lettre du Prétendant confirmait celle de son ministre [2].

Désireux cependant de donner à Beaufort une satisfaction apparente, et par « déférence à ses persécutions », il lui conseillait de se rendre auprès de Wickham. Mais celui-ci refusait de donner de l'argent, promettait seulement d'écrire à Drake.

Ce dernier avait averti son collègue qu'on racontait couramment dans l'armée d'Italie que Pichegru était entré en relations avec le ministère anglais, qui l'avait trahi auprès du Directoire : d'où sa destitution. Et Wickham n'était pas éloigné de croire que Montgaillard avait fait des confidences à des officiers de l'armée d'Italie, comme il en avait fait en Suisse, à Mallet du Pan et à d'autres. On sait d'ailleurs qu'il se méfiait du personnage. Il dut écrire à son collègue pour le mettre en garde contre ses menées [3].

Montgaillard cependant venait d'entrer en relations avec Drake, sans doute par l'intermédiaire de d'Antraigues. Ne pouvant rien obtenir de Condé ni de Wickham, il s'était adressé au comte et, pour obtenir son appui et ses secours, lui avait fait confidence, le 4 décembre au soir, de la négociation entamée par Fauche-Borel avec Pichegru [4].

D'Antraigues écoutait son récit, le notait, mais ne desserrait pas les cordons de sa bourse. Montgaillard lui demandait 10.000 écus

---

1. Chantilly, Z, t. CXXXII, p. 135.
2. La Vauguyon à Condé, 22 novembre 1796, Chantilly, Z, t. LXXIX. Une série de lettres de Condé à La Vauguyon, 16 décembre, à Wickham, 31 décembre, au baron de Vincent, 1er janvier 1797, à Barbançon, 2 janvier, à La Vauguyon, 3 janvier ; du « roi » à Condé, 5 janvier, de La Vauguyon à Condé, 14 janvier, du duc d'Avaray à Condé, 26 janvier, prouvent, *sans doute possible*, que Montgaillard n'avait reçu ni de Condé ni du Prétendant aucune mission en Italie et qu'il y était allé « de son chef ».
3. *Correspondance de Wickham*, t. I, p. 438, 473, 501 ; surtout Wickham à Grenville, 28 décembre 1796.
4. Conversation fameuse, que d'Antraigues dut résumer dans des notes qui furent saisies dans son portefeuille, après son arrestation à Trieste Voir Pingaud, p. 150 et ci-dessous. Dans les *Notices*, p. 145, voir la lettre de Dumontet annonçant la visite de Montgaillard pour le dimanche 4 (4 décembre par conséquent, car pas d'autre dimanche 4 que le 4 décembre). La lettre de Dumontet est datée du 30 octobre par erreur : il faut lire 30 novembre.

pour gagner Bonaparte : « C'est trop peu pour lui, disait-il, et trop pour vous [1]. » Il refusait de donner un écu sans ordre du « roi » ; Drake entendait ne pas fournir de fonds sans une lettre de Wickham et sans voir les « pleins pouvoirs du roi » [2]. D'Antraigues prévenait le Prétendant, par une première lettre, que « Pinault (Montgaillard) était venu le trouver et lui avait fait part lui-même de toutes ses vues », et par une seconde qu'il « s'était montré trop avide de fonds et trop désireux d'en toucher, qu'il avait inspiré défiance à M. Drake et s'était permis des indiscrétions dangereuses sur les différents objets dont il s'était successivement mêlé [3] ». Ils avaient produit, Dumontet et lui, une impression si défavorable sur l'agent anglais que celui-ci les avait signalés à la surveillance de l'Inquisition d'État à Venise. Il les jugeait des aventuriers, des « pipeurs d'écus [4] ».

Le 14 décembre, Montgaillard envoyait une sorte de mise en demeure à d'Antraigues : « Je me décide encore, écrivait-il, à faire auprès de vous cette dernière démarche. Dès ce moment, vous êtes responsable des suites qu'entraînera le parti forcé qu'on va prendre. » D'Antraigues communiquait le billet à Drake et répondait qu'il prenait toute la responsabilité de ses actes, mais qu'il n'avait « pas un écu à donner sans ordre du roi [5] ».

« Pinault, enragé, ne sachant plus que devenir », partit alors de Venise le 15, « avec ce qu'il avait sur le corps [6] ». Avant de prendre la route de Milan, il s'était rendu chez Lallement [7]. Ne pouvant obtenir d'argent des royalistes ou des Anglais, il allait vendre leurs secrets aux républicains et se venger.

Il laissait Dumontet à Venise. Celui-ci sollicitait d'Antraigues de lui prêter 25 louis et finissait par en obtenir 10 ; il tirait une lettre de change de 60 louis d'or sur Fauche à Neufchâtel, en l'avertissant que ses papiers et ceux de Montgaillard étaient saisis et seraient « scrupuleusement examinés », s'il n'acquittait pas cet effet. « Pinault, ajoutait-il, n'a pu prendre son agenda où se trouvaient toutes les affaires de la Marquise (le roi) et de Mlle Zède (Pichegru), et il m'a été de toute impossibilité de les soustraire [8]. »

---

1. Cependant d'Antraigues a continué à correspondre avec Montgaillard. Voir AF III, 41, pièces relatives au 18 Fructidor, dossier 153.
2. *Notices*, p. 148.
3. Le roi à Condé, 5 janvier, Chantilly, Z, t. I, p 187 et 342; La Vauguyon à Condé, 4 janvier, Z, t. LII, p. 82.
4. Drake à G. Canning, le 14 novembre 1797, Record Office, France.
5. *Notices*, p 146-7.
6. Dumontet à Fauche, 20 décembre, Chantilly, Z, t. XXXIV, p. 102; cf. *Notices*, p. 149, lettre de Dumontet à d'Antraigues du 16 décembre.
7. Lettre de Montgaillard du 3 ventôse an XII à Dubois, papiers R. de Saint-Albin.
8. Voir sur ces tentatives de chantage, *Notices*, p. 149 à 156; Dumontet à Fauche,

Heureusement Montgaillard ne put se rendre à Milan ; arrêté, presque à son débarquement en terre ferme, par les Autrichiens de Provera, il fut envoyé à Trente auprès d'Alvinzy. Il s'était défait de la lettre de recommandation que lui avait donnée Lallement pour Bonaparte et se prévalut auprès d'Alvinzy des services rendus au cours de l'Intrigue[1]. Le baron de Vincent se trouvait à Trente. Très étonné d'y rencontrer Pinault, il écrivit au prince pour demander des renseignements. Alvinzy envoya Montgaillard à l'archiduc Charles à Offembourg[2].

A Offembourg, ses explications confuses inspirèrent défiance. On demanda à Barbançon s'il avait été chargé d'une mission en Italie. Après lettre à Condé et réponse, celui-ci dut avouer qu'il n'avait pas connaissance de cette mission[3]. L'archiduc envoya Montgaillard au prince, qui « fut du plus beau froid du monde[4] ». Montgaillard lui demanda des fonds pour revenir en Italie, reprendre la négociation avec Bonaparte, qu'il disait entamée, près de réussir. Condé lui conseilla de voir Wickham, qui l'engagea à se rendre auprès du « roi »[5].

Prévenu par d'Antraigues et par Condé, le Prétendant garda quelques jours Montgaillard à Blankembourg (du 10 au 26 janvier), écouta son rapport et ses doléances, mais ne lui donna aucun pouvoir, encore moins des fonds. « M. Pinault repart comme il est venu, écrivait d'Avaray, avec des témoignages de contentement de son zèle, la lettre pour Monseigneur dont il est porteur, et voilà tout. » Dans cette lettre, cependant, le « roi » priait le prince d'intervenir auprès de Wickham en faveur de l'aventurier[6].

Celui-ci réclamait 500 louis qu'il disait lui être dus pour ses ser-

---

20 décembre, et Mongaillard au même, 30 décembre, Chantilly, Z, t. XXXIV, p. 102. Cf. Daudet, p. 269, etc.

1. *Mémoires secrets*, *Mémoires de Fauche*, note du *Précis historique*, ci-dessus cités.
2. Réponse de Condé, 1er janvier 1797, Chantilly, Z, t. CXXXVI, p. 116.
3. Barbançon à Condé et Condé à Barbançon, 2 et 4 janvier 1797, Chantilly, Z, t. XLI, p. 226-28.
4. Montgaillard à Fauche, 30 décembre. Z, t. XXXIV.
5. Condé à d'Avaray, 30 décembre, Chantilly, Z, t. CXXXVIII, p 43 ; Condé à Wickham, 28 et 31 décembre, Chantilly, Y, t. CXXXV, p. 120. Cf. lettre de Wickham à Grenville du 8 mars 1797.

Condé, lettre au roi du 14 janvier, est très étonné de voir arriver à Mulheim, le 13, Montgaillard et Beaufort, qui lui annoncent qu'ils se rendent à Blankembourg, Chantilly, Z, t. CXXXVII, p. 47.

6. Sur le séjour à Blankembourg, voir *Mémoires secrets*, lettre de Badonville au roi, 8 janvier, ci-dessus citée ; d'Avaray à Condé, 26 janvier 1797, Chantilly, Z, t. XXXVIII, p. 71 ; le « roi » à Condé, 7 février, Chantilly, Z, t. I, p. 145 ; La Vauguyon à Condé, 10 février, Chantilly, Z, t. LII, p. 83.

Montgaillard portait, à son retour à Mulheim, la lettre du roi engageant Condé à entamer des négociations avec Moreau. Il dut la lire, en connaître le contenu. De là ses accusations contre Moreau dans le *Mémoire concernant*, accusations sur lesquelles s'appuie Dontenville, *le général Moreau*.

vices et les avances faites. Condé écrivait à Wickham, à la prière du
« roi », l'engageait à « ne pas mécontenter Pinault » qu'il savait en
correspondance avec le Directoire. Il intervenait même pour empêcher l'archiduc de le faire arrêter, comme le demandait l'agent de
l'Angleterre[1]. Mais vainement Beaufort et Montgaillard frappaient à
la porte de l'ambassadeur ; celui-ci refusait « de se laisser voir » ou
les faisait éconduire « avec outrages » ; Montgaillard annonçait
rageusement à Condé l'injure faite à « son honneur », jurait de venger, « autant que ses talents pourraient le lui permettre, sa patrie et
son souverain ». Condé envoyait alors son secrétaire Contye à
Wickham : Contye essuyait un refus complet : l'ambassadeur déclarait qu'il ne voulait entendre parler ni des deux aventuriers ni des
affaires auxquelles ils avaient pris part[2].

Furieux, Montgaillard adressait un ultimatum au prince : il attendrait
jusqu'au 10 mars, à Bâle, que ses « avances » lui fussent remboursées !
Contye lui apporta 150 louis. Il réclama « le reste de ce qui lui était
dû », tout en protestant de sa « douleur et de son respect inalté-
rable » ; il exigeait même « une de ces lignes qui réparent tout et qui
suffisent à l'honneur blessé, lorsqu'elles sont signées Condé ». Sinon,
il ne lui restait plus d'autre satisfaction que celle de rendre publique
la conduite qu'il avait été « dans le cas de tenir sur le Rhin et sur le
Pô depuis deux ans ». Si le prince ne daignait lui répondre, il le suppliait de lui permettre de prendre le public pour juge, de tout écrire,
de tout imprimer » : c'était le seul parti qui convenait à « son honneur » ! N'ayant pas reçu de réponse, le 13, il prévint Son Altesse
qu'elle serait « seule responsable des actes » qu'entraînait le parti
qu'il prenait « dès ce moment[3] ».

Terrorisé, le prince se résignait à faire ce qu'il pouvait « pour empêcher cet homme, dangereux par son immoralité, de compromettre
tout le monde ». Il insistait auprès de Wickham, arrivé à Mülheim,
pour en obtenir de l'argent. Wickham se refusait à toute concession.
Et Condé finissait par se résoudre à tirer de sa bourse la somme
demandée par Montgaillard[4] !

Mais il voulait auparavant obtenir de celui-ci la remise des papiers
qui pouvaient compromettre Pichegru ou ses propres agents et servir
de base à des révélations ultérieures.

Ces papiers, Montgaillard refusait de les livrer. Il ne voulait pas
« vendre », écrivait-il, les marques d'estime et de confiance dont Son

---

1. Barbançon à Condé, 1er février, Chantilly, Z, t. XLI, p. 264.
2. Montgaillard à Condé, 17 février, 20 25 février, Chantilly, Z, t. XXXIV, p. 42, 177, 178, et Condé à Montgaillard, Z, t. XXXIII, p. 26.
3. Montgaillard à Condé, 10 mars, 12 et 13 mars, Chantilly, Z, t. XXXIV, p. 179-181.
4. Condé au roi, 14, 23 mars, Chantilly, Z t. CXXXVIII, p. 58 à 61.

Altesse l'avait honoré, « faire dépendre le payement d'une somme qui m'est due d'un sacrifice que je ne dois ni ne veux faire. Ces témoignages d'estime sont ma propriété la plus précieuse. » Il ajoutait qu'il entendait s'en servir pour se justifier publiquement. « C'est donc ma conduite que je vais mettre à jour, en évitant de compromettre, sous le plus léger rapport, le général qui voulait sauver la France, mais en donnant au récit que je suis obligé de faire toute la force et toutes les preuves qui sont en mon pouvoir [1]. »

Condé se résignait à lui envoyer les 500 louis par Levignac, son compatriote, en ne lui demandant que sa parole d'honneur de ne pas révéler les secrets qu'il avait connus et de ne pas publier les documents qu'il détenait. Et il écrivait au roi, le 23 : « L'affaire de Pinault est finie. Il a pris les 500 louis et signé sa parole d'honneur qu'il n'écrirait pas... J'ai au moins la satisfaction d'avoir fait tout ce qui dépendait de moi pour empêcher cet esclandre... Ma légère bourse en souffre beaucoup [2] ». Mais Fauche ne se contentait pas de la parole d'honneur de Pinault. Il le surprenait dans sa chambre, à 6 heures du matin, à Aarberg, lui enlevait son portefeuille, s'assurait qu'il ne contenait rien d'important, et le lui remettait. Puis, apprenant que ses papiers se trouvaient en dépôt chez la veuve Sérini à Bâle, il envoyait une estafette qui les lui rapportait [3].

Il avait d'ailleurs averti Pichegru de l'affaire. Celui-ci recevait de Montgaillard une lettre : l'aventurier se proposait de venir le trouver en France. Le général envoyait aussitôt Badonville [4] à Fauche pour prier celui-ci d'empêcher Montgaillard d'accomplir son voyage. Badonville, n'ayant pu trouver Fauche, lui écrivait.

### VII. — *Le rapport de Tessonnet.*

L'affaire de Montgaillard achevait de dégoûter le prince de l'Intrigue. D'ailleurs Pichegru s'engageait dans une voie où il ne voulait

---

1. Montgaillard à Condé, 20, 21 mars, Chantilly, Z, t. XXXIV, p. 182-183.
2. 23 mars, Z, t. CXXXVIII, p. 62; reçu de Montgaillard, 21 mars, Chantilly, Z, t. XXXIV, p. 412. Fauche s'engage aussi à *ne rien publier* au sujet de l'Intrigue, Z, t. XXXIV, p. 414, mais il ne reçoit pas d'argent en échange de cet engagement. Levignac lui rembourse seulement l'argent qu'il lui avait emprunté.
3. *Mémoire* de Fauche, t. II, p. 102 et suivantes. Récit arrangé. Voir plutôt Montgaillard à Condé, 21 mars.
Montgaillard alors seulement entre en relations *avec Barthélemy*, lui fait quelques confidences; Barthélemy se défie; voir Cl. de Lacroix, p. xxxviii et xxxix, etc.; Affaires étrangères, Venise, lettre de Lallement du 9 vendémiaire an VI (par erreur V), et Hambourg, lettre de Roberjot du 11 prairial an VI.
Il reste quelque temps à Soleure avec Danican, qui arrivait de Blankembourg, et déjà à Soleure il faisait voir des lettres que le prince de Condé lui avait écrites. Lettres de Drouin, Chantilly, Z, t. CXXVI, p. 134.
4. Lettre de Fauche du 13 avril 1797, Chantilly, Z, t. XCV, p. 81.

plus le suivre. Il jugeait ses combinaisons dangereuses et surtout à trop longue échéance. Il s'en désintéressait. Il reçut cependant un dernier rapport sur Pichegru, au moment où le général, élu député par le Jura, se rendait à Paris, rapport de Tessonnet qui, dans la nuit du 7 au 8 mai, était parvenu à le voir chez le président de l'administration du Jura, Bouvier, quelques jours avant son départ pour la capitale.

Pour la première fois, Tessonnet parlait à Pichegru. Il rappela au général qu'il avait guetté son passage dans une auberge de Roulans, avec Mallet, à la fin de l'année dernière ; qu'il n'avait pu cependant avoir un entretien avec lui, parce que le général n'avait pas fait arrêter sa voiture.

Pichegru lui apprit qu'il l'avait fait arrêter à la sortie du village et qu'il avait cheminé trois quarts d'heure à pied, en les attendant. Tessonnet demanda pourquoi le général avait démenti les propos qu'il avait tenus à Bouvier, propos que celui-ci avait confirmés depuis : « Je n'ai parlé au grand-papa (Bouvier), répondit Pichegru, qu'hypothétiquement, c'est-à-dire dans le cas où les Autrichiens, attaquant comme je le prescrivais, auraient battu Moreau, et c'est toujours dans cette hypothèse qu'il fallait interpréter les errements subséquents que je prescrivais ou que je m'engageais à suivre. Quant aux 20.000 vieux soldats, vous pouvez être assuré que je les aurai eus et au delà [1]. »

Or les Autrichiens avaient été battus : « Je ne conçois rien à la conduite de l'empereur ou de ses généraux, ajoutait Pichegru. Quel calcul de probabilités peut-on établir lorsqu'on voit victorieuse l'armée qui, par la force et la nature des choses, devait être détruite? Surtout quand on voit que l'empereur, occupant deux points majeurs, l'Allemagne et l'Italie, n'a pas même la précaution d'un point d'observation, qui devait se trouver placé de manière à porter du secours à la partie qui pouvait en avoir besoin ; et quand, au lieu de cette mesure, l'A B C de toutes les puissances belligérantes, on a toujours dégarni un des points, pour soutenir faiblement le côté battu ? »

L'Autriche allait conclure la paix. — « Le général, demanda Tessonnet, conservait-il l'espoir d'être promu à la dictature? » — « Je ne vous cache pas que c'était mon projet, répondit Pichegru, et j'avais même dirigé toutes mes vues sur ce poste, comme le seul

---

1. Ce rapport a été publié par M. Pingaud dans les *Annales franc-comtoises*, mars-avril 1900, d'après le texte des Affaires étrangères, France, vol. 591, folio 187 et suivants. Ce texte est d'ailleurs bien moins étendu que celui qui se retrouve à Chantilly, série Y, carton 12, dossier 3, et qui contient, outre le récit de l'entrevue, la correspondance de Wickham avec Tessonnet du 14 au 30 mai. On trouve dans l'un et l'autre d'intéressants détails sur l'élection de Pichegru aux Cinq-Cents.

qui pût me rendre maître d'agir à mon gré et de faire cesser promptement un ordre de choses qui dure depuis trop longtemps. Mais il fallait pour cela que la guerre durât, car quel prétexte aujourd'hui pour avoir un dictateur si la paix se fait? »

On ne pouvait espérer rétablir la monarchie qu'avec l'appui de l'opinion publique. « Tout mouvement partiel serait détestable. » Le « roi » devait attendre et patienter. Pichegru le suppliait de « bien connaître la capacité et la réserve des gens qu'il comptait employer ». Et il rappelait l'inquiétude que lui avait causée la découverte du dernier complot : « Chaque courrier devait faire frissonner toutes les personnes qui travaillent avec quelque zèle au rétablissement de la monarchie. Je m'attendais à toute minute à me voir nommer, et ce n'est sans doute qu'à un hasard providentiel que je dois de ne l'avoir pas été.. Dites à Sa Majesté combien il serait à désirer qu'elle voulût bien disposer entièrement de sa confiance en faveur d'un seul individu dans l'intérieur... Le défaut de précautions éloignera beaucoup plus de gens qu'on ne croit. Ils se persuaderont que l'on compte la vie des gens pour rien. »

Le général avait-il d'autres avis à faire passer au « roi »? — Non, pour le moment; il lui était impossible de donner aucun conseil; il n'en pourrait donner qu'après un séjour de trois semaines ou un mois à Paris. — Tessonnet lui assurant que les députés du nouveau tiers, surtout Imbert-Colomès, n'attendaient que son arrivée pour se concerter avec lui, il témoignait le désir de connaître les principaux « députés du bon bord ». Tessonnet lui en citait quelques-uns: Jordan, Duplantier, Madier, La Terrade, Polissard, Piquet, et, pour les autres, le renvoyait à Imbert, très exactement renseigné sur « à peu près tous ».

Le général, demanda Tessonnet, conseillait-il au « roi » d'envoyer un Bourbon en France? — Pichegru ne se prononçait pas catégoriquement. En soi, la mesure lui paraissait bonne; tout dépendait du moment et du lieu. Le moment, il ne pouvait le fixer encore; il insistait seulement pour que le prince se rendît à Paris, « parce qu'il faut que le mouvement parte du centre, pour attaquer plus vite le mal dans sa racine. » Arrivé dans la capitale, Pichegru donnerait un avis. Il priait, en tout cas, de ne pas envoyer un Bourbon sans le prévenir.

Tessonnet, désireux de rester en relations avec lui, proposait de lui donner comme secrétaire son ami d'Hotelans. Il acceptait, mais conseillait de ne pas lui faire entreprendre le voyage avant six semaines ou deux mois.

L'agent royaliste était d'avis de ne pas rapporter la conversation entière à Wickham, et de supprimer de son compte rendu les passages qui n'intéressaient que les royalistes, en particulier celui relatif au voyage d'un Bourbon en France [1]. Pichegru priait seulement le « roi » ou Condé, lorsqu'un plan serait arrêté, s'il était nécessaire d'en communiquer une partie à Wickham, de vouloir bien lui en faire part le plus tôt possible, afin de lui éviter le désagrément « de blesser l'amour-propre de ce ministre », en paraissant se cacher de lui [2].

1. En effet, il rédigeait le 23 mai pour Wickham un rapport, de moitié moins étendu que ceux qui étaient destinés à Condé, 1er et 3 juin, et au roi, 28 juin.
2. Tessonnet, après son entrevue avec Pichegru, se rendit à Yverdun, en Suisse, et il se disposait à partir pour Berne, lorsque Wickham le fit prévenir par Rusillion de ne pas s'y rendre, pour ne pas le « compromettre ». Le gouvernement français avait dénoncé au gouvernement suisse les intrigues de Wickham, et celui-ci se savait espionné. Tessonnet obéit d'assez mauvaise grâce et une correspondance s'engagea entre le colonel et l'ambassadeur, par l'intermédiaire de Rusillion, lettres de Tessonnet des 15, 23, 26, 30 mai, lettres de Wickham des 14, 18, 25 mai. Cette correspondance renferme d'importants détails sur les opérations de Tessonnet en Franche-Comté, sur les élections de l'an V (le rôle de Lameth en particulier).
Wickham donnait à Tessonnet 80 louis par mois pour payer ses agents de Poligny, Salins, Dôle, Mont-sur-Monet, payer d'Hotelans et lui-même (25 louis). Il n'était pas très satisfait de la façon dont Tessonnet s'était acquitté de sa mission et le priait momentanément de quitter la province et de se rendre à l'armée du prince.
Tessonnet partit pour Mulheim, où il était le 1er juin, puis pour Blankembourg, où il était le 28, et d'où il repartit le 2 juillet.

# CHAPITRE XI

## LE COMPLOT CONSTITUTIONNEL.

### I. — *Le plan de Wickham : par l'opinion!*

Désormais le prince de Condé reste à l'écart de l'Intrigue. Pichegru cesse de correspondre avec lui, même par intermédiaires ; le prince n'intervient pas dans le drame de Fructidor ; à peine Fauche-Borel, parmi les anciens agents de l'Intrigue, y joue-t-il un rôle, rôle de comparse et comme envoyé de Wickham.

Pichegru quitte la Franche-Comté pour aller à Paris ; Condé et l'armée royale quittent le Brisgau, ensuite l'Allemagne du Sud, pour la Russie. Séparés par la distance, ils le sont encore plus par les idées. Le prince est resté fidèle à sa conception première, toute militaire et brutale, de la restauration : occupation des provinces de l'Est, avec ou sans l'aide des alliés, marche sur Paris, rétablissement du trône *manu militari*, par droit de conquête, droit absolu de disposer des hommes et des choses sans assentiment ni contrôle. Il est de ceux qui n'ont rien appris et rien oublié.

Au contraire, les idées de Pichegru se sont modifiées.

D'abord il méditait une sorte de pronunciamiento militaire, accompli avec une *partie* de ses troupes, les plus fidèles, celles de son ancienne armée du Rhin sans doute. Mais l'échec d'une insurrection partielle, celle de Vendémiaire, lui a servi de leçon. Dès le mois d'octobre 1795, à Manheim, il laissait entendre qu'il voulait gagner son armée *entière* à la cause royale ; en décembre, il déclarait à Demougé qu'il fallait gagner l'*opinion publique*. « L'opinion, disait-il, a fait et nourri la Révolution ; l'opinion fera la contre-Révolution. » Et il approuvait le mémoire de Salomé, ce mémoire dont les principes « constitutionnels » faisaient frémir le prince d'indignation !

Quand il revint de Paris à Strasbourg, en mai de l'année suivante, après avoir perdu, avec son commandement, ses moyens d'action immédiats, et constaté dans la capitale la résurrection du parti royaliste, il ne renonçait pas à l'idée d'un mouvement militaire, mais il voulait que ce mouvement fût appuyé par l'opinion publique. Que le « roi », disait-il, assure et pénètre tout le monde d'un pardon général; qu'il n'ait jamais l'air de tenir à ses anciennes prétentions; qu'il promette des garanties constitutionnelles; qu'il prenne, en un mot, la peine de faire la conquête de l'opinion; et surtout qu'il n'espère pas arriver au trône sans une transition établie au préalable entre la république et la monarchie, une dictature, jusqu'au jour où l'opinion sera prête à accepter la restauration.

Ces idées, il les développe dans les entretiens suivants, avec Demougé en octobre 1796, avec d'Hotelans en février 1797. « C'est l'opinion, dit-il à celui-ci, c'est l'opinion qui a fait la Révolution, l'opinion doit la détruire. La marche qu'on a suivie jusqu'à ce moment, bien loin de hâter ses progrès, n'a fait que la retarder. » — Et l'échec des complots royalistes, celui de Brottier surtout, « comble d'ineptie », ne lui laisse qu'un mépris profond, une insurmontable défiance pour tous ces projets mal bâtis — encore des projets partiels! — où la naïveté des agents, leur étourderie, leur indiscrétion ne le disputent qu'au « machiavélisme » des chefs! Les uns sacrifient des vies humaines à la réussite de plans chimériques; les autres s'engagent sottement dans des situations sans issue, compromettent maladroitement leurs complices, accumulent les échecs, multiplient les victimes.

Par l'élargissement d'un principe: « pas de projets partiels! » posé dès le début de l'intrigue, le général en arrivait à réprouver tout mouvement local, toute insurrection qui ne serait pas soutenue par l'opinion, toute conquête du trône par le glaive.

L'opinion générale, écrivait Frotté, est « presque généralement prononcée contre la République, mais aussi en général prononcée contre toute mesure violente, craignant de voir recommencer la guerre civile et ne voulant arriver à la royauté que par des secousses douces et les décrets des deux Conseils [1]. »

Le Prétendant s'en rendait compte. Dans les instructions données à ses agents de France, il désavouait « quiconque emploierait quelque mesure violente en son nom et pour le bien de son service » [2], et il écrivait dans son manifeste du 10 mars: « Attendez de l'opinion un succès qu'elle seule peut rendre solide et durable [3]. » Brottier et ses collègues soutenaient devant leurs juges que leur mission avait été de préparer l'opinion et d'attendre d'elle, et non de la force, la restauration de leur maître [4]. « Le plan de conduite des agents du

---

1. La Sicotière, *Louis de Frotté*, t. II, p. 94. Voir aussi p. 77, 81.
2. *Ibid.*, t. II, p. 95. Cf. p. 85.
3. Le manifeste fut imprimé par Fauche à Neufchâtel. Le libraire l'a publié au t. II de ses *Mémoires*. Voir le passage cité, p. 78.
4. Il faut lire le récit de la lutte engagée entre l'agence royale et Puisaye, hostile à ce « système mixte », dans le dernier volume des *Mémoires* de Puisaye, t. VI, p. 313 et suiv.; Cf. la *Vie de Rochecotte*, par de Beauchamps, p. 62, et la déclaration de Duverne, Barras, t. II, p. 325.

roi, déclarait l'avocat Guichard, défenseur de Duverne, c'était de ne rien entreprendre par la force des armes, c'était d'éviter toute effusion de sang français, c'était de diriger seulement les élections dans un sens favorable à la monarchie, d'amener naturellement les deux Conseils, par la seule force de l'opinion publique, à voter le rappel des Bourbons. » Je n'examine pas, déclarait Le Bon, défenseur de Brottier, si c'est conspirer que d'attendre tout du temps, en respectant l'ordre actuel des choses ; si l'espoir d'un changement futur, fondé sur le droit que s'est réservé la nation de changer son gouvernement, si cet espoir, dis-je, est une conspiration [1]. »

Pour gagner l'opinion publique et la diriger, l'agence royale avait établi une association secrète des royalistes, l' « Institut des amis de l'ordre et des fidèles », l' « Institut philanthropique ». Cette association était destinée en apparence à « soutenir et défendre la constitution existante », mais « son véritable but était au contraire de renverser cette constitution ainsi que le gouvernement usurpateur... Le langage de la clémence et de l'oubli, l'obéissance aux lois et aux autorités constituées, étaient bien recommandés, et tous les chefs avaient l'ordre secret de conserver avec soin, même au moment de l'insurrection projetée, les couleurs et les formes républicaines. La masse des associés ignorait et devait ignorer le vrai but [2] ». L'Institut subsistait après l'arrestation des agents ; son véritable chef, Despomelles, avait échappé aux recherches du Directoire ; malgré les déclarations de Duverne et la découverte de ses statuts, l'Institut réglait l'opinion royaliste dans la plupart des départements autour de Paris.

Ainsi s'était produite une évolution de la politique royaliste, évolution à laquelle certainement avaient contribué les déclarations de Pichegru et que Wickham était décidé à soutenir de son argent. L'ambassadeur écrivait en mars à Grenville [3] : « Je suis persuadé que la véritable force du Directoire ne vient pas tant de ses armées, de ses victoires et de son influence en Europe, que de la situation actuelle de l'*opinion publique* et de l'adresse singulière avec laquelle il tourne cette opinion à son profit. Ses armées peuvent être battues ; mais tant que le peuple, par choix, par mauvais calcul ou par crainte d'un plus grand mal, continuera à donner sa confiance au gouvernement actuel, on trouvera de nouvelles ressources, on créera de nouvelles armées, et il regagnera bientôt son influence en Europe. »

---

1. *Procès célèbres*, t. I, voir le procès Brottier-Duverne, plaidoyers de Guichard, p. 82, et de Le Bon, p. 37.
2. Dupont-Constant, *Essai sur l'Institut philanthropique*, p. 31. Cf. déclaration de Duverne ; Chassin, *Pacification*, t. II, 117, et t. III, p. 25 ; Aulard, *Histoire politique*, p. 635.
3. Record Office, Suisse, 8 mars 1797 ; traduit dans Lebon, p. 363.

Il importe d'enlever au Directoire l'appui de l'opinion publique, « sa véritable force ». « Il est pour moi évident que nous ne réussirons jamais à ébranler la puissance du gouvernement, tant que nous n'aurons pas conquis la faveur et la bonne opinion du peuple. » Donc, plus d'attaques imprudentes, mal conçues et illégales ; plus d'insurrections partielles ou de complots dont l'échec pitoyable renforce le pouvoir du Directoire au lieu de l'affaiblir. Il faut combattre avec les armes que la constitution laisse à la disposition de tous les Français et suivant « les formes prescrites par la constitution ». L'Angleterre y trouvera son compte, tout comme les royalistes, puisqu'elle veut la paix.

« Car, bien que l'objet directement visé, j'entends la ruine du gouvernement, puisse ne pas être atteint, cependant la tentative elle-même, faite de cette façon, tend à confirmer et à fortifier l'espérance et le désir du peuple d'avoir la paix, et à lui fournir les moyens de forcer le Directoire à la conclure [1]. »

Quelque temps après (1er avril), Wickham informait son ministre des premiers résultats de cette politique nouvelle, et il ajoutait : « Le plan est vaste et coûteux, car il s'étend à toute la France. Je n'ai cependant pas hésité à l'encourager dans son ensemble. J'avoue que c'est la première fois que je dispose des fonds publics avec une pleine satisfaction pour moi-même [2]. »

Le principal agent de Wickham à Paris fut l'ancien constituant Dandré. Ce constitutionnel, qui, après Varennes, s'était fait le défenseur de la royauté, avait joué sur la fin de la Constituante un rôle si important que ses admirateurs le considéraient comme « un des héritiers de Mirabeau [3] ». Il avait émigré, avant le 10 août, en Angleterre, passé en Allemagne, puis en Suisse ; il offrait au Prétendant ses services par une lettre rendue publique à la fin de 1795.

Entré en correspondance avec Wickham [4], il contribua puissamment à l'évolution de ses idées. Au mois d'août 1796, il lui adressait une lettre et un mémoire, où il exposait la politique nouvelle que les royalistes et les puissances devaient adopter à l'égard du Directoire. « On ne doit plus rien attendre, écrivait-il, de la guerre extérieure ; on ne doit pas davantage espérer un mouvement de l'intérieur. Quant à des mouvements partiels, il est convenu qu'ils n'ont rien que de dangereux... Puisque l'*opinion* fait tout, il faut chercher

---

1. Lebon, p. 364.
2. Lebon, p. 224.
3. Aulard, *les Orateurs de la Constituante*. Frotté considère Dandré comme « l'homme le plus fort de notre parti ». La Sicotière, t. II, p. 81. — Voir dans *Revue historique*, mars-avril 1900, les mémoires de Ch. Engelbert-OElsner, p. 320.
4. Voir sa correspondance avec Wickham dans les archives du Record Office, Suisse. Elle me paraît être un des éléments d'information les plus solides sur la période qui précède le 18 Fructidor.

à la former. Je ne vois aucune folie à se flatter qu'on pourrait diriger les prochaines élections de manière à avoir une grande majorité dans le Corps législatif et les principales des autorités constituées. Supposons que le Corps législatif... fût bien composé : Ne croit-on pas qu'il serait aisé de faire dénoncer les membres du Directoire pour dilapidation de finances, malversations, poursuivre les trois quarts de la Convention pour avoir souffert Robespierre et ses crimes ? Ne serait-il pas aisé de faire rentrer les émigrés ?... Et si, à une bonne composition du Corps législatif, on joignait de bonnes élections pour les administrations départementales, ne serait-il pas possible, en présentant à la nation le tableau de tout ce qu'elle a souffert, de tout ce qu'elle souffre encore, de la ramener à ses anciens sentiments [1] ?

Wickham approuva le plan de Dandré. Une occasion s'offrit de le mettre à exécution [2]. Le parti constitutionnel des Conseils, dont le général Mathieu Dumas était un des principaux chefs, après avoir fait momentanément alliance avec le Directoire contre les babouvistes et les jacobins, s'apercevait qu'il avait joué un rôle de dupe, car les directeurs ne tenaient aucune des promesses qu'ils lui avaient faites. Il songeait à se rapprocher d'une autre fraction de l'assemblée, qui, avec Lemerer, Henri Larivière, dominait dans le club de Clichy et dont certains membres étaient en relation avec Dandré. Duplantier fut envoyé par les constitutionnels en Suisse, pour obtenir des anciens constituants émigrés, et surtout de Dandré, l'appui de leur influence auprès de leurs amis des Conseils. Il engagea Dandré à se rendre à Paris. Dandré se rendit à Berne et prévint Wickham. Celui-ci comprit qu'on lui demandait de l'argent plus que des conseils ; il promit à Dandré son concours le plus actif, et d'abord une somme de 30.000 livres sterling (qui par le change se réduisaient à 30.000 louis). Dandré partit pour Paris. Peu après, à la fin de mars, le ministre anglais lui faisait passer 6.000 louis par le banquier Jacques Martin de Genève [3].

## II. — *Dandré à Paris ; premiers rapports avec Pichegru.*

A Paris, Dandré se proposait « d'arrêter tous les mouvements partiels, de régler l'opinion, de la pousser vers le retour de l'ordre, de connaître et de rallier tous les amis d'un bon gouvernement, de les faire nommer aux fonctions publiques [4] ». Il entendait se présen-

---

1. 14 août, deux lettres jointes à celle de Wickham du 8 mars 1797, n° 5.
2. Voir Lebon, p. 211 et suivantes, tout le début du chap. VIII.
3. Record Office, Suisse, 1er avril 1797, Wickham à Grenville, private, n° 10.
4. Dandré à Wickham, rapport d'octobre, publié dans Ballot, *le Coup d'Etat du 18 Fructidor*, p. 167.

ter aux élections de l'an V et, qu'il réussît ou non, prendre la direction du parti royaliste, au moins de cette fraction du parti, la plus importante, qui renonçait à relever le trône par des moyens violents, mais espérait le rétablir avec l'appui de l'opinion. Il était assuré de trouver un accueil favorable parmi les anciens membres de la Constituante, comme l'abbé de Montesquiou, et parmi ses compatriotes députés des Conseils, Portalis, Siméon, Pastoret.

Il aurait voulu que le « roi » renonçât à envoyer des agents dans la capitale ; il se méfiait de leur indiscrétion et de leur imprudence[1]. Par deux fois déjà il avait refusé de faire connaître les noms de ses amis au duc de la Vauguyon d'abord, qui l'avait fait sonder par son fils, le prince de Carency, ensuite à l'abbé de la Marre, agent confidentiel du roi à Lausanne. Mais le Prétendant jugea nécessaire d'instituer un conseil royal[2], vrai conseil des ministres d'un roi sans royaume, conseil composé de douze personnes dont les pouvoirs s'étendaient à tout le pays ; il chargea un émigré, le prince de la Trémoille[3], de présider ce conseil, envoya l'abbé de la Marre à Paris pour l'organiser.

Dandré accepta les bons offices de Despomelles auprès des royalistes des Conseils ou de la capitale et, grâce à lui, obtint un premier résultat essentiel, quelques jours avant la réunion des assemblées primaires.

Il traita, au nom du comité des députés des Conseils qu'il dirigeait, avec les royalistes, représentés à cette occasion par Despomelles. Wickham prétend même, sur la foi d'un rapport de Bayard, son ancien agent à Paris, que le « comité de Berger (Dandré) ne

1. Au lendemain de l'arrestation de Brottier, l'agence royale avait été dirigée momentanément par le comte Guyon de Rochecotte, chef des chouans du Maine, et son ami, l'abbé Jouanne d'Esgrigny, sur la désignation des agents arrêtés et en attendant que le prince de la Trémoille revînt de Blankembourg et de Londres. La Trémoille s'était rendu à Blankembourg pour obtenir des pouvoirs du « roi » et à Londres pour demander l'appui financier des ministres anglais, Record Office, France, lettres de Dutheil à Grenville, 1er mars, 23 juillet ; Cf. de Beauchamps, Rochecotte, p. 178 ; Daudet, Hist. de l'Émigration, t. II, p. 67, 68.
2. Sur ce conseil, à la tête duquel le Prétendant plaça le prince de la Trémoille, voir Condé au « roi », 7 avril, Chantilly, Z, t. I, p. 201 ; d'Avaray à Condé, 2 et 7 avril, Chantilly, Z, t. XXXVIII, p. 96 ; le règlement du 5 avril en 43 articles, Chantilly, Y, I, folio 129. Cf. Daudet, Émigration, t. II, p. 84 à 87.
3. Le prince Louis de la Trémoille, un des quatre fils de Charles, duc de la Trémoille (1737-1792), seigneur de Laval, etc. Né en 1767, mort à Aix-la-Chapelle en 1837, marié, en 1802, à Mlle de Langeron, a été chef de l'agence royale à Paris en 1797 et 1798. Ne pas le confondre avec ses frères, Charles, duc de la Trémoille, prince de Tarente (1764-1839), Philippe de la Trémoille, prince de Talmond (1765-1794, exécuté à Laval) et le prince, abbé de la Trémoille, exécuté à Paris en juin 1794. Voir l'intéressant recueil de documents publié sous le titre Souvenirs de la Révolution, mes parents, par le duc de la Trémoille, membre de l'Institut.
Sur le rôle du prince de la Trémoille après l'Empire, voir Dandigné (éd. Biré), t. II, p. 38, 286, 412.

traita pas seulement pour lui-même et en son nom, mais s'avoua comme chargé des pouvoirs de la grande majorité de l'opposition dans les deux Conseils, ou plutôt de l'ensemble du parti modéré, connu sous le nom de Club de Clichy (sic). »

Déjà Dandré avait eu des conférences répétées avec le chef des constitutionnels, Dumas, et les membres du parti. Il était parvenu à les convaincre de la nécessité d'une union étroite à la veille des élections, pour combattre les candidats du Directoire et faire élire les amis de l'ordre aux Conseils ou aux administrations [1].

Grâce aux secours financiers que lui procurait Wickham, il espérait se faire élire lui-même, envoyait quatre voyageurs au Sud et à l'Ouest, deux à l'Est, un au Nord, deux en Belgique. Foy allait proposer à Cambis de le faire élire en Belgique. « Par lui nous aurons la marine », annonçait Dandré. Des voitures transportaient ses lettres à l'insu du gouvernement ; un journal de premier rang, le *Mémorial* d'abord, plus tard *l'Europe politique et littéraire* défendaient ses idées. Rien n'était négligé pour gagner l'opinion publique et assurer le succès des royalistes aux élections.

Surtout l'ancien constituant se préoccupait de donner à l'Institut philanthropique une extension en rapport avec l'importance de ses plans. « J'avais eu le projet, a-t-il écrit plus tard à Wickham, en octobre, de faire des sociétés dans chaque département, d'établir entre elles une correspondance... On me proposa le plan de l'Institut philanthropique. Je renonçai sur-le-champ au mien, qui me parut moins bon que celui de l'Institut, et j'embrassai celui-ci avec ardeur. J'employai à cet établissement une partie des fonds que vous m'aviez confiés. Et, dans le court espace de six semaines, l'Institut avait jeté des racines dans plus de soixante-dix départements. Dans quelques-uns, tels que les Bouches-du-Rhône, Vaucluse, Gironde, Ardèche, Seine-Inférieure, etc., il était solidement établi et tous les administrateurs avaient été pris parmi les philanthropes. Chaque jour l'Institut prenait de nouveaux accroissements [2].

Cette organisation politique, imitée de la franc-maçonnerie [3], préparait le rétablissement du trône par la conquête de l'opinion. Dandré offrit à Despomelles l'appui de Wickham, un secours financier efficace (deux mille louis par mois), que l'ambassadeur fournit avec exactitude par l'entremise du banquier Martin. Il laissa la direction de l'Institut à son fondateur et en étendit l'organisation à toute la France.

---

1. Voir Lebon.
2. Rapport d'octobre dans Ballot.
3. Voir au Record Office, Foreign Office, France, un rapport que le duc d'Harcourt soumit à l'examen du ministre Grenville, sur l'organisation d'une franc-maçonnerie royaliste.

Il s'occupa surtout d'influencer le Corps législatif, dont il était parvenu à faire élire quelques membres. Malheureusement il ne fut pas nommé à la députation. « Je dois avouer, écrivait-il en octobre, que j'ai un regret mortel de n'avoir pas été élu ; non que je pense que j'aurais pu seul parer le coup, mais ... j'aurais eu sur mes collègues une influence qu'il m'a été impossible d'acquérir du dehors [1]. »

Or les élections envoyèrent à la Chambre beaucoup de députés modérés, peu favorables à la Constitution. De là grand mécontentement des constitutionnels, dont les candidats subirent, à Paris surtout, un échec marqué [2]. Défenseurs de la Constitution républicaine, ils n'entendaient s'opposer aux directeurs que « lorsqu'ils s'écartaient de la loi fondamentale [3] ». Les nouveaux venus, au contraire, intransigeants comme des jacobins, repoussaient tous les hommes de la Révolution et combattaient le Directoire « par système ». Craignant que le nouveau tiers n'eût le projet de détruire la République, les constitutionnels dénoncèrent l'accord conclu avec les amis de Dandré. Quelques-uns seulement, comme Dumolard et Cadroy, restèrent fidèles à l'entente établie à la veille des élections. Les autres, avec Dumas, Thibaudeau, Tronçon-Ducoudray, se rapprochèrent du Directoire [4].

« Plusieurs de nos amis mêmes, écrivait Dandré, sont effrayés et craignent qu'on ne se précipite trop vivement dans un changement. Bien des braves gens sont atteints de l'idée que les nouveaux venus voudraient tout bouleverser. Il y aura beaucoup à faire pour rallier tout ce monde-là [5]. » A mesure que les nouveaux venus arrivaient à Paris, Dandré cherchait à les connaître, à les réunir. Il ne négligeait « aucun des petits moyens qui peuvent donner la confiance [6] » ; mais il ne trouvait pas en général dans le nouveau tiers « la force de caractère, le courage d'esprit, ni les lumières » que les circonstances eussent exigés ; et les espérances qu'il avait conçues au moment des élections s'abattirent un peu.

Ces raisons le déterminèrent à demander à Wickham un appui financier efficace. Il envoya Bayard à Berne présenter sa requête. Il avait besoin d'une somme mensuelle importante et, prévoyant une crise, il jugeait utile d'avoir à sa disposition à Paris, en cas de

---

1. Rapport d'octobre, dans Ballot.
2. Wickham à Grenville, 20 mai, Record Office, Suisse.
3. Thibaudeau, *Directoire*, p. 170-71.
4. Wickham à Grenville, 20 mai, *l. c.* ; Thibaudeau, p. 180 et suiv. ; voir, p. 184, le discours de Thibaudeau, 3 juin.
5. Dandré à Wickham, lettre apportée par Bayard à la fin de mai, Record Office, Suisse.
6. Rapport d'octobre, dans Ballot.

danger, un crédit extraordinaire considérable [1]. En revanche, il se résignait à proposer un véritable traité au ministre, s'engageait à servir les intérêts de Sa Majesté britannique « sur tous les points où ils ne seraient pas en opposition directe avec ceux de sa patrie » [2], à combattre les préjugés du public contre l'Angleterre, à tout faire pour amener la paix, à rédiger enfin une défense de la politique anglaise.

Wickham transmit cette requête à Grenville et, lorsque le Directoire parut méditer un coup d'État à Paris, il n'hésita plus à accorder provisoirement à Dandré l'« entier de ses demandes », sans attendre une réponse de son ministre. L'Angleterre et le parti royaliste avaient des intérêts communs. Le peuple anglais voulait la paix, que l'état de ses finances rendait nécessaire, et Malmesbury venait à Lille pour la négocier. Les conservateurs souhaitaient la paix pour en finir avec le régime des lois révolutionnaires, régime d'exception que légitimait la guerre. Ces derniers voyaient dans les directeurs les soutiens du jacobinisme. Le ministre anglais devinait l'ambition du Directoire, redoutait l'invasion des pays voisins de la France et par-dessus tout celle de l'Irlande. Un accord pouvait se conclure entre l'Angleterre et les conservateurs sur ces bases : l'abaissement du Directoire et la paix.

Une étroite analogie de plans rapprochait Pichegru et Dandré : l'un et l'autre réprouvaient les entreprises partielles, depuis longtemps fatales au parti royaliste ; ils voulaient relever le trône avec l'appui de l'opinion. Wickham les mit en rapport dès le début de la législature.

En l'annonçant à Grenville, le 24 mai [3], Wickham ajoutait : « *Comme leurs opérations seront maintenant concertées ensemble, leurs dépenses et leurs demandes doivent être considérées comme les mêmes. J'ai les plus fortes raisons d'être satisfait de la conduite de cette personne (Baptiste), et j'ai les meilleures espérances.* »

### III. — *Réserve de Pichegru.*

L'accord ne s'établit pas cependant dès le début de la législature entre Pichegru et Dandré. Leurs relations ne devinrent étroites que lorsque le Directoire prononça son offensive contre les Conseils. Jusque-là Pichegru se tint sur la réserve, naturellement froid, peu liant, d'une extrême prudence, se méfiant de l'indiscrétion des agents

---

1. Lebon, p. 230 ; Wickham à Grenville, 27 août, Record Office, Suisse.
2. Lebon, p. 231 ; lettre de Wickham à Grenville du 24 mai.
3. Record Office, Suisse.

royalistes, instruit de leurs rivalités, peu soucieux de prendre parti entre Dandré et la Trémoille, mécontent peut-être du rôle dirigeant que Wickham attribuait au premier et le Prétendant au second.

Son élection à la présidence des Cinq-Cents [1], élection triomphale à la presque unanimité, l'obligea d'ailleurs et dès son arrivée dans la capitale à se tenir à l'écart des partis. De son fauteuil, il assista silencieux et impénétrable aux premiers assauts livrés par le nouveau tiers au Directoire. Les Clichyens attaquaient avec imprudence les institutions « vomies par la Révolution », « les décrets infâmes rendus depuis cinq ans », faisaient abroger la loi du 3 brumaire, préludaient par un rapport fameux, chef-d'œuvre d'éloquence et de maladresse, à la restauration du culte, « le culte de leurs pères »; rapportaient la loi qui permettait aux directeurs d'envoyer dans les colonies des commissaires, leur déniaient le droit de surveiller et d'autoriser les négociations de la Trésorerie nationale, annonçaient la volonté de restreindre leurs pouvoirs militaires, parlaient même de les mettre en accusation [2]. Ils refusaient de nommer au bureau ou dans les commissions les partisans du Directoire, affectaient un mépris haineux pour les hommes de la Révolution, les traitaient de « brigands », de « scélérats », de « monstres altérés de sang », affirmaient qu'ils ne trouveraient jamais grâce devant eux, les forçaient à quitter la tribune en les couvrant de huées, se livraient même à des actes de violence, comme le 19 juin, où Delahaye (de l'Aisne) saisit Malès à la gorge au milieu d'un désordre inexprimable [3].

Pichegru laissait dire, laissait faire, et se taisait. Son attitude impassible étonna et déplut [4]. Les Clichyens, qui le devinaient complice, lui préféraient Larivière, qui le remplaça au fauteuil; les constitutionnels le jugeaient incapable de gouverner une assemblée de 500 hommes; les modérés, royalistes ou non, déploraient son impuissance à diriger les débats [5]; et Vaublanc s'étonnait qu'un « général victorieux, audacieux et prudent, très instruit, d'une grande expérience, capable d'entraîner les hommes, s'exprimant très bien, avec facilité, sans emphase, sans déclamation, n'eût pas eu dans ses nouvelles fonctions le mouvement et l'audace qu'il avait à la guerre [6] ».

1. Voir les chiffres de voix obtenues dans Thibaudeau. Cf. Buchez et Roux, le *Moniteur*, etc., première séance de prairial.
2. Thibaudeau, p. 186; Doulcet, le 30 mai et le 1er juin, Vaublanc, le 4 juin, se croyaient obligés de démentir les bruits de couloir.
3. Le Conseil des Cinq-Cents fut présidé en prairial par Pichegru, en messidor par Larivière.
4. Doulcet de Pontécoulant, *Souvenirs*, t. II, p. 280.
5. Thibaudeau, p. 190; p. 185, voir son discours du 3 juin.
6. *Mémoires* de Vaublanc, p. 392.

Il se tenait ainsi en dehors des partis, parce qu'il voulait les ménager tous, en vue d'une dictature[1], et surtout parce qu'il était découragé de rencontrer des rivaux où il pensait trouver des alliés : « Je vis autour de moi, écrivait-il plus tard, beaucoup plus de concurrents jaloux que de coopérateurs sincères. Je ne pus me dissimuler que l'on travaillait, dès les premiers moments, à détruire l'influence qui avait pu naître en ma faveur d'une déférence accordée à des considérations qui ne m'étaient pas personnelles. Convaincu de ces dispositions à mon égard, je descendis du siège où l'on m'avait élevé, résolu d'attendre dans la foule que ceux qui ambitionnaient de la diriger se fussent distribué les rôles[2]. »

Vaublanc déplore qu' « une majorité n'ait pas senti le prix d'un tel chef et n'ait pas volé au-devant de lui. Il fallait cela pour le déterminer[3]. » Pichegru, ajoute-t-il, était « dégoûté de tout ce qu'il voyait, de tout ce qu'il entendait ; le dégoût l'entraînait dans une sorte d'apathie ». Ces *divagations*[4], ces motions imprudentes d'une majorité sans discipline, d'une *multitude sans plan et sans direction*, qui n'avait *ni mesure ni ensemble*, ne lui inspiraient qu'inquiétude et mépris.

Quand il descendit du fauteuil, à la fin de prairial, il garda la même attitude imprécise et impénétrable, mais il travailla dans le Comité militaire à forger des armes aux Conseils. En cas de conflit avec le Directoire, les Conseils ne disposaient que d'une garde de 1.200 hommes[5]. La garde nationale parisienne, très réduite après Vendémiaire, avait perdu son état-major, ses compagnies de grenadiers et de canonniers, ses escadrons de chasseurs, et elle était passée sous l'autorité du commandant de la place de Paris que nommait le pouvoir central[6]. Il importait de la réorganiser de façon à donner la prépondérance à l'élément bourgeois sur l'élément populaire, et à rendre aux compagnies bourgeoises leur indépendance et leur initiative d'autrefois. Pichegru s'en préoccupait[7].

La garde nationale elle-même suffirait-elle à garantir les Conseils contre une agression possible et déjà probable des directeurs ? Ceux-ci disposaient des armées. Ne convenait-il pas à l'avance de diminuer l'autorité du Directoire sur les états-majors, en limitant ses droits en matière de nomination et de destitution ; de s'assurer des principales branches de l'administration militaire, en y faisant

---

1. Voir ci-dessous ses déclarations à Demougé, en mai 1796.
2. Journal de Pichegru, portefeuille rouge, papiers R. de Saint-Albin.
3. Vaublanc, *Mémoires*, p. 393.
4. Je souligne les expressions mêmes de Pichegru dans son journal.
5. Voir le *Journal* de Ramel.
6. Zivy, 13 *Vendémiaire*, p. 103-4.
7. Voir papiers saisis chez Pichegru au 18 Fructidor, F7 4774¹³ ; Le Joyand, *Services rendus à la maison des Bourbons*.

entrer des alliés ; de constituer au sein des troupes mêmes des compagnies dévouées, compagnies d'élite de grenadiers et de chasseurs ? Le Comité militaire, dont Pichegru faisait partie avec Dumas, préparait dans ce but une revision des lois militaires [1]. Il importait *d'attendre et de patienter*, d'éviter les violences pour ne pas éveiller prématurément l'inquiétude des directeurs ; il fallait se garder d'encourager les excès de tribune comme les entreprises des chouans.

C'est pourquoi Pichegru refusa d'entrer en relations avec La Trémoille jusqu'en août, n'assista qu'une fois aux réunions de Clichy, s'abstint même de liaisons avec les royalistes connus du Corps législatif et ne demanda leurs noms à Dandré que lorsque le Directoire prononça son offensive contre les Conseils [2]. « Il ne s'ouvrait pas avec confiance aux représentants qui désiraient une restauration », ne voyait fréquemment qu'Imbert-Colomès, politique prudent et dissimulé comme lui.

Avec Dandré même, il restait sur la réserve. L'ancien constituant ne le citait pas, en juin, parmi les membres du comité qui suivait sa direction [3]. Il se plaignait à Wickham de n'avoir pas un « collaborateur fort ». Lorsque Carency révéla le secret de la mission de Dandré à Barras, en juillet, il ajouta : « On a traité avec Pichegru, qui ne dit ni oui ni non. »

### IV. — *Politique d'attente. Négociations avec le Directoire.*

Dandré cependant blâmait l'imprudente offensive des meneurs des Cinq-Cents. A Wickham qui s'étonnait que, dans la séance du 3 juin, Tarbé n'eût pas été « soutenu », il répondait [4] : « Cela n'était pas possible... Le Directoire ayant à lui tant de moyens, les attaques directes deviennent dangereuses, n'étant pas soutenues par la masse nationale ; aussi ne soyez pas étonnés de notre marche. S'il y a quelque chose à lui reprocher, c'est *trop d'activité*. Et ce sera *assez pour cette année*, si nous faisons révoquer toutes les lois révolutionnaires et arrêtons toutes les dilapidations des finances. Fasse le ciel que l'indiscrète ardeur de quelques-uns ne nous recule plus que jamais ! » Il souhaitait plus « de concert et de modération » dans son parti et comprenait que le Corps législatif devait se borner

---

1. Voir papiers saisis chez Pichegru, etc., projet de code militaire qui devait concilier « les besoins de la discipline avec les droits de la liberté ».
2. Voir les lettres de Dandré ci-dessous citées, mois d'août.
3. Voir la liste dans Lebon, d'après la lettre de Dandré, apportée à Wickham par Delamarre et Bayard en juin, et les renseignements oraux qu'ils fournirent à l'agent anglais. Cette liste paraît suspecte.
4. Dandré à Wickham, 29 juin, Record Office, Suisse.

à « *préparer les voies d'une manière certaine à ceux qui viendront l'année prochaine* et qui doivent tout consommer ».

L'abbé de la Marre [1], arrivé à Paris à la fin de mai, se rendait compte aussi que, dans un conflit violent avec les Conseils, « le Directoire aurait le dessus » et qu'il n'y avait « rien à faire » à Paris avant l'arrivée du troisième tiers. Plus que jamais, il importait que le parti royaliste se soumît à une discipline, pour éviter les imprudences et les maladresses qui l'avaient compromis précédemment [2]. C'est pourquoi l'abbé de la Marre, sur l'avis de Dandré, ajournait l'organisation du conseil royal et s'entendait avec l'ex-constituant sur un plan de conduite à proposer au « roi ». Il partait vers la fin de juin pour Blankembourg, ainsi que Bayard, avec un programme dont l'application devait assurer au parti royaliste plus de « concert » et l'obliger à plus de modération [3]. Avant d'agir ouvertement contre le Directoire, Dandré jugeait nécessaire : 1° de réunir une majorité décidée dans le Corps législatif ; 2° de s'emparer de la direction de l'opinion publique ; 3° d'armer la garde nationale et de gagner les administrations de départements ; 4° de former des associations de propriétaires dans chaque département, suivant le plan de l'Institut philanthropique ; 5° de s'abstenir de toute instruction, déclaration, jusqu'à nouvel ordre, et de ne former aucun nouveau conseil.

Une *politique d'attente* s'imposait jusqu'à l'arrivée du troisième tiers : dans les Conseils, les royalistes ne pouvaient rien faire sans l'appui des constitutionnels [4]. Or les constitutionnels, inquiets des attaques systématiques des Clichyens contre le Directoire, sentaient la nécessité d'opposer une digue à leurs excès. Au moment où l'Autriche négociait à Udine, où l'Angleterre envoyait Malmesbury à Lille, Thibaudeau jugeait imprudent de paralyser l'action du gouvernement, en lui enlevant la surveillance des négociations du Trésor et d'accroître les prétentions de nos ennemis, en leur donnant le spectacle de nos divisions. Il importait, disait-il, de « conserver pendant les négociations de la paix une contenance imposante [5] ». Le Conseil

---

1. Importants détails sur l'abbé dans Daudet, *Hist. de l'Emigration*, t. II. M. Daudet confond d'ailleurs son rôle avec celui de Dandré. Delamarre portait dans la correspondance le nom d'abbé André.
2. Après l'arrestation des agents royalistes, Brottier, Duverne, etc., Despomelles, Rochecotte, d'Esgrigny, se disputèrent la direction du parti royaliste ; Frotté fut prié d'intervenir ; M. de Mesières se rendit à Blankembourg pour informer le « roi » de ces différends, si nuisibles au parti, et le Prétendant le chargea d'apporter à Paris le règlement du 5 avril, ci-dessus cité. Cf. Daudet, *Emigration*, t. II, p. 93 et *passim*.
3. Lebon, p. 237, et lettre de Wickham à Grenville du 30 juin, Record Office, Suisse.
4. Dandré assistait tous les tridi aux réunions des constitutionnels (24, rue Royale). Cf. rapport d'octobre dans Ballot : à la séance du 3 juin, les constitutionnels formèrent la majorité avec les partisans du Directoire, Thibaudeau, p. 185.
5. Thibaudeau, p. 181. Cf. p. 185-197. Malmesbury débarque à Calais le 30 juin. Les conférences de Lille vont commencer.

des Anciens, où les constitutionnels composaient « avec quelques hommes sages de tous les partis » la majorité, refusait d'approuver la résolution prise par les Cinq-Cents après le rapport de Gibert Desmolières [1].

Beaucoup d'hommes de bon sens dans les deux Conseils déploraient les violences des orateurs de Clichy. Les uns, républicains, ne désiraient « qu'effacer les haines, protéger ce qui est honnête et rétablir les finances » [2]; d'autres, ni royalistes ni républicains « jugeaient plus dangereux de changer qu'il n'est incommode de souffrir ». Certains, royalistes, ne voulaient pas entrer dans une conspiration contre la République et acceptaient le gouvernement établi, pourvu qu'il assurât la paix au pays, une liberté réelle et qu'il abolît les lois révolutionnaires [3]. Comme Vaublanc, ils reconnaissaient que leur faiblesse était manifeste, que leur parti ne pouvait rien, et qu'il fallait laisser venir le troisième tiers.

Un vent de sagesse soufflait sur les Conseils [4]; le public parisien se rassurait peu à peu : il avait appris avec inquiétude « la lutte décidément établie entre le Corps législatif et le Directoire exécutif », et laissait « les extrêmes aux prises sans participer à aucun [5] ». « Il paraît, écrivait Malouet à Grenville, d'après une lettre de Vaublanc, qu'à cette époque (14 juillet) le Directoire et les chefs de la majorité des Conseils paraissaient prêts à se rapprocher [6]. »

Des négociations s'étaient engagées entre la partie prudente et sage des Conseils et le Directoire. Ces négociations avaient commencé entre les directeurs et les constitutionnels, dès le lendemain des élections. Ceux-ci, effrayés du succès des Clichyens, offraient au premier leur appui, mais ils demandaient en échange certaines concessions, comme le changement des ministres réputés jacobins : Merlin (justice), Ramel (finances), Truguet (marine), Delacroix (affaires étrangères) [7].

Barthélemy et Carnot étaient d'avis de leur donner satisfaction. Le premier, d'opinion monarchiste, mais gêné par le serment qu'il avait prêté à la République, préparait « avec une sagesse trop lente... les desseins qui n'ont pu s'accomplir alors, cette entreprise qu'il ne voulait point séparer de la foi promise [8] ». Le second, attaché à la

---

1. 27 juin, Thibaudeau, p. 198.
2. Allonville, t. IV, p. 117. Cf. Forneron, t. II, p. 281 et suiv. à 284.
3. Barbé-Marbois, p. 4; Lavallée, *Portalis*, p. 123 ; de Barante, *Royer-Collard*, p. 42 ; Vaublanc, p. 419.
4. Voir Larue (qui s'en désolait), p. 20 à 25.
5. Ballot, p. 10, 27, 33, etc
6. Record Office France. Malouet à Grenville, 24 juillet. Cf. Bailleu, corresp. de Sandoz, 22 juin, p. 133.
7. Wickham. lettre du 20 mai à Grenville, Record Office, Suisse.
8. Discours de Barbé-Marbois à la Chambre des pairs, 27 février 1819 ; La Rével-

République qu'il avait contribué à fonder et à sauver, jugeait avec raison que le Directoire n'avait d'autre moyen *légal* de faire échec au parti royaliste que de s'allier aux constitutionnels et aux modérés des Conseils[1].

Sans doute la Révellière refusait de consentir au changement des ministres et d'accepter « la doctrine de l'obéissance passive » du Directoire aux Conseils ; il menaçait de « tuer politiquement » les Clichyens, la veille du jour où ceux-ci voudraient « tuer physiquement » les directeurs[2]. Quant à Reubell, depuis ventôse et surtout depuis l'entrée de Barthélemy, partisan de la paix, dans le Directoire, il voulait faire un coup d'État contre les Conseils[3]. Mais à eux deux, ils ne constituaient pas la majorité du Directoire. Pouvaient-ils compter sur Barras[4] ?

Quelles eussent été leurs craintes, s'ils avaient connu les négociations engagées entre leur collègue et les royalistes, négociations qu'il laissait entamer par des agents obscurs, pour se ménager des succès faciles aux dépens des royalistes ou des trahisons profitables aux dépens de la République[5] !

On disait que Barras, au moment du renouvellement des Conseils, était devenu « passablement bon » ; Boissy d'Anglas parlait du directeur avec une grande estime ; Vaublanc réglait avec lui la question de l'envoi d'un commissaire à Saint-Domingue ; Sandoz annonçait à sa cour, le 28 juin : « Le seul des directeurs avec lequel Barthélemy parait le plus en liaison dans ce moment est Barras[6]. »

Les meneurs des Conseils caressaient l'espoir de le gagner ; son compatriote, Siméon, les constitutionnels Dumas, Portalis, l'amiral Villaret-Joyeuse, homme de plaisir comme lui, allaient le voir au Luxembourg. Ils le pressaient de former dans le Directoire, avec

---

lière, *Mémoires*, t. II, p. 139. Cf. opinion contraire de Malmesbury, d'après Colchen, *Diaries*, t. III, p. 522. Voir aussi sa conversation avec d'Aubigny, dans Lebon, p. 235, et avec Sandoz, dans Bailleu, p. 130.

1. Voir sa *Réponse à Bailleul* ; Forneron, t. II, p. 283 ; Thibaudeau, p. 210 ; Pichegru attribue d'autres motifs à sa conduite : « Carnot, qui venait de perdre le portefeuille militaire, auquel il attachait beaucoup de prix, et qui était en effet la plus belle attribution d'un directeur, s'était imaginé qu'en feignant d'épouser le parti des Conseils il se ferait redouter de ses collègues et que ceux-ci, pour le ramener à eux, s'empresseraient de lui rendre ce qui faisait l'objet de ses désirs. » Journal.
2. La Révellière, t. II, p. 86 à 91.
3. Barras, t. II, p. 349.
4. Leurs doutes dans La Révellière, t. II, p. 78.
5. Négociations de Sourdat entre autres, racontées dans Daudet, *Émigration*, t. II, p. 89 à 92, 94 à 97. Cf. p. 29 à 37, p. 87 à 88.
6. Fabre, t. III, p. 26, 169 ; conversation de Doulcet avec Wickham en Suisse, Record Office, Suisse, dans lettre de Wickham du 29 octobre ; Barras, t. II, p. 410-415 ; Vaublanc, t. II, p. 381 ; Bailleu, p. 136.

Carnot et Barthélemy, une majorité propre à concilier les partis et lui demandaient, comme premier gage d'une bonne entente, le renvoi des ministres. Barras, affirme Thibaudeau, « donna sa parole et autorisa Portalis à dire à Carnot d'aller de l'avant ». En échange il le pria de faire cesser les criailleries de quelques folliculaires. On fit taire les journaux pendant quelques jours. Un de ces journaux annonçait que Barthélemy avait demandé à ses collègues le remplacement des ministres et ajoutait : « Barras paraît disposé à seconder loyalement Barthélemy et à justifier les espérances qu'on place depuis quelque temps en lui [1]. »

Si Barras consentait à voter avec Barthélemy et Carnot le renvoi des ministres « patriotes », le parti conservateur pouvait réaliser peu à peu, sans coup d'État, légalement, par le jeu naturel de la constitution, le plan des « Amis de l'ordre » : abolition progressive des lois révolutionnaires, épuration graduelle des administrations et du Directoire, rétablissement du trône enfin.

« Si nous ne pouvions obtenir la victoire que la constitution à la main, écrit Larue [2], nous nous serions bornés pour le moment à appeler au Directoire, en remplacement des factieux, des hommes dépouillés d'ambition et animés du désir de donner aux esprits et aux choses une direction propre à ramener la monarchie. Mais si, au contraire, le vœu général se fût prononcé, si l'ascendant du vainqueur eût été assez puissant pour dominer tous les partis (et ce résultat était le plus probable), on eût investi d'une *espèce de dictature provisoire Pichegru*. La restauration monarchique et légitime devenait la conséquence nécessaire et immédiate de ces heureux changements... On pouvait compter sur Pichegru pour l'accélérer. »

Partisan d'une entente du Directoire avec les Conseils, Pichegru restait cependant à l'écart des négociations. Nommé au commandement de la 8ᵉ division militaire, en remplacement de Willot, il ne voulait pas abandonner ses fonctions de législateur, mais ne voulait point non plus, en refusant d'obéir, se faire rayer des cadres des officiers généraux. Encore le 30 mai, le Directoire engageait le ministre de la guerre à lui donner l'ordre de « se rendre sans aucun délai à sa nouvelle destination [3] ». Il évitait de répondre et d'être obligé de répondre, en se montrant au Luxembourg. Très rancunier d'ailleurs, il ne pardonnait pas à Carnot de l'avoir pris au mot en mars 1796 et d'avoir accepté une démission qu'il n'avait donnée que pour éviter une disgrâce. Le directeur était venu le voir après son arrivée à Paris

---

1. Thibaudeau, p. 209 ; Barras, t. II, p. 435, 442 ; Fabre de l'Aude, t. III, p. 108 à 117.
2. Larue, p. 42.
3. AF* III, p. 202, 11 prairial an V.

et son élection à la présidence; il l'avait reçu avec contrainte. Carnot désirait le réconcilier avec Jourdan, l'invitait à dîner : il promettait, ne venait point. Il refusait [1] plusieurs autres invitations. S'il évitait aussi de participer aux négociations, n'était-ce pas qu'il craignait d'éveiller les défiances des directeurs ? Ceux-ci suspectaient au moins sa franchise [2], avant d'avoir des notions certaines de sa trahison. C'est pourquoi il laissait les constitutionnels mener l'intrigue dont il espérait bien retirer les profits [3].

Un événement dérangea ces combinaisons : l'arrestation du comte d'Antraigues.

### V. — *Le portefeuille du comte d'Antraigues et la marche des troupes.*

Le 16 mai, d'Antraigues avait quitté Venise, que les troupes françaises devaient occuper le lendemain ; le ministre de Russie, Mordvinow, avec lequel il voyageait comme conseiller d'ambassade, avait prié le secrétaire de la légation française, Villetard, de lui fournir deux passeports pour traverser les lignes françaises. Villetard savait que d'Antraigues possédait une « malle de papiers très importants » : ne pouvant obtenir du gouvernement de Venise la saisie de ces papiers, il envoya le passeport à Mordvinow, mais le prévint que d'Antraigues ne pouvait en profiter ; puis il donna le signalement de l'émigré aux principaux postes français et partit pour Milan, où il vit Bonaparte. Bernadotte fit arrêter d'Antraigues à Trieste, le 21 mai [4].

Mordvinow protesta ; Bernadotte répondit : « S'il eût été le plus fort, il nous eût tous fait fusiller ; nous le sommes, nous usons de ce droit-là. » D'Antraigues eut peur ; peut-être même Bernadotte donna-t-il l'ordre de le fusiller. Pour sauver sa vie, l'agent royaliste déclara qu'il avait des révélations à faire au général en chef ; le soir même, il partait pour Milan sous bonne escorte. Sa femme, qui le suivait, brûla deux des trois portefeuilles qu'il emportait avec lui, mais elle garda le troisième fermé à clé, contenant sans doute les papiers les plus importants. Ce portefeuille fut saisi : à Vérone, à Milan, d'Antraigues écrivit au général en chef pour demander qu'il lui fût rendu : c'était en signaler l'intérêt à Bonaparte.

---

1. *Réponse à Bailleul*, p. 18 à 20 ; La Révellière, t. II, p. 64 ; Barras, t. II, p. 375 ; Fabre, t. III, p. 27.
2. *Réponse à Bailleul*, p. 19.
3. « Les royalistes sont réunis et groupés dans le cheval de Troie ; il faut que les modernes Sinon trouvent le moyen de le faire entrer dans la ville. » Barras, t. II, p. 415, 413.
4. Pingaud, *d'Antraigues*, p. 154 et suiv. ; Aff. étrang., Venise, n° 253, lettres de Villetard du 17 floréal, du 7 prairial an V, du 9 vendémiaire an VI ; extraits de ces deux dernières, dans AF III, 89.

Bonaparte fit sauter la serrure du portefeuille et, parmi les papiers qu'il renfermait, trouva une « conversation » en trente-trois pages, résumé d'un entretien de Montgaillard avec d'Antraigues [1]. Montgaillard racontait la négociation de Fauche avec Pichegru et se vantait d'en entamer une autre avec Bonaparte.

Bonaparte avait donné l'ordre, le 30 mai, à Berthier, de faire partir d'Antraigues pour Chambéry, d'où Kellermann l'enverrait à Paris; c'était la mort après une condamnation sommaire. Le 3 juin, il écrivait au Directoire que d'Antraigues n'était point dans le cas de la loi sur les émigrés, puisqu'il ne s'était trouvé dans aucun rassemblement armé. Le 4, il ordonnait à Berthier de le loger au château avec sa famille, ou même en ville, de lui donner toutes les commodités que pouvait exiger sa santé, et même les soins d'un médecin. Brusque revirement : que s'était-il passé [2]?

Bonaparte a lu la « conversation »; il ne doute pas de la trahison de Pichegru; il tient en main l'arme dont il frappera son rival. Mais si la conversation forme une preuve suffisante contre Pichegru, elle doit en former une, suffisante aussi, contre Bonaparte. Il faut abréger l'écrit, supprimer ce qui concerne Bonaparte. D'Antraigues consentira-t-il à rédiger la conversation abrégée?

Il a consenti; Bonaparte l'a fait appeler dans la nuit du 1er juin, l'a prévenu qu'il laissait la justice suivre son cours. D'Antraigues, par peur de la mort, a rédigé la conversation abrégée en 16 pages. Bonaparte va l'envoyer au Directoire, comme trouvée dans le portefeuille : sans doute Berthier refuse d'apposer sa signature au bas de la pièce? Qu'importe! Il en rédige une copie en 17 pages, qui sera envoyée avec le manuscrit [3].

Justement arrivait de France un messager de Barras [4], Fabre, député de l'Aude, familier du directeur quoique habitué des salons de la duchesse d'Esparbès, ami de Marmont et connu de Bonaparte. Barras l'avait envoyé à Milan, après l'élection de Pichegru à la présidence des Cinq-Cents et celle de Barthélemy au Directoire, pour savoir s'il pouvait compter sur Bonaparte dans un conflit avec les Conseils. Bonaparte promettait son appui au Directoire, et il renvoyait Fabre par la Suisse, la Franche-Comté et la Bourgogne, avec le portefeuille de d'Antraigues, un court billet et l'avis de faire

---

1. Voir Pingaud, *D'Antraigues*. Cf. du même auteur, *Bernadotte :* « Bonaparte y trouve ou *en fait sortir* la conversation. » La seconde hypothèse me paraît la plus vraisemblable, car, d'après la déclaration du comte d'Antraigues du 11 septembre 1797 (Fauche, *Mémoires*, II, p. 164), l'écrit trouvé dans le portefeuille avait 33 pages. Or l'écrit conservé aux Archives nationales a 16 pages.
2. *Correspondance de Napoléon*, voir aux dates, t. III.
3. *Cette copie dans les papiers de R. de Saint-Albin*. La conversation fut publiée d'après cette copie. Les directeurs (Barras sans doute) ont barré d'un trait tout le commencement. L'original est bien de l'écriture de d'Antraigues.
4. Voir tout un chapitre du tome III de Fabre, *Hist. secrète du Directoire*.

condamner Pichegru. Mais une conversation d'un émigré ne constituait pas une preuve positive; elle ne suffisait pas pour faire condamner Pichegru ; pour le frapper, il fallait « l'atteindre *arbitrairement par une mesure générale* » : ainsi pensait Fabre; ainsi jugea Barras.

La lettre de Bonaparte annonçant l'envoi du portefeuille était datée du 10 juin ; Fabre avoue qu'il a perdu quelque temps en Suisse, dans une intrigue amoureuse ; il dut arriver entre le 20 et le 25 à Paris. On peut constater aussitôt que l'attitude de Barras change. Il négocie encore avec les Conseils pour les « mystifier », mais il se rapproche de ses collègues Reubell et La Révellière, a des entrevues secrètes avec eux à l'insu des deux autres et fait voter l'expédition d'Irlande, dont il paraissait naguère un adversaire décidé. Cette expédition, Barras le sait, il l'a dit, rien n'est prêt pour l'exécuter : elle ne sera qu'un prétexte pour amener à Paris, au moment voulu, les troupes de l'armée de Sambre-et-Meuse [1].

Hoche, qui s'est rendu à la Haye pour décider les Hollandais à l'entreprise, trouve à son retour à Gueldre, le 29 juin, l'ordre de faire marcher sur Brest 8.000 à 10.000 hommes. Barras a conseillé de joindre à l'expédition la « légion Humbert », la fameuse « légion des Francs », troupe de 2.500 hommes sur laquelle on peut compter. Le 1er juillet, Hoche envoie à cette légion l'ordre du départ : joie des soldats ; ils savent qu'ils marchent sur Paris ; est-ce pour une fête ou pour un coup d'État [2] ?

Le même jour, ordre semblable au 10e régiment de hussards, à la division de chasseurs campée à Aix-la-Chapelle. Lefèvre commande le 10e régiment ; il sait qu'il se rend à Paris pour « faire peur » aux Conseils ; les autres généraux sont prévenus, choisis d'avance et endoctrinés par Chérin, ci-devant généalogiste de France, républicain par patriotisme et par amour de la gloire, chef d'état-major et conseiller intime du général en chef de l'armée de Sambre-et-Meuse [3].

Et, tandis que ces troupes s'acheminent sur Paris, Barras resserre son alliance avec ses deux collègues « pour aviser aux moyens de sauver la République menacée de toutes parts ». « La nécessité est reconnue d'avoir des ministres dont les sentiments et les opinions concourent à leurs efforts [4] ». A ce moment, Carency livre à Barras le secret de la mission de Dandré. Car ce jeune seigneur, fort dépourvu d'argent et léger de scrupules, connaissait les projets de l'ancien constituant par son père, La Vauguyon, que le Prétendant avait disgracié, et surtout par une femme, la Meyer, maîtresse de

---

1. Barras, t. II, p. 420 et suiv.
2. Barras, t. II, p. 424 ; Sorel, *Bonaparte et Hoche*, p. 290 et les *Mémoires* de Bigarré.
3. Sorel, p. 280.
4. Barras, t. II, p. 430, 436, 468, 470, 471.

Bayard, qui était l'agent de Wickham et l'auxiliaire de Dandré. Il tira parti des secrets qu'il avait surpris et du même coup vengea son père, en prévenant Barras que Dandré dirigeait « un comité de Clichy » vendu à l'Angleterre. Ce comité, disait-il, travaillait à s'emparer de l'opinion par la corruption et voulait organiser la garde nationale, la gendarmerie, la garde du Corps législatif dans un but réactionnaire, pendant que des membres des Conseils feindraient de se rapprocher du Directoire pour l'entretenir dans une fausse sécurité : l'Angleterre soldait tout ; un agent était parti pour Berne, un autre pour Londres, on attendait leur retour pour arrêter un plan définitif d'attaque[1].

Le 16 juillet, à la stupéfaction de Barthélemy et de Carnot, qui croyaient Barras gagné et proposaient le renvoi de ministres patriotes, le « triumvirat » renvoyait Delacroix et Truguet, maladroits ou gênants, mais conservait à la justice Merlin, la bête noire des Clichyens, aux finances Ramel, auxiliaire sûr. Il rejetait comme douteux Pétiet, qui préparait avec Dumas et Pichegru la réforme du code militaire, Cochon, qui faisait la police au profit des Conseils, Bénézech, royaliste déguisé qui pouvait contrarier les mesures que les directeurs allaient prendre. On les remplaçait par des hommes nouveaux, ambitieux redoutables, prêts à toute besogne, comme Talleyrand ou Sotin (car Lenoir-Laroche ne resta pas ministre), ou comparses obéissants, comme Pléville et François de Neufchâteau. Surtout Hoche devenait ministre de la guerre, bien qu'il n'eût pas l'âge légal : c'est lui qui devait régler le différend entre le Directoire et les Conseils.

Ainsi les directeurs se dégageaient de la trame où leurs ennemis espéraient les envelopper pour les frapper ensuite. La « conversation » achevait de leur ouvrir les yeux, dessillés déjà par tant d'autres preuves du complot pacifique des Amis de l'ordre[2] : attaques des Clichyens à la tribune des Conseils, rentrée des émigrés par toutes les frontières, assassinats du Midi, retour au culte catholique avec les prêtres insermentés, arrivée des principaux chefs royalistes de l'Ouest dans la capitale, violences commises aux dépens des partisans du Directoire.

## VI. — *Pichegru temporise.*

Lorsque les meneurs des Conseils apprirent, chez Carnot ou chez Barthélemy[3], où ils attendaient la fin de la séance du 16, le maintien

---

1. Barras, t II, p 472.
2. Voir la *Déclaration à mes commettants* et le *Rapport sur le 18 Fructidor* de Bailleul ; d'importants rapports des ministres dans V. Pierre, *18 Fructidor*, celui de Sotin entre autres.
3 Pichegru attendait chez Barthélemy, avec lequel il était en relations suivies, la fin de la séance, d'après Fabre.

de Ramel et de Merlin, le renvoi et le remplacement de Bénézech, de Pétiet et de Cochon ; lorsque Pétiet leur révéla, le lendemain, la marche des troupes de l'armée de Sambre-et-Meuse, marche accomplie sans ses ordres, et leur arrivée prochaine au voisinage de Paris ; lorsque Carnot, enfin, leur assura qu'il n'avait aucune connaissance de ce mouvement ni de son but, leur fureur n'eut d'égale que leur déception. Barras les avait mystifiés : il était l'allié de Reubell et de La Révellière ; la scission qu'ils avaient préparée dans le Directoire s'était faite contre eux. Ils se réunirent chez Tronçon-Ducoudray et proposèrent de suspendre, arrêter, mettre hors la loi les triumvirs. Mais ces mesures ne pouvaient s'exécuter sans l'aide d'une force armée. On comptait sur les 1.200 hommes de la garde du Corps législatif, sur le 21e régiment de chasseurs, commandé par Malo ; on parlait de réorganiser hâtivement la garde nationale parisienne qui n'existait plus ou presque plus [1].

Pichegru, avec Willot, assistait à la réunion : le danger le ramenait au premier plan ; il devenait l'appui, la force, le salut des Conseils. Dumas, général aussi, conseillait d'envoyer des grenadiers de la garde dans les douze arrondissements, pour former de petites troupes auxquelles se rallierait la population parisienne. Pichegru expliqua qu'on diminuerait la force du corps des grenadiers sans en donner à la garde nationale ; qu'il importait avant tout d'éloigner les troupes de Hoche et de prendre temps pour organiser la garde nationale. Ses paroles calmèrent l'effervescence de ses collègues. Dans la réunion qui suivit, chez Gibert-Desmolières, il fut aussi question de mettre en accusation les triumvirs. Mais la plupart des hommes réfléchis pensèrent qu'il fallait éviter toute mesure offensive, jusqu'à ce que la garde nationale fût entièrement formée et armée, au moins à Paris, à Lyon, à Bordeaux [2].

Cependant, s'il faut en croire Vaublanc, tout un plan fut élaboré entre Villaret-Joyeuse, Pichegru et Carnot, pour « faire partir du Directoire même le premier coup contre le « triumvirat [3] ». Pichegru aurait lu aux Cinq-Cents une lettre de Hoche qu'il s'était procurée et qui révélait ses projets, dénoncé l'attentat médité ; Vaublanc accusait alors Carnot, comme chargé spécialement du mouvement des troupes ; Carnot se rendait aux Cinq-Cents, accusait à son tour ses trois collègues — il l'avait promis — d'avoir fait le projet de dissoudre la Chambre et d'en arrêter plusieurs membres ; les Cinq-Cents votaient alors le décret d'accusation contre les triumvirs et confiaient à Pichegru le commandement de Paris [4].

1. D'après Thibaudeau surtout.
2. Larue, p. 33 ; Wickham à Grenville, 18 août, Record, Suisse.
3. Vaublanc, t. II, p. 401-402.
4. *Ibid.*, t. II, p. 401, 417. Cf. Barras, t. II, p. 480. Voir sur le rôle de Lacuée, Thibaudeau, p. 215.

Plan très simple, et dont le succès semblait immanquable, car la déclaration de Carnot aurait produit dans Paris un mouvement d'opinion considérable. Ce plan échoua cependant, car le directeur ne tint pas sa promesse. Les Cinq-Cents avaient voté l'envoi d'un message pour demander aux directeurs des explications sur la marche des troupes. Le Directoire répondit que la malveillance n'avait aucune part à l'ordre de marche et qu'on devait attribuer cet ordre à la « simple inadvertance d'un commissaire des guerres ». Carnot *signa* ce message comme président du Directoire ; il se dérobait donc à l'exécution du plan convenu. Pichegru en conçut une irritation violente. « L'artificieux directeur, écrit-il dans son journal, espérant obtenir de la gratitude de ses collègues ce qu'il ne pouvait plus attendre de leur crainte, démentit ainsi ce qu'il avait dit et répété à plusieurs personnes. Sa lâcheté, sa perfidie, loin de remplir son objet, ne fit qu'assurer la victoire à ceux qui devaient le traiter en ennemi[1]. »

Or ce jour-là, le Directoire mentionna sur son registre secret[2] « le dépôt d'une lettre du général Bonaparte, annonçant plusieurs lettres interceptées..., entre autres un mémoire de M. le comte d'Antraigues à M. Boissy d'Anglas, le dépôt d'un interrogatoire officiel du comte, de douze pièces trouvées dans son portefeuille qui contenaient une conversation écrite par le comte d'Antraigues et copiée par le général Berthier..., conversation précieuse par le détail qu'elle donnait d'intrigues ayant eu lieu pour rétablir la royauté par l'intermédiaire de Pichegru et du prince de Condé ». La Révellière, qui rédigea le procès-verbal de dépôt sur le registre secret, dut le lire à ses collègues réunis, et Carnot, averti des négociations de Pichegru avec Condé, dut comprendre qu'en devenant complice du général contre ses collègues, pour les faire décréter d'accusation, il compromettait irrémédiablement son passé de républicain. C'est pourquoi il signa le message. De nouveau la « conversation » fameuse entravait l'exécution des plans de Pichegru. Carnot refusait d'entrer en accommodement avec les Clichyens, car il voyait « derrière la toile les royalistes » et n'entendait pas se rallier à leur bannière[3].

Mais, à défaut de moyens d'attaque immédiats, la constitution

---

1. *Journal* de Pichegru, dans portefeuille rouge, papiers de R. de Saint-Albin.
2. Ces registres dans AF iii*, p. 19 et 20. Vraisemblablement Carnot *n'a pas connu avant cette date* la conversation, que Bonaparte avait envoyée à Barras. Le 20 juillet, on ne mentionne au registre secret que la lettre de Bonaparte du 3 juillet, avec laquelle il expédie les lettres interceptées sur un courrier payé par d'Antraigues. On crut que la conversation avait été saisie sur ce courrier. Voir lettre de Wickham à Grenville du 27 août. Comparez les lettres du 10 juin et du 3 juillet dans la correspondance de Bonaparte, t. III, p. 143 et 219.
3. Larue, p. 34.

offrait aux Conseils des moyens de défense, « une meilleure organisation de la garde nationale parisienne et une augmentation qui rendît plus importante la garde du Corps législatif [1] ». Le 20 juillet, avant la lecture de la réponse du Directoire, signée par Carnot, Pichegru faisait aux Cinq-Cents un rapport sur la garde nationale [2]. Ce rapport, que Thiers qualifie de « perfide » [3], présentait, sous des apparences démocratiques, une reconstitution des forces bourgeoises hostiles au Directoire. « C'est pour la garantie de l'acte constitutionnel, disait Dumas, qui défendit le projet aux Anciens, qu'il est nécessaire, dans les circonstances actuelles, d'opposer aux factieux la *masse entière de la nation* [4]. » La garde nationale était réorganisée dans toute la République ; nul ne pouvait jouir du droit du citoyen s'il ne se faisait inscrire au rôle [5]; la loi fixait des amendes contre ceux qui se dérobaient à cette obligation [6] ; chaque canton formait un bataillon de 800 hommes et les bataillons se groupaient pour former des légions [7]. En théorie, tous les citoyens faisaient partie de la garde nationale, mais le projet de Pichegru rétablissait ces *compagnies d'élite*, « où se groupaient toujours les hommes les plus prononcés », et dont les partis se servaient ordinairement pour l'exécution de leurs vues, car tout bataillon comptait, dans ses dix compagnies, une de grenadiers et une de chasseurs, celles-ci de 60 hommes [8], et les communes avaient le droit de former des compagnies de dragons de 65 hommes, à proportion d'une compagnie par trois bataillons [9]. Les hommes de ces compagnies privilégiées étaient choisis au scrutin de liste et à la pluralité relative, à raison d'un homme sur dix ou douze, par les citoyens de chaque commune [10], c'est-à-dire *par les mêmes électeurs* qui nommaient alors aux administrations et aux Conseils les ennemis du Directoire. « Le résultat des élections indiquait assez quelle espèce de garde on obtiendrait par ce moyen [11]. »

La République remettait le soin de sa défense aux élus de la réac-

---

1. Proposition d'Aubry, 6 juin ; Sciout, p. 560 ; Thibaudeau jugeait la mesure imprudente, p. 193 ; Larue, p. 32. Voir aussi la proposition de Willot sur la réorganisation de la gendarmerie, Barras, t. II, p. 469
2. *Moniteur*, t. XXVIII, p. 747. Le 18 juillet, Delahaye fait décider que le rapport sur l'organisation de la garde nationale sera fait le plus tôt possible.
3. *Révolution*, t. IX, p. 215.
4. *Moniteur*, t. XXVIII, p. 768.
5. Voir loi dans *Moniteur*, t. XXVIII, p. 768, art. 5.
6. Art. 4.
7. Art. 9, 14.
8. Art. 13.
9. Art. 27.
10. Art. 19, 20.
11. Les officiers étaient élus par chaque compagnie ; les chefs de bataillon par les officiers, art. 21, 23.

tion et aux privilégiés de la fortune. Tout faisait prévoir, en effet, que ces compagnies d'élite formeraient *seules* la garde nationale [1]. A Paris, à Lyon, à Bordeaux, à Marseille, le Directoire devait les organiser sans délai, *avant* les compagnies de fusiliers, et partout les citoyens devaient procéder *d'abord* au choix des grenadiers et des chasseurs.

Aussitôt le rapport de Pichegru achevé, H. Larivière en demanda la discussion immédiate [2]. Aubry venait d'annoncer l'arrivée prochaine de quatre régiments à cheval de l'armée de Sambre-et-Meuse à la Ferté-Aleps (près Corbeil). « Je vois autour de nous, s'écriait Larivière, tous les symptômes d'un 31 mai. Mais nous touchons aussi au 9 thermidor et ce jour doit être encore funeste à la tyrannie. Je demande qu'on discute le projet à l'instant même et que les Anciens soient invités par un message à ne pas désemparer avant d'en avoir reçu la résolution. »

Thibaudeau s'opposa à la discussion immédiate : la réorganisation de la garde nationale lui paraissait très urgente, mais il jugeait qu'elle ne serait pas terminée assez tôt pour mettre les Conseils à l'abri des attaques du Directoire. Les Conseils, disait-il, devaient accuser les directeurs, qu'ils jugeaient coupables, ne s'entourer d'autre force que de celle que leur donnait la confiance de la nation. Malgré Boissy d'Anglas, il fit voter l'impression du rapport et l'ajournement de la discussion vingt-quatre heures après sa distribution [3]. « Vingt-quatre heures, disait Barras en l'apprenant, c'est un siècle quand on sait en profiter [4]. »

### VII. — *Barras envoie Fabre à Pichegru.*

Le directeur allait essayer de détourner l'orage qui le menaçait. La séance du 20 s'était terminée sur une menace : Doulcet [5] avait demandé la formation d'une commission de cinq personnes, pour prendre des renseignements positifs sur la marche des troupes, remonter à la source de l'ordre qui leur avait été donné. Cette commission, formée sur-le-champ et composée de Pichegru, Willot, Doulcet, Gau et Normand, paraissait déterminée à faire la lumière et à ne reculer devant aucune des conséquences auxquelles devait l'entraîner la recherche de la vérité. Barras prévenait Reubell et La Révellière : « Nos ennemis ont franchi le Rubicon [6]. »

1. Fabre, t. III, p. 139.
2. *Débats et Décrets*, thermidor an V, p. 22 ; Fabre, t. III, p. 139.
3. Fabre, t. III, p. 143-145 ; *Moniteur*, t. XXVIII, p. 748.
4. Fabre, t. III, p. 148.
5. Doulcet, *Souvenirs*, t. II, p. 230-31.
6. Fabre, t. III, p. 151.

Le directeur se préparait à la lutte, mais ne croyait pas qu'elle éclatât aussitôt [1]. Les troupes de l'armée de Sambre-et-Meuse ne devaient arriver qu'à la fin du mois au voisinage de Paris : en annonçant leur marche, dès le 17, Pétiet avait placé Barras dans la situation la plus difficile. Car ses deux collègues ignoraient ou feignaient d'ignorer, après l'avoir approuvée, la marche des troupes sur Paris, pour lui en laisser la responsabilité. Il ne conservait guère l'espoir d'être soutenu par eux au moment du danger et ce danger s'annonçait très proche, depuis la formation de la commission des Cinq.

A défaut de leur appui, pouvait-il compter sur celui de Hoche ? Celui-ci arrivait à Paris [2] et le Directoire le mandait pour en obtenir des éclaircissements au sujet de la marche des troupes. Barras lui avait laissé croire que le Directoire approuvait le mouvement. Or ses collègues écoutaient avec « curiosité » ; Carnot interrogeait avec rudesse et dureté ; le général regardait Barras qui baissait les yeux sans proférer une parole ; La Révellière seul, devinant son embarras, venait à son aide, faisait cesser l'interrogatoire. Puis il lui parlait en particulier, l'assurait que Barras avait pris tout sur lui, l'engageait à quitter Paris [3]. Furieux [4] du rôle que Barras lui avait fait jouer, rôle d'intrigant à son seul profit, du danger où il l'avait placé, de la lâcheté avec laquelle il l'abandonnait, Hoche se rendit chez le directeur et lui parla avec tant de colère et de violence que celui-ci s'emporta, jura même de se venger [5]. A défaut de Hoche, Barras pouvait compter sur Bonaparte, mais Bonaparte était bien loin : « Bonaparte, disait-il à Fabre, arrivera pour nous venger, mais nous trouvera pendus ; et de pendus d'été que peut-on faire [6] ? »

Restait à s'entendre avec Pichegru, « Pichegru notre seul antagoniste, disait-il à Fabre. Sa trahison est ignorée ; on croira qu'il ne s'arme que pour la patrie ; on l'écoutera ; on le suivra ; des bataillons entiers viendront à lui. » Il s'agissait de l'éloigner, en lui rendant un grand

---

1. *Mémoires tirés des papiers d'un homme d'État*, t. IV, p. 476.
2. Voir Pierre, p. 5 et 7. Il arrivait le 20.
3. La Révellière, t. II, p. 121 à 125. Cf. au contraire Barras, t. II, p. 484, et lettre de Hoche, du 20 juillet, dans Pierre, p. 5, qui semble confirmer le récit de Barras. Sorel, *Bonaparte et Hoche*, p. 296.
4. Bulletin confidentiel adressé à Hardemberg, *Mémoires tirés des papiers d'un homme d'État*, t. IV, p. 476.
5. Fabre, t. III, p. 126. Cf. La Révellière, moins affirmatif, t. II, p. 125. Cf. *Réponse à Bailleul*, p. 105, visite de Hoche à Carnot : Hoche dit à Carnot qu'il n'est retenu dans le parti de Barras que par des femmes. Voir aussi Larue, p. 31 ; Hoche prie Larue de *lui ménager une conférence avec Pichegru*. Le général Salme, ami de Pichegru, appelé au commandement d'une brigade de dragons à Cologne par Hoche, « avait réussi, quelque temps avant le 18 Fructidor, à *rapprocher Hoche de Pichegru*, mais ce rapprochement n'était qu'apparent. » Heitz, le *général Salme*.
6. Fabre, t. III, p. 133.

commandement : on achèterait son départ avec des honneurs, des domaines, de l'argent, des concessions politiques, la radiation des émigrés en masse, s'il le fallait. Barras chargea Fabre de la négociation.

Fabre [1] connaissait Pichegru pour l'avoir vu dans le salon de la marquise d'Esparbès. Le général écouta les propositions de l'envoyé de Barras sans dire un mot : « ses yeux, sa bouche, ses mains restèrent dans une apathie complète ». Il répondit, avec une sincérité qui étonna Fabre, que le Directoire ne pouvait se maintenir longtemps, car il succomberait tôt ou tard sous les coups des généraux. « Le Directoire, dit-il, aura pour adversaires, moi mis de côté, qui toutefois n'en abandonne point ma part, Moreau, Hoche, Joubert, Bernadotte et Bonaparte, sans compter, si Dieu lui prête vie, tous les généraux qui s'élèveront. Il n'y en aura pas un qui ne veuille remplacer pour son compte le Directoire, et des gens de plume ne tiendront jamais contre des épées aussi bien affilées. Dites à Barras que, lors même que mes affections me permettraient de m'entendre avec lui, ma perspicacité n'y consentirait pas. » Et, à demi-mots, il laissait entendre qu'il était autorisé par qui de droit à conclure définitivement, et sans avoir besoin de ratification, tout traité qui tendrait à rétablir le « bon ordre ». « Du reste, ajoutait-il, ceci n'aura pas pour Barras autant de nouveauté que vous pourriez le craindre. »

Fabre transmit la réponse de Pichegru à Barras : « Les filets sont à la mer, répondit celui-ci, l'un de nous doit s'y prendre, voilà tout. Non, non, je ne peux ni ne dois abandonner la cause de la République... Au demeurant Pichegru a raison ; nous périrons tous par les généraux. » Mais la voix trahissait de l'hésitation ; Fabre lui conseillait de v... Pichegru ; Barras répondait : « Nous verrons [2]. »

Pichegru attendit sans doute quelques jours la réponse de Barras. Croyait-il l'entente possible avec le directeur? On le suppose à lire les *Mémoires* de Fauche : « Je savais par Monsieur, prétend celui-ci, que Pichegru avait dit, au moment de son arrestation, ce que je lui ai entendu dire moi-même depuis : que, si on ne l'eût pas éloigné de Barras, la fatale journée n'aurait pas eu lieu [3]. »

Mais Barras se décidait alors à faire son coup d'État : Willot commettait la faute de le « chicaner sur son âge [4] » ; d'ailleurs Bonaparte

---

1. Fabre a consacré tout un chapitre du t. III de son *Histoire secrète* à cette entrevue. Fabre « qu'on savait dévoué au Directoire », Doulcet, t. II, p. 123, 128. L'entrevue eut lieu le 21 et non le 23 La séance du 20 est reportée par Fabre au 22.
2. Fabre, t. III, p. 172, 173.
3. Fauche, *Mémoires*, t. II, p. 154. Cf. p. 137.
4. Fauche, *ibid.*, p. 138, et *Notices*, p. 42-43 : Pichegru reprochait à Willot ses rodomontades.

écrivait, le 15 juillet, au Directoire [1], qu'il ne voyait qu'un moyen de mettre fin aux tergiversations de l'empereur, de le forcer « à conclure la paix en vingt-quatre heures », c'était de faire arrêter les émigrés, de briser les presses des journaux payés par l'étranger, de sauver d'un seul coup la République. « L'indignation est à son comble dans l'armée, ajoutait-il...; les circonstances s'aggravent tous les jours ; il est imminent que vous preniez un parti. » Et il joignait à sa lettre sa proclamation fameuse à l'armée, rédigée à l'occasion de l'anniversaire du 14 juillet : « Soldats, des montagnes nous séparent de la France; vous les franchiriez avec la rapidité de l'aigle, s'il le fallait, pour maintenir la constitution [2] ! » La lettre et la proclamation arrivaient au Directoire le 22; Lavalette voyait Barras ce jour-là et lui offrait trois millions : « Je lui ai fait votre proposition, écrivait-il à Bonaparte; il l'a acceptée avec transport ; il vous écrit à ce sujet [3]. »

Barras se réconciliait avec Hoche : il avait besoin de ses troupes. Suspect aux Conseils, le général ne pouvait plus agir en personne; il devait laisser à un autre le soin de mener l'entreprise. Mais il promettait d'activer la marche de ses troupes, de faire prononcer son armée. Barras le renvoyait de Paris, le 24, après un dîner chez lui et des adieux pathétiques, afin que les troupes pussent arriver à la ligne constitutionnelle promptement. En partant, il rencontrait Marbot près de Saint-Sulpice et lui disait : « Il n'y a rien de changé ; vous trouverez Bergoing chez Barras; je pars pour ma destination ; dites aux patriotes qu'ils comptent sur Hoche; je serai à vous à la mort [4]. »

Barras s'était engagé à faire prendre un arrêté approbatif de la marche des troupes. Le Directoire prenait cet arrêté le 26 ; Barras l'expédiait à Hoche, qui, à son arrivée à Reims, activait la concentration de ses troupes et, au lieu de 9.000, en acheminait 15.000 sur Paris. Mais le ministre de la guerre Scherer, ignorant des ordres secrets donnés à Hoche et peut-être secrètement d'accord avec Pichegru, parrain de son enfant, s'étonnait de l'envoi de 15.000 hommes au lieu de 8.000 annoncés par la lettre de Hoche du 20 juillet; Ferino, ami de Pichegru, commandant de la deuxième division militaire à Sedan, entravait la marche des troupes. Aussi le « triumvirat » faisait prendre un nouvel arrêté au Directoire le 30, confirmatif du précédent; Hoche annonçait à Lemoine, chargé de diriger les colonnes de l'armée de Sambre-et-Meuse marchant sur Paris : « On veut à

---

1. *Correspondance officielle*, t. III, p. 243.
2. Insérée au *Moniteur* le 23 juillet. Cf. Sorel, *Bonaparte et Hoche*, p. 158.
3. *Mémoires tirés des papiers...*, t. IV, p. 478 ; Bourrienne, *Mémoires*, t. I, p. 238. Cf. Barras, t. II, p. 485-486.
4. Sorel, *Bonaparte et Hoche*, p. 300 et suiv. ; Barras, t. II, p. 496, 497 ; Rousselin, *Hoche*, t. I, p. 394. Hoche se défendit alors d'avoir demandé une entrevue avec Pichegru, Larue, p. 31.

toute force que nous marchions vers l'intérieur; »et Barras déclarait à qui voulait l'entendre : « J'attends le décret d'accusation pour monter à cheval et marcher contre les conspirateurs des Conseils; et bientôt leurs têtes rouleront dans les égouts¹! »

## VIII. — *Pichegru partisan d'un compromis.*

Le décret d'accusation ne fut pas proposé aux Conseils; bon nombre de députés, et Pichegru entre autres, voulaient éviter toute mesure offensive jusqu'à ce que la garde nationale fût organisée. Le plus étrange, c'est que les Conseils ne se pressèrent pas de voter la loi qui l'établissait. La discussion commença, le 23, aux Cinq-Cents. Après avoir écarté une proposition de Talot, qui présenta un amendement au projet de Pichegru, le projet fut mis aux voix, article par article². La partie qui fixait la composition de la garde nationale fut adoptée; seul, le chapitre des exceptions du service personnel donna lieu à de longs débats. Pourtant la rédaction définitive de la résolution sur l'organisation de la garde nationale ne fut adoptée aux Cinq Cents que le 20 thermidor (7 août). Pichegru ou la commission avait tenu à soumettre ce projet aux trois lectures constitutionnelles. Dumas, qui en fut le rapporteur aux Anciens, mit plus de hâte à le faire voter. Après trois jours de « combats de tribune », le 25 thermidor (12 août), les Anciens approuvèrent la résolution des Cinq-Cents, qui ne devint loi qu'à cette date.

Pichegru penchait pour un compromis entre le Directoire et les Conseils, compromis au moins temporaire, jusqu'à l'organisation de la garde parisienne. Malmesbury à Lille, très bien informé de ses intentions³, l'annonçait à son ministre le 29 juillet, d'après des

---

1. Pierre, p. 16 à 28 ; Barras, t. II, p. 498, 500 ; t. III, p. 14. Les A. G., archives administratives, dossier Ferino, contiennent les lettres de Ferino au ministre de la guerre et ses réponses Voir sur Ferino le plan du coup d'État, écrit de la main de Chérin, dans les papiers de R. de Saint-Albin ; Sorel, *Bonaparte et Hoche*, p. 302, 306-7 ; Rousselin, *Hoche*, t. I, p. 395 et suiv. ; t II, p. 469 ; *Mémoires tirés des papiers...*, t. IV, p. 480.
2. *Moniteur*, t. XXVIII, p. 702, 768 ; Gallais, *Causes et effets du 18 Fructidor*, p. 76 ; Pierre, *18 Fructidor*, p. 38 et 39.
Pichegru consacrait au plaisir une partie de son temps. On le voit, le 30, à la fête d'Idalie à côté de l'ambassadeur ottoman, Ballot, *18 Fructidor*, p. 104. M^me Lajolais, son mari et sa fille, avaient suivi Pichegru à Paris et habitaient *la maison même du général*, à Clichy. Voir l'interrogatoire de M^me Lajolais, du 13 germinal an XII, papiers R. de Saint-Albin, et lettre de Lajolais au ministre Sotin, 4 vendémiaire an VI, F⁷ 6140, doss. 162.
3. Voir sa lettre du 29 août à Grenville, Record Office, France, surtout sa lettre précédente du 23 juillet. Par qui était-il informé ? Liébert, l'ami de Pichegru et son ancien chef d'état-major, commandait à Lille ; Malmesbury l'y a connu. Une lettre du policier Mengaud laisserait croire que Pichegru s'était mis en relation avec Barthélemy par une de ses maîtresses, nommée Thérèse, qu'il avait connue pendant son

renseignements qu'il avait reçus, de source absolument sûre, depuis le 25. « Un compromis, écrivait-il, paraît être la plus probable issue, et Pichegru sera le médiateur entre les trois directeurs et les Conseils... » Le 6 août, il annonçait que Pichegru et Willot avaient essayé de gagner La Révellière. « Pichegru, écrivait-il encore, le 14 août, n'est pas ami du tumulte ou des révolutions. » Une lettre de Paris, écrite à la fin d'août, transmise par l'ambassadeur au ministre, plaçait le général au nombre des partisans d'une conciliation : « Un parti mitoyen s'y est formé (à Paris) et a pris la prépondérance. Il sera dirigé par Thibaudeau, Emery, Doulcet, Pichegru, Villaret-Joyeuse, Siméon, Vaublanc [1]. »

Wickham envoyait des renseignements analogues, le 27 août. Parlant d'un compromis que Tronçon-Ducoudray essayait de faire conclure, il ajoutait : « Le général Pichegru, pour les raisons que j'ai déjà fait connaître (lettre du 18 août), est d'avis qu'un tel compromis doit être accepté par les Conseils, mais seulement pour gagner du temps [2]. »

Dumas, qui à la même époque se faisait ambassadeur pour le rapprochement des partis, « et qui entendait bien éviter les sottises », c'est-à-dire les imprudences et les violences, « malgré la bonne envie des fols des deux extrêmes », Dumas annonçait à Moreau, le 4 août : « *Nous marchons parfaitement d'accord avec Pichegru* [3]. »

Le général, le 26 juillet, donnait une preuve de son désir de conciliation [4]. Chargé par la commission des Cinq, dont il était membre, de faire un rapport sur les messages du Directoire relatifs à la marche des troupes, il prononçait un discours très modéré de forme [5], où, sans paraître dupe des intentions hostiles des trois directeurs, il se portait garant de la loyauté constitutionnelle des soldats, protecteurs des institutions sociales et des pouvoirs émanés directement du peuple. « Notre commission sait, déclarait-il, qu'il n'y a rien à redouter de nos braves défenseurs ; ils savent obéir à leur chef ; mais il y a des cas où ils doivent connaître les bornes de leur obéissance. » Et, s'adressant aux soldats : « Gardez-vous, s'écriait-il, de souiller votre gloire, en deve-

---

commandement à l'armée du Nord. Mengaud la vit à cette date à Lille et devint même assez intime avec elle, jusqu'au jour où elle disparut brusquement, sans laisser d'adresse : lettre de Mengaud au Grand Juge, 12 ventôse an XII, dans papiers de R. de Saint-Albin.

1. Publié dans Ballot, *18 Fructidor*.
2. Record Office, Suisse, aux dates.
3. Barras, t. II, p. 491 ; Pierre, p. 37.
4 Il avait rendu, à la prière d'une femme, la lettre compromettante écrite par Hoche, Vaublanc, t. I, p. 401.
5. Imprimé sous ce titre : *Extrait du rapport du représentant Pichegru*. Le rapport fut imprimé à des milliers d'exemplaires, par ordre de Dandré, aux frais de l'Angleterre. Voir la lettre de Dandré à Wickham du 29 juillet. Cf. Sciout, t. II, p. 593 et suiv.

nant les instruments de quelques factieux ; on vous dit que le royalisme domine dans l'intérieur de la France, qu'il siège au Sénat : gardez-vous de croire à ces suppositions sacrilèges ; elles calomnient la masse du peuple, qui a choisi ses représentants ; elles révoquent en doute sa volonté souveraine. » Au lieu de proposer des mesures énergiques, susceptibles d'assurer la défense des Conseils contre le Directoire, il demandait seulement d'établir à la distance de six myriamètres de la capitale des colonnes sur les routes, de simples poteaux, où seraient inscrits les articles de la loi punissant les violateurs de l'enceinte constitutionnelle. Vaublanc trouvait étrange qu'un général victorieux parût croire à l'efficacité de mesures semblables, d'une inefficacité notoire [1]. Ne voulait-il pas éviter de donner un prétexte à l'hostilité des directeurs, et laisser la porte ouverte à la conciliation ?

Les trois directeurs affectèrent de se prêter à une entente. L'ambassadeur prussien, Sandoz, annonçait à son gouvernement, le 29 juillet [2] : « Les projets d'oppression contre le Corps législatif ont été abandonnés ; les trois directeurs, qui en étaient les complices, sont revenus à l'opinion de Carnot et de Barthélemy. Barras et Reubell ont failli se trouver dans le plus grand embarras ; ils devaient être dénoncés et mis en accusation hier au Corps législatif, si le rapprochement ne fût pas survenu ; la femme de ce dernier m'en a fait indiscrètement l'aveu. » Le rapport des inspecteurs de la salle concluait à demander compte au Directoire des mesures qu'il avait prises pour punir les auteurs de la marche sur Paris. Sa réponse devait être donnée dans trois jours. Il était occupé d'y satisfaire, lorsque des conférences survinrent entre le Directoire et ces mêmes inspecteurs : « Des explications franches et amicales, ajoute Sandoz, ont amené une réconciliation qu'on croit sincère et durable. » La présence des directeurs Reubell et La Révellière, qui ne parurent que tard aux conférences, faillit cependant tout troubler et tout rompre.

Ce fut Carnot qui, le 5 août, accueillit la députation des deux commissions d'inspecteurs de la salle. Il donna, au nom de ses collègues, l'assurance que toutes les mesures étaient prises pour maintenir la tranquillité générale ; que les troupes destinées pour Brest poursuivaient leur route, mais que les autres rétrogradaient ; que le Directoire ordonnait aux militaires en congé à Paris ou destitués, qui encombraient la capitale, de quitter cette ville ou de rejoindre leur corps, et se proposait même de faire une proclamation aux

---

1. Vaublanc, t. II, p. 413. L'opinion du public dans Ballot, p. 102 : ce discours, « affiché dans toutes les rues, fait le plus grand plaisir. Il semble que les esprits se concilient. »
2. Bailleul, t. I, p. 139 à 141. Cf. La Révellière, t. II, p. 91.

armées, à l'effet de leur ouvrir les yeux sur les calomnies répandues contre la pureté des intentions du Corps législatif [1].

### IX. — L'or anglais.

A la nouvelle d'un compromis entre le Directoire et les Conseils, nouvelle que lui envoya Malmesbury par courrier spécial (M. Wesly) le 29 juillet [2], le ministre anglais, Grenville, poussa un cri d'alarme. Un compromis, c'était l'accord des partis en France : or l'Angleterre spéculait précisément sur un désaccord pour traiter le plus avantageusement possible à Lille. « Le meilleur moment pour terminer notre négociation, écrivait Malmesbury, serait celui où les deux partis sont en lutte pour se disputer le pouvoir et avant qu'aucun d'eux n'ait triomphé [3]. »

Comme Grenville ou Canning, ce diplomate subtil ne se résignait à la paix, à des conditions qu'il jugeait humiliantes, que dans l'espoir de préparer la revanche à la faveur de la paix même. « Je désire la paix d'autant plus, écrivait-il, que j'ai tous les jours des motifs de croire que la paix paralysera entièrement ce pays-ci. Les moyens de violence que la France a appliqués à la guerre vont retomber sur elle comme un rhume rentré et vont faire crouler sa constitution affaiblie et sans fond. Il faut mettre les suites de la paix bien au-dessus de la meilleure des conditions que nous pourrions obtenir dans le traité [4]. » Un accord des partis avec le Directoire allait à l'encontre de ces combinaisons. Lorsque la nouvelle en arriva à Londres, le ministre Windham, qui condamnait l'emploi des moyens pacifiques pour la restauration de la monarchie en France, dut critiquer les résultats de la politique préconisée par Wickham, et Grenville envoya le 5 août, à Berne, une lettre où la critique se mêlait à l'éloge [5].

Une sorte de compromis, annonçait-il à Wickham, se conclut à Paris, sur les indications de Pichegru ; on ne peut guère douter qu'il n'exerce une influence sur les négociations : « J'ai grand'peur que vous n'ayez limité vos opérations plus que nous ne l'aurions souhaité.

---

1. *Mémoires tirés des papiers*, t. IV, p. 484. Carnot paraît dupe de ses collègues, voir sa lettre à Bonaparte, p. 514 ; Barras, t. II, p. 501. Larue venait de faire, le 4 août, un nouveau rapport sur la marche des troupes, après la dénonciation de Willot du 31 juillet.
2. Malmesbury à Grenville, Record Office, France, à la date.
3. Lettre du 5 septembre, separate, *l. c.* Voir dans Pallain, *le Ministère de Talleyrand*, p. 40, une lettre du prince de la Paix, insistant sur le tort que fait à la France au dehors le conflit survenu entre le Directoire et les Conseils. Voir aussi une lettre du prince de Hesse, dans *Mémoires tirés des papiers*, t. IV, p. 513.
4. Sorel, t. V, p. 216.
5. *Correspondance de Wickham*, t. II, p. 43.

C'était à moi de vous faire connaître le moment où toute idée d'agir vers la frontière ou dans l'intérieur *par la force* pour la restauration de la monarchie devait être abandonnée [1]. » Il ajoutait d'ailleurs que les plans de Dandré lui paraissaient « plus profitables » que les précédents.

Wickham n'avait accepté les plans de Dandré que pour affaiblir le Directoire devant l'étranger, au moment des négociations de paix, en lui enlevant l'appui des constitutionnels et de l'opinion publique, « sa véritable force ». Encore le 18 août, avant d'avoir reçu la lettre de Grenville, il déclarait qu'il ne redoutait rien tant qu'un accord du Directoire avec le Conseil des Anciens, accord qui pourrait donner au gouvernement une force momentanée, dont l'effet serait très sensible à Lille, et qu'il entendait employer tous ses efforts « pour prévenir l'union en question ».

Il s'empressa de rassurer son ministre [2]. Il était persuadé, écrivait-il, qu'aucun compromis « du genre auquel Grenville faisait allusion » n'avait été conclu, et ne pouvait l'être à Paris. Le général Pichegru n'entendait pas se prêter à « une paix formelle et régulière », bien qu'il fût désireux d'éviter d'en venir aux extrémités avant d'être suffisamment fort ; il ne voulait pas se mettre en avant, s'effaçait jusqu'à ce que la garde nationale fût formée ; mais il allait jouer un autre rôle bientôt.

Wickham, bien informé par Dandré, qui lui écrivait fréquemment, et par Pichegru lui-même, *qui lui envoyait de courts billets* [3], savait qu'à cette date le général ne temporisait que pour se donner le temps de réunir des moyens d'action. Il lui conseillait [4] de ne pas s'endormir dans une fausse sécurité et de tout préparer pour engager le combat dès qu'il aurait formé la garde nationale ou réuni suffisamment de troupes.

Dès le mois de juillet, à la nouvelle de la marche des troupes, Wickham avait offert à Dandré de lui envoyer par mois 10.000 livres sterling (250,000 fr.) avec un crédit de 50.000 livres (1.250.000 fr.) dont il aurait le droit de faire usage dans un cas d'urgence extrême [5].

Dandré fut embarrassé de répondre avant d'avoir consulté Pichegru. Il ne le voyait pas souvent ; il se rendit chez lui. Sans lui faire connaître en détail les propositions de Wickham, il offrit de mettre

---

1. Record Office, Suisse, à la date.
2. Lettre du 28 août, à Grenville.
3. « Courte note de Baptiste » reçue le 27 août ; une autre, annoncée le 6 septembre, dans correspondance de Wickham avec Grenville, Record Office, Suisse.
4. Lettre de Wickham à Grenville du 27 août.
5. Seconde lettre de Wickham à Grenville du 27 août, secrète, Record Office, Suisse, vol. 74.

à sa disposition un million. Pichegru lui répondit qu'il n'en avait *pas besoin* : il pensait à cette date éviter la crise, en ménageant un accord au moins momentané entre le Directoire et les Conseils [1].

L'ex-constituant répondit à Wickham, « avec une délicatesse peu commune aux royalistes », qu'il ne demandait pas 10,000 livres sterling par mois ; il le priait de lui envoyer régulièrement 6,000 livres sterling et de fournir par mois 2,000 livres à Despomelles et à La Barberie, qui dirigeaient l'Institut philanthropique, et 2,000 livres à Précy qui, de Suisse, les ferait passer aux agents royalistes du Midi. Quant au crédit extraordinaire de 50,000 livres, il espérait n'en point faire usage. Wickham, en donnant ces détails à Grenville, dans sa lettre du 27 août, ajoutait cependant : « M. Berger (Dandré) et Baptiste (Pichegru) semblent désireux qu'une partie de cette somme soit logée à Paris. » Aussi annonçait-il qu'il allait prochainement tirer une traite de 20,000 livres sur le Trésor anglais [2].

En fait, pour les mois de juillet et d'août, Despomelles et Dandré ne reçurent pas exactement les 8,000 livres demandées. Le banquier Jacques Martin de Genève ne fit passer chaque mois que 1,800 louis au premier et le banquier Baboin que 3,800 à 4,000 louis au second [3].

Évidemment Wickham ne faisait de telles dépenses, dans un moment où les finances anglaises étaient en déficit, que parce qu'il jugeait que l'Angleterre y trouvait son profit. Certes Wickham se gardait bien, « dans tous ses rapports avec des personnes telles que Dandré et Pichegru », de mettre en avant les intérêts directs de la Grande-Bretagne, ni de rien stipuler en leur faveur; il en parlait comme d'intérêts essentiellement communs à ceux de la France, sachant bien que les arguments de cette espèce étaient les seuls qui fissent impression et fussent reçus sans méfiance. Il n'osait même pas demander aux amis de Dandré d'amener dans un des deux Conseils un débat sur la paix. Il se bornait à les encourager dans leur opposition au Directoire, « pour atteindre d'autres objets » : l'opposition des Conseils, le refus de subsides paralysaient l'action du Directoire à l'extérieur ; Malmesbury devait en ressentir le contre-coup à Lille [4].

---

1. Récit de Dandré à l'abbé de Montgaillard, *Histoire de France*, t. V, p. 35, et *Mémoires de Fauche*, t. II, p. 132. Dandré prétendit même qu'il laissa sur la cheminée du général 4 *rouleaux de 50 louis*, que celui-ci consentit à garder.
2. Lettre secrète de Wickham, 27 août.
3. Leclerc à La Barberie, 26 juillet ; à Despomelles, 1er août ; lettres de Dandré à Wickham, 18, 22, 24, 26 août, 1er septembre, Record Office, Suisse. Cf. lettre de Condé au « roi », 3 août, Chantilly, Z. t. CXXXVIII, p. 86. La Trémoille reçut directement de Grenville 6,000 louis : Wickham à Dandré, 15 août, Saint-Priest à Wickham, 15 juin. Cf. Lebon, p. 242.
4. Lebon, p. 364-365.

Mais, en dépit du savoir-faire et du tact de Wickham, ceux qui distribuaient ou qui recevaient son argent ignoraient-ils qu'ils trahissaient la France, puisque cet argent servait à l'abaissement de leur pays? Trahison pire encore, s'ils étaient députés, défenseurs attitrés des intérêts de leurs concitoyens dans les Conseils !

Fidèle à son plan d'action constitutionnelle, Pichegru avait refusé en juillet les secours financiers de l'Angleterre. Les a-t-il refusés en août, quand il a été amené, par l'offensive même du Directoire, à combattre le gouvernement par la force ?

# CHAPITRE XII

## FRUCTIDOR

### I. — *L'offensive du Directoire. Apathie des Conseils.*

Après le rapprochement des premiers jours d'août, le « triumvirat » reprit l'offensive contre les Conseils. Quand Augereau arriva d'Italie, le 5 août, pour « tuer les royalistes », les trois directeurs l'accueillirent avec joie et, malgré Carnot et Barthélemy, le nommèrent, à la place de Hatry, commandant de la dix-septième division militaire (Paris). « J'observe et j'agis, écrivait Augereau à Bonaparte ; je cours sans cesse du Directoire chez le ministre de la police, et de chez celui-ci au Directoire ; je les encourage, je les excite, et je fais en sorte de hâter leurs résolutions. » Il s'entourait d'officiers dont il était sûr : le général Verdière recevait le commandement de la place de Paris ; Dommartin, d'opinions modérées, mais très attaché à Augereau, celui de l'artillerie ; l'adjudant général Guillot, celui de l'École militaire [1].

Les armées se prononçaient ouvertement contre les Conseils ; celle d'Italie d'abord, celle de Sambre-et-Meuse ensuite. A l'anniversaire du 10 août, Hoche réunissait ses officiers dans un banquet et leur annonçait qu'ils auraient à se servir de ces armes redoutables, avec lesquelles ils avaient tant de fois fixé la victoire, contre les fanatiques et les rebelles qui essayaient de troubler la République [2]. Le chef d'état-major de Hoche, Chérin, se rendait à Paris ; nommé commandant de la garde du Directoire, il s'installait auprès de Barras et rédigeait le plan du coup d'État [3].

---

1. Barras, t. II, p. 505, 515 ; *Mémoires tirés des papiers*, t. IV, p. 509, lettre du 9 août, p. 512 ; Besancenet, *Dommartin*, p. 158-9.
2. Le colonel Craufurd envoyait, le 12 août, à Londres, des chansons et des imprimés qui circulaient dans l'armée de Sambre-et-Meuse, par exemple l'*Hommage de l'armée de Sambre-et-Meuse au club de Clichy*, la *Comparaison du club royal de Clichy et de l'armée républicaine d'Italie*.
3. Ce plan en original dans les papiers R. de Saint-Albin ; Barras, t. III, p. 7. Hoche envoie Chérin à Barras le 2 fructidor. L'armée de Moreau, l'ancienne armée de Pichegru, restait à l'écart de ces manifestations ; Moreau désavouait même secrètement une adresse attribuée aux officiers et aux soldats de son armée. Voir sur cette adresse Bonnal, *Desaix*, p. 130. Camille Jourdan, p. 13, prétend qu'il écrivait à divers personnages du parti hostile au Directoire pour les assurer de son dévouement à leur cause.

Les troupes de Sambre-et-Meuse s'acheminaient vers Paris; la légion des Francs arrivait à Reims et attendait l'ordre de marcher sur la capitale [1]; une foule de soldats et d'officiers en congé ou en réforme encombraient la capitale, prêts à faire le coup de feu contre les royalistes, et préludaient à la guerre des rues par des violences ou des attentats contre les « collets noirs »[2]; ils aimaient mieux rester à Paris que revenir dans leurs départements pour y toucher leurs pensions[3]; Augereau les enrégimentait, ou faisait entrer dans la ville par pelotons les bataillons campés dans le voisinage[4]. Pichegru ne l'ignorait pas, car Dandré, bien servi par la police qu'il avait organisée, le tenait au courant, ainsi que les inspecteurs de la salle des deux Conseils, des préparatifs des directeurs[5].

Ceux-ci attisaient le mécontentement des troupes, en accusant les Conseils de leur refuser l'argent nécessaire à la solde, et dressaient, dans leur message du 9 août, un véritable réquisitoire contre les assemblées délibérantes[6]. Le 27 août, La Révellière, devenu président du Directoire, dans un discours violent en réponse à celui de Bernadotte, que Bonaparte, après Augereau, venait d'envoyer à Paris, dénonçait sans ménagement « les lâches déserteurs de la cause républicaine » qui, par « un pacte honteux », vendaient à l'étranger « leur honneur et la patrie[7] ».

On annonçait le coup d'État dans les ministères, dans les salons, dans le public même[8]. « Les Conseils, écrit Pichegru[9], ne pouvaient ignorer les préparatifs visiblement dirigés contre eux ; on devait s'attendre à leur voir prendre une marche plus sage et plus propre à les en garantir. Mais non ; ils perdirent en divagations les coups[10] qu'ils devaient employer à leur salut; ils rejetèrent le soir les mesures qu'ils avaient adoptées le matin, et les séances ne présentaient plus qu'incohérence dans les discussions et nullité dans le résultat. »

La plus grande confusion régnait dans les Conseils : les Anciens prétendaient modérer la « fougue des Cinq-Cents[11] », et, par leur lenteur à les approuver, nuisaient à l'effet des mesures que ceux-ci

---

1 Bigarré, *Mémoires*, p. 79 à 83.
2. Aulard, *Paris*, t. IV, p. 293, 298, 300, 303, 311 ; Ballot, p. 134 ; Thibaudeau, p. 251 ; Imbert-Colomès, p. 7 ; Pierre, p. 40, lettre de Dumas à Moreau.
3. Aulard, t. IV, p. 310.
4. Ballot, p. 129.
5. Dandré, rapport d'octobre, passage non publié par Ballot ; bon résumé des préparatifs du Directoire dans Jordan, p. 32 à 34.
6. *Débats et Décrets* thermidor an V, p. 361 et suiv.
7. Voir les discours dans Beaulieu, t. VI, p. 359.
8. Bailleu, t. I p. 144 ; Thibaudeau, p. 243 ; Ballot, p. 127.
9. *Journal* de Pichegru, dans portefeuille rouge, papiers de R. de Saint-Albin.
10. *Sic.*
11. Larue, p. 40 ; Imbert-Colomès, p. 3 ; Thibaudeau, p. 198, 203, 232.

proposaient. Au sein du Conseil des Cinq-Cents, ni accord ni ensemble, « autant de plans que de têtes [1] ». Les partisans du Directoire se moquaient des terreurs de leurs ennemis, affirmant qu'elles ne reposaient sur aucun fondement. Les amis de Carnot, qui partageaient les illusions du directeur, soutenaient qu'on exagérait le danger, « danger au moins centuplé par la peur [2] ». Un certain nombre de députés voyaient le péril, mais espéraient s'en préserver par la modération de leur conduite; d'autres craignaient plus le triomphe de Clichy que celui du Directoire [3]. Quelques-uns, avec Dumas, négligeaient volontairement « toute précaution indiscrète », pour ôter au Directoire tout prétexte de mécontentement et de violence; « on pouvait assimiler leur conduite à celle d'un particulier assez timoré pour ne repousser un spadassin qu'en observant les règles fixées pour le combat singulier [4] ». La majorité voulait revenir au système de temporisation et tâcher seulement de parvenir aux élections : « Les Clichyens, intimidés, écrivait Augereau, ont repris leur système plus lent et plus sûr », et Barras : « Le parti royaliste a changé de plan; il n'ose plus heurter le Directoire [5]. » Une minorité seulement paraissait décidée à recourir aux moyens violents pour prévenir l'attaque du Directoire. Mais elle se divisait elle-même en deux partis : l'un, avec Willot, ne reculait devant aucune extrémité, ne refusait aucun concours, même celui des chouans, ne tenait aucun compte de la légalité ni de la constitution pour combattre le Directoire. L'autre, avec Pichegru, prétendait concilier la constitution et le coup d'État, en décidant les Conseils à se prononcer contre le Directoire, à mettre les triumvirs en accusation, à légaliser la violence, quitte à faire battre la générale dans Paris et marcher avec le peuple soulevé pour enlever le Luxembourg comme une redoute. Ceux-là répugnaient à se servir des chouans [6].

« L'envoi qu'on nous fait de La Trémoille, écrivait Dandré le 14 août, nous dérange, parce qu'il s'est jeté entre les bras de ces petits chouans, qui ne veulent que plaies et bosses, et qui ne voient

---

1. Gallais, t. I, p. 16, 83, et tout le chapitre IV. Cf. *Mémoires de Talleyrand*, p. 256 : « ... réunis par des haines... ne pouvaient l'être par aucun projet ; » Forneron, t. II, p. 315.
2. Imbert-Colomès, p. 12 ; Carnot à Bonaparte, 29 août, dans *Mémoires tirés des papiers*, t. IV, p. 513-14 ; *Réponse à Bailleul*, p. 103 : il croyait que les meneurs des deux Conseils n'étaient pas quinze. Pourtant, voir dans Barras, t. II, p. 512 ; Bailleu, t. I, p. 143 ; La Révellière, t. II, p 80 à 84, sa rupture définitive avec ses collègues et la scène avec Barras.
3. Ainsi Thibaudeau, p. 253. Voir son rapport du 4 fructidor. M<sup>me</sup> de Staël essaie de le gagner au Directoire.
4. Gibert-Desmolières, introduction ; lettre de Dumas à Moreau, dans Pierre.
5. Rapport de Dandré, Ballot, p. 170 ; Barras, t. III, p. 7 ; *Mémoires tirés des papiers*, t. IV, p. 512 ; Wickham à Grenville, 18 août, Record Office, Suisse.
6. Vaublanc, t. II, p. 413-414.

de succès qu'au bout de leur épée. *Baptiste n'a pas voulu le voir*, ni *Philibert et autres non plus.* » Pichegru et Imbert-Colomès se montraient aussi mécontents « de la nature de la mission confiée à La Trémoille, que des plans qu'il suivait à Paris [1] ».

Cependant Wickham leur écrivait de faire le sacrifice de leur opinion personnelle, pour assurer l'unité du parti, ou d'écrire au « roi » pour lui demander de rappeler La Trémoille et l'engager à faire rentrer les chouans dans leurs provinces. Mais il avouait à Grenville, le 27 août, que « les dernières lettres de ces deux messieurs témoignaient d'une telle mauvaise humeur et d'un tel mécontentement qu'il doutait fort de les voir suivre son conseil ». Il annonçait encore, le 6 septembre [2], qu'Imbert-Colomès et Pichegru persistaient « à refuser d'entrer en relations avec le prince ou quelqu'un des siens ».

Rochecotte proposait à Pichegru de sauver la situation par un coup d'audace. « A quoi servent vos délibérations? lui disait-il. Vos éloquents discours contre le Directoire ne font que lui donner plus de temps pour assurer votre perte. Donnez-moi cinquante hommes, et demain j'enlève le Directoire. » Le général s'opposait à l'exécution de ce projet. Rochecotte croyait qu'il était jaloux de conserver la direction du mouvement, déclarait qu'il ne demandait qu'une chose : se mettre au dernier rang de ses soldats. Mais Pichegru refusait encore de consentir à un acte de violence que la majorité des Conseils aurait désapprouvé : « Je suis ici législateur, disait-il, et non pas général. » Rochecotte le quittait, en le prévenant qu'il était perdu, et il partait pour le Maine [3].

Montgaillard, qui rôdait depuis quelque temps autour de Paris, se présentait chez Pichegru, le 23 août, et l'engageait, comme Rochecotte, à repousser l'agression du Directoire par tous les moyens : « Il ne s'agit plus pour vous, lui disait-il, de constitution ni de lois, mais d'audace et de promptitude ; il faut enlever et poignarder trois membres du Directoire, ou attendez-vous à être poignardé vous-même ; agissez pendant que vous le pouvez. — Encore une fois, répondait Pichegru, je ne puis violer la constitution, mais nous avons la majorité aux Cinq-Cents et je ne crains rien [4]. »

Il se rapprochait de *plus en plus* de Dandré, dont « *les principes*

---

1. Dandré à Wickham, lettres du 14 et du 16 août, Record Office, Suisse. Philibert Imbert-Colomès.
2. *Ibid.*, aux dates. Voir lettre de Précy du 23 août, Affaires étrangères, France, p. 591, f° 351.
3. De Beauchamps, *Rochecotte*, p. 199 et suiv. ; Tercier, *Mémoires*, p. 270-271 ; Larue, p. 38 ; note tirée des papiers de R. de Saint-Albin.
4. Montgaillard « est à douze lieues de la capitale », écrivait Fauche, le 1ᵉʳ août. Pichegru dit à Fauche qu'il avait refusé de le recevoir. *Mémoires de Fauche*, t. II, p. 135 ; abbé de Montgaillard, *Histoire de France*, t. V, p. 35.

et la conduite étaient conformes aux siens[1]. » Comme lui, Dandré espérait encore résoudre la crise avec l'aide de l'Assemblée : « Je voudrais, écrivait-il le 18 août, que l'Assemblée prît un de ces deux partis, ou d'attaquer vigoureusement et pendant que nous avons le vent, ou de louvoyer prudemment jusqu'aux élections prochaines[2]. » Il proposait de supprimer les ministres de la police, d'attribuer au Corps législatif, c'est-à-dire aux inspecteurs de la salle, la police de toute l'enceinte de Paris et même de tout le rayon constitutionnel, de casser l'état-major de la place, puis de proclamer la déclaration formelle du danger de la patrie et la permanence de l'Assemblée, dût-elle sortir en masse, s'il le fallait, pour marcher contre le Luxembourg avec les grenadiers du Corps législatif et le peuple de Paris soulevé[3].

Mais l'Assemblée refusait de s'engager dans la voie des résolutions extrêmes. « Le travail de l'Assemblée est dégoûtant, écrivait l'ex-constituant : énergie sans talent, ou talent sans énergie ; rien à espérer. Baptiste, Philibert et autres en gémissent, mais ne peuvent rien. Je suis sans cesse aux trousses des députés; mais les uns croient qu'ils n'auraient pas la majorité pour des mesures vives, les autres qu'il faut laisser le Directoire attaquer le premier. Rien à dire contre la première objection ; quant à la seconde, je ne pense pas comme eux[4]. »

Et il indiquait la cause principale de cette apathie, de cette impuissance de la majorité[5] : elle n'avait pas de chef dont le pouvoir fût reconnu, avoué, proclamé par ses amis, redouté de ses ennemis, capable de prendre la direction de l'Assemblée et l'initiative des mesures de défense ou d'offensive contre le Directoire. « Malheureusement il ne s'est pas trouvé, déclarait-il, dans les deux Conseils, *un homme*. » Ce rôle de chef, Pichegru ne sut ou ne put le jouer : on lui trouvait trop de froideur, « pas assez d'activité et de montant » ; surtout le soupçon planait sur sa tête, car on murmurait qu'il était compromis par un document que Bonaparte avait envoyé d'Italie.

« Baptiste a été gravement compromis par les papiers saisis dernièrement sur un domestique de M. d'Antraigues, près de Lugano[6], annonçait Wickham à Grenville, le 27 août. Il ne redoute pas les conséquences, parce qu'il n'y a pas de preuve directe contre lui, mais il a été très affecté de cette nouvelle indiscrétion. » Wickham

---

1. Dandré à Wickham, 22 août.
2. Dandré à Wickham, 18 août.
3. Du même, lettres au même, 14, 18, 26 août ; rapport d'octobre, dans Ballot, p. 170.
4. *Id.* à *id.*, lettres du 16 et du 18 août. Baptiste et Philibert pour Pichegru et Imbert-Colomès.
5. Cf. Vaublanc, t. II, p. 421 ; Dandré à Wickham, 26 août.
6. Voir ci-dessous, p. 311.

savait la nouvelle par le major Rusillion, qui s'était fait donner une mission par son État à Paris et qui habitait dans la maison même de Pichegru [1]. Déjà, le 31 juillet, Doulcet, prévenu par quelques indiscrétions des bureaux, avait annoncé qu'on ferait venir de Bâle une « conspiration très bien arrangée », dans laquelle se trouveraient compromis les représentants qui luttaient le plus courageusement pour l'indépendance du Corps législatif [2].

L'attaque violente de La Révellière contre les « déserteurs de la cause républicaine, vendus à l'étranger », décidait les constitutionnels, comme Thibaudeau et Dumas, à faire auprès du Directoire une démarche pour l'obliger à s'expliquer sur ses inculpations vagues et à désigner positivement les membres du Corps législatif qui trahissaient la République [3]. A bref délai, la révélation de l'intrigue avec Condé devait enlever à Pichegru l'appui des constitutionnels et des républicains modérés, qui ne voulaient point [4] marcher sous la même bannière que les émigrés ou les chouans.

Compromis par le bruit de ses relations secrètes avec les Bourbons [5], de plus en plus convaincu « qu'on ne ferait rien de décisif par le moyen de l'Assemblée » [6], Pichegru, après avoir tant blâmé l'emploi des moyens violents, des entreprises partielles, « surtout à Paris », allait être amené, par une conséquence de sa trahison, à risquer le salut de son parti et le sien propre, dans une lutte des rues, une « guerre de pots de chambre », et d'accepter le concours des « petits chouans, qui ne rêvaient que plaies et bosses ».

## II. — L'alliance avec les chouans et la trahison.

Plus clairvoyant que Pichegru, parce qu'il avait une plus grande habitude des intrigues politiques, Dandré avait prévu que le conflit entre le Directoire et les Conseils se terminerait par un coup de force, et il avait pris des mesures pour assurer, dans un combat des rues, l'avantage à son parti. « Chaque jour, écrivait-il le 18 août, je distribue des fusils en des mains très sûres, mesure de précaution pour soutenir l'Assemblée, si elle veut agir [7]. »

1. Mallet du Pan parlait de la saisie des papiers de d'Antraigues dans sa lettre du 13 août, *Correspondance*, t. II, p. 321 ; Fauche, *Mémoires*, t. II, p. 135 : Pichegru lui demande s'il savait ce que renfermait ce papier, où il était question de Montgaillard.
2. *Moniteur*, t. XXVIII, p. 758 ; Gallais, t. I, p. 20.
3. Thibaudeau, p. 256 ; Dumas, lettre à Moreau, 29 août, dans Pierre, p. 42.
4. Doulcet disait à Wickham, en Suisse, qu'au lendemain de la victoire des Conseils sur le Directoire, « les royalistes eussent été abandonnés par les républicains. » Wickham à Grenville, 29 octobre, Record Office, Suisse.
5. Forneron, t. II, p. 313.
6. Fauche, t. II, p 132
7. Lettre à Wickham.

En effet, la garde nationale ne se formait point; le Directoire, on le comprend, n'y mettait point de complaisance, et les jeunes gens manifestaient une indifférence extrême à y concourir. Cette garde nationale, surtout les compagnies de grenadiers et de chasseurs, devait en venir aux mains avec les troupes de ligne. Les « collets noirs », prodigues de serments, bruyants au spectacle, royalistes dans les toasts de leurs festins, ne se souciaient pas [1] de risquer leur vie dans une lutte avec les soldats d'Augereau. « Paraissez, belle jeunesse, s'écriait railleusement l'auteur anonyme de *la Petite Armée du grand Pichegru* » : retroussis de velours noir, collets à la victime, cadenettes musquées. cravates in-folio, souliers pointus, habits carrés, çà, prenez vos rangs!... Oh! douleur! oh! général chéri! oh! grand Monck Pichegru! Ne voilà-t-il pas que cette troupe folâtre et reluisante refuse de s'enrôler sous vos drapeaux! Ils disent qu'ils veulent bien vous suivre, mais seulement à Tivoli ou à l'Élysée [2]! »

Les élégants se pressaient aux maisons de jeu, aux promenades publiques, aux courses de Longchamp, aux bals du pavillon de Hanovre, aux fêtes de nuit des jardins en renom, Tivoli, Biron, l'Élysée, Bagatelle ; ils se préoccupaient bien plus des transformations de la mode, qui paraissait d'une « constance éternelle » quand elle durait huit jours, que des résultats de la lutte engagée entre le Directoire et les Conseils [3]. La masse des citoyens restait indifférente. Quant aux ouvriers, ils étaient « déterminés à ne pas se détourner de leurs travaux [4] ».

A défaut de la garde nationale, Dandré voulait organiser une milice de volontaires, et il avait fourni des armes à quelques centaines de jeunes gens, que Willot prétendait entraîner contre le Luxembourg. Il dépensait beaucoup d'argent pour obtenir des engagements parmi les troupes cantonnées à Paris ; mais il parvenait à peine à gagner une centaine de soldats de la 19ᵉ demi-brigade et 350 dragons du 21ᵉ régiment commandé par Malo. Ces forces [5] paraissaient bien insuffisantes pour lutter contre le Directoire ; aussi

---

1. Ballot, p. 130, 133, 144, 148, 164 ; Aulard, *Paris*, t. IV, p. 294 ; Fauche, *Mémoires*, t. II, p. 140 ; Thibaudeau, p. 258 ; Larue, p. 41, 46, etc.
2. Affiche de l'imprimerie de Gaillard, dans papiers R. de Saint-Albin.
3. Voir *passim* dans Goncourt, *Société française sous le Directoire* ; Bailleu, t. I, p. 124, 147, 148 ; Aulard, *Paris*, t. IV, p. 300, 305, 312. Questions à l'ordre du jour : la perruque grecque, le bonnet turc, le bonnet à la comète, Ballot, p. 109, 117, 118, 149, etc.
4. Ballot, p. 151, 3 septembre.
5. Avec la garde du Corps législatif, « qui faisait le bonheur des gens de guerre des Conseils », Barbé-Marbois, t. I, p. 20. Cf. Dandré, rapport d'octobre, Ballot, p. 168, et lettre à Wickham du 26 août ; La Révellière, t. II, p. 126 ; Barras, t. III, p. 3, 12, 14 ; Thibaudeau, p. 273 ; La Sicotière, t. II, p. 106 (note).

avait-il dû se résoudre, après bien des hésitations [1], à faire appel au concours des chouans, qui arrivaient de leurs départements pour livrer bataille au Directoire dans les rues de Paris.

Wickham engageait Dandré à se rapprocher de La Trémoille, « doux et liant, disait-il, d'esprit conciliateur, et qui ne manquait pas de moyens », pour ne pas diviser les forces du parti royaliste et pour complaire au Prétendant [2]. Celui-ci, malgré les représentations de Dandré et de Wickham, s'était entêté à conserver le conseil royal, organisé par lui en avril, et n'avait voulu faire qu'une concession au « parti anglais », réduire à trois le nombre des membres de ce conseil. Il attribuait à Dandré le soin de négocier avec le Corps législatif, à Despomelles la direction de l'Institut; La Trémoille gardait la présidence et servait de tiers arbitre pour partager les voix : « modifications dans la forme et non quant aux faits [3] ».

Bayard rapportait de Blankembourg les instructions royales [4]; mais déjà Dandré les connaissait par Wickham. Il se décidait à « travailler » avec La Trémoille, mais refusait, sur l'ordre de Wickham, de verser dans la caisse du conseil royal l'argent que lui fournissait l'ambassadeur anglais. « Je ne lui dis rien (à La Trémoille), écrivait-il le 28 août, non plus qu'à qui que ce soit, à l'exception de M. Despomelles, et à M. Philibert et à *Baptiste de la finance que vous accordez.* » Prévoyant qu'il serait desservi auprès du roi, il espérait prouver, « par le témoignage d'Imbert et de Pichegru », qu'il avait « fait beaucoup, tandis que d'autres, avec beaucoup de moyens, s'étaient contentés de tirer leur poudre aux moineaux [5] ».

Ainsi les éléments du parti royaliste se rapprochaient à la veille de Fructidor : Pichegru devenait l'allié de Dandré qui tendait la main à La Trémoille et par lui entrait en relations avec les « purs » de la capitale, les chouans et les émigrés rentrés : le comte de Frotté; le chevalier de Trion, commissaire du roi, chargé de la correspondance entre Londres et Paris ; l'avocat François, principal agent de Dutheil à Paris ; le comte de Bourmont ; l'ancien général de Vendémiaire, Danican, qui se flattait de connaître, par Vauversin, les secrets des amis du Directoire et les communiquait aux députés Pavie et Willot; Rochelle, envoyé de Blankembourg, et les habitués

---

1. Rapport d'octobre, Ballot, p. 168.
2. Lettres de Wickham à Dandré du 8 et du 15 août, Lebon, p. 245 à 246.
3. Saint Priest à Wickham, dans Lebon, p. 241 et suiv.
4. Sur le *voyage de Bayard et de Delamarre* à Blankembourg, voir Condé au « roi », 28 juin, 3 août, Chantilly, Z, t. CXXXVIII, p. 81, 86 ; d'Avaray à Condé, 24 mai, 12 juin, 3 juillet, 24 juillet, Z, t. XXXVIII, p. 81, 85, 99; le « roi » à Condé, 24 juillet, Chantilly, Z, t. I, p. 211 ; Wickham à Grenville, 30 juin, Record Office, Suisse.
5. Lettres de Dandré à Wickham des 24-26 août, 28 août.

du salon de M<sup>me</sup> d'Esparbès, l'abbé de Montesquiou et M. de Clermont-Gallerande, conseillers écoutés du Prétendant [1].

Le danger commun amenait une entente au moins temporaire entre les royalistes purs et les monarchistes partisans d'un « système mixte », « nouvelle faction, déclarait Puisaye, plus dangereuse, selon moi, que la faction républicaine [2] ».

L'arrivée de Fauche à Paris [3] contribua sans doute à resserrer cet accord. Notre libraire, après bien des sollicitations, avait fini par obtenir de Wickham l'autorisation de partir pour Paris, où, disait-il, Pichegru l'appelait : il en donnait pour preuve une lettre de Badonville. Avant de quitter Berne, il voyait Précy, qui le prévenait que Dandré disposait seul des fonds envoyés à Paris par l'ambassadeur, et il arrivait vers la mi-août dans la capitale, se logeait rue de la Loi, avec un autre Suisse, Pillichody [4], ami de Badonville et de Rusillion [5]. Il connaissait La Trémoille pour l'avoir vu en Suisse ; il entra, dit-il, en relations avec Bourmont et Frotté, et, après s'être concerté avec ces messieurs, se rendit chez Pichegru. Il servit quelques jours d'intermédiaire entre le général et les « purs », et ce fut par lui que Danican fit passer au général l'avis qu'on délibérait au Cercle constitutionnel son assassinat, s'il montait à cheval pour entraîner la foule contre le Luxembourg [6].

L'entente ne s'établit pas seulement, par des intermédiaires, entre les trois fractions du parti royaliste et les trois chefs, Pichegru, Dandré, La Trémoille : la nécessité de combiner des mesures communes les obligea à se réunir pendant les jours qui précédèrent Fructidor. Dandré fait allusion à l'une de ces réunions, dans sa lettre du 30 août : « Toute la nuit, écrit-il, 80 députés du bon coin ont été assemblés chez M. Philibert (Imbert-Colomès). On nous menace d'une attaque pour la nuit prochaine. Si le Directoire tente quelque chose, nous attaquons le Luxembourg et j'espère [7]... » Une autre

---

1. La plupart de ces renseignements sont tirés des lettres de Dutheil à Grenville, Record Office, France, mai à juillet 1797. Cf. Hyde, *Mémoires*, t. I, p. 178 ; La Sicotière, t. II, p. 93 ; Fauche, *Mémoires*, t. II, p. 128 ; *Mémoires tirés des papiers*, t. IV, p. 521 ; Fabre, t. III, p. 23, 81, 127 ; Madelin, *Fouché*, t. II, p. 21 ; M. de Montesquiou refuse les services de Fouché. Cf. un important dossier de Danican aux archives administratives de la guerre.
2. Lebon, p. 216.
3. *Notices*, *Mémoires* de Fauche, t. II, p. 130 ; surtout ses lettres des 31 mai, 20 juin, 1<sup>er</sup> août, à Chantilly, Z, t. XXXIII, p. 199, 200, 305. Cf. Daudet, *Émigration*, t. II, p. 106 et suiv.
4. Wickham à Grenville, 24 avril 1799, et mémoire de Pichegru, joint à la lettre, Record Office, France.
5. Sur Rusillion, voir son mémoire du 4 octobre 1802 à Grenville dans Record Office, France.
6. *Notices*, p. 4 et 36, et *Mémoires de Fauche*, t. II, p. 133 et 138 ; dossier de Danican aux archives de la guerre, note fournie par Vauversin.
7. Dandré à Wickham, 30 août.

réunion semblable se tint aussi chez le même le 17 fructidor[1] ; une autre avait eu lieu, la veille sans doute, chez Willot[2]. Pichegru y assistait avec Imbert, Larue, C. Jordan, Vaublanc, Lemerer ; l'abbé de Montesquiou y parut. La Trémoille se rendit aussi plusieurs fois, comme Dandré, à la commission des inspecteurs de la salle, qui se tenait aux Tuileries, car, la veille de Fructidor, quelques députés, Dumolard entre autres, refusèrent d'y venir, parce qu'ils y avaient vu « La Trémoille et autres aristocrates[3] ».

Ainsi Pichegru se résignait à tendre la main aux chouans et aux émigrés, aux violents du parti royaliste, parce qu'il n'espérait plus, il l'écrivait à Wickham, « dans une courte note », « diminuer la dangereuse sécurité où les meneurs de l'Assemblée étaient plongés[4]. »

Il se décidait aussi à demander de l'argent à Dandré, sans doute pour organiser la police des inspecteurs de la salle. Depuis le 1er fructidor, il faisait partie de la commission des inspecteurs avec Eymery, Thibaudeau, Vaublanc et Larue. Cette commission, au mépris du règlement des Conseils, s'était érigée en comité de recherches et de salut public[5]. Les deux commissions des Cinq-Cents et des Anciens étaient tenues au courant des projets du Directoire par une police que dirigeait Rovère, avec un ancien agent du ministre Cochon, Dossonville. Mais celui-ci avait besoin d'une somme de cinquante mille francs pour organiser complètement sa police[6]. Les inspecteurs répugnaient à demander cette somme aux Conseils, « pour ne pas éventer leurs projets ». Ils se cotisèrent, mais n'en réunirent pas le quart[7].

Dandré n'avait pas assez d'argent à sa disposition, lorsque Pichegru le pria de lui en fournir[8]. C'était la fin d'août, et le banquier Baboin ne lui avait envoyé que 4.000 louis pour le mois, au lieu des 6.000 promis. Il ne put immédiatement procurer au général la somme demandée. Pichegru s'en étonna et dit assez vivement à Fauche : « Votre M. Dandré est un drôle de corps (ce furent ses propres expressions) ; il est venu m'offrir, il y a six semaines, des millions, quand il savait que je n'en prendrais pas, n'en ayant pas

---

1. Larue, p. 44.
2. Fabre, t. III, p. 214. Cf. p. 208.
3. Note de Doulcet de Pontécoulant, jointe à la lettre de Wickham du 29 octobre 1797.
4. Wickham à Grenville, 10 septembre, Record Office, Suisse.
5. Wickham à Grenville, 18 août, Record Office, Suisse ; Doulcet, *Souvenirs*, t. II, p. 321 ; Thibaudeau, p. 232 ; La Révellière, t. II, p. 62 ; Barras, t. II, p. 492, 513 ; Larue, p. 43, 44.
6. Thibaudeau, p 263. Voir, sur Dossonville, l'*Histoire de plusieurs déportés à Sinnamary*, p. 218 et suiv., et les *Mémoires de Cheverny*, t. II, p. 307.
7. *Ibid.* et Fauche, t. II, p. 132 Manque d'argent partout : « pas le sou », voilà le mot du jour, Aulard, *Paris*, t. IV, p. 305.
8. Dandré à Wickham, 3 septembre.

besoin alors ; mais quand le besoin d'argent s'est fait sentir, personne n'a paru [1]. » Fauche resta persuadé « que les moyens destinés (sic) par le gouvernement anglais, et qui avaient été annoncés par M. Dandré, chargé de cette mission, ne furent point mis à la disposition du général, de sorte qu'il lui fut impossible de rien entreprendre [2] ».

Croyant que Dandré avait quitté Paris, Pichegru demanda de l'argent à Rusillion. Celui ci a raconté qu'il a fourni à cette époque, au général Pichegru, « tout l'argent dont il avait besoin, attendu la disparition de M. Dandré, chargé des fonds [3] ».

Dandré, cependant, prévenait Wickham de son embarras le 1er septembre : « Ce n'est pas ma faute, écrivait-il, si Baptiste n'a pas tout ce qu'il faut en fonds ; je vais tâcher de lever cette difficulté. » Dandré parvint à se procurer une partie de la somme demandée ; le 3, il annonçait à l'ambassadeur : « J'ai remis à Baptiste 1.500 louis, c'est tout ce que j'avais, je me rends à la salle [4]. »

Il se rendait à la salle des inspecteurs, sans doute pour assister à la délibération où devaient être arrêtées les mesures dont l'Angleterre allait faire les frais.

### III. — *Le coup d'État.*

« Notre parti, déclare Vaublanc, eut alors deux moyens de tout sauver : l'un, facile et prompt, par Carnot, s'il avait pu se déterminer ; l'autre par le général Pichegru... si nous avions formé un vrai parti, si le général Pichegru en avait été le chef déclaré, sûr d'être soutenu. Il aurait eu assez de preuves à présenter, en s'appuyant sur la notoriété publique, pour imprimer un grand mouvement, motiver un décret d'accusation contre trois directeurs, les faire remplacer et prendre le commandement général des troupes qui étaient dans Paris [5]. »

1. *Mémoires de Fauche*, t. II, p. 132.
2. Mémoire de Fauche du 8 janvier 1802, adressé aux ministres anglais, Record Office, France. Cf. *Notices*, p. 44.
3. Certificat de ses services signé à Londres par le comte d'Artois, le 9 novembre 1801, dans le dossier de Rusillion aux archives administratives de la guerre
4. Dandré à Wickham, lettres du 1er et du 3 septembre. Donc Pichegru a reçu 30.000 fr. à la veille de Fructidor. Le 19 décembre 1797, La Villeurnoy écrivait de Sinnamary : « Les généraux Pichegru et Willot m'ont offert à souper ; j'ai accepté... *Comme ils ont beaucoup d'argent*, ils ont fait des provisions de tout genre et ils ont d'excellent vin. » Honoré Bonhomme, *Correspondance de Mlle Fernig*, p. 316. Or Willot n'avait emporté que peu d'argent : voir une de ses lettres dans Pierre, *18 Fructidor*, p. 178. Pichegru fournissait sans doute aux dépenses communes. Hyde de Neuville, t. I, p. 192 (d'après Larue, 74-75), prétend qu'il fallut vendre l'épée et l'uniforme du vainqueur de la Hollande pour acquitter ses faibles dettes.
5. Vaublanc, t. II, p. 423-24.

Mais, jusqu'au dernier moment, Carnot refusa de se prêter aux combinaisons des ennemis du Directoire. Il voyait derrière la toile les royalistes, et ne voulait pas « se rallier à leur bannière ». Vainement Pichegru s'efforça d'endormir sa défiance en le trompant sur ses intentions véritables. La sœur du général Éblé (un de ses intimes amis) alla voir le directeur [1] l'avant-veille du coup d'État, et lui assura que Pichegru n'abandonnait pas les « patriotes » et qu'il demandait ce qu'il devait faire pour le prouver. Un ami de Carnot, Beffroy de Reigny, en relations avec Pichegru par un ancien fournisseur à l'armée du Nord, Mercier, lui porta des déclarations semblables ; le général avait dit à Mercier, qui l'interrogeait sur ses projets et s'inquiétait du danger qu'il courait : « Il ne me semble pas impossible de s'entendre ; mes efforts comme Français et comme député tendront toujours vers ce but. Il est bien temps qu'après nos longues agitations nous jouissions enfin de quelque repos. Puisqu'on a voulu la République, gardons le gouvernement qui nous a été donné, à moins que l'empire des circonstances ne nous en amène un autre et meilleur et plus stable. » Le général avait promis à Mercier de prendre un congé et d'aller passer un mois ou six semaines à sa campagne ; Mercier devait fixer lui-même le jour du départ ; n'était-ce pas la preuve que Pichegru ne méditait nullement « le grand coup » que l'on prétendait fixé pour le 22 fructidor [2] ?

Beffroy de Reigny [3] fit de vains efforts pour décider Carnot ; il ménagea aux modérés Portalis et Tronçon-Ducoudray une entrevue avec le directeur. Mais Carnot voulut les gagner à ses idées et ne leur promit pas son concours [4]. Peut-être, dans la nuit du 17, averti par ses collègues du coup d'État [5] qu'ils préparaient, a-t-il consenti, après une conversation avec Willot [6], à ne plus s'opposer au coup de main médité contre le Directoire. Mais il était trop tard ; ses amis, comme Dalphonse, avaient fait lever la séance du Conseil des Anciens, et celle des Cinq-Cents était levée presque aussitôt après. Il fallait attendre au lendemain pour déclarer la permanence des Conseils et voter l'accusation contre le Directoire. Le Directoire mit la nuit à profit.

Sans l'appui de Carnot, assure Vaublanc, Pichegru aurait pu, s'il

---

1. Sur cet incident, *Réponse à Bailleul*, p. 22.
2. Importante note manuscrite de Mercier, ami de Bergasse, dans les papiers de R. de Saint-Albin.
3. Sur ses démarches, voir *Mémoires de Carnot par son fils*, p. 111, d'après le *Dictionnaire néologique* de Beffroy de Reigny.
4. Cf. Barbé-Marbois, *Journal d'un déporté*, t. I, p. xxi. Voir, dans la *Correspondance de Mallet du Pan*, t. II, p. 333, le plan que Pichegru et Willot proposent : Carnot ne veut l'accepter que si on lui laisse la nomination des trois directeurs
5. Bailleu, t. I, p. 147, lettre de Sandoz du 14 septembre.
6. Barbé-Marbois, *Journal*, t. I, p. 30.

avait été soutenu, prévenir l'offensive des directeurs. Dès le 14 fructidor, la commission des inspecteurs fut avertie de leurs projets. Un plan fut arrêté : Vaublanc devait faire un rapport aux Conseils, dénoncer les préparatifs du Directoire pour motiver un décret d'accusation [1]. Mais les députés du centre prièrent Pichegru de ne pas donner le signal de la guerre civile et de chercher les moyens constitutionnels pour rétablir la monarchie [2]. Cependant les inspecteurs décidèrent dans la matinée du 17 (3 septembre) que Vaublanc ferait son rapport le lendemain. Les directeurs en furent informés par Carency [3] peut-être ou par un agent de Sotin, Veyrat, qui s'était introduit dans la police des inspecteurs et assistait à leurs délibérations [4]. Ils résolurent de prévenir les Conseils [5].

« Le 3 septembre, raconte Pichegru [6], les troupes de Paris et des environs eurent ordre de se rassembler pendant la nuit, sous le prétexte d'aller à quelque distance pour une grande manœuvre : les commissions des inspecteurs se réunirent aussitôt qu'elles en furent informées. Mais comme il n'y avait pas plus d'ensemble dans cette poignée d'hommes que dans leur masse, leur réunion présentait le même tableau que celui des Conseils. On y proposa beaucoup de mesures, sans s'arrêter à aucune, et la séance se prolongea jusqu'à onze heures du soir sans qu'il fût pris aucun parti. »

Pichegru fut arrêté dans la salle des inspecteurs, quelques heures après, par Verdière, parce qu'il avait voulu, raconte Larue, donner plus de poids et de légalité aux premières mesures de défense prises par les Conseils contre le Directoire, en les faisant « partir du lieu que les lois déclaraient inviolable ». Sans doute aussi le général a cru que le coup d'État n'aurait pas lieu ce jour-là.

Barras, en effet, prétend Fabre [7], lui avait envoyé un de ses familiers R*** (Rousselin). Celui-ci était-il convaincu, en 1797, comme il le fut plus tard, que Pichegru n'avait pas négocié avec Condé, que la « conversation », notée par d'Antraigues, ne prouvait rien contre lui ? S'est-il rendu auprès de Pichegru, en s'autorisant de ses

---

1. Larue, p. 43, et Vaublanc, t. II, p. 422.
2. *Mémoires tirés des papiers*, t. IV, p. 522.
3. D'après Fabre, t. III, p. 232 et suiv.
4. Mémoire rédigé par Veyrat. J'ai retrouvé ce mémoire dans les archives du Record Office, France, volumes d'Advices and Intelligence, vol. 609, année 1798.
5. Sur les causes dernières qui les décidèrent à agir, et d'ailleurs sur toutes les causes du 18 Fructidor, voir Aulard, *Histoire politique*, p. 657. La fameuse séance permanente du Directoire est publiée tout au long dans Pierre, p. 46 à 58.
6. *Journal de Pichegru*, dans portefeuille rouge, papiers de R. de Saint-Albin.
7. Fabre, t. III, p. 215. Pichegru conseillait de remettre l'exécution des mesures arrêtées dans le comité royaliste au 20 ou au 21, pensant que le Directoire n'agirait pas avant cette date.

relations avec Corbeau de Saint-Albin, ami lui-même du général, pour amener une entente entre ce dernier et Barras [1]? Le directeur l'a-t-il adressé à Pichegru pour tromper celui-ci sur ses intentions, en lui demandant une entrevue pour le 18 fructidor ? Et Pichegru s'est-il laissé surprendre parce qu'il était convaincu que le Directoire n'attaquerait pas ce jour-là ?

Comment expliquer autrement son inertie ? Peut-être aussi Thibaudeau [2] lui a-t-il enlevé toute velléité de résistance, en lui annonçant, à l'issue de la séance des inspecteurs que le Directoire faisait afficher dans Paris des placards annonçant sa trahison, d'après la pièce trouvée dans le portefeuille de d'Antraigues. Il répondit à Thibaudeau qui lui demandait s'il avait eu des relations avec Condé : « Non, jamais »; son visage n'indiquait pas la moindre émotion; il conservait son calme ordinaire; il assurait qu'il monterait le lendemain à la tribune pour « nier tout cela »; « il n'avait pas autre chose à faire ».

Il niait, mais devait être profondément abattu, car le Directoire lui portait un coup décisif. Il pouvait s'emparer du Luxembourg, mais il était condamné par l'opinion. Or c'est par l'opinion qu'il voulait « défaire » la constitution; c'est sur elle qu'il voulait s'appuyer, pour édifier sa dictature et restaurer ensuite la monarchie. Sa trahison se retournait contre lui encore : à quoi bon se battre : il était vaincu !

Il a raconté, dans son *Journal*, son arrestation : « Nous mandâmes le commandant de la garde, pour prendre avec lui les mesures convenables à la sûreté de notre enceinte; nous lui expédiâmes successivement deux messagers, mais inutilement; il ne parut point; la défection de ce corps fut complète [3]. Les troupes entrèrent dans les Tuileries sans éprouver la moindre résistance; elles s'emparèrent de tous les postes, et bientôt nous vîmes dans les rangs de ceux qui venaient nous arrêter et nous assassiner, le corps institué pour nous garder et nous défendre. J'ai appris avec une véritable satisfaction, que ces prétendus grenadiers ont été voués aux injures et au mépris de l'armée pour la lâcheté de leur conduite en cette circonstance. Nous étions réunis en nombre, à peu près quinze membres des deux Conseils, à la salle des inspecteurs, lorsqu'un aide de camp, à la tête de 50 hommes, vint nous sommer de la part de son

---

1. Voir plusieurs lettres de Corbeau à Pichegru dans les papiers de R. de Saint-Albin et de Pichegru au même. Corbeau était alors chef de bataillon d'artillerie à Auxonne. Lire dans Barras, t. II, p. 431, 432 ; t. III, p. 114, 115, 497, l'opinion de R. de Saint-Albin sur la trahison.
2. Thibaudeau, p. 209 ; Barras, t. III, p. 115. Vaublanc l'excuse parce qu'il était accablé d'un profond dégoût de tout ce qu'il voyait et entendait ».
3. Cf. *Journal* de Ramel.

général d'avoir à nous retirer, ajoutant qu'il avait ordre d'employer la force, s'il était nécessaire. Nous lui dîmes que nous n'avions aucun ordre à recevoir de lui, ni de ceux qui l'envoyaient, et nous y ajoutâmes tout ce qui pouvait rendre notre refus aussi positif que son injonction. Il sortit, laissant sa troupe autour de nous, et revint bientôt après, avec une foule d'officiers supérieurs et autres qui nous répétèrent la même sommation, nous menaçant de nous livrer à une commission militaire en cas de résistance. Nous n'en persistions pas moins dans notre refus; et, après avoir renouvelé infructueusement les instances et les menaces, ils ordonnèrent à la troupe qui nous environnait de faire main basse sur nous. Nous nous levâmes spontanément et nous présentâmes la poitrine aux soldats qui demeurèrent interdits. Alors un de ces officiers s'adressant à Bourdon : « Que faites-vous ici ? lui dit-il. Ce n'est pas à vous qu'on en veut, allez-vous-en. — Mes collègues, s'écria Bourdon sans lui répondre, vous avez entendu la proposition qui vient de m'être faite; mais, je vous en prie, ne m'en mésestimez pas, je n'y fais aucune attention. » A peine eut-il achevé ces mots, que l'officier se jette sur lui comme un furieux, en le saisissant par derrière. Son exemple fut bientôt suivi par tout ce qu'il y avait de soldats et d'officiers autour de nous. Que l'on ne soit point étonné de la conduite de ces officiers : leur composition était analogue à la nature de l'expédition. C'était le rebut de l'armée; c'étaient des suspendus, des destitués, de ces officiers en un mot qui, alternativement employés et renvoyés, accouraient à Paris dans les moments de crise et se rangeaient du côté du plus fort pour obtenir leur réintégration. Comme j'étais éloigné du point où le mouvement avait commencé, tous les autres avaient été saisis avant moi, et je me portais au secours de mes voisins, lorsqu'un vilain petit soldat me présentant la baïonnette, me dit : « Allons, il faut sortir d'ici ! » Un sentiment d'amour-propre ajouta à ma colère; je le jetai contre le mur, et j'allais m'emparer de son fusil; mais à l'instant je fus assailli par une douzaine de ses camarades, dont les uns m'entraînaient en déchirant mes habits, tandis que les autres me tenaient la baïonnette sur la poitrine. « Achevez, misérables, leur dis-je, que voulez-vous attendre ? » L'un d'eux me répondit : « Ce n'est pas ici que nous voulons t'achever, c'est à la plaine de Grenelle.

« Portés ainsi dans la cour, nous montâmes dans des voitures qui nous attendaient; et elles s'acheminèrent aussitôt vers le Temple, sous une forte escorte. Je baissai la glace de notre côté pour observer la foule qui accourait sur notre passage. Un chasseur de l'escorte, s'approchant de la portière, m'apostropha en me disant : « Te voilà, chef des collets noirs, chef de brigands. — Oui, lui répondis-je, puisque j'ai été le tien. » Du reste je ne vis que des curieux, des gens étonnés, et je n'entendis aucune de ces vociférations dont la populace accompagnait trop souvent les malheureux que l'on traînait à la prison ou à la mort.

« Nous arrivâmes au Temple vers 7 heures du matin. »

## IV. — *La correspondance de Klinglin.*

Le matin du 18 fructidor, les Parisiens pouvaient lire, placardée sur les murs, une affiche, résumé de la « conversation », donnant en gros caractères les offres faites par Condé à Pichegru, et en petits la réponse du général au prince [1]. Le même jour, circulait dans Paris (et les députés non fructidorisés la recevaient à l'Odéon) la « conversation », imprimée par ordre du Directoire [2]. Dans son adresse du même jour, le Directoire dénonçait le traître aux Français [3]. Moreau allait lui fournir d'autres armes contre Pichegru.

Le 21 avril précédent, Moreau, après avoir passé le Rhin, s'était emparé à Offembourg des fourgons de la chancellerie autrichienne et des équipages de plusieurs officiers généraux, de ceux de Klinglin entre autres. On trouva dans le chariot de Klinglin la correspondance du général avec sa nièce, Mme de Reich, avec Demougé, Wittersbach et les autres agents que l'Autriche payait sur la rive gauche. On en chargea un fourgon qui fut conduit à Strasbourg le lendemain [4].

Le général Desaix, qui, le 20, au passage du Rhin devant Diersheim, avait été blessé à la cuisse et mis hors de combat, « s'amusa » pendant sa convalescence à parcourir ces papiers et en signala l'importance au général Moreau [5]. « Il nous parut par cette correspondance, écrit ce dernier [6], que le général Pichegru avait eu des relations avec les princes français; cette découverte nous fit beaucoup

---

1. Daudet, *Conjuration*, introduction, p. ix à xi, prétend que le Directoire a fait un faux.
2. Imprimée sur la copie conservée dans les papiers de R. de Saint-Albin; publiée à part et aussi dans les journaux comme *le Rédacteur*, *le Moniteur*, etc. Voir discussion d'Imbert-Colomès, p. 20-23; de C. Jordan, p. 8-19; de Gallais, t. I, p. 21 et suiv., sur la valeur juridique de cette conversation.
3. Voir l'*Adresse* rédigée sans doute par Garat, Barras, t. III, p. 12; dans Beaulieu, t. VI, p. 379.
4. Lettre de Moreau au ministre de la police, 10 vendémiaire (1er octobre), publiée dans *Pichegru et Moreau*; Daudet, *Conjuration*, p. 21. Cf. *Revue d'histoire* rédigée à l'état-major, R. L., *La campagne de 1797 sur le Rhin* (mai 1906).
5. Bonnal, *Desaix*, p. 126.
6. A Bonaparte, 17 ventôse an XII, l'original de la lettre est conservé dans les papiers de R. de Saint-Albin. Cf. Zeissberg, p. 1.

de peine, à moi particulièrement. Nous convînmes de la laisser dans l'oubli. Pichegru, au Corps législatif, pouvait d'autant moins nuire à la chose publique que la paix était assurée. Je pris néanmoins des précautions pour la sûreté de l'armée, relativement à un espionnage qui pouvait lui nuire [1]. »

Moreau chargea quelques officiers de dépouiller et de déchiffrer cette correspondance. Avec Desaix, Reynier, Andréossy, cinq officiers en tout, dont un chargé de la partie secrète de l'armée, en eurent connaissance [2]. Moreau se contenta de faire arrêter « secrètement [3] » quelques bateliers compromis et d'envoyer à Barthélemy quelques pièces, dont l'ambassadeur se servit pour faire chasser Wittersbach de l'État de Bâle.

Il était donc décidé à *laisser dans l'oubli* [4] la correspondance de Pichegru avec Condé, bien qu'il ait prétendu ensuite, dans sa lettre du 27 vendémiaire au Directoire, qu'il avait « balancé quelque temps » entre envoyer les pièces au gouvernement ou seulement « le prévenir de leur existence ». Il n'envoya ni ne prévint, au grand détriment de la République. Thibaudeau le dit bien : « Si la trahison de Pichegru eût été connue trois mois plus tôt, beaucoup de républicains honnêtes, qui ne pouvaient le soupçonner d'avoir déshonoré sa gloire, se fussent ouvertement prononcés contre ses auteurs et complices ; la fatale révolution du 18 Fructidor n'aurait peut-être pas eu lieu et le Directoire, de concert avec la grande majorité des Conseils, eût pu pourvoir par des moyens moins funestes qu'un coup d'État au salut de la République [5]. »

Mais Moreau dut recevoir, le 16 fructidor, une lettre du général Dumas, datée du 12 [6], lui annonçant que, « pour ôter la dernière arme aux artisans de discorde », les constitutionnels devaient sommer le Directoire de s'expliquer sur ses inculpations vagues et de « désigner positivement les membres du Corps législatif sur lesquels des renseignements quelconques devraient fonder même de simples méfiances ». Or Desaix, que Moreau avait envoyé en mission dans les États du sud de l'Allemagne, le 18 juillet [7], et qui était passé en

---

1. Cf. les explications embrouillées données par Moreau, dans sa lettre du 27 vendémiaire an VII, *Pichegru et Moreau*, p. 98.
2. Moreau à Barthélemy, 19 fructidor an V, *Pichegru et Moreau*, p. 6 ; Moreau au Directoire, 27 vendémiaire an VII, *ibid.*, p. 97.
3. Le mot « secrètement » est dans le brouillon de la lettre du 27 vendémiaire an VII, papiers de R. de Saint-Albin. Ce brouillon porte une série de surcharges qui témoignent de l'embarras qu'éprouvait Moreau pour expliquer sa conduite.
4. Une lettre de Moreau à l'abbé David, s. d. (1802), confirme sur ce point une lettre au premier consul : il avoue qu'il a voulu *soustraire Pichegru à cette accusation* pendant les *quatre mois* qui ont précédé Fructidor, papiers de R. de Saint Albin.
5. Thibaudeau, p. 287.
6. Pierre, *18 Fructidor*, p. 42 et suivantes.
7. Bonnal, p. 126. Cf. Rovigo, *Mémoires*, t. I, p. 19, 20.

Italie, où il avait vu Bonaparte, avait appris de lui l'envoi de la
« conversation » au Directoire [1]. Il en prévint Moreau et l'engagea,
par une lettre datée de Milan, à remettre au Directoire les papiers
trouvés dans le chariot de Klinglin [2]. En même temps deux officiers, qui avaient eu connaissance de cette correspondance, lui conseillaient de l'envoyer à Paris, car, disaient-ils, elle commençait à
devenir « assez publique » et, à Strasbourg, on s'apprêtait à en
instruire le Directoire [3].

Ne pouvant plus douter que Pichegru ne fût compromis à bref
délai, et ne voulant point passer pour son complice, Moreau prit le
parti de prévenir le Directoire. Il écrivit au directeur Barthélemy
une lettre, datée par erreur sans doute du 19 [4], pour annoncer qu'il
avait entre les mains une correspondance qui prouvait que Pichegru
voulait rappeler le Prétendant ; il désignait Badonville et les Lajolais
comme ses complices. « Les preuves, ajoutait-il, *en sont plus claires
que le jour*, mais je doute qu'elles puissent être judiciaires. Vous me
connaissez assez pour savoir combien a dû me coûter cette confidence ; il n'a pas moins fallu que les dangers que courait mon
pays pour vous la faire [5]. »

Or le Directoire, dès le 16 fructidor, avait rappelé Moreau à
Paris, sous le prétexte de connaître les besoins de son armée, et
chargé Hoche de le remplacer provisoirement [6]. Au reçu de cet ordre,
Moreau écrivit au Directoire une lettre plus significative encore
que celle qu'il avait adressée à Barthélemy, exprimant, en termes
plus nets et plus vifs, l'opinion que la lecture des papiers de Klinglin
lui avait inspirée : « Il était difficile de croire que l'homme qui avait
rendu de grands services à son pays, et qui n'avait nul intérêt à le
trahir, pût se porter à une *telle infamie*. On me croyait l'ami de Pichegru, et dès longtemps *je ne l'estime plus*. » Et il adressait à son
armée la proclamation fameuse du 23 fructidor : « Je dois à mes
frères d'armes de les instruire de la vérité ; il *n'est que trop vrai que*

---

1. Bonaparte au Directoire, 28 juillet, *Correspondance*, t. III, p. 269. Cf. O'Meara,
t. II, p. 29. Desaix apprit à Bonaparte la découverte de la correspondance de
Klinglin.
2. C'est ce que dit Moreau à Fauche, *Mémoires de Fauche*, t. III, p. 15 et 16.
3. Moreau au premier consul, 17 ventôse an XII, papiers de R. de Saint-Albin.
4. La lettre est bien datée du 19, mais dès le 23 fructidor (proclamation à ses
troupes, dans *Pichegru et Moreau*, p. 8) il annonçait que, *le 17 de ce mois*, il avait
prévenu un membre du Directoire ; même date du 17 dans sa lettre du 10 vendémiaire an VI au ministre de la police, et dans celle du 27 vendémiaire an VII au
Directoire, *ibid.*, p. 49. M. Daudet s'attache à démontrer, pour diminuer la valeur
du témoignage de Moreau, que Moreau n'a écrit à Barthélemy que lorsqu'il a
connu le 18 Fructidor.
5. *Pichegru et Moreau*, p. 5.
6. Voir les originaux des lettres adressées à Moreau et à Hoche dans les papiers
de R. de Saint-Albin. En marge, de la main de Moreau : « Reçu le 27. »

Pichegru *a trahi* la confiance de la France entière »; il la prévenait qu'il était tombé entre ses mains une correspondance qui ne laissait *aucun doute* sur cette trahison [1]. »

Le Directoire s'empressa de transmettre aux Conseils la lettre écrite à Barthélemy, lettre reçue le 22 fructidor [2]. Il écrivit à Hoche de conférer avec Desaix et Reynier pour en obtenir d'autres renseignements, et de faire arrêter Badonville ainsi que tout individu compromis par la correspondance prise dans les fourgons de Klinglin. Il lança un mandat d'amener contre Badonville, Lajolais, sa femme et sa sœur, comme prévenus de conspiration contre la sûreté intérieure et extérieure de la République (23 fructidor) [3]. Deux jours après, Sotin annonçait aux directeurs que ces quatre personnes venaient d'être enfermées au Temple. C'était pour elles [4] le commencement d'un long emprisonnement qui dura vingt-huit mois. Moreau perdit son commandement, mais continua à jouir du traitement de général de division en activité.

Déjà il avait remis entre les mains du ministre de la police la correspondance trouvée à Offembourg (27 septembre [5]) et par une lettre du 1er octobre, il racontait comment il l'avait prise, s'excusait de ne pas l'avoir envoyée plus tôt. Réal, un des protégés de Barras, fut chargé de l'examen des papiers; sans être attaché à la police, il travailla pendant près d'une année à les débrouiller [6] dans le petit entresol du ministère de la police, où Mme de Chastenay vint le trouver souvent. La correspondance fut publiée par lui en deux volumes, l'un en pluviôse, l'autre en thermidor an VI; le travail, fait avec intelligence et impartialité [7], forme aujourd'hui une des bases essentielles de l'accusation contre Pichegru.

Les directeurs se préoccupaient de découvrir d'autres preuves du complot royaliste avant Fructidor. Ils chargeaient les ministres de rassembler les pièces qui se trouvaient dans leurs bureaux et qui pouvaient servir de preuves à cette vérité « que, le 18 Fructidor, le

---

1. *Pichegru et Moreau*, p. 6 à 8; AF III, 168⁸.
2. Dépôt de la lettre au registre secret, AF III*, 20, à cette date.
3. AF III*, 8, 23 et 25 fructidor.
4. Voir sur Badonville *l'Intermédiaire des Chercheurs et des Curieux*, t. XLVII, col. 972. Arrêté, Badonville se contenta de répondre : « Je ne suis pas Coco. » Il était désigné sous ce nom dans la correspondance. Voir son dossier aux archives administratives de la guerre. Cf. une note sur son emprisonnement dans Pierre, p. 218; dans J.-J. Aymé, *Déportation*, p. 46. Sur Lajolais, voir son dossier aux archives administratives de la guerre.
5. *Pichegru et Moreau*, p. 92; Zeissberg, p. 1 et 2.
6. Barras, t. III, p. 47, 422; Mme de Chastenay, *Mémoires*, t. I, p. 319, 322, 325. Réal lui promit de « dégager dans son rapport tous les accusés arrêtés et de ne pas compromettre une seule vie ».
7. Voir critiques de C. Jordan, p. 11 et suivantes; de Gallais, t. I, p. 23; de Thibaudeau, ch. xxvii, p. 279 et suiv.; l'opinion du public dans Ballot, p. 185.

complot des royalistes allait éclater et que, si le coup qui leur avait été porté dans cette journée avait été différé, la République était perdue [1] ».

Fauche-Borel s'échappait de Paris, avec l'aide du colonel suisse Pillichody, grâce à un passeport que l'imprimeur David Monnier lui avait procuré, par l'entremise de Bottot, secrétaire de Barras [2]. Mais Mengaud, l'envoyé du Directoire à Bâle, demandait aux autorités du canton de Neuchâtel de faire arrêter, interroger en sa présence, et détenir jusqu'à ce qu'ils aient remis leur correspondance et livré leurs secrets, les deux agents de Condé, Fauche-Borel et Courant (28 vendémiaire-19 octobre 1797) [3]. Les autorités de Neuchâtel ne se montrèrent pas aussi accommodantes que celles de Bâle, qui laissèrent arrêter Richer-Sérizy et saisir les papiers de Vertami et de Mérian. Fauche-Borel, réfugié à Neuchâtel, eut le temps de préparer sa fuite avant l'invasion du pays de Vaud par Brune. Il se réfugia en Souabe, à Augsbourg, tandis que le major Rusillion et le colonel Pillichody, moins heureux que lui, étaient arrêtés, envoyés au quartier général de Brune, à Payerne, et de là à Paris, où le Directoire les faisait enfermer pendant six mois au Temple [4].

Les directeurs donnaient aussi des ordres pour faire arrêter les agents royalistes à Paris et saisir leurs papiers. Mais les principaux de ces agents s'échappaient de la capitale et gagnaient l'Allemagne ou l'Angleterre. Dandré quittait secrètement Paris et se réfugiait à Augsbourg, où il rédigeait son rapport d'octobre [5]. Il jugeait la partie perdue et ne voulait pas risquer sa tête inutilement. Imbert-Colomès s'était enfui en Suisse avec plusieurs députés fructidorisés, Camille Jordan, Lemerer, Couchery, Vauvilliers. Ils maintenaient à Berne « le centre des opérations du parti ».

Les « purs » avaient accueilli le coup d'État avec indifférence : beaucoup jugeaient que le « parti mixte », représenté par Pichegru et Dandré, avait été seul atteint par le Directoire ; certains même se réjouissaient de sa défaite, croyant avoir désormais le champ plus

---

1. AF m*, 8, 1er jour complémentaire.
2. Notices, p. 44 à 46 ; Mémoires de Fauche, t. II, p. 146 à 158.
3. AF m*, 9. Cf. AF m*, 18. Voir sur Mengaud, Forneron, t. II, p. 287 ; les papiers, saisis en Suisse sur les émigrés par Mengaud, dans AF m, 86, dossier 361 surtout, et sa correspondance AF m, 85 et 86. La plupart des pièces relatives au 18 Fructidor dans AF m, 44.
4. Archives administratives de la guerre, dossier Rusillion, surtout supplique du 10 mai 1815. Sur Pillichody, F⁷, 6391. Sur leur arrestation, Notices, p. 47, et Mémoires de Fauche, t. II. p. 190.
5. Il devait aller en Angleterre pour donner de vive voix au ministère anglais des renseignements sur le 18 Fructidor. Il resta cependant en Suisse, puis se rendit à Augsbourg, Wickham à Grenville, 4 octobre 1797, Record Office, Suisse. Wickham ne tarda pas à quitter la Suisse ; le Directoire ayant fait demander par Mengaud son expulsion, il se décida à partir spontanément, Lebon, p. 252-253.

libre pour organiser leurs complots et leurs insurrections. Ainsi Puisaye en Bretagne et son fidèle Chalus. Puisaye écrivait à Monsieur: « La catastrophe arrivée à Paris n'a nullement effrayé les vrais royalistes, qui n'avaient heureusement mis aucune confiance dans les projets qui s'y tramaient publiquement. Le parti royaliste, qui seul jusqu'ici a porté les armes, en acquiert une nouvelle force et de nouveaux moyens [1]. »

A Paris, les chouans faisaient de nouveaux projets; Frotté avec Brulard se rendait en Angleterre pour demander au ministère anglais de les appuyer. « La Trémoille, écrivait Frotté le 30 septembre à Grenville [2], était resté à Paris, pour y suivre toujours le cours des affaires, malgré le danger... Tous les royalistes sont également à leur place et y attendent le résultat de la mission dont je suis chargé. » A l'en croire, le ministère anglais devait seconder « ces dispositions excellentes et générales, qui se manifestaient d'une manière uniforme dans toute la France, depuis le 18 Fructidor ». Le ministère plus clairvoyant refusa les fonds demandés; d'ailleurs La Trémoille, qui errait aux environs de Paris, dut se réfugier bientôt, avec l'aide de l'avocat François, à Londres, d'où il envoya son rapport d'octobre au Prétendant [3]. Celui-ci l'engagea prudemment à modérer son zèle, à le « renfermer soigneusement jusqu'au jour où une levée en masse viendrait prêter à l'opinion une force capable de le faire triompher [4]. »

Comme lui, La Barberie, que Dandré avait laissé à Paris, pour diriger avec Despomelles l'Institut philanthropique, passait à Londres en brumaire [5]; Bayard, le premier correspondant de Wickham à Paris, trahi par Carency, s'échappait aussi [6]. La police ne parvenait à s'emparer, grâce à Veyrat, que de François (25 novembre). Celui-ci trahit tous ses amis pour éviter la mort. Par lui, on put se saisir du comte de Trion, dit Cassinet, qui faisait chaque mois le voyage de Londres à Paris et de Paris à Londres, pour porter la correspondance des royalistes avec l'Angleterre; puis du banquier Pollet et de son agent à Paris, Marcus. Ces malheureux révélèrent quelques secrets du parti royaliste, sans apporter d'ailleurs au Directoire des preuves décisives contre Pichegru [7].

---

1. Sur la politique des « purs », voir Lebon. p. 216, 226, 239, 246, 250; Aulard, *Révolution*, 674-675; Tercier, *Mémoires*, 271-272, etc.
2. Record Office, France, 30 septembre 1797. Cf. La Sicotière. t. II, p. 108.
3 Mémoire de Veyrat, Record Office, France, vol. 609 (1798) ; rapport de La Trémoille. Affaires étrangères, France, vol. 592.
4. Daudet, *Emigration*, t. II, p. 117.
5. Pierre, p. 197 Voir Dandré, rapport d'octobre, dans Ballot
6. Forneron, t. II p. 318. Cf. Madelin, t. I, p. 491 : prétend qu'il a passé du service de l'Angleterre à celui de Fouché.
7. Voir le mémoire de Veyrat cité ; Pierre, p. 195, 197 ; Barras, t. III, p. 137 ;

## V. — *Les révélations de Montgaillard.*

Nos agents extérieurs envoyèrent au gouvernement des renseignements plus utiles. Bassal annonçait la découverte faite, dans les papiers du gouvernement de Venise, de plusieurs pièces « constatant les espérances immanquables et les mesures les mieux prises par les agents de Louis XVIII pour le renversement de la République ». « La personne, assurait-il, dont l'influence donne le plus d'espoir est Pichegru [1]. » Reinhard, notre ministre à Hambourg, apprenait à Talleyrand que la correspondance de Wickham et l'argent pour l'armée de Condé passaient par les bureaux du colonel Don (cousin de Pitt), à Brême [2]. Il transmettait, le 22 frimaire, les révélations de l'émigré Verteuil, momentanément brouillé avec le ministère anglais, auquel il avait servi d'agent de recrutement. Verteuil, qui avait été employé par le comte de Clerfayt, commandant de l'armée autrichienne en Belgique, en 1793 et 1794, pour dépouiller la correspondance française interceptée par les Autrichiens, affirmait qu'au commencement de la campagne de 1794 Montgaillard s'était présenté au camp autrichien, chargé par Pichegru de faire connaître les dispositions où il était de servir la cause des ennemis de la République. Mal accueilli par Clerfayt et par Mack, il s'était rendu au quartier général du duc d'York, avant de passer en Angleterre. Un jeune homme de Bordeaux, aide de camp du général Thierry, avait fait les mêmes ouvertures à deux officiers de l'état-major ennemi, Frossard et O'Donnel [3].

Il eût fallu mettre la main sur Montgaillard, pour avoir la confirmation de ces dires et pour obtenir des renseignements sur l'intrigue de Pichegru et de Condé. Mais Montgaillard, qui s'était réfugié en Picardie chez sa belle-sœur, M$^{me}$ de Montmignon, avec son fidèle Dumontet, avait quitté la France, au lendemain de

---

J.-J. Aymé, *Déportation*, p. 47. Rochecotte ne fut arrêté que longtemps après, à Paris ; de Beauchamps, *Rochecotte* ; Tercier, *Mémoires* ; Barras, t. III, p. 213 ; Pierre, p. 242.

1. AF III*, registre secret, n° 20 (22 fructidor). Rien à ce sujet dans Affaires étrangères, Venise, vol. 253.
2. Affaires étrangères, *Hambourg*, vol. 112.
3. Il est souvent question de Verteuil dans les volumes du Record Office, Foreign Office, France, surtout en 1796.
Sur Verteuil, voir aux Affaires étrangères, Hambourg, vol. 110, plusieurs lettres de Reinhard, 8 frimaire an V, 22 frimaire, 29 frimaire, 8 nivôse ; vol. 111, 22 nivôse, 1$^{er}$ pluviôse, 24 thermidor, 8 fructidor, 28 fructidor ; vol. 112, 1$^{er}$ vendémiaire an VI. Voir ci-dessus introduction et Zeissberg, p. 5.

Fructidor[1]. Avant de passer la frontière, il s'était arrêté à Lille[2] pour voir Malmesbury et tâcher de regagner les bonnes grâces de l'Angleterre. L'abbé Dumontet avait écrit au ministre pour lui demander un rendez-vous. Malmesbury, jugeant qu'après le coup d'État cette entrevue présentait plus de dangers que d'avantages, chargea un de ses collaborateurs de lui parler, et lorsqu'il sut que Dumontet n'était que le porte-parole de Montgaillard, il engagea ce dernier à quitter immédiatement Lille.

Quelque temps après la rupture des négociations de Lille, Malmesbury, revenu en Angleterre, recevait une lettre de Hambourg, écrite par Dumontet le 31 octobre. Cette lettre contenait des renseignements que l'abbé avait recueillis sur l'état de la France au cours d'un voyage qu'il avait fait depuis son départ de Lille. Elle était transmise par le ministre d'Angleterre à Hambourg. Malmesbury envoya la lettre au sous-secrétaire d'État, Canning, en l'engageant à demander à Drake, l'ancien ministre d'Angleterre à Gênes, des renseignements sur Montgaillard et Dumontet.

Drake répondit qu'il les avait connus à Venise « pour deux aventuriers, pipeurs d'écus », qu'il les croyait payés par le Directoire, et qu'il était même convaincu qu'ils avaient, les premiers, trahi Pichegru[3]. Ainsi échoua la tentative des deux compères, qui, faute de pouvoir exploiter la crédulité des agents anglais, se présentèrent chez l'agent français à Hambourg, pour lui demander d'intervenir en leur faveur auprès des directeurs.

Le 29 nivôse an VI (18 janvier 1798), Reinhard annonçait à Talleyrand qu'il venait de recevoir la visite de Montgaillard, qui, depuis le mois d'octobre, résidait à Hambourg. Montgaillard rappelait qu'il était entré en relations avec les agents français, Lallement à Venise et Barthélemy à Bâle, qu'il s'était engagé, par lettre au ministre Delacroix, à ne jamais écrire contre la République ; il offrait de dire tout ce qu'il savait des intrigues des royalistes avec Pichegru, si le Directoire lui permettait de revenir en France ou de se retirer dans un pays neutre. Reinhard lui conseilla de mettre par écrit ses révélations. Il revint deux jours après avec une lettre pour le Directoire, qui ne contenait que des promesses vagues. Mais il montrait une lettre de Condé du 9 juin 1795 et une du Prétendant du 26 mai 1795. Il assurait qu'il avait déposé une centaine de lettres de même

1. Cf. de Lacroix, p. 41.
2. Malmesbury à Canning, 10 novembre 1797, Record Office, France ; l'abbé de Montgaillard, *Histoire de France*, t. V, p. 67, donne le récit d'une entrevue qui n'eut pas lieu sans doute.
3. Malmesbury à Canning, 10 novembre ; Dumontet à Malmesbury, 31 octobre ; Drake à Canning, 14 novembre ; le tout, Record Office, France Voir encore Cf. de Lacroix, p. 50, lettres de Montgaillard à d'Avaray ; ses relations avec Thouvenay à Hambourg.

importance en divers endroits en Suisse ; que le gouvernement y verrait des faits qui n'étaient connus que très imparfaitement encore, et qu'il serait étonné de l'étendue de la conspiration de Pichegru. Il dénonçait Fauche-Borel parmi les agents les plus actifs du prince de Condé, « Fauche-Borel, disait-il, qui avait gagné 100.000 écus dans l'histoire de Pichegru », le capitaine Roland, Rusillion, Demougé à Strasbourg, Fenouillot [1].

Le 14 pluviôse, nouvelle visite de Montgaillard à Reinhard : il renouvelait ses promesses, se disait prêt à les tenir, donnait la clef des noms de convention employés dans la correspondance de Klinglin, avec la liste des agents les plus actifs de l'Angleterre sur la frontière de Suisse. Reinhard voyait clair dans son jeu : Montgaillard voulait se venger d'anciens complices [2].

Par lettre du 13 ventôse (3 mars 1798) [3], adressée au ministre des affaires étrangères, il offrait de nouveau les pièces, preuves et documents qu'il avait mis en réserve. Enfin il se décidait à écrire ses révélations. Roberjot, le successeur de Reinhard à Hambourg, annonçait, le 6 et le 13 germinal an VI, que Montgaillard rédigeait des notes sur la conspiration de Pichegru. En effet, le 11 prairial (30 mai 1798) [3], il envoyait au gouvernement le précis historique de cette conspiration qui a été publié par Bonaparte en germinal 1804, sous le titre de *Mémoire concernant la trahison de Pichegru* [4]. Il l'envoyait avec la copie des lettres du Prétendant, de Condé, etc., et sa fameuse lettre à Pichegru du 16 août [5].

Désormais le Directoire possédait, grâce à Montgaillard, des détails précis sur l'intrigue. Il ne les jugeait pas suffisants cependant, car il ne se hâtait pas de faire comparaître devant le tribunal militaire de Strasbourg les complices de Pichegru. Il rendait à l'activité ou faisait élargir quelques-uns des militaires, amis de Pichegru, impliqués dans le complot de Fructidor. Souham et Férino, par arrêté du 16 août 1798, étaient réintégrés dans les cadres de l'armée ; ils

---

1. Affaires étrangères, Hambourg, vol. 112. A la lettre du 29 nivôse est jointe la lettre de Montgaillard datée du 15 janvier 1798.
2. *Ibid.*, lettre du 14 pluviôse. Voir la clef de la correspondance imprimée dans *Pichegru et Moreau*, p. 237-8.
3. *Ibid.*
4. AF III, 44 ; Cl. de Lacroix, p. 51. Le *Mémoire concernant* fut recherché dans les Archives du gouvernement par ordre de Bonaparte, à la suite d'une lettre de Montgaillard du 3 ventôse an XII, lettre adressée au préfet Dubois pour le prévenir de son séjour à Toulouse. Il fut publié en germinal an XII, chez Pottier.
5. Montgaillard collabora ensuite à des travaux diplomatiques avec Roberjot, puis avec Champigny-Aubin en Hollande, et se fit expulser de ce pays. Rentré en France après le 18 brumaire, il fut arrêté, puis relâché. Après ventôse an XII, Bonaparte l'attacha à son cabinet secret et le chargea de rédiger des mémoires politiques. Très important dossier sur Montgaillard dans papiers de R. de Saint-Albin.

commandèrent des divisions pendant la campagne d'Allemagne de 1799[1]. Montaigu et Courtot, incarcérés après les révélations de Montgaillard en 1798, malgré un acquittement antérieur, étaient remis en liberté par arrêté du 4 floréal an VI (avril 1799)[2].

Par ce même arrêté, le Directoire décidait au contraire que Badonville, Tugnot, Lajolais, sa femme et sa belle-sœur, Demougé, Guislain Coumon et plusieurs des bateliers ou espions de Mme de Reich et de Klinglin seraient traduits sans délai devant le conseil de guerre de la 5e division, pour y être jugés sur le délit d'espionnage, de complicité avec Chambé, traduit devant ce même conseil par arrêté du 28 pluviôse an VI. Malgré le réquisitoire du chef de bataillon Texier, le 2 nivôse an VIII (12 janvier 1800), le procès n'apporta aucune lumière nouvelle sur l'intrigue de Pichegru ; les preuves paraissaient insuffisantes pour une condamnation sur le délit d'espionnage et, le 24 nivôse, les accusés furent acquittés et remis en liberté[3].

S'appuyant sur ce jugement, Pichegru pouvait écrire, le 1er août 1801, à Vienot, dans une lettre rendue publique : « Un jugement authentique a apprécié ce fatras (la correspondance de Kinglin) à sa juste valeur en innocentant toutes les personnes prétendues compromises[4]. »

A cette date, Pichegru s'était échappé de la Guyane où le Directoire l'avait déporté au lendemain de Fructidor. Passé en Angleterre, puis sur le continent, payé par nos ennemis pour organiser des complots et des insurrections à l'intérieur ou au voisinage de nos frontières, il confirmait par sa conduite les révélations de Montgaillard.

### VI. — Conclusion. La trahison de Pichegru.

Il nous reste à dégager brièvement les conclusions de cette étude. Pichegru est entré en relation avec Condé au mois d'août 1795;

1. Voir leurs dossiers aux archives administratives de la guerre. Cf. Fage, Souham.
2. AF III*, 15 (4 floréal an VII). Voir aussi leurs dossiers aux archives administratives de la guerre. Ibid., le dossier de Liébert qui perdit le commandement de Lille après le 18 Fructidor.
3. Dossier Badonville et Lajolais aux archives administratives de la guerre. Lettre de Texier à Réal, 9 ventôse an XII, dans papiers de R. de Saint-Albin. Demougé s'était enfui en Allemagne à la nouvelle de Fructidor. Il revint à Strasbourg en 1800, mais il fut arrêté en 1801, F[7] 6417. Tessonnet partait pour la Russie avec Condé en 1797 et y restait jusqu'en avril 1799, archives administratives de la guerre, dossier Tessonnet. Fenouillot ne rentrait en France qu'après le 18 brumaire, AF IV, 1490, 22 thermidor an XII.
4. Lettre à Vienot dans Notices, p. 165. Comparer la lettre du Prétendant à Condé, du 17 septembre 1797, Chantilly, Z, t. I, p. 214 : « Nul doute qu'il ne faille nier tout ce qui regarde P. (Pichegru). »

il est resté en rapports avec lui jusqu'aux premiers mois de 1797. Il a comploté avec lui le renversement de la République. A défaut des lettres des agents envoyés auprès de lui, Fauche, Courant, Demougé, le baron de Vincent, d'Hotelans, Tessonnet, Rusillion, nous aurions pour le démontrer ses billets adressés au prince. Voilà le minimum de sa trahison.

Vainement M. Daudet essaie-t-il de prouver que le militaire « reste pur des intrigues du politicien »; M. Vandal lui a répondu : « Sur la frontière, devant l'ennemi, la France et la République se confondaient, l'armée résumait la patrie, et les gouvernants, si indignes qu'ils fussent, tenaient pourtant le drapeau. S'écarter du drapeau, fût-ce un instant et en intention plus qu'en acte, c'était enfreindre le devoir, porter une première atteinte à la règle d'honneur, et l'honneur militaire est une fleur à ce point délicate et sacrée qu'elle meurt d'être touchée. Le devoir du soldat en face de l'ennemi est indivisible et ne souffre pas qu'on le décompose. Ce devoir n'est pas seulement de se battre ; il consiste à *ne point faire autre chose que se battre* [1]. »

La Révolution avait élevé le sergent de l'ancien régime aux plus hauts grades ; la République lui avait confié le soin de sa défense sur sa frontière la plus menacée : il négociait cependant avec un prince de la famille royale, un émigré de la première heure, un des plus irréductibles ennemis de la France nouvelle, un général de l'armée autrichienne payé par les Anglais.

Cette intrigue était l'espoir des royalistes de l'intérieur, qui n'attendaient que « l'éclat » pour s'insurger ; l'espoir des Autrichiens, qui comptaient sur la trahison du général pour battre plus aisément son armée ; l'espoir de l'Angleterre, qui payait les complots pour diminuer la résistance que les « patriotes » opposaient sur le Rhin à leurs alliés.

Cette intrigue n'a-t-elle pas eu des conséquences militaires ? Qu'on étudie dans leur développement à la fois l'intrigue et les opérations militaires; qu'on les étudie parallèlement, aux mêmes dates : que d'étranges concordances !

Au commencement d'août, Pichegru peut passer le Rhin par surprise, au voisinage de Bâle, à Rhinfelden. Mais l'opération aura pour premier résultat l'écrasement du corps de Condé, campé dans le voisinage à Mûlheim. — Fauche cherche l'occasion d'aborder le général ; celui-ci ne l'ignore pas ; il n'obéit pas aux ordres du Comité et « l'armée royale » est sauvée.

A la fin d'août, Wurmser concentre son armée dans le Haut-Rhin; toute opération de passage de ce côté devient impossible.

1. Le *Gaulois*, 4 novembre 1901.

Or le bas Rhin est dégarni de troupes autrichiennes entre le Neckar et le Mein; une concentration rapide de nos troupes en face de Manheim peut nous rendre maîtres de la place, et bientôt de Heidelberg, point de jonction entre les armées ennemies. Clerfayt, attaqué de front par Jourdan, menacé de dos par Pichegru, battra en retraite sur le Danube. — Mais le succès de l'opération dépend de la rapidité de l'attaque et du nombre. Pichegru arrive trop tard à Manheim : il attendait Courant à Strasbourg et celui-ci n'arrivait pas. Il n'a réuni que dix mille hommes pour une opération qui en exigeait le triple : il n'a pas voulu tirer du haut Rhin les troupes qui devaient faire leur jonction avec celles de Condé. De là notre échec à Heidelberg.

Cependant l'armée de Sambre-et-Meuse a passé le Rhin; les troupes de Clerfayt se replient en désordre sur l'Allemagne du Sud; les princes négocient avec la République. — Pichegru reste à Manheim dans l'inaction. Ce n'est pas le moment de faire triompher la Convention aux frontières, lorsque Paris s'insurge! En se joignant à Jourdan pour écraser Clerfayt, Pichegru battrait sur le Rhin ses alliés de la capitale.

Même inaction lorsque Clerfayt passe le Mein, tourne Jourdan, le force à se replier derrière le Rhin, puis revient sur Mayence, y pénètre pour enfoncer nos lignes. — Pichegru n'ignore pas quels dangers menacent ces lignes, quel découragement envahit l'armée d'investissement, quels ravages y fait la désertion. Il n'a pas intérêt à relever le moral du soldat. Il reste à Manheim : Fauche-Borel est arrivé depuis quinze jours dans cette ville, chargé d'or.

Ce marchand de consciences a si bien « travaillé » les troupes, en compagnie de Badonville, que la garnison de Manheim capitule honteusement, moins par l'insuffisance des chefs que par l'incurie des soldats.

Cependant le général a rallié ses divisions vaincues sur la Pfrimm ; arrive un courrier de Montgaillard : les Autrichiens connaissent l'Intrigue et sont d'accord avec Condé ; il faut se hâter de rejoindre le prince dans la Haute-Alsace. — Pichegru n'a pas appelé à lui ses divisions du haut Rhin : elles sont plus proches de Mülheim. Le succès de la campagne dépend de sa jonction avec Jourdan : Jourdan arrive par les défilés du Hundsruck ; la présence de son avant-garde avec Marceau l'annonce. Que Pichegru lui tende la main par-dessus les plateaux du Hardt, et le Palatinat est sauvé! Mais le succès de l'Intrigue dépend de sa jonction avec Condé : il se replie hâtivement sur l'Alsace.

En décembre, Jourdan est campé sur les bords de la Nahe; il est venu au secours de son collègue, attaqué par deux armées ennemies. Pichegru, après une inaction trop longue, se contente de faire des démonstrations, et Clerfayt rassuré sur ses intentions déborde la droite de Jourdan et le force à repasser le Hundsruck. Or le prince a quitté Mülheim ; il descend le Rhin et veut entrer à Strasbourg, avec le consentement de Pichegru et de Wurmser. Demougé va de l'un à l'autre : un accord s'établit par son intermédiaire entre les généraux ennemis ; Pichegru ne veut pas livrer Strasbourg, mais il conseille au prince de se placer aux avant-postes de son armée dans le Palatinat ; Wurmser y consent. A qui fera-t-on croire qu'à ce moment Pichegru ait souci de battre Wurmser ?

Une trêve est conclue ; le baron de Vincent, officier de Wurmser, porte à Pichegru le billet que le prince a écrit, à la demande du général autrichien, pour ménager des relations directes entre les deux généraux ennemis. Si évasive qu'elle soit, ou si découragée, la réponse de Pichegru à Vincent témoigne qu'il ne repousse pas la main de l'ennemi et qu'il considère l'Autriche comme une alliée nécessaire.

Pendant la trêve, sous le prétexte d'éviter des surprises, il laisse ses malheureux soldats mourir de faim sur un sol dévasté, quand il peut sans danger leur permettre de se refaire dans des cantonnements éloignés. En deux mois l'armée fait autant de pertes, par la maladie et la désertion, que par le feu et par la défaite. Mais son général la pousse à l'exaspération et à la révolte, en lui laissant croire que le Directoire ne fait rien pour la secourir, et les agents royalistes distribuent des pamphlets et des brochures Heureusement le Directoire remplace Pichegru par Moreau.

Pichegru « n'a donc pas coopéré de bon cœur à l'invasion de l'Allemagne ». Une guerre de conquête allait à l'encontre de ses plans : elle l'éloignait du prince de Condé et de Paris, rendait l'entente impossible avec les généraux autrichiens, relevait le prestige du Directoire et lui enlevait la lourde charge de nourrir l'armée, ranimait l'ardeur guerrière et le patriotisme des soldats.

Il n'a *pas voulu vaincre*, mais a-t-il voulu se *faire battre* ? Au début de la campagne, *non*, car il avait intérêt à conserver sa réputation militaire, le meilleur atout dans son jeu. Après la déroute de Mayence, *peut-être*, car il savait que le Directoire allait le rappeler. A ce moment un intérêt primait tout : précipiter l'exécution de ses plans. Une défaite éclatante, il l'a cru, lui livrait l'armée. Cette défaite, l'a-t-il cherchée ?

« J'ai fait et laissé faire tout ce qui pouvait être fait avec prudence, » disait-il à Rusillion. Demougé, Badonville, donnaient à Wickham le commentaire de ces mots. Après la perte des lignes, disaient-ils, Pichegru avait offert aux alliés l'occasion d'un succès décisif, en livrant son armée aux hasards d'une grande bataille en plaine : la supériorité de l'ennemi, surtout en cavalerie, assurait sa victoire.

Mais Demougé, Badonville, voulaient complaire à Wickham...
Laissons à Pichegru le bénéfice de nos doutes !

Le Directoire l'a écarté de la direction des armées, tout en lui laissant le traitement de général en chef, traitement d'ailleurs dérisoire depuis la chute des assignats. Il revient de Paris et fait part à Demougé de ses nouveaux plans. L'Intrigue entre dans une nouvelle phase (mai 1796) : il n'a plus les mêmes devoirs, puisqu'il n'est plus général en chef. N'a-t-il pas trahi cependant ?

Qu'on lise le résumé de ses conversations avec Demougé, avec Rusillion, avec Fauche-Borel, avec d'Hotelans, avec Tessonnet, à Strasbourg, à Arbois, à Bellevaux, à Besançon, avant, pendant ou après la campagne de 1796 ! Désormais il base tous ses plans sur les échecs de son ancienne armée et de Moreau son ami ! Leur défaite, mieux encore leur désastre, est nécessaire au succès de l'Intrigue, car il veut être rappelé au commandement des armées et il ne le sera que si Moreau est vaincu : plus forts les coups de l'Autriche, plus prompte sa propre revanche !

Et d'abord il faut rompre la trêve tout de suite : que Demougé en informe aussitôt l'archiduc Charles ; qu'on ne laisse pas à Moreau le temps de se reconnaître, l'armée sera surprise en pleine organisation : c'est l'écrasement !

Mais plus de quinze jours se passent et la trêve n'est pas dénoncée ; de guerre lasse, Pichegru est parti pour Arbois, il attend des nouvelles avec anxiété. Fauche lui en apporte : elles sont désolantes ; les Autrichiens, battus en Italie par Bonaparte, renoncent à l'offensive ! Et bientôt nos armées envahissent l'Allemagne ; Moreau passe le Danube et menace Munich. Pichegru se terre en Franche-Comté, dans l'abbaye de Bellevaux, bien national qu'il vient d'acheter.

Que les échecs de Jourdan forcent Moreau à battre en retraite, à repasser le Danube, puis la Forêt-Noire : Pichegru accourt en Alsace ; il voit Moreau, scrute son inquiétude, en fait part à Demougé. Qu'on avertisse donc l'archiduc ! qu'il ne laisse pas échapper son adversaire ! qu'il jette nos bataillons dans le Rhin ! Moreau s'est sauvé en passant le Rhin près d'Huningue et Pichegru repart pour Bellevaux, après avoir envoyé au prince un mot en notes de musique : « Il faut continuer avec vigueur en tout comme à présent. »

L'ennemi se contente de prendre Kehl et la tête du pont d'Huningue ; l'année 1796 s'est achevée et l'armée de Rhin-et-Moselle n'est point battue. Les victoires de Bonaparte forcent l'archiduc à partir pour l'Italie, et dès lors c'en est fait de l'offensive. La campagne recommence : c'est l'échec de l'Autriche, et l'armistice s'ensuit.

Bonaparte et Hoche ont relevé le drapeau : les victoires de

l'Autriche n'ouvriront pas l'accès du pouvoir à Pichegru. Le général modifie ses plans : il sera législateur ; il sera le chef de la réaction légale qui doit conduire la France à la monarchie. Instruit par l'expérience, il doute du succès des complots, réprouve les entreprises violentes, met sa confiance dans l'opinion publique, dans les délibérations des Conseils. On détruira l'édifice républicain pierre à pierre, loi par loi. Le travail des démolisseurs s'accomplit lentement, sûrement. Mais le Directoire a compris la tactique et démasqué Pichegru : Bonaparte encore, encore Bonaparte ! traverse les plans du traître, en envoyant à Barras le portefeuille de d'Antraigues, et Carency révèle au Directoire les manœuvres de Dandré. La République sera sauvée !

Les troupes de Hoche marchent sur Paris. Pichegru menace d'enlever le Luxembourg avec une poignée d'hommes. Mais il n'est pas assez fort, il le sent, avant d'avoir organisé la redoutable machine avec laquelle il veut battre les murs de la République, la garde nationale embourgeoisée, la garde des « Incroyables » Il faut donc patienter, louvoyer, temporiser, endormir le Directoire par des déclarations prudentes, d'adroites démonstrations. Il affecte de croire que les troupes de Hoche refuseront de passer les limites fixées par deux poteaux ; tant de naïveté désarmera-t-elle les « triumvirs » ? Non encore, car Bonaparte envoie Augereau, Hoche envoie Chérin et La Révellière dénonce les représentants « vendus à l'étranger ».

Alors Pichegru se résigne à livrer bataille dans les rues, sans conviction d'ailleurs et sans confiance ; il se résigne à tendre la main aux chouans, dont il s'est tenu jusqu'ici à l'écart ; et, pour organiser la résistance contre le Directoire, il demande à Dandré de l'argent.

Il en reçoit : le représentant a trahi comme le général.

Est-ce la première fois qu'il a reçu l'argent des Anglais ? Si souvent les agents du prince sont arrivés au quartier général cousus d'or ! Qu'ils aient gardé pour eux une partie des fonds de Wickham, c'est probable ; qu'ils en aient dépensé une autre, la plus grosse, en distributions aux soldats, aux officiers, c'est possible. Mais ils en ont certainement donné beaucoup à Pichegru. Et Badonville lui en a porté à son retour de Berne, où il s'était rendu pour ne pas perdre l'appui financier du ministre anglais.

Qu'a-t-il fait de cet argent ? L'a-t-il distribué à ses officiers, à ses troupes ? On en doute, car ses projets sont restés inconnus jusqu'en Fructidor : deux officiers seulement ont reçu ses confidences.

Mais il échauffait le mécontentement des autres dans des banquets dont Wickham faisait les frais. L'argent des Anglais passait en bombances.

Le général avait repris goût à la vie joyeuse en Hollande. Arrivé sur le Rhin, il avait souffert plus que tout autre des privations que la chute des assignats et le manque de numéraire imposaient aux généraux comme aux soldats. Avec son traitement de général en chef, il pouvait à peine suffire à sa subsistance. Il dut vendre les beaux chevaux et les belles voitures ; puis il accepta l'argent que lui offrit Fauche, et après lui Demougé, et finit par en demander.

Il a donc trahi, puisqu'il a négocié, général ou législateur, avec les ennemis de la République et de la France, puisqu'il a reçu leur argent, puisqu'il a sacrifié les intérêts de la défense nationale à la réalisation de ses plans.

Je voudrais cependant un peu de pitié pour sa mémoire.

Car il a subi l'influence de la démoralisation générale. Sa génération s'est élevée jusqu'à l'héroïsme ; mais quelle chute après le grand effort de l'an II ! C'est un affaissement, une dépression des âmes ; la foi patriotique s'éteint ; l'ardeur républicaine est morte, lorsque la République naît. Aucune autre énergie que pour l'agiotage ou le plaisir. Les liens de famille même se relâchent ; le mariage fait horreur et les enfants s'élèvent dans l'abandon. Au souffle des mauvaises passions, la conscience vacille.

Certes l'intérêt, l'ambition, la rancune et des motifs moins avouables ont influé sur sa conduite. Mais il faut lui savoir gré de n'avoir point cédé aux instances de Condé, de n'avoir point voulu lui ouvrir les portes d'Huningue et de Strasbourg.

Il faut lui savoir gré d'avoir vu clair dans le jeu des émigrés, d'avoir compris que ces ennemis de la République n'apportaient point à la France ce qu'il souhaitait lui donner : la tranquillité et la paix.

Qu'on lise ses lettres à Moreau : « Encore une guerre à Paris, s'écrie-t-il après Vendémiaire. — (C'est la troisième depuis six mois.) — Puisse-t-elle être la dernière ! » « Que mon nom soit enseveli dans l'oubli et qu'enfin ma patrie soit tranquille et heureuse ! »

L'abbé David lui demande d'écrire l'histoire de ses campagnes : « Après la paix, répond-il ; je ne veux parler de la guerre que pour dégoûter de la faire. »

Mais à mesure qu'il connaît Condé, étroit et fermé à toute idée nouvelle, entêté de revanche et de rancune contre les hommes de la Révolution, il a la sensation qu'il a fait fausse route et que les ennemis de la République sont aussi les ennemis de la France, car ils n'apportent que la guerre civile avec eux.

Guerre civile avant la Restauration, car les insurrections locales, les « projets partiels », n'aboutiront qu'à des tueries nouvelles ! guerre civile après, car l'opinion se révoltera contre les prétentions des vainqueurs ! « Pas de projet partiel ! » répète-t-il à Fauche, à Demougé, à d'Hotelans, à Tessonnet. Il conseille le pardon, l'octroi de libertés, de garanties nécessaires. Il veut convertir la France à la Monarchie, faire la conquête de l'opinion. Il finit par devenir le chef d'une opposition légale qui nous eût conduits peut-être, sans les orages de l'Empire, à la monarchie tempérée.

Sans doute ses idées ne se développent qu'à la longue et peut-être parce que les circonstances sont contraires à d'autres plans. N'oublions point cependant qu'il a refusé de tendre la main à La Trémoille jusqu'au jour où la découverte de sa trahison a fait de lui le prisonnier de l'Émigration !

# INDEX

## DES NOMS DE PERSONNES (1)

### A

Abbatucci, xvii, xlvi, liii n., 66, 76 n., 106 n., 119 n., 138 n., 218, 226, 227, 238, 246, 251.
Agneu, 191 n.
Albert, 123, 124.
Alexandra (grande-duchesse), 244, 245.
*Alison*, xl.
Allier, xv, 72, 185 n., 191 n.
Allonville (comte d'), xxxiv.
Alvinzi (général), 35, 205, 214, 217, 262, 314.
Ambert (général), 19, 66-70, 107, 144.
*Andigné* (d'), xxxviii.
Andréossy, 370.
Angoulême (duc d'), 256, 257 n.
*Antoine*, xxix.
Antonis (les frères), 129, 130.
Antraigues (le comte d'), vii, x, xviii, xix, xxviii, xxvii, xlv, 45, 302 n., 309, 311-313, 336, 337, 341, 354, 366, 367, 383.
Antraigues (la comtesse d'), 336.
Arçon (d'), 197 n., 307.
*Arnault*, xxxi, xxxiv, xl.
Arnette, 188 n.
Artès (d'), 40, 99, 100, 131 n., 132, 163 n.
Artois (comte d'), lii, liii, 28, 30 n., 35, 51, 73, 100, 132, 257 n., 265.
Aubert-Dubayet, 123, 147 n., 157 n., 160 n., 187, 206 n., 220 n., 225 n., 227.
Aubry, 11, 12, 22, 23, 101, 103 n., 343.
Auerweck (baron d'), 234 n.
Augereau (général), 354-356, 360, 383.
*Aulard*, xix, xxxvii, xxxviii, xliv, xlvi, xlviii, lxii.

Avaray (d'), xv, 32, 40 n., 42 n., 71 n., 125 n., 194 n., 217 n., 257, 282, 309, 314.
Aubigny (d'), 334 n.
Aymé (J.-J.), xxiv.

### B

*Babeau*, xxxvii.
Baboin, 130, 352.
Bacher, liv, 8, 13, 14 n., 59, 60 n., 62 n., 63 n., 76 n., 81 n., 87, 88 n., 108, 149, 184, 185 n., 188, 228, 229 n., 230, 290, 292.
Bade (duc de), 76, 276.
Bade-Durlach (marquis de), 256 n.
Badonville, viii, xiii, xvi, xvii, xxiv, xlix, 20, 22, 24, 43, 46 n., 58, 78 n., 91, 102, 104, 111, 112, 121, 122, 132, 133, 149, 150, 153-156 n., 157, 164, 166, 172, 175, 176, 188, 189, 192, 194, 195, 199, 201 n., 203 n., 214, 216, 218, 219, 240 n., 246 n., 248, 250, 265, 266, 270, 281 n., 282, 290-292, 295-300, 302-304, 316, 362, 371, 372, 378, 380-383.
Badonville (M<sup>me</sup>), 298.
*Bailleu*, xxxvi.
Bailleul, xxiii, xxxv, lx.
*Ballot*, xvi, xxxix.
Barante (de), xxxvii, xli, xlii.
Barbançon (comte de), xv, xlviii, 79 n., 80 n., 88 n., 94 n., 99, 126, 127, 128 n., 161 n., 162, 164, 165 n., 170, 171, 172 n., 175 n., 177, 181 n., 194 n., 195, 198 n., 204, 205 n., 213 n., 214, 217, 220 n., 235 n., 236, 237 n., 238 n., 239 n., 242 n., 252, 253 n., 257 n., 258, 261, 262 n., 265, 271, 272, 274, 287, 288, 295, 314.

---

(1) Les noms d'auteurs mentionnés dans la bibliographie sont en italique.

# INDEX

Barbé-Marbois, VIII, XXXIV, 302 n.
Barbier, neveu de Pichegru, XXXI, LI n.
Barras, IX, XI, XXVII, XXXIII, XXXVIII,
  LX n., 90 n., 184 n., 230 n., 232, 309,
  331, 334, 335, 337 340, 341 n., 343,
  344, 345, 346, 347, 349, 354, 356, 366,
  367, 373, 383.
Barthélemy, XVIII, XIX, LIV, 8, 9, 12, 15,
  60 n., 100, 109, 184, 228 n., 229,
  230 n., 231, 232 n., 239 n., 269,
  316 n., 333-335, 337, 339, 347 n.,
  349, 354, 370, 371, 372, 376.
Baruch Cerf Berr, 15 n.
Bassal, 184, 185 n., 196, 228, 229 n., 230,
  240, 375.
Baudot, XXXVII, LV, LVI n., LXI n.
Baumann, XLIV, XLVIII.
Bavelaer, 20 n.
Bayard, 32, 71, 74, 100, 132, 325, 327,
  332, 339, 361, 374.
Beauchamps (de), XXIX, XXX, XXXIII.
Beaufort (de), 62, 95, 309, 310, 312,
  314 n., 315.
Beaulieu, XXIV.
Beaulieu (général), 269, 273.
Beauquier, XLV.
Beaurepaire, XLVIII.
Becker, 119.
Beffroy de Reigny (cousin Jacques),
  XXV n., 365.
Bellegarde (général), 29, 41 n., 92 n.,
  94 n., 121, 127, 139, 144 n., 152, 162,
  165, 171, 176, 252, 267, 268, 270, 272,
  295.
Benezech, 240, 339, 340.
Benezech (M<sup>me</sup>), 240.
Bentabole, 208 n.
Bergoing, 346.
Bergounioux, XLI.
Bernadotte, IX n., 24, 137, 145, 158, 336,
  345, 354.
Bernard de Saintes, LIV.
Bernier (abbé), 132.
Berthier (général), X, 16, 20, 337, 341.
Bertrand de Molleville, XXIV.
Besancenet (de), XXXVI.
Besignan (marquis de), XV, 32, 72, 162 n.,
  163, 185, 191 n.
Besnard (Yves), XXXVI.
Biedermann, XLIII.
Billy (de), XXXIX, 136 n., 168 n., 180.
Binet, XL.
Biré, XXXVIII, XLVI.
Bittard des Portes, XLVI.
Bizy (général), XVII, 20, 22, 103, 155 n.,
  157, 176, 188.
Blacas (de), XXVII.
Blanc (Louis), XLI.
Boissy d'Anglas, 281, 324, 341, 343.
Bonaparte (Joseph), XXXIV.

Bonaparte (Napoléon), X, XI, XII n., XIII,
  XIV, XXV, XXVI, XXXII, XXXIII, XXXV,
  XXXVII, XXXVIII, XXXIX, XLII, XLIV, XLV,
  XLVI, XLVII, XLVIII, L, LIX n., LX., 24,
  75 n., 101, 112, 183 n., 222, 231 n.,
  241, 256 n., 262, 273 n., 276, 279,
  280, 308, 309, 310, 311, 313, 314, 335,
  337, 338, 341, 343, 344, 345, 346, 350 n.,
  355, 369 n., 370 n., 371, 377, 382, 383.
Bonhomme (Honoré), XXXV.
Bonnal, XLIII.
Bonnal de Ganges, XLVII, XLVIII.
Bonnamy, 79, 89.
Bonnechose (de), XLII.
Bonnet, XXVIII n.
Borel (colonel), 157 n.
Bosset (de), 72, 73 n., 100.
Bottot, 373.
Bouchotte, LIV, LVII.
Bougier, XLIII.
Bouillé (marquis de), XII n., LI, 27
Boulay de la Meurthe, XXXIX.
Bourcier (général), 19, 165, 171, 172,
  190.
Bourdon de l'Oise, VIII, 37, 368.
Bourgoing (de), XLII.
Bourloton, XLV.
Bourmont, 33, 132, 361, 362.
Bourrienne, XXXII, XXXVIII.
Bousson de Mairet, XXXVIII, XLI.
Boutetière (comte de la), XLIII.
Bouthillier, 30.
Bouvenot, L, 196, 197, 221 n., 276, 277.
Bouvier, XLIV.
Bouvier, 298, 317.
Bray (de), XXXIX.
Breluque (abbé), 190.
Breton de la Martinière, XXVIII n.
Brival, 4 n.
Brinkman (de), XXXVI.
Broglie (duc de), XXXVII.
Brottier, XVII, XXVII n., 73, 74, 100, 132,
  255 n., 281, 302, 321, 325 n., 332.
Brulard, 374.
Brune (général), 373.
Buchez, XL.
Buffevent (de), 32.
Bussy (de), 175 n.

## C

Cadoudal (Georges), VIII, XI, XXVIII, XLV.
Cadoudal (G. de), XLV.
Cadroy, 327.
Caffarelli-Dufalga, 115, 116 n., 117.
Calmettes, XXXVII.
Cambacérès, 37.
Cambis, 326.
Camut d'Anville, 73.
Canning, 350, 376.

Carency (prince de), 325, 331, 338, 366, 374, 383.
Carletti, 256, 257.
*Carlyle*, xlviii.
Carnot, ix n., xxiii, xxxv, xlix, lvi n., lix, 18, 83 n., 160 n., 186 n., 206 n., 208, 232 233, 234, 240, 254, 333-336, 339-342, 344, 350 n., 354, 356, 364, 365.
*Carnot-Feulin*, xxiv.
Carrard (Marcel), 73, 95.
Casabianca, 106 n., 119 n., 138 n.
Catherine II, 243-245.
*Caudrillier*, xxxii n., xlvii, xlviii, xlix.
Cavaignac, 6, 18.
Cavrois, 69, 146, 147.
Cerisiat (général), 72.
César (général), 72.
Chaffoy (abbé de), xv, 71, 100, 129, 130, 163, 190.
Chalus (de), 374.
*Chambelland*, xxix.
Champagne (marquis de), 31, 191.
Champigny-Aubin, 377 n.
Champion de Cicé (archevêque), xii n.
Championnet (général), 137, 158.
*Chanonie (de la)*, xxxvii.
Chaptal (général), 72.
*Charavay*, xlii, xlvi.
Charette, 33, 73, 132, 225, 238, 241, 256, 257.
*Charles* (archiduc), xl, lix n., 252, 257 n., 258, 261, 267-270, 272, 273, 275, 276, 283-288, 290, 294-301, 303, 305, 306, 314, 382.
*Charlety*, xlviii, xlix.
Charpentier, 209, 214 n.
Charrier, 72.
Chassagne (de la), 130.
Chasseloup, 106 n. et 107.
*Chastenay* (Mme de), xxxviii, 372
Chauchard, 19.
Chembé, 210, 378.
Chénier, 100.
Chérin, ix, xi, 338, 354, 383.
*Cheverny (de)*, xxxvii, l n.
Choudieu, 43.
Christol (baron de), xxviii.
*Chuquet*, xliv, xlvii, l n., liv n., lv n., lvi n., lx n.
Clarke, 19, 123.
*Clavelin*, xxiv n.
Clerfayt, xvii, xxxiv, lix, 3, 29, 37 n., 57, 62, 63, 64, 65, 66, 67, 71, 75, 76, 77, 78, 79 n, 80, 81, 82, 83, 84, 85, 86, 88, 89, 90, 92 n., 93, 94 n., 102, 105, 106, 107, 113, 115, 116, 117, 119, 120, 121, 124, 125, 128, 133, 135, 136, 138, 139, 140, 142, 149, 158, 159, 160, 166, 167, 168, 169, 170, 175 n., 179, 180, 185, 229, 252, 267 n., 375, 380.
Clermont-Gallerande, 362.
Clinton, xvi.
Cobourg (prince de Saxe-Cobourg), lix.
Cochet, 86 n
Cochon, 302 n., 339, 340, 363.
*Coiffier de Verseux*, xxv.
*Coincy (de)*, xi.
*Colin*, xxxix, lx n.
Colinet, 72.
*Comeau (baron de)*, xxxix, l n., lii, liii, lxi n.
Commart, xiii, 164, 187, 202, 212, 213.
Condé (prince de), vii, xii-xvii, xxiii, xxiv, xxix, xxxiii, xxxiv, xxxvi, xxxix, xli-xliii, xlvii-liii n., lix n., 11, 17, 20, 21, 24-59, 71-74, 79 n., 80 n., 88 n., 94 n., 96-100, 103, 108, 111-114, 121-133, 139, 148, 152-157, 161-166, 170-177, 181-195, 198-204, 206, 209 n., 211-218, 220-229, 231, 235 238 n., 241-243, 248-258, 260- 269, 271-291, 294-301, 307-315, 319 320, 341, 359, 366, 370, 373, 375-380.
Condé (princesse de), 27.
*Conegliano (duc de)*, xxxix.
*Contades (de)*, xxxvi, xlvi.
Corbeau de Saint-Albin (Ant.), ix, 367.
Cotta, 114 n., 188, 189, 220.
Couchery (J. B.), 221 n., 222 n., 373
*Cougny*, xlv.
Coumon, 378.
Courant, xii, xlvii, 41-44 n., 46, 52-60 n., 92, 95, 96, 189 n., 198, 200, 205 n., 214, 229, 249-254 n., 265, 266, 276, 277, 307, 310, 373, 379, 380.
*Courcelles (de)*, xxxii.
Courtot (général), 19, 118, 121 n., 122-124, 134, 218, 225, 226, 227, 378.
Courvoisier, xv, 185 n., 298 n.
*Cousin d'Avallon*, xxvi.
*Coutanceau* (colonel), xxxix, lviii n.
Coutard (de) (lieutenant général), xxx.
Craufurd (colonel), xv, xvii, xlvii, 7, 29, 30, 31 n., 33 n., 40, 41, 56-58, 64 n., 69 n., 70 n., 71, 80, 81 n., 88, 89 n., 92, 112 n., 113 n., 122, 130-132, 140-143, 145 n., 157-159 n., 162-165 n., 170, 179 n., 182 n., 190, 192 n., 195, 196 n., 199, 200, 204, 205, 211, 216, 217, 235-239, 249, 253, 258, 259, 262, 271, 273, 354 n.
Craufurd (Quintin), 81 n., 140, 159, 167 n., 168 n.
Crétien, 143 n., 144 n., 146, 147.
*Crétineau-Joly*, xlii.
Crèvecœur (R. de), xxxvii, l n.

## D

Dalphonse, 365.
Damas (général), 84 n., 90 n.
Damas (de), 31 n.
Damas-Hinard, xxxii n.
Dandré (ex-constituant), xvi, xviii, xxxix, xliv, xlix, 281, 323-329, 331, 332, 338, 348 n., 350, 352, 356-364, 373, 374, 383.
Danican, xviii, 316, 361, 362.
*Daudet* (Ernest), xviii, xliv, xlv, xlviii, xlix, l, n.
*David* (abbé), xx, xxi, xxvi, lix n., lxi n., 233 n., 370 n.
Davout (général), xlvii, lx, 69, 145, 147.
*Debidour*, xlv, lxii.
*Decaen* (adjudant général), ix, 12. Voir son *Mémorial*.
Dedon (chef de brigade), xxii, 9.
Degelmann (baron de), 41, 98, 125, 126, 139.
Dejean, 76 n.
Delaborde (général), 135, 166, 168, 169.
Delacroix, 173, 243 n., 244, 245, 310, 311 n., 333, 339, 376, 377.
Delahaye (de l'Aisne), 329.
De la Marre (abbé André), lix, 325, 332.
*Delaporte* (conscrit, Pierre), xxxviii.
Delaunay, 100.
*Deleuze*, xxxix.
Delmas (général), xlix, liv.
Demougé, xii-xv, xx, 20, 23, 91, 139 n., 149, 150, 151, 153-157, 161, 165, 166, 169-172, 174, 176-178, 187, 189-195 n., 198, 200-206 n., 208 n.-219, 221, 225, 226, 230 n., 235-239, 243, 248, 250-254, 259-268, 270, 272, 275, 276, 281 n., 283, 285-296, 299, 304, 306 n., 320, 369, 377-382.
Desaix (général), xvii, xxiii, xxvii, xli, xliii, 14 n., 18, 19, 21, 61, 67, 87 n., 116, 121, 134, 145, 152 n., 167, 182, 208, 210 n., 214 n., 219, 220 n., 222, 226, 248 n., 288 n., 369-72.
*Desmarais*, xl.
*Desmarets*, x, xii n., xiii, xxvii, xxxviii.
Desmoulins (C.), ix n.
Despomelles, xvii, 325, 326, 332 n., 352, 361, 374.
*Desprez*, xli, xliii, xlv.
Desprez-Crassier (général), 22.
*Desvernois* (général baron), xxxviii.
*Devarat*, xxii.
Deville, xlviii.
*Didot* (Firmin), xli.
Dietrichstein, 64 n., 69 n., 76 n., 89 n., 94 n., 128.
Digoine (marquis de), 130.
Dommartin (général), xxxvi, 354.

Don (colonel), 375.
*Dontenville*, xlvii.
*Dorbon* (L.-D.), viii, xliv.
Dorsner (général), 14.
*Dosquet* (M<sup>lle</sup>), xlii.
Dossonville, x, xx, xxxvii, 363.
*Doulcet de Pontécoulant*, xxxv, 7 n., 12, 15, 61, 77 n., 313, 318, 359.
Drake, 131, 197 n., 309-313, 376.
Drouin, 90 n., 229.
Dubois, x, xxvi.
*Du Casse* (baron), xxxiii n.
Dufour (général), 19, 66, 67, 68, 69, 70, 87 n., 107, 144, 282 n.
*Dufourcq*, xxxviii.
Duhal, 253 n., 274.
Duka (lieutenant-colonel), 179.
Dumas (général, armée du Rhin), 174, 184 n., 189 n.
Dumas (Mathieu), xxxiv, xxxvii, 324, 326, 327, 330, 334, 339, 340, 342, 347, 348, 354, 359, 370.
Dumolard, 327, 363.
Dumontet (abbé), 309-313, 375, 376.
*Dumoulin*, xlix.
Dumouriez (général), 35, 53, 194 n., 221, 242.
Dupéron, 90 n., 229.
Duplantier, 318, 324.
*Dupont-Constant*, xxix.
Duquesnoy de Trancault (M<sup>lle</sup>), xii n.
Durand (chevalier), l, li n., lxi n.
*Daruy* (Albert), xliv.
*Daruy* (George), ix, xxxviii, lxii.
Dusirat (général), xi, 69, 70, 143 n., 145 n.-147.
Dutheil, xviii, 234 n., 242 n., 325 n., 361.
Duverger (général), xvii, 107, 121 n., 123, 254.
Duverne (de Presle, ou de Praile), xvii, 33, 73, 132, 281, 302 n., 322, 332 n.

## E

Eblé (général), xlv, 365.
Eclan (d'), 31.
*Ecquerilly* (d'), xxix.
Emery, 348, 363.
Eggs (d'), curé de Benheim, 34 n., 35, 94, 125, 126, 127, 128, 133, 212 n., 274.
Elliot, 195 n.
*Engerand*, xlvii.
Enghien (duc d'), xli, 24 n.
Ernouf (général), xxv n., 79 n., 233.
*Escars* (d'), liii.
Esparbès (M<sup>me</sup> d'), 241, 337, 345, 362.

## F

*Fabre de l'Aude*, xxxiii, xxxix, lxi n., 23, 337, 338, 343, 344, 345, 366.

# INDEX

*Fage*, XLVII, LX n.
*Fain* (baron), XXVII
*Fantin-Desodoard*, XLIV.
*Fare* (de la), 33.
*Faverney* (de), 31, 34.
*Fauche-Borel*, XI, XIII, XIV, XV, XX, XXVII, XXVIII, XXX, XXXI, XLVI, XLVII, XLVIII, 23, 24, 31, 36 n., 38, 40-54 n., 57, 59, 60, 75, 78 n., 91 n., 93, 95-105, 110-114, 121, 122, 124, 125, 132, 133, 148, 151 n.-157, 161 n., 164, 165, 174, 176-177, 187-200, 202, 204 n., 205, 206, 212, 214, 220, 229, 231, 237, 249-253, 257 n., 259, 264-270, 272 n., 276, 278-280, 283, 287, 291, 292, 295, 297, 299, 306, 309-313, 316, 320, 337, 357 n., 362-364, 371 n., 373, 377, 379, 380, 382.
*Fauconnier*, XIII.
*Fauriel*, XXXII.
*Feltre* (duc de), 298 n.
*Fenouillot*, 52, 58, 59, 95, 96, 104, 156 n., 183, 198, 200, 205 n., 211, 214, 377, 378 n.
*Ferino* (général), XVII, 19, 87, 246, 251, 254 n., 377.
*Fernig* (M<sup>lle</sup> de), XXXV.
*Feronnière* (de la), 73, 132.
*Ferrand* (l'émigré), 26, 35, 163, 191, 245, 256, 257 n. Voir ses *Mémoires*.
*Ferrand* (général), XLVI, 131, 190, 191 n., 196, 197, 205 n., 221.
*Ferrari*, 161.
*Fiquet*, 318.
*Fischer*, 189 n.
*Fitz-Gerald* (lord), 28.
*Flachlanden* (baron de), XV, 131.
*Florent Guiot*, 107, 126 n.
*Folney*, 129.
*Forest* (général), 68.
*Forneron*, XLIV.
*Foscari*, 186.
*Fouché*, I, X, XI, XII n., XIII, XX, XLVIII.
*Foy*, 326.
*Fragonard*, VIII, XXX.
*François II* (l'empereur), XVI, 3, 40, 56, 64 n., 67, 69 n., 77, 80, 113, 117 n., 127, 158, 176, 179, 180 n., 256, 269, 273, 275, 317.
*François* (l'émigré), 361, 374.
*François de Neufchâteau*, 339.
*Frascati*, 222.
*Frédéric II*, 42.
*Frédéric-Guillaume II*, 41, 256.
*Fréron*, 37.
*Fricasse*, XXXVI, 108, 144, 207 n., 209.
*Frælich* (le général), 285, 290, 295.
*Frossard*, 375.
*Frotté* (Louis de), XVII, XLV, 321, 332, 361, 362, 374.
*Führman*, 269, 270.
*Furstemberg* (prince de), 139.

## G

*Gabourd*, XLI.
*Gaffarel*, XLV.
*Gallais*, VII, XXIII.
*Galitzin* (prince de), XLV.
*Gallois*, XLI.
*Garat*, XXVIII n.
*Garchy*, 222.
*Garens*, 143 n., 144 n., 145 n., 146.
*Garrau*, 90 n., 110, 114, 138 n.
*Gaspard*, XXII, 102, 103 n.
*Gassier*, XXVIII.
*Gau*, 343.
*Gaudy*, XLIII.
*Gaume*, XVII.
*Gay de Vernon*, XLI.
*Gibert-Desmolières*, 333, 340. V. son *Journal*.
*Gillet*, 2 n., 6-12, 15, 77 n., 106 n., 107.
*Gimel de Tudeil*, LIII.
*Girardin* (général), XXXIV.
*Girod de l'Ain*, XLV.
*Goffard*, LIV.
*Gohier*, XXXII.
*Gomez*, 80.
*Goncourt* (les de), XLII.
*Grandmougin*, XLV.
*Grasilier*, VIII n., XX n., XXXVIII, XLIX.
*Grenier* (général), XXV n.
*Grenville* (lord), 17 n., 24, 28, 29, 30, 37 n., 41, 51, 57 n., 69 n., 92 n., 95, 129, 130, 132 n., 141 n., 143, 145 n., 163 n., 167 n., 168 n., 176 n., 179 n., 182 n., 191 n., 196 n., 198 n., 234 n., 235 n., 237, 240 n., 254 n., 257 n., 259 n., 260, 262 n., 273, 276 n., 281 n., 282, 291 n., 292, 296 n., 298 n., 303 n., 307, 322, 325, 326 n., 328, 333, 347 n., 350 n., 351, 352, 357, 373 n., 374. Voir ses *Papiers* publiés.
*Gros*, XLV.
*Guer* (de), 72, 100, 130.
*Guichard* (l'avocat), XXVIII n.
*Guilhermy* (de), XII n., XXXVI.
*Guillaume*, XLVII.
*Guillaumin*, XLIX.
*Guillermet*, XLIII.
*Guillin de Pougelon*, LII, LIII.
*Guillon*, XLIV.
*Guillot*, 354.
*Guislain*. (Voir Coumon.)
*Gustave IV*, 243, 244, 245.
*Guyardin*, LV n.

## H

*Hamel*, XLIII.
*Harcourt* (duc d'), 29, 40, 279 n., 308, 326 n.

## INDEX

Hardenberg (de), XLIII, 8, 9, 15, 24, 41.
Hatin, XLII.
Hatry (général), 136, 158, 354.
Haussmann, 253 n.
Hauterive (d'), XLV.
Heigel, XLV.
Heitz, XLVI.
Hennet, XLIX, LIII n., LIV n.
Hermann, 209, 213, 214 n.
Hesse-Cassel (grand-duc de), 76.
Hoche, IX, XI, XXXV, XXXVII, XLII, XLIV-
XLVII, LIV n.-LVII, 24, 25, 338, 339,
340, 344, 345, 346, 348 n. 354, 371, 372,
382, 383.
Housser, XLII.
Hohenlohe (prince de), LI n., LXI n.,
21, 23, 76, 78 n., 81, 85, 88, 89 n.
Hotelans (Broc d'), XIV, 264 n., 279, 295,
300, 303-306, 318, 319 n., 321, 379, 382.
Hotze (général), 261.
Hoffer, XLII.
Hyde de Neuville, VIII, XXXVII, XXXVIII.

### I

Imbert-Colomès, VII, XV, XXIII, 71, 100,
129, 130, 131 n., 132, 162 n., 163, 191,
198 n., 261, 262, 295, 300, 304, 306,
318, 331, 357, 358, 361, 362, 363, 373.
Isnard, 242 n.

### J

Jansson, 197.
Jarjny (de), LIII.
Jaurès, XLVIII.
Jay, XXXI.
Jœglé (le curé), XIII, 200 n., 205 n.,
237 n., 251.
Joliclerc, XLIX.
Jollivet, XXII.
Jomini, (le général), XXXII, XL, 85 n.,
138 n.
Jordan (Camille), VII, XXIII, 318, 363, 373.
Jordi, 254.
Jouanne d'Esgrigny (abbé), 325 n.
Joubert (général), 18, 24, 74, 78, 83 n.,
84, 88 n., 345.
Jourdan, XXV n., XXX n., XXXV, XXXVII,
XL, XLI, XLIV, XLVI, XLVII, XLIX, 5 n.-8,
10, 11, 20, 21, 61, 62, 63, 65, 71, 76
n. 80, 82-94 n., 102, 103, 105-109,
115-122, 134, 136-140, 142, 145, 148,
152 n., 153, 158, 160, 167, 168, 169,
173, 175 n., 178, 180, 182, 183, 185,
199 n., 202, n., 205 n., 207, 226 n.,
230, 232, 233, 238, 240, 255, 261, 264,
270 n., 273, 282-285, 287, 296, 336,
380, 382.
Jong, XXXI.
Jullian, XXVIII.

### K

Kaulek (Jean), XXXVI.
Kellermann (général), 21, 36, 56, 72, 129,
278, 279, 280, 302 n., 337.
Kerverseau, XXIV n.
Kilg, 197.
Kléber (général), XXV n., XXVI, XXXV,
XLIII, LX n., 2-6, 10, 24, 76, 80 n, 81,
84, 90 n, 91 n., 102, 116, 145, 150,
151, 152 n., 158, 168 n., 180, 233.
Klinglin (général), VII, XII n., XIII, XIV,
XXIII, XXXVIII, 23, 35 n., 153, 154 n.,
155, 157, 161 n., 162 n. 164 n., 165, 189,
n., 190 n., 192, 194, 195, 196, 200 n.,
201 n.-205, 206 n.-218 n., 226, 235,
233 n., et notes passim, 267, 268, 275,
286, 290, 293, 295, 369, 371, 372, 377,
378.
Kray (général), 159, 168 179, 180, 182, 269.
Kuscinski, XLIX.

### L

La Barberie, 352, 374.
Lacase (Mlle), 196.
La Chapelle (comte de), XLVI, LII, LIII.
La Chevalerie, 33, 37.
Lacombe (du Tarn), 5 n.
Lacombe, XLIII.
Lacoste, LV, LVI n.
Lacretelle (Ch. de) XXIX, XLI, 73, 93 n., 99.
Lacroix (Cl. de), XXII n., XXXVIII.
Lacroix (Désiré), XXXVIII, XLIV.
Laharpe, 73, 99.
Lahorie (général), XLIX.
Lageard (de), 31 n., 164, 165, 170, 171,
172.
Lajolais (général), VIII, X, XVII, XX, 21,
22, 188 n., 189, 198 n, 220 n., 221,
227, 228, 246, 283, 284, 285, 304,
317 n., 371, 372, 378.
Lajolais (Mme), X, XXVIII n., 21, 22, 222,
227, 228, 246, 284, 285, 301, 317 n.,
371, 372, 378.
Lalanne (Louis), XXXVI.
Lallement, XVIII, XIX, 231, 232 n., 256 n.,
283, 309, 310, 311, 313, 314, 376.
Lamarque, 247 n.
Lambert, 59.
Lameth, 319 n.
Lamothe (chevalier de), 72, 163, 191 n
Lanfrey, XLII.
Languerth von Simmern, XLIII
La Poype (général), 72.
Larcher, 59.
Larey (de), XLII.
La Revellière-Lepeaux, XXXVI, XXXVIII, 18,
232, 234 n., 240, 245, 334, 338, 340,
341, 343, 344, 348, 349, 354, 359, 383

Lariboisière, 143 n.
Larivière (Henri), xxvii n., 324, 329, 343.
La Rochefoucauld, 33.
*La Roche-Poncié*, xxxiv n.
*Larue*, vii, xxix, xxxviii, 335, 344 n., 350 n, 363, 366.
*Larue de Sauviac*, xxii.
*Las Cases* (de), xxxii.
*La Sicotière* (de), xlv.
La Terrade, 318.
La Tour, 29, 32, 33, 38, 42, 130 n., 217 n., 293 n.
Latour (le général), 134, 140, 141, 159, 182, 274, 275, 284-288
La Tour du Pin, lii.
Lauer (général), 64, 143.
Laurenceot, l n., 222 n.
Lauthier-Xaintrailles (général), 18 n., 135, 138, 141, 254 n.
*Lavalette* (de), xxxiii, xxxix, 346.
La Vauguyon, xv, 257, 278, 279, 281 n., 287, 308, 312, 325, 338.
*La Villeurnoy*, xxxv, 302 n.
*Laviron*, xxxvii.
*Lavisse*, xlvi.
*Le Barbier*, xlix.
Leblanc, xxviii.
Lebon, xvi, xliii.
Lecomte, xlii.
Lecourbe (général), 89 n., 166, 167, 169, 254.
*Lefébure*, xxxi.
Lefèvre (maréchal), xlix, 23, 82, 136, 338.
Lefèvre de Ladonchamps, liii.
Legrand, xvii, 62, 64, 65, 66 n., 69, 108 n., 120, 121 n., 123, 135 n., 143 n., 144 n., 146 n., 147 n., 151, 207 n., 215, 246.
Lehoc, 245.
*Le Joyand*, xxviii, 243 n.
Lemaître, 74, 99, 100, 132.
Lemane, lvi n., lvii.
Lémerer, 242 n, 281, 324, 363, 373.
Lemoine (général), 346.
Lenoir-Laroche, 339
*Lenôtre*, xlix.
Léopold (archiduc), 257 n.
*Léouzon-le-Duc*, xxxvi.
Letourneur, 7 n., 15, 63, 77 n , 83, 84, 90, 93, 115-117, 138, 146, 183, 232
Leveneur, 132, 262.
*Lévy-Schneider*, xlix
Lhomond, 100.
Liébert (général), xvii, li, 19, 23, 69 n., 79 n., 87 n., 106, 117 n , 135 n., 137 n., 140 n., 141 n , 143 n., 144 n., 160 n , 161, 167 n., 169 n., 208, 210 n., 214, 253 n , 347 n.
Lindet (Robert), 185 n.
Linsolas (l'abbé), 72, 73 n , 185 n.

*Lombard de Langres*, xxiv n , xxviii, 5 n., 44 n.
Loménie de Brienne, l n.
*Lorédan-Larchey*, xxxvi.
Lottin (lieutenant), xxxix.
Louis XVI, xxviii, li, lii, liii, 198, 225.
Louis XVII (le dauphin), 25, 31 n.
Louis XVIII (le Prétendant, comte de Lille), viii, xi, xiii, xv, xxii, xxx n., xxxiv, xxxvi, xxxviii, 26, 28, 30 n , 31, 32, 34, 39, 40, 42, 48, 50, 113, 125 n., 127, 130, 161 n., 177, 181 n., 187, 197, 198 n , 203 n., 212, 231, 240 n., 248, 249, 255, 256, 257 n., 258-261, 264, 265, 267, 271-274, 280, 282, 288 n., 291, 298, 301, 302 n., 307, 309, 310-313, 318 320, 323, 325, 329, 332, 361, 362, 371, 374 378 n.
Louvet, 99, 115, 183 n.

**M**

Macartney (lord), 256, 257 n.
Maccarthy-Lévignac, 35, 316.
Macdonald (général), 103.
Mack (général), 307, 375.
Macon, li n., lxii.
*Madelin*, xlviii.
Madier, 318.
Maillebois (maréchal), lii n.
Maisonfort (marquis de la), xxv.
Malès, 329.
Mallet (agent royaliste), xxiv n., 262, 307.
*Mallet* (Bernard), xlix.
*Mallet du Pan*, xxxvi, xlvi, xlix, 28, 71, 98, 131, 223, 231, 233, 275, 276, 312.
*Mailly* (de), xxiv n.
*Malmesbury* (lord), xxxiv n., xxxix, 328, 332, 334 n , 347, 350, 376.
Malo (colonel), 308, 340, 360.
Malouet, 333.
Malseigne (de), xv, 31, 71, 129, 131, 163, 191, 275.
Mandet (Guiot), 126 n., 153 n., 163, 164, 176 n., 186 n.
Marbot, ix n., 346.
Marceau (général), xxxvii, xxxix, xliii, xliv, xlv, 134, 136, 139, 142, 158, 160, 167-182, 269.
Marcus, 374.
*Maréchal*, xlix.
Marguerit (baron de), xxx n., 242, 278 n.
Marie-Antoinette, lii, 225.
Marivault, 245.
*Marmont* (duc de Raguse), xxxv, lx, 78, 79 n., 89, 118 n., 120, 337.
Martellière, 15, 16.
*Martha-Becker*, xli.
*Martin* (Henri), xliii.
Martin (Jacques), 324, 326, 352.

*Masson*, xliii.
*Mathez*, xliv.
Maurice (colonel), 160 n.
Mayence (électeur de), 76.
Mayenne (duc de), lxi, 40.
*Mazé* (H), xxxvii.
Mecklembourg-Schwerin (duc de), 244.
*Méhée (de la Touche)*, xxvi n., xxxii n.
Mélas (baron, général de), 108, 128, 129, 139 n., 153.
*Méneval (de)*, xxxvii.
Mengaud, xix, 19, 317 n., 318 n., 373.
Mercier, ix, xi, 365.
*Merchier*, xlvii.
Mérian, 26, 237, 280 n., 373.
Merlin de Douai, 8, 92, 113, 333.
Merlin de Thionville, ix, xi, xxxiv, xxxvii, xlv, 2, 6, 8-12, 14 n., 15 n., 16, 18 23, 24, 40, 41, 63, 64, 65, 67, 74, 78, 88 n., 81, 92, 97, 108, 109, 110, 115 n., 119, 120, 122, 173, 185, 339, 340.
Mersan, 242 n.
Mervelt (comte de), 80, 88.
Mesières (de), 332.
Messaros (général) (Wezero), 166, 167, 179, 180.
*Metzger*, xliv.
Meyer, 188 n., 189 n.
Meyer (femme), 338.
Meynier, 19.
*Michaud*, ix n., xxviii, xl.
Michaud (général), 1, 3 n., 19, 123, 214, 242.
*Michel* (A.), xxxvi.
Michel, 197.
*Michelet*, xli.
*Mignet*, xxxii, xl.
*Milhaud*, lv.
Millot (Mme), 196.
*Mirabeau*, li.
Mœllendorf (maréchal), 1.
Moïse (évêque), xlix.
Moncey (général), xxxix, 282 n., 285 n., 289 n.
Monciel, 31.
Mongenet, 129.
*Monin*, xlix.
Monnier (David), xxvii, 373.
Monnier (Désiré), xxxv.
Monod (Gabriel), lxii.
Montaigu (général), 118, 143 n., 145, 146, 147, 151, 152 n., 159, 205 n 227, 378.
Montbarrey (prince de), 31 n.
*Montecuculli*, lx n.
Montesquieu (général), 242 n.
Montesquiou (l'abbé), 325, 362, 363.
Montesson (de), 52, 54, 57, 59.
*Montgaillard (le comte de)*, viii, xi, xii, xiii, xviii, xix, xx, xxvi, xxvii, xxix, xxx, xxxvi, xxxviii, xlvii, lix, 27 n.,

35, 36, 37, 38, 43-60, 74, 75, 91-101, 111, 112, 122, 125, 132, 133, 139, 148, 151 n., 153, 154, 156, 157, 164 n., 175 n., 177, 188, 191 n , 194, 196, 199 n., 216, 231, 251 n., 259, 266, 267, 272, 273, 275, 276, 283, 291, 298 n., 309, 310, 311 316, 337, 357, 375-378, 380.
Montgaillard (abbé de), xii n., xxix.
Montgaillard (le marquis de), xii n.
Montmignon (Mme de), 375.
Montrichard, xvii, 87 n.
*Montrol*, xxix.
Mordvinoff, 256 n., 336.
Moreau (général), vii, viii, x, xi, xii n., xvii, xix, xxi, xxiii, xxvi, xxvii, xxviii n., xlvii, xlix, lviii, lix n , lx, 5, 6, 20, 21, 24, 44 n , 62 n., 87, 101, 103, 151, 183, 208, 219, 226, 228, 234, 239, 251-255, 258 n., 260, 261, 263, 264, 270 n., 273, 276, 280-289, 314, 315, 318, 354 n , 369, 370, 371, 372, 380, 381, 382.
Morton Eden, 56, 57 n., 130, 258 n., 271.
Moulin (général), 227.
Mounier, 28, 275 n.
Mourgeon, 197.
*Muret*, xli.
*Musnier-Descloreaux*, xxvi n.

**N**

*Nathan*, xlvii.
Nauendorf (général), 134, 160 n , 166, 168, 179, 180, 285, 286.
*Neton*, xlvii.
Neu (général), 79, 80 n., 118.
*Nodier*, xxv n., xxx, xxxi, xxxiv, l., lix n.
Normand, 343.
*Norvins (de)*, xxxi.
*Nougarède de Fayet*, xii.
Nouvion (général), 16, 20, 254 n.

**O**

O'Donnel, 375.
Olry (Legros), 187, 214, 250, 265 n., 310.
Orléans (famille), 264.
Osmond (vicomte d'), 21.
Oudet (colonel), xlviii.
Oudinot (général), 198.

**P**

Pacot, 137.
*Pajol*, xliii.
*Pallain*, xxxvii.
*Parfait*, xlv.
Pastoret, 325.
Patrault (père), l., lxi.

Pavie, 361.
Perlet, xii n., xiii, xiv, xx, xxvii, xxviii n.
Perrochel, 245, 247 n.
Perrod, xlix.
Petiet, 208, 227, 339, 340, 341.
Petrasch (général), 285, 286.
Pflieger, 196 n., 197, 221 n.
Phélippeaux, xxiv n., 241 n.
Philippson, xliv.
Pichegru (Pierre), l.
Pichegru (abbé Jean-Louis), ix, x, xx, liv.
Pichegru (le général). (Voir la table des matières.)
Pichegru (demoiselle), xiii n., xx, xlix.
Picqué, xlii.
Pierre (Victor), xxxvii.
Pierret, xxxi.
Pille, 144 n.
Pillichody, 362, 373.
Pingaud (Léonce), xx, xxxviii, xliv, xlv.
Pion des Loches, xxxvii.
Pitou (Ange), xxiv n., xlviii.
Pitt (lord), xlii. 311, 373.
Planier, 285.
Pléville-le-Peley, 339.
Plunkett, 77.
Polissard, 242 n., 318.
Pollet, 374.
Poncet (général), 110 n., 118, 158, 168.
Portalis, 325, 334, 335, 365.
Poterat (le marquis de), 258 n.
Poultier, ix.
Poutier de Saône, xv, 31, 71, 100, 120, 131, 132.
Précy (de), viii, xv, 32, 73, 129, 130, 131, 162 n., 163 n., 191, 198 n., 255 n., 261, 262, 275, 277, 278, 281, 307, 352, 362.
Princeps, 164, 170, 176 n., 187.
Projean, 103 n.
Puisaye (de), xxvii, xliv.
Puiset, 321 n., 362, 374.
Puymaigre (de), xxxvi.

## Q

Quasdanovitch (général), 63, 68, 69, 76 n.
Quérard, ix n.
Quinet, xlii.
Quirini, 256 n.

## R

Rabbe, xi.
Raffalovitch, xlix.
Raffet, xl.
Rambaud, xliv, xlvi.
Rambuz, 67.

Ramel (général), xxiii, 308, 333, 339, 340.
Ramsay, xvi.
Ranke, xliii.
Razamowski, 34 n.
Réal, x, xiii, xx, xxiii, xxvi, xxxiv, xxxviii, 21 n., 75 n., 188 n., 192 n., 372.
Reich (Mme de), xii n., xiii, 35 n., 154 n., 156 n., 165 n., 170 n., 172 n., 176, 187, 188, 190 n., 192 n., 193, 194, 196, 200, 201, 204, 205, 211, 212 n., 214, 217, 231, 238 n., 249, 255, 262, 265, 266 n., 270, 283, 287 n., 369, 372.
Reinhard, xviii, lix n., 88 n., 232 n., 245 n., 375, 376, 377.
Remacle (de), xxxviii.
Remling, xlii.
Renack, secrétaire de Pichegru, xx.
Renauld (général), 19, 89 n., 166, 167 n., 169.
Rethfeld, xlvi.
Reubell, 8, 9, 11, 12, 13, 14, 15 n., 16, 18, 18 n., 22, 44, 63, 67, 68 n., 69 n., 78 n., 84, 105, 106 n., 107, 110, 115, 120 n., 183, 222, 231 n., 232, 233, 234 n., 240, 302 n., 334, 338, 340, 343, 349.
Reynaud, xxxiv.
Reynier (général), xxiii, 103, 121 n., 214 n., 253 n., 263, 370, 372.
Richard, lviii, 43.
Richer-Serizy, 73, 242 n., 373.
Riffé, xxviii n.
Rippel (Mme), xix, 26.
Rison (chevalier de), iii.
Rivaud, 15 n., 16, 44, 68 n., 69 n., 78 n., 83 n., 84, 99 n., 105, 106 n., 107, 108, 110, 115 n., 117 n., 120, 137, 181 n., 182 n., 206 n., 209 n., 214, 229 n.
Rivérieulx de Jarlay, iii.
Rivière (Mme de), 100.
Rivière (marquis de), xxx.
Roberjot, xviii, xxxi, 47, 231, 311 n., 317 n.
Robert, xlv.
Robespierre, xlvii, lvi.
Rochecotte (Guyon de), xxix, xxxvii, 132, 325 n., 332, 357.
Rochelle, 361.
Rodjacob, 271 n.
Rœderer, xxv.
Rohan (cardinal de), 125.
Romain (Françoise), l.
Roques (de), 35, 259.
Roland (colonel), 377.
Rolland (l'intendant), x.
Rose (Holland), xlviii.
Rosny, xlvi.
Rostopchine, 214 n.
Rougebief, xli.
Rousselin de Saint-Albin, ix, x, xi, xxxviii, l n., liv n., lvi n., lviii, 366.

Rousset (Camille), XLIV.
Rouville, 188, 189.
Roux, XL.
Rovère, VIII, 74, 100, 363.
Royale (Madame), 53, 240 n., 256, 257 n.
Royer-Collard, XXXVII, XLII.
Rully (abbé de), 32, 131 n.
Rusillion (major), 91, 149, 276-279, 297, 301, 302, 303, 319 n., 359, 362, 364, 373, 377, 379, 381, 382.

## S

Saillans, 72.
Saint-Albin (Hortensius), IX n., XXXV.
Saint-Cyr (général Gouvion), XXXII, XXXIV, XLI, LX n., 18, 21, 66 n., 78, 82 n., 83, 87, 89, 91, 102, 106 n., 107 n., 108, 118, 120, 136 n., 139, 140, 145, 160, 161, 166, 167 n., 168, 169, 179, 181, 207, 209, 222.
Saint-Félix, XLI.
Saint Geniès, 71 n.
Saint-Genis, XLVII.
Saint-Julien, 200.
Saint-Just, LIV, LV, LVI.
Saint-Priest (comte de), XV, XXXIV n., 271, 272 n.
Saint-Priest (comtesse de), 245.
Saladin, 74, 100.
Sales (marquis de), LXI.
Salme (général), XVIII, XLVI, 103, 314 n.
Salomé, 113, 114, 193, 194, 320.
Salomon (Mme Florimond de), 44, 59, 75 n., 97, 104, 218, 221, 225.
Sandoz-Rollin, XXXVI, 224, 232, 233. 240 n., 321, 349.
Sauvieu, 103 n.
Sauton, XLII, XLIII.
Savary (duc de Rovigo), XXXII, 20.
Saxe (duc de), 76, 276.
Sayous, XXXVI.
Scepeaux, 73, 132, 225.
Schaal (général), 2, 19 n., 20, 70 n , 82, 83, 84, 85 n., 86, 89, 106 n., 107, 108, 118, 119, 120, 121 n., 165, 171, 172, 174, 177, 181.
Schaubart, XXXIII.
Schauembourg (général), 87, 187, 210 n.
Schels, XL.
Scherb, 285.
Scherer (général), 56, 163 n., 206 n., 346.
Schmidt, XXXVI.
Schulay, 269, 270.
Schulz, XI.
Scioul, XLVI.
Sélim (le sultan), 186.
Sérini (Mme), 316.
Sidney-Smith, XXIV n.
Sieyès, XLIII, 7, 8, 9, 11, 12, 18.

Siméon, 325, 331, 348.
Simon, XLIX.
Sommervogel, XXXIV n.
Sommier, XLI.
Sorel, XLIV, XLVI.
Sotin, 188 n., 339, 366, 372.
Souabe (princes de), 276.
Souham (général), XLVII, LX, 103, 377.
Soult (général), XXXV, LX n., 85 n., 91, 108, 110 n., 148.
Sourda, 334 n.
Stander, 158.
Staël Holstein, XXXVI, 243 n., 244, 245, 247 n.
Staël (Mme de), XLIII, 247 n., 356.
Stanhope, XLII.
Steiner, XLII.
Steyert, XLVII.
Stofflet, 73, 132, 225, 238.
Suchet (maréchal), LX.
Sudermanie (duc de), 243, 245 217 n.
Summerau (baron de), 271.
Surval, XLVI.
Surville (marquis de), XV, XLVIII, 163.
Swinburne, 222.
Sybel (de), XLII.

## T

Talleyrand (prince de), XXXVII, LIX n., 339, 375, 376.
Talbot, XVI.
Talot, 347.
Tallien, 27, 37, 242 n.
Tallien (Mme), 222.
Taponier (général), 19 n , 135.
Tarbé, 331.
Tercier, XXXVII.
Tessonnet (Terrasse de), XI, XVIII, LIII, 32, 71-73, 100, 129, 131, 132, 163, 190, 191, 193 n., 228, 261, 264 n., 266, 279, 282, 295, 298, 300, 301, 303-307 n., 317-319 n., 378 n., 379, 382.
Texier, 378.
Thauvenay (de), XVIII.
Thibaudeau, XXXII, XXXV, 90 n., 115, 327, 332, 335, 343, 348, 359, 363, 367, 370.
Thiébault (général), LV, LVI n., 21.
Thierry, 375.
Thiers, XXXII, XL, XLI.
Thugut, XXXIV, 12, 56, 64 n., 67, 69 n., 91 n , 121 n , 128, 141.
Thureau-Dangin, XLIII.
Thuriet, XLIII
Thuriot, X.
Tinseau d'Amondans, XV, 56 n., 71, 129, 131, 163, 191, 197, 221.
Tissot, XXXV.
Toulongeon, XXV.
Treille, XXVIII.
Treitschke, XLIII.

# INDEX

Trémoille (prince de la), XVII, XVIII, XXXIX, 325, 329, 331, 356, 357, 361, 362, 363, 374.
Trémoille (duc de la), XXXIX.
Trémolin (de), XXIV n.
Trévor, 56, 130.
Trion (chevalier de), 361, 374.
Tronçon-Ducoudray, 327, 340, 348, 365.
Truguet (amiral), 173, 333, 339.
Tugnot (Philippe, écrit aussi Thuniot), VIII, XVIII, 187, 194, 214 n, 239, 254, 283, 290, 292, 378.
Twedel, LVIII.

## V

V. (de), XXII.
Vachot (général), 214 n.
Vaile, 215 n.
Valdené, 26, 33, 99, 100, 132.
Vallaux, XLVII.
Vallon, XLV.
Valsen, XLIV.
Vast, XLVI.
Vandamme (général), XXXIII, LVIII, 209, 210 n., 215 n
Vareilles (de), 27.
Vaublanc (de), XXXIV. 329, 330, 333, 334, 340, 348, 349, 363-366.
Vauversin, 361.
Vereux (de), XV, XLVI, 32, 131, 163, 196, 197, 221, 276.
Verdières, 354, 366.
Vergnes, 75 n.
Verklet, XXVI.
Vernier (général), 103 n., 188, 189 n., 198, 253, 282 n
Vernier (M<sup>me</sup>), 185, 251, 289, 304.
Verninac (de), 186.
Véron-Réville, XLII.
Vertami, 373.
Verteuil, LVIII, LIX n., 375.
Veyrat, 366, 374.
Vezet (président de), XV, XLIV, 71.
Victoire (M<sup>me</sup>), 34 n
Vieilh de Boisjolin, XL.
Viennet, XXXII.
Vicnot, 75 n, 101 n., 378.
Vigier (comte), XLVII
Villaret-Joyeuse (amiral), 334, 340, 348.
Villetard, 336.
Vincent (baron de), XV, 36, 93, 126, 127, 179, 181, 182, 217, 235, 314, 379, 381.
Vincent (colonel), LIV.
Vins (général de), 32, 36, 41 n, 56, 129, 163 n.
Vitel, XII n., XIV, XX.
Vivenot, XVII, XXXIV, XLV.
Voidel, LII.
Voisard, 197.
Vouziers (de), XLII.

## W

Wahl, XLV, LII n., LIII n.
Waldeck (prince de), 3.
Wartensleben (général de) 134, 136, 140, 159, 275.
Wedekind, XXII.
Wels, 350.
Welvert, XLIX.
Wickham, XII n , XIII, XIV, XV, XXI, XXIV n., XXXIV, XXXV, XLIII, XLIV, XLVIII, LIV n., 24, 28-37, 40-42, 56-59, 71-75, 93, 96, 99, 100, 101, 104, 113 n., 122, 127-132, 149, 150, 155 n., 156, 161, 164, 172, 176 n., 177 n., 182 n , 184, 186, 189 n , 190 n.-196, 198, 199, 200, 202, 205, 217, 229, 232 235, 237, 240 n., 248, 289, 250-254 n , 258, 263, 265 n., 266, 269, 271-279, 281 n , 282, 287, 288, 289-329, 331, 334 n., 339, 348, 351, 352, 353, 357-359 n , 361-364, 373 n., 374, 375, 381, 382, 383.
Widdern (cardinal de), XLII.
Williams, 118, 124.
Willot (général), XXVIII, 303 n., 335, 340, 343, 345, 348, 350 n , 356, 360-365.
Winckel, 64 n., 69 n., 70 n.
Windham, 27, 350.
Wirth, XLIX.
Wittersbach, XX, 154, 183, 226, 228, 369, 370.
Wurl, XL.
Wolf (général), 286, 290, 295.
Woodfort, 27.
Woussens, 209.
Wright, XXXII n.
Wurmser (maréchal), XII n , XV, XVII, XXXIV, XL, XLIV, LV, 13, 14, 25, 49, 56, 57, 61, 63 n., 64-67, 69 n., 71, 75, 76, 77, 80-93, 102, 103, 105, 106, 108, 116, 117, 120, 121, 125 129, 133, 134, 135, 138, 139, 141, 142, 146 n., 147, 152, 153, 158-165, 167, 169 n., 170, 171, 176, 177, 179, 181, 185, 193, 195, 198, 199, 200, 201 n., 205 n., 213, 214, 217, 220, 235, 236 n., 248, 252, 253 n., 258, 261, 262, 266-269, 271-276, 379, 381.
Wurtemberg (duc de), 76, 276.

## Y

York (duc d'), XXIV n., LIX.

## Z

Zaeppfel, 26, 35.
Zehentner, 68.
Zeissberg, XLV, XLVII, LIX n.
Zivy, XLVII.

# TABLE DES MATIÈRES

### INTRODUCTION ET BIBLIOGRAPHIE

| | |
|---|---|
| Préface. | VII |
| Sources manuscrites. | IX |
| 1° Papiers R. de Saint-Albin. | IX |
| 2° Archives de Chantilly. | XII |
| 3° Archives du Record Office. | XIV |
| 4° Archives de la Guerre. | XV |
| 5° Archives des Affaires étrangères. | XVI |
| 6° Archives nationales. | XIX |
| 7° Archives du Jura. | XX |
| Imprimés. | XXI |
| 1° Publications antérieures à 1830, époque des polémiques. | XXI |
| 2° Publications postérieures à 1830, époque de l'histoire : A. Mémoires des contemporains de Pichegru et documents contemporains. | XXXIII |
| 3° Publications postérieures à 1830 : B. Ouvrages de seconde main. | XXXIX |
| Les débuts de Pichegru. | LaLXII |

## CHAPITRE Ier

### INACTION DE L'ARMÉE DE RHIN-ET-MOSELLE. PICHEGRU MÉCONTENT

| | |
|---|---|
| I. — Le siège de Mayence ; l'armée de Rhin-et-Moselle ; l'arrivée de Pichegru. | 1 |
| II. — Pichegru contraire à l'offensive immédiate. | 6 |
| III. — Les plans du Comité et l'inertie de Pichegru. | 9 |
| IV. — Causes de l'inaction. | 14 |
| V. — Pichegru mécontent. Pourquoi ? | 20 |

## CHAPITRE II

### PREMIÈRES NÉGOCIATIONS AVEC PICHEGRU

| | |
|---|---|
| I. — Le salut par l'intérieur. | 25 |
| II. — Les subsides de l'Angleterre. | 27 |
| III. — Intrigues royalistes dans l'Est. | 31 |
| IV. — Projets de négociation avec Pichegru. | 33 |
| V. — Les Mémoires de Montgaillard. | 37 |
| VI. — Promesses des agents anglais. | 41 |
| VII. — L'entrevue de Blotzheim. | 42 |
| VIII. — L'entrevue d'Illkirch. | 46 |
| IX. — Nouvelle entrevue (23 août). | 50 |
| X. — Mission de Courant auprès de Pichegru. | 52 |

## CHAPITRE III

### Le combat de Heidelberg et la retraite de Jourdan

- I. — L'inaction jusqu'au milieu de septembre. . . . . . . . 61
- II. — Le combat de Heidelberg. . . . . . . . . . . . . . . 66
- III. — L'assaut royaliste. . . . . . . . . . . . . . . . . . 70
- IV. — Inaction de nos armées. . . . . . . . . . . . . . . 76
- V. — Le conseil de guerre d'Ober-Ingelheim. . . . . . . . . 82
- VI. — La retraite de Jourdan. . . . . . . . . . . . . . . . 86
- VII. — Relation entre l'Intrigue et la défaite. . . . . . . . . 90

## CHAPITRE IV

### La défaite de Mayence

- I. — Le voyage de Fauche à Manheim. . . . . . . . . . . . 95
- II. — Fauche à Manheim. . . . . . . . . . . . . . . . . 101
- III. — Anxiété de Pichegru. . . . . . . . . . . . . . . . . 105
- IV. — Les Intrigues de Fauche à Manheim. . . . . . . . . . 110
- V. — Nouveaux projets d'inaction. . . . . . . . . . . . . 114
- VI. — Perte des lignes de Mayence. . . . . . . . . . . . . 117
- VII. — Relation entre l'Intrigue et nos échecs. . . . . . . . 121

## CHAPITRE V

### La perte du Palatinat

- I. — Les Autrichiens informés de l'Intrigue. . . . . . . . . 125
- II. — Le péril royaliste. . . . . . . . . . . . . . . . . . 129
- III. — Retraite sur la Queich. . . . . . . . . . . . . . . . 133
- IV. — Fautes militaires de Pichegru. . . . . . . . . . . . . 138
- V. — La perte de Manheim. . . . . . . . . . . . . . . . 142
- VI. — Relation entre l'Intrigue et nos échecs. . . . . . . . 147

## CHAPITRE VI

### Nouvelle retraite de Jourdan

- I. — Nouvelle mission de Fauche au quartier général. . . . . 153
- II. — Jourdan sur la Nahe ; inaction de Pichegru. . . . . . . 158
- III. — Projets sur Strasbourg ; Demougé au quartier général. . 161
- IV. — Retraite de Jourdan. . . . . . . . . . . . . . . . . 166
- V. — Nouvelle entrevue de Pichegru avec Demougé (17 décembre). . 170

## CHAPITRE VII

### La trêve

- I. — La trêve ; Vincent parle à Pichegru. . . . . . . . . . 179
- II. — Le Directoire mécontent. . . . . . . . . . . . . . . 182
- III. — L'arrestation de Fauche-Borel ; dernière entrevue avec Pichegru. . . . . . . . . . . . . . . . . . . . . . 187

IV. — Fauche se rend auprès de Condé, de Wurmser, de Wickham. . . 193
V. — Nouveaux entretiens de Pichegru et de Demougé. . . . . . . 200
VI. — L'exécution du nouveau plan. . . . . . . . . . . . . . . 206
VII. — Les brochures contre-révolutionnaires. . . . . . . . . . 210

### CHAPITRE VIII

#### Pichegru perd son commandement

I. — Désillusion . . . . . . . . . . . . . . . . . . . . . . 216
II. — Le congé : pourquoi ? . . . . . . . . . . . . . . . . . 219
III. — Pichegru remplacé par Moreau . . . . . . . . . . . . . 226
IV. — Derniers entretiens (7 et 17 mars) avant le départ pour Paris . . 235
V. — Pichegru à Paris. . . . . . . . . . . . . . . . . . . . 240

### CHAPITRE IX

#### Le « roi » a l'armée de Condé

I. — Doute et colère ; le nouveau plan de Pichegru. . . . . . . 248
II. — Le « roi » à Riegel. . . . . . . . . . . . . . . . . . 255
III. — Pichegru persiste dans ses résolutions ; dénonciation de la trêve. 263
IV. — L'Autriche renonce à l'offensive sur le Rhin ; ses défaites. . 270
V. — Missions de Rusillion et de Fauche-Borel auprès de Pichegru. . 276

### CHAPITRE X

#### Avortement de l'intrigue

I. — Pichegru à Strasbourg : septembre et octobre 1796. . . . . 284
II. — La mission de Demougé à Bellevaux. . . . . . . . . . . 290
III. — La mission de Badonville. . . . . . . . . . . . . . . 295
IV. — La conversation avec Bouvier et la nouvelle mission de Rusillion. 298
V. — La conversation avec d'Hotelans à Strasbourg (20 février). . 303
VI. — Projets de gagner Moreau et Bonaparte à la cause royale . . 308
VII. — Le rapport de Tessonnet. . . . . . . . . . . . . . . . 316

### CHAPITRE XI

#### Le complot constitutionnel

I. — Le plan de Wickham : par l'opinion. . . . . . . . . . . 320
II. — Dandré à Paris ; premiers rapports avec Pichegru. . . . . 324
III. — Réserve de Pichegru. . . . . . . . . . . . . . . . . . 328
IV. — Politique d'attente, Négociations avec le Directoire. . . . 331
V. — Le portefeuille de d'Antraigues et la marche des troupes. . 336
VI. — Pichegru temporise. . . . . . . . . . . . . . . . . . 339
VII. — Barras envoie Fabre à Pichegru. . . . . . . . . . . . . 343
VIII. — Pichegru partisan d'un compromis. . . . . . . . . . . 347
IX. — L'or anglais. . . . . . . . . . . . . . . . . . . . . 350

## CHAPITRE XII

### Fructidor

| | |
|---|---|
| I. — L'offensive du Directoire ; apathie des Conseils. | 354 |
| II. — L'alliance des chouans et la trahison. | 359 |
| III. — Le coup d'État. | 364 |
| IV. — La correspondance de Klinglin. | 369 |
| V. — Les révélations de Montgaillard. | 375 |
| VI. — Conclusion. | 378 |
| *Index des noms de personnes.* | 387 |
| *Table des matières.* | 399 |

# FÉLIX ALCAN, ÉDITEUR
108, BOULEVARD SAINT-GERMAIN, PARIS (6ᵉ)

## OUVRAGES SUR LA RÉVOLUTION FRANÇAISE

**Études et leçons sur la Révolution Française**, par F.-A. Aulard, professeur à la Faculté des lettres de Paris. 5 volumes in-12, chacun . . . 3 fr. 50

**Contributions à l'Histoire religieuse de la Révolution Française**, par A. Mathiez, agrégé d'histoire, docteur ès lettres. Préface de M. Gabriel Monod, de l'Institut, 1 vol in-8°. . . . . . . . . . . . 3 fr. 50

**Histoire des rapports de l'Église et de l'État de 1789 à 1870**, par A. Debidour, professeur à la Sorbonne, 1 fort volume in-8°. . . 12 fr.

**Condorcet et la Révolution Française**, par Léon Cahen, agrégé d'histoire, docteur ès lettres. 1 volume in-8°. . . . . . . . . . 10 fr.

**La vie à Paris pendant une année de la Révolution (1791-1792)**, par G. Isambert. 1 volume in-12. . . . . . . . . . . . 3 fr. 50

**Le Socialisme et la Révolution Française**, par A. Lichtenberger, docteur ès lettres. 1 volume in-8°. . . . . . . . . . . 5 fr.

**Les campagnes des armées françaises 1792-1815**, par Camille Vallaux, professeur à l'École navale. 1 volume in-12, avec 17 cartes dans le texte. 3 fr. 50

**Hommes et choses de la Révolution**, par E. Spuller, ancien ministre de l'Instruction publique. 1 volume in-12. . . . . . . . 3 fr 50

**Le Culte de la Raison et le Culte de l'Être suprême, étude historique (1793-1794)**, par F.-A. Aulard, professeur à la Faculté des lettres de Paris, 2ᵉ édition. 1 volume in-12. . . . . . . . . . 3 fr. 50

**La Théophilanthropie et le Culte décadaire (1796-1801) (Essai sur l'histoire religieuse de la Révolution)**, par Albert Mathiez, agrégé d'histoire, docteur ès lettres. 1 volume in-8°. . . . . . 12 fr.

**Histoire de l'Europe pendant la Révolution Française**, par H. de Sybel, directeur des Archives royales, membre de l'Académie des sciences de Berlin. Traduit de l'allemand par Mˡˡᵉ Marie Dosquet. 6 volumes in-8°, chaque volume séparément. . . . . . . . . . . . . . 7 fr.
L'ouvrage complet. . . . . . . . . . . . . 42 fr.

**La Révolution française. Résumé historique**, par H. Carnot, membre de l'Institut, sénateur. 1 volume in-12. . . . . . . . 3 fr. 50

**Variétés révolutionnaires**, par Marcellin Pellet, ancien député. 3 volumes in-12, chaque volume séparément. . . . . . . . . 3 fr. 50

**Le Vandalisme révolutionnaire. Fondations littéraires, scientifiques et artistiques de la Convention**, par Eugène Despois. 1 vol. in-12. 3 fr. 50

*Envoi franco au reçu de la valeur en mandat-poste.*

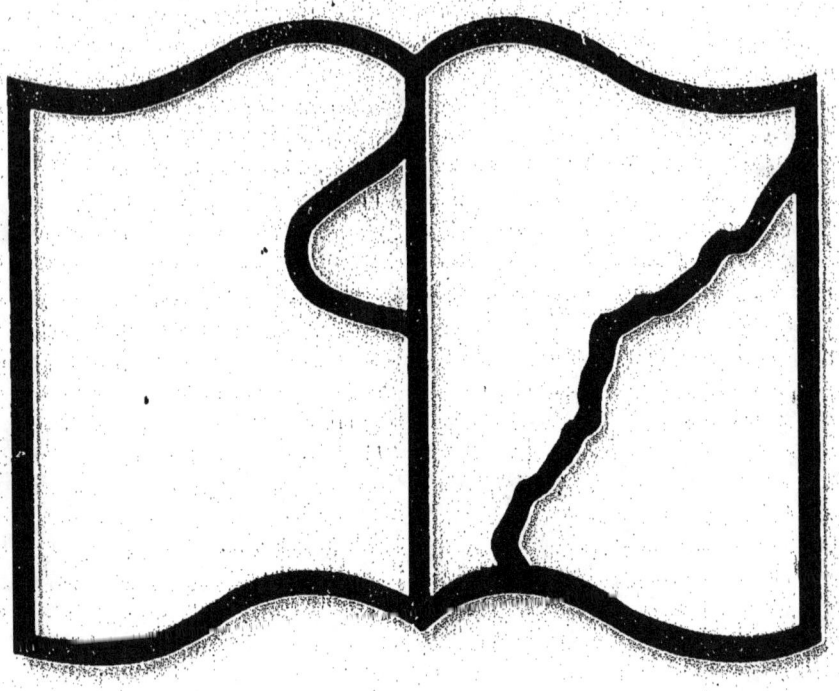

Texte détérioré — reliure défectueuse
**NF Z 43-120-11**